RECUEIL

DE LA NOBLESSE

DES PAYS-BAS, DE FLANDRE ET D'ARTOIS

JUSTIFICATION DU TIRAGE :

TIRÉ A CENT CINQUANTE EXEMPLAIRES SUR VELIN & DIX SUR PAPIER VERGÉ

TOUS NUMÉROTÉS & PARAPHÉS

N°

RECUEIL

DE LA NOBLESSE

DES PAYS-BAS, DE FLANDRE & D'ARTOIS

PAR

M. LE CHEVALIER AMÉDÉE LE BOUCQ DE TERNAS

Ancien Elève de l'Ecole des Chartes

ŒUVRE POSTHUME

PUBLIÉE PAR SA FAMILLE

DOUAI
LOUIS DECHRISTÉ, IMPRIMEUR BREVETÉ
Rue Jean-de-Bologne, 1
1884

INTRODUCTION

Il nous semble indispensable d'exposer, en quelques mots, le but que nous nous sommes proposé en publiant ces listes. Ce serait une grande erreur de n'y voir à la lecture du titre qu'une nouvelle édition des ouvrages du même genre publiés sur ces matières. Le travail que nous allons offrir au public n'est pas, il est vrai, entièrement neuf, mais il a du moins le mérite d'être plus complet que tous ceux qui ont paru jusqu'à nos jours sur ce sujet.

Les premiers auteurs qui se sont occupés de ces recherches les ont toujours faites d'une manière très incomplète. Ceux qui les ont suivis, se contentant de profiter des travaux de leurs devanciers, changeaient l'ordre des ouvrages de leurs prédécesseurs, y ajoutaient quelques documents nouveaux et ne donnaient pas toujours les armoiries ou en donnaient d'inexactes. Pour éviter de tomber dans les mêmes erreurs, nous n'avons vu qu'un moyen : c'était de recourir aux sources et de les voir par nous-même. Nous n'avons cependant pas négligé les publications antérieures pour suppléer aux titres originaux coupés dans les registres des chartes par les vandales de la Révolution.

Les insensés, le passé leur portait ombrage, ils croyaient détruire la noblesse en brûlant ses titres et en en jetant les cendres au vent !

Un moment effrayé par la quantité de registres qu'il nous fallait parcourir, nous nous étions décidé à ne publier que ce qui avait rapport à la Flandre, mais nous nous sommes aperçu que le comté d'Artois lui était intimement lié et que des lettres intéressant l'une ou l'autre de ces provinces se trouvaient enregistrées tantôt à Arras, tantôt à Lille, et quelquefois dans ces deux pays.

Pour que cet ouvrage fût complet, il était donc nécessaire d'explorer les archives du département du Nord et du Pas-de-Calais.

Comme nous l'avons déjà dit, toutes les lettres ont été coupées dans les registres des chartes ; aussi, pour relever tout ce qui avait rapport à notre travail, nous avons dû parcourir les tables de ces registres, profiter des inventaires d'archives dressés d'après les ordres du ministère sous l'Empire et nous aider de manuscrits reposant dans les bibliothèques particulières et de pièces authentiques retrouvées de côté et d'autre. Nous pouvons ainsi offrir à nos lecteurs une liste presque complète des lettres d'érections de terres en principautés, duchés, comtés et baronnies, des lettres de chevalerie, anoblissement, confirmation et réhabilitation de noblesse enregistrées dans les soixante-dix-sept registres des chartes de la chambre des comptes de Lille.

Nous avons examiné les registres des chartes à Lille, les registres aux placards où se trouvaient également quelques lettres, puis les registres du Parlement de Flandre. Ces derniers, déposés au greffe de la Cour d'appel de Douai, nous ont été communiqués par M. Cuvelle, greffier en chef de cette Cour, avec l'autorisation de M. le premier président. Malheureusement dans ce dépôt se trouvent beaucoup de lacunes ; plusieurs registres ont totalement disparu. Pour rétablir cette troisième liste sur titres authentiques, nous avons dû chercher dans les archives des familles elles-mêmes (1), fouiller les bibliothèques et rassembler tous les documents que nous avons eu le bonheur de rencontrer. Si, malgré nos efforts,

---

(1) Monsieur Gustave *Rémy de Gennes*, propriétaire à Douai, possède la table d'un registre du Parlement, qu'il a bien voulu nous communiquer, ce qui nous a permis de rétablir une certaine quantité de pièces.

la liste que nous offrons au public n'est point complète, nous pouvons du moins en assurer l'exactitude et l'importance.

Pour continuer ce travail, nous avons réuni tous les renseignements qui ont été relevés sur les registres du bureau des finances de Lille, détruits à l'époque de la Révolution. Nous y avons suppléé grâce aux extraits du savant Godefroy relevés si obligeamment pour nous par M. Henri Frémaux, et au manuscrit de M. Palisot de Beauvois, que son heureux propriétaire a eu l'amabilité de mettre à notre disposition.

Messieurs les archivistes de Lille ont bien voulu nous laisser parcourir les registres de la ville et nous en avons extrait beaucoup de pièces qui nous étaient encore inconnues.

Nous avons relevé aussi tout ce qui nous intéressait dans les registres de l'élection d'Artois et dans les registres aux commissions du Conseil d'Artois actuellement déposés aux Archives départementales du Pas-de-Calais.

Pour plus de facilité, nous avons adopté dans notre publication l'ordre chronologique. Cela permettra aux lecteurs de saisir et de voir d'un seul coup-d'œil l'époque où chaque famille a reçu, des souverains, la récompense de ses services, et comme plusieurs de ces lettres renferment des renseignements historiques sur les faits et gestes de personnages qui ont pris part aux événements importants de nos contrées, il sera plus facile à chaque curieux de trouver ce qui a rapport à l'époque qu'il voudra étudier.

Les archéologues, les amateurs d'histoire locale et les généalogistes y rencontreront une source certaine où ils pourront puiser des documents utiles sur l'origine des familles et sur l'histoire d'un grand nombre de villages et seigneuries de la Flandre et de l'Artois.

Avant de terminer il nous paraît nécessaire de dire quelques mots explicatifs sur les lettres d'anoblissement et de réhabilitation.

Les nobles, propriétaires d'une grande partie du sol, supportaient vaillamment, avec leurs vassaux, les lourdes et périlleuses charges occasionnées par les guerres. On sait ce que les batailles de Bouvines, de Courtrai (1), de Crécy et d'Azincourt (2) coûtèrent à la noblesse et combien de familles elles firent disparaître. Les souverains, pour conserver cette noblesse sur laquelle reposait l'organisation de la société, ne pouvaient trouver d'autre moyen que d'en créer une nouvelle ; telle fut l'origine des lettres d'anoblissement.

Ces anoblissements remontent, en France, à 1271 (3), et, en Flandre, à 1424. Dans le principe, cette faveur n'était accordée qu'à un petit nombre de personnes ; mais bientôt, sollicités de tous côtés et pour se faire des partisans dans les pays conquis ou occupés, les souverains créèrent une nouvelle noblesse peu considérée dès l'abord par les anciennes familles. C'est alors que l'on inventa les lettres de confirmation et les lettres de réhabilitation de noblesse pour être agréable à ceux que l'on voulait anoblir ; de cette façon, on ne semblait pas faire entrer dans le corps de la noblesse des nouveaux venus et l'on flattait la vanité des familles. Une grande quantité de lettres de ce genre furent accordées aux XVIIe et XVIIIe siècles à des personnages dont les ancêtres n'avaient jamais figuré sur aucune liste de noblesse. Les déclarations des hérauts d'armes sur l'origine nobiliaire de ces familles n'avaient donc aucun fondement historique. Mais les souverains, décidés à anoblir ces nouveaux impétrants, n'y voyaient aucun inconvénient. Comme nous ne reconnaissons à personne le droit de travestir l'histoire, nous ne pouvons accepter toutes ces lettres dont il est facile au moyen de documents authentiques de démontrer le peu de valeur. Nous les considérerons donc comme des lettres d'anoblissement pures et simples et des lettres de complaisance, car ceux qui les avaient obtenues n'auraient pu se faire

---

(1) Les historiens rapportent qu'après la bataille de Courtrai, les Flamands ramassèrent sur le champ de bataille plus de quatre mille paires d'éperons dorés, dépouilles d'autant de gentilshommes tués dans la mêlée.

(2) Dix-huit mille Français, parmi lesquels le connétable, sept princes et plus de huit mille gentilshommes restèrent sur la place.

(3) Les premières lettres de noblesse furent octroyées par Philippe III le Hardi à son orfèvre Raoul.

recevoir, ni eux ni leurs descendants, dans les chapîtres nobles, ou dans les Etats de provinces qui exigeaient des preuves plus sérieuses.

Presque tous ceux qui demandaient ces lettres affirmaient avoir perdu leurs papiers, par suite de guerres, d'incendies, etc..., et se dispensaient ainsi de donner des preuves de la prétendue noblesse et de l'antiquité de leur famille. Nous ne pouvons admettre que les hérauts d'armes aient cru sérieusement à ces assertions, parce qu'il nous serait possible, encore aujourd'hui, de démontrer qu'elles ne reposent sur aucun titre valable.

En effet, presque toutes les personnes qui obtenaient ces lettres de confirmation et de réhabilitation n'y avaient aucun droit, leurs ancêtres n'étant pas nobles. Nous devons cependant ajouter, pour être juste, que si elles doivent souvent être considérées comme des lettres d'anoblissement déguisées, il y en a quelques-unes qui ont une véritable valeur ; car plusieurs familles, déchues par suite de malheurs, durent nécessairement faire le commerce et, en revenant à la fortune, recourir à ces lettres pour reprendre leur ancienne position perdue.

Du reste, pour preuve de ce que nous avons avancé plus haut touchant les lettres de confirmation et de réhabilitation de noblesse, nous allons rapporter la copie textuelle de deux feuillets d'un registre aux remontrances du Parlement de Flandre, trouvés dans les papiers de M. le président Bigant, lors de sa vente. Non seulement, nous aurons une preuve que nous avions raison de les regarder comme des lettres d'anoblissement, mais encore nous verrons la façon dont elles étaient appréciées par des hommes compétents et le danger qu'il y avait d'accorder trop facilement ce genre de lettres qui pouvaient causer de véritables préjudices aux familles.

AU ROY

« Sire,

» Les officiers de votre Parlement de Flandres remontrent très humblement à Vostre Majesté que les sieurs François Lauwereins, conseiller pensionnaire de la ville et chastellenie de Bergues-Saint-Winock, et Jean-Winock Lauwereins, son frère, y demeurant ; les sieurs Charles-Louis, Alexis-François et Martin-Joseph-Bernard des Razières, demeurant en la ville de Douay, ont obtenu depuis peu de temps de Vostre Majesté des lettres de déclaration de noblesse, sur l'exposé qu'ils luy ont fait, qu'ils sont issus d'anciennes familles nobles. Les preuves qu'ils ont fait insérer dans leurs lettres de déclaration et celles qu'ils y ont jointes paraissent si faibles et si recherchées que Vostre Parlement de Flandres, Sire, à qui elles ont été adressées pour les enregistrer, sans cependant être chargé d'en examiner les preuves, croit devoir supplier instamment Vostre Majesté, pour le bien public, de vouloir bien ne plus accorder de pareilles lettres de déclarations de noblesse à aucun de ses sujets du ressort de ce Parlement, qu'en lui ordonnant de vérifier les preuves qu'il rapportera de sa noblesse, soit avec le procureur-général de Vostre Majesté ou telles autres personnes aux droits desquelles la tenue de ces lettres pourraient préjudicier.

» La confusion, Sire, que de pareilles grâces peuvent causer dans les plus anciennes et les plus illustres familles, quand elles ne sont pas fondées sur des preuves reconnues certaines, expose l'ancienne noblesse de Flandre, qui toujours était très délicate sur sa pureté, à plusieurs inconvénients très-disgrâcieux et très-préjudiciables. Cette noblesse, Sire, est fort jalouse de son ancienneté, de ses illustrations et de ses alliances. Les colléges nobles qui sont établis depuis plusieurs siècles dans différents endroits des Pays-Bas, ont fort contribué à la maintenir dans son esprit d'aversion pour tout ce qui peut y déroger et la souiller. L'exactitude inviolable qu'on a coutume d'apporter pour examiner les preuves des personnes qui se présentent pour y être reçues la retient encore de contracter aucune mauvaise alliance. Cette élévation de sentimens, Sire, luy inspire l'amour des armes pour le service de Vostre Majesté et luy facilite les autres voies de se rendre utile à l'Etat.

» Les officiers, Sire, de vostre Parlement de Flandres ne doutent nullement que les intentions de Vostre Majesté seront d'éloigner tout ce qui peut blesser les droits des anciennes maisons des provinces de son ressort et d'empêcher que la fausse noblesse se puisse mesler et se confondre avec la vraie, en se faisant descendre d'une même tige, commune bien souvent sous les apparences trompeuses d'un grand parchemin doré, ou de quelques titres très-vicieux et très-équivoques sur leur ancienneté et leur authenticité.

» Les suites, Sire, n'en sont pas moins dangereuses du côté de l'intérêt ; *une personne que Vostre Majesté déclare d'ancienne noblesse, sans être tenue d'en faire les preuves, en demandant l'enregistrement de ces lettres, peut devenir habile à recueillir des successions et à pouvoir retraire des biens d'anciennes familles dont elle n'est pas.*

» Les officiers, de vostre Parlement de Flandres, Sire, espérant que Vostre Majesté voudra bien écouter ces remontrances avec toute la bonté et la justice dont elle leur donne journellement des marques sensibles et qu'elle ordonnera qu'aucunes lettres de déclaration de noblesse ne seront plus expédiées dorénavant en faveur de ses sujets du ressort de ce Parlement qu'à la charge d'en vérifier les preuves avec le procureur-général de Vostre Majesté en demandant l'enregistrement et les autres personnes qui peuvent y avoir intérest, si le cas échoit, etc., etc. »

Nous nous sommes souvent demandé pourquoi les anciens auteurs, LE ROUX et DE SEUR, avaient négligé de relever une assez grande quantité de lettres d'anoblissement, d'érection, etc., délivrées surtout dans les temps qui ont précédé leur publication. Ont-ils craint de déplaire aux familles ? Ou n'ont-ils pu obtenir la communication des registres pour assigner une date certaine à ces lettres ? C'est ce que nous ne savons, mais, dans le second cas seulement, nous excuserons leur silence. En effet, ils trompaient le public en prétendant lui offrir une liste complète des lettres enregistrées à la Chambre des comptes de Lille, car ils en omettaient beaucoup et en donnaient un grand nombre qui, bien que délivrées, n'ont jamais été enregistrées.

Beaucoup de familles ou de curieux ont dû les faire rechercher sur les indications de ces auteurs et ne les trouvant pas, ont certainement pu douter avec raison de la confiance qu'on doit leur accorder. Pour éviter un pareil reproche, lorsque nous donnerons des lettres qui ne sont pas indiquées dans les tables, ou n'ont jamais existé dans les registres de la Chambre des comptes, ni dans ceux du Parlement de Flandre, du bureau des finances de Lille, de l'élection d'Artois, des commissions d'Artois, ou enfin dans les registres de la gouvernance de Lille, nous prendrons soin d'en indiquer les sources.

Pour compléter ce travail, nous devons mentionner aussi, les sentences de noblesse accordées par l'élection d'Artois et par les gouvernances.

Bien qu'elles ne fussent données que comme exemption de certains impôts, quelques-uns s'en servirent pour prendre la qualité d'écuyer et de noble et la léguer à leurs descendants. Telle est l'origine de la noblesse de plusieurs familles.

Maintenant que nous avons vu comment on anoblissait, disons, en terminant, qu'à de rares exceptions près, ceux qui obtinrent ces faveurs appartenaient déjà à des familles riches et bien posées, dont les ancêtres avaient rendu des services aux souverains et à leur pays soit dans les armes, soit dans les échevinages des villes, soit dans la magistrature, etc...

Nous osons espérer que ce travail, fruit de longues et patientes recherches, dressé entièrement sur documents authentiques, sera bien reçu des lecteurs. Les familles y trouveront la preuve certaine de leurs titres et de leur noblesse, et les amateurs d'histoire de nos contrées, d'après les indications que nous leur fournissons, pourront toujours retrouver les titres eux-mêmes.

Château de Nieppe, 29 Octobre 1878.

LETTRES

D'ÉRECTIONS DE TERRES EN PRINCIPAUTÉS, DUCHÉS, COMTÉS, BARONNIES

LETTRES

DE CHEVALERIE, D'ANOBLISSEMENT, CONFIRMATION ET RÉHABILITATION DE NOBLESSE

ARTOIS

DÉCEMBRE 1471. — LE MERCHIER. — Anoblissement par lettres données à Saint-Omer et enregistrées le 8 novembre 1471, moyennant finance de 36 livres, pour Jehannet *Le Merchier*.

Il était fils de Jean *dit* le Gambe et demeurait à Auchy-au-Bois en Artois.

Le dispositif dit que ces lettres lui sont accordées pour ses vertus et bonnes mœurs et pour les services que son père avait rendus au duc Philippe, en l'état d'archer, et ledit Jehannet, en l'état d'homme d'armes.

ARMES : *D'argent à 3 fasces d'azur.*

(14ᵉ regist. des Chartes, folio 91).

1ᵉʳ Mars 1545, Maestricht. — DE NORTHOUD. — Erection en baronnie, par lettres de l'empereur Charles V, de la terre de Bayeghem, mouvante du château de Saint-Omer et immédiatement de la terre de Tournehem, pour Jean *de Northoud*, chevalier, seigneur de Bayeghem, Northoud, etc., capitaine de la ville de Dunkerque, conseiller et maître-d'hôtel de la reine Marie, douairière de Hongrie, régente des Pays-Bas. On voit dans ces lettres qu'il avait pour trisaïeul Antoine, seigneur dudit Northoud et de Noyelles, mort en 1402, laissant, de Marie *de Hardentun*, trois fils : Jacques, Guiscard et Jean, bisaïeul du remontrant ; que par le trépas de ses deux frères aînés, morts vers 1436, sans laisser d'enfant mâle, leurs biens passèrent à leurs filles et que le troisième fils Jean eut en partage la terre de Bayeghem et demeura chef de sa maison avec peu de biens ; qu'il eut un fils aussi nommé Jean dont est issu Guillaume *de Northoud*, père du remontrant ; que ses ancêtres se sont alliés noblement quoique ayant peu de fortune ; qu'enfin le remontrant, ayant acquis du bien par suite de ses services et au moyen des bienfaits de Sa Majesté, peut s'entretenir en état de banneret comme ses prédécesseurs issus de bonne et ancienne noblesse et de chevaliers-bannerets du comte de Guisnes.

(Registre de l'élection d'Artois de 1613 à 1639, folio 77. — Manuscrit Palissot de Beauvois, tome I, folio 5. — 1ᵉʳ regist. aux Commissions du Conseil d'Artois, folio 22).

10 Mars 1576. — DE LA HAYE. — Sentence d'anoblissement pour Charles *de la Haye*, seigneur d'Ecquedecque, qui descend de Jean *de la Haye* (fils naturel de Bon *de la Haye*, habitant de Lillers), anobli par Louis XII, roi de France, par lettres données à Paris le 3 mars 1509.

(Registre de l'élection d'Artois de 1575 à 1587, folio 10).

2 Avril 1576. — GARGAN. — Sentence de noblesse pour Julien *Gargan*, écuyer, seigneur d'Anthieule et de Rollepot, prévôt de la ville de Doulens, qui produit un acte, du 2 mars 1501, par lequel Jean *Gargan*, un de ses ancêtres, demeurant au bailliage d'Hesdin, avait été reconnu noble et exempt du droit de nouvel acquet.

(Regist. de l'élection d'Artois de 1575 à 1587, folio 14. — Archiv. départ. du Pas-de-Calais).

13 Février 1577. — DE LA PERSONNE. — Sentence de noblesse pour Simon *de la Personne*, dit *le Petit*, seigneur de Conteville.

(Registre de l'élection d'Artois de 1575 à 1587, folio 29).

23 Février 1577. — LE JOSNE. — Sentence de noblesse pour Jean *Le Josne*, demeurant à Esquire.

ARMES : *Aux 1 et 4 de gueules au créquier d'argent* qui sont LE JOSNE ; *aux 2 et 3 de sable à 3 molettes d'argent*, qui sont GRIBOVAL.

(Registre de l'élection d'Artois de 1575 à 1587, folio 33).

11 Avril 1578. — DU PONT. — Sentence de noblesse pour Jean *du Pont*, seigneur de Taigneville.

ARMES : *De gueules, à 3 glands d'or.*

(Registre de l'élection d'Artois de 1575 à 1587, folio 43).

12 Avril 1578. — GRENET. — Sentence de noblesse pour Guillaume *Grenet,* seigneur de Cohem, Hingettes, lui permettant de prendre la qualité d'écuyer et de jouir des priviléges de la noblesse comme étant issu de noble génération.

ARMES : *D'azur à 3 gerbes d'or.*

(Registre de l'élection d'Artois de 1575 à 1587, folio 47. — Manuscrit Palisot de Beauvois, tome I, page 11).

21 Juin 1578. — DE CAVEREL. — Sentence de noblesse pour François *de Caverel*, seigneur de la Vasserie, demeurant à Buneville.

ARMES : *D'   au chevron   accompagné de 3 quinte feuilles de*

(Registre de l'élection d'Artois de 1575 à 1587, folio 57).

27 Juin 1578. — FOURNEL. — Sentence de noblesse pour Antoine *Fournel*, écuyer, seigneur de Beaulieu.

ARMES : *D'azur à une aigle d'or à double tête.*

(Registre de l'élection d'Artois de 1573 à 1587, folio 51).

24 Janvier 1579. — DE SALPERVICQ. — Sentence d'anoblissement pour Noël *de Salpervicq*, seigneur de Crehon.

Armes : *Aux 1 et 4 d'argent à une aigle de sinople à deux têtes, membrée de gueules, aux 2 et 3 d'argent à un char de sable.*

(Registre de l'élection d'Artois de 1575 à 1587, folio 63).

24 Février 1579. — DE WERP. — Le Conseil d'Artois réforme une sentence rendue contre la noblesse d'Antoine *de Werp*, seigneur du petit Beauvoir, fils de Jean, aussi seigneur du petit Beauvoir, et le reconnait noble.

Armes : *D'azur au chevron d'or à 3 croissants d'argent, timbré d'un heaume avec un bras maintenant un croissant d'argent.*

(Registre de l'élection d'Artois de 1575 à 1587, folio 66).

24 Octobre 1579. — DE PENIN. — Sentence de noblesse rendue au profit d'Antoine *de Penin*, seigneur de Razincourt qui produit les lettres d'anoblissement données à ses prédécesseurs par Charles, duc de Bourgogne, le 6 avril 1470.

(Registre de l'élection d'Artois de 1575 à 1587, folio 73).

26 Janvier 1580. — DE CROIX. — Sentence de reconnaissance de noblesse pour Antoine *de Croix* dit *Drumez*, seigneur de Bullecourt.

Armes : *D'argent à la croix d'azur.*

(Registre de l'élection d'Artois de 1575 à 1587, folio 74).

25 Février 1581. — DU MANOIR. — Sentence de noblesse pour Geoffroy *du Manoir*, seigneur de Beugny.

Armes : *D'argent au chevron de gueules accompagné de 3 escureuils rampants de gueules, 2 en chef, un en pointe.*

(Registre de l'élection d'Artois de 1575 à 1587, folio 84).

16 Décembre 1581. — DE LILLETTE. — Sentence au profit de Jean *de Lillette*, écuyer, seigneur dudit lieu.

Armes : *D'argent à la bande fuselée de sable.*

(Registre de l'élection d'Artois de 1575 à 1587, folio 90).

16 Décembre 1581. — DE VILLEGAS. — Sentence de noblesse pour Adrien *de Villegas*, seigneur de Fontaine.

Armes : *D'argent à une croix de sable à la bordure de gueules chargée de huit châteaux d'or.*

(Registre de l'élection d'Artois de 1575 à 1587, folio 89).

25 Février 1582. — GAULTIER. — Sentence rendue en faveur de Charles *Gaultier*, demeurant à Averdoing, bailli-général des terres et seigneuries de Beaurepaire, Beaumont, Caucourt, fils de Jean, à son trépas greffier du bailliage de Lens ; ce dernier fils de Louis et ledit Louis, frère de maître Jacques *Gaultier*, en son temps chapelain domestique de Charles V, empereur, qui avait obtenu des lettres d'anoblissement tant pour lui que pour Louis et Guillaume *Gaultier* ses frères, le 6 août 1524, et dont ledit Charles demande l'enregistrement.

(Registre de l'élection d'Artois de 1575 à 1587, folio 94).

3 Mars 1582. — LELIÈVRE. — Sentence pour Jean *Lelièvre*, seigneur du Carme.

Armes : *D'azur à une fasce d'or accompagnée de trois molettes d'or, 2 en chef 1 en pointe.*

(Registre de l'élection d'Artois de 1575 à 1587, folio 92).

8 Mars 1582. — D'AIX. — Sentence pour Maximilien et Jean *d'Aix*, frères, écuyers, enfants de feu Jean *d'Aix*, à son trépas aussi écuyer et fils de Colart *d'Aix*.

(Registre de l'élection d'Artois de 1575 à 1587, folio 98).

20 Octobre 1582. — DE LA PLANCQUE. — Sentence pour Louis de la Plancque, écuyer, seigneur de la Comté et des Wattines.

(Registre de l'élection d'Artois 1575 à 1587, folio 103).

2 Avril 1583. — DE VOS. — Sentence de noblesse pour Gérard de Vos, écuyer, seigneur de Beaupré, Hendecourdel, gouverneur et bailli de la principauté d'Epinoy.

Armes : *D'argent à la bande de sable, chargée de trois lions d'or.*

(Registre de l'élection d'Artois de 1573 à 1587, folio 104).

1583. — D'AUDREHEN. — Lettres de noblesse pour Jean d'Audrehen, écuyer, seigneur du Château-Joly.

Armes : *D'argent, à un chevron de sable accompagné de 3 losanges de même.*

(Registre de l'élection d'Artois de 1575 à 1587, folio 112).

5 Juillet 1583, Bruxelles. — DE LA SALLE. — Ordonnance d'enregistrer des lettres d'anoblissement accordées par Charles V, le 15 novembre 1555, à Pierre de la Salle, licencié ès-lois, originaire d'Artois.

Cet enregistrement eut lieu sur la demande de Philippe du Chastel, chevalier, seigneur de Blamisalval, de la Bourse, etc..., époux de Marie de la Salle, et sur celle de Robert Bertoult, écuyer, seigneur de fief, époux de Jacqueline de la Salle, sœur de la précédente et filles dudit Pierre de la Salle, anobli.

(Registre de l'élection d'Artois de 1575 à 1587, folio 110).

22 Juillet 1583. — DE LA DIENNÉE. — François de la Diennée, seigneur de Saint-Vaast, demeurant à Saint-Pol, appelle d'une sentence rendue contre lui et la fait réformer par jugement du Conseil d'Artois.

Il était fils d'Adrien de la Diennée, greffier de Saint-Pol, et frère de Grégoire de la Diennée, seigneur de Baudricourt.

(Registre de l'élection d'Artois de 1575 à 1587, folio 121).

7 Septembre 1583. — BRIOIS. — Exemption du droit de nouvel acquet pour Jean *Briois*, écuyer, licencié ès-lois, conseiller au conseil d'Artois, fils de Pierre *Briois*, licencié ès-lois, demeurant à Arras.

Cette pièce rapportée dans le manuscrit de M. Palisot de Beauvois, tome Ier, page 37, dit qu'il fut en même temps déclaré noble.

(Registre de l'élection d'Artois de 1575 à 1587, folio 149).

16 Octobre 1583. — BERTOULT. — Enregistrement de la sentence qui exempte du droit de nouvel acquet Robert *Bertoult*, seigneur de Fief, Wailly, en la comté de Herlies.

Cette sentence contient que Jacques *Bertoult*, écuyer, seigneur du Ponchel, demeurant à Arras, proave dudit Robert, avait obtenu une exemption du droit de nouvel acquet, le 10 janvier 1501, et avait épousé Jacqueline *de Wailly*, fille de Jean, écuyer, demeurant à la Bassée.

Armes : *De gueules à une fasce d'or accompagnée de 3 coquilles d'or en chef et en pointe d'un lion d'or.*

(Registre de l'élection d'Artois de 1575 à 1587, folio 125).

5 Novembre 1583. — MONCHEAUX. — Sentence de noblesse pour François *de Moncheaux*, seigneur de Froideval qui est exempt du droit de nouvel acquet comme noble par sa mère Jeanne *Bauduin*, veuve de Nicolas *de Moncheaux*, en son vivant aussi seigneur de Froideval, et fille d'Antoine *Bauduin*, écuyer, seigneur de Ramillis, Maricourt, procureur-général, pour Sa Majesté, du Conseil d'Artois, et de demoiselle Henrie *de Forest*.

De Forest porte : *D'argent à 3 croissants de sable.*

(Registre de l'élection d'Artois de 1575 à 1587, folio 129. — Manuscrit Palisot de Beauvois, tome I, folio 21).

28 Janvier 1584. — MONS. — Sentence de noblesse pour Marie *de Mons*, fille de Charles, en son vivant écuyer, licencié ès-droits, prévôt de la cité d'Arras, mariée à Jérôme *Febvrier*, avocat au Conseil d'Artois.

De Mons porte : *De sable au créquier d'argent.*

(Registre de l'élection d'Artois de 1575 à 1587, folio 142).

9 Février 1584. — GENNEVIÈRES. — Exemption du droit de nouvel acquet pour noble homme Antoine *de Gennevières*, seigneur de Waudricourt et de Courchelette, fils de Charles, seigneur desdits lieux, écuyer, et de Antoinette *du Mont-Saint-Eloy*, icelui Charles, fils d'Antoine, écuyer, seigneur desdits lieux, icelui Antoine, fils de Nicolas et de Marguerite *Laurie*, demoiselle dudit lieu et Courchelette, fille de Robert *Laurie*, écuyer, et de Jeanne *de Gonnère*.

(Registre de l'élection d'Artois de 1575 à 1587, folio 147).

3 Mars 1584. — LEFEBVRE. — Sentence de noblesse pour Philippe *Lefebvre*, écuyer, seigneur d'Aubromez et la Cocquaine, et pour Simon *Lefebvre*, aussi écuyer, seigneur et baron de Blairville, frères et enfants de feu Charles *Lefebvre*, à son trépas seigneur desdits lieux, et de demoiselle Henrie *Doresmieux*, et aussi pour Jacques *Doresmieux*, écuyer, majeur héréditaire dudit *Oresmieulx*, conseiller de la ville d'Arras.

Armes : *D'azur à un croissant d'or et une étoile de même au-dessus.*

Doresmieux porte : *D'or à 3 roses de gueules et au milieu une tête de maure ou sarrasin liée d'argent.*

(Reg. de l'élection d'Artois de 1575 à 1587, folio 153. — Man. Palisot de Beauvois, tome I, page 27).

Septembre 1584, Saint-Laurent le Royal. — DE ZOMBERGHE. — Lettres de Philippe, roi d'Espagne, en faveur de Jean de *Zomberghe*, seigneur de Liètres, confirmant les lettres d'anoblissement accordées le 19 mars 1553 à Ernould *de Zomberghe*, son père.

(Registre de l'élection d'Artois de 1575 à 1587, folio 190).

15 Septembre 1584. — DE ZOMBERGHE. — Enregistrement des lettres d'anoblissement données, le 19 mars 1553, à Bruxelles, par Charles V à Ernould *de Zomberghe*, accordé sur la demande de Jacqueline *Picavet*, veuve de Jean *de Zomberghe*, seigneur de la Coquil, fils dudit Ernould.

(Registre de l'élection d'Artois de 1575 à 1587, folio 188).

19 Février 1585. — DE LOUEUSE. — Autorisation accordée à Antoine *de Loueuse*, écuyer, seigneur de Cronevelt et de Méricourt en partie, de faire enregistrer les

lettres de chevalerie données à Vienne, le 12 avril 1577, par l'Empereur Maximilien II à son frère Jacques *de Loueuse*, seigneur dudit lieu.

(Registre de l'élection d'Artois de 1575 à 1587, folio 185.)

8 MARS 1585. — DE LOUEUSE. — Autorisation accordée à Antoine *de Loueuse*, écuyer, seigneur de Cronevelt et de Méricourt en partie, de faire enregistrer les lettres de chevalerie données, le 24 février 1536, par l'Empereur Charles V à Jean *de Baiart*, seigneur de Gautaul, père de Claire *de Baiart*, sa femme.

(Registre de l'élection d'Artois de 1575 à 1587, folio 186).

14 AVRIL 1585. — DE FRANCE. — Enregistrement des lettres de chevalerie accordées, par l'Empereur Rodolphe, à Prague, le 4 avril et le 12 juin 1585, la première pour Jérôme *de France*, seigneur de la Grande-Vacquerie, docteur ès-droits, président du Conseil d'Artois, et la seconde pour son fils Renon *de France*, avocat au grand Conseil de Sa Majesté.

(Registre de l'élection d'Artois de 1575 à 1587, folio 257. — Manuscrit Palisot de Beauvois, tome I, folio 41).

1ᵉʳ JUIN 1585. — GOSSON. — Sentence de noblesse pour Pasquier *Gosson*, licencié ès-lois, seigneur de Rumeville, et Marie *Gosson*, demoiselle de Mercatel.

ARMES : *Aux 1 et 4 de gueules fretté d'or, aux 2 et 3, fascé de huit pièces d'argent et de gueules, au sautoir de sable brochant sur le tout et une molette de sable sur la première fasce* (1).

(Registre de l'élection d'Artois de 1575 à 1587, folio 195. — Manuscrit Palisot de Beauvois, tome I, page 47).

9 NOVEMBRE 1585. — VAN DEN WOSTINE ET BOULENGIER. — Sentence rendue en faveur de Jean *Van den Wostine* et *Marie Boulengier*, sa femme, contre Jean *de Bersaque*, seigneur de Monescourt, et son épouse Marguerite *Boulengier*, au sujet du

---

(1) Voir la généalogie de cette famille que nous avons publiée dans les « Souvenirs de la Flandre Wallonne, » tome XV, Douai, Crépin, 1875.

port des armes de la famille Boulengier, qui sont : *D'azur à 3 besans d'or, au chef d'or, chargé d'une aigle aux ailes éployées* ; ordonnant à Jean *de Bersaque* et à sa femme de rompre ses armes et de remplacer les 3 besans d'or par une étoile ou autre marque semblable.

(Registre de l'élection d'Artois, de 1575 à 1587, folio 218).

25 Octobre 1586. — DE MONCHEAUX. — Sentence de noblesse pour François *de Moncheaux*, licencié ès-droits, seigneur de Froideval ; et pour son frère Gilles *de Moncheaux*, seigneur de Foucqvillers.

Armes : *De sinople fretté d'argent.*

(Registre de l'élection d'Artois de 1575 à 1587, folio 239).

25 Octobre 1586. — DE SMERPONT. — Lettres de noblesse pour Nicolas *de Smerpont*, seigneur du Maisnil-sur-Rive, gentilhomme de la vieille compagnie, pour Pierre *de Smerpont*, licencié ès-droit, seigneur de Fraussu, et pour Claude *de Smerpont*, seigneur de la Vacquerie.

(Registre de l'élection d'Artois de 1575 à 1587, folio 245).

22 Juin 1587. — GRENET. — Sentence du Conseil privé du Roi en faveur de Pierre *Grenet*, seigneur de Fermont, confirmant une sentence rendue au profit de son cousin Guillaume *Grenet*, écuyer, seigneur de Cohem, qui le déclarait noble et extrait de noble parentage.

(Registre de l'élection d'Artois 1575 à 1587, folio 264, et Manuscrit Palisot de Beauvois, tome I, folio 55).

4 Juillet 1588. — DU MONT-SAINT-ELOY. — Sentence de noblesse et d'exemption du droit de nouvel acquet pour Jean *du Mont-Saint-Eloy*, écuyer, seigneur du Metz-Galant, lieutenant-général de la gouvernance d'Arras, et pour ses deux frères Pierre *du Mont-Saint-Eloy*, seigneur de Vendin-Guérard, et Philippe *du Mont-Saint-Eloy*. Elle ordonne en outre l'enregistrement des deux sentences suivantes pour lui servir au besoin à démontrer la noblesse de sa famille : 1° une sentence d'exemption de droit de nouvel acquet, comme noble et extrait de noble génération, donnée, le 15 avril 1551, par les commissaires, députés à Paris par le Roi de France, à son père Pierre *du Mont-Saint-Eloy*, écuyer, seigneur de Vendin, conseiller de l'Empereur en son

Conseil d'Artois pour sa seigneurie de Holleville, située en France, prévôté de Péronne ; 2° une sentence d'exemption du droit de nouvel acquet des commissaires du quartier de Lille, 12 novembre 1587.

(Registre de l'élection d'Artois de 1587 à 1595, folio 4. — Manuscrit Palisot de Beauvois, tome I, folio 67).

15 Octobre 1588. — CLÉMENT. — Lettres de noblesse pour Pierre *Clément*, seigneur de Leuwacq.

ARMES: *De gueules à 3 trèfles d'or au chef d'argent à 3 merles de sable.*

(Registre de l'élection d'Artois de 1587 à 1595, folio 11).

15 Octobre 1588. — DE FONTAINE. — Sentence de noblesse pour Charles *de Fontaine*, fils de feu Jean, seigneur de Reules et d'Antoinette *Courcol*, qui se prétendait noble à cause de sa mère et que les élus d'Artois déclarèrent comme tel.

(Registre de l'élection d'Artois de 1587 à 1595, folio 15. — Manuscrit Palisot de Beauvois, tome I, folio 71).

9 Décembre 1588. — DE FRANCE. — Ratification des lettres de chevalerie accordées par l'Empereur d'Allemagne à Jérôme *de France*, docteur en droit, seigneur de la Vacquerie, conseiller au grand Conseil à Malines, puis président du Conseil provincial d'Artois, délivrée à Madrid par Philippe, roi d'Espagne.

(Registre de l'élection d'Artois de 1587 à 1595, folio 29. — Manuscrit Palisot de Beauvois, tome I, folio 71).

27 Octobre 1589. — LE JOSNE. — Sentence de noblesse pour Adrien *Le Josne*, seigneur de Pressy, et pour Jean *Le Josne*, son frère, seigneur d'Estourelle, qui, le 16 septembre précédent, avaient perdu leur procès contre les collecteurs et les habitants du village de Pressy.

ARMES: *De gueules fretté d'argent semé de fleurs de lys d'or.*

(Registre de l'élection d'Artois de 1587 à 1595, folio 37).

27 Octobre 1589. — LE JEUNE. — Sentence de noblesse pour Nicolas *Le Jeune*, demeurant à Saint-Omer.

Armes : *Aux 1 et 4 de gueules au créquier d'argent* qui sont Le Jeune, *timbré d'un faisan ; aux 2 et 3 de sable à 3 molettes d'argent percées de sable*, qui sont Griboval.

(Registre de l'élection d'Artois de 1587 à 1595, folio 33).

1er Juin 1590. — DU CARIEUL. — Sentence du Conseil d'Artois reconnaissant que Jean *du Carieul*, écuyer, seigneur de Cottignicourt, demeurant à Bapaume, est noble et extrait de noble génération (1).

(Manuscrit Palisot de Beauvois, tome I, folio 380).

14 Juillet 1590. — DU MONT. — Sentence de noblesse pour Guislain *du Mont*, seigneur de Pacanet ou Pacavet, demeurant à Gonnehem.

Armes : *D'argent à une aigle de sable armée de gueules au chef d'or*, qu'il dit être les armes d'Ardres.

(Registre de l'élection d'Artois de 1587 à 1595, folio 55).

24 Octobre 1590. — DUMAIRE. — Sentence de noblesse pour Jean *Dumaire*, seigneur du Mollinet en Boulonnais, demeurant à Montbernanchon.

Armes : *D'argent au chevron de sinople*.

(Registre de l'élection d'Artois de 1587 à 1595, folio 60).

6 Avril 1591. — DE BETHENCOURT. — Sentence de noblesse pour Antoine *de Bethencourt*, écuyer, seigneur de Penin en partie.

Armes : *D'argent, à la bande de gueules à 3 coquilles d'or*.

(Registre de l'élection d'Artois de 1585 à 1595, folio 79.)

---

(1) Il prenait pour armes : *D'argent au sautoir de gueules*, tandis que Jean et Guillaume *du Carieul*, son père et son aïeul, avaient d'après leurs cachets un écu à *trois coignets ou dolais* 2 et 1.

13 Juillet 1591. — DE WAZIERS. — Sentence de noblesse de l'élection d'Artois pour Jean *de Waziers*, écuyer, seigneur de Femy, demeurant à Lagnicourt.

(Registre de l'élection d'Artois de 1587 à 1595).

31 Juillet 1591. — LE MERCHIER. — Sentence de noblesse au profit d'Alphonse *Le Merchier*, seigneur de Morslède, Valenchiennes-en-Blarenghien et du Vail, demeurant audit Vail.

(Registre de l'élection d'Artois de 1585 à 1595, folio 110).

4 Décembre 1591. — DE GRAULT. — Sentence reconnaissant la noblesse de Charles *de Grault*, écuyer, seigneur de Tanay.

(Registre de l'élection d'Artois de 1587 à 1595, folio 133).

21 Mars 1592. — DUVAL. — Sentence de noblesse pour Nicolas *Duval* ou *du Val*, avocat au Conseil d'Artois, seigneur du Natoy, fils de feu Jacques *du Val* et de Anne *Cornaille*, icelui fils de Jacques et de Claudine *Debruin*.

Anne *Cornaille* était fille de Nicolas, écuyer, seigneur du Croquet et Goupy, demeurant au Viel-Hesdin et depuis à Boubers-sur-Canche, et de Madeleine *Le Nourguier*.

Armes : *D'argent, endenté de gueules au lion de sable rampant armé et lampassé de gueules.*

(Registre de l'élection d'Artois de 1595 à 1607, folio 261).

9 Mai 1592. — DE LOUVIERS. — Sentence de noblesse pour Philippe *de Louviers* dit *Louvet*, seigneur de Fontaine.

Armes : *Partie d'or et de sable, à l'écu de gueules sur le tout,* timbré d'un demi-lièvre issant.

(Registre de l'élection d'Artois de 1587 à 1595, folio 145).

24 Juillet 1592. — DE LIONE. — Sentence de noblesse pour François *de Lione*, seigneur d'Avault, demeurant en la ville de Saint-Omer dont il a été échevin à son tour.

Armes : *Aux 1 et 4 d'or au créquier de gueules, aux 2 et 3 à la fasce de gueules.*

(Registre de l'élection d'Artois de 1587 à 1595, folio 160).

24 Juillet 1592. — DE POIX. — Sentence de noblesse au profit de Jean *de Poix*, demeurant en la ville de Saint-Omer.

Armes : *D'argent à la croix ancrée de sable timbré d'un griffon d'or.*

(Registre de l'élection d'Artois de 1587 à 1595, folio 156).

18 Octobre 1592. — SCHACHT. — Sentence de noblesse pour Alexandre *Schacht*, seigneur de Blinzel, de la ville d'Aire.

Armes : *De gueules, au chevron d'or à 3 croix droites d'argent, 2 en chef, une en pointe. Les cadets ont rompu leurs armes par une trompe d'argent liée de même.*

(Registre de l'élection d'Artois de 1587 à 1595, folio 167).

30 Octobre 1592. — DE SAINT-VAAST. — Sentence de noblesse pour Pierre *de Saint-Vaast*, seigneur de Bugnies, Fontenelles et Courcelles.

Armes : *D'azur à l'aigle à deux têtes d'or armée et défendue de gueules,* timbré de même et ayant deux lions pour supports.

(Registre de l'élection d'Artois de 1587 à 1595, folio 179).

20 Février 1593. — CORNAILLE. — Sentence de noblesse pour Florent *Cornaille*, écuyer, seigneur de la Bucaille et Noyelle, prévôt de Concy.

Armes : *De sinople à la fasce d'argent, au desoubs un croissant de même, écartelé de deux carmeaux d'or et d'azur,* timbré d'un heaume, cimier un cypré avec feuillage de mêmes couleurs que les armoiries (1).

(Registre de l'élection d'Artois de 1587 à 1595, folio 183).

---

(1) Le nécrologe de l'abbaye de Saint-Vaast d'Arras, publié par le chanoine Van Drival, Arras, 1878, donne pour armes à Guilain *Cornaille*, de Saint-Omer, fils de Florent, écuyer, seigneur de la Bucaille, écartelé *aux 1 et 4 de sinople à la fasce d'argent, aux 2 et 3 écartelé, aux 1 et 4 d'or et 2 et 3 d'azur*.

20 Mars 1593. — D'ESTIEMBECQUE. — Sentence de noblesse pour Jérosme *d'Estiembecque*, seigneur de Disque et de la Motte, demeurant à Saint-Omer.

Armes de la maison de Houdecoutre : *D'azur à 3 bandes d'argent* et sur le timbre, un cerf.

(Registre de l'élection d'Artois de 1587 à 1595, folio 192).

20 Mars 1593. — LE MERCHIER. — Sentence de noblesse pour Antoine *Le Merchier*, seigneur de Noureuil, Petit-Avelas, la Hamette et la Balesterie.

Armes : *De gueules à 3 tours d'argent.*

(Registre de l'élection d'Artois de 1587 à 1595, folio 187).

3 Avril 1593. — DE BERSACQUES. — Sentence de noblesse pour Nicaise *de Bersacques*, seigneur d'Arquingoucq, lieutenant du bailliage de Saint-Omer.

Armes : *D'azur à 3 molettes d'argent, un croissant d'or en chef.*

(Registre de l'élection d'Artois de 1587 à 1595, folio 211).

3 Avril 1593. — DE WALLECHEY. — Sentence de noblesse pour Antoine *de Wallechey*, seigneur de Lestrade ou Lescarde, échevin de Saint-Omer.

Armes : *D'argent à la bande de sable chargée de trois lions d'argent.*

(Registre de l'élection d'Artois de 1587 à 1595, folio 205).

15 Mai 1593. — GRENET. — Sentence de noblesse pour Pierre *Grenet*, écuyer, seigneur de Fermont, et pour ses deux frères, François *Grenet*, écuyer, seigneur de Garimes ou Clarinnes, et Waast *Grenet*, abbé de Saint-Bertin à Saint-Omer. Ils sont reconnus issus d'une ancienne et noble maison d'Ecosse.

Armes : *D'azur à 3 gerbes d'or 2 et 1.*

(Registre de l'élection d'Artois de 1587 à 1595, folio 216. — Manuscrit Palisot de Beauvois, tome I, page 99).

19 Mars 1594. — DE FROMESCENT. — Sentence de noblesse pour Jean *de Fromescent*, échevin de Saint-Omer, et pour son frère aîné, Thomas *de Fromescent*, seigneur de Clainas, demeurant à Flers.

Armes : *Aux 1 et 4 d'or au lion de sable rampant, 2 et 3 d'argent à 3 rosettes de gueules.* Timbré d'un lion issant entre deux pennons.

(Registre de l'élection d'Artois de 1587 à 1595, folio 232).

15 Mai 1596, Maison royale de Alcala en Castille. — BEAUFFORT. — Chevalerie pour Louis *de Beauffort*, seigneur de Boilleux, au pays d'Artois, lieutenant de la compagnie d'hommes d'armes sous la charge du comte de Solre, au service depuis son jeune âge, s'est trouvé à tous les voyages, siéges, prises de villes, a été blessé plusieurs fois, a fait partie à ses frais de la suite du marquis de Roubais pendant quatre ans, a voyagé en Lorraine avec le marquis d'Havré qui lui a donné l'enseigne de sa compagnie d'hommes d'armes pour empêcher le passage des reîtres qui allaient en France pour le prince de Béarn, a été envoyé avec la même compagnie vers Bonne où il est resté jusqu'à la prise de cette ville, puis étant avec le comte d'Egmont en qualité de lieutenant de sa compagnie, il fut blessé d'un coup d'arquebuse à la gorge, il alla pourtant encore au secours de Paris et continua de servir en qualité de lieutenant du comte de Solre, etc...

(Arch. départ. du Pas-de-Calais, regist. aux com., tome II, folio 293. — Manuscrit Palisot, tome I, folio 113).

5 Octobre 1596. — DE HONDT. — Sentence de noblesse pour Charles *de Hondt*, seigneur de la Roze.

Armes : *D'or à 3 levrons de sable portant un collet de gueules.* Timbré d'un heaume de guerre couronné d'or et sur cette couronne un   d'or aislé.

(Registre de l'élection d'Artois de 1587 à 1595, folio 115).

23 Décembre 1596, Madrid. — VASSELIN DE LANNOY. — Lettres de chevalerie en faveur de Hugues *Vasselin de Lannoy*, écuyer, seigneur de Pronville, prévôt héréditaire de la ville de La Gorgue.

Ces lettres nous apprennent qu'il était fils de Hugues, homme d'armes des ordonnances du Roi ; que son grand'père avait rempli les mêmes fonctions du temps de l'Empereur Charles V, puis avait été capitaine d'une compagnie de 500 hommes sous le régiment d'Alvres, seigneur de Fiennes, comme avait aussi fait Jean, écuyer, en son temps gouverneur d'Hesdin ; qu'enfin, ses ancêtres avaient toujours bien servi leurs souverains, s'étaient bien alliés et possédaient des terres et seigneuries.

(Registre de l'élection d'Artois de 1595 à 1607, folio 14).

19 Juillet 1597. — LE JOSNE. — Sentence de noblesse pour Jean *Le Josne*, seigneur de Versigny, Baubrel, demeurant à Croix.

Armes : *De gueules au créquier d'argent.*

(Registre de l'élection d'Artois de 1595 à 1607, folio 44).

27 Septembre 1597. — DE CONILLE. — Sentence de noblesse au profit de Robert *de Conille*, écuyer, bailli de la ville et cour d'Arques.

Armes : *D'or, à trois trèfles de sinople 2 et 1.*

(Registre de l'élection d'Artois de 1595 à 1607, folio 50).

22 Novembre 1597. — BRISTEL. — Lettres de noblesse pour Pierre *Bristel*, bailli de la ville d'Hénin-Liétard.

(Registre de l'élection d'Artois de 1595 à 1607, folio 16).

10 Mars 1598. — DE LA TRAMERIE. — Accord entre Robert *de la Tramerie*, chevalier, seigneur dudit lieu et du Forest, et Ponthus *de la Tramerie*, seigneur de Hestaing, frères, descendant paternellement et maternellement des *Monchy-Cayeux*, d'une part et Hugues *de Bassecourt*, seigneur de Hornaing, d'autre part, au sujet des armes de Monchy que ledit Hugues *de Bassecourt* écartelait avec les siennes.

Hugues *de Bassecourt* établit qu'il est fils de Claude, seigneur de Saint-Floris en partie et de Marie *Duriez*, fille de Philippe, en son vivant censier de l'abbaye de Corbie à Monchy-au-Bois et cousin-germain maternel de Jérôme *Duriez*, écuyer, seigneur du Hamel, qui avait obtenu une sentence de noblesse, en mai 1592 ; que les *Duriez* portaient pour armes de gueules *à trois maillets d'or, posés droits*, et déclara qu'il avait écartelé ainsi ses armes pour se distinguer du seigneur de Grigny, son frère aîné.

Robert *de la Tramerie* et son frère Ponthus reconnurent aux *Bassecourt* le droit de porter les armes des *Duriez*.

(Registre de l'élection d'Artois de 1595 à 1607, folio 39).

10 Avril 1598, Madrid. — LE VASSEUR. — Lettres de chevalerie pour Floris *Le Vasseur*, seigneur de Valhuon, fils de feu Guillaume, chevalier, en son vivant commissaire ordinaire des monstres au pays d'Artois.

Ces lettres disent que ses ancêtres et ceux de sa femme, demoiselle d'*Aussimont*, ont rendu de bons et notables services en plusieurs charges, etc.

(Arch. départ. du Pas-de-Calais. — Registre aux commissions, tome II, folio 484. — Manuscrit Palissot, tome I, folio 115).

16 Février 1599. — DE MONCHEAUX. — Sentence de noblesse pour François *de Moncheaux*, écuyer, seigneur de Froideval, et Gilles *de Moncheaux*, aussi écuyer, seigneur de Foucqvillers, frères.

(Registre de l'élection d'Artois de 1595 à 1607, folio 24).

3 Avril 1599. — GALBART. — Sentence de noblesse pour Vallerand *Galbart*, jeune fils à marier de feu Jean, demeurant à Béthune, et pour Arthur *Galbart*, seigneur de Brusle.

Armes : *Deux croissants d'or et quatre ronds à jour aussi d'or en un champ d'azur.*

(Registre de l'élection d'Artois de 1595 à 1607, folio 72).

25 Janvier 1600, Bruxelles. — DE CATRIX. — Lettres de chevalerie pour Nicolas *de Catrix*, lieutenant de l'artillerie du Roi d'Espagne et gouverneur du fort de Saint-André, ancien lieutenant et capitaine d'infanterie wallonne et gouverneur de place et forteresse, qui a assisté à plusieurs siéges et reçu plusieurs blessures, etc., etc.

(Registre de l'élection d'Artois de 1613 à 1639, folio 205).

5 Février 1600. — DE NELLE. — Sentence de noblesse rendue pour Georges *de Nelle*, demeurant à Saint-Venant.

    Armes : *De gueules, semé de trèfles d'or à deux dauphins d'or adossés.*

(Registre de l'élection d'Artois de 1595 à 1607, folio 77).

14 Aout 1600. — DE DIVION. — Lettres de chevalerie accordées à Bruxelles en faveur de Ponthus *de Divion*, écuyer, seigneur d'Oppy, Cantherine et Gouvernyes.

On voit par ces lettres que Ponthus s'est trouvé à la suite du comte de Fuentes à la prise du Châtelet, à la bataille devant la ville de Doulens, aux prises de Cambrai, de Calais et d'Ardres et que, servant à ses frais avec 4 ou 5 chevaux, il a été au secours d'Amiens comme guidon de la compagnie d'ordonnance du duc d'Arschot, nommé ensuite enseigne de cette compagnie de 50 hommes d'armes, il est actuellement commandant en qualité de lieutenant du comte de Buquoy.

(Registre de l'élection d'Artois de 1597 à 1607, folio 96).

21 Juillet 1601. — DE BEUGIN. — Sentence de noblesse pour Robert *de Beugin*, licencié ès-lois, seigneur de Ponches et de Cantherine.

    Armes : *D'azur, au chevron d'or accompagné de 3 croissants chargés chacun d'un trèfle d'or, au chef d'or chargé de trois croisettes de gueules* ; timbré d'un heaume avec un lion naissant et pour supports deux lions.

(Registre de l'léection d'Artois de 1595 à 1607, folio 98).

26 Janvier 1602. — LE JOSNE. — Sentence de noblesse pour Gilles Oudigers *Le Josne*, demeurant à Mazinghuem.

    Armes : *D'argent à une aigle de sable couronnée.* Timbré d'une aigle de sable.

(Registre de l'élection d'Artois de 1595 à 1607, folio 118).

25 Mai 1602. — DE LA MOTTE. — Sentence de noblesse pour Philippe *de la Motte*, seigneur de Troncquoy.

    Armes : *D'argent, au lion de sable couronné d'or, armé et lampassé de gueules ; écartelé d'or à une hure de sanglier de sable.*

(Registre de l'élection d'Artois de 1595 à 1607, folio 135).

30 Octobre 1603. — DE LA PALME. — Sentence de noblesse pour Philippe *de la Palme*, seigneur de Campaignes, demeurant à Bredenarde.

Armes : *Vairé d'or et d'azur au quartier d'or, à la fasce de gueules.*

(Registre de l'élection d'Artois de 1597 à 1607, folio 138.)

19 Mai 1604. — DE HANON. — Sentence de noblesse pour François *de Hanon*, seigneur de Bavincove, demeurant à Saint-Omer.

Armes: *Aux 1 et 4 de gueules à 3 coquilles d'argent posées 2 et 1, aux 2 et 3 d'argent à la croix ancrée de gueules*, qui sont les armes des Courtheuses.

(Registre de l'élection d'Artois de 1595 à 1607, folio 150).

25 Mai 1604. — DE VERLOING. — Déclaration de noblesse pour Jean *de Verloing* licencié ès-lois, seigneur d'Esquires et de Pressy, originaire de Saint-Pol, demeurant à Arras.

Armes : *De sinople à la bande d'argent.*

(Registre de l'élection d'Artois de 1595 à 1607, folio 163).

10 Juillet 1604. — DEBRUYN. — Sentence de noblesse pour Jean *Debruyn*, seigneur de Framecourt, « débile d'entendement », marié à Péronne *de Brandt*.

Armes : *De gueules, à 3 écussons d'argent 2 et 1.*

(Registre de l'élection d'Artois de 1595 à 1607, folio 158).

9 Aout 1604. — LEMAIRE. — Sentence de noblesse pour Robert *Lemaire*, seigneur de Honvaulx, gouverneur de la baronnie de Rollencourt.

Armes : *D'argent au lion de sable armé et lampassé de gueules, accompagné de 3 étoiles de gueules 2 et 1.*

(Registre de l'élection d'Artois de 1595 à 1607, folio 176).

30 Octobre 1604. — MAUPETIT. — Sentence de noblesse pour Jacques *Maupetit*, licencié ès-droits, demeurant à Saint-Pol, et pour Jean *Maupetit*, son frère.

(Registre de l'élection d'Artois de 1595 à 1607, folio 189).

5 Février 1605. — DE POLLEHOY. — Déclaration de noblesse pour Antoine *de Pollehoy*, seigneur de Lotinghuem, demeurant à Saint-Omer.

(Registre de l'élection d'Artois de 1595 à 1607, folio 195).

11 Février 1605. — DAILLY. — Sentence de noblesse pour François *Dailly*, seigneur de Quienville, demeurant à Bunette-lez-la-ville-d'Aire.

Armes : *De gueules, échiqueté en chef d'argent et d'azur,* pour timbre une tête de chameau.

(Registre de l'élection d'Artois de 1595 à 1607, folio 206).

19 Février 1605. — LE ROY. — Sentence de noblesse pour Claude *Le Roy*, seigneur de la Prée, demeurant à Quiestède-les-Aires.

Armes : *D'azur, au chevron d'argent, accompagné en chef de 3 fleurs de lys de gueules aux pieds coupés, et en pointe d'un lion d'argent armé et lampassé de gueules.* Timbré d'un lion et soutenu de deux léopards lionnés d'or.

(Registre de l'élection d'Artois de 1595 à 1607, folio 216).

24 Septembre 1605. — DESPRETZ. — Enregistrement de différents titres servant à prouver la noblesse d'Oudart *Despretz*, demeurant à Béthune.

Armes : *Aux 1 et 4 d'argent à 3 maillets de sable, 2 et 3 de sable à 3 lions rampants d'argent.*

(Registre de l'élection d'Artois de 1595 à 1607, folio 220).

19 Décembre 1609. — BRUSSET. — Lettres de chevalerie données à Bruxelles pour Cornil *Brusset*, seigneur d'Ingelbert, gouverneur de la ville de Bourbourg, qui sert depuis 27 ans en qualité de capitaine et gouverneur, a été blessé deux fois et est issu de noble génération. Son père est mort gouverneur de Bourbourg en 1603, et son grand-père est mort gouverneur et capitaine de Gravelines en 1540.

(Registre de l'élection d'Artois de 1613 à 1639, folio 59).

20 Février. — DE HANGOUART. — Lettres de chevalerie données à Bruxelles pour Bartholomé *de Hangouart*, écuyer, seigneur de le Court, du Piettre et de Pomereau, qui s'est comporté en gentilhomme, a servi en 1594 sous le capitaine d'Haves dans les chevau-légers tenant garnison à Bruges, a fait la guerre de France avec le comte de Mansfeld, a été au siège de Cambrai comme gentilhomme volontaire, sous la conduite du marquis de Warembourg, et descend de noble race, tant du côté paternel que du côté maternel. Dans ces lettres, on voit en outre que son grand-père Guillaume *Hangouart*, honoré du titre de chevalier, était seigneur dudit Piettre et président conseiller au Conseil d'Artois, que son grand-oncle Wallerand *de Hangouart* était prévôt de Saint-Amé de Douai et de Saint-Bartholomé à Béthune, et aumônier de Charles V et de Philippe II, qu'enfin il est issu, du côté maternel, d'Antoinette *de Croix*, fille du feu seigneur de la Fresnoy, famille noble de Lille, dont plusieurs membres ont été honorés du titre de chevalier, et est ainsi neveu et héritier de Jean *dé Croix*, seigneur de le Court, gentilhomme de la chambre des jeunes princes d'Autriche.

(Registre de l'élection d'Artois de 1613 à 1619, folio 118).

1ᵉʳ Septembre 1612. — DE LA MOTTE. — Lettres de chevalerie données à Bruxelles pour Jean *de la Motte*, écuyer, seigneur d'Ifque, qui a suivi le parti des armes, s'est trouvé, avec les galères de Sa Majesté, sous la conduite d'André Doria au siège d'Alger et autres expéditions, a été nommé alfère en 1608, puis sergent-major, fut fait prisonnier par un capitaine hollandais, et dut payer une grosse rançon pour recouvrer sa liberté.

Ces lettres nous apprennent qu'il est fils de François *de la Motte*, seigneur de Barafle et de Bourquembray qui a rendu de grands services comme capitaine d'une compagnie d'infanterie wallonne, et de lieutenant-général des ville et échevinage de Saint-Omer et a été créé chevalier par feu Sa Majesté catholique : que feu Jacques *de Brœucq*, écuyer, seigneur dudit Ifque, grand-père maternel du remontrant, a rendu de longs services à Sa Majesté impériale comme capitaine et a été tué au château de Guisnes, où il s'était enfermé avec sa compagnie, ce qui fut cause que Sa Majesté avait accordé à sa fille, mère du remontrant, une pension de cent florins par an.

(Registre de l'élection d'Artois de 1613 à 1619, folio 122).

1ᵉʳ Septembre 1612, Bruxelles. — DE TRAMECOURT. — Lettres de chevalerie en faveur d'Antoine *de Tramecourt*, seigneur dudit lieu. Ces lettres nous apprennent que ses ancêtres possédaient la terre de Tramecourt ; qu'Ansel *de Tramecourt* dit *Tranchant*, qui vivait en 1236, et Pierre, sire de Tramecourt et de Hondescote-les-Souchez, auraient été armés chevaliers ; qu'Anseau *de Tramecourt*, écuyer, avait, en l'an 1339, servi dans les armées du duc Eude de Bourgogne ; que Jean *de Tramecourt*, seigneur dudit lieu d'Ivregny et Bacquel, était écuyer d'écurie du Roi de France en 1468 ; que Péronne *de Tramecourt*, demoiselle dudit lieu en 1456, était qualifiée de noble et puissante ; qu'il descendait en ligne directe et légitime d'Ansel *de Tramecourt* dit *Tranchant* et de Jeanne *de Halloy*, sa compagne ; que son père Jean *de Tramecourt*, seigneur dudit lieu, allié à la famille *de Wez* dit *de Ghisne*, avait servi l'Empereur comme guidon de la compagnie d'hommes d'armes du seigneur de Morbecque, en Allemagne, en Saxe, aux batailles de Gravelines et Saint-Quentin où l'Empereur aurait lui-même déclaré qu'il le faisait chevalier avec d'autres gentilhommes ; qu'enfin, lui-même, Antoine *de Tramecourt*, a servi avec 4 bons chevaux aux siéges de Doulens, Cambrai, Ardres, etc... ; qu'il s'est allié noblement à la maison *de Saint-Venant*, descendante de celle *de Wavrin*, et possède non-seulement la seigneurie de Tramecourt, mais celle de Verchin, Auberchicourt, Saulier, Beaurepaire et le Taillis.

ARMES : *D'argent à la croix ancrée de sable.*

(Registre de l'élection d'Artois de 1613 à 1639, folio 7).

2 MARS 1613. — DE LA HAYE. — Lettres de chevalerie données à Bruxelles pour Pierre *de La Haye*, écuyer, seigneur dudit lieu, Esquedecques, Bellenghues, Raddinghem et Linghuhem en partie, qui a servi avec 4 ou 5 chevaux aux siéges de Cambrai, Amiens, Doulens, etc.., et dont le père feu Charles *de La Haye*, seigneur dudit lieu, Esquedecques, etc..., a aussi rendu des services à l'Empereur Charles-Quint et au Roi d'Espagne, avec 4 ou 5 chevaux, en qualité d'homme d'armes, sous la conduite de feu le duc d'Arschat, pendant les guerres d'Allemagne, de France et d'Alger.

Pierre *de La Haye* s'était marié à demoiselle Louise *de Haleuwin*.

(Registre de l'élection d'Artois de 1613 à 1639, folio 18, et Registre aux commissions III, folio 53. — Manuscrit Palisot de Beauvois, tome I, folio 131).

18 MAI 1613. — LE BLANCQ. — Alexandre *Le Blancq*, écuyer, seigneur de Meurchin, de Bailleul-sir-Bertout et de Langlé, fils d'Alexandre *Le Blancq* qui a été fait chevalier dernièrement et dont plusieurs ancêtres ont été également créés chevaliers

pour les grands services qu'ils ont rendus, fut, à cause de ces motifs et des services qu'il a rendus lui-même, créé chevalier, par lettres données à Bruxelles.

(Registre de l'élection d'Artois de 1613 à 1639, folio 36).

18 Mai 1613. — DE BUISSY. — Lettres de chevalerie données à Bruxelles pour Michel *de Buissy*, écuyer, seigneur de Teneur, Outrenepuis.

Ces lettres nous font connaître qu'il était fils unique de Michel *de Buissy*, écuyer, seigneur de Louwez, Villers-Guislain et Homelin et de Jacqueline *de Collencourt*; que ledit Michel, son père, a toujours bien servi, s'est trouvé avec la compagnie du seigneur de Noircasmes à la journée de Watreloo, près de Lannoy, où, en 1566, furent défaites les troupes des séditieux et brise-images, puis aux prises de Valenciennes, Grœninghe, Gertrudenberg, Tergoes, Harlem, Amsterdam, Mons, Tournay, Marcoing, Lens, Cambrai; qu'en outre, en 1578, il a assisté à la délivrance du magistrat d'Arras· que son père, Claude *de Buissy*, chevalier, seigneur de Louwez, aïeul dudit remontant, a été homme d'armes sous Charles V, puis capitaine et lieutenant en la citadelle de Cambrai, sous le seigneur de Bugnicourt, chef de deux compagnies d'infanterie, l'une de 300, l'autre de 200 hommes qu'il a levés par commission expresse de la Reine de Hongrie et de Sa Majesté catholique, ensuite nommé sénéchal et louvetier de la comté de Saint-Pol; après la mort de Charles *de Wissocq*, seigneur de Bony et gouverneur, capitaine du château de Permes en 1557, gouverneur, capitaine et lieutenant de nouvel Hesdin et, enfin, en 1558, gouverneur de Philippeville; que ledit Claude a épousé Louise *d'Allesme*, fille de François, écuyer, seigneur de Lannoy-en-Tournaisy, et de Catherine *de Dion* ; qu'il était fils de Guillaume *de Buissy*, écuyer, seigneur de Villers-Guislain, prévôt de Cambray, et de Marguerite *de Le Val*, fille de Smador *de Le Val* et de Jeanne *de Beaumont*, ledit Guillaume, fils de Robert *de Buissy*, écuyer, seigneur de Villers-Guislain, et de Marguerite *de Beaulancourt* dit *Hardy*, fille de Martin, écuyer, et de Jeanne *de Monstrelet* et Robert, fils de Jean *de Buissy* et de Sainte *de Griboval*; que ledit Jean avait, en 1435, réparé entièrement, à ses frais et dépens, la chapelle Sainte-Catherine en l'église Saint-Nicolas de Bapaume, où l'on voit encore la représentation dudit Jean, et de Marguerite *Grenade*, sa première femme, entaillée en la table d'autel en pierre blanche. Jean est au-devant de l'image de la Vierge Marie, à genoux avec sa côte d'armes ornée de ses armoiries: *D'azur au chevron d'or chargé de 5 tourteaux d'azur*; que Pierre *de Buissy*, frère aîné du remontrant, après avoir assisté aux sièges de Doulens et Cambrai, a été tué à l'assaut du château de Doulens, enfin que ledit remontrant est allié à la noble maison *de Hertaing* et a pour sœur Gabrielle *de Buissy*, mariée à Jean *de Hainin*, chevalier, seigneur du Maisnil, fils du seigneur du Breucq.

(Registre de l'élection d'Artois de 1613 à 1639, folio 13).

20 Juin 1613, Mariemont. — DES WATTINES. — Lettres de chevalerie pour Renon *des Wattines*, écuyer, seigneur de Haynu, Warlincourt et du Bois du Brétz, fils de feu Hugues, seigneur de Warlincourt et de Monchy-au-Bois en partie, et de Françoise *Penelle de Lallaing*, fille de Jean, dont les ancêtres servent depuis longtemps les ducs de Bourgogne. Il avait pour grand-père Jacques *des Wattines*, seigneur de Monchy-au-Bois, en son temps écuyer-domestique du duc Charles qu'il a accompagné à Morat, Granson et Nancy.

(Registre de l'élection d'Artois de 1613 à 1639, folio 11).

5 Mars 1614. — DESPLANCQUES. — Lettres de chevalerie données à Bruxelles pour Jean *Desplancques*, écuyer, seigneur d'Hesdigneul, Tincque, Tinquette, Espreaux, Estrées, Cauchy et Izelles-lez-Avesnes qui a dans sa jeunesse servi dans le régiment du duc de Parme et s'est trouvé au siége de Berg-op-Zoom, secours de Paris, assaut et prise de Lagny et Corbeil, étant alors capitaine en chef de la compagnie couronnelle du duc de Parme, a été ensuite au secours de Rouen, à l'assaut de Lucque, Neufchâtel, Cardebecque, des villes et châteaux de Doulens, Calais, Ardres et au secours d'Amiens en qualité de gentilhomme volontaire, avec 3 chevaux, à la suite du prince de Ligne.

Les lettres nous apprennent aussi que plusieurs ancêtres du remontrant ont été faits chevaliers et ont rendu de grands services, notamment son père Pierre *Desplancques*, qui a assisté à la bataille de Renti, siége de Thérouanne, Landrecies, et Saint-Quentin en qualité d'homme d'armes sous la charge du vicomte de Gand, et son grand-père, Michel *Desplancques*, mort lieutenant des ville et château de Béthune ; que ses ancêtres sont bien alliés ; que ledit Michel *Desplancques* avait épousé une demoiselle *de Bernieulle* et ledit Pierre une demoiselle *de Bours*, et enfin que lui-même a pour épouse demoiselle *de Hybert La Motte*.

(Registre de l'élection d'Artois de 1613 à 1639, folio 37).

5 Mars 1614. — DE PRONVILLE. — Lettres de chevalerie données à Bruxelles pour Dominique *de Pronville*, seigneur de Haucourt, chef actuel de sa famille, issu

d'ancienne noblesse militaire du pays d'Artois, dont les ancêtres ont rendu des services à leurs souverains tant dans les charges de cavalerie que d'infanterie et ont mérité le titre de valeureux et de chevalier ; lui-même, à l'imitation de ses deux frères, est devenu capitaine au régiment du comte de Bucquoi et a assisté aux siéges de Doulens, Ostende, Ratimbecq, Linghem, aux secours d'Amiens et Bois-le-Duc, et à la bataille de Nieuport.

(Registre de l'élection d'Artois de 1613 à 1639, folio 76).

5 MARS 1614, BRUXELLES. — DE HIBERT. — Lettres de chevalerie données en faveur de Philippé *de Hibert* qui a servi au régiment de dom Alonzo de Mendoca devant le Châtelet, Doulens, Calais, Ardres et Cambrai. Nous voyons dans ces lettres qu'il était fils de feu Jean *de Hibert*, chevalier, seigneur de la Motte, qui avait servi dans la milice catholique à la bataille de Saint-Quentin où il avait été fait chevalier et honoré d'une compagnie de chevaux avec laquelle il avait défait les rebelles de Waterloo. Devenu lieutenant-colonel du sieur de Licques, il fut envoyé à Charlemont où il est resté cinq ans, puis chargé par don Juan d'Autriche d'aller garder Gravelines et Cassel avec quatre compagnies d'infanterie ; il demeura à ce poste 6 ans.

(Registre de l'élection d'Artois de 1613 à 1639, folio 39).

8 MARS 1614. — DE CROIX. — Sentence de noblesse en faveur de Pierre *de Croix*, seigneur du petit Bertencourt (qui néanmoins est condamné aux frais du procès).

(Registre de l'élection d'Artois de 1613 à 1639, folio 40).

23 JUILLET 1614, BRUXELLES. — DE LA RIVIÈRE. — Lettres de chevalerie en faveur de Jean *de La Rivière*, écuyer, seigneur de Warmes, issu de parents nobles, dont le père Philippe *de La Rivière*, écuyer, seigneur dudit Warmes, a assisté, en qualité d'homme d'armes de la compagnie du duc de Savoie, à la bataille de Saint-Quentin et a depuis rempli divers états principaux dans la ville de Lille et a pris parti contre les hérétiques rebelles et brise-images.

(Registre de l'élection d'Artois de 1613 à 1639, folio 58).

25 Avril 1615, Bruxelles. — GREBERT. — Lettres de chevalerie données pour Louis *Grebert*, écuyer, seigneur de Douchy et Aissenille, qui a servi dans les dernières guerres à la suite du marquis de Roubaix avec cinq chevaux à ses frais et dépens.

Le narratif nous apprend qu'il est fils de feu Emery, seigneur de Douchy, Aissenille et de Anne *de Blondel*, fille du seigneur de Beauregard et de Hautbois, et petit-fils d'Emery *Grebert*, prévôt de la ville de Valenciennes, qu'il dut quitter pendant la faction des rebelles ; enfin que sa famille est alliée aux Thyant, Courouble, de Poivre, Bousy, de Poix, du Chastel, etc., etc.

(Registre de l'élection d'Artois de 1613 à 1639, folio 90).

13 Aout 1615. — DE LA FOSSE. — Lettres de chevalerie données à Bruxelles en faveur de Frédéric *de La Fosse*, écuyer, seigneur de Pouvillon, qui a servi sous le prince de Parme, s'est trouvé aux siéges de Ligni et Corbeil et au secours de Paris, et qui est le chef de nom et d'armes de la famille *de La Fosse*.

Le narratif dit que cette famille tire son nom de la seigneurie de La Fosse située près Béthune, relevant du Roi à cause du château de Béthune et appartenant présentement au comte *de Bossu* par succession et alliance desdits de La Fosse avec la maison de Hennin ; un de ces derniers ayant épousé Anne *de Bourgogne* (sœur de Maximilien, chevalier de la Toison-d'Or et amiral), à laquelle cette terre fut dévolue par Antoine *de Bourgogne*, comte de La Roche, allié à la fille unique de Pierre *de La Vieville*, chevalier, seigneur de Nedon, vicomte d'Aire et époux de la fille de Jean *de Monchy*, chevalier, seigneur dudit lieu, et celui-ci époux de la fille aînée des descendants héritiers de Vilain *de La Fosse*, seigneur dudit lieu, honoré du titre de chevalier dès l'an 1294. On voit aussi que le remontrant est issu du maisné, héritier du quint de cette terre, marié à la fille de Ganwin *de La Vieville*, chevalier, seigneur de Nedon, capitaine-général d'Artois, qui a allié sa deuxième fille à Gui *de Pontarlier*, en Bourgogne, chevalier de la Toison-d'Or ; que Jean *de La Fosse*, fils dudit maisné, épousa la fille de Barafle *de Rocques*, chevalier, seigneur d'Acq, dont Guillaume *de La Fosse*, seigneur de Givency, allié à la fille de Polras *de Leaue*, chevalier, seigneur dudit lieu, et de Cambrin dont est venu Pierre *de La Fosse*, seigneur de Givency, vivant chef des armes, allié à : 1° la dame *d'Ardeghem*, fille du seigneur de Premesque et Wargny, dont est venu Polrus *de La Fosse*, écuyer, seigneur de Givency, allié à Marguerite *de Beauffremetz*, fille de Wallerand, écuyer, qui aurait délaissé deux filles ; l'une mariée à Antoine *de Hérin*, chevalier, seigneur dudit lieu ; l'autre à Robert *de Longueval*, chevalier, seigneur de La Tour, et un fils nommé Antoine *de La Fosse*, marié à Jacqueline *de Roisin*, fille de Baudry, chevalier, seigneur dudit lieu, ne laissant qu'une fille alliée à Robert *de La Tramerie*, chevalier, seigneur dudit lieu, gouverneur des ville et château d'Aire ; 2° la fille du seigneur *de Bailleul*, dont Anselme *de La Fosse*, seigneur de Pouvillon, chef des armes, par le trépas d'Antoine *de La Fosse* son cousin-germain, allié à Jeanne *Torcq* dit *Harpin*, fille de Damiens *Torcq*, chevalier, seigneur de Flines, gouverneur de Genape et capitaine de cent lances pour le service de Charles V. De cette alliance est venu Frédéric, allié à Marie *de Louverval*, fille de Claude, écuyer, seigneur de Le Pré, père et mère du remontrant, lequel Frédéric *de La Fosse*, père, a servi l'Empereur Charles V aux siéges de Metz, Thérouanne, Renti, Saint-Quentin, etc., etc.

(Registre de l'élection d'Artois de 1613 à 1639, folio 81).

14 Janvier 1616. — HANNEDOUCHE. — Lettres de chevalerie délivrées à Bruxelles pour Sébastien *Hannedouche*, écuyer, seigneur de Hunetin et du Faye, licencié èsdroits, conseiller, lieutenant et seul juge de la gouvernance de Douai et Orchies, qui depuis trente ans a servi fidèlement Sa Majesté catholique tant en ladite qualité qu'au magistrat d'Arras et comme chef du magistrat de Douai; qui, durant les dernières guerres contre la France, a souffert ainsi que ses prédécesseurs de grandes pertes dans ses biens, que Clerembault *Couronnel*, écuyer, seigneur de Marne, Rentiny et Bailly, son aïeul maternel, étant en ambassade pour le service des archiducs d'Autriche, duc de Bourgogne, Maximilien et Marie, aurait été, par commandement de Louis XI, roi de France, inhumainement décapité en la ville d'Hesdin, pour la querelle desdits archiducs ses souverains, en l'an 1477, ainsi que cela est prouvé par patentes données à Malines le 2 avril 1480.

(Registre de l'élection d'Artois de 1613 à 1639, folio 123. — Archives de la ville de Douai, registre aux mémoires, B-B. 14, folio 118).

22 Septembre 1616. — DE COUPIGNY. — Lettres de chevalerie données au château de Terbueren, en faveur de Charles *de Coupigny*, seigneur de Sallau et Loccon, qui a servi depuis sa jeunesse à ses frais et dépens dans les dernières guerres de France et se trouve encore au service en qualité de lieutenant. On voit qu'il est fils de feu Jean *de Coupigny*, seigneur dudit lieu, lieutenant-gouverneur des ville et château de Bé-

thune, et de Jacqueline *de Héricourt*, et que plusieurs de ses ancêtres ont été honorés du titre de chevalier.

(Registre de l'élection d'Artois de 1613 à 1639, folio 102).

18 Mars 1618, Bruxelles. — DE HERICOURT. — Lettres de chevalerie en faveur d'Antoine *de Héricourt*, écuyer, seigneur dudit lieu et de Canlers, natif d'Arras, fils de Charles *de Héricourt*, écuyer, seigneur dudit lieu, de Canlers, de Warvillers et de Senescauville, gentilhomme de la chambre de feu Charles, cardinal de Bourbon, légat du Saint-Père à Avignon, oncle d'Henri IV, Roi de France, et de Marie *d'Ococbe* ; icelui Charles, fils de Nicolas et de Claude *de Septfontaine*, fille de Jean, écuyer, seigneur dudit lieu, et de Marie *de Caulaincourt* ; icelui Nicolas, fils de Henri, écuyer, seigneur de Canlers, et de Isabeau *de La Rozière*, fille de Charles, seigneur de Ribaucourt, et ledit Henri, issu d'Adam *de Héricourt* ; icelui Adam de Bauduin et de Fremine *de Crequi*. Ces lettres nous apprennent en outre que Charles *de Héricourt*, second fils de Nicolas, avait épousé Marguerite *d'Anglarre*, nièce du comte *de Grandpré*, et que ledit Nicolas avait un frère chevalier de Malte ; puis elles donnent des détails sur la famille d'Ococbe.

(Registre de l'élection d'Artois de 1613 à 1639, folio 94).

11 Janvier 1620, Bruxelles. — DE MELUN. — Lettres de chevalerie en faveur d'Adrien *de Melun*, seigneur de Saint-Hilaire, Hérin, Worcourt, Bresse, fils unique du sieur de Cotte et petit-neveu du seigneur de Marles, chef des domaines et finances, en récompense de la bonne relation qui a été faite de sa personne et à cause des services de ses prédécesseurs, notamment de ceux de son grand-père et ave qui ont été gouverneurs et capitaines de la ville de Béthune et honorés du titre de chevalier.

(Registre de l'élection d'Artois de 1613 à 1639, folio 228. — Archives du Pas-de-Calais. — Registre aux commissions V, folio 198. — Manuscrit Palisot de Beauvois, tome I, folio 153).

19 Juin 1620, Vueren. — SEGON. — Lettres d'anoblissement en faveur de Louis *Segon*, seigneur du Hamel et de Hauteloge, échevin de la ville de Béthune.

Ces lettres le disent petit-fils de Toussaint *Segon*, plusieurs fois échevin de Béthune, notamment lorsque les Français, après avoir pris la ville de Saint-Pol, vinrent assiéger Béthune, en 1537, et mentionnent les cinq fils de Toussaint, qui sont : 1° Gilles qui a été à l'assaut de Thérouanne, en 1553; 2° Noël, présent au coup de Metz; 3° Guislain, qui a servi dans les chevau-légers sous la charge du seigneur de Noyelles alors gouverneur d'Hesdin, et a combattu aux batailles de Saint-Quentin et Gravelines ; 4° Etienne, homme d'armes sous la charge du seigneur de Bailleul et, enfin, le 5° Baptiste *Segon*, père du remontrant, auquel Dieu n'avait donné ni les forces, ni la disposition pour suivre l'exemple de ses frères. — Il expose en outre que ses quatre oncles, Gilles, Noël, Guislain et Etienne *Segon*, ont tous porté des armes sous Philippe II, et sont considérés comme nobles à Béthune.

ARMES : *De gueules, à trois croix ancrées d'argent* ; sur le heaume, la torque et les hachements d'argent et de gueules ; pour cimier : tête et encolure d'un griffon d'argent et deux ailes de gueules.

(Registre de l'élection d'Artois de 1613 à 1639, folio 114. — 57° Registre des Chartes, folio 22).

1ᵉʳ JUIN 1622, MADRID. — DE LA RIVIÈRE. — Lettres de chevalerie pour Jean *de La Rivière*, écuyer, seigneur de Roubay, fils aîné de Jean *de La Rivière*, chevalier, seigneur de Warmes, tant pour les services qu'il a rendus dans les armées que pour ceux de ses ancêtres.

(Registre de l'élection d'Artois de 1613 à 1639, folio 129).

24 OCTOBRE 1623, MADRID. — LE CARLIER. — Anoblissement pour Henri *Le Carlier*, licencié ès-droits, avocat au Conseil d'Artois, enregistrées, le 28 avril 1626, moyennant finance de 1000 florins. Il expose qu'il a été plusieurs fois échevin d'Arras, puis procureur-général du Conseil d'Artois (1) et enfin conseiller du même Conseil ; que sa mère et sa femme sont alliées à plusieurs familles nobles, que son père Henri *Le Carlier*, docteur en médecine et échevin de Cambrai, avait été chassé de cette ville par les rebelles, à cause de son attachement à son souverain, au temps où

---

(1) M. Plouvain, dans ses notes historiques relatives aux offices et aux officiers du Conseil d'Artois, ne le mentionne pas parmi les procureurs-généraux de ce Conseil.

le seigneur d'Inchy était gouverneur de la citadelle de cette même ville, avait dû abandonner ses biens et commodités et s'était alors retiré à Arras, etc., etc. (1).

ARMES : *Ecartelé aux 1 et 4 de gueules à une roue d'argent et aux 2 et 3 d'argent à un lion rampant de sable ; timbré d'un heaume ouvert, bourrelet et hachements de même métal de gueules et surmonté de la même roue.*

(Registre de l'élection d'Artois de 1613 à 1639, folio 133, 55ᵉ registre des Chartes, folio 205).

17 JUIN 1625. — DE COURTEVILLE. — Lettres de chevalerie données à Madrid, pour Charles *de Courteville*, prévôt de Bavay, qui a servi l'archiduc en qualité de gentilhomme pendant de longues années et dont les ancêtres, pour les grands services qu'ils ont rendus, ont été créés chevaliers de Calatrava et d'Alcantara.

(Registre de l'élection d'Artois de 1613 à 1636, folio 144. — Registre aux commissions, tome V, folio 65. — Manuscrit Palisot de Beauvois, tome I, page 161).

30 JUIN 1625. — DE BETHENCOURT. — Lettres de chevalerie données à Madrid, pour Antoine *de Bethencourt,* baron de Carency, qui, en 1621 et 1622, a assisté aux siéges de Juliers et de Berghes avec 10 chevaux à ses frais et dont le père, Philippe *de Bethencourt,* a servi pendant quarante ans, tant comme capitaine d'infanterie, que comme commissaire de guerre.

(Registre de l'élection d'Artois de 1613 à 1639, folio 136. — Registre aux commissions V, folio 303. — Manuscrit Palisot de Beauvois, tome I, folio 163).

29 DÉCEMBRE 1625, MADRID. — DE PRESSY. — Lettres de chevalerie pour Charles *de Pressy,* écuyer, seigneur de Flencques, Halloy, Remy, Esterpignie, Ligni, Ambrines, Hondescotte-es-Saint-Nazaire, qui a servi en la compagnie de trois cents hauts bourguignons du sieur de Werp, gouverneur des villes de Maestrict et de Wicq, puis alfère au tercio de feu le comte de Solre avec lequel il a été aux siéges de Cambrai, Ardres et Calais, à l'assaut des château et ville de Doulens-Ville, où, entrant le premier, il a conservé, au grand péril de sa vie, le dépôt des munitions, et enfin a con-

---

(1) Ces lettres sont imprimées *in-extenso*, page 69, dans « *La famille Le Carlier* (branche d'Arras) *et le Père Ignace, capucin.* » Notes recueillies par P. M. Laroche, bibliothécaire, adjoint de la ville d'Arras. Arras, Courtin, 1876.

tinué de servir en la compagnie du comte de Solre avec 5 ou 6 chevaux à ses frais et dépens. Son frère puiné, feu Eustache *de Pressy*, a été tué au siége de Verseilles, après avoir servi au régiment du comte de Bossu, et avoir été honoré par l'archiduc Albert, oncle du Roi actuel, du commandement d'une compagnie de deux cents musquettiers sous le mestre-de-camp le seigneur de Coing.

Le narratif nous apprend qu'il descendait en ligne directe de Jean *de Pressy*, chevalier, seigneur du Maisnil, chambellan de Philippe, duc de Bourgogne, lequel avait laissé une fille mariée au seigneur de Miraumont, et un fils, Philippe, échanson dudit duc qui avait épousé l'héritière de Flencques et eut : Georges *de Pressy*, chevalier, seigneur dudit Maisnil, et Catherine *de Pressy*, alliée au fils aîné de messire Engrand *de Recourt*, seigneur de Licques et dudit Recourt, et châtelain de Lens, et Michel *de Pressy*, seigneur de Flencques, grand ave dudit Charles *de Pressy*, remontrant. Le grand-père de Charles, Michel, fut député de la noblesse des Etats d'Artois, assista à diverses expéditions militaires, comme fit également son fils, Jean *de Pressy*, chevalier, père du remontrant, qui est issu du côté maternel de la maison de Halloy dont il est l'héritier par le trépas de Maximilien *de Gosson*, seigneur dudit Halloy, mort au siége de Bergues-Saint-Vinock, lieutenant de la compagnie d'hommes d'armes du duc d'Arschot. Il était fils de François *Gosson*, chevalier, capitaine de 200 chevaux et commis par la Reine de Hongrie au gouvernement de la ville de Lille pendant l'absence du seigneur de Courrière, alors en ambassade en Angleterre. François était fils de Philippe *de Gosson*, chevalier, et de Charlotte *de Ghistelle* dont est issue Catherine *de Gosson*, mère dudit remontrant.

27 Mars 1626, Madrid. — D'OYE. — Lettres de chevalerie pour Charles *d'Oye*, seigneur de Ruchefay, qui a servi pendant plusieurs années, et est actuellement grand bailli de Dunkerque, Gravelines, Bergues-Saint-Vinock et Bourbourg, dont le père, François *d'Oye*, seigneur dudit Ruchefay, a été capitaine au régiment du marquis de Warembon, et est issu de la noble et ancienne famille des comtes *d'Oye*, du royaume de France, alliée aux Dixmude, Saint-Omer, Courteville, etc....

(Registre de l'élection d'Artois de 1613 à 1639, folio 189).

4 Juin 1626. — DU BOIS dit DE FIENNES. — Lettres de chevalerie données à Madrid pour Gilles *du Bois* dit *de Fiennes*, seigneur de Hestru, qui a été au service

en la cavalerie avec quinze écus par mois d'entretien, a assisté aux siéges de Rumbecq et Wezel, à l'exemple de son grand-père, lieutenant d'hommes d'armes du comte de Rœux, et enfin appartient à une famille d'ancienne chevalerie alliée aux Noyelles, Bournonville, Bergues, Brias, etc...

(Regi-tre de l'élection d'Artois de 1613 à 1639, folio 157).

20 NOVEMBRE 1626, MADRID. — VENANT. — Anoblissement de Vincent et Philippe *Venant*, frères, natifs d'Arras.

Les lettres rapportent que Louis *Venant*, un de leurs aïeux, a porté les armes pendant plus de soixante ans pendant les guerres de Charles V et Philippe II, tant sous le vicomte de Gand, que sous les sieurs de Boubers et de Vaulx, premier comte de Bucquoy; qu'il a exercé plusieurs bailliages et s'est marié deux fois: 1° avec N... *Haynau*, portant titre de noble; 2° avec Antoinette *Maillet*; que Guillaume *Venant*, père dudit Louis, natif d'Auxi, a desservi plusieurs offices, et a perdu une grande partie de ses biens pendant les guerres de France et ses papiers et documents reposant au château de Frévent, par la prise d'iceluy; que l'aïeul des remontrants, nommé Jean *Venant*, a, pendant trente ou quarante ans, été au service du grand-maître de l'ordre de Malte, et a eu deux fils, Philippe et Louis, oncles des suppliants, qui, pour les services rendus pendant de longues années audit ordre contre les turcs, ont été honorés des titre et degré de chevalerie d'icelui; même l'aîné, ledit Philippe, a été pourvu pendant dix-huit à vingt ans de deux commanderies dudit ordre: l'une aux Pays-Bas, de huit à neuf mille florins de revenus, et l'autre en France, ayant aussi de bons revenus; que ledit Louis *dit* Graincourt a été honoré du titre de chevalier dudit ordre, et envoyé dans les Pays-Bas et à Liége comme agent du grand-maître, notamment en 1612; que Jean *Venant*, seigneur de Graincourt, frère desdits Philippe et Louis, et père des suppliants, a été avocat au Conseil d'Artois pendant vingt à vingt-cinq ans, puis échevin d'Arras pendant deux ans, et ensuite bailli de Pas, durant les dernières guerres, enfin, pendant cinq ans, agent du grand-maître de Malte, et s'est allié noblement à Catherine *de Rose*, fille de Louis *de Rose*, chevalier, seigneur de Balin, premier conseiller du Conseil d'Artois.

ARMES: *D'or, à une bande échiquetée de cinq pièces, quatre d'argent à une hermine et trois de gueules accompagnée de deux fleurs de lys d'azur.* Heaume ouvert et treillé, bourrelet et hachements d'or et d'azur, cimier, une autre même fleur de lys entre deux ailes, la dextre d'or, la senestre de gueules.

(Registre de l'élection d'Artois de 1613 à 1639, folio 167).

24 Mars 1627, Madrid. — DE TOURNAY. — Lettres de chevalerie pour Charles *de Tournay*, baron d'Oisy, lieutenant d'une compagnie d'hommes d'armes, qui a servi avec fidélité au siége de Breda, fils d'Antoine *de Tournay*, chevalier, seigneur de Noyelles-sous-Bellonne, qui a été au service quarante ans, pendant les guerres de Hollande et de France, d'abord comme lieutenant d'hommes d'armes sous le feu duc d'Arschot, puis lieutenant-général d'iceux, et a en outre commandé diverses compagnies en chef au secours de Bois-le-Duc et pendant le siége d'Ostende.

(Archives départementales du Pas-de-Calais. - Registre aux commissions V, 233. — Manuscrit Palisot, tome I, folio 165).

17 Avril 1628, Madrid. — DE HAYNIN. — Lettres de chevalerie pour Philippe *de Haynin*, écuyer, seigneur de Waurans, de la Vallée, de Reckem, fils de Philippe *de Haynin* et de Françoise *de Hénin-Liétard*, qui est de noble extraction tant du côté paternel que maternel ; ses ancêtres, surtout ceux maternels, ont été, depuis plus de trois cents ans, honorés de dignités très relevées et ont rendu de grands services ; son père a assisté à la conquête du Portugal à ses frais ; trois de ses frères ont porté les armes pour le service de leur souverain, et deux d'entre eux y ont perdu la vie, l'un en Bohême l'autre au siége de Leistardt, etc., etc.

(Registre de l'élection d'Artois de 1613 à 1639, folio 154. — Registre aux commissions V, folio 130. — Manuscrit Palisot de Beauvois, tome I, page 175).

21 Octobre 1628. — LE VASSEUR. — Lettre datée de Bruxelles de l'Infante Isabelle, gouvernante des Pays-Bas, qui donne la qualité d'écuyer à Jean *Le Vasseur*, rewart et mayeur de Lille, issu d'une famille de commerçants de cette ville.

Il est qualifié d'écuyer, à partir de 1635, dans les registres de la loy de Lille et aussi sur son épitaphe. Il est donc probable qu'il avait obtenu des lettres patentes qui n'ont pas été enregistrées.

Famille éteinte au XVIIe siècle.

Armes : *D'argent fretté de sable, au chef d'azur chargé de 2 étoiles à 6 raies d'or.*

1er Aout 1630. — DE CUINGHEM. — Guillaume *de Cuinghem*, écuyer, seigneur de Grinecourt et Bachimont, fut créé chevalier par lettres données à Madrid.

Ces lettres le disent de noble et ancienne famille tant du côté paternel que maternel, et mentionnent que feu son père, Gérard *de Cuinghem*, a servi l'Empereur Charles V pendant dix-huit à vingt années, a fait les guerres de France et d'Allemagne, a assisté à la défaite de 18 à 20,000 chevaux tués par trois mille hommes d'armes des Pays-Bas, envoyés au secours de Vienne assiégée par Soliman, et enfin a été créé chevalier par l'Empereur en considération de ses services, qu'il a encore continués pendant plusieurs années comme lieutenant-général de la châtellenie de Lille ; que Jacques *de Cuinghem*, fils aîné dudit Gérard, ayant pris du service, a assisté avec l'infanterie espagnole au secours de Paris, aux sièges et prises de Lagni, Corbeil, Cambrai, au siège de la Fère, etc., jusqu'au moment où il a été tué ; que son oncle Philippe *de Caverel*, prélat actuel de Saint-Vaast a rendu de grands services comme député-général des Etats d'Artois ; enfin que Guillaume *de Cuinghem*, le remontrant, a épousé Agnès *Delattre*, fille de Gaspard, écuyer, seigneur d'Odenbourg, qui a été présent au siège de Cambrai où il servait à ses frais, en qualité de gentilhomme ; que ce dernier est fils de Jean *Delattre*, qui a exercé pendant quarante-cinq ans la charge de lieutenant de la ville de Douai, commis pendant trois ans au gouvernement alors vacant de cette ville et de celle d'Orchies, et a été emprisonné par les rebelles ; que cedit Jean est fils d'un autre Jean *Delattre*, bailli de Douai, écuyer tranchant de Sa Majesté impériale, tué d'un coup de balle au camp devant Thérouanne, où il commandait l'artillerie.

(Registre de l'élection d'Artois de 1613 à 1639, folio 172).

1ᵉʳ Octobre 1631. — DE BEAUFFORT. — Lettres de chevalerie données à Madrid pour Gilles *de Beauffort*, écuyer, seigneur de Mondicourt, qui, dans sa jeunesse, s'est trouvé au siège de Bouchain, Cambrai, Doulens, a été au secours d'Amiens et a accompagné le feu prince de Ligne dans l'ambassade qu'il fit auprès du Roi très chrétien pour le féliciter de son mariage.

Ces lettres mentionnent en outre que ses ancêtres sont nobles depuis un temps immémorial et ont toujours pris leurs alliances au comté d'Artois, dans les maisons de même qualité, comme les comtes de Beaurepaire et d'Annapes ; qu'une de ses filles est mariée avec le comte *de Dampierre*, frère et héritier du dernier comte de ce nom, mort étant général d'armée en Hongrie ; qu'une dame de sa famille paternelle a été reçue dame chanoinesse aux Pays-Bas ; que plusieurs de ses ancêtres ont été créés chevaliers ; que son grand-père, Romain *de Beauffort*, seigneur de Bullecourt, a servi au couronnement du Roi d'Espagne comme guidon de la compagnie d'ordonnance du seigneur de Bugnicourt et, après, comme capitaine de chevaux sous les règnes de Charles-Quint et Philippe II et a consumé audit service une grande partie des anciennes terres de sa maison.

(Archives du Pas-de-Calais. Registre aux commissions V, folio 168. — Manuscrit Palisot, tome I, folio 185).

3 Février 1632. — LE VASSEUR. — Sentence de noblesse pour Robert *Le Vasseur*, licencié ès-lois, seigneur de Bambecque, bailli général de la comté de Seninghem et échevin de la ville de Saint-Omer.

Cette sentence fut enregistrée, le 4 juillet 1766, sur la demande de Charles-François-Joseph *Le Vasseur*, seigneur de Bambecque, lieutenant des maréchaux de France à Aire.

Armes : *D'or à une rose de gueules percée,* timbré d'un heaume d'où sort un cygne aux ailes étendues.

(Registre de l'élection d'Artois de 1758 à 1769, folio 308).

26 Mars 1632. — DESPLANCQUES. — Lettres de chevalerie données à Madrid, en récompense de ses services et de ceux de ses ancêtres, pour Jean *Desplancques*, écuyer, seigneur de Hesdigneul, Tencques et Tenquettes, qui a été guidon de la compagnie du comte d'Hostracte, est issu de familles nobles tant du côté paternel que maternel, et dont plusieurs membres ont été honorés du titre de chevalier, comme Jean *Desplancques*, chevalier, seigneur desdits lieux qui, dès sa plus tendre jeunesse a été aux siéges d'Anvers, Berg-op-zoom, Gerstrudenbergh, Hulst, Nimègue, Corbeil, Ligni, Caudebec, Noyon, châteaux de Doulens et Cambrai, et au secours de Paris et de Rouen tant comme enseigne-coronel que capitaine ; son grand-père, Pierre *Desplancques*, a assisté aux batailles de Renty, Thérouanne, Landrecy, Saint-Quentin, etc., etc., et Michel *Desplancques*, son pro-ave, est mort lieutenant des ville et château de Béthune.

(Registre de l'élection d'Artois de 1613 à 1639, folio 209).

26 Mars 1632, Madrid. — DE VASSELIN. — Lettres de chevalerie en faveur de Philippe *de Vasselin*, écuyer, seigneur de Pronville, issu de nobles parents, dont le

bisaïeul a été gouverneur d'Hesdin, l'aïeul, capitaine de cinq cents hommes, et le père, hommes d'armes et fait chevalier pour ses qualités par Philippe II.

(Registre de l'élection d'Artois de 1613 à 1369, folis 181).

26 Mars 1632, Madrid. — DE VILLERS-AU-TERTRE. — Lettres de chevalerie en faveur de Jean-Baptiste *de Villers-au-Tertre*, écuyer, seigneur de Cambrin, qui a porté les armes à ses propres frais dans l'infanterie espagnole dans la compagnie du capitaine Jean Ortis, au régiment de don Diego de Messea.

Le narratif nous apprend qu'il est issu de la noble et ancienne maison de Villers-au-Tertre et particulièrement de Hellin *de Villers-au-Tertre*, chevalier et frère de messire Aliaume de *Villers-au-Tertre*, seigneur dudit lieu, vivant en 1287 ; que plusieurs de ses prédécesseurs ont été honorés du titre de chevalier, entre autre son oncle Antoine *de Villers-au-Tertre*, seigneur de Lihove, lequel avec son frère, père dudit Jean-Baptiste, aurait décidé le Roi d'Espagne à faire le siège de Cambrai, et contribué pour beaucoup à la réduction de cette place occupée par Balagni, au moyen de l'intelligence qu'ils avaient avec les habitants.

(Registre de l'élection d'Artois de 1613 à 1639, folio 192).

27 Mars 1632. — DE BAUDAIN. — Charles *de Baudain*, écuyer, seigneur de Mauville et Wagnonville, fut créé chevalier par lettres données à Madrid. On voit par ces lettres qu'il est allié à la noble maison *de Haynin*, que ses ancêtres, à cause de leur fidélité et services, ont été créés chevaliers, notamment son bisaïeul Nicolas *de Baudain*, seigneur de Villers et de Mauville, qui fut armé chevalier de la propre main de Philippe II, Roi d'Espagne, en récompense des services qu'il avait rendus à feu l'Empereur Charles V, pendant les guerres ; que son grand-père, Jacques *de Baudain*, seigneur de Mauville, avait, au péril de sa vie, réprimé et détourné les attentats des séditieux contre la ville de Douai ; que Renon *de Baudain*, seigneur de Mauville, avait servi, sous feu le marquis de Roubaix et Renti, avec 6 chevaux à ses frais, aux sièges de Bouchain, Cambrai, Oudenarde, Tirlemont et Anvers ; qu'il avait été au secours de Paris et des princes de la Ligue à la suite du duc de Parme qui l'avait récompensé en lui donnant le commandement d'une compagnie de son régiment pour aller au secours de Rouen ; qu'il s'était aussi trouvé au deuxième siège de Cambrai avec le comte *de*

Fuentes, et s'y était si bien comporté que l'archiduc Albert l'avait armé chevalier de sa propre main (1).

(Registre de l'élection d'Artois de 1613 à 1639, folio 207, et registre aux commissions V, folio 176).

27 Mars 1632, Madrid. — DE MONTBERTAUT. — Lettres de chevalerie pour Jacques *de Montbertaut*, seigneur de Gorguehem, actuellement lieutenant-couronel entretenu dans la ville d'Arras, qui a servi vingt-cinq ans dans la milice en Hongrie, Moravie, et à la bataille de Prague où il a été blessé par un coup de mousquet au travers du corps, étant alors premier capitaine du feu comte de Bucquoy et ensuite sergent-major. Ses ancêtres, depuis plus de trois cents ans, ont servi leurs souverains comme gentilshommes de la Chambre des ducs de Bourgogne, gouverneurs du pays et en plusieurs autres offices, entre autres Colart *de Montbertaut*, mort à la bataille d'Azincourt, étant colonel de 500 chevaux et dont le petit-fils, oncle du remontrant, est mort au secours de Rondy (*sic*) sous le commandement du duc de Parme.

(Registre de l'élection d'Artois de 1613 à 1639, folio 193).

27 Mars 1632, Madrid. — DU CARIEUL. — Lettres de chevalerie pour Adrien *du Carieul*, écuyer, seigneur de Boubers, actuellement lieutenant de la ville et gouvernance d'Arras, qui, à l'exemple de Maximilien *du Carieul*, son frère aîné, décédé capitaine au régiment du feu duc de Parme, après avoir été au secours de Paris en 1590, a servi le Roi Philippe, et revenant, avec le sieur de Bucamp, son beau-frère, de ravitailler la ville et château de Bohain, prise peu de jours auparavant par l'armée, rencontra les garnisons de Péronne et de Corbie, mises en embuscades par Sa Majesté, reçut trois coups de coutelas sur la tête, perdit trois doigts de la main droite, et malgré cela continua à servir comme volontaire, avec 2 chevaux, aux sièges de Doulens et Cambrai, alla, sous le prince de Ligne, gouverneur d'Artois, au secours d'Amiens, puis à Paris pour traiter de la paix à la suite des amiraux d'Aragon, duc d'Arschot, prince d'Aremberg, d'où étant revenu, il épousa la fille du sieur *d'Ecoivre*, élu d'Artois, nièce du feu le sieur de Moriensart, lors secrétaire d'Etat aux Pays-Bas, et enfin fut échevin d'Arras pendant treize ans à partir de 1604.

(Registre de l'élection d'Artois de 1613 à 1639, folio 203).

---

(1) Ces lettres sont aussi rapportées dans le manuscrit Palisot de Beauvois, tome I, folio 187.

27 Mars 1632. — DE BEAUFFORT. — Lettres de chevalerie données à Madrid pour Robert *de Beauffort*, écuyer.

On voit dans ces lettres que sa famille est noble depuis un temps immémorial; qu'il est allié aux comtes de Beaurepaire et d'Annapes; qu'il a pour beau-frère le comte de Dampierre, frère du dernier comte de ce nom, mort en Silésie, général de bataille; qu'une dame de sa famille a été reçue chanoinesse dans un collége des Pays-Bas; que plusieurs de ses ancêtres ont été honorés du titre de chevalier, notamment son bisaïeul, Romain *de Beauffort*, seigneur de Bullecourt, guidon de la compagnie d'ordonnance du seigneur de Bugnicourt et Montigny, qui a assisté au couronnement de son souverain et a consumé une partie des anciennes terres de sa famille, étant capitaine de chevaux sous Charles-Quint et Philippe II; que son père, Gilles *de Beauffort*, seigneur de Mondicourt, chevalier, a servi pendant sa jeunesse, s'est trouvé aux siéges de Bouchain, Cambrai, Doulens, a été au secours d'Amiens et a accompagné le prince de Ligne, ambassadeur en France, pour féliciter le Roi à l'occasion de son mariage.

(Archives du Pas-de-Calais. — Registre aux commissions V, folio 169. — Manuscrit Palisot, tome I, folio 189).

20 Octobre 1632, Madrid. — VAN HOUT. — Lettres de chevalerie en faveur de Pierre *Van Hout*, écuyer, seigneur de Zuthove, qui a servi pendant six ans dans le régiment du comte d'Empdem, a été lieutenant du seigneur Dorsenfain, a rendu divers services et dont le père a été honoré du titre de chevalier en considération de ses qualités, et le frère tué au siége de Liepstad.

(Registre de l'élection d'Artois de 1613 à 1639, folio 234).

12 Juin 1633. — BAUDOT. — François *Baudot*, prévôt et lieutenant de la cité d'Arras, issu d'une famille noble de Bourgogne, qui a d'abord servi dans les armées, et dont le frère, Paul *Baudot*, chapelain de l'archiduc Albert, a été ensuite évêque de Saint-Omer et d'Arras, fut créé chevalier par lettres données à Madrid.

(Registre de l'élection d'Artois de 1613 à 1639, folio 226).

19 Février 1634, Madrid. — DES LIONS. — Lettres d'anoblissement pour Hector *des Lions*, seigneur des Seurs et Choqueauly, greffier des Etats d'Artois depuis trente

six ans, dont le grand-père, Jean *des Lions*, après avoir été plusieurs fois échevin de Béthune, est mort en qualité d'homme d'armes à la journée d'Esguinégatte, dont le père a fait partie pendant 39 ans, du magistrat de la ville de Béthune, et dont le grand-père maternel, en considération de ses services, a été anobli par l'empereur Maximilien en 1512.

ARMES : Ecartelé aux 1 et 4 *d'argent à quatre lions de sable, 2 en chef, 2 en pointe; aux 2 et 3, d'argent, à 3 fleurs de lys de gueules.* Casque ouvert et treillé ; cimier : un lion passant comme en l'écu, hachements d'argent et de sable.

(Registre de l'élection d'Artois de 1613 à 1639, folio 224. — Manuscrit Palisot de Beauvois, tome I, folio 191).

24 DÉCEMBRE 1637.— PELET. — Sentence de noblesse de l'élection d'Artois en faveur de Guy *Pelet*, seigneur du Sartel, et de ses deux petits-fils : Jean *Pelet*, licencié ès-lois, avocat au Conseil d'Artois, et Antoine *Pelet*, licencié ès-lois, avocat au Conseil d'Artois, seigneur du Sartel, tous les deux fils de feu Robert *Pelet*, docteur en médecine, demeurant à Hesdin.

(Registre de l'élection d'Artois de 1613 à 1639, folio 259. — Manuscrit Palisot de Beauvois, tome I, folio 197).

4 OCTOBRE 1638, VIENNE.—WREDE.—Lettres de chevalerie données par Ferdinand, Empereur d'Autriche, pour Nicolas *Wrede*, d'une noble et ancienne famille de Wetsphalie.

(Registre de l'élection d'Artois de 1613 à 1639, folio 255).

3 AVRIL 1647, PARIS. — BULLART. — Lettres d'anoblissement pour Isaac *Bullart*, conseiller et surintendant du Mont-de-Piété d'Arras, données à la recommandation de Maximilien de Bourgogne, abbé de Saint-Vaast d'Arras, enregistrées à l'élection d'Ar-

tois le 20 septembre suivant, folio 94. Il obtint en même temps des lettres de chevalier de Saint-Michel, qui furent enregistrées au folio suivant, 95 (1).

ARMES : *Aux 1 et 4 d'or, semé de fleurs de lys de gueules, aux 2 et 3 d'or à deux lions de gueules adossés, les queues entrelacées*, qui est DE CORDE.

(Extrait du manuscrit aux bourgeois d'Arras. Bibliothèque de M. d'Hagerue, château de Lozenghien).

28 AVRIL 1652, PARIS. — D'OSTREL. — Brevet de chevalerie donné, le 28 avril 1652, à Paris, par Louis XIV, en faveur de Jacques *d'Ostrel*, seigneur de Flers, et Victor *d'Ostrel*, seigneur de Conchy, frères, qui descendent d'une ancienne famille noble, alliée aux meilleures maisons de Picardie et d'Artois, même celle de Humière, dont les ancêtres ont toujours porté la qualité de chevalier, etc.

(Archives du Pas-de-Calais. Registre aux commissions d'Artois, tome V, folio 528. Palisot, tome I, folio 207).

NOVEMBRE 1652. — DE BELLOY. — Erection en comté, sous le nom de Belloy-le-Neuf, des terres de Belloy, Fontenelles et de Puy-Dony, voisines les unes des autres, pour Hercule *de Belloy*, chevalier, seigneur desdits lieux, conseiller au Conseil d'Etat, capitaine des gardes du corps du duc d'Orléans et autorisation de bâtir un château, maison forte avec tours et fossés dans l'étendue de son comté ou dans sa seigneurie de Belloy-le-Vieil par lettres données à Paris.

Ces lettres disent qu'il a rendu depuis vingt ans des services tant dans les armées qu'ailleurs; que le fief de Fontenelles relève du Roi à cause du château de Senlis, et que le fief du Puy-Dony est un arrière fief de Fontenelles, qu'enfin les autres fiefs relèvent de différents seigneurs.

(Lettres extraites des registres du Parlement de Paris. — Manuscrit Palisot, tome I, folio 214).

---

(1) Isaac *Bullart* fut reçu bourgeois d'Arras le 30 octobre 1630 avec Vencelles *Bullart* et Marie-Anne *Bullart*.

Maximilien *Bullart*, écuyer, fils de feu Isaac *Bullart*, chevalier récréant à la bourgeoisie d'Arras le 24 mai 1672.

7 Septembre 1658. — TAFFIN. — Sentence de noblesse rendue en faveur de Nicolas *Taffin*, écuyer, seigneur du Hocquet, conseiller au Conseil d'Artois.

Armes : *D'argent, à trois têtes bandées de sable.*

(Registre de l'élection d'Artois de 1758 à 1769, folio 150).

24 Septembre 1660, Paris. — DE BOURNONVILLE. — Erection en principauté des terres possédées par Alexandre, prince et duc *de Bournonville*, avec les mêmes entrées et traitement à la Cour, lorsqu'il y sera, que ceux dont jouit le duc *de Bournonville*, son frère.

(Archives départementales du Pas-de-Calais. — Registre aux commissions, tome VI, folio 44).

1662. — DE FOULERS. — Anoblissement de Jean *de Foulers*, natif d'Ecosse, par lettres de Charles II, roi d'Angleterre.

Le même Jean *de Foulers*, major de Béthune, fut reconnu noble en 1685 (par sentence de l'élection d'Artois).

(Bibliothèque de l'Arsenal à Paris, manuscrit n° 242, notes extraites des cahiers et des registres du Conseil des Etats d'Artois).

8 Aout 1662, Edimbourg. — DE FOULERS. — Lettres de reconnaissance de noblesse données par Charles, Roi d'Angleterre, à Jacques *de Foulers*, major de la place de Béthune, fils de Jean *Foulers*, de Foullerlan, écuyer et de Lilic Bodia, petit-fils de Guillaume *Foulers*, de Foullerlan et de Barbe *Diuson*.

(Archives départementales du Pas-de-Calais. — Registre aux commissions, tome VIII, folio 118).

Octobre 1664, Versailles. — PALISOT. — Lettres de confirmation, d'anoblissement en tant que besoin et de chevalerie héréditaire pour Blaise *Palisot*, contrôleur ordinaire en Artois, au service depuis 1629, qui, pendant six à sept ans, a fait les fonctions de commissaire à Arras et à Bapaume ; qui, en 1647, enfermé dans la ville d'Armentières assiégée par les Espagnols, était chargé de conserver la poudre et les autres munitions de guerre qu'il distribuait aux soldats au péril de sa vie ; qui en 1654, étant enfermé à Arras, avait servi avec tant de vaillance que le Roi, pour le récompenser, l'avait, par brevet du 22 septembre 1654, nommé un de ses maîtres-d'hôtel, puis chevalier en son Conseil d'Artois, charges qui ne lui ont pas profité, la première à cause de la réduction que le Roi fit des officiers de sa maison, et la deuxième parce qu'en vertu du traité de paix, il a dû la remettre à l'ancien titulaire.

Ayant perdu ses papiers, en 1629, dans l'incendie de sa maison, sise au bourg de Valmorin, en Champagne, il ne put facilement prouver sa noblesse.

(Registre de l'élection d'Artois de 1746 à 1758, folio 242. — Manuscrit Palisot de Beauvois, tome I, folio 258).

Janvier 1665, Paris. — DE TOURNAY. — Erection en comté de la terre et baronnie d'Oisy, pour Philippe *de Tournay*, seigneur et baron d'Oisy, en récompense du zèle qu'il montre pour le service du Roi.

On voit que cette terre, située en Artois, relevait du Roi à cause de son comté d'Artois, et possédait toutes les prérogatives de justice, féodalité, patronage et droits honorifiques d'église ; enfin, qu'elle est d'une grande étendue et d'un revenu très considérable avec un beau château, grand parc et plusieurs vassaux.

(Archives départementales du Pas-de-Calais. — Registre aux commissions, tome VI, folio 244).

Septembre 1665, Paris. — DE TOUSTAING. — Erection en marquisat de la terre de Carency pour Nicolas-Philippe *de Toustaing*, chevalier, vicomte de Toustaing, seigneur de Carency, député des Etats d'Artois, pour les grands services qu'il a rendus. Son frère, capitaine en garnison à Arras, a été tué à la défense de cette place ; ses ancêtres ont porté longtemps la qualité de comte de Kicsme, en Normandie, de comte de Montfort et de baron du Becq, et ont exercé de belles charges, comme celle de chambellan, et maître de la garde-robe de Louis XI, et Guillaume *Toustaing* a été député de la noblesse et a eu l'honneur d'être dans l'échiquier, en Normandie. Ledit Philippe représente en outre que la terre de Carency a toujours porté le titre de principauté ; qu'elle est une des plus considérables du pays, tant par son revenu que par la quantité de fiefs qui en relèvent, et que, par suite des pertes qu'il a faites pendant la guerre, ne pouvant soutenir le titre de prince, il demande que le Roi érige cette terre en marquisat et comté.

(Archives départementales du Pas-de-Calais. — Registre aux commissions, tome VI, folio 261).

10 Octobre 1665. — DE JOSSIS. — Enregistrement de titres confirmant la noblesse de Jean *de Jossis*, commandant la compagnie du prince de Condé à Béthune (1).

(Registre de l'élection d'Artois de 1675 à 1714, folio 100).

Avril 1666. — DE BELLOY. — Erection en marquisat, par lettres données à Versailles, de la terre de Moranghes située en Picardie, relevant du Roi à cause du comté de Beaumont, ayant plusieurs fiefs nobles, le Bois-Crespin, les Hayettes, de la Salle, de la Mare, du Bois-d'Auvignies, et quatre arrières-fiefs aux lieux de Percy, Miron, Verderonne-les-Roches et Monpereux pour Louis *de Belloy*, chevalier, seigneur de Moranghes, qui a fait treize campagnes entières. On cite dans ces lettres plusieurs de ses prédécesseurs qui ont rendu de grands services à l'Etat : François *de Belloy*, son bisaïeul, lieutenant-commandant à l'arrière-ban, sous le capitaine *de Lorge*, tué au service ; Louis *de Belloy*, son aïeul, servant en qualité de volontaire, tué à la bataille de Senlis ; Jean *de Belloy*, son père, blessé au siége de Montauban et mort des suites de ses blessures ; enfin, ses six frères dont un capitaine et un lieutenant tués aux siéges de Saint-Omer et de Dunkerque, un tué au retour de la campagne de Flandre, un autre mort au service en Allemagne, et les deux derniers tués en Italie, au siége de Valence.

Ledit Louis *de Belloy*, n'ayant pu faire entériner ses lettres en temps, obtint des lettres de surannation données à Saint-Germain-en-Laye, le 21 février 1668.

(Extrait des registres du Parlement de Paris. — Manuscrit Palisot, tome I, folio 218).

Juillet 1666, Fontainebleau. — DE LA HAYE. — Erection en comté de la terre d'Hezecques, pour Charles *de La Haye*, seigneur dudit lieu, Ecquedecque, etc..., depuis plusieurs années député général et ordinaire de la noblesse des Etats d'Artois, député à la Cour, qui, peu après la paix, a eu l'honneur de prêter serment au nom de toute la noblesse et qui appartient à une maison des plus nobles et des plus illustres, etc...

La terre d'Hezecques possède la haute, moyenne et basse justice, 150 arpents de bois et 200 de prés et terres à labour, plusieurs censives, 400 livres de rente, un

---

(1) En 1681, Catherine *de Gruson* se qualifie de veuve de Jean *de Jossis*, écuyer, capitaine sergent-major du régiment du duc d'Enghien à Béthune.

beau château entouré de fossés d'eaux vives, et dont relèvent 25 fiefs considérables, enfin, est même une des pairies du comté de Saint-Pol.

(Archives départementales du Pas-de-Calais, registre aux commissions, tome VI, folio 298).

Décembre 1666.—DE BEAURAINS.—Lettres d'anoblissement données à Saint-Germain-en-Laye, pour Nicolas et François *de Beaurains*, frères, natifs d'Arras, qui appartiennent à une des plus honnêtes familles de la province d'Artois, et ont rendu de grands services dans les charges qu'ils ont occupées et occupent encore : Nicolas *de Beaurains*, comme procureur-général de la ville d'Arras, en 1642, puis conseiller au Conseil d'Artois en 1657, et François *de Beaurains*, en qualité de conseiller de la ville, de député des Etats d'Artois, charge dont il a été continuellement honoré depuis la paix. Ce dernier fut aussi envoyé neuf fois en députation près de la personne du Roi, par le Tiers-Etat, au nom duquel, en 1661, il a fait le premier au Roi le serment et l'hommage de fidélité.

(Archives départementales du Pas-de-Calais.—Registre aux commissions, t. VI, folio 322.—Manuscrit Palisot, tome I, folio 264).

Aout 1667. — DE LA TRAMERIE. — Erection en marquisat par lettres données au camp devant Lille, de la terre de Le Forest d'un revenu fort considérable, ayant moyenne et basse justice, d'où relèvent plusieurs fiefs et arrières-fiefs, et relevant du Roi à cause du château de Lens, en faveur de Louis *de La Tramerie*, seigneur de Le Forest et d'Auby.

Ces lettres nous apprennent qu'il descendait d'une des plus anciennes et illustres familles du comté d'Artois, et que ses ancêtres et lui ont rendu de grands services à leurs souverains ; que le Roi lui accorde la haute justice avec la permission d'élever des fourches patibulaires à quatre piliers pour les prévenus de crime ; que si ce marquisat venait à tomber entre les mains de personne qui fasse profession de la religion prétendue réformée, il ne pourra y être fait aucun prêche, ni service de ladite religion sous peine de nullité de la présente érection.

Ces lettres pour lesquelles Louis *de La Tramerie* avait obtenu des lettres de surannation données à Versailles, le 11 mars 1689, furent enregistrées au 9e registre des commissions du Conseil d'Artois, folio 423, le 20 mai 1689.

(Manuscrit]Palisot, tome I, folio 268).

30 Juin 1671, Madrid. — HARDY. — Lettres de noblesse en faveur de Gilles-Martin *Hardy*, issu de parents qui ont desservi les premières charges de la ville de Valenciennes, notamment Martin *Bretel*, son grand-père maternel, échevin, lors du siége de cette ville par les Français, en 1656, commis en chef d'artillerie et munitions de guerre, anobli en 1657, et mort en ne laissant qu'une fille, mère dudit Gilles-Martin, incapable de transmettre la noblesse à ses descendants. Gilles-Martin demande, à cause des services qu'il rendait au Roi catholique comme volontaire sans gage au régiment du duc d'Havré, de lui conférer la noblesse et de lui permettre de porter les armoiries de son dit grand-père : *D'or à un chevron d'azur, chargé d'une fleur de lys d'or en chef accompagné de trois trèfles d'azur, au chef cousu d'or chargé au milieu d'une couleuvre tortillante d'azur posée en fasce.* Casque ouvert et taillé, mis en profil ; cimier : une fleur de lys d'or, hachements d'or et d'azur.

(Registre de l'élection d'Artois de 1675 à 1714, folio 189).

Décembre 1671, Saint-Germain-en-Laye. — DE VARICK. — Lettres de chevalerie en récompense du zèle qu'il a montré au service du Roi de France, pour Jean-Baptiste *de Varick*, écuyer, seigneur de Dieval, résidant au pays d'Artois, dont le père, aujourd'hui défunt, a été honoré du titre de chevalier par le Roi d'Espagne.

(Registre de l'élection d'Artois de 1675 à 1714, folio 16. — Registre aux commissions, t. VI, folio 505).

Décembre 1674. — DE GHISTELLE. — Erection en marquisat, par Louis XIV, de la terre de Saint-Floris, pour Adrien-François *de Ghistelle*, seigneur dudit Saint-Floris.

L'exposé nous apprend que cette terre située en Artois mouvait en arrière fief de Sa Majesté à cause de la gouvernance d'Arras, que la famille de Ghistelle l'une des plus anciennes et des plus illustres familles de la province d'Artois est connue depuis 1060 en la personne de Bertoult, seigneur de Ghistelle, chevalier, cousin consanguin de Baudouin, comte de Flandres, qu'elle est alliée à diverses maisons souveraines et à la plupart des maisons considérables de France et de Flandre ; que ceux de ce nom s'étaient signalés dans plusieurs occasions de guerre et avaient été honorés de grand nombre d'emplois distingués et de charges principales, qu'ils avaient remplis dans les cours et dans les guerres des comtes de Flandres et des princes de la maison de Bourgogne et de la maison d'Autriche, etc., etc.

(Voir Armorial général de la France ; premier registre, imprimerie royale, 1821, page 308).

10 Mai 1675, Saint-Germain-en-Laye. — DE PUNIET. — Arrêt du Conseil d'Etat maintenant en leur qualité de nobles et d'écuyers : 1° François *de Puniet*, écuyer, seigneur de Lertinière, capitaine au régiment de la marine ; 2° Jean *de Puniet*, écuyer, seigneur de Goirac, et 3° Antoine *de Puniet*, écuyer, seigneur de la Borderie.

Cette pièce fut enregistrée le 17 avril 1763 à l'élection d'Artois, sur la demande de Guillaume *de Puniet*, ancien officier au régiment de la couronne, demeurant au village de Moienville et qui se déclare descendant d'Antoine, cité ci-dessus.

(Registre de l'élection d'Artois de 1758 à 1769, folio 272).

Mars 1676. — DE BONNIÈRE. — Erection en comté, par lettres données à Saint-Germain-en-Laye, de la terre de Souastre, située en Artois, relevant en partie du Roi à cause de la gouvernance d'Arras, possédant la haute, moyenne et basse justice, dont relèvent plus de quarante fiefs et d'un revenu considérable, pour Charles-Ignace *de Bonnière*, chevalier, seigneur de Souastre, Maisnil, Noulette, Aigny, etc., issu de la très noble famille des comtes de Guines.

On voit par ces lettres que ses ancêtres ont été honorés de belles charges et gouvernement ; que Guillaume, sire de Bonnière, a été chambellan du Roi Charles VI et de Jean de Bourgogne, puis gouverneur d'Arras, Bapaume et Renti ; que le fils de ce dernier nommé Jean, sire de Bonnière, a été également chambellan de Philippe-le-Bon, duc de Bourgogne, et a épousé l'héritière de Souastre dont la famille a contracté des alliances avec les de Fiennes, Ghistelle, Neuville, Saluces, Créquy, Mailly, Hallewyn, Vignacourt, etc. ; qu'en outre, Jean, chevalier, seigneur de Souastre, a été aussi gouverneur d'Arras et a laissé pour fils un autre Jean, gouverneur de Dunkerque, père de Charles, aussi chevalier, seigneur de Souastre, gouverneur de Saint-Omer, qui eut pour successeur dans cette charge Philippe-Albert *de Bonnière*, seigneur de Souastre, gouverneur de Binch, père dudit remontrant Charles-Ignace *de Bonnière*, chevalier, seigneur de Souastre, qui, depuis la réunion de l'Artois à la France, a été plusieurs fois député de la noblesse d'Artois.

(Registre de l'élection d'Artois de 1675 à 1714, folio 23).

7 Avril 1676, Saint-Germain-en-Laye. — REYNARD. — Lettres de relief de dérogeance pour Jean *Reynard*, seigneur de Buissy, et François *Reynard*, son frère, premier président à l'élection de Péronne. Ils établissent qu'ils sont issus de noble et ancienne race de la province du Dauphiné où leurs aïeul, bisaïeul et trisaïeul ont tou-

jours vécu noblement ; que Romain *Reynard*, leur père, établi depuis longtemps à Péronne, a été forcé, pour faire subsister sa famille, de faire le commerce de vin en gros et qu'ensuite, désirant vivre comme ses prédécesseurs, il s'était fait pourvoir de l'office de président de l'élection de Péronne ; et qu'enfin craignant, quoiqu'ils n'aient fait aucun acte de dérogeance, qu'on ne veuille les comprendre aux rôles des tailles, ils avaient demandé ces lettres.

Dans un acte qui suit ces lettres, François *Reynard* est qualifié d'écuyer, seigneur de Campagne.

(Registre de l'élection d'Artois de 1769 à 1776, folio 374).

Octobre 1676. — D'ASSIGNIES. — Erection en marquisat par lettres données à Versailles, de la terre de Venchy, relevant de Thérouanne, consistant en 281 mesures de bois, terres labourables, prairies, pâtures, un moulin, dont relèvent plusieurs fiefs, villages et seigneuries, même Inghuem, Utendaval, Westrehem, possédant avec la haute, moyenne et basse justice, un revenu de plus de 3,000 livres en faveur de Jean-Baptiste *d'Assignies*, chevalier, seigneur de Venchy, Allouagne, Bellefontaine, Escouflons, Saint-Martin-sur-Cogel, Lambre-lès-Douai, avoué de Thérouanne et jouissant, sans compter la terre de Venchy, d'un revenu de plus de 15,000 livres de rentes.

Les lettres mentionnent qu'il est d'une très ancienne famille dont les membres ont occupé des emplois considérables, et qui compte des avoués de Thérouanne et descend d'Oudart *d'Assignies*, chevalier, seigneur du château de Venchy ; que ledit Oudart était fils d'Antoine, chevalier, seigneur d'Allouagne, lieutenant-général des hommes d'armes des Pays-Bas, que ledit Antoine était fils d'un autre Antoine, chevalier, avoué de Thérouanne, seigneur d'Allouagne, Venchy, etc., mestre-de-camp de cavalerie sous Charles-Quint et avait un frère, d'abord gouverneur de Philippeville, puis de Bouchain où il était décédé ; que ledit Antoine *d'Assignies* était fils de Léon, seigneur desdits lieux, commandant 500 lances dans la ville de Cambrai pour son prince ; que Léon était fils de Jean, seigneur desdits lieux, capitaine de 100 lances pour le duc de Bourgogne, qu'en outre plusieurs des descendants des *d'Assignies* ci-dessus nommés ont eu divers gouvernements, comme Antoine *d'Assignies* celui de Maubeuge, et ensuite celui de Cresne sur le Danube, et Louis *d'Assignies*, qui commandait cinq compagnies d'infanterie, celui de Presbourg en Hongrie, où il a été tué en combattant contre les infidèles.

(Registre de l'élection d'Artois de 1675 à 1714, folio 17 et registre aux commissions, t. VI, folio 654).

Janvier 1677. — DU BOIS. — Lettres de confirmation de noblesse avec anoblissement en tant que besoin délivrées à Saint-Germain-en-Laye, pour Antoine *du Bois*, seigneur de Duisant, député ordinaire des Etats d'Artois (fonction à laquelle il a été nommé huit fois), issu de la noble famille *du Bois de Hoves*, fils de feu André *du Bois* seigneur d'Haucourt, et de Rose *de Vermeille*, fille de Simon, écuyer, seigneur de Villers ; petit-fils de Melchior *du Bois*, seigneur d'Haucourt et de Marie *Despretz*, fille de Simon, écuyer, seigneur de la Motte, ayant représenté qu'il est allié noblement à Jeanne *Galbart*, fils de Chrétien, écuyer, seigneur de Bertigneul, dont les prédécesseurs ont eu des emplois considérables, entre autres gouverneur de place et que tous les papiers des *du Bois* ont été perdus après la mort d'Adrien *du Bois*, arrivée à Douai en 1635 ; il obtint ces lettres (1).

Armes : *D'azur, à trois coquilles d'or*, lambrequins d'azur et d'or.

(Registre de l'élection d'Artois de 1675 à 1714, folio 58).

Février 1677, Saint-Germain-en-Laye. — LE CARON. — Anoblissement de Jean *Le Caron*, seigneur de Sains-en-Ternois, et Canettemont, doyen des conseillers du Conseil d'Artois, qui est né à Arras d'une ancienne et honorable famille et a commencé par être échevin d'Arras, puis avocat du Roi à la gouvernance de cette ville et enfin conseiller au Conseil d'Artois, charge qu'il exerce depuis treize ans.

Armes : *Aux 1 et 4 d'argent à deux fasces de sable, aux 2 et 3 de gueules à trois coquilles d'argent*, casque ouvert avec hachements et bourrelet d'argent et de gueules.

(Registre de l'élection d'Artois de 1675 à 1714, folio 34. — Registre aux commissions VI, folio 670. — Lettres aussi enregistrées dans le manuscrit de M. Palisot de Beauvois, tome I, folio 284).

31 Mars 1677. — LE FRANÇOIS. — Sentence de noblesse pour Eléonore *Le François*, seigneur de Rigauville, capitaine au régiment du Dauphin.

(Registre de l'élection d'Artois de 1675 à 1714, folio 29. — Cette sentence est aussi rapportée dans le manuscrit de M. Palisot de Beauvois, tome I, folio 290).

---

(1) Ces lettres se trouvent *in-extenso* dans le manuscrit de M. Palisot de Beauvois, tome Ier, folio 280. — La généalogie de cette famille a été publiée par M. le comte Paul-Armand de la Howardries-Neuvireuil.

Octobre 1677. — DE BEAUFFORT. — Antoine-Joseph *de Beauffort*, écuyer, seigneur de Lassus et du Cauroy, ayant représenté qu'il est gentilhomme et d'une famille alliée à plusieurs maisons nobles ; que son frère Pierre-Ignace *de Beauffort*, seigneur de Warnicamp et son beau-frère Charles *de Moncheaux*, chevalier, seigneur dudit lieu, et de Fouquevillers, marié à Marguerite *de Beauffort*, ont été faits chevaliers conjoinctement, par lettres données à La Fère en août 1656, fut créé chevalier héréditaire par lettres données à Versailles (1).

(Registre de l'élection d'Artois de 1675 à 1714, fotio 56).

Janvier 1678. — THÉRY. — Anoblissement, par lettres données à Saint-Germain-en-Laye, de Antoine *Théry*, lieutenant de la cité d'Arras.

Ces lettres nous apprennent qu'il exerce les fonctions de lieutenant depuis trente-deux ans ; qu'il a toujours maintenu la tranquillité dans la cité ; que son cousin-germain, Mathieu *Théry*, seigneur du Blocus, conseiller pensionnaire de Douai, a été anobli par le Roi d'Espagne, qu'il est neveu de Mathieu *Moulart*, évêque d'Arras, par le mariage de Jean *Théry*, son grand-père, avec la sœur dudit évêque ; enfin qu'il a épousé Eléonore *Toursel*, sœur germaine de feu Guislain *Toursel*, seigneur de la Motte, et Bailleul aux Cornailles, mort sans enfant, en laissant sept à huit mille livres de rente à sa sœur.

Armes : *De gueules, à la fasce d'argent accompagnée de trois merlettes d'argent.* Casque ouvert et treillé, lambrequins d'argent et de gueules ; cimier: une tête de licorne.

(Registre de l'élection d'Artois de 1675 à 1714, folio 69).

31 Janvier 1678. — PALISOT. — Brevet donné à Saint-Germain-en-Laye, en faveur de Blaise *Palisot*, seigneur d'Incourt et Beauvois, maître-d'hôtel du Roi, l'autorisant, en récompense de ses services, à prendre pour supports de ses armes deux léopards au naturel.

(Registre de l'élection d'Artois de 1675 à 1714, folio 93. — Manuscrit de M. Palisot de Beauvois, tome I, folio 288).

---

(1) Ces lettres sont aussi rapportées par M. Palisot de Beauvois, tome II, folio 127.

26 Octobre 1678, Versailles. — D'ECK. — Chevalerie pour le sieur *d'Eck* (en marge, d'une écriture moderne, on a mis Jean-Philippe) capitaine d'une compagnie au régiment d'Alsace, gentilhomme, allemand de nation, qui sert depuis plusieurs années et a épousé en Artois la fille du feu seigneur de Bellacourt (1) et dont le père a été anobli, par lettres patentes de Ferdinand II, le 4 mars 1623.

(Archives départementales du Pas-de-Calais. — Registre aux commissions, tome VII, folio 149).

21 Février 1679. — CHIVOT. — Sentence de noblesse pour Antoine *Chivot*, chevalier, seigneur de Haultecouronne, fils de Jacques, vivant aussi chevalier, président et chef du Conseil d'Artois séant à Saint-Omer, qui, au mois d'avril 1668, avait obtenu des lettres de chevalerie du Roi très chrétien.

(Registre de l'élection d'Artois de 1675 à 1714, folio 80).

3 Aout 1679, Saint-Germain-en-Laye. — LE JOSNE. — Lettres de chevalerie données pour Louis-Georges *Le Josne*, écuyer, seigneur de Grand-Maretz, fils de feu Adrien *Le Josne*, écuyer, seigneur dudit Grand-Maretz, lieutenant-général des ville et bailliage de Lens, et petit-fils d'Adrien *Le Josne*, et de Marguerite *Courcol*.

Ces lettres parlent aussi de Jean *Le Josne*, seigneur de Wersignyes, frère d'Adrien et grand-père du remontrant, et mentionnent les deux fils du remontrant dont l'un, Maximilien *Le Josne*, seigneur de La Ferté est capitaine au régiment wallon de Famechon, et l'autre, Hyacinthe *Le Josne*, lieutenant à ladite compagnie.

(Registre de l'élection d'Artois de 1675 à 1714, folio 160. — Registre aux commissions VII, folio 139).

3 Aout 1679. — LE SERGEANT. — Lettres de chevalerie données à Saint-Germain-en-Laye, en faveur d'Alexandre-Augustin *Le Sergeant*, écuyer, seigneur de Marsigny, qui a servi dans les armées pendant douze ans, dont quatre d'abord dans le régiment de la marine.

Ces lettres nous apprennent qu'il est fils de Louis *Le Sergeant*, écuyer, seigneur de Beaurains, conseiller du Roi, premier élu de l'élection d'Artois, et de Marguerite

---

(1) Dans la généalogie de la famille *de Belvalet*, que nous avons faite, nous trouvons que **Marie-Jeanne-Claude** *de Belvalet*, fille de Marc-Antoine, seigneur de Bellacourt, a épousé Jean-Philippe *d'Eck*, chevalier de Saint-Louis, seigneur de Flagues, capitaine au régiment d'Alsace.

de *Smerpont*, petit-fils de Louis, écuyer, seigneur d'Hendecourt, Beaurains et Oresmaux, et de Jeanne *Denis*, fille d'Antoine *Denis*, chevalier, conseiller au Conseil privé du Roi à Bruxelles, et fiscal des finances des Pays-Bas.

(Registre de l'élection d'Artois de 1675 à 1714, folio 89. — Registre aux commissions VII, 132. — Manuscrit de M. Palisot de Beauvois, page 294, tome I).

Avril 1680, Saint-Germain-en-Laye. — LE CARLIER. — Autorisation de changer leurs armoiries accordées à Henri *Le Carlier*, conseiller au Conseil d'Artois, auparavant avocat-général audit Conseil, à Philippe *Le Carlier*, échevin de la ville d'Arras, et à Mathieu-Bruno *Le Carlier*, lieutenant au régiment de Normandie, tous les trois, enfants d'Antoine *Le Carlier*, vivant conseiller au Conseil d'Artois, fils d'Henri *Le Carlier*, aussi conseiller audit Conseil.

Au lieu de l'écu écartelé aux 1 et 4 de gueules à une roue d'or, et 2 et 3 d'argent au lion de sable, ils peuvent prendre partie : *Au 1er de gueules à deux roues d'or mises en pal, au 2e d'argent au lion de sable*, et pour supports deux lions d'or.

(Registre de l'élection d'Artois de 1675 à 1714, folio 91. — Manuscrit Palisot de Beauvois, tome I, folio 155).

Décembre 1681, Saint-Germain-en-Laye. — DE MARASSÉ. — Lettres d'anoblissement, enregistrées le 5 juin 1682, en faveur d'Antoine *de Marassé*, seigneur de la Roquette, originaire de Guyenne, d'abord lieutenant du régiment de Piémont pendant douze ans, puis capitaine des postes de Tournai depuis quatorze ans, qui, en toute occasion, a donné des marques de son zèle et de sa fidélité et aussi en considération des services d'Antoine *de Marassé*, son oncle, seigneur de la Roquette qui, depuis quarante-cinq ans, sert dans la campagnie des chevau-légers de la garde du Roi, est actuellement un des anciens brigadiers et a mérité, par son courage, le brevet de capitaine appointé à la suite de ladite compagnie.

(Parlement de Flandre. — Registre des édits et déclarations n° 10, folio 271).

30 Décembre 1681. — DE BERGHES. — Titre de prince donné à Madrid pour Eugène *de Berghes*, comte de Rache, seigneur de Baubers, du conseil de guerre du Roi, maître-de-camp général des armées aux Pays-Bas, et pour ses hoirs et successeurs mâles et

femelles, nés et à naître en légitime mariage, avec permission d'appliquer ce titre sur celle de ses terres qui lui plaira.

Ces lettres nous apprennent qu'il sert depuis 1642, qu'il a été d'abord alfer d'infanterie et, après avoir passé par tous les grades, fut nommé, en 1678, maître-de-camp général des armées, qu'il s'est conduit à la satisfaction du Roi au combat de Saint-Denis-le-Casteau, qu'il est le chef de l'illustre maison des châtelains, vicomtes héréditaires de Berghe-Saint-Vinock, connue dès 975, qui a toujours servi ses princes, a possédé et possède encore de grandes terres, savoir : la châtellenie et vicomté de Berghes, Ardres, Bourbourg, les terres de Marquis, Colwede, Cohem, Beurs, Marquilly, Mesnil, Graincourt, Alhain, Boubers, Plantin, Rache, Etru, Lumay, Nomain, Obrelieu, La Tour, Arleux, Mouriez, Fromentel, etc..; enfin, que sa famille est alliée avec toutes les premières familles d'Artois et de Flandre, comme Ardres, Saint-Pol, Gand, Guisne, Wavrin, Ghistelle, Saveuse, Crequy, Longueval, Hallewin, Jausse, Mastaing, etc... (1).

(Extrait du registre de l'élection d'Artois où ces lettres ont été enregistrées le 26 février 1699. — Manuscrit Palisot, tome I, folio 300).

16 JANVIER 1682. — GALBART. — Arrêt du Conseil d'Artois pour Antoine *Galbart*, avocat audit Conseil, le déclarant noble et issu de noble génération.

ARMES : *D'azur à 2 croissants acculés d'or, l'un montant, l'autre descendant, accompagnés de 4 annelets d'or posés* 1, 2 *et* 1. Casque treillé, bourrelet et hachements d'or et d'azur; supports : 2 corbeaux avec le bec et pattes d'or ; cimier : un paon d'azur.

(Registre de l'élection d'Artois de 1675 à 1714, folio 116).

(1) Le 27 janvier 1682, Eugène *de Berghes* prêta serment de prince de Rache. Etant mort sans enfant et sans avoir fait le choix d'une terre pour lui appliquer le nom de Rache, cette terre passa à Charles-Alexandre *de Berghes*, chevalier du conseil de guerre de Sa Majesté, colonel d'un régiment d'infanterie allemande, puis à sa fille Marie-Françoise *de Berghes*, son unique héritière, nièce d'Eugène *de Berghes*, premier prince de Rache. Cette dame devenue princesse et comtesse de Rache, ayant épousé Philippe-Ignace *de Berghes*, déclara, avec l'autorisation de son mari, appliquer le titre de principauté de Rache sur sa terre de Zetrud-Lizmay au comté de Namur.

17 Octobre 1682. — GALBART. — Sentence de noblesse pour François *Galbart*, écuyer, demeurant à Lens, et pour son fils François, aussi écuyer, procureur du Roi au bailliage de Lens.

(Registre de l'élection d'Artois de 1675 à 1714, folio 128).

8 Mai 1683. — DU PUICH. — Sentence de noblesse pour François-Bernard *du Puich*, seigneur du Quesnoy et de Cantigny, lieutenant-général des ville et bailliage d'Hesdin.

Armes: *De sinople à la fasce d'argent et un croissant de même en chef.* Supports : Deux griffons ailés ; cimier : un griffon d'or entre un vol d'or ; devise: *Sortir dehors ne peut du Puich.*

(Registre de l'élection d'Artois de 1675 à 1714, folio 132).

8 Décembre 1683. — MORANT. — Lettres de réhabilitation de noblesse accordées à Versailles pour Thérèse-Elisabeth *Morant*, fille de feu Samson, écuyer, seigneur d'Heransart; icelui fils de François *Morant*, écuyer, lieutenant du comté de Saint-Pol, veuve avec deux enfants de Jean-François *Menche*, vivant seigneur de Saint-Michel, licencié ès-lois, échevin et prévôt de Béthune. Craignant que les habitants des lieux de sa demeure ne veulent, bien qu'elle soit issue de noble race et sous prétexte que son mari était roturier, la comprendre au rôle des tailles, subsides et autres charges, elle demande à être relevée de sa dérogeance, ce qui lui est accordé.

(Registre de l'élection d'Artois de 1675 à 1714, folio 155).

23 Décembre 1683. — DE FLAHAUT. — Sentence de noblesse pour Jean *de Flahaut*, écuyer, seigneur de Molinghem, capitaine réformé au régiment de Monseigneur le Dauphin.

Armes: *D'argent à trois merlettes de sable* ; supports : deux lévriers.

(Registre de l'élection d'Artois de 1675 à 1714, folio 147).

7 Février 1685. — TESTART. — Sentence de noblesse pour Jean *Testart*, écuyer, seigneur de Rosinoye, fils de Daniel, aussi écuyer.

Armes : *Aux 1 et 4 d'argent semé d'hermines ; aux 2 et 3 vairé d'azur et d'argent ;* supports : deux lions d'or lampassés de gueules ; cimier : un lion d'or lampassé de gueules.

(Registre de l'élection d'Artois de 1675 à 1714, folio 163).

Septembre 1685. — DE FIENNES. — Lettres de chevalerie données à Chambord en faveur d'Alexis Charles *de Fiennes*, seigneur d'Héricourt et de Condolle, mayeur de Saint-Omer, où il a rendu de grands services au souverain, depuis que cette ville est réduite à son obéissance.

(Registre de l'élection d'Artois de 1675 à 1714, folio 170).

31 Décembre 1685. — VULDRE. — Sentence de noblesse pour Jean-Alexandre *Vuldre*, écuyer, seigneur de Salpervick, demeurant à Saint-Omer, fils d'Alexandre, aussi écuyer, capitaine au service du Roi catholique.

(Registre de l'élection d'Artois de 1675 à 1714, folio 171).

23 Novembre 1686. — DE POUCQUES. — Sentence de noblesse pour Antoine-Baudouin *de Poucques*, demeurant au village de Ficheux-lès-Arras, fils de Jean-Baudouin *de Poucques*, écuyer, seigneur du Puich, bailli de Seclin et de Nicole *de Beauffremez*.

(Registre de l'élection d'Artois de 1675 à 1714, folio 181).

27 Juillet 1690. — DE BASSECOURT. — Erection par Charles II, roi d'Espagne, de la terre de Grigny en marquisat, pour Jean-Baptiste *de Bassecourt*, chevalier de Saint-Jacques, seigneur d'Huby, de Grigny, général des armées du Roi d'Espagne, issu d'une ancienne famille d'Artois, au service depuis 1655, en récompense de ses services comme lieutenant-général des armées et commandant-général de la cavalerie aux Pays-Bas.

On voit que la terre de Grigny, relevant du château d'Hesdin, avait tout droit de justice, ancien château, manoir seigneurial, plusieurs beaux fiefs et domaines, dépendances, cens, ventes, redevances, fermes, moulins, bois, prés et autres droits utiles et honorifiques. Ledit Jean-Baptiste *de Bassecourt*, n'ayant pas d'héritiers, donna cette terre par acte passé à Naples, le 17 novembre 1702, à Antoinette-Philippe *de Bassecourt*, sa sœur, mariée à Louis *de Salpervick*, pour en jouir après son décès et la laisser après à François de Salpervick, son fils, neveu dudit Jean-Baptiste *de Bassecourt*.

(Manuscrit Palisot de Beauvois, tome II, folio 33).

Mars 1691, au camp devant Mons. — DE CROIX. — Erection en marquisat de la terre d'Heuchin pour Alexandre-François *de Croix*, seigneur d'Heuchin, guidon de la compagnie d'hommes d'armes des ordonnances du Roi étant sous le titre des Anglais, qui s'est signalé tant dans les fonctions de cette dite charge qu'en plusieurs autres emplois, et est issu d'une ancienne et illustre maison de Flandre alliée aux Saint-Aldegonde, Fiennes, Locquenghien, Brimen, Luxembourg, Rubempré, Hornes, Bournonville, Lalaing, Noyelles, Lannoy, Crequi, Chatillon, Montmorency, la Viefville, Vignacourt, etc...

On voit que la terre d'Heuchin, située près de Béthune, a haute, moyenne et basse justice, que plusieurs fiefs en relèvent et qu'elle possède un revenu suffisant.

(Archives départementales du Pas-de-Calais, registre aux commissions, tome IX, folio 693. — Manuscrit Palisot de Beauvois, tome I, page 334. — 79ᵉ registre des Chartes, folio 9, arraché).

26 Juillet 1691. — LE SELLIER. — Sentence de noblesse pour Martin-François *Le Sellier*, écuyer, seigneur de Buissy-Baralle, demeurant audit lieu.
On trouve une sentence de la gouvernance de Douai de 1675 donnée en faveur de Jean-Baptiste *Le Sellier*.

(Registre de l'élection d'Artois de 1675 à 1714, folio 239).

Avril 1692. — DE BRIAS — Erection en marquisat, par lettres données à Versailles, de la terre de Royon qui est d'un revenu considérable, qui a un château, et dont relèvent quarante fiefs nobles, pour Louis *de Brias*, seigneur de Royon, député ordinaire des Etats d'Artois. Il tire son nom de la terre de Brias érigée en comté depuis très-longtemps et possédée par le comte *de Brias*, neveu de Jacques-Théodore *de Brias*, archevêque de Cambrai, conseiller au Conseil d'Etat, et compte parmi ses parents un membre en faveur duquel la terre de Molinghem a été érigée en marquisat, et parmi ses ancêtres, des gens ayant rempli de grandes charges, comme celle de mestre-de-camp général, de colonel d'infanterie, de gouverneur des villes de Marienbourg, Douai, Renti, Furnes, Hesdin, etc...

(Registre de l'élection d'Artois de 1675 à 1714, folio 256. — Registre aux commissions X, folio 440).

Mars 1693, Chantilly. — DE CARDEVACQUE. — Erection en marquisat de la terre d'Havrincourt pour François-Dominique *de Cardevacque*, baron d'Havrincourt, colonel d'un régiment de dragons d'Artois, depuis plusieurs années, qui s'est signalé aux combats d'Euren et d'Arteville, etc.

Ces lettres nous apprennent que la terre et baronnie d'Havrincourt relevait du Roi, à cause de son comté d'Artois, était composée de 1800 arpens de terre, 800 arpens de bois, et autres grands revenus et droits seigneuriaux et féodaux, avait haute, moyenne et basse justice, un ancien château, dont relèvent plusieurs terres et fiefs considérables, entre autres le marquisat de Guenecourt, situé au pays d'Artois.

(Registre de l'élection d'Artois de 1675 à 1714, folio 319, X⁰ Registre aux commissions, page 533. — Elles furent aussi enregistrées à la Chambre des Comptes de Paris, le 16 janvier 1770, à la requête d'Anne-Gabriel Pierre *de Cardevacque d'Havrincourt*, colonel dans le corps des grenadiers de France, petit-fils de François Dominique. Archives nationales, registre P. P., 132, folio 456.

On les trouve également, tome I, folio 344, dans le manuscrit de M. Palisot de Beauvois, registre aux commissions, tome X, folio 533).

Novembre 1693, Versailles. — DE FLECHIN. — Erection en marquisat de la terre de Wamin, relevant du Roi à cause du château d'Hesdin, consistant en un beau château, cent quatre-vingts mesures de terres, quarante mesures de manoirs et prairies, et autant de bois et en seigneurie à clocher, d'où relèvent plus de quarante fiefs, pour François *de Fléchin*, écuyer, seigneur de Wamin, qui a servi en qualité de page de la Chambre du Roi pendant trois ans, puis trois ans aussi comme officier subalterne dans le régiment de cavalerie du feu le sieur de Wamin, son père, dans lequel le Roi lui a donné une compagnie incorporée ensuite dans le régiment de Bardage. Il resta neuf ans dans ce dernier régiment et se trouva aux batailles de Saint-François, Turkeim, Cassel, Saint-Denis, aux prises de Condé, Bouchain, Gand, Saint-Ghislain, Ypres, Saint-Omer, Cambrai et Valenciennes. Son père, Edouard *de Fléchin*, est mort colonel de cavalerie, après s'être distingué au siège de Saint-Omer; son grand-père, commandant le régiment de Rambux, a été tué au siège de la Rochelle; et les deux frères de son aïeul ont aussi été tués l'un, le sieur *de La Ferté*, proche le château de Caumont, près Hesdin, étant major de cavalerie, et l'autre au siége d'Aire, capitaine d'infanterie, etc...

(Registre de l'élection d'Artois de 1675 à 1714, folio 275. — XI° registre aux commissions, folio 624).

1ᵉʳ Avril 1694. — DE LA BUISSIÈRE. — Erection en marquisat de la terre de Luzy pour Oudart-Lamoral *de La Buissière*, écuyer, seigneur de Luzy, Roquestoire, Loshem, Ratingent et Cereques par lettres de Louis XIV (1).

(Enregistrées II° registre du bureau des finances, folio 163, et à Arras dans le XI° registre aux commissions, page 257).

Avril 1694. — DE CARMIN. — Par lettres données à Versailles, érection en marquisat de la terre de Nédonchel, très considérable, relevant du Roi à cause du château des Wrennes en Boulonnais, ayant haute, moyenne et basse justice, en faveur Maximilien-François *de Carmin*, baron de Lillers, Nédonchel, Gomiécourt, premier gentilhomme du pays d'Artois, député de la noblesse aux Etats de cette province, etc.., etc...

(Registre de l'élection d'Artois de 1675 à 1714, folio 290).

Avril 1694. — DE LA BUISSIÈRE. — Erection en marquisat, par lettres données à Versailles, de la terre de Lugy, mouvante du comté de Saint-Pol et de l'abbaye d'Inchy, consistant en deux fermes de quatre cents mesures de terres labourables, quatre-vingt mesures de manoirs et prairies, cent mesures de bois, dont relèvent plusieurs fiefs, ayant haute, moyenne et basse justice, et terre à clocher ayant entrée aux Etats d'Artois, pour Oudart-Lamoral *de La Buissière*, écuyer, seigneur de Lugy, Roquetoire, Lochem, Letinghem et Cresque, qui a servi pendant trois ans comme cornette dans le régiment royal, et est fils d'Oudart-Joseph *de La Buissière*, et de Marguerite *Le Marchand*, fille de Charles, seigneur de Roquetoire, et frère de Louis *de La Buissière*, chevalier de l'ordre de Saint-Jean de Jérusalem, actuellement lieutenant-colonel du régiment de Famechon.

Cette maison, l'une des plus considérables de l'Artois, a donné son nom à la terre

---

(1) Notes de Godefroy du Sart, procureur du Roi près le bureau des finances de Lille, d'après les treize premiers registres du bureau des finances de 1692 à 1720 (Archives du département du Nord).

de La Buissière, et compte parmi ses membres Helget *de La Buissière*, qualifié, en 1036, d'avoué de l'abbaye de Saint-Vaast d'Arras, avec le seigneur de Béthune, et dont la fille et héritière Clémence, dame *de La Buissière*, ayant épousé Robert *de Béthune*, porta dans cette maison sa part de l'avouerie de Saint-Vaast, qui fut possédée depuis lors par la famille de Béthune seule, etc...

(Registre de l'élection d'Artois de 1675 à 1714, folio 271. — Registre aux commissions, tome XI, folio 257).

15 Aout 1694. — GALBART. — Lettres de réhabilitation accordées à Versailles en faveur de Florence *Galbart*, issue de noble et ancienne famille, veuve de François *de Gruson*, vivant conseiller à la gouvernance de Béthune, qui craint, son mari n'étant pas noble, que les habitants de la paroisse où elle réside, ne veulent la faire inscrire au rôle des tailles.

(Registre de l'élection d'Artois de 1675 à 1714, folio 289).

Septembre 1694, Versailles. — VOLANT DE BERVILLE. — Erection en marquisat de la terre de Lisbourg, située au comté de Saint-Pol, ayant haute, moyenne et basse justice, consistant en censives foncières et seigneuriales, bois, moulins, prairies etc., etc., dont dépendent plusieurs terres à clocher comme Verchin, Radinghem, Tilly, Cappelle, Senlis, Ambricourt, Crepy et Surplois, et quarante autres beaux fiefs, qui a toujours eu entrée aux Etats d'Artois, en faveur de Jean-François *Volant de Berville*, chevalier de justice des ordres royaux et militaires de Notre-Dame-du-Mont-Carmel et de Saint-Lazarre de Jérusalem, seigneur de Berville, de la terre, bourg et châtellenie de Lisbourg, Grosilliers, Derghinheuze, La Vallée, le Breuil, Grincourt, Courcelles-le-Leu en partie (1).

(Registre de l'élection d'Artois de 1675 à 1714, folio 298, registre aux commissions XI, 690. — Manuscrit Palisot de Beauvois, tome I, folio 348).

26 Mars 1695. — DE GUISNE DE BONNIÈRE. — Sentence de noblesse rendue au

---

(1) Cette terre ainsi qu'on l'a vu précédemment avait déjà été érigée en marquisat, le 20 décembre 1634, pour Jacques *de Noyelles*

profit de Louis-Benoît-Hippolyte *de Guisne de Bonnière*, chevalier, seigneur de Souastre.

(Registre de l'élection d'Artois de 1675 à 1714, folio 305).

Février 1696. — DE BEAULAINCOURT. — Jean-Georges *de Beaulaincourt*, seigneur de Bellenville, Barlet, la Beuvrière et Marles, ayant acheté cette dernière terre, en 1692, demande sa réunion à celle de la Beuvrière avec les fiefs et seigneuries qui en dépendent et relèvent du Roi à cause du château de Béthune, afin de l'ériger en comté, ce qui lui fut accordé par lettres données à Versailles.

Il fait valoir les services de ses ancêtres et parents, ceux de ses trois frères, Georges-Philippe *de Beaulaincourt*, seigneur de la Motte, lieutenant au régiment de Bassigny; Charles-François *de Beauffort*, seigneur d'Esrevillers, tué, officier au régiment de Beauvaisis, au siège de Mayence; Albert *de Beaulaincourt*, seigneur de Bayeux, lieutenant au régiment royal Wallon, mort à Nice des suites d'un coup de fusil reçu en combattant dans les montagnes du Piémont. Il expose ensuite que, depuis près de quatre cents ans, ses ancêtres ont occupé différents emplois considérables, notamment Antoine *de Beaulaincourt*, son bisaïeul, premier lieutenant au gouvernement de Lille, Douai et Orchies, créé en 1530, par Charles-Quint, premier roi d'armes de la Toison-d'Or, et comme tel chargé, de la part de ce prince, de porter en France, à Henri II, le collier de l'ordre Saint-Michel, et d'aller à Nancy y prendre et faire porter à Luxembourg le corps de Charles, duc de Bourgogne, et enfin, que sa famille est alliée aux plus illustres familles comme: *du Hamel, de Hornes, Mailly, Béthune, Esclaibes, Nédonchel*, etc... etc...

(Registre de l'élection d'Artois de 1675 à 1714, folio 400).

Juin 1696, Versailles. — DUPIRE. — Erection de la terre d'Hinges en baronnie, sous le nom Dupire, en faveur d'Alexandre *Dupire*, écuyer, seigneur de Tourlingthun, Hinges, etc... Le dispositif nous parle de Nicolas-Alexandre *Dupire*, écuyer, seigneur d'Hinges, Tourlingthun, Montignie, Courtaubus et Dulieu, grand bailli de Béthune, ci-devant capitaine, aide-major du régiment de dragons de Sailly, et Claude-François *Dupire*, écuyer, seigneur d'Hinges et La Montoy, capitaine de dragons dans ledit régiment de Sailly, tous deux fils d'Alexandre *Dupire*, écuyer, seigneur de Tourlingthun, Hinges, La Montoy et Montignie, et de dame Marguerite-Thérèse *Fourdin*, suivant le contrat de mariage, du 23 octobre 1664, lequel Alexandre est fils de

Jacques *Dupire*, écuyer, seigneur de la Montoy et de Tourlingthun, et de dame Louise *Delelé*, par contrat du 17 février 1629, fils de Jean *Dupire*, écuyer, seigneur dudit lieu, et de Marie *Fournier*, par contrat du 18 décembre 1580, lequel était fils de Hector *Dupire*, écuyer, seigneur de Prelle, et de Guillemette *de Lancotte*; par contrat du 3 mai 1537, ledit Hector était fils d'Antoine *Dupire*, écuyer, seigneur de Prelle. Erection de la terre et seigneurie d'Hinges en baronnerie, sous le nom Dupire, laquelle est mouvante et relevante du Roi, à cause du château de Lens dans notre pays d'Artois, consistant en rentes foncières, argent, chapons, blé, droits casuels, lots et ventes, dont plusieurs fiefs nobles sont mouvants de ladite terre et seigneurie, ayant justice vicomtière et basse, étant fondateur et seigneur de l'église dudit lieu, en faveur d'Alexandre *Dupire*, écuyer, seigneur de Tourlingthun, Hinges, La Montoy et Montignie, leur père, tant en considération des services de ses ancêtres, Jacques *Dupire*, écuyer, seigneur de La Montoy et de Tourlingthun, ayant été tué au siége de Corbie au commencement de mars 1636, que des siens en qualité de capitaine d'infanterie dans le régiment de Pressau, et de ceux de Nicolas-Alexandre, Claude-François et Jacques-Alexandre *Dupire*, ses enfants, « lesquels n'auroient pas été plustôt en âge de porter les armes qu'ils seroient entrés dans la compagnie des gentilshommes de Brisack en 1684, où ils auroient servi jusqu'en 1687, qu'ils auroient été honorés de trois sous-lieutenances dans le second bataillon du régiment royal-infanterie de vaisseaux, et auroient servi en cette qualité en Allemagne en 1688, dans l'armée du Dauphin, suivant certificat ; de là, commandant ledit bataillon au 26 février 1689, et après cette campagne, deux desdits enfants auroient été lieutenant de dragons dans le régiment de Sailly, et le troisième, cornette dans ledit régiment, en laquelle qualité ils auroient servi les campagnes de 1689 dans les vallées de Luzerne et de Saint-Martin, en Piémont, contre les Vaudois, et dans l'armée de Piémont en 1690, où ils furent blessés tous trois dangereusement en un mesme jour en défendant le poste de Berqueros qui étoit le passage de Pignerol à Luzerne, et Jacques-Alexandre, après être guerri, s'estant trouvé d'un détachement que commandoit le marquis de Molac, mestre-de-camp de cavalerie, pour aller brûler Ruiolt, aurait été tué au retour de cette expédition à la Marsaille le 25 septembre de la mesme année, et cette mesme campagne, ledit Nicolas-Alexandre auroit été fait aide-major dudit régiment, puis son frère capitaine dudit régiment de Sailly, et se seroient trouvés aux siéges de Villefranche en Piémont, au bombardement de Liége, bataille de Steinquerque, siége de Namur, bombardement de Charleroy et en d'autres rencontres particulières, et en dernier lieu au siége de Furnes, où ledit Nicolas et Alexandre auroient fait la charge de major-général de dragons de l'armée, avec satisfaction du maréchal de Bouflers, en suite de quoi il auroit été honoré de la charge de grand-bailli de Béthune, et le cadet continuant de servir dans ledit régiment en qualité de capitaine, suivant certificat du marquis de Sailly, maréchal-de-camp, colonel dudit régiment de dragons, du 28 janvier 1696, à ses causes voulant favorablement traiter le sieur *Dupire* père, pour ses services ceux de ses ancêtres et de ses enfants, érigeons la terre d'Hinges en baronnie sous le nom Dupire, pour en jouir ledit Dupire père, ses successeurs et ayant-cause et les successeurs d'iceux en légitime mariage, et se qualifier de baron Dupire, pourrons pour distinguer sa famille de celle de Charles *Dupire*, écuyer, seigneur du Buisson et de la Brayette, ajouter à leurs armes deux licornes (portant bannières) pareilles au cimier de leurs armes.

(Ces lettres furent également enregistrées au bureau des finances de Lille, VIIIe registre, folio 43, et à Arras, dans le XIe registre aux commissions, page 1269. — Archives de la ville de Lille, registre violet, folio 470).

Aout 1696. — DU BUS. — Lettres d'anoblissement, données à Versailles, moyennant six mille livres de finance, pour Charles *du Bus*, qui, après avoir été officier de cavalerie pendant vingt ans dans le régiment de Souastre et autres, est actuellement résidant à Béthune, et a obtenu une des cinq cents lettres d'anoblissement créées par édit du mois de mai 1696.

(Registre de l'élection d'Artois de 1675 à 1714, folio 373).

Aout 1696. — DENIS. — Simon *Denis*, seigneur de Riacourt, trésorier des titres et chartes du comté d'Artois, ayant obtenu une des cinq cents lettres d'anoblissement créées par édit de mai 1696, fut anobli, par lettres données à Versailles, moyennant six mille livres de finance.

ARMES : *D'azur à une chèvre d'argent passant sur une terrasse de sinople (ou d'or), et surmontée de trois étoiles posées en fasce* ; casque de profil, lambrequins d'or, d'azur et d'argent.

(Registre de l'élection d'Artois de 1675 à 1714, folio 380. — Registre aux commissions XI, folio 987. Ces lettres sont également dans le manuscrit de M. Palisot de Beauvois, tome II, folio 259).

Aout 1696, VERSAILLES. — MATHON. — Anoblissement moyennant finance de six mille livres et de trois mille de supplément pour confirmation, en faveur de Guillaume *Mathon*, seigneur d'Ecoivre, demeurant à Arras, fils d'Antoine *Mathon*, lieutenant-général au bailliage d'Avesne, qui a obtenu une des cinq cents lettres d'anoblissement créées par édit du mois de mars 1696.

Armes : *D'argent à une bande de gueules, chargée en chef d'un croissant d'argent et accompagnée de dix billettes de gueules, cinq en chef posés un et quatre rangés en bande et cinq en pointe posés quatre et un rangés en bande.* Casque de profil orné de lambrequins d'argent et de gueules.

(Registre de l'élection d'Artois de 1675 à 1714, folio 393.—Bureau des finances, VIIIe registre, folio 147).

5 Octobre 1696. — DU CARIEUL. — Enregistration, avec l'autorisation des élus d'Artois, de diverses pièces concernant la noblesse de la famille d'Adrien *du Carieul*, chevalier d'honneur du Conseil d'Artois, seigneur d'Escoivre, fils de Jean, écuyer, et de Antoinette *de Brune*, petit-fils d'Adrien, et arrière-petit-fils de Jean *du Carieul* et de Michelle *de Cavrel*.

(Pièces rapportées dans le manuscrit de M. Palisot de Beauvois, tome I, folio 380 et suivants. — Registres de l'élection d'Artois de 1675 à 1714, folio 355).

10 Janvier 1697. — BEAURAINS. — Lettres de relief de dérogeance et réhabilitation données à Versailles et accordées à Marie-Madeleine *de Beaurains*, fille de Christophe *de Beaurains*, écuyer, conseiller au Conseil d'Artois, veuve de Gilles-Ignace *Werbier*, avocat, député des Etats d'Artois, échevin à son tour de la ville d'Arras qui, sous prétexte que son défunt mari était de condition roturière, craignait que les habitants des lieux de cette province où elle pouvait se retirer ne la voulussent comprendre au rôle des droits ordinaires de la province et autres subsides.

(Registre de l'élection d'Artois de 1675 à 1714, folio 370).
Ces lettres se trouvent aussi dans le manuscrit Palisot de Beauvois, tome II, folio 257. — Registre aux commissions, tome XI, folio 1078.

Avril 1697. — ESPILLET. — Anoblissement par lettres données à Versailles, moyennant six mille livres de finance, de François *Espillet*, prévôt et échevin de Béthune, qui avait obtenu une des cinq cents lettres de noblesse créées par édit de mars 1696, qui était allié à plusieurs familles nobles, et dont le père, Antoine *Espillet*, avait été aussi prévôt, échevin et procureur du Roi en la ville de Béthune.

Armes : *De sinople, à un chef d'argent chargé de trois étoiles de gueules*. Casque de profil, orné de lambrequins de sinople, d'argent et de gueules.

(Registre de l'élection d'Artois de 1675 à 1714, folio 419).

15 Avril 1697. — LE JOSNE. — Sentence de noblesse pour Maximilien-Martin *Le Josne*, écuyer, seigneur de la Ferté, demeurant à Arras, né le 20 novembre 1650, fils de Louis-Georges, écuyer, seigneur de Grand-Maretz, et de Anne *Le Clément*.

On y voit en outre que ledit Louis-Georges *Le Josne*, écuyer, seigneur de Grand-Maretz, créé chevalier par Louis XIV, le 3 août 1679, est fils d'Adrien *Le Josne*, écuyer, seigneur de Grand-Maretz, lieutenant-général des ville et bailliage de Lens, et petit-fils d'Adrien et de Marguerite Courcol.

(Registre de l'élection d'Artois de 1675 à 1714, folio 389).

Aout 1697, Versailles. — DURIETZ. — Confirmation de l'érection en comté de la terre de Willerval pour Charles-Hierosme *Durietz*, chevalier, seigneur du Hamel, Hucher, Frevillers, Monts, Lassus, Zeauvis, Willerval, etc..., capitaine de dragons, qui a servi plusieurs années dans divers emplois, tant aux siéges de Philisbourg, Frankendal, Namur et Furnes, que dans les armées en Piémont.

Il représente que cette terre dont il a hérité de son père Hiérosme *Durietz*, chevalier, seigneur desdits lieux, gouverneur de la ville de La Gorgue et du pays de Lalœu, et de Gertrude *Le Bourgeois*, sa mère, a été achetée par eux le 15 juillet 1676 et le 26 juillet 1679; qu'elle est située en Artois et très considérable; qu'elle possède un château avec quatre tours enfermé de murailles et d'un fossé où sont plusieurs bâtiments, et a droit de terrage, rentes foncières, droits seigneuriaux avec haute, moyenne et basse justice, et enfin qu'elle a été érigée en comté par Albert et Isabelle, pour Jean *d'Ognies*, chevalier, seigneur de Willerval, et pour Marie-Walter *Gapota* (la généalogie de la famille d'Ogies l'appelle Sapata), par lettres du 28 mai 1612.

(Archives départementales du Pas-de-Calais. — Registre aux commissions, tome XI, folio 1261).

Aout 1697, Marly. — ROUSSEL. — Anoblissement pour Claude *Roussel*, baron de Wagnonville, de la province d'Artois, qui obtient une des 500 lettres d'anoblissement créées par édit, du 25 mars 1696, moyennant 6000 livres de finance (1).

Armes : *D'azur, semé de fleurs de lis, d'argent au chef d'argent, chargé d'un griffon de gueules, timbré d'un casque de profil armé de ses lambrequins d'argent d'azur et de gueules et couronné d'un cercle de baron.*

(Registre de l'élection d'Artois de 1675 à 1714, folio 430. — Bureau des finances de Lille, III⁰ registre folio 115, verso).

26 Aout 1697. — DE LIERES. — Sentence de noblesse pour Gilles François *de Lieres*, lui reconnaissant le droit de se qualifier de baron de Berneville.

(Registre de l'élection d'Artois de 1675 à 1714, folio 396).

Juillet 1698. — HANOTEL. — Anoblissement, par lettres données à Versailles et enregistrées au Parlement de Paris le 30 aout suivant, de Philippe *Hanotel*, seigneur de Cauchy à la Tour et Rassencout, né à Arras, demeurant à Saint-Pol, fils de Jacques Adrien, seigneur desdits lieux. Il avait obtenu une des cinq cents lettres d'anoblissement créées par édit de mars 1696.

Armes : Aux 1 et 4 *coupé d'azur et d'or, l'azur chargé d'un cheval marin d'argent, aux 2 et 3 d'argent, à un lion de gueules.* Casque de profil, avec lambrequins d'or, d'azur, d'argent et de gueules ; cimier : un demi-cheval marin d'argent.

(Registre de l'élection d'Artois de 1735 à 1745, folio 18. — Archives nationales, registre du Parlement de Paris, à côté „ z z z, folio 453. — Bibliothèque de l'Arsenal, manuscrit n° 698. — Communication de M. Henri Frémaux).

Juillet 1698, Versailles. — DE VENANT. — Lettres autorisant Ignace *de Venant*, seigneur de Famechon et de Saternaut, gentilhomme de la province d'Artois, capitaine dans le régiment d'Isenghien, fils de Dominique Louis *de Venant*, écuyer, seigneur de Saternaut, Graincourt, créé chevalier héréditaire, en 1674, à porter sur ses

---

(1) Ses descendants possèdent une copie certifiée conforme, délivrée par le commis-greffier du bureau des finances de Lille. T. Choryn, 27 juin 1768.

armes une couronne de cinq fleurons d'or, et à prendre pour supports deux griffons de sable becqués et armés de gueules.

Cette faveur lui fut, d'après ces lettres, accordée en considération de sa naissance, de ses services et de ceux de ses oncles paternels, Philippe et Louis *Venant*, qui étaient commandeurs de Malte, et d'Ignace *de Belvalet de Famechon*, son oncle, maréchal-de-camp des armées du Roi.

(Manuscrit Palisot, tome II, folio 303. — Extrait des registres de l'élection d'Artois où ces lettres ont été enregistrées le 6 août 1698).

Février 1700, Versailles. — DE MELUN. — Erection en marquisat de la terre de Cottenes pour Adrien-Frédéric *de Melun*. D'abord page auprès du Roi, il a servi ensuite dans une compagnie de noirs mousquetaires pendant quelques années, possède plusieurs terres et seigneuries de plus de vingt mille livres de rente, a droit d'entrée aux Etats d'Artois, et appartient à l'ancienne maison de Melun, une des plus illustres du pays, honorée des titres de prince, duc, grand d'Espagne et chevalier de la Toison d'Or et dont plusieurs membres ont été pourvus des charges de connétable de Flandre, chambellan, échanson de Charles V, grand bailli, capitaine et gouverneur des ville et châtellenie de Béthune et autres charges et emplois importants qui leur ont toujours donné la qualité de chevalier. L'aïeul et le père du seigneur de Cottenes ont quitté le service d'Espagne pour celui de France où ils ont donné des marques de leur valeur. La terre de Cottenes, dont il porte le nom, relève en partie de la terre et châtellenie de Lillers et possède la justice vicomtière et un ancien château bâti en forme de forteresse composé d'une grande et grosse tour de pierres blanches surmontée et flanquée d'autres tours moins élevées, et un autre grand château bâti à la moderne, avec terres, prés, droits honorifiques, rentes seigneuriales en argent, graines et volailles, et enfin soixante et un fiefs et seigneuries qui en relèvent.

(Archives departementales du Pas-de-Calais. — Registre aux commissions, tome XII, folio 575. — Bureau des finances de Lille, VIII° registre, folio 80. — Godefroy du Sart).

Juin 1700, Versailles. — D'AMBRINES. — Anoblissement de Claude *d'Ambrines*, seigneur de Mercatel, conseiller du Roi, avocat du Roi à la gouvernance d'Arras. Moyennant six mille livres de finance, il obtint une des cinq cents lettres d'anoblissement créées par édit de mars 1696, et paye plus tard trois mille livres de supplément pour confirmation de noblesse.

Armes : *D'argent à un sautoir engrelé de gueules, accompagné en chef d'un croissant de sable, en flanc de deux étoiles de même, et en pointe d'une étoile aussi de sable;* casque de profil, lambrequins de gueules, d'argent et de sable.

(Archives départementales du Pas-de-Calais, XIIe registre aux commissions, 1re série, page 606. — Manuscrit Palisot de Beauvois, tome II, folio I. — Bureau des finances de Lille, VIIIe registre, folio 18, recto).

5 Février et Mars 1703. — DE VOS. — Arrêt du Conseil d'Etat et lettres patentes de reconnaissance de noblesse pour François *de Vos*, seigneur d'Haquedorne, capitaine au régiment allemand de Zuelauben, issu d'une ancienne famille de Westphalie. Il expose qu'il est entré à vingt ans au service du Roi dans la compagnie des cadets de Douai, a été commissaire d'artillerie au siége de Philisbourg, a eu le bras percé d'un coup de mousquet, puis, enfin, qu'après avoir assisté à toutes les batailles avec le régiment de Zuelauben, où il est capitaine depuis 1692, il s'est retiré en Artois; que ses ancêtres ont été reçus au chapitre de Saint-Lambert de Liége et autres colléges nobles: que les de Vos sont venus s'établir à Bruges dont ils ont été échevins, puis sont passés à Bruxelles et à Gand, et ont contracté des alliances nobles ; que Jean *de Vos*, son trisaïeul, a eu deux fils, Mathieu et François, auteurs de deux branches.

L'aînée, celle de Mathieu, habite actuellement Bruxelles où elle jouit des droits de la noblesse; que son père et son grand-père qui sont sortis de François, auteur de la branche cadette, ont porté le même nom de François et ont été reconnus nobles ; que son dit père a habité Armentières, et que l'exposant, après son décès, est entré au service ; enfin que ses principaux titres de noblesse ont été brûlés pendant le bombardement de Bruxelles, lors de l'incendie de la maison de Mathieu-Jacques *de Vos*, chef de la famille ; mais il fournit pour principale pièce, parmi ses preuves, une épitaphe de 1610, qui s'est trouvée dans l'église des religieuses de Sainte-Claire à Bruxelles.

Armes : *D'azur au renard passant d'or.* Casque de profil, avec une couronne de perles; cimier : un renard passant d'or ; supports : deux lions d'or couronnés, tenant chacun un guidon, lambrequins d'azur et d'or.

(Archives départementales du Pas-de-Calais. — Registre aux commissions, tome XII, folio 1440. — Elles avaient été aussi enregistrées au bureau des finances de Lille, VIIIe registre, folio 68).

Octobre 1705, Fontainebleau. — DE BASSECOURT. — Erection en marquisat de la terre de Grigny en y incorporant les terres de Fresnoy, Quisy et Marconnelle, pour Jean-Baptiste *de Bassecourt*, et après lui pour son neveu, François *de Salpervick* sous la dénomination de marquisat de Grigny (1).

(XIII° registre aux commissions du Conseil d'Artois, folio 281. — Palisot, tome II, folio 33. — Bureau des finances de Lille, VI° registre, folio 118).

Janvier 1708. — BATAILLE. — Lettres d'anoblissement données à Marly, pour Pierre-André *Bataille*, procureur-général du Conseil d'Artois, à cause des services qu'il a rendus depuis 1670, comme procureur du Roi à la gouvernance d'Arras, en 1675, comme avocat du Roi en ladite gouvernance, ensuite comme procureur-général depuis 1677, et enfin comme subdélégué de l'intendant, charge qu'il exerçait alors depuis vingt-quatre ans.

Ses armes furent réglées par d'Hozier : *De gueules à un chevron d'or, accompagné en chef de deux épées d'argent posées en pal, les pointes en haut et en pointe, d'un heaume d'argent posé de front,* casque de profil, lambrequins d'or, de gueules et d'argent.

(Archives départementales du Pas-de-Calais. — Registre aux commissions d'Artois XIII, folio 481. — Manuscrit Palisot, tome II, folio 45 ou 85).

16 Mai 1710, Marly. — DU CARIEUL. — Lettres patentes autorisant Jacques-François *du Carieul*, seigneur de Fiefs, Beaurains et Boubers, gentilhomme d'Artois, à surmonter l'écusson de ses armes anciennes qui sont : *d'argent, à un sautoir de gueules,* d'une couronne de cinq fleurons, et de prendre pour supports deux griffons de sable becqués et armés de gueules.

Ces lettres parlent d'Adrien *du Carieul*, son aïeul, lieutenant de la ville et gouvernance d'Arras, fait chevalier en 1632 ; de Guillaume *du Carieul*, son père, qui a toujours vécu noblement; de ses trois frères, le premier, mort à Longwy, cadet gentil-

---

(1) François *de Salpervick*, qui avait épousé Marie-Charlotte *de Harchies*, d'accord avec sa femme, déclare consentir à ce qu'Antoinette-Philippe *de Bassecourt*, sa mère, jouisse sa vie durante de la terre de Grigny, le même François *de Salpervick*, seigneur du Fresnoy, Crehem, Hestruval, Plumoison, Quichy, Ristade, Marconnelle, Héricourt et Leuzeux, mousquetaire de la seconde compagnie de la garde du Roi, commandée par le sieur *de Jouvelle*, s'était trouvé à la prise de Valenciennes, Cambrai, Saint-Omer, et à la bataille de Cassel.

homme, le second mort à Pignerol, deuxième capitaine au régiment de Famechon, le troisième, sergent-major de bataille, mort au service de Philippe V, qui lui avait accordé peu de temps avant sa mort un brevet d'une commanderie de trois ordres militaires, de Saint-Jacques de Calatrava et d'Alcantara.

(Registre de l'élection d'Artois de 1758 à 1769, folio 232).

20 OCTOBRE 1715, VINCENNES. — DUPUICH. — Lettres patentes sur arrêt confirmant la noblesse des sieurs : Eustache-François *Dupuich*, écuyer, seigneur du Quesnoy, avocat au Parlement, député des Etats d'Artois à la Cour, François-Joseph Bernard *Dupuich*, écuyer, ci-devant capitaine au régiment de Saint-Germain-Beaupre, et aussi de défunt Antoine-Norbert *Dupuich*, écuyer, capitaine au régiment de Lorraine, tous trois, frères, enfants de François-Bernard *Dupuich*, écuyer, seigneur du Quesnoy, lieutenant-général des ville et bailliage d'Hesdin, et de Marie-Françoise *Duflos*.

Ces lettres rappellent que François-Bernard *Dupuich* avait obtenu des lettres de confirmation et réhabilitation de Louis XIV, en juin 1697, et avait été déclaré noble par sentence de l'élection d'Artois, le 8 mai 1683, ce qui ne permettait pas au traitant de les poursuivre, et disent que la somme de trois mille livres payée par leur mère avait été donnée pour avoir cent cinquante livres de rentes et ne pourra préjudicier à leur ancienne noblesse.

(Archives du Pas-de-Calais. — Registre aux commissions, tome XIV, folio 866).

MAI 1716, PARIS. — DE BEAUFFORT. — Lettres patentes qui autorisent Christophe-Louis *de Beauffort* et ses successeurs à prendre le titre et les armes du comte *de Croix*, avec permission de porter une couronne de marquis sur l'écu de leurs armes.

On voit par ces lettres que Christophe-Louis *de Beauffort*, seigneur de Buschure, Nordausque, etc..., grand bailly d'épée de Saint-Omer, expose que le feu Roi avait, par patente de mai 1682, accordé le titre de comte à Pierre *de Croix*, seigneur de Wasquehal, brigadier de ses armées, et à ses hoirs mâles, et de pouvoir porter, sur l'écu de leurs armes, une couronne de marquis ; que ce dernier n'ayant pas laissé d'enfant mâle avait obtenu par autre patente (octobre 1694) de transférer ce titre à son gendre Charles-Adrien *de Croix*, qui lui-même n'eut pas d'enfant mâle, de sorte que l'exposant, son neveu à la mode de Bretagne, qui se dispose à épouser Claire-Angélique *de Croix*, sa fille aînée, se trouve obligé, pour complaire à son futur beau-père qui tient à voir revivre son nom, et qui lui donne en mariage le comté de Croix, une des terres les plus considérables de la châtellenie de Lille, d'avoir recours au Roi pour le supplier de lui accorder le titre de comte *de Croix*, avec permission d'appliquer ce titre sur la terre de Buschure, ou telle autre terre qui lui plaira, et de porter une couronne de marquis sur l'écu de ses armes. Il expose en outre que sa famille est d'ancienne noblesse d'Artois, a été reçue dans les chapitres des chanoinesses de Pays-Bas, etc..., etc...

(Archives départementales du Pas-de-Calais, XVe registre aux commissions, folio 74. — Bureau des finances de Lille, XIIe registre, folio 135, et aux archives du Parlement de Flandre le 4 novembre 1718. — Registre..... folio 160. — (Table de M. Remy de Gennes).

Aout 1716, Paris. — DE MARBAIS. — Reconnaissance et maintenue de noblesse pour Louis-Ernest *de Marbais*, écuyer, seigneur du Verval et Caleuesle, échevin de la ville d'Arras, avocat en Parlement, député des Etats d'Artois à la Cour, et pour Jean-Louis *de Marbais*, son père, conseiller au Conseil d'Artois.

Le 11 mai 1746, les enfants de Louis-Ernest *de Marbais*, au nombre de quatre, obtinrent l'autorisation de faire lever une expédition de ces lettres patentes de reconnaissance et de maintenue de noblesse. On y voit : 1° Jean-Louis-Edouard *de Marbais*, écuyer, seigneur de Collenette, major de la brigade de Montmorency, au régiment royal des carabiniers, chevalier de Saint-Louis ; 2° Jacques-François-Ernest *de Marbais*, écuyer, seigneur du Verval, garde du Roi d'Espagne et capitaine de cavalerie par commission ; 3° Philippe-François-Eugène *de Marbais*, écuyer, seigneur de la Tour, capitaine au régiment de Bruxelles au service du Roi d'Espagne ; et 4° demoiselle Rosalie *de Marbais*.

Armes : *D'argent à la fasce de gueules à 3 merlettes de même en chef;* supports : *deux sauvages avec bannière aux mêmes armes;* cimier : *une javelle de gueules liée d'argent.*

(Manuscrit Palisot, tome II, folio 79. — Registre de l'élection d'Artois de 1476 à 1758, folio 39).

1er Septembre 1717, Paris. — PALISOT D'INCOURT. — Brevet permettant à François-Ignace *Palisot d'Incourt*, chevalier, seigneur de Warluzel, premier président du Conseil d'Artois, et à ses descendants, de décorer l'écusson de ses armes d'une couronne de comte.

(Archives départementales du Pas-de-Calais; registre aux commissions, tome XV, folio 68).

Mai 1719, Paris. — DE LA TORRE BUTTERON MOXICA. — Erection en baronnie de la terre de Remy (sise en Artois), pour Ernest-Ferdinand *de la Torre Butteron Moxica*, et pour sa femme, Caroline-Hippolyte *d'Aoust*, dame de Remy et Beaurepaire, avec permission de porter une couronne de comte.

« Cette terre ne pourra ni être démembrée, ni partagiée qu'aux cas de la coutume des lieux. »

Il expose qu'il a servi le feu Roi en qualité de lieutenant-aide-major, de capitaine, de major, de lieutenant-colonel du régiment d'Izenghien, pendant trente-cinq ans dans les guerres de Catalogne, d'Irlande, de Piémont, d'Allemagne et de Flandre, et reçu plusieurs blessures qui l'ont mis hors d'état de continuer son service ; qu'il est d'ancienne noblesse d'Artois, fils de Jean *de la Torre*, gouverneur de Diert, et de Barbe-Thérèse *de Hainin*, petit-fils de Ochoa Gometz *de la Torre*, chevalier de Saint-Jacques, du Conseil de guerre du Roi catholique, commissaire général de sa cavalerie en Flandre, époux de dame *de Billehé* ; que sa famille est une des plus anciennes de Biscaye ; que sa femme a hérité, de son oncle, la terre de Remy, etc..., etc...

(Lettres enregistrées au bureau des finances de Lille, XIII° registre, folio 274, verso. - Archives départementales du Pas-de-Calais, XV° registre aux Commissions, folio 398 ou 298).

21 Décembre 1717. — BATAILLE. — Arrêt du Conseil d'Etat du Roi daté de Paris, exceptant Pierre-André *Bataille*, procureur-général du Conseil d'Artois, de la révocation portée par l'édit du mois d'août 1715, touchant les lettres d'anoblissement accordées depuis le 1ᵉʳ janvier 1689, portant confirmation des lettres d'anoblissement qu'il a obtenues, en janvier 1708, et lui permettant en outre d'ajouter deux supports à l'écu de ses armes.

Cet arrêt fut enregistré aux registres de l'élection d'Artois, le 13 décembre 1719, sur la demande de Pierre-André Joseph *Bataille*, écuyer, procureur-général du Conseil d'Artois, fils de Pierre-André, aussi procureur-général audit Conseil, qui avait obtenu cet arrêt.

(Manuscrit Palisot de Beauvois, tome II, folio 85).

15 Mars 1720. — DE BOULOGNE. — Sentence de noblesse donnée par l'élection d'Artois au profit de Louis *de Boulogne*, écuyer, seigneur de Beaurepaire, ci-devant procureur du Roi, et actuellement conseiller d'honneur au présidial d'Abbeville, fils d'Adrien de Boulogne, écuyer, seigneur de Beaurepaire, procureur du Roi au présidial d'Abbeville, icelui, fils de Nicolas, écuyer, aussi seigneur de Beaurepaire et pro-

cureur du Roi audit présidial, et ce dernier, fils de Pierre, écuyer, seigneur de Beaurepaire.

On voit dans ces lettres que Nicolas *de Boulogne*, son grand-père, mort en 1665, avait institué par testament, pour son légataire universel, Antoine *de Boulogne*, son fils puiné, docteur en Sorbonne, qui avait enlevé tous les papiers qui se trouvaient dans la maison de son père et que l'exposant était en procès avec la maison de Sorbonne au sujet de ses papiers.

Ces lettres nous apprennent en outre que l'exposant avait épousé, le 1er septembre 1700, Marie-Anne *Mathan* ; 2° le 15 septembre 1708, Anne-Jeanne *Danvin*, et que Jeanne *de Boulogne*, sa sœur, s'était mariée le 29 avril 1690, à Clément *Duvaust*, chevalier, seigneur de Moutiers.

(Extrait des registres de l'élection d'Artois où cette sentence fut enregistrée le 15 mars 1720. — Manuscrit Palisot, tome II, folio 139).

18 Mai 1720. — DE BÉTHUNE. — Sentence de l'élection d'Artois déclarant qu'Eugène-François *de Béthune*, marquis d'Hesdigneul, seigneur des Préaux, descend en ligne directe de Robert Ier, surnommé Faisseux, seigneur de Béthune, avoué d'Arras.

(Extraite des registres de l'élection où elle a été enregistrée le 18 mai 1720. — La requête et la sentence sont imprimées dans Poplemont (Belg. hler) I, 574. — Manuscrit Palisot, tome II, folio 113).

Juin 1720. — DE BLOCQUEL DE CROIX. — Lettres de chevalerie données à Paris pour Adrien-Antoine *de Blocquel de Croix*, écuyer, seigneur de Wismes, Liévin, Lambry, mayeur héréditaire de Naves et de Marcoing.

On voit dans ces lettres qu'il est d'une ancienne famille noble qui a pris ses alliances dans des familles également nobles, comme celle de Réné *de Vos de Stenvich*, chevalier, conseiller du Roi d'Espagne, celle de Pierre-Ignace *de Beauffort*, écuyer, seigneur de Warmicamp, et celle des *d'Aumale*, ce qui lui donne des parentés avec les maisons de Montmorency, Nesle et Schombert ; que ses ancêtres, en 1597 et 1612, ont été députés pour la noblesse, par délibération, aux Etats de Cambrai ; qu'Allard-François *de Blocquel*, son aïeul, chevalier, seigneur de Wismes, Lambry, Angre et Liévin, a été enterré à l'abbaye de Loos, près Lille, où l'on voit son épitaphe accompagnée de ses armoiries et de celles de ses ascendants paternels et maternels.

(Extraites des registres de l'élection d'Artois où elles ont été enregistrées le 25 octobre 1720. — Manuscrit Palisot de Beauvois, tome II, folio 115).

2 Juillet 1721, Paris. — DUGLAS. — Brevet qui autorise Archambaut *Duglas*, ci-devant capitaine de grenadiers au régiment de Sa Majesté, à prendre le titre de comte pour lui et sa postérité et à décorer l'écusson de ses armes d'une couronne de comte, en considération de ses services et de ceux de sa famille.

(Archives départementales du Pas-de-Calais. — Registre aux commissions, tome XV, folio 711).

25 Avril 1722. — DE BOULOGNE DE BEAUREPAIRE. — Brevet donné à Paris et signé du Roi, autorisant Louis *de Boulogne de Beaurepaire*, écuyer, ci-devant procureur du Roi au présidial d'Abbeville et ses descendants mâles et femelles, à prendre deux lions d'argent pour supports, et pour cimier une main fermée et gantelée de fer.

(Extrait des registres de l'élection d'Artois où il a été enregistré le 30 avril 1722. — Manuscrit Palisot, tome II, folio 125).

Mai 1722. — PILLOT. — Lettres d'anoblissement données à Paris pour Louis *Pillot*, originaire d'Artois, chevalier de Saint-Louis, mestre-de-camp, lieutenant-colonel du régiment de cavalerie de. . . . auparavant Fustemberg, et enregistrées au registre de l'élection, le 29 décembre 1764, sur la demande de son fils, Philippe-Octave *Pillot*, écuyer, demeurant à Hesdin.

On voit dans ces lettres qu'il servait depuis 1689, dans ledit régiment, comme lieutenant-capitaine et major, et enfin comme lieutenant-colonel ; qu'il s'est trouvé au combat de Valcourt, en 1689, à la bataille de Fleurus, en 1690, où il fut fait capitaine d'une compagnie dudit régiment, au siége de Mons, 1691, où il devint major ; au siége de Namur, en 1692, à la bataille de Steinkerque, la même année, à celles de Marsaille, en 1693, de Ramilly, 1706, d'Oudenarde, 1708, de Malplaquet, 1709, aux siéges de Douai et de Bouchain, 1712, et à ceux de Landen et Fribourg, en 1713. On voit aussi qu'il a donné de grandes preuves de sa valeur.

Armes : *D'azur à une épée d'argent posée en pal la pointe en haut, garde et poignée d'or accolée de deux lions aussi d'or affrontés et tenant entre leurs pattes de devant la garde de l'épée. Ecu timbré de profil, orné de lambrequins d'or et d'argent.*

(Registre de l'élection d'Artois de 1758 à 1769, folio 250).

Aout 1722, Versailles. — DE COUPIGNY. — Erection en comté de la terre d'Henu pour Maximilien-Charles *de Coupigny*, seigneur d'Henu, Warlincourt, etc.., qui appartient à une des plus anciennes maisons d'Artois, ayant possédé de grandes terres et seigneuries, et dont les ancêtres ont été qualifiés de vicomte et de baron en 1350. Baudot, héritier de la maison *de Coupigny* fut honoré de l'ordre de la Toison-d'Or vers 1483, Jacques *de Coupigny*, seigneur dudit lieu, fut grand-maître d'hôtel de l'Empereur Maximilien en 1414, un autre, nommé Mallet *de Coupigny*, fut amiral de France en 1393. On voit en outre par les lettres que les maisons de Mallet et de Coupigny ont pris des alliances avec les premières maisons ; que ledit exposant ainsi que ses prédécesseurs ont eu entrée aux Etats d'Artois ; qu'un de ses ancêtres, Charles *de Coupigny*, était gouverneur des ville et château de Béthune ; que Louis *de Coupigny*, son aïeul, fut député des Etats d'Artois, en 1669, vers le feu Roi qui lui a accordé des lettres de chevalerie enregistrées au Conseil d'Artois en ladite année ; que la terre d'Henu, située en Artois, a la haute, moyenne et basse justice, un château très ancien où il y a quatre grandes tours, plusieurs bâtiments contenant quinze arpents de terrain, cent vingt de bois, cinq de terres labourables et trente de prairies et chemins ; que vingt-cinq à vingt-six fiefs en relèvent, et enfin que la terre de Warlincourt à laquelle elle est réunie possède aussi la haute, moyenne et basse justice, plusieurs bâtiments et quarante fiefs qui en relèvent.

(Archives départementales du Pas-de-Calais, XVe registre aux commissions, folio 747).

Septembre 1722. — DE BEAUFFORT. — Lettres de confirmation du titre de chevalier données à Versailles, pour François-Joseph *de Beauffort*, seigneur de Lassus, avec permission pour lui et ses descendants nés et à naître, de porter les anciennes armoiries de sa famille, et d'orner l'écu d'un casque de front, couronné d'une couronne de comte, et de prendre pour supports deux lions aussi couronnés d'une couronne de comte.

Ces lettres rappellent que son père, Antoine-Joseph *de Beauffort*, avait, en 1677, été créé chevalier ainsi que sa postérité née et à naître.

(Extraites des registres de l'élection d'Artois où elles furent enregistrées le 3 mars 1730. — Manuscrit Palisot, tome II, folio 127).

Septembre 1722. — DE BERTOULT HAUTECLOQUE. — Lettres de chevalerie héréditaire, données à Versailles, pour Louis-François *de Bertoult Hautecloque*, mousquetaire de la garde du Roi, écuyer, avec permission de porter le casque de front et couronné, et de prendre des supports tels qu'ils seront réglés par d'Hozier (juge d'armes de France), en récompense des services qu'il rend au Roi depuis neuf ans, et de ceux de son père qui a servi longtemps en qualité de capitaine dans le régiment de Sals.

(Extraites des registres de l'élection d'Artois où elles ont été enregistrées le 23 juin 1723. — XXIII° registre aux commissions, folio 287. — Manuscrit Palisot, tome II, folio 131).

17 Février 1723. — DE BOULOGNE. — Arrêt du Conseil d'Artois confirmant la sentence de noblesse rendue, le 15 mars 1720, au profit de Louis *de Boulogne*, écuyer, seigneur de Beaurepaire, Lauwin et Planque, et lui défendant de prendre la qualité de messire, qui, ainsi qu'il le reconnaît lui-même, lui a été donné sans sa participation par la commission de saisie seigneuriale.

(Extrait des registres du Conseil d'Artois. — Manuscrit Palisot, tome II, folio 143).

Octobre 1723, Versailles. — BOUCQUEL. — Lettres de chevalerie héréditaire pour Paul-François *Boucquel*, écuyer, seigneur de Warlus, Sombrin, Villers-sire-Simon, Valhuon, demeurant à Sombrin, en récompense des services qu'il a rendus comme officier au régiment de dragons d'Artois, et aussi de ceux de feu Jean-Baptiste *Boucquel*, son père, décédé écuyer, conseiller au Conseil d'Artois, seigneur desdits lieux.

(XVI° registre aux commissions d'Artois, folio 85. — Au bureau des finances de Lille, XXIV° registre, folio 369. — Manuscrit Palisot de Beauvois, tome II, folio 151).

Décembre 1723, Versailles. — DE COURONNEL. — Lettres autorisant Louis-Joseph *de Couronnel*, chevalier, seigneur d'Aussimont, Véhu, ainsi que sa postérité, à porter, sur l'écusson de leurs armes, une couronne de comte.

(Archives départementales du Pas-de-Calais, XVI° registre aux commissions, folio 102. — Manuscrit Palisot de Beauvois, tome II, folio 147).

Mai 1724. — DE BLOCQUEL DE CROIX. — Lettres données à Versailles, autorisant Adrien-Antoine *de Blocquel de Croix*, chevalier, seigneur de Wismes, Lambry, Liévin, et ses descendants légitimes, à décorer l'écusson de leurs armes d'une couronne de cinq fleurons, et de prendre deux griffons pour supports.

(Extraites des registres de l'élection d'Artois où elles furent enregistrées le 24 mai 1724. — Manuscrit Palisot, tome II, folio 161).

23 Novembre 1725, Lunéville. — LABBÉ. — Erection en comté, sous le nom de Morvillers, des terres de Vrecourt, Sifol-le-Grand, Vilouxel, Fiefs, Fourmaux, Bois de Bohenne et d'Artauboucher, Morvillers, des villages de Blevaincourt, Roziers et Senaide, par lettres de Léopold, duc de Lorraine, données en faveur d'Antoine *Labbé*, baron de Beaufremont, comte de Laie, marquis de Castiau, capitaine de cavalerie au régiment de Noaille dépendant du Roi très Chrétien, en récompense de ses services, et aussi de ceux de Jean *Labbé*, son bisaïeul, établi en Lorraine sous le duc Charles III, lieutenant au gouvernement de la ville de Nancy. Ces lettres rapportent que l'exposant a été convoqué comme noble aux assises de l'ancienne chevalerie de Lorraine, par lettres du 27 mai 1712, et que ses aïeux et parents possèdent et ont possédé des emplois les plus distingués des Etats de Lorraine, tant dans l'épée que dans la robe.

Ce comté portera les armes suivantes : *Ecartelé aux 1 et 4 d'azur à la croix ancrée d'argent, aux 2 et 3 de gueules à la bande d'argent chargée d'une roye de gueules en cœur, ce cotoyée de deux royes d'argent et sur le tout de gueules à deux bourdons d'or mis en sautoir, les écus armés et surmontés d'une couronne de comte, et pour supports deux lions rampant au naturel.*

(Archives départementales du Pas-de-Calais, XXIe registre aux commissions, folio 686).

Juillet 1733, Compiègne. — DE BEAUFFORT. — Erection en comté des terres de Moulle, seigneuries de Houlle et de Bunschure, tenues du château de Saint-Omer, sous la dénomination de comté de Beauffort, pour Christophe-Louis *de Beauffort*, comte de Croix.

On voit par le dispositif que ledit Christophe *de Beauffort* était propriétaire du comté de Croix dont il avait hérité de Louis-François *de Beauffort*, son frère, auquel ce comté avait été donné, en 1717, par Claire-Angélique *de Croix*, à condition que lui et ses héritiers, propriétaires de cette terre, prendraient le nom et les armes des *de Croix*, ce qu'il a fait depuis le décès de son frère. Mais, préférant reprendre le nom et les armes des *de Beauffort*, il désirerait unir à la terre de Moulle, où il réside actuellement, les terre et seigneurie de Houlle et de Brunschure, pour les voir ériger en comté sous la dénomination de comté de Beauffort, et qu'alors il donnerait la terre et comté de Croix à l'un de ses cadets qui en porterait le nom et les armes pour que la donation du comté de Croix ait son effet.

Archives départementales du Pas-de-Calais, XVIIe registre aux commissions, page 94. — Manuscrit Palisot de Beauvois, tome II, folio 185. — Bureau des finances de Lille, registre 22, folio 285).

18 Novembre 1734, Fontainebleau. — D'AMBRINES. — Arrêt du Conseil d'Etat qui exempte Claude-Philippe-Joseph *d'Ambrines*, écuyer, seigneur d'Equerchin, Mercatel, conseiller au Conseil d'Artois, de la révocation portée par l'édit du mois d'août 1715, et confirme l'anoblissement accordé, en juin 1700, à Claude *d'Ambrines*, son père, alors avocat du Roi à la gouvernance d'Arras, et depuis conseiller au Conseil d'Artois.

(Enregistré au XVIIe registre aux commissions d'Artois, le 17 mars 1735, folio 157, archives départementales du Pas-de-Calais. — Manuscrit Palisot, tome II, folio 193).

26 Février 1735, Versailles. — SCORPION. — Lettres patentes sur arrêt du Conseil d'Etat qui exceptent Marie-Louise *Scorpion*, veuve de Pierre-Antoine *Delattre*, seigneur de la Terrerie, placé à la tête du magistrat de Saint-Omer, où il est mort en 1720, laissant deux fils et deux filles, de la révocation portée par l'édit du mois d'août 1715, touchant les anoblissements antérieurs à cette époque, attendu que son mari avait obtenu, en février 1698, une des cinq cents lettres créées par édit de mars 1696.

Ne les ayant pas fait enregistrer à cette époque elle obtint des lettres de surannation données à Versailles le 15 juillet 1737.

(Registre de l'élection d'Artois de 1735 à 1745, folio 33).

Mars 1735. — DE BEAUFFORT. — Permission de prendre le titre de marquis, de l'appliquer sur celle de ses terres qui lui plaira et de porter sur l'écu de ses armes une couronne de marquis, accordée, par lettres données à Versailles, à Charles Antoine *de Beauffort*, seigneur de Mondicourt, chef de nom et d'armes de la famille de Beauffort, qui a servi longtemps en qualité de capitaine de dragons après avoir levé une compagnie à ses frais, qui a deux frères au service dans le régiment de Famechon (alors Mailly), et son fils cadet dans le régiment d'infanterie de Vermandois; dont la famille (armes : *D'azur à 3 jumelles d'or*) est reçue dans les chapitres nobles des Pays-Bas et alliée avec les maisons illustres de ces pays, a possédé la terre de Beauffort, qui, par le mariage d'Anne *de Beauffort*, héritière de la branche aînée avec Philippe *de Croix*, comte de Solre, en 1582, passa dans cette dernière famille, et compte parmi ses membres Christophe-Louis *de Beauffort*, issu d'une branche cadette, autorisé à prendre le titre de Croix en 1716.

(Registre de l'élection d'Artois de 1735 à 1745, folio 1, XVIIe registre aux commissions, folio 220. — Ces lettres sont rapportées dans le manuscrit de M. Palisot de Beauvois, tome II, folio 199, et furent aussi enregistrées au bureau des finances de Lille, le 16 mars 1736, XXIIe registre, folio 62, verso).

16 Mars 1736. — GAILLARD. — Lettres patentes sur arrêt accordées à Guislain-Alexandre *Gaillard*, seigneur d'Etrehem, trésorier des Etats au département d'Aire et ancien mayeur de cette ville, le relevant de la révocation portée par l'édit du mois d'août 1715, à cause des lettres d'anoblissement données en juin 1704 à son père, Pierre *Gaillard* (1).

(Registre de l'élection d'Artois de 1735 à 1745, folio 11).

Octobre 1736, Versailles. — BOUCQUEL. — Lettres qui autorisent Paul-François *Boucquel*, chevalier, seigneur de Warlus, Sombrin, Valhuon, Villers-sire-Simon, demeurant à Sombrin, créé chevalier héréditaire, en octobre 1723, à décorer ses armes d'une couronne de comte et de prendre deux tigres pour supports. Il y est parlé des services rendus par son père, conseiller au Conseil d'Artois, de ceux qu'il a rendus comme capitaine de dragons au régiment d'Artois, et de deux de ses fils, au service dans la deuxième compagnie des mousquetaires à cheval de la garde du Roi, l'un depuis le 20 août 1727, et l'autre depuis le 12 décembre 1734.

Armes : *Ecartelé aux 1 et 4 de gueules à l'écusson d'argent, aux 2 et 3 d'azur à la fasce d'or, l'écu timbré d'un casque de front couronné d'une couronne de comte, et pour cimier, un lion d'or langué de gueules.*

(Archives départementales du Pas-de-Calais, registre de l'élection d'Artois de 1735 à 1745, folio 6).

11 Février 1737, Versailles. — HANOTEL. — Lettres patentes, sur arrêt du Conseil d'État, qui exceptent Ernestine *de Saint-Vaast*, veuve de Guislain-Jean-François *Hanotel* et ses enfants, de la révocation portée par l'édit du mois d'août 1715, touchant les anoblissements antérieurs à cette date, attendu que son mari actuellement défunt était fils de Philippe *Hanotel*, anobli en 1698.

(Registre de l'élection d'Artois de 1735 à 1745, folio 23).

---

(1) On voit page 17, que ces lettres furent enregistrées à l'élection d'Artois sur la demande dudit Guislain et Alexandre *Gaillard*, écuyer, seigneur d'Etrehem, Leulinghem et baron de la baronnie de Blairville-lez-Saint-Sauveur, ancien mayeur de la ville d'Aire où il demeurait.

22 Janvier 1740. — HERMAN. — Sentence pour Hyacinthe-Guislain-Joseph *Herman*, avocat au Conseil d'Artois, né le 24 janvier 1711, fils de Jean-François *Herman*, substitut de l'avocat-général du Conseil d'Artois, et de Marie-Jeanne *Le Pippre*, née le 20 janvier 1678 et morte le 23 mai 1720, fille de Frédéric *Le Pippre*, et de Marie-Jeanne *Valera*. Il est assisté, dans sa requête, de ses trois oncles, frères de sa mère : Jacques-François, Frédéric-François et Jean *Le Pippre*, qui le déclarent noble, comme descendant de Frédéric *Le Pippre*, et lui reconnaissent les droits et priviléges des droits par leur mère.

(Registre de l'élection d'Artois de 1735 à 1745, folio 44).

20 Avril 1741. — DE LA MAMYE CLAIRAC. — Sentence de noblesse en faveur de François-Louis *de la Mamye Clairac*, chevalier, ingénieur ordinaire du Roi à Arras, originaire de Toulouse, fils d'André *de la Mamye*, chevalier de Saint-Louis, lieutenant du Roi et son commandant au gouvernement de Villefranche en Roussillon, et de Marie-Elisabeth *de la Boissière*.

(Registre de l'élection d'Artois de 1735 à 1745, folio 48).

16 Novembre 1742. — MIGNARD. — Sentence de noblesse pour Edme *Mignard*, prêtre chanoine de la collégiale de Saint-Omer, et Anne-Madeleine *Mignard*, sa sœur, nés tous les deux à Dunkerque, l'un le 7 janvier 1699, et l'autre le 22 août 1692, enfants d'Edme *Mignard*, écuyer, seigneur de la Moullière, secrétaire de la marine, puis nommé grand-voyer de la Martinique par lettres données à Fontainebleau, le 7 juin 1680, et de Marie-Madeleine *Vandernaelde*, qu'il avait épousée à Bourbourg, en 1689.

Armes : *D'or, au chevron d'azur, accompagné de 3 molettes de même* (1).

(Registre de l'élection d'Artois de 1735 à 1745, folio 76).

Octobre 1744, Strasbourg. — DE VENANT DE FAMECHON. — Erection en marquisat de la terre et baronnie de Sainte-Croix, d'un revenu très-considérable, située au bailliage de Châlon-sur-Saône, relevant du Roi à cause du comté de Bourgogne, composée de quatre terres à clocher : Sainte-Croix, Braale, Fronteneau et la

---

(1) Généalogie de Coussemaker.

Chapellenaude, outre la terre de Consonlans et plusieurs hameaux, pour Jean-François-Joseph *de Venant de Famechon*, dont la famille a rendu de grands services dans les emplois militaires et différentes charges dans la magistrature, et a fourni des chevaliers de Saint-Jean de Jérusalem.

(Registre de l'élection d'Artois de 1746 à 1758, folio 135).

Mars 1748, Versailles. — GRENET. — Lettres de chevalerie héréditaire pour Jérôme-Joseph *Grenet*, écuyer, seigneur de Couchy.

Il expose qu'il est extrait de l'ancienne famille noble de Grenet, originaire d'Artois, qu'à l'exemple de ses père et aïeul, il a rendu de grands services en l'office de conseiller pensionnaire de Lille, depuis le mois de mai 1715 jusqu'à celui de novembre 1743, qu'alors il s'est démi de sa charge en faveur de son fils aîné, Jean-Jérôme-Joseph, qu'il est alors devenu député ordinaire des Etats du Cambrésis, subdélégué de l'intendant de Flandre à Cambrai depuis 1743, au grand contentement du sieur *Moreau de Sechelles*, intendant des armées en Flandres ; que son père, Jean-Jérôme *Grenet*, aussi député ordinaire desdits Etats et subdélégué à Cambrai pendant plus de 40 ans, lors de la guerre terminée par la paix de 1713, a rendu aussi de grands services pendant les guerres de 1709 à 1713 pour la subsistance des troupes.

(Manuscrit Palisot de Beauvois, tome II, folio 211. - XIXe registre aux commissions, folio 761. — Bureau des finances de Lille, XXVIe registre, folio 234, au registre Dauphin, folio 109).

26 Février 1749. — FRAMERY. — Sentence de noblesse pour Etienne-Marie-Joseph *Framery*, écuyer, seigneur d'Hombreucq (demeurant à Ruisseauville), et pour sa femme, Jeanne-Marguerite *Loisel*, qui était nièce d'Etienne-Marie *Loisel*, abbé de l'abbaye de Ruisseauville.

(Registre de l'élection d'Artois de 1746 à 1758, folio 77).

Juin 1749, Versailles. — IMBERT. — Lettres qui autorisent Allard-Albert *Imbert*, seigneur de la Basecque, et les aînés mâles de ses descendants, de se qualifier du titre de comte sans être obligés d'affecter ce titre à une terre.

Ces lettres nous apprennent que le sieur Imbert était chevalier de Saint-Louis, lieutenant-général des armées du Roi, gouverneur de la citadelle de Lille, et avait, pendant quarante ans de services, donné plusieurs fois des preuves de sa valeur, en 1708, à la défense de Lille (sa ville natale) où il fut blessé et nommé mestre-de-camp de cavalerie ; en 1730, au camp de la Sambre, où il devint maréchal-général-des-logis de la cavalerie. En 1740, il fut gouverneur de la ville de Menin, et en 1741 il fut envoyé en qualité de ministre auprès de l'électeur de Trèves. On voit en outre qu'il appartenait à une famille anciennement noble, qui a été convoquée aux assemblées de la noblesse de Flandre, et était l'un des quatre baillis hauts justiciers de la chatellenie de Lille, Douai et Orchies ; qu'enfin, ledit remontrant avait, en 1696, eu l'honneur d'être admis au nombre des pages de la grande écurie du Roi.

(Registre de l'élection d'Artois de 1746 à 1758, folio 114. — XIX⁰ registre aux commissions du Conseil d'Artois, folio 949.—Parlement de Flandre, à Lille, au bureau des finances, XXV⁰ registre, folio 225, verso. - Manuscrit Palisot de Beauvois, tome II, folio 217).

DÉCEMBRE 1749, VERSAILLES. — DE MARNIX. — Titre de comte, sans être obligé d'affecter ce titre à une terre, pour Baudry-Aldebert *de Marnix*, seigneur de Rollencourt.

Le dispositif dit : qu'il descend d'une famille ancienne qui a donné des preuves de zèle et d'attachement à ses souverains, et tire son origine de la maison des comtes de Bassel en Savoie ; que ses ancêtres se sont établis en Franche-Comté, Flandres et Artois dès le XVᵉ siècle ; que Jean *de Marnix* était secrétaire d'Etat et trésorier-général de la duchesse de Savoie ; que le quatrième aïeul du sieur de Marnix était gentilhomme de la Reine de Hongrie, gouvernante des Pays-Bas et commissaire-général des monstres de cette princesse et du Roi d'Espagne, qu'il épousa deux femmes dont l'une était fille d'honneur de la Reine de Hongrie, et l'autre, sœur d'un évêque de Thérouanne ; que le petit-fils de celui-ci mérita que la seigneurie d'Ogimont fût érigée en sa faveur en vicomté ; que Claude-François-Dominique *de Marnix*, père du remontrant, est connu sous les noms de vicomte d'Ogimont, baron de Rollencourt et possède le comté d'Estrées qui lui était échu du chef de sa mère, Isabelle-Claire *d'Oignies* ; qu'il a été deux fois député général et ordinaire de la noblesse des Etats d'Artois ; que rien n'établit mieux la pureté de la noblesse de sa famille, que son entrée dans les chapîtres nobles ; que deux sœurs sont actuellement chanoinesses, l'une à Maubeuge, et l'autre à Mons ; qu'il a trois filles qui jouissent chacune d'une prébende au chapitre de Denain, que son frère est trésorier à Liége, etc., etc.

(XX⁰ registre aux commissions, folio 53. — Palisot de Beauvois, tome II, folio 221. — Bureau des finances de Lille, registre 26, folio 5).

FÉVRIER 1750, VERSAILLES. — LAIZER DE SIONGEAT. — Lettres de chevalerie héréditaire et permission de porter une couronne de comte sur ses armes, pour

Charles *Laizer de Siongeat*, enseigne au régiment des gardes-françaises, qui, pour les grands services qu'il a rendus, a été fait chevalier de Saint-Louis. Son frère, capitaine au régiment de cavalerie de Condé est aussi décoré ; son père, commandant le deuxième bataillon du régiment de Lyonnais, a eu le bras droit emporté à la bataille de Denain ; deux de ses oncles ont servi avec beaucoup de zèle ; l'un, capitaine de cavalerie, et l'autre mort lieutenant-général des armées du Roi et gouverneur de Thionville ; son aïeul était capitaine au régiment d'Essart, et enfin son grand-oncle fut tué au siège de Gravelines, étant alors lieutenant-colonel de ce même régiment.

(Registre de l'élection d'Artois de 1746 à 1758, folio 144).

27 Juillet 1750. — MAILLET. — Sentence de noblesse pour Albert-François-Denis *Maillet*, écuyer, demeurant à Montbernanchon, fils de Jean-François, écuyer, seigneur de Liestre, et de Louise-Antoinette *de Beaurains*, né à Montbernanchon, le 27 août 1704, ayant pour parrain son oncle maternel Philippe-Albert *de Beaurains*, chanoine de la cathédrale d'Arras.

(Registre de l'élection d'Artois de 1746 à 1758, folio 209).

Avril 1751. — DE BASSECOURT. — DE THIEULAINE. — Lettres de chevalerie héréditaire données à Versailles, pour Marie-Procope et Pierre-Placide *de Bassecourt*, frères, et aussi pour Charles-Louis *de Thieulaine*, leur oncle.

Ces lettres nous apprennent que la famille *de Bassecourt* a produit un gouverneur de Douai et un général des armées du royaume de Naples, qui avait obtenu l'érection d'une terre en marquisat et qui mourut en 1706 ; que les *de Bassecourt*, nommés ci-devant, avaient trois frères tous au service d'Espagne, le premier tué à la tête du régiment de Flandre, ayant le titre de marquis et le grade de brigadier ; le deuxième la qualité de comte et de gouverneur de Montjoye (peut-être Montjaux) ; le troisième actuellement capitaine au régiment des gardes-wallonnes ; que l'un des deux remontrants a servi dans le régiment des dragons de la Reine et que l'autre, ne pouvant servir, a deux fils qui ont servi dans la dernière guerre ; l'aîné, dans le régiment de Boufflers-Wallon, le cadet, dans les gardes-wallonnes d'Espagne ; enfin, que le sieur *de Thieulaine* a servi dans le régiment d'Aunis avec son frère, et ayant quitté la carrière des armes, a été pendant 25 ans conseiller au Conseil d'Artois, et est issu d'une famille bien alliée qui compte parmi ses ancêtres, Daniel *de Thieulaine*, anobli par Charles VII, Roi de France en 1439.

(Registre de l'élection d'Artois de 1746 à 1758, folio 163. — XX° registre aux commissions, folio 259. — Manuscrit Palisot de Beauvois, tome II, folio 233).

30 Juin 1751. — LEFEBVRE. — Sentence de noblesse pour Ferdinand-Louis-Joseph *Lefebvre*, écuyer, seigneur de Lassus, licencié ès-droits, grand bailli de Lens et Hénin-Liétard, Philippe-François-Joseph *Lefebvre*, écuyer, seigneur des Lombart, avocat au Conseil provincial d'Artois, demeurant à Arras, Marie-Françoise-Joseph *Lefebvre*, Marie-Robertine-Joseph *Lefebvre*, Marie-Catherine-Joseph *Lefebvre*, demeurant à La Bassée, tous frères et sœurs, enfants de feu Pierre-Jean-Joseph *Lefebvre*, seigneur du Moulinel, ancien procureur-général du Conseil provincial du Hainaut, et, depuis, conseiller honoraire au Parlement de Flandre.

Armes : *D'or, à l'épée de sable accompagné de deux aigles de gueules armées de sable.*
L'écu surmonté d'un casque avec lambrequins.

(Registre de l'élection d'Artois de 1746 à 1758, folio 154).

12 Avril 1752. — THEETEN. — Sentence de noblesse pour Louis-Joseph *Theeten*, seigneur de Robermetz, demeurant à Arras, fils de Ignace-Joseph *Theeten*, chevalier, seigneur de Beautour, conseiller au Parlement de Flandre, et de Jeanne-Bernardine *Scorion*.

Cette sentence nous fait connaître que Ignace-Joseph *Theeten* est mort en exercice à Douai, le 5 octobre 1733, paroisse Saint-Jacques et a été inhumé dans l'église, et que son fils Louis-Joseph est né à Estaires le 5 février 1712.

Armes : *Aux 1 et 4 d'or, au sautoir de gueules accompagné de 4 roses d'azur ;*
aux 2 et 3 d'argent à une moucheture d'hermines.

(Registre de l'élection d'Artois de 1746 à 1758, folio 182).

13 Avril 1752. — DE FIENNES. — Sentence de noblesse pour Charles-Laurent *de Fiennes*, demeurant à Arras, né à Saint-Omer, paroisse Saint-Denis, le 28 juillet 1717, fils de Laurent, écuyer, chevalier de Saint-Louis, capitaine au régiment Royal-Infanterie, et d'Isabelle-Jeanne *Robelin*.

(Registre de l'élection d'Artois de 1746 à 1758, folio 167).

Décembre 1752, Versailles. — D'HAUTECLOQUE. — Lettres de chevalerie héréditaire pour Charles-François *d'Hautecloque* écuyer, seigneur de Vail et de Quatrevaux et aussi pour son frère Louis-Hector-Constantin *d'Hautecloque*, capitaine au régiment d'infanterie de la marine.

On voit par ces lettres qu'ils descendent d'une famille ancienne ayant possédé autrefois la terre d'Hautecloque et alliée aux Crequy, Berghe, Ricametz et de Brias ; qui compte parmi ses membres Jacques d'*Hautecloque*, lequel suivi de deux écuyers fut au nombre des chevaliers qui accompagnèrent Eudes, duc de Bourgogne, à la bataille qu'il livra, près de Saint-Omer en 1340, à Robert d'Artois ; Jean d'*Hautecloque*, tué en 1340 à la prise de Saint-Denis, et enfin un membre, qui, au seizième siècle, était gouverneur des ville et château de Bapaume, et avait sous ses ordres un autre membre de sa famille, nommé Robert d'*Hautecloque*, écuyer, seigneur de Quatrevaux, qui commandait les gens de guerre.

Il leur est permis, en outre, par ces mêmes lettres, de surmonter leurs armoiries d'une couronne de comte.

(Registre de l'élection d'Artois de 1746 à 1758, folio 206. — XX° registre aux commissions, folio 499).

10 Mars 1753. — DORESMIEUX DE FOUQUIÈRES. — Brevet donné à Versailles, autorisant Jacques-François *Doresmieux de Fouquières*, à prendre deux sauvages pour supports de ses armes.

(Registre de l'élection d'Artois de 1746 à 1758, folio 235).

23 Avril 1753. — DE BASSECOURT. — DE THIEULAINE. — Brevet daté de Versailles qui autorise Marie-Procope et Pierre-Placide *de Bassecourt*, frères, et Charles-Louis *de Thieulaine*, leur oncle maternel, créés chevaliers par lettres d'avril 1751, à prendre pour supports deux aigles et pour cimier une aigle.

(Registre de l'élection d'Artois de 1758 à 1769, folio 58. — XX° registre aux commissions, folio 543).

20 Février 1754. — PRÉVOST. — Sentence de noblesse pour Philippe-Antoine-Eugène *Prévost*, né à Arras, paroisse Saint-Nicolas-les-Fossés, le 1ᵉʳ décembre 1706, ayant eu pour marraine Anne *Prévost*, épouse du sieur *Dupuis*, écuyer, conseiller au Conseil d'Artois, fils d'Antoine-Eugène *Prévost*, seigneur de Wailly, nommé conseiller-secrétaire en la chancellerie du Conseil d'Artois, le 27 décembre 1707, mort à Arras, le 12 mai 1725, paroisse Saint-Nicolas-les-Fossés, âgé de 63 ans, et de Catherine-Françoise *de Milly*.

(Registre de l'élection d'Artois de 1746 à 1758, folio 242).

10 Avril 1755. — DE BOIREAU. — Sentence de noblesse pour François *de Boireau*, écuyer, seigneur de Cangy, chevalier de Saint-Louis, ancien capitaine au régiment de Vaudray-Cavalerie, demeurant à Béthune, fils de François *de Boireau*, écuyer, seigneur dudit Cangy, gentilhomme ordinaire de Son Altesse Mademoiselle d'Orléans, et de Catherine *de Bergeron* (1).

(Registre de l'élection d'Artois de 1746 à 1758, folio 260).

4 Juillet 1755. — LE MERCHIER. — Sentence de noblesse pour Louis-François-Joseph *Le Merchier*, seigneur de Tourillon, et Jean-Louis *Le Merchier*, seigneur de Crémenil, frères.

Cette sentence mentionne qu'ils sont fils de François-Joseph *Le Merchier*, écuyer, seigneur de Crémenil, et de Marie-Louise *Cochet*; que ledit François-Joseph est fils d'Antoine-François, chevalier, seigneur de Crémenil, et de Caroline *Vanderbekem*, suivant le contrat de mariage du 5 août 1704 ; que ledit Antoine-François était premier président du Conseil d'Artois et fils d'Antoine *Le Merchier*, conseiller, maître des requêtes au grand Conseil de Malines, suivant lettres de provision du 15 septembre 1654, et qu'il avait été auparavant conseiller au Conseil d'Artois.

Cette même sentence tout en reconnaissant la noblesse de Jean-Louis *Le Merchier*, né le 4 février 1721, le condamne à trente livres d'amende pour s'être attribué la qualité de messire.

(Registre de l'élection d'Artois de 1746 à 1758, folio 299).

2 Aout 1755. — HAYS. — Sentence de noblesse pour Jacques-Guillaume *Hays*, écuyer, seigneur de la Plaisse, aide-major de la ville de Béthune. On ordonne en outre que son nom soit inscrit au registre armorial de la province d'Artois pour qu'il puisse jouir des droits des nobles de ladite province.

(Registre de l'élection d'Artois de 1746 à 1758, folio 326).

2 Novembre 1755. — DE LANNOY. — Sentence de noblesse pour Bonne-Charlotte-Françoise-Joseph *de Lannoy*, Isidore-Alexandre-Joseph-Xaxier *de Lannoy*, Noël-Marie-Joseph *de Lannoy* et Pierre-Antoine *de Lannoy*, tous frères et sœurs, enfants de

---

(1) Ledit *de Boireau*, avait été baptisé à Saint-Martin de Cangy, diocèse de Blois, le 1er février 1683.

Pierre-Isidore *de Lannoy*, seigneur d'Estrée-Blanche, conseiller honoraire au Conseil d'Artois, en 1744, puis secrétaire du Roi en la chancellerie d'Artois, le 6 août 1746, mort en exercice le 28 mars 1751, et de Antoinette-Françoise-Julie *Le Saffre*.

(Registre de l'élection d'Artois de 1746 à 1758, folio 341).

10 Décembre 1755. — DONJON. — Sentence de noblesse pour Charles-Emmanuel *Donjon*, écuyer, receveur ancien et alternatif des tailles de l'élection d'Evaux, y demeurant, et Antoine-Joseph *Donjon*, écuyer, seigneur de Saint-Martin-les-Louche, trésorier provincial des fortifications au département d'Artois, et Marie-Joseph *Donjon*, tous frères et sœurs, enfants d'Antoine *Donjon*, greffier du gros à Saint-Omer, nommé secrétaire du Roi en la chancellerie du Conseil d'Artois, le 21 juin 1731, mort en exercice à Saint-Omer, paroisse Saint-Denis, le 6 août 1737, et de Jacqueline-Joseph *Fertel*.

(Registre de l'élection d'Artois de 1746 à 1758, folio 374).

Janvier 1756, Versailles. — DE PREUDHOMME D'HAILLY DE VERQUIGNEUL. — Lettres créant Albert-Constant-Joseph *de Preudhomme d'Hailly de Verquigneul*, chevalier héréditaire et marquis, avec la faculté d'appliquer ce dernier titre sur la terre qui lui plaira.

L'exposé nous apprend qu'il avait été sous-lieutenant d'infanterie et cornette au régiment Royal-Cuirassiers et avait pris part aux dernières guerres; qu'il était fils de Thomas-Albert *de Preudhomme d'Hailly*, aide-de-camp des maréchaux de Villars et de Montesquiou, puis mestre-de-camp de cavalerie dans les armées; qu'il descend d'une famille noble dont divers membres ont été honorés des titres de chevalier, comte et marquis; qu'en 1605, son bisaïeul, Henri *de Preudhomme*, baron de Poucques et vicomte de Nieuport a été fait chevalier par l'archiduc Albert; que, dans ces lettres de chevalerie, il est fait mention d'un Preudhomme armé chevalier par saint Louis; que les titres de comte et de marquis sont anciens dans sa famille; qu'ils ont été donnés, audit suppliant, à son père et à son oncle, soit dans les lettres de service, brevets et commissions, soit dans les lettres de convocations aux assemblées des Etats d'Artois, mais que ces titres ont été consumés dans les incendies des châteaux de Verquigneul et Auchy, en 1708 et 1709.

On voit aussi dans les lettres que sa famille est alliée à toutes les maisons les plus considérables du pays Saint-Venant, Roisin, Haussy, Montmorency, Lens, Lallaing, Bergues-Saint-Vinock, etc...; que Jean et Allard *de Preudhomme* ont servi Philippe-le-Bon, duc de Bourgogne, l'un en qualité d'échanson, l'autre en celle de panetier ; que Jean *de Preudhomme* était écuyer, chevalier et chambellan de la Reine Jeanne de Castille, mère de Charles-Quint; que Pierre *de Preudhomme d'Hailly*, chevalier de Malte et capitaine d'une compagnie de cent cavaliers, au service d'Espagne, fut tué en 1642 ; que Jean-François *de Preudhomme d'Hailly*, baron de Poucques, capitaine d'une pareille compagnie d'infanterie, puis lieutenant-colonel d'un régiment d'infanterie allemande, eut le même sort à la bataille de Rocroy, en 1643.

(Registre de l'élection d'Artois de 1746 à 1758, folio 387. — XXI⁰ registre aux commissions, folio 153).

JANVIER 1756, VERSAILLES. — DE VITRY. — Erection en baronnie de la seigneurie de Nœu, réunie à celle de la Barre pour ne faire qu'une seule terre sous le nom de Vitry-de-la-Barre et relever du château de Béthune, en faveur de Barthélémy-Hippolyte *de Vitry*, chevalier de Saint-Louis, ancien capitaine de grenadiers dans les troupes du Roi, seigneur de Nœu et de la seigneurie vicomtière de la Barre.

Ledit Barthélémy *de Vitry* remontre qu'il a été député des Etats d'Artois, en 1753, et possède la terre de Nœu ayant haute, moyenne et basse justice dont relèvent beaucoup de vassaux qui doivent des revenus en argent, grains, volailles, notamment quatre-vingt-quatre rasières d'avoine, etc..., etc..., possède un moulin à vent et droit de chasse à plomb ; que la terre de la Barre, qui est limitrophe de la première, consiste en rentes d'argent, grains, volailles, et a la moyenne et basse justice, etc..., qu'il est fils de Barthélémy-François *de Vitry* qui descend de Jean-François *de Vitry*, marié, en 1683, à Isabelle *de Melun* ; que ledit Jean-François est issu de François *de Vitry*, seigneur de Breucq, Lovoières et Tressenes, créé chevalier par Philippe IV, en mai 1645 ; qu'il a servi comme lieutenant-capitaine au régiment du Dauphin, a été capitaine de grenadiers, a assisté aux divers siéges et batailles des trois campagnes d'Italie, en 1733, 1734 et 1735 ; qu'il fut blessé à la victoire de Guastalla, a ensuite servi en Allemagne, en Flandre, notamment au siége de Mons, en Hainaut, où, ayant pris avec sa troupe l'ouvrage à corne, il s'y maintint malgré le feu redoublé des assiégés ; qu'enfin il était à la bataille de Rocoux, le 11 octobre 1746, où il avait perdu la moitié de sa compagnie et avait été nommé chevalier de Saint-Louis ; qu'il a eu deux oncles morts au service, l'un à la bataille de Fredlinghen, l'autre au siége de Turin ; que son frère, le chevalier *de Vitry*, lieutenant au régiment du Dauphin, est également mort au service, à la bataille de Fontenoy.

(Registre de l'élection d'Artois de 1746 à 1758, folio 396. — XXI⁰ registre aux ommissions, folio 175).

22 Décembre 1756. — WANSIN. — Sentence de noblesse pour Jean-François *Wansin*, fils de Jean-François *Wansin*, et de Marie-Pétronille *Corbeau*.

Les pièces produites pour appuyer la demande de cette sentence nous apprennent qu'il descendait de Lambert *de Wansin*, issu d'une ancienne et noble famille du comté de Namur, nommé par les archiducs, le 8 août 1608, receveur de la grande venerie de l'hôtel et duché de Brabant, et qui, pour ses services et ceux de son beau-père, substitut pendant vingt-cinq ans du procureur-général du Conseil de Brabant et emprisonné par les mutins en 1580, avait obtenu, à Madrid, le 19 février 1652, pour lui et ses descendants, l'autorisation de mettre une couronne sur le timbre de ses armes au lieu d'un bourrelet, et deux tigres ou lions pour tenant.

(Registre de l'élection d'Artois de 1746 à 1758, folio 406).

4 Août 1757. — LE MERCHIER. — Sentence de noblesse pour Maximilien-Joseph *Le Merchier*, écuyer, seigneur de Mazinghien, demeurant à Aire, ordonnant néanmoins que la qualité de messire par lui prise dans l'acte de baptême de Marie-Madeleine *Colart*, du 22 septembre 1753, sera rayée et biffée.

On voit qu'il était fils de Philippe-François-Joseph *Le Merchier*, écuyer, icelui fils d'Alexandre-Eustache *Le Merchier*, écuyer, lequel était fils d'Alexandre, aussi écuyer, et ce dernier, fils de Pierre *Le Merchier*, seigneur de la Rose, en faveur duquel une sentence avait été rendue le 23 janvier 1627.

ARMES DE MERCHIER : *D'argent, écartelé 1 et 3, canton à 3 fasces et têtes d'azur, timbré d'un heaume treillé avec ses barbes et hachements d'argent portant en timbre un cygne.*

(Registre de l'élection d'Artois de 1746 à 1758, folio 415).

Mars 1758. — DE BRANDT. — Erection en comté des terres seigneuries de Galametz (relevant du château d'Hesdin), Marconne, Amplier et Quint-d'Orville, sous la dénomination de comté de Brandt, par lettres données à Versailles, en faveur d'Alexandre-François-Ignace *de Brandt*, qui a pris part à la plupart des guerres de Flandre, et s'est distingué à la bataille de Laufeld et autres, où il a été employé comme cornette dans le régiment de Royale-Cravatte.

On voit par ces lettres qu'il est fils de Louis-François *de Brandt*, mayeur de la ville d'Aire, place que Philippe et François *de Brandt*, ses aïeux, ont aussi occupée; que sa mère Marie-Agnès-Françoise *Ptolomey*, était fille de Paul-Gabriel-Marie comte *Pto-*

lomey, d'une noble famille d'Italie ; qu'un de ses parents, Charles *de Brandt*, nommé en 1666, capitaine de soixante hommes d'armes, sous le duc d'Havré, a rempli ce poste jusqu'à sa mort ; qu'enfin il est d'une ancienne famille noble alliée aux Salpervick, marquis de Grigny, de Fléchin, Wamin, de la Ferté, de le Vacque.

(Registre de l'élection de 1746 à 1758, folio 459. — XXI° registre aux commissions, folio 428).

21 Mars 1758. — LE MERCHIER. — Sentence de noblesse pour Jean-Théodore-François-Xavier *Le Merchier*, fils de feu Jean-François *Le Merchier*, seigneur de Lannoy, et de Anne-Françoise-Philippine *de Langhe*.

(Registre de l'élection d'Artois de 1746 à 1758, folio 446).

Mars 1759. — BAUDART. — Par lettres données à Versailles, érection en marquisat de la terre de Couturelle, unie au fief de Maingoval, et confirmation du titre de chevalier héréditaire accordé, en mars 1670, à un membre de sa famille, pour Charles-Joseph-François *Baudart*, chevalier, député de la noblesse des Etats d'Artois, chef de sa famille.

Ces lettres rappellent que : Joseph *Baudart*, seigneur de Couturelle, fut créé chevalier héréditaire en 1670 ; que cette famille, déjà ancienne en 1589, avait donné des preuves de son zèle aux souverains ; que Vincent *Baudart de Couturel*, aïeul de Joseph *Baudart*, capitaine en chef de la ville de Nieppe (ou Dieppe), conserva cette place à Henri IV ; que cette famille a contracté des alliances honorables ; que David *Baudart*, père de Joseph, a épousé une demoiselle *de Vignon Douvencourt*, dont deux fils, l'un capitaine de cavalerie ayant commission de colonel et chevalier de Saint-Louis, tué au service du Roi, l'autre ayant épousé la fille du comte *Du Bus*, fut mayeur d'Arras, député de la noblesse pour les Etats d'Artois, et a actuellement six de ses petits-fils au service ; que trois frères, fils de Gérard-Joseph *Baudart*, et de dame *Desmaretz* (d'une ancienne maison du Cambrésis), ont mérité l'ordre de Saint-Louis ; l'aîné, capitaine au régiment d'Aunis (actuellement Languedoc), a commencé à servir en 1730, en Corse, a fait la campagne de Courtrai, en 1744, celle d'Allemagne, en 1745-1746, après les siéges de Mons, Charleroy, Namur, était à la bataille de Rocoux, et en Piémont, à l'affaire de Lœsserette, où il fut blessé dangereusement, ce qui lui valut une gratification du Roi ; le second, appelé le chevalier *de Couturel*, major au régiment de Rohan-Rochefort, a fait douze siéges, a assisté aux batailles d'Etringue, Tournai, Rocourt, Laufeld, fut blessé à Etringue et au siége de Berg-op-Zoom où il commandait sous les ordres du colonel le jour de l'assaut de cette ville, et s'empara avec son régiment de la porte par où les ennemis se retiraient, fut à l'attaque du fort Philippe à Minorque, où il commandait en qualité d'aide-major-général, chargé du détail de l'armée, ce qui lui mérita une pension ; le troisième, au service depuis 1741, capitaine au régiment de Belsunce, de 1745 jusqu'en 1748, fit la dernière campagne et assista à un grand nombre de siéges et batailles ; enfin que leur naissance et leurs glorieux succès leur ont fait faire des alliances distinguées : le premier a épousé une *de Vignacourt*, petite-nièce du grand-maître de Malte, le second, une *Duglas*, sœur de l'ancien colonel du régiment du Languedoc, brigadier du Roi, et le troisième, la fille du baron *d'Oudenhove*, appartenant à une des plus anciennes maisons du Brabant.

(Registre de l'élection d'Artois de 1758 à 1769, folio 27. — XXI⁰ registre aux commissions, folio 700).

Avril 1759, Versailles. — DE LANGUEDOUE. — Erection en marquisat de la terre de Saint-Léger réunie à celles de Villerval et Fontaine, pour ne former qu'une terre sous le nom de marquisat de Languedoue, en faveur de Louis-Alexandre *de Languedoue*, colonel d'infanterie, ancien commandant d'un bataillon du régiment d'infanterie du Roi, chevalier de Saint-Louis, et de Marie-Reine *de la Rosière*, son épouse, veuve de Marie-Jacques Eustache, marquis d'Aoust, dame de Saint-Léger, Fontaine, Cuinchy-Prévôt, Cuinchy-Bauduin, Lambres, Rocoux, Wouasiers, Feursin, etc.

On voit que l'exposant a servi trente-huit ans dans le régiment d'infanterie du Roi, où il est devenu commandant de bataillon, s'est trouvé à trente-trois actions, siéges ou batailles, a été blessé de six coups de fusils et d'un coup de canon. Ces lettres aussi rappellent qu'il est d'une très ancienne famille noble et énumèrent les services de ses ancêtres à commencer de Jean *de Languedoue*, son septième aïeul, qui, pour la valeur qu'il avait montrée à Montlhéry, fut nommé chevalier de Saint-Michel, en 1470, etc., etc.

La terre de Saint-Léger relevait de Borafle, appartenant au marquis de *Mouchy*, Villerval, et la terre de Fontaine qui avaient la haute, moyenne et basse justice, et dont dépendaient un grand nombre de fiefs, relevaient du comte *d'Oisy*.

(Archives départementales du Pas-de-Calais. — XXI⁰ registre aux commissions, folio 794).

Aout 1759. — CAMP. — Lettres de confirmation, de noblesse et anoblissement en tant que besoin, datées de Versailles, pour Joseph-Augustin *Camp*, avocat au Parlement, ancien échevin d'Arras, député à la Cour pour le Tiers-Etat de la province d'Artois, dont les ancêtres ont rempli des places les plus honorables dans le magistrat d'Arras, et qui a eu l'honneur, après avoir contribué à sa composition, de présenter au Roi la médaille que cette province a fait frapper à l'occasion de la naissance de son petit-fils, le comte d'Artois.

ARMES : *D'argent à un treilli de gueules de six pièces, trois en pal et trois en fasce.* L'écu timbré d'un casque de profil orné de lambrequins d'argent et de gueules.

(Registre de l'élection d'Artois de 1758 à 1769, folio 35. — XXIe registre aux commissions, folio 784).

28 AOUT 1759, VERSAILLES. — MAIOUL. — Arrêt du Conseil d'Etat tenu à Versailles qui déclare Joseph-Guillaume-François *Maioul*, greffier en chef du Conseil d'Artois exempt du droit de franc-fief. Il fait valoir qu'il a acquis la noblesse par deux degrés d'exercice, son père Denis-Joseph-François *Maioul*, nommé greffier en chef du Conseil d'Artois, le 2 janvier 1715, étant décédé en exercice, le 13 juillet 1736, que lui, exposant, a succédé à son père, le 21 décembre suivant, et exerce encore cette fonction de sorte que les vingt années prescrites pour transmettre la noblesse à ses enfants sont plus que révolues.

(XXIe registre aux commissions, folio 842).

2 OCTOBRE 1759. — DE BASSECOURT. — DE THIEULAINE. — Brevet daté de Versailles, autorisant Marie-Procope et Pierre-Placide *de Bassecourt*, frères, et Louis *de Thieulaine*, créés chevaliers, en avril 1751, à mettre sur l'écu de leurs armes, une couronne de comte.

(Registre de l'élection d'Artois de 1758 à 1769, folio 59. — XXIe registre aux commissions, folio 834).

NOVEMBRE 1759, VERSAILLES. — DE LAIZER DE SIONGEAT. — Titre de comte pour Charles *de Laizer de Siongeat*, chevalier, seigneur d'Ecquemicourt, chevalier de Saint-Louis, ci-devant premier enseigne dans le régiment des gardes-françaises, membre des Etats nobles d'Artois, originaire d'Auvergne.

Ces lettres nous apprennent que sa famille est alliée aux plus distinguées du pays; que dans le XIVe siècle, Jacques *de Laizer* était bailli du comté d'Auvergne et maître-d'hôtel de Jean, comte de Boulogne; que Jean *de Laizer*, son aïeul, était écuyer de la grande écurie du Roi, et a été tué capitaine au régiment d'Esfiat; que François *de Laizer*, son père, commandant d'un bataillon au régiment de Lyonnais, a eu un bras emporté à l'affaire de Denain et est mort peu après de ses blessures; que

François *de Laizer*, son grand-oncle, lieutenant-colonel du régiment d'Esrat ou d'Esflat, eut l'honneur d'être choisi par Gaston d'Orléans pour son aide-de-camp et fut tué au siége de Gravelines en reprenant une demi-lune sur les ennemis ; que deux de ses oncles paternels, le premier, nommé Jean *de Laizer de Siongeat*, après avoir été successivement à la tête de trois régiments et s'être signalé dans un grand nombre d'expéditions, avait été nommé lieutenant-général des armées du Roi et gouverneur de Thionville ; que le second, capitaine de cavalerie, n'a quitté son service qu'à cause de ses blessures, etc...

Pour ces causes, l'exposant fut créé comte avec sa postérité sans être obligé d'affecter ce titre à aucune terre et fut autorisé à mettre une couronne de comte sur ses armes.

(Registre de l'élection d'Artois de 1758 à 1769, folio 53. — XXII® registre aux commissions, folio 6).

5 Février 1760. — LE FRANÇOIS. — Enregistrement des lettres de secrétaire du Roi honoraire en la chancellerie du Parlement de Flandre pour Maximilien-Joseph-Xavier *Le François*, demeurant à Saint-Omer, qui est reconnu noble par l'élection et qui fait enregistrer ses armes.

(Registre de l'élection d'Artois de 1758 à 1769, folio 176).

30 Avril 1760. — FRULEUX. — Sentence de noblesse en faveur de Jean-Guillaume *Fruleux*, seigneur de Souchez, et demeurant au château de Souchez, fils de Louis, écuyer, seigneur d'Attecourt, secrétaire du Roi, démissionnaire en la chancellerie établie près du Conseil d'Artois, et petit-fils de Jean-Guillaume *Fruleux*, mort secrétaire du Roi en la même chancellerie, le 16 mars 1725, à Arras, paroisse Sainte-Croix, et inhumé dans l'église des dominicains de cette ville.

(Registre de l'élection d'Artois de 1758 à 1769, folio 103).

Mai 1760, Versailles. — LE MERCHIER. — Lettres de maintenu de noblesse et anoblissement en tant que besoin, pour Joseph-François *Le Merchier*, capitaine au régiment d'infanterie de Champagne, et pour Antoine-François-Xavier *Le Merchier*, son frère.

Ils exposent dans ces lettres que leur sixième aïeul était Jacques *Le Merchier*, anobli pour ses services, en 1472, par Charles, duc de Bourgogne, et l'aîné des deux frères fait valoir qu'il a assisté au combat des lignes de Wissembourg et à la bataille de Rocoux et de Lawsfeld.

ARMES : *De gueules, à trois tours d'argent posées deux et une.* Ecu timbré d'un casque de profil avec lambrequins d'argent et de gueules.

(Registre de l'élection d'Artois de 1758 à 1769, folio 106. — XXII° registre aux commissions, folio 275).

JUIN 1760, VERSAILLES. — DE SERVINS. — Lettres de chevalerie héréditaire accordées à : 1° Louis-François-Joseph *de Servins*, seigneur d'Héricourt, ci-devant capitaine de grenadiers du régiment Dauphin, chevalier de Saint-Louis ; 2° Emmanuel-Benoît-Joseph *de Servins*, seigneur du Quesnoy, capitaine au même régiment, chevalier de Saint-Louis ; 3° Henri-François-Joseph *de Servins*, seigneur des Avesnes, capitaine dans le corps des grenadiers de France, chevalier de Saint-Louis, et à 4° Eugène-François-Joseph *de Servins d'Aubrenet*, tous les quatre frères ; 5° à Philippe-Joseph-Maximilien *de Servins*, seigneur de Lannoy, ancien officier au régiment de Mailly depuis Roanne-Rochefort, et 6° à Ferdinand-Louis-Joseph *de Servins*, seigneur de la Comté, capitaine au régiment Dauphin. Ces deux derniers étaient frères et cousins-germains des quatre précédents.

Tous les six obtinrent en outre la permission de mettre sur leurs armoiries une couronne de comte d'or, et de prendre deux lions pour supports. Les lettres rapportent aussi qu'ils avaient eu deux oncles tués au service, l'un à la bataille de Fredelinghem, et l'autre, décédé à la suite du siège de Turin.

(Registre de l'élection d'Artois de 1758 à 1769, folio 87. — XXII° registre aux commissions, folio 148).

SEPTEMBRE 1760, VERSAILLES. — DU PUGET. — Lettres de maintenu et confirmation de noblesse pour Joseph-Etienne *du Puget*, chevalier de Saint-Louis, capitaine au second corps royal d'artillerie, commandant en troisième l'école des élèves de ce corps à La Fère, et pour Jean-Pierre *du Puget*, son frère, procureur du Roi au siège des traites foraines de Joinville.

Les lettres mentionnent qu'ils sont issus d'une famille noble et ancienne de la Bresse, reconnue comme telle, soit par cette famille même, soit par les syndics généraux de la noblesse de cette province ; qu'ils comptent une suite d'aïeux remontant à 1545 ; que leur aïeul, Antoine *du Puget*, sorti jeune de son pays natal pour se vouer à la carrière des armes, avait épousé la fille d'un conseiller au présidial de Chaumont et perdit la vie peu d'années après au combat de Cokesberg, en 1677, étant alors brigadier des gardes-du-corps du Roi, nommé à la majorité de Nantes ; que sa veuve négligea d'en donner avis en Bresse, et priva ainsi ses deux fils, qu'il laissait en minorité, de leur titre comme de leur ancien patrimoine ; que l'aîné de ses deux enfants, lieutenant dans le régiment des cuirassiers, mourut des suites des blessures qu'il reçut à la bataille de Nervinde, et que le second, après avoir servi quelque temps, se retira pour se marier, et laissa les exposants, ses deux fils qui n'ont négligé aucune occasion de donner au Roi, l'un des preuves de sa fidélité, et l'autre de sa bravoure, principalement au siége de Berg-op-Zoom ; que le fils unique de Jean-Pierre *du Puget* est élève à l'école de la Fère, etc., etc.

(Registre de l'élection d'Artois de 1769 à 1776, folio 339).

Février 1761. — DE DION. — Erection sous le nom de Dion-Vendosme de la terre de Vendosme, en baronnie, par lettres données à Versailles en faveur de Louis-François-Jérôme *de Dion*, chevalier, seigneur de Vendosme.

On voit dans ces lettres qu'il avait quatre frères au service, deux dans le régiment de la marine, un dans le régiment des gardes-wallonnes, et le dernier, Louis-François *de Dion d'Aveluy*, dans le régiment de la Marck, détaché pour commander au cap Français ; que cette famille, connue dès le treizième siècle, a fourni Jean *de Dion* gouverneur de Cambrai et un gouverneur de Bouchain ; qu'en 1480, Philippe *de Dion*, épousa Blanche *de Lalaing*, dame de Vandonne Coupelle, fille de Jean, chevalier de la Toison-d'Or, et de Jeanne de *Crequi*, et en procréa un petit-fils, gouverneur de Louvain, époux de Charlotte *de Lens*.

(Registre de l'élection d'Artois de 1758 à 1769, folio 131. — XXII° registre aux commissions, folio 359).

5 Août 1761. — DE VIENNE. —Sentence de noblesse en faveur de Jean-Jacques *de Vienne*, fils de Balthazar-Adrien *de Vienne*, écuyer, nommé conseiller-garde-des-sceaux honoraire, le 9 février 1721, en la chancellerie établie près le Conseil d'Artois.

(Registre de l'élection d'Artois de 1758 à 1769, folio 112).

11 Août 1761. — TAFFIN. — Sentence de noblesse pour Marc-Antoine-François *Taffin*, écuyer, seigneur du Breucq, demeurant à Visque, lui ordonnant en même temps d'effacer la qualité de messire prise par Nicolas-Antoine *Taffin*, son père.

Armes: *D'argent, à trois têtes de sable bandées.*

(Registre de l'élection d'Artois de 1758 à 1769, folio 154).

OCTOBRE 1761, VERSAILLES. — LHOSTE DE VILLEMAN. — Erection en marquisat de la terre de Villeman, ayant haute, moyenne et basse justice, relevant du Roi à cause du château de Viel-Hesdin, en l'unissant avec les fiefs de Tangri, Lillette-en-Pipemont et Saint-Léger-en-Blangy, pour ne former qu'une seule terre sous le nom de Villeman, en faveur de François-Edouard-Joachim *Lhoste de Villeman*, gentilhomme d'Artois.

Cette faveur lui est accordée en récompense des services de ses ancêtres paternels et maternels, et aussi pour ceux d'Alexandre *Lhoste*, chevalier de Villeman, son frère, mort capitaine au régiment de Talarue, après s'être distingué aux batailles de Rocourt, Lawsfeld et au siége de Fribourg; de François-Jacques *Lhoste*, sous-officier dans le régiment de Picardie, tué à Malplaquet d'un coup de feu; de Jean *de Fléchin*, marquis de Wamin, son grand-père maternel, colonel d'un régiment de cavalerie de son nom ; d'Edouard *de Fléchin*, son oncle maternel, capitaine de cavalerie, qui aurait marché sur les traces de son père s'il n'avait été enlevé par une mort prématurée.

Ces lettres nous font connaître en outre que cette famille, recommandable par son ancienne noblesse et ses services, est alliée avec celles de Mailly, Léderkerch, de Lebecque, Courteville, Monchy, Nocquincourt; qu'Elisabeth *Bail*, épouse de l'exposant eut toute sa famille au service, que son père et trois de ses oncles y sont morts, l'un au siége de Barcelonne, capitaine de grenadiers, l'autre à Malplaquet dans le régiment de la Reine, et le troisième, directeur des fortifications, mourut maréchal des camps et armées du Roi.

(Registre de l'élection d'Artois de 1758 à 1769, folio 180. — XXII° registre aux commissions, folio 490).

18 NOVEMBRE 1761. — DU BOIS DE PERCHEVAL. — Sentence de noblesse pour Théodore-Emmanuel-Joseph *du Bois de Percheval*, nommé secrétaire du Roi honoraire en la chancellerie établie près le Conseil d'Artois, le 30 novembre 1757.

(Registre de l'élection d'Artois de 1758 à 1769, folio 122).

26 JANVIER 1762. — BARDOUL. — Sentence de noblesse pour Pierre-Joseph *Bardoul*, écuyer, seigneur de Massilois, ancien officier de cavalerie, demeurant à Béthune.

ARMES: *D'argent à un lévrier de sable, accompagné de 3 molettes d'éperon de gueules deux en chef et une en pointe.*

(Registre de l'élection d'Artois de 1758 à 1769, folio 128).

13 Février 1762. — DELEVIGNE. — Sentence de noblesse pour Charles-Antoine-François *Delevigne*, demeurant à Béthune, fils de Jean-Charles *Delevigne*, et ce dernier, fils de Nicolas-François *Delevigne*, mort conseiller au Parlement de Flandre.

Parmi les pièces produites pour obtenir cette sentence est rappelée une sentence du 9 septembre 1730, rendue par le bailliage de Tournai, en faveur de Jérôme-François *Delevigne*, autre fils du conseiller au Parlement, le reconnaissant noble à cause de la charge qu'avait exercée son père.

(Registre de l'élection d'Artois de 1758 à 1769, folio 141).

15 Février 1762. — MARCOTTE DE ROQUETOIRE. — Sentence de noblesse pour Philippe-Alexandre *Marcotte de Roquetoire*, fils de feu Guillaume-Bernard *Marcotte*, écuyer, secrétaire du Roi en la chancellerie d'Artois, seigneur de Roquetoire, lui défendant néanmoins de se qualifier de messire.

(Registre de l'élection d'Artois de 1758 à 1769, folio 188).

12 Mars 1762. — DU PONT. — Sentence rendue pour Alexandre-François *du Pont*, écuyer, seigneur de Wancourt et Taigneville, le déclarant descendant de Jean *du Pont*, qui avait obtenu une sentence de noblesse, le 11 janvier 1573, et lui reconnaissant pour armes : *De gueules, à trois glands d'or*, sans supports.

(Registre de l'élection d'Artois de 1758 à 1769, folio 148).

15 Mars 1762. — DE FOULERS. — Sentence de noblesse pour Dominique-Denis *de Foulers*, écuyer, seigneur d'Esquedecque, et Relingue, demeurant au château de Relingue, et pour Joseph *de Foulers*, écuyer, seigneur de la Haye, demeurant à Arras, tous deux fils de Jean-François *de Foulers*.

(Registre de l'élection d'Artois de 1758 à 1769, folio 148).

16 Mars 1762. — DE LIEURAY. — Sentence de noblesse pour Jean-Baptiste de *Lieuray*, seigneur d'Ormonville, ci-devant capitaine au régiment Royal-Vaisseau, demeurant à Saint-Omer.

(Registre de l'élection d'Artois de 1758 à 1769, folio 169).

21 Avril 1762. — RUYANT. — Sentence de noblesse pour Nicolas-François-Guislain *Ruyant*, seigneur de Bernicourt, et Denis-Joseph-Thomas *Ruyant*, frères. Ils établissent qu'ils descendent d'un conseiller au Parlement de Flandre.

Armes : *D'argent semé d'hermines de sable au chef d'azur.*

(Registre de l'élection d'Artois de 1758 à 1769, folio 158).

28 Avril 1762 — LE RICQUE. — Sentence de noblesse pour Philippe-Louis *Le Ricque*, seigneur du Marquais, de Monchy, Fitrain, et Rotois, demeurant à Béthune, qui demande et obtient l'enregistrement des lettres d'anoblissement données le 3 novembre 1601, à un de ses ancêtres, Jean *Le Ricque*, licencié ès-droits.

Armes : *D'argent au chevron de gueules à trois roses d'azur œillées d'or.* Timbre treillé de gueules et d'argent; cimier: un aigle issant de gueules avec un bec d'or.

(Registre de l'élection d'Artois de 1758 à 1769, folio 162).

Juillet 1762, Versailles. — DE CONTES. — Erection en baronnie, sous le nom de baronnie de Contes de Granges, de la terre des Granges unie à celle de Planques, relevant, à cause de sa terre de Créqui, de Godefroy de la Tour-d'Auvergne, pair de France, grand chambellan, en faveur de Marie-François-Antoine-Joseph *de Contes*, seigneur desdites terres.

L'exposant fait valoir que ces terres, tout le temps que les seigneurs de Brias les ont possédées, ont toujours été relevées sous le titre de baronnie ; qu'il est reconnu descendant d'une branche de la maison de Créqui, dont sa famille a toujours porté les armes, que cette branche était connue sous le nom de Créqui-Contes, à cause de Jacques dit Jacquemont, seigneur de Contes, marié à Marie *de Saint-Paul* ; que Regnault *de Créqui-Contes* qui était chevalier, bachelier dès 1440, et Jean *de Créqui-Contes* furent tués à Azincourt en servant sous la bannière de Créqui ; que cette famille de Contes a, de tous temps, servi ses souverains et s'est alliée aux de Werpt, Marseilles, Héricourt, de Fiennes, Gérard, de Harchies, de Fléchin, etc., et qu'enfin, le seigneur suzerain a donné son consentement à l'érection de ses deux terres en baronnie.

(Registre de l'élection d'Artois de 1758 à 1679, folio 204. — XXIIe registre aux commissions, folio 511).

Décembre 1762, Versailles. — DU CARIEUL. — Erection en marquisat des terres et fiefs de Beauquesnes, du Trinquis, de Lespature, de Quevaussart, de Saïvinghem, de Belleville, d'Agival, du Rietz-Morel, de Rietz-Croisil et de Corbeaumont, réunis pour ne former qu'une seule terre sous le nom du Carieul, en faveur d'Adrien-François-Valentin *du Carieul*, seigneur de fiefs.

On voit dans ces lettres qu'Adrien-François-Valentin *du Carieul*, seigneur de fiefs, capitaine au régiment de Mestre-de-Camp, général des dragons, avait un frère cadet, mort premier lieutenant du régiment de la marine dans la campagne de 1757, en Hanovre ; qu'il avait épousé une dame *de Montebise*, dont les ancêtres avaient donné des preuves d'attachement à leurs souverains ; que le 27 mars 1632, Adrien *du Carieul*, seigneur de Boubers, avait été créé chevalier et avait eu pour fils Guillaume qui continua de servir et laissa une nombreuse postérité, quatre de ses enfants prirent du service, et l'un d'eux obtint de Philippe V, roi d'Espagne, un brevet de commanderie avec ses ordres militaires ; que Jacques-François-Charles *du Carieul* obtint de Louis XIV de pouvoir mettre une couronne de comte à cinq fleurons sur ses armes et de prendre deux griffons pour supports ; que sa famille est alliée aux Boufflers, Crequy, Beauffort, Pronville, etc.

Registre de l'élection d'Artois de 1758 à 1769, folio 233. — XXIIe registre aux commissions, folio 760.

Avril 1763, Versailles. — DE GENNEVIÈRE. — Lettres de chevalerie héréditaire et autorisation de décorer ses armes d'une couronne de comte, pour Antoine-François *de Gennevière*, seigneur de Samette, premier gentilhomme de la Cour de Cassel et président de l'assemblée des magistrats des chefs collèges de la Flandre maritime, représentant les titres de la province.

Le dispositif nous apprend que sa famille originaire de Picardie est établie depuis plus de 200 ans dans la province d'Artois, que son trisaïeul, Charles *de Gennevière*, écuyer, seigneur de Courcelette et de Vaudricourt, fut appelé aux Etats d'Artois en qualité de gentilhomme en 1544, que ses descendants y ont toujours été convoqués, que leurs filles ont été reçues dans toutes les nobles abbayes de Flandre, qu'enfin ledit Antoine-François a actuellement trois filles aux abbayes de Messine, Avennes, Etrun, et a rendu au Roi de grands services dans les dernières guerres, surtout en procurant une partie des secours dont les armées avaient besoin pendant les sièges de Douai, du Quesnoy, de Bouchain, etc.

(Registre de l'élection d'Artois de 1758 à 1769, folio 193. — Parlement de Flandre, registre aux provisions etrangères n° 9, folio 66).

Juillet 1763. — DE BASSECOURT. — Titre de marquis avec permission de l'appliquer sur celle de ses terres que bon lui semblera, pour Marie-Procope-François *de Bassecourt*, seigneur d'Auchy, par lettres données à Compiègne.

On voit dans ces lettres que l'exposant a été créé chevalier héréditaire en avril 1751 ; qu'il est issu d'une noble et ancienne famille originaire de Picardie et établie en Artois ; que deux neveux de Robert *de Bassecourt*, bisaïeul de l'exposant, l'un nommé Antoine, après avoir passé par tous les grades de mestre-de-camp d'un régiment d'infanterie wallonne, devint maréchal de bataille, puis gouverneur de Lens et de Douai ; que Jean-Baptiste, petit-neveu, seigneur de Grigny et d'Huby, fut capitaine-général de la cavalerie de Catalogne, et depuis capitaine-général des armées de Naples, et dut à ses nobles actions l'érection que Charles II, Roi d'Espagne, fit en 1690, de la terre de Grigny en marquisat ; que quatre frères cadets du sieur *de Bassecourt* et son fils aîné ne se sont pas moins signalés à l'exemple de leur aïeul, soit en s'attachant au service d'une maison unie au Roi par les liens les plus étroits, soit en combattant sous les drapeaux du Roi ; qu'André, l'un des quatre frères du sieur *de Bassecourt*, élevé par le Roi d'Espagne à la dignité de marquis et au grade de brigadier de ses armées, a perdu la vie à la bataille de Plaisance à la tête du régiment de Flandre qu'il commandait ; que deux autres, François-Procope et Nicolas-Joseph-François-Onuphre *de Bassecourt*, l'un maréchal-de-camp et gouverneur de Lérida, l'autre, revêtu du même grade de maréchal-de-camp et gentilhomme de la chambre du Roi catholique, ont été pareillement décorés du titre de comte de Sainte-Claire et de marquis *de Bassecourt* ; qu'enfin Pierre-Placide *de Bassecourt*, chevalier, seigneur du Fay et de Crupilly (quatrième frère), a fait connaître sa valeur et son dévouement au Roi dans le régiment des dragons de Lorraine, ainsi que Procope-François-Placide, fils aîné dudit *de Bassecourt*, dans celui de Boufflers, depuis la création de ce régiment jusqu'à sa réforme ; que Marie *de Bassecourt*, sœur dudit *de Bassecourt*, exposant, épousa Jean-François, marquis *de Gonzalez*, chevalier de l'ordre de Saint-Jacques, ancien lieutenant-général au service d'Espagne et gouverneur de Pampelune, et fut nommée gouvernante de l'infante Isabelle-Marie *de Parme*, actuellement archiduchesse d'Autriche, de don Ferdinand, infant de Parme, et de l'infante Louise-Marie-Thérèse, petits-enfants du Roi et a rempli cette fonction de façon à ne laisser rien à désirer de tout ce que ses rares qualités avaient fait attendre d'elle.

Ces lettres furent également enregistrées au bureau des finances de Lille, folio 242, 30ᵉ registre aux provisions, le 5 décembre 1763, et au Parlement de Flandre, le 22 décembre 1763.

(Registre de l'élection d'Artois de 1758 à 1769, folio 433).

21 Juillet 1763. — DE LASTRE. — Sentence de noblesse pour Joseph *de Lastre*, seigneur de Balque et de Coquaine.

(Registre de l'élection d'Artois de 1758 à 1769, folio 211).

6 Aout 1763. — D'ARTOIS. — Sentence de noblesse pour Alexandre-Jean-Baptiste *d'Artois*, seigneur du Valvalon, Campagne-les-Boulonnais, demeurant en son château de Valvalon, membre de la noblesse des Etats d'Artois.

(Registre de l'élection d'Artois de 1758 à 1769, folio 216).

7 Juin 1764. — DE CACHELEU. — Sentence de noblesse pour Joseph *de Cacheleu*, seigneur de Nœux-les-Boffle, y demeurant, né à Moreuil le 7 mai 1676, fils de messire Robert *de Cacheleu*, seigneur de Popincourt, et de Anne *de Tilloloy*. Il eut pour parrain messire Nicolas *de Cacheleu*, seigneur de Bailliencourt.

(Registre de l'élection d'Artois de 1758 à 1769, folio 236).

14 Décembre 1764. — BLIN. — Sentence de noblesse pour Claude-Joseph *Blin*, écuyer, seigneur de Bourdon, mayeur de la ville d'Hesdin, né à Amiens, paroisse Saint-Michel, le 7 juillet 1710, fils de Pierre-Claude *Blin*, écuyer, seigneur de Bourdon, et de Marie-Antoinette d'*Herby*.

(Registre de l'élection d'Artois de 1758 à 1769, folio 242).

14 Janvier 1765. — FRANS. — Sentence de noblesse pour Pierre-Benoît-Alexis *Frans*, seigneur de la Chapelle, demeurant à Saint-Omer, fils d'Alexis-François *Frans*, secrétaire du Roi en la chancellerie du Parlement de Flandre, qui a obtenu des lettres d'honneur délivrées à Versailles le 10 décembre 1737.

(Registre de l'élection d'Artois de 1758 à 1769, folio 255).

Aout 1765, Choisy. — MALET DE COUPIGNY. — Erection en comté de la terre de Louverval (située près de Bapaume, ayant haute, moyenne et basse justice), domaine considérable d'où relèvent différents fiefs et composé de cinq fiefs nobles qui ne forment qu'une seule justice et seigneurie relevant de la terre de Beaumetz, appartenant au prince de Soubise, sous le nom de comté de Malet de Coupigny, pour Charles-François-Joseph *Malet de Coupigny*.

Ces lettres le disent d'une ancienne maison noble qui a vendu, en 1220, à Philippe-Auguste, le comté d'Alençon qu'elle possédait; elles rappellent aussi que ses ancêtres ont été grands officiers de la couronne ; que cette famille, établie en Flandre depuis 1357, a toujours eu ses entrées aux Etats d'Artois et dans les chapitres nobles où l'exposant a actuellement plusieurs filles et qu'elle est alliée aux plus anciennes maisons de la province, comme les Beaulaincourt, Ghistelle, de Croix, de Dion, de Roisin, d'Alsace, de Lens, d'Aubigny, d'Esclaibes, etc. Ces lettres mentionnent aussi plusieurs de ses ancêtres qui ont été créés chevalier et renferment une généalogie qui se trouve reproduite d'une façon plus étendue et plus claire dans le dictionnaire de la Chesnaye-Desbois à l'article Malet.

(Registre de l'élection d'Artois de 1758 à 1769, folio 340. - XXIII⁰ registre aux commissions, folio 163).

Février 1766. — DE BELVALET. — Erection en marquisat des fiefs de la Planques d'Espagne, relevant du Roi, de Gennes-en-Blangy, d'Hezecques-le-Petit, de la Marette et du Crocq, en les unissant à la terre d'Humereuille pour ne composer qu'une seule terre sous le nom d'Humereuille, en faveur de Jacques-Onuphre-François *de Belvalet*, par lettres données à Versailles.

On voit que Jacques-Onuphre-François *de Belvalet* est fils de Jacques-Onuphre-Joseph *de Belvalet*, cornette dans le régiment d'Artois-Dragons, qui a rendu de grands services, ainsi que ses oncles Dominique-François *de Belvalet*, mort en 1712, maréchal-de-camp, gouverneur d'Alcantara, et Ignace *de Belvalet de Famechon*, colonel d'un régiment de son nom, mort maréchal des camps et armées du Roi ; qu'il compte parmi ses parents un sieur *de Belvalet* qui, pour les services rendus à la France pendant le siége d'Arras par les Espagnols, obtint, en récompense, une place de conseiller au Conseil privé du Roi de France, enfin que sa famille est alliée à celles de Fléchin, Salpervick, de Cerf, de Beauffort, etc.

(Registre de l'élection d'Artois de 1758 à 1769, folio 324. - XXIII⁰ registre aux commissions, folio 310).

Mai 1766. — DE BERTOULT D'HAUTECLOQUE. — Erection en marquisat de la terre et seigneurie d'Auf, anciennement érigée en baronnie, qui relève du Roi à cause du château de Vieil-Hesdin, en l'unissant à celle de Hautecloque, sous le nom de Bertoult d'Auf, pour Philippe-Louis-Joseph *de Bertoult d'Hautecloque*, par lettres données à Versailles.

L'exposé nous apprend que Philippe-Louis-Joseph *de Bertoult* a servi en qualité de volontaire au régiment Dauphin-Infanterie, puis dans la seconde compagnie des mousquetaires ; qu'il est fils de Louis-François *de Bertoult d'Hautecloque*, mousquetaire de la même compagnie ; qu'il a pour aïeul Adrien-François-Louis *de Bertoult d'Hautecloque*, créé chevalier en 1722 ; que ses ancêtres maternels de la noble maison *de Wullart*, ont toujours été attachés au service du Roi et sont cousins de la famille *d'Hautecloque*, qui tient un rang distingué dans la province d'Artois et à ses entrées aux Etats de cette province depuis 1554.

(Registre de l'élection d'Artois de 1758 à 1769, folio 319. — XXIII° registre aux commissions, folio 282).

Juillet 1766, Versailles. — DE CUNCHY. — Lettres de chevalerie héréditaire avec permission de décorer ses armes d'une couronne de marquis pour Antoine-François-Philippe *de Cunchy*, seigneur de Fleury, ci-devant capitaine au régiment de la marine.

L'exposé nous apprend qu'il descend d'une ancienne famille d'Artois, connue dès le douzième siècle; que son treizième ascendant fut convoqué par Philippe-Auguste, en 1210, avec plusieurs barons du royaume ; que Jean *de Cunchy* était au service du duc de Bourgogne, et fut du nombre des croisés; qu'un autre Jean *de Cunchy* perdit la vie à la bataille d'Azincourt ; qu'il a pour frère Gérard-François-Joseph *de Cunchy*, capitaine, ainsi que lui, au régiment de la marine, chevalier de Saint-Louis, retiré après vingt-huit ans de service à cause de ses infirmités ; qu'il a quatre fils qui suivent actuellement la carrière des armes, etc...

(Registre de l'élection d'Artois de 1758 à 1769, folio 332. — XXIII° registre aux commissions, folio 332).

Juillet 1766, Versailles. — DE HARCHIES. — Lettres de chevalerie héréditaire pour Jean-Charles-Augustin *de Harchies*, ci-devant capitaine aide-major du régiment de Rohan-Rochefort, et pour son frère, Gérard-François-Adrien *de Harchies*, capitaine réformé d'infanterie et lieutenant des maréchaux de France.

Ces lettres rappellent que leur famille compte parmi ses membres Jacques *de Harchies*, chambellan de Philippe le Hardi, fait chevalier banneret en 1452, à la bataille de Rupelmonde contre les Gantois, et a fourni beaucoup d'officiers depuis que l'Artois a fait retour à la couronne de France, parmi lesquels l'aïeul desdits suppliants qui se trouvait à la bataille de la Boine, et leur frère qui fut tué au siége de Berg-op-Zoom.

(Registre de l'élection d'Artois de 1758 à 1769, folio 356. — XXIII° registre aux commissions, folio 549).

23 Juillet 1766. — DE LA MOUSSAYE. — Sentence de noblesse pour Joseph-Gilles-François *de la Moussaye*, écuyer, chevalier de Saint-Louis, demeurant à Saint-Omer, né paroisse Saint-Germain (évêché de Saint-Brieuc, Bretagne), le 22 mars 1724, fils de messire François et de dame Emélie-Françoise-Jacquemine *Echowe*.

(Registre de l'élection d'Artois de 1758 à 1769, folio 314).

Décembre 1766, Versailles. — THÉRY. — Erection en baronnie de la terre de Liettre, située en Artois, dont relèvent plusieurs fiefs, pour Maximilien-François *Théry*, seigneur de Liettre, Lambre.
Dans les lettres, on voit qu'il est d'une famille distinguée, alliée avec celles de Melun, la Viéville, de Wœstine, Castrix et Thieulaine ; qu'Alexis *Théry de Liettre*, son frère, capitaine au régiment de Rohan, est mort, en 1759, des blessures qu'il a reçues à la tête de sa compagnie à la bataille de Berghen ; qu'Eugène-Joseph *Théry de Morbecourt*, son oncle paternel, a servi longtemps dans les régiments de cavalerie de Lombèze et de Colonel-Général.

(Registre de l'élection d'Artois de 1758 à 1769, folio 330.—XXIII* registre aux commissions, folio 347).

29 Janvier 1768. — GALHAUT. — Sentence de noblesse pour Pierre-François-Xavier-Joseph *Galhaut*, écuyer, seigneur de Lassus, fils de Pierre-André-Guislain *Galhaut*, substitut du procureur-général du Conseil d'Artois, le 30 août 1701, puis conseiller au même Conseil, le 23 janvier 1708, mort en exercice, le 27 novembre 1732. Le susdit Pierre-François-Xavier-Joseph *Galhaut*, né à Arras paroisse Saint-Géry, le 28 juin 1704, était fils de Pierre-André *Galhaut*, alors avocat au Conseil d'Artois, et de Marguerite-Françoise *Blaire*.

(Registre de l'élection d'Artois de 1758 à 1769, folio 351).

Avril 1768, Versailles. — DE HOUDETOT. — Chevalerie héréditaire pour Jacques-François *de Houdetot*, seigneur de Colomby, chevalier de Saint-Louis, capitaine au régiment des grenadiers royaux de la Roche-Lambert, qui appartient à une ancienne famille de Normandie, connue dès le XI° siècle ; que Jean *Houdetot*, alla en Terre-Sainte avec le duc de Normandie, en 1034 ; qu'un autre Jean *de Houdetot*, accompagna Guillaume-le-Conquérant à la conquête d'Angleterre, fut présent à la bataille d'Eralde, le 14 octobre 1066 ; que Robert *de Houdetot*, mort en 1358, était grand-maître des arbalétriers de France ; que Jean-Daniel *de Houdetot*, père de l'exposant, est mort capitaine d'infanterie, chevalier de Saint-Louis ; que François-Bernard *de Houdetot*, frère de l'exposant, est aussi capitaine.

(Archives départementales du Pas-de-Calais. — XXIII° registre aux commissions, folio 682).

30 Décembre 1768. — DE SERVINS. — Sentence de noblesse pour Louis-François *de Servins*, chevalier, seigneur d'Héricourt, ci-devant capitaine de grenadiers du régiment Dauphin-Infanterie, chevalier de Saint-Louis, membre du corps de la noblesse des Etats d'Artois.

Il ne se reconnaît pas descendant de Guislain *de Servins* déclaré ignoble par sentence du 20 juillet 1584.

(Registre de l'élection d'Artois de 1758 à 1769, folio 389).

18 Janvier 1769. — TITELOUSE. — Sentence de noblesse pour Omer-François-Joseph *Titelouse*, demeurant à Saint-Omer, où il est né, paroisse Sainte Radegonde, le 31 janvier 1745, fils de Jérôme-François-Joseph *Titelouse*, seigneur de Balinghien, maître particulier des eaux et forêts et secrétaire du Roi en la chancellerie du Parlement de Flandre.

(Registre de l'élection d'Artois de 1758 à 1769, folio 425).

6 Mai 1769. — DE HANON. — Sentence de noblesse pour Antoine-Joseph *de Hanon*, écuyer, seigneur de la Motte, demeurant au hameau de Vandringhem, paroisse de Nielle-les-Blequin, descendant de Jean *de Hanon*, et de Marguerite *Choquart*.

(Registre de l'élection d'Artois de 1758 à 1769, folio 411).

Mai 1769, Versailles. — DE VENANT DE FAMECHON. — Erection en marquisat des terres de Famechon, d'Ivergnie, du Refuge en Ivergnie, d'Ovancourt et de la Motte, unies en une seule terre sous le nom d'Ivergnie, pour François-Joseph *de Venant de Famechon*, ci-devant chevalier de Saint-Jean de Jérusalem, gouverneur de la ville d'Uzès, capitaine d'infanterie.

Ces lettres nous apprennent que la terre de Famechon relève de la châtellenie de Pas ; que celle d'Ivergnie est tenue de la châtellenie de Rollencourt ; qu'il possède la haute, moyenne et basse justice dans ces deux terres ; que le fief du Refuge en Ivergnie est tenu du comté de Saint-Pol; que celui d'Ovancourt relève du seigneur des Grands-Ovancourt; que le fief de la Motte est tenu de la seigneurie de Coin ; qu'il a hérité tous ces beaux domaines de ses père et mère: Jean-François-Joseph *de Venant de Famechon*, marquis de Sainte-Croix, ancien député de la noblesse d'Artois, et de Marie-Jeanne *de Torcy;* que Philippe *de Venant*, mort, en 1660, commandeur de Silippe et de Burgos, était un oncle de Louis *de Venant*, chevalier, seigneur de Graincourt, bisaïeul de l'exposant; que Louis *de Venant*, frère dudit Louis, en 1606, était commandeur et envoyé de l'ordre de Malte auprès des archiducs Albert et Claire-Eugénie ; qu'Antoine *de Belvalet*, chevalier, seigneur de Famechon, père de Madeleine *de Belvalet*, femme dudit Louis *de Venant*, mort à Paris, conseiller d'Etat, en 1650, fut inhumé à Arras, à l'abbaye de la Paix, fondée par ses ancêtres ; qu'Antoine *de Belvalet*, fils dudit Antoine et beau-frère dudit Louis *de Venant*, à son décès, arrivé en 1696, était colonel du régiment de Famechon, maréchal des camps et armées de France et d'Angleterre ; que Charles, comte *de Belvalet*, était lieutenant-général des armées de Philippe V, gouverneur de Lérida, et mourut à Madrid en 1717; que Philippe, comte de Belvalet, en 1645, était lieutenant-général, commandant la province d'Artois et gouverneur des ville et cité d'Arras; qu'enfin l'exposant vient d'épouser une des filles de Charles-Joachim *de Chastellier*, marquis du Maisnil, grande-croix de Saint-Louis, lieutenant-général des armées du Roi, inspecteur-général de la cavalerie et des dragons, commandant pour le Roi dans la province du Dauphiné.

Armes: *D'or à la bande componée de sept pièces de gueules et d'hermines, accompagnée de deux fleurs de lys d'azur surmontées d'une couronne de cinq fleurons d'or, ou ducale.*

(Registre de l'élection d'Artois de 1769 à 1776, folio 88. — XXIVᵉ registre aux commissions, folio 32).

9 Novembre 1769. — DE CARDEVAC. — Sentence de noblesse et enregistrement de titres de noblesse pour Anne-Gabriel-Pierre *de Cardevac*, marquis d'Havrincourt, gouverneur de la ville d'Hesdin.

(Registre de l'élection d'Artois de 1758 à 1769, folio 455).

11 Décembre 1769. — HUVINO. — Sentence de noblesse pour Robert-François-Etienne *Huvino*, écuyer, seigneur d'Inchy, chevalier de Saint-Louis, ancien capitaine au régiment de Lionnais, demeurant ordinairement en son château d'Inchy, né à Lille, paroisse Sainte-Catherine, le 4 août 1715, fils de Robert *Huvino*, écuyer,

nommé secrétaire du Roi, en la grande chancellerie à Paris, le 16 juillet 1696, seigneur de Bourghelles, et de Marie-Angélique *Le Comte*.

(Registre de l'élection d'Artois de 1769 à 1776, folio 12).

20 Janvier 1770. — LE JAY. — Sentence de noblesse pour Pierre-François-Marie *Le Jay*, écuyer, seigneur de Massure, né à Arras, paroisse Saint-Jean-en-Ronville, fils de Jacques *Le Jay*, écuyer, seigneur de Massure, receveur-général des consignations de la province d'Artois, et de Marie-Barbe *Matissart*.

(Registre de l'élection d'Artois de 1769 à 1776, folio 93).

23 Février 1770. — DE LA PORTE. — Sentence de noblesse pour Louis-François-Guislain-Victor *de la Porte*, écuyer, seigneur de Vaulx, Brouilly, etc..., demeurant à Vaulx, l'autorisant de faire enregistrer les titres constatant l'ancienne noblesse de la famille *de la Porte* de Vaulx, pour y avoir recours en cas de besoin.

(Registre de l'élection d'Artois de 1769 à 1776, folio 39).

Juillet 1770, Compiègne. — DE GANTÈS. — Lettres de chevalerie héréditaire pour Robert-Antoine *de Gantés*, chevalier de Saint-Louis, capitaine au régiment des volontaires du Dauphiné.

On voit dans ces lettres qu'il descend d'une ancienne famille de Provence établie depuis longtemps en Artois, que Jean *de Gantès* fut choisi par Jeanne, reine de Naples, souveraine de Provence, pour l'un des généraux de ses troupes ; qu'un autre Jean *de Gantès* eut le gouvernement de la côte de Saint-Tropez, d'Hyères et de Toulon; que François *de Gantès* fut procureur-général du Parlement d'Aix, et fut en cette qualité chargé d'un grand nombre d'opérations importantes ; qu'un oncle paternel de l'exposant eut le grade de lieutenant-général ; que Florent *de Gantès* fut tué les armes à la main à la bataille de Nancy, en 1477; que c'est aussi de la même manière qu'expirèrent Jacques-Louis et Jacques-François *de Gantès ;* qu'enfin l'exposant a assisté aux batailles de Fontenoy, Rocoux, Lawfeld et Minden, et à la journée du 4 juillet 1762, où il chargea, à la tête d'un piquet de dragons, un corps hanovrien qu'il culbuta dans un étang et où il mit en fuite un régiment anglais.

(Registre de l'élection d'Artois de 1769 à 1776, folio 171).

3 Août 1770. — DE LENGAIGNE. — Sentence de noblesse pour Jean-François *de Lengaigne*, écuyer, seigneur de Choquel, demeurant à Coulombi.

(Registre de l'élection d'Artois de 1769 à 1776, folio 152).

Septembre 1770, Versailles. — LE MERCHIER. — Lettres de chevalerie héréditaire, avec autorisation de décorer leurs armes d'une couronne de marquis et de prendre deux sauvages comme tenants pour : 1° Lamoral-Charles-Antoine *Le Merchier de Valière*, lieutenant d'infanterie au régiment d'Artois ; 2° Pierre-Adrien-François *Le Merchier de Renancourt*, son frère, chevalier de Saint-Louis, commandant un bataillon de milice, et 3° Jean-Théodore-François *Le Merchier de Lannoy*, parent des précédents.

Armes réglées par d'Hozier à Paris, le 31 janvier 1771 : *D'argent à trois fasces d'azur, écartelé d'argent à trois bandes d'azur*, l'écu surmonté d'une couronne de marquis et pour supports deux sauvages au naturel couronnés et ceints de feuillages de sinople, tenant d'une main la cartouche desdites armoiries et de l'autre une massue aussi de sinople. Devise : *Sans varier Le Merchier*.

(Registre de l'élection d'Artois de 1769 à 1776, folio 284, et registre aux commissions, 2ᵉ série, tome I, folio 65).

Octobre 1770, Fontainebleau. — DE HARCHIES. — Titre de marquis en récompense de ses services, pour Jean-Charles-Augustin *de Harchies*, gentilhomme de la province d'Artois, ancien capitaine aide-major au régiment de Saint-Maurice, incorporé dans celui de Poitou, avec permission d'affecter ce titre sur celle de ses terres qui lui plaira.

(Registre de l'élection d'Artois de 1769 à 1776, folio 184, et XXIVᵉ registre aux commissions, folio 135).

Novembre 1770, Fontainebleau. — LOCHER. — Lettres d'anoblissement pour Jules-César-Norbert-Joseph *Locher*, capitaine au régiment suisse de Diesbach, issu d'ancêtres originaires de Saint-Gall, qui ont prouvé leur attachement aux intérêts de la France. Son père, après trente-trois ans de services distingués dans le régiment de Diesbach alors d'Affry, où il commandait une compagnie, s'est fixé en France ; lui-même, à l'exemple de son père, entré au service dès sa jeunesse, a assisté aux batailles de Rosbach, Sanderhausen, Corbach, Bergen et Luternberg, où il a eu l'occasion de donner des preuves de sa bravoure.

(Registre de l'élection d'Artois de 1769 à 1776, folio 188, et XXIVe registre aux commissions, folio 140).

10 MAI 1771. — LE SERGEANT. — Sentence de noblesse pour Emmanuel-François-Joseph *Le Sergeant*, écuyer, seigneur d'Humbre et du Plouich, fils de Nicolas-Joseph-Alexis *Le Sergeant*, seigneur du Plouich, licencié ès-lois, demeurant à Saint-Omer où il est mort, le 3 octobre 1739, paroisse Saint-Sépulcre, étant revêtu d'une charge de secrétaire du Roi en la chancellerie du Conseil d'Artois.

(Registre de l'élection d'Artois de 1769 à 1776, folio 200).

JUIN 1771, VERSAILLES. — DE MAILLY COURONNEL. — Erection en marquisat de la terre de l'Eclype-les-Bertincourt (relevant du Roi à cause du château de Bapaume), qui a des droits utiles et honorifiques sur plusieurs fiefs et même sur plusieurs terres et seigneuries dont quelques-unes sont érigées en marquisat ou baronnie, unie à celle de Barastre qui relève de Beaumetz sous la dénomination de Mailly Couronnel, pour Charles-Oudart-Joseph *de Mailly Couronnel*, député de la noblesse, demeurant en son château de Véhu.

On voit dans ces lettres qu'il est fils de Louis-Joseph *de Mailly Couronnel*, député du corps de la noblesse à la Cour, en 1713, créé chevalier en 1723 pour les services rendus sous Louis XIV, et de Françoise-Gertrude *Duriez*; qu'il descendait d'Antoine *de Mailly*, seigneur de Lossignol, Cogeul-le-Bayencourt; qu'il avait épousé Marie-Louise *d'Amerval*, issue d'une ancienne maison de Picardie; qu'il a quatorze garçons qu'il destine au service; que l'aîné sert dans un régiment d'infanterie; que sa famille est alliée aux plus anciennes familles nobles de l'Artois et de la Picardie comme Rubempré, Bertangle, de Saint-Amand, Harpin, de Lannoy, etc., etc...., enfin ces lettres nous apprennent que Louis-Floris *de Mailly Couronnel*, son aïeul, avait épousé Marie-Agnès *de la Buissière*, et était fils de Philippe *de Mailly Couronnel*, gouverneur des ville et château de Tournai, et de Marie *de Quillerie*, et donnent une généalogie assez complète de cette famille qu'il serait trop long de rapporter ici.

ARMES: *D'or, à trois maillets de gueules.*

(Registre de l'élection d'Artois de 1769 à 1776, folio 289, et registre aux commissions, 2e série, tome I, folio 110).

2 Juillet 1771. — DE SAINT-AMAND. — Sentence de noblesse pour Pierre-Augustin *de Saint-Amand*, licencié en médecine, demeurant à Hesdin, qui prouve sa noblesse par titres remontant au 21 avril 1543.

(Registre de l'élection d'Artois de 1769 à 1776, folio 207).

Juillet 1771, Versailles. — D'ARMOLIS. — Titre de marquis pour Antoine-Guillaume *d'Armolis*, chevalier de Saint-Louis, officier au régiment des gardes-françaises, qui, à l'exemple de ses ancêtres, s'est voué à la profession des armes dès sa plus tendre jeunesse, a dû quitter le service pour cause de santé et appartient à une famille distinguée connue dès le XVe siècle.

(Arch. départ. du Pas-de-Calais, 1er reg. aux comm., folio 194, 2e série).

16 Aout 1771. — PELET. — Arrêt du Conseil d'État, rendu à Compiègne, en faveur d'Antoine-Joseph-Ignace *Pelet*, écuyer demeurant à Saint-Omer, lui reconnaissant le droit de porter pour armes : *une fleur de lys d'or, en un champ d'azur avec une engrelure, aussi d'or, autour de l'écu*, timbré d'un casque de trois quarts orné de lambrequins d'or et d'azur, au croissant pour cimier, soutenu d'une lance d'azur frangée, ayant son manche d'or en pal et posée entre un vol aussi d'or, l'écu supporté par deux lions d'or, les têtes contournées et posées sur une terrasse de sinople.

Il avait pour père Antoine *Pelet*, seigneur de Chemincourt.

(Registre de l'élection d'Artois de 1769 à 1776, folio 299).

12 Décembre 1771. — DE BEUGNY. — Sentence de noblesse pour Louis-Léonard *de Beugny*, seigneur de Bondues, qui avait obtenu des lettres données à Versailles, le 25 avril 1771, le nommant garde-des-sceaux honoraire de la chancellerie du Conseil d'Artois.

Armes : *D'argent, à l'aigle éployée de sable, au pairle d'or brochant sur le tout.*

(Registre de l'élection d'Artois de 1769 à 1776, folio 306).

Décembre 1771, Versailles. — LEFEBVRE DE LA MAIRIE. — Lettres d'anoblissement pour Robert-Thomas *Lefebvre de la Mairie*, conseiller au Conseil supérieur d'Arras, député du Tiers-Etat de la province d'Artois.

Ces lettres rapportent qu'il a pour oncle paternel le sieur *Lefebvre d'Orval*, mort président honoraire du Parlement de Flandre, après avoir été conseiller au Parlement de Tournai, et premier président au Conseil provincial de Valenciennes, lequel a contribué à la défense de Tournai, soit en donnant l'idée de l'importante affaire de Denain, soit en suggérant les réserves qui se remarquent dans le traité d'Ultrech.

ARMES réglées par d'Hozier : *D'or à une épée de sable posée en bande, la pointe en bas et accostée de deux aigles de gueules becquées et membrées de sable, les ailes étendues et posés, l'un en chef, l'autre en pointe. L'écu timbré d'un casque de profil orné de ses lambrequins de gueules, d'or et de sable.*

(Registre de l'élection d'Artois de 1769 à 1776, folio 361. — Registre aux commissions, 2e série, tome I, folio 492).

12 MAI 1772. — DU PUGET. — Sentence de noblesse pour Edme-Antoine *du Puget*, capitaine au corps royal d'artillerie, demeurant à Bachimont-en-Artois, qui désire se fixer dans cette province.

Il était né à Joinville le 16 septembre 1742, et était fils de Jean-Pierre *du Puget*, procureur du Roi au siége des traites foraines de cette ville, et de Marie-Françoise *Guillaumez*. Le 28 décembre 1771, il avait épousé Marie-Anne-Charlotte-Guislaine-Julie *de Caboche*, fille de noble Charles-Antoine-Denis, chevalier de Saint-Louis, seigneur de Bachimont et colonel dans le corps royal d'artillerie.

(Registre de l'élection d'Artois de 1769 à 1776, folio 342).

NOVEMBRE 1772, FONTAINEBLEAU. — GOSSE D'OSTREL. — Lettres d'anoblissement données pour Joseph-Ignace *Gosse d'Ostrel*, député du Tiers-Etat pour l'Artois, depuis vingt-trois ans. Il se livre tout entier soit aux affaires de la ville d'Arras, soit à celles de la province et s'est également distingué par son désintéressement et l'activité de son zèle dans des commissions relatives au service du Roi.

ARMES réglées par d'Hozier : *D'azur à un chevron d'or, accompagné en chef de deux papillons d'argent, et en pointe d'un lion de même. L'écu timbré d'un casque de profil orné de ses lambrequins d'or, d'azur et d'argent.*

(Registre de l'élection d'Artois de 1769 à 1776, folio 365, IIIe reg. aux comm., 2e série, folio 208).

8 Avril 1773. — DE PAN. — Quittance de finance de 6000 livres donnant le droit de jouir de la noblesse à Maximilien-Louis-Joseph *de Pan de Wisque*, et à son frère Joseph *de Pan*, fils de feu Maximilien *de Pan de Montigny*, secrétaire du Roi en la chancellerie du Conseil d'Artois.

(Registre de l'élection d'Artois de 1769 à 1776, folio 370).

12 Aout 1774. — REYNARD. — Sentence de noblesse pour Louis-Edouard *Reynard de Bussy*, écuyer, ancien officier au régiment de la Reine (infanterie), et François *de Reynard*, officier au régiment de Flandre, demeurant à Saint-Omer. Ils exposent qu'ils descendent de Jean *Reynard*, seigneur de Bussy, marié à Claude Goulard, fille de Fabien, secrétaire de feu la Reine Marguerite, et icelui fils de Romain *Reynard*, conseiller du Roi, président à l'élection de Péronne.

(Registre de l'élection d'Artois de 1769 à 1776, folio 467).

15 Février 1776. — DE VICQ. — Sentence de noblesse pour Pierre-Joseph *de Vicq*, écuyer, seigneur de la Chaussée et de Zunebecq, marié, le 8 juin 1773, à Caroline-Valentine-Joseph *de Vitry*, fille d'Hippolyte-Joseph, écuyer, seigneur de Malfiance, etc.
Il était né à Lille, le 24 avril 1743, du mariage de Charles-Joseph *de Vicq*, écuyer, seigneur de la Chaussée (fief situé à Commines, consistant en rentes seigneuriales), et de Marie-Jeanne *Legillon*, et avait établi, d'après un partage du 20 mars 1632, qu'il descendait de noble homme Antoine *de Vicq*, à son trépas, écuyer, seigneur de Bertof, et de Marie *Descamp*.

Armes : *De sable à six besans d'or, trois, deux et un*, timbré d'un casque de profil à trois grilles, ornés de lambrequins d'or et de sable ; cimier : un pélican.

(Registre de l'élection d'Artois de 1769 à 1776, folio 475).

14 Février 1776. — DALHUIN. — Charles-Joseph *Dalhuin*, écuyer, seigneur du Pont, secrétaire du Roi en la chancellerie d'Artois, ayant obtenu des lettres d'honneur à Versailles, les fait enregistrer afin de pouvoir jouir de la noblesse attachée à cette charge.

(Registre de l'élection d'Artois de 1769 à 1776, folio 490).

Juillet 1776, Versailles. — LE VASSEUR DE BAMBECQUE. — Lettres de chevalerie héréditaire données à Charles-François-Joseph *Le Vasseur de Bambecque*, gentilhomme de la province d'Artois, lieutenant des maréchaux de France à Aire, qui obtient en outre pour supports à ses armes deux lions d'or armés et lampassés de gueules.

Dans ces lettres on voit : qu'il descend d'une famille reconnue pour noble dès le quinzième siècle ; qu'il est entré au service, en 1739, comme cornette dans le régiment de cavalerie de Clermont-Tonnerre, qu'il a pris part à la bataille de Dettingen en 1743, a reçu une grave blessure le 14 octobre de cette année, a été nommé lieutenant et a dû quitter le service pour cause de santé et prendre alors une charge de lieutenant des maréchaux de France.

(Registre de l'élection d'Artois de 1777 à 1783, folio 1. — Reg. aux comm., 2ᵉ série, tome IV, folio 562).

Juillet 1776, Versailles. — DE MATHAREL. — Lettres qui autorisent Auguste-Joseph-Félicité *de Matharel*, fils de Marie-Joseph, marquis *de Matharel*, chevalier de Saint-Louis, gouverneur des ville et château d'Honfleur, et d'Adélaïde-Félicité *de Fiennes*, fille de Maximilien, marquis *de Fiennes*, maréchal des camps et armées du Roi, arrière-petite-fille de Maximilien *de Fiennes*, comte de Lumbre, chef de la maison de Fiennes, comme il est dit dans les lettres patentes de Louis XIV, lui accordant l'érection des terres d'Anstaing et de Gruson en marquisat sous le nom de Fiennes, et lui permettant d'ajouter à son nom et à ses armes celui et celles *de Fiennes du Bois*, ainsi que sa postérité.

Ces lettres disent qu'Adélaïde-Félicité *de Fiennes*, dernière de cette branche, devait recueillir une substitution attachée à son nom qui est celui d'une des plus anciennes maisons des Pas-Bas ; qu'un de ses ancêtres a été connétable de France sous les Rois Jean et Charles V ; que l'exposant est le petit-fils de Antoine-Augustin, marquis *de Matharel*, brigadier des armées du Roi, capitaine des chevau-légers d'Anjou (Gendarmerie).

(Arch. département. du Pas-de-Calais, IVᵉ reg. aux comm., folio 452, 2ᵉ série).

15 Aout 1777. — DORESMIEUX. — Brevet, donné à Versailles, pour : Alexandre-Constant *Doresmieux*, capitaine des grenadiers au régiment d'Auxerrois ; Jean-Baptiste-Joseph *Doresmieux*, chanoine gradué noble de Saint-Omer ; Alexandre *Dores-*

mieux, abbé du Mont-Saint-Eloy à Arras ; Ferdinand *Doresmieux*, religieux de Saint-Bertin à Saint-Omer ; Marie-Thérèse-Primitive, Eugénie-Françoise et Marie-Albertine *Doresmieux*, frères et sœurs, enfants de feu Jacques-François *Doresmieux*, ancien député des Etats d'Artois à la Cour pour la noblesse, les autorisant, eux et leurs descendants, à décorer leurs armes d'une couronne de marquis, comme feu leur frère Jacques-Joseph-Alexandre *Doresmieux de Fouquière*, l'avait obtenu du feu Roi, par brevet du 5 janvier 1769.

(Registre de l'élection d'Artois de 1777 à 1783, folio 92).

20 Mars 1779. — DE LONGUEVAL. — Sentence de noblesse pour Adrien *de Longueval*, écuyer, demeurant au hameau de Noulette, et Jean-Joseph *de Longueval*, aussi écuyer, demeurant à Angres, les reconnaissant tous les deux comme descendants de l'ancienne et illustre maison de Longueval.

(Registre de l'élection d'Artois de 1777 à 1783, folio 63).

2 Avril 1779. — SANDELIN. — Sentence de noblesse pour Joseph-Joachim-Charles *Sandelin*, écuyer, seigneur de Lettes, etc., descendant de l'ancienne et noble famille des Sandelins, originaire d'Artois.

Armes : *Ecartelé aux 1 et 4 de gueules à 3 coqs d'argent membrés d'or* qui est *Sandelin*, *aux 2 et 3 d'argent à la fasce d'azur* qui est *Brimeu de Poederlé ;* ledit écu surmonté d'un heaume d'argent grillé et liseré d'or, fourré d'azur aux hachements et bourrelet d'argent et de gueules, ayant pour cimier un coq de l'écu entre un vol de gueules.

(Registre de l'élection d'Artois de 1777 à 1783, folio 40).

15 Mai 1779. — ROSE. — Sentence de noblesse pour Mathias-Joseph *Rose*, ci-devant capitaine au régiment de Piémont, originaire de Perpignan, demeurant à Saint-Omer, et jugement qui ordonne que ses armoiries soient peintes sur le registre armorial de la Cour.

Ces lettres nous apprennent qu'il est né à Perpignan, le 5 février 1737, et est fils de Philibert-Joseph-Claude *Rose*, citoyen noble de la ville de Perpignan, et de Marie-Thérèse-Adrienne *Haupi*.

(Registre de l'élection d'Artois de 1777 à 1783, folio 84).

Juillet 1779, Versailles. — MAIOUL DE SUS SAINT-LÉGER.—Chevalerie héréditaire avec permission de décorer l'écu de ses armes d'une couronne de marquis et de prendre deux sauvages pour supports, pour Louis-François *Maioul de Sus Saint-Léger*, gentilhomme de la province d'Artois, ancien capitaine au régiment d'infanterie de Guyenne. L'exposé parle de son grand-oncle *Maioul de Colomby* qui, après avoir été élevé dans la compagnie des cadets gentilshommes de Tournai, passa dans le régiment des dragons d'Artois et mourut au service en 1700 ; du frère du sieur *de Colomby* qui servait dans les milices d'Artois ; du sieur *Maioul* dit Surgeau, oncle de l'exposant, qui, entré au service en 1733 au régiment Dauphin-Infanterie, fut nommé onze ans après dans une compagnie du régiment de Boufflers-Wallon, et mourut à Nieuport de blessures reçues à la bataille de Rocoux ; de trois frères de l'exposant : l'aîné, Gabriel-Joseph *Maioul*, mort le 6 mai 1764 à Landau, étant second aide-major du régiment de Guyenne; le deuxième, Eugène-Denis *Maioul du Fays*, second lieutenant dans le régiment de la Tour-du-Pin, actuellement Béarn, mort en 1757 au cantonnement d'Imberg près de Cassel ; le troisième, Joseph-Hippolyte *Maioul du Fays*, entré en 1758 dans le régiment de Talarue, aujourd'hui Guyenne, mort en Corse, le 11 octobre 1777, troisième lieutenant de ce régiment. L'exposant lui-même a commencé à servir en 1755 dans le régiment de Guyenne, ci-devant Mailly, fut nommé capitaine en 1759, et a donné des preuves de zèle telles qu'il fut gratifié d'une pension l'année dernière et obtint l'admission de ses enfants dans les écoles militaires, avec l'assurance d'être associé l'année prochaine à l'ordre de Saint-Louis.

(Arch. département. du Pas-de-Calais, registre de l'élection d'Artois de 1777 à 1783, folio 107 et V° reg. aux comm., 2° série, folio 381).

Aout 1779, Versailles. — DE SERVINS D'HÉRICOURT. — Titre de marquis avec permission de l'affecter à celle de ses terres que bon lui semblera pour Louis-François-Joseph *de Servins d'Héricourt*, chevalier de Saint-Louis, capitaine des grenadiers au régiment du Dauphin, et membre du corps de la noblesse des Etats d'Artois.

Ces lettres nous apprennent que l'exposant sert depuis trente-trois ans, a fait les guerres d'Italie, de Flandre et d'Allemagne, a été blessé à la bataille de Parme, et descend d'une ancienne famille bien alliée dont plusieurs de ses membres sont morts les armes à la main.

(Registre de l'élection d'Artois de 1777 à 1783, folio 100. — Reg. aux comm., 2° série, V° registre, folio 353).

Septembre 1779, Versailles. — DE CUNCHY. — Titre de comte sans être obligé de l'affecter sur aucune terre ou avec la faculté de l'appliquer à la terre que bon lui semblera pour Philippe-François-Marie-Joseph *de Cunchy*, ancien capitaine commandant au régiment de la marine, actuellement major au régiment provincial d'artillerie de Besançon, chevalier de Saint-Louis, membre du corps de la noblesse d'Artois, qui a servi, tant dans la dernière guerre qu'en Corse, que sa famille est connue depuis le XII° siècle ; qu'Etienne *de Cunchy*, l'un de ses ancêtres, fut convoqué à une assemblée des grands du royaume tenue sous Philippe-Auguste, etc...

Dans la demande d'enregistrement, l'exposant se qualifie de chevalier, seigneur de Fleury, Tremblay, Calliemont, Cavigny, Robreuve en partie, La Cauchie, Brouay, etc., et nous apprend qu'il demeurait ordinairement au château de Fleury.

(Archives départementales du Pas-de-Calais, registre de l'élection d'Artois de 1777 à 1783, folio 134. V° reg. aux comm., 2° série, folio 363).

19 Novembre 1779, Versailles. — BRIOIS. — Brevet qui autorise François-Joseph *Briois*, président du Conseil d'Artois, et ses descendants à décorer l'écusson de leurs armoiries d'une couronne de comte et à prendre deux lions pour supports, comme cela a été accordé aux deux présidents du même Conseil qui l'ont précédé.

(Archives départementales du Pas-de-Calais, VI° registre aux commissions, folio 345, 2° série).

Juillet 1780, Versailles. — DE GENNEVIÈRES. — Titre de comte sans être obligé de l'appliquer à une terre pour Philippe-François-Joseph *de Gennevières*, gentilhomme d'Artois, pour ses services et ceux de neuf petits-enfants qu'eut Ernest *de Gennevières*, son douzième aïeul, grand prévôt de l'hôtel sous saint Louis, qu'il accompagna en Palestine, huit furent tués pendant les guerres que le Roi Jean eut avec les Anglais; le neuvième fut fait prisonnier à Poitiers; Ernest II du nom, fils de ce dernier, capitaine du château de Crotoy, fut du nombre des chevaliers morts à Azincourt.

On voit que l'exposant avait pour frère Philippe-Lamoral-Joseph *de Gennevières*, qui fut officier au régiment d'Aumont, et reçut de nombreuses blessures dans les deux dernières guerres.

(Archives départementales du Pas-de-Calais, VI° registre aux commissions, folio 113, 2° série).

29 Janvier 1781. — BAERT. — Sentence de noblesse rendue par le Conseil d'Artois, réformant le jugement de l'élection, en faveur de Charles-Alexandre-Balthazar-François-de-Paul *Baert*, écuyer, seigneur du Hollant, demeurant à Saint-Omer, fils de Charles *Baert*.

Armes : *D'azur à 3 étoiles d'or, au chevron d'argent, semé d'hermines, l'écu surmonté d'un casque ouvert à 6 grilles;* cimier: *une tête et col de sanglier au naturel entre deux vols d'or, avec lambrequins d'or, d'argent et d'azur.*

(Archives départementales du Pas-de-Calais, registre de l'élection d'Artois de 1777 à 1783, folio 114).

Septembre 1783, Versailles. — LE MERCHIER. — Lettres de chevalerie héréditaire, autorisation de mettre une couronne de comte sur ses armes et de prendre deux lévriers pour supports pour Jean-Louis *Le Merchier*, écuyer, seigneur de Criminil, Tourillon, Quinquempois, Wep, etc , lieutenant d'infanterie au régiment de Monaco, actuellement Flandre, demeurant à Saint-Omer.

Le narratif nous apprend qu'il a pour sixième aïeul Jacques *Le Merchier*, anobli en 1472, pour services rendus à Charles-le-Téméraire, dernier duc de Bourgogne, et aussi à Philippe-le-Bon, son père, que ledit Jacques eut deux fils; qu'Antoine, premier du nom, seigneur de Sains, fils cadet, est l'auteur de la branche dont est sorti l'exposant, qu'il laissa pour fils Jean, seigneur de Linzeux en partie, dont est venu Hugues, seigneur d'Humercœul et de Linzeux, héraut d'armes près le Conseil privé de Malines et d'Artois pour la noblesse de ce pays ; que ce dernier a eu plusieurs enfants mâles, dont deux ont laissé des descendants, savoir : Antoine, deuxième du nom, seigneur d'Humercœuil et Linzeux, bisaïeul de l'exposant, auteur d'une seconde branche, dont les descendants existent ; qu'Antoine II fut conseiller au Conseil d'Artois, puis maître des requêtes du Roi d'Espagne, Philippe IV et conseiller au grand Conseil de Malines, que le fils de ce dernier, nommé Antoine-François *Le Merchier*, seigneur de Criminil, fut premier président du Conseil d'Artois et commissaire du Roi aux Etats depuis le retour de cette province à la couronne; que de lui est venu François-Joseph, père de l'exposant ; que sa filiation est établie par les lettres qu'il a produites aux députés et commissaires pour l'examen des preuves de la noblesse ; qu'en 1593, Antoine *Le Merchier*, seigneur de Noreuil, qui descendait du fils ainé de Jacques, anobli, a obtenu une sentence de noblesse ; qu'en 1732, Charles-François *Le Merchier*, issu de Charles, frère cadet d'Antoine II du nom, a fait des preuves devant d'Hozier; que François-Valentin *Le Merchier de Criminil*, fils ainé de l'exposant, a été pourvu, après preuves faites, d'une charge d'écuyer de Madame, épouse de Monsieur, frère du Roi, etc., etc.

Armes : Les armes indiquées dans cette pièce sont : *De gueules à trois tours d'argent.*

(Archives départementales du Pas-de-Calais, VIII° registre aux commissions, 2° série, folio 194).

10 Novembre 1783, Fontainebleau. — ENLART DE GRANDVAL. — Brevet qui autorise Grégoire-Joseph-Marie *Enlart de Grandval*, procureur-général du Conseil d'Artois depuis 20 ans, et ses descendants, de décorer leurs armes d'une couronne de comte et de prendre deux léopards pour supports.

(Archives departementales du Pas-de-Calais, VI° registre aux commissions, 2° série, folio 629).

Juillet 1784, Versailles. — D'AIX. — Titre de baron sans être obligé de l'affecter à une terre pour Eugène-François-Marie *d'Aix*, député-général et ordinaire de la noblesse d'Artois, qui remonte par une filiation suivie jusqu'à son huitième aïeul, qui vivait à la fin du XIV° siècle.

Le dispositif nous apprend qu'il est depuis vingt-cinq ans chargé de différents détails d'administration et a donné, dans l'exercice de ses fonctions également difficiles et importantes, des preuves multiples de son zèle ; que sa famille tient depuis plus de trois cents ans un rang distingué parmi la noblesse et s'est alliée aux maisons les plus illustres ; qu'un de ses ancêtres servait dans les troupes de Charles V, qu'un autre, lorsqu'on eut rebâti Hesdin, en 1554, en fut fait gouverneur, que le cousin-germain de son aïeul était capitaine au régiment de Laval sous Louis XIV, que son frère, capitaine au régiment de Condé, est mort à la suite d'une blessure reçue à la bataille de Minden, etc., etc.

(Archives départementales du Pas-de-Calais, VII° registre aux commissions, 2° série, folio 86).

23 Mars 1786, Versailles. — DE MADRE. — Brevet qui permet à Joseph-François *de Madre*, président du Conseil d'Artois et à ses descendants de décorer l'écusson de leurs armoiries d'une couronne de comte et de prendre pour supports deux lions de sinople couronnés et onglés d'or et langués de gueules.

(Archives départementales du Pas-de-Calais, VII° registre aux commissions, 2° série, folio 475).

Septembre 1786, Versailles. — LE MERCHIER DE CRIMINIL. — Titre de comte, sans être obligé de l'affecter à une terre pour Jean-Louis *Le Merchier de Criminil*, ancien officier au régiment de Monaco, actuellement Flandre.

Le narratif nous apprend qu'il est issu d'une famille qui tient depuis plus de trois siècles un rang distingué en Artois et dont la noblesse remonte au sixième aïeul dudit *de Criminil*, qu'elle est bien alliée et a été maintenue, en 1593, par sentence de l'élection d'Artois ; que le sixième aïeul de l'exposant a rendu de très grands services aux deux derniers ducs de Bourgogne, Philippe-le-Bon et Charles-le-Téméraire, que son bisaïeul, d'abord conseiller au Conseil d'Artois, puis maître des requêtes de Philippe IV, Roi d'Espagne, a été ensuite conseiller au grand Conseil de Malines ; que son aïeul, a été premier président au Conseil d'Artois et commissaire pour le Roi aux Etats de cette province ; qu'un de ses frères, mort en 1742, servait dans l'une des quatre compagnies des gardes-de-corps du feu Roi ; qu'enfin il a trois fils, l'aîné, capitaine au régiment Royal-Roussillon (Cavalerie), écuyer ordinaire de Madame, épouse de Monsieur, frère du Roi, et les deux autres, lieutenants, l'un au régiment de Champagne qui a fait avec distinction les six dernières campagnes de la guerre d'Amérique, et le dernier au régiment Royal (Infanterie). Ces lettres rappellent qu'en septembre 1783, il a été honoré du titre de chevalier avec permission d'ajouter à ses armes une couronne de comte et de prendre deux lévriers pour supports.

(Archives départementales du Pas-de-Calais, VIII° registre aux commissions, 2° série, folio 172).

Novembre 1786, Versailles. — DES LYONS. — Titre de baron pour Ange-Joseph-Remi *des Lyons*, capitaine attaché au corps d'infanterie, sans être obligé d'affecter ce titre à une terre.

Il expose que la terre de Locan qui, en 1703, faisait partie du comté de Béthune, en fut démembrée à cette époque et aliénée à titre d'engagement à ses ancêtres, puis érigée en baronnie pour l'un d'eux par lettres patentes, de juillet 1714, sous le nom de baronnie des Lyons ; mais que le Roi ayant cédé, en 1784, le comté de Béthune et toutes ses dépendances au duc de Béthune en échange de la principauté de Boisbelle, et réuni à son domaine, par un arrêt du Conseil du 20 septembre de la même année, ladite terre de Locan ou des Lyons qui a été nommément comprise dans la cession qu'il a faite audit duc de Béthune, il se trouvait ainsi privé du titre de baron dont sa famille était en possession ; le Roi, n'ayant pas entendu frustrer cette famille d'un titre qui lui a été donné en considération de son ancienne noblesse et de ses services, lui accorde, pour lui et les aînés de ses descendants, le titre de baron sans être obligé de l'appliquer à une terre.

(Archives départementales du Pas-de-Calais, VIII° registre aux commissions, 2° série, folio 42).

Février 1787, Versailles. — ENLART DE GRANDVAL. — Lettres de chevalerie héréditaire pour Grégoire-Joseph-Marie *Enlart de Grandval*, procureur-général du Conseil d'Artois. On voit qu'il exerce cette charge depuis vingt-deux ans, qu'il est issu d'une famille qui, depuis 1601, occupe, à Montreuil-sur-Mer, les premières charges de la municipalité et de la judicature, et les a occupées avec distinction jusqu'en 1707, époque où sa famille est venue s'établir à Arras ; que son aïeul et son père ont été tous les deux conseillers au Conseil d'Artois, l'un trente-cinq ans, l'autre quarante-quatre ans ; que son aïeul a été nommé, en 1716, commissaire pour la réformation de l'Université de Douai ; que deux de ses grands-oncles maternels sont parvenus au grade de lieutenant-général des armées et ont été commandeurs de Saint-Louis, que le sieur de la *Taherie*, son oncle, chevalier de Saint-Louis, est intendant des armées du Roi ; qu'enfin ledit exposant avait obtenu, par brevet du 10 novembre 1783, la permission de décorer ses armes d'une couronne de comte, et de prendre deux léopards pour supports.

(Archives départementales du Pas-de-Calais, VIII° registre aux commissions, 2° série, folio 64).

Aout 1787, Versailles. — DE DION. — Erection en marquisat de la terre de Malfiance, sous le nom de Dion-Malfiance, pour Charles-Louis-Joseph *de Dion*, chevalier, seigneur de Richotte, Malfiance, Mencos, Coucy, Hesderival, Canespit, et Buirette, lieutenant-colonel, aide-major des gardes-wallonnes au service du Roi catholique, qui a été, à l'expédition d'Alger, blessé d'une balle au siége de Gibraltar.

Le narratif nous apprend que sa famille est connue depuis le XIII° siècle ; qu'un Jean *de Dion* a été gouverneur de Cambrai ; que le petit-fils de ce dernier, nommé aussi Jean *de Dion*, a été gouverneur de Bohain ; que cette famille a contracté des alliances avec les maisons les plus considérables du pays ; que l'exposant compte trois oncles qui ont servi, le premier, Louis-François *de Dion*, dans le régiment de la Marck avec lequel il a été en Bohême, Flandre, à tous les siéges et batailles, puis détaché au cap Français, commandant de la Guadeloupe, Désirade et autres, et est enfin parvenu au grade de brigadier des armées ; que les deux autres ont servi dans le régiment de Navarre, et ont fait toutes les campagnes de Bohême, Allemagne, Italie ;

qu'enfin leur frère Philippe-Louis-Alexandre *de Dion* a servi comme colonel, ancien capitaine aux gardes-wallonnes, dans toutes les campagnes d'Italie, a été blessé à la bataille de Plaisance et a aussi pris part à l'expédition d'Alger, etc., etc.

Ladite terre de Malfiance unie aux autres terres rapportées ci-devant formera un marquisat sous la dénomination de Dion-Malfiance pour relever du Roi.

(Archives départementales du Pas-de-Calais, VIII° registre aux commissions, 2° série, folio 213).

18 Avril 1788, Versailles. — LE FRANÇOIS. — Arrêt du Conseil d'Etat et lettres patentes du Roi qui maintiennent dans son ancienne noblesse Louis-Joseph *Le François*, écuyer, seigneur du Fetel, demeurant à Saint-Omer.

Ces lettres disent que sa noblesse remonte au milieu du XIV° siècle ; que sa famille portait à cette époque le titre de marquis d'autant plus considérable alors qu'il était plus rare ; qu'elle est originaire de Pas, en Artois, et y possède encore un fief appelé le Fetel dont le suppliant porte le nom ; que depuis plus de deux siècles elle est reconnue pour noble d'extraction ; que le premier titre de cette famille, isolé, mais digne de foi, est un testament du 1er novembre 1343, de Bauduin dit *Le Franchois*, chevalier, marquis de Vaux, et d'Elisabeth *de Martel* (de Martello) ; par cet acte, Bauduin fonde quatre obits annuels pour le repos de son âme et de celle de son épouse, Elisabeth *de Longueval* et de ses prédécesseurs, seigneur de Vaux, et donne Vaux à Philibert, son fils aîné, à la charge de payer chaque année quarante livres parisis à chacun de ses autres enfants mâles, savoir : Julien, Bauduin et Jacques ; cet acte est une copie en parchemin faite à la réquisition de Jean *Le François*, écuyer, seigneur des Gougnier d'Arles, demeurant à Pas, le 19 avril 1550.

Ces lettres rapportent en outre que depuis la date de l'original jusqu'en 1549, les monuments de la filiation et de la noblesse du suppliant ont disparu, etc., etc.

(Archives départementales du Pas-de-Calais, VIII° registre aux commissions, 2° série, folio 429).

Juillet 1788, Versailles. — LALLART. — Lettres d'anoblissement pour Bon-Antoine et Guislain *Lallart*, frères, l'un receveur-général des Etats d'Artois, l'autre ancien échevin de la ville d'Arras.

Le narratif rappelle que cette famille fait le commerce depuis plus de deux siècles avec autant d'intelligence que de probité ; qu'en 1708, après la bataille d'Oudenarde, l'Artois ayant été imposé par l'ennemi à une somme de cent cinquante mille livres, devant être payée sans délai, l'aïeul des sieurs *Lallart* la procura aux Etats d'Artois; pour acquitter le surplus, les Etats ayant fait des emprunts à 12 0/0 à plusieurs banquiers étrangers, il trouva moyen de les faire rembourser par ses correspondants qui se contentèrent de 5, 6 et 7 0/0, et prêtèrent à sa recommandation toutes les sommes que les Etats furent obligés de donner à titre de contributions depuis 1708 et porta son patriotisme et son désintéressement jusqu'à refuser toutes les rétributions ou gratifications qui lui furent offertes; aussi, fut-il délibéré en 1713, dans l'assemblée des Etats, qu'il lui serait fait un présent, au nom de la province, et que les députés ordinaires lui témoigneraient combien elle était reconnaissante des bons et agréables services qu'il lui avait rendus; qu'en 1740, pendant une disette de grains en Artois, le père desdits *Lallart*, à la prière des Etats d'Artois, en procura par l'entremise de ses correspondants et avança en outre une partie des deniers pour payer ces grains; que l'un d'eux, en 1768, a mis également cette province à l'abri d'une disette; que leur aïeul avança au maréchal de Villars les fonds nécessaires pour la subsistance de l'armée en Flandre, en 1711, et pour le paiement de la solde des troupes; qu'enfin plusieurs de leurs ancêtres ont rempli les principales places dans le corps municipal de la ville d'Arras, etc., etc.

(Archives départementales du Pas-de-Calais, VIII° registre aux commissions, 2° série, folio 338).

Avril 1789, Versailles. — LE FRANÇOIS DU FETEL. — Lettres de chevalerie héréditaire pour Louis-Joseph *Le François du Fetel*, établi depuis longtemps dans la province d'Artois.

Ces lettres disent que l'origine de la noblesse de cette famille est inconnue; que le propre frère du bisaïeul de l'exposant a été maintenu, en 1677, par jugement du Conseil d'Artois, sur titre produit remontant jusqu'à son neuvième aïeul; que luimême a été maintenu par arrêt du Conseil d'Etat, le 18 avril de l'an dernier; qu'un de ses ancêtres, lieutenant au régiment d'Hoostrate, est mort des blessures reçues en 1635 à la bataille d'Avein; un autre, capitaine au régiment du Dauphin, a été grièvement blessé à la défense de Philisbourg, en 1676, a occupé les premières places de la magistrature à Saint-Omer, et a son fils, garde-du-corps de Monsieur, frère du Roi.

(Archives départementales du Pas-de-Calais, VIII° registre aux commissions, folio 446).

Avril 1789, Versailles. — DU PUGET. — Titre de comte pour Erme-Jean Antoine *du Puget*, sous-gouverneur du Dauphin, ci-devant colonel d'artillerie des colonies, qui est entré dès sa jeunesse au corps d'artillerie comme volontaire, est arrivé de grade en grade à celui de colonel, a fait cinq campagnes, a assisté à dix combats, a été blessé à l'un d'eux, puis a été choisi en 1784 pour inspecter l'artillerie des colonies françaises de l'Amérique, et enfin choisi pour aider le duc de Harcourt, gouverneur du Dauphin.

Ces lettres nous apprennent, en outre, qu'il est issu d'une famille qui, dès 1547, était en possession de la noblesse; que son bisaïeul, brigadier des gardes-du-corps du Roi, a été tué en 1678, au combat de Kochersberg; qu'un de ses oncles, officier au régiment des cuirassiers, est mort des blessures reçues à la bataille de Nervinde; qu'un autre de ses oncles a composé un ouvrage estimé sur l'art de la guerre et est mort lieutenant-colonel d'artillerie, etc., etc.

(Archives départementales du Pas-de-Calais, VIII⁰ registre aux commissions, 2ᵉ série, folio 464).

—※— FIN DES LETTRES D'ANOBLISSEMENT DE L'ARTOIS. —※—

LETTRES

D'ÉRECTIONS DE TERRES EN PRINCIPAUTÉS, DUCHÉS, COMTÉS, BARONNIES

LETTRES

DE CHEVALERIE, D'ANOBLISSEMENT, CONFIRMATION ET RÉHABILITATION DE NOBLESSE

PAYS-BAS — FLANDRE

Mai 1424. — DE HERSSENT. — Anoblissement pour Jean *de Herssent*, demeurant à Lille, pour sa femme et ses enfants « masles et femelles. » Ces lettres furent enregistrées le 23 juin 1424, moyennant finance de 50 livres de 40 gros. Il est dit dans le dispositif que cet anoblissement lui est accordé pour ses bons services et ceux de ses prédécesseurs et qu'il était extrait de vaillants et bonnes gens et de bonne et honnête génération.

Armes : *D'or, à 3 hures de sangliers de sable.*

(VIIIe registre des Chartres, folio 25).

Avril 1426. — DESCAMPS. — Anoblissement pour Jean *Descamps*, de Tourcoing, par lettres données à Lille et enregistrées le 27 avril 1427, moyennant finance de 16 florins. Les lettres que ledit Jean, fils de Pierre, né à Tourcoing, ainsi que ses prédécesseurs « avaient faits de bons services et qu'il était extrait de vaillants et bonnes gens et de bonne et honnête génération. »

(VIIIe registre des Chartes, folio 125).

Juin 1426. — FREMAULT (1). — Lettres d'anoblissement données à Lille pour Lothart *Fremault* et Marguerite *de La Tanerie*, sa femme et leurs enfants, et enregistrées le 17 juillet 1437, moyennant 100 écus d'or de finance.

Armes : *De gueules à 3 fermeaux d'or.*

(X^e registre des Chartes, folio 131).

Janvier 1431. — DU CHASTEL. — Lettres d'anoblissement données à Lille pour Robert *du Chastel*, demeurant à Tourcoing et enregistrées le 21 février suivant, moyennant finance de 18 livres. Les lettres mentionnent des services rendus dans les armées.

(IXe registre des Chartes, folio 97).

Mai 1433. — ABBONEL. — Lettres d'anoblissement données à Bruxelles pour Jean *Abbonel* dit *le Gros*, receveur général des finances, et enregistrées le 20 juin 1438, sans finance. Le dispositif dit « qu'il avoit servy dès son enfance, tant en armes qu'autrement, en l'estat de contrôleur de la despense ordinaire de l'hostel de conseiller et gouverneur de la despense extraordinaire ; que le prince avoit appaisement de sa bonne nativité et extraction de la duché de Guyenne ; que son père et plusieurs de ses parens avoient es anciennes guerres suivy les armes et les suivoient encor et esdites lettres est insérée une ordonnance de l'accord dudit annoblissement du 24 février 1426, signée du prince. » Elles contiennent entre autres choses que « l'on accordoit pour les services qu'il avoit faits en tous ses voyages et armées et

---

(1) Il avait été roi de l'Épinette en 1409, et devint maître de la Chambre des comptes de Lille en 1428.

nommément es journées de Mons et veneur de Brauwershave et au veu et sceu du prince, il avoit pris prisonniers de sa main et fait de son corps tout ce que homme de bien pouvoit et debvoit en tel cas. »

Il fut nommé conseiller et maitre de la Chambre des comptes de Lille en 1436.

ARMES : *De gueules à la fasce d'argent, accompagnée de 3 têtes d'homme de carnation*, (*alias :* tête de nègre ou de maure) tortillées d'argent. Cimier : un buste de nègre entre un vol de gueules.

(X^e registre des Chartes, folio 218).

JANVIER 1436. — EVERLENG. — Lettres d'anoblissement données à Lille pour Pierre-Antoine *Everleng*, natif de Concy (châtellenie d'Hesdin) conseiller et homme lige du prince qu'il servait depuis son enfance. Elles furent enregistrées le 31 du même mois, moyennant finance de 40 livres ou 50 francs de 32 gros.

ARMES : *D'azur, au chevron d'or au chef de même à 3 merlettes de sable.*

(X^e registre des Chartes, folio 159).

FÉVRIER 1436. — GOURRY. — Lettres d'anoblissement données à Arras pour Louis *Gourry*, receveur général du comté de Saint-Pol, et enregistrées le 12 mars suivant, moyennant finance de 60 livres.

(X^e registre des Chartes, folio 167).

MARS 1436. — GUILBAUT. — Lettres d'anoblissement données à Lille pour Jean *Guilbaut*, demeurant à Boulogne, conseiller et trésorier du Boulonnais. Ces lettres furent enregistrées le même mois, moyennant 200 livres parisis.

(X^e registre des Chartes, folio 143).

DÉCEMBRE 1436. — REGNAULT. — Lettres d'anoblissement données à Lille sans finance pour Mathieu *Regnault*, conseiller et receveur général du comté de Bourgogne, maitre des offices de la Saulnerie de Salins, en considération des services « qu'il avoit rendus es armées. » Le dispositif contient que « le prince étoit deuement acerteni par plusieurs barons, chevaliers et escuyers de son hôtel de la bonne extraction dudit Mathieu, natif de l'Ile-de-France, que ses père et mère avoient été gens notables et de notable lignée, riches et bien héritez, bien apparentez et enlignagez d'anciennetez des nobles chevaliers et escuyers suivans[3] les armées et qu'aucuns d'iceulx les suivoient encore. »

(X[e] registre des Chartes, folio 207).

Décembre 1436. — DE GAND. — Lettres d'anoblissement données à Lille pour Jean *de Gand*, conseiller, secrétaire du duc de Bourgogne, et enregistrées le 8 janvier suivant, sans finance. Les lettres nous apprennent qu'il était secrétaire depuis 25 ans, « étoit extrait tant du côté de son père que de sa mère de bonne et notable lignée, riche et bien adhéritée au pays de Flandre, dont il étoit natif. »

(X[e] registre des Chartes, folio 25).

20 Octobre 1439. — POULAIN. — Lettres de reconnaissance de la noble extraction et lignée de Gautier *Poulain* dit l'*Abbé*, conseiller et receveur général de Flandre et d'Artois. Ces lettres, données à Saint-Omer sur le rapport que les gens du conseil firent des certificats qu'il produisit, furent enregistrées le 23 novembre suivant. Gautier *Poulain*, dans sa requête, exposait « qu'il étoit de noble génération et lignée, qu'il avoit, dès sa jeunesse, suivy continuellement le prince, vivant noblement, sans s'être mêlé de marchandise ni autre chose qui pût déroger ; mais, comme depuis 2 ou 3 ans, aucuns ayant prétendu qu'il n'étoit pas noble, il avoit alors fait rédiger par plusieurs notables chevaliers et écuyers, mesmement par David et messire Florimond *de Brimeu*, chevaliers, Philippe *de Naverskerke*, écuyer, conseiller et chambellans, Denis et Walerand *de Fiennes*, Jacque *Le Leimre* (alias *Louvre*), aussi écuyers, Frère Simon *de Thiennes*, religieux de l'ordre de Saint-Jean de Jérusalem et receveur de ladite religion au prioré de Franc, Lothart *Fremault*, l'ancien, et autres, des certificats en 11 lettres, attestant que ledit *Poulain* étoit issu de noble génération, que Colart *Poulain* avoit été huissier d'armes du duc Philippe le Hardy, que Jacques *Poulain*, ayeul dudit Gautier, étoit issu d'Auchy-les-Moisnes-les-Hesdin ; que les *Poulain* avoient demeuré à Hénin-Liétard ; qu'ils étoient parents de la mère dudit Florimond *de Brimeu* et descendans du lignage du grand seigneur de Fiennes, de ceux de Thiennes, des seigneurs d'Hénin-Liétard, des seigneurs du Quesnoy, de Sombreck, de ceux de Bersées, d'Estaires-en-Pévèle et de Milville, qu'ils portoient

les armes dudit Hénin, lesquelles étoient : *D'argent à un cheval de sable, sellé et bridé que l'on appelloit cheval échappé.* »

(X^e registre des Chartes, folio 263).

9 JUILLET 1447, GAND. — DE LE BATTERIE (1). — Légitimation et anoblissement pour Bernabé *de Le Batterie*, fils naturel d'un religieux de l'abbaye d'Anchin, enregistrés la même année, moyennant finance de cent salus d'or, depuis abaissée à 50 salus d'or de 24 florins pièce.

(Archives du département du Nord, XIe registre des Chartes, folio 145, 146).

JANVIER 1448. — FOURCAULT. — Lettres d'anoblissement données à Lille pour Jean et Huguenin *Fourcault*, du duché de Bourgogne.

(Registre de l'audience, B, 1684, folio 2).

NOVEMBRE 1450. — DESPRETS. — Lettres d'anoblissement (2) données à Lille, moyennant finance, pour Robert *Desprets*, fils de Hutin.

Le dispositif porte que Robert *Desprets*, fils de Hutin, demeurant à Bruay-les-Béthune, est de bonnes mœurs, et que feu son père et lui ont rendu de grands services à leur souverain pendant les guerres, etc., etc.

(XIe registre des Chartes, folio 248).

18 NOVEMBRE 1450. — DE CLENCQUEMEUVE. — Lettres d'anoblissement (3) données à Lille pour Mathieu *de Clencqmeuve*, de Lille, et enregistrées le 9 juin suivant, moyennant finance de 24 livres

Le dispositif parle des bonnes mœurs et vertus dudit Mathieu, de ses services rendus dans plusieurs guerres et ledit extrait de bonnes gens et en loyal mariage.

(XIe registre des Chartes, folio 247).

---

(1) Il était né en 1420 et avait pour père Jean *de Le Batterie*, nommé abbé du monastère d'Anchin, près Douai, en 1414, mort en 1448, et pour mère Marie *de Casteler*.

(2) Il est aussi fait mention de ces lettres dans le registre de l'audience, B, 1684, folio 164.

(3) Ces lettres sont également rapportées dans le registre de l'audience, B, 1684, folio 159.

25 Novembre 1455, La Haye. — ARRY. — Anoblissement de Gérard sire *Arry*.

(Archives du département du Nord, registre de l'audience, B, 1686, folio 54).

9 Juillet 1456, La Haye (Hollande). — DE BEIFFROIMONT. — Erection en comté de la baronnie de Charny, en y annexant les terres de Mont-Saint-Jean, Monfort, Villène-les-Prévostez, Arnay et Pailly (toutes terres situées dans le bailliage d'Aupois), sous le nom de comté de Charny, en faveur de Pierre *de Beiffroimont* (Bauffremont), conseiller et chambellan du duc de Bourgogne, seigneur de la baronnie de Charny et de Molinot, pour récompense des grands services qu'il a rendus audit duc, dont il a épousé la fille naturelle, dame d'Arnoy et de Pailly.

(Archives du département du Nord, registre de l'audience, B, 1686, folio 74, verso).

18 Octobre 1457. — DU PRÉ. — Lettres d'anoblissement données à Guillemot et Jacot *du Pré*, frères, et enregistrées le 4 février 1457, sans finance.

Le dispositif nous apprend qu'ils étaient fils de Jean *du Pré*, demeurant en la châtellenie de Lille, et qu'ils furent anoblis sur la demande d'Adolf *de Cleves*, seigneur de Ravesteyn, neveu du duc de Bourgogne.

Armes : *D'argent, au chef d'azur chargé de 3 losanges d'or*. Cimier : un losange de l'écu, entre un vol à l'antique d'azur.

(XIIᵉ registre des Chartes, folio 172).

Septembre 1458. — DOYEN. — Lettres d'anoblissement données à Lille pour Pierre *Doyen*, conseiller du duc de Bourgogne, châtelain et receveur de Moncenis.

(Registre de l'audience, B, 1687, folio 57).

27 Septembre 1459, Vredière. — DU BOSQUIEL. — Lettres d'anoblissement données à Bruxelles pour Marguerite *Vredière*, veuve de feu Jean *du Bosquiel*, en son vivant bourgeois, marchand, de Lille, et pour ses deux filles. Ces lettres furent enregistrées le 12 octobre suivant, moyennant 200 lions d'or de 60 gros pièce.

Le dispositif nous apprend que son mari avait acheté de Jean *Crete*, bourgeois de Valenciennes, un fief de 10 bonniers de terre relevant de Henri *de Tenremonde*, et que, depuis son veuvage, elle avait acheté elle-même la seigneurie de Lesquin à Gérard *Thieulaine*, qui l'avait lui-même achetée, par proximité, de la vente que l'on avait faite des biens de feu Daniel *Thieulaine*, son frère, à un nommé Jean *Gantois*, et que Marguerite *Vredière* avait demandé ces lettres d'anoblissement (1) parce qu'on voulait la contraindre à payer le droit de nouvel acquêt, attendu qu'elle n'était pas noble.

Du Bosquiel porte : *D'azur au canton d'argent*. Cimier : Une licorne d'argent.

(XIIe registre des Chartes, folio 221).

6 Octobre 1459. — DE GEURY. — Lettres d'anoblissement (2) données à Bruxelles pour Jean *de Geury*, huissier d'armes du duc de Bourgogne, et enregistrées le 9 juillet 1470, sans finance.

Il expose que ses prédécesseurs étaient nobles, issus des seigneurs *de Geury*, en Bourgogne, qu'il était fils de Jean, « issu de prien *de Geury*, dont un nommé Chretien, qui suivit le port des armes, se maria dans nos marches de pardeçà et eut plusieurs enfants, parmi lesquels le tayon dudit suppliant, qu'ils avoient tous servi es guerres estats nobles, vivant noblement, sauf que ledit Jean avoit été quelque temps marchand de blé pour avoir de quoi mieux servier, ce que lui devoit préjudicier non plus qu'à d'autres, que néanmoins, pour excuser la despense de la vérification de la noblesse, il demandoit ledit anoblissement qui lui fut accordé sur l'appaisement que l'on avoit de la noblesse de ceux *de Geury*. »

Il y a des lettres de relèvement pour l'intérinement non fait du vivant de l'impétrant et de l'accordant.

(XIVe registre des Chartes, folio 63).

24 Juillet 1460. — VOLÉ. — Lettres d'anoblissement (3) données à Bruxelles pour Robert *Volé*, mayeur d'Aire, et enregistrées le 27 août 1461, moyennant finance de 410 livres.

---

(1) Ces lettres sont rapportées aussi dans le registre de l'audience, B, 1690, folio 2.

(2) Ces lettres sont également rapportées dans le registre de l'audience, B, 1690, folio 11.

(3) Ces lettres sont aussi rapportées dans les registres de l'audience, B, 1690, folio 3.

Le dispositif porte que ledit Robert est homme de bonnes mœurs, qu'il a rendu des services comme mayeur, « qu'il est extrait de notables et vaillans gens, etc. : les lettres n'ayant pas été enregistrées à la Chambre des comptes, du vivant dudit Robert, ses enfants obtinrent des lettres de relievement, le 29 mai 1461, et les firent ensuite enregistrer. »

ARMES : *D'argent à la bande de gueules accompagnée en chef d'un lion d'azur armé et lampassé de gueules.*

(XIIIe registre des Chartes, folio 39).

3 NOVEMBRE 1462, BRUXELLES. — D'AUBY. — Anoblissement de Jean *d'Auby*, bourgeois de Douai, enregistré le 9 novembre suivant, moyennant 40 livres d'Artois, de finance.

Le dispositif nous apprend qu'il était homme d'honneur et extrait de la plus ancienne et notable bourgeoisie de Douai.

(Archives du département du Nord, XIIIe registre des Chartes, folio 65).

FÉVRIER 1463. — D'OIŃGNIES. — Lettres d'anoblissement données à Lille pour Gilles *d'Oingnies* (demeurant à Oisy, comté d'Artois), et enregistrées le 3 avril 1463, moyennant finance de 50 francs de 16 « faisants 40 sols. »

Les lettres portent que le prince « avoit été adverty que ledit Gilles avoit épousé une gentil femme issue de noble lignée, fille de feu Gilles *de Saint-Hilaire*, écuyer, dont il avoit lignée et qu'il avoit fait des bons services en plusieurs voyages et autrement en la compagnie de feu noble mémoire, Philippe, jadis duc de Lothier et de Brabant, duquel ledit Gilles avoit été échanson, sans aucun deshonneste reproche et extrait de notables et vaillans gens selon que le prince avoit entendu ; il luy est permis et à ses enfans et descendans de prendre l'estat et dignité de chevalier tous les fois qu'il leur plaira. »

(XIIIe registre des Chartes, folio 171).

AVRIL 1464. — DORESMIEULX. — Lettres d'anoblissement données à Lille en faveur de Jean *Doresmieulx* (de Seclin), et enregistrées le 29 du même mois, moyennant finance de 20 francs de 16 sols.

Ledit *Doresmieulx* expose « qu'il est issu de notables et vaillans gens, que son père, Grégoire *Doresmieulx*, avoit épousé Marie *de Carnin*, qui étoit noble, qu'il s'étoit bien et honorablement conduict sans reproche et avoit même montré par effect le couraige d'un noble homme en plusieurs voyages, guerres et armées, tant en Flandres en la dernière guerre soubz et la compagnie du seigneur *de Bévère*, messire Antoine, bâtard de Bourgogne, comme au pays de Luxembourg, en Zélande, au lieu de Mildelbourg, es marches de Picardie, au couronnement de Monsieur le Roy, à Paris, et aultrement, en maintes manières, soubz plusieurs capitaines, ayant toujours été monté et habillé suffisamment comme homme d'armes à nul chevalier, dispendu du sien et en de grandes parties. Il lui est permis par le dispositif, ainsi qu'à ses enfans et descendans, de prendre l'estat et dignité de chevallerie, quand et toutes fois qu'il leur plaira et de quelque chevallier que bon leur semblera. »

ARMES : *D'or, à une tête de maure de sable, tortillée d'argent, accompagnée de 3 roses de gueules.*

(XIIIe registre des Chartes, folio 127).

MARS 1466. — LE PLOYER. — Lettres d'anoblissement données à Bruges pour Thierry *Le Ployer*, demeurant en la ville de Marville (Luxembourg), homme de honorable état, et extrait de bonne et notable génération.

(Registre de l'audience, B, 1692, folio 36).

OCTOBRE 1466. — DU CHAMP. — Lettres d'anoblissement données à Bruxelles pour Guyot *du Champ*, dit *Penice*, demeurant à Dôle, qui est homme de honorable état, extrait de bonne et notable génération.

(Registre de l'audience, B, 1691, folio 101).

18 OCTOBRE 1468. — DE MOPREY. — Lettres d'anoblissement données au Quesnoy pour Henri *de Moprey*, natif d'Allemagne, demeurant à Chassez, en Bourgogne, en récompense des services qu'il a rendus pendant les guerres au duc de Bourgogne, Charles-le-Téméraire, et à son père.

(Registre de l'audience, B, 1693, folio 43).

Janvier 1469. — DE NOSEROY. — Lettres d'anoblissement données à Gand pour Guillaume *de Noseroy*, conseiller du duc de Bourgogne, « en considération de ses grans sens, vertus et mérites. »

(Registre de l'audience, B, 1694, folio 6).

Mai 1469. — DE GOUY. — Lettres d'anoblissement(1) données à Saint-Omer pour Pierre *de Gouy* (natif d'Artois), et enregistrées le 16 du même mois, moyennant finance de 26 livres 12 sols.

Cet anoblissement lui est accordé « en considération des bons et agréables services faits au duc Charles et à son père, en plusieurs voyages et arrivées, et pour sa bonne et notable vie, renommée et conversation, étant issu de bonne et honneste lignée. »

Armes : *Burelé d'or et d'azur de 8 pièces.*

(XIIIe registre des Chartes, folio 270).

Décembre 1469. — LE MAIRE. — Lettres d'anoblissement données à Bruxelles pour Jean *Le Maire*, procureur-général du duc Charles-le-Téméraire dans les bailliages d'Autun et de Montcenis.

(Registre de l'audience, B, 1693, folio 111).

1470-1478 (date supposée). — DE CHAMERAY. — Lettres d'anoblissement pour Jean *de Chameray*, de Santes (Chambre des comptes de Dijon). (Le lieu et la date ne sont pas indiqués).

(Registre de l'audience, B, 1695, folio 13).

Juillet 1470. — MAIRE. — Lettres d'anoblissement données à Saint-Omer pour Pierre *Maire*, de Cassy-les-Forges, extrait de bonne et notable génération.

(Registre de l'audience, B, 1694, folio 42).

---

(1) Ces lettres sont aussi rapportées dans le registre de l'audience, B, 1693, folio 78.

6 Avril 1470. — DE PENIN. — Lettres d'anoblissement données à Amiens pour Wallerand *de Penin*, demeurant à Burleures-les-Lillers, et enregistrées le 3 juillet 1479, moyennant finance de 30 livres.

Le dispositif dit que cette faveur lui est accordée pour rénumération des services qu'il avait faits, en la présente guerre, en la compagnie de Saint-Venant, la compagnie du seigneur du Trond, et qu'il est issu de bonne et notable génération.

Armes : *D'azur, à 3 bandes d'argent.*

(XIVe registre des Chartes, folio 77).

1470-1473 (date supposée). — BERNARD. — Lettres d'anoblissement données pour Jacques *Bernard*, de Montcenis.

(Archives du département du Nord, registre de l'audience, B, 1694, folio 54).

Janvier 1472. — DE BROY. — Erection en comté de la terre de Chimay, par lettres données à Bruges en faveur de Philippe *de Broy*.

(XIVe registre des Chartes, folio 170).

3 Août 1472. — LE MERCHIER. — Lettres d'anoblissement données au camp d'Eu, en faveur de Jacques *Le Merchier*, et enregistrées le 7 avril 1472, moyennant finance de 20 florins.

Le dispositif contient que ledit anoblissement lui est accordé pour ses vertus et bonnes mœurs, qu'il était issu de bonne et notable famille, et qu'il a rendu des services, étant archer de corps du duc Philippe et du duc Charles.

Armes : *De gueules à 3 tours couvertes d'argent.*

(XIVe registre des Chartes, folio 127).

Mai 1473. — CLICQUET. — Lettres d'anoblissement données à Valenciennes pour Vincent *Clicquet* (1), archer de corps de feu le duc Philippe, et enregistrées le 7 juillet 1474, moyennant finance de 36 francs de 16 patars.

(1) Ses descendants, tout-à-fait tombés, existent encore à Douai et dans les environs, surtout à Waziers, où ils sont jardiniers.

Le dispositif nous apprend qu'il demeurait à Douai, étant de bonnes mœurs, extrait de bonne et notable génération, et qu'il avait rendu des services comme archer.

ARMES : *De gueules à 3 clefs de moines d'argent 2 et 1.*

(XIVe registre des Chartes, folio 151).

JUILLET 1473. — DU FLOS. — Lettres d'anoblissement données à Malines pour Jean *du Flos,* demeurant à Bernicourt-en-Artois, et enregistrées le 10 novembre 1474, moyennant finance de 32 livres.

Le dispositif nous fait connaître qu'il obtint cette faveur en récompense de ses vertus, bonnes mœurs et les grands et notables services qu'il avait rendus aux armées et autrement.

(XIVe registre des Chartes, folio 141).

14 NOVEMBRE 1473. — MARQUERON. — Lettres d'anoblissement données à Saint-Maximin-les-Trèves pour Huguenin *Marqueron,* de Poilly-en-Auxois (Chambre des comptes de Dijon).

(Registre de l'audience, B, 1695, folio 18).

JANVIER 1474. — ROHART. — Lettres d'anoblissement données au siége devant Nuits en faveur de Pierre *Rohart* dit *Beaufils,* demeurant à Sanghem-les-Ardres, et enregistrées le 2 juin 1475, moyennant finance de 50 livres.

Cet anoblissement lui fut accordé par ses vertus et bonnes mœurs et ses grands et notables services.

(XIVe registre des Chartes, folio 268).

15 FÉVRIER 1474, AU SIÉGE DEVANT NUITS. — DU BACQ. — Anoblissement pour Josse *du Bacq,* moyennant finance de 32 livres. On voit par le dispositif qu'il

demeurait à Lille, qu'il avait rendu de grands et notables services et était extrait de bonne et notable génération.

Armes : *Écartelé aux 1 et 4 d'or au sanglier de sable, aux 2 et 3 d'or à une aigle de sable.*

(Archives du département du Nord, registre de l'audience, B, 1695, folio 70, et XIVe registre des Chartes, folio 225).

Juin 1474. — VICHERY. — Lettres d'anoblissement données à Luxembourg pour Judes *Vichery*, ancien mayeur de la ville de Lens, et enregistrées le 12 septembre 1475, moyennant finance de 60 livres.

Le dispositif le dit de bonne vie et mœurs, parle de ses bons services pendant qu'il était mayeur de Lens et nous apprend qu'il était parent à plusieurs nobles hommes d'Artois, que sa femme appartenait à une famille noble et qu'il avait plusieurs enfants mâles (1).

Armes : *Fascé d'or et de sable de 6 pièces, les fasces de sable chargées de 6 coquilles d'argent 3, 2 et 1.*

(XIVe registre des Chartes, folio 165).

Février 1475. — VERRIER. — Lettres d'anoblissement données à Joigny pour Jean *Verrier*, de Fontenay-en-Voulge (Bourgogne).

(Registre de l'audience, B, 1698, folio 83).

Février 1475. — DE HEM. — Lettres d'anoblissement données à Orbe pour Jean *de Hem*, natif d'Avallon-en-Bourgogne.

(Registre de l'audience, B, 1698, folio 50).

Février 1475. — LE PARMENTIER. — Lettres d'anoblissement données à Bruges pour Pierre *Le Parmentier*, archer de corps du duc, et enregistrées le 1er juin 1476.

---

(1) Ces lettres sont rapportées également dans le registre de l'audience, B, 1695, folio 34.

Le dispositif nous fait savoir qu'il était fils aîné et légitime de feu Guillaume *Parmentier,* natif et demeurant à Noyon, comté de Saint-Pol, homme de bonne et notable génération qui avait rendu de bons et loyaux services.

ARMES : *D'azur à 3 épis de blé, chacun chargé de deux autres épis passés en sautoir, le tout d'or, et posés 2 et 1.* Cimier : Une tête et col d'aigle d'azur entre un vol d'or.

(XVe registre des Chartes, folio 133).

FÉVRIER 1472. — DENIS. — Lettres d'anoblissement données à Bruges pour Jean *Denis,* archer de corps.

Le dispositif nous apprend qu'il avait servi huit ans comme archer, fait preuve de vertus et vaillance. Il le dit fils aîné et légitime de feu Jacques *Denis* et né à Saint-Pol.

ARMES : *D'argent au lion de sable, armé et lampassé de gueules.*

(XVe registre des Chartes, folio 130).

MARS 1475. — LE RATTE. — Lettres d'anoblissement données à Bruges pour Jean *Le Ratte,* demeurant à Werchin (châtellenie de Lisbourg), et enregistrées le 30 septembre suivant, moyennant finance de 80 livres.

Ces lettres lui furent accordées parce qu'il était « de bonne vie et mœurs, qu'il était extrait de bonne et notable génération et en récompense des bons et agréables services que ses parents et amis avaient faits. »

(XVe registre des Chartes, folio 34).

AOUT 1475. — DE PARIS. — Lettres d'anoblissement données à Arras pour Martin *de Paris,* bourgeois d'Arras. On y trouve la mention qui suit « elle n'a encores esté intérinée. »

(Registre de l'audience, B, 1698, folio 14).

Décembre 1475. — DE LA HAYE. — Lettres d'anoblissement données à Malines en faveur de Jean *de La Haye* (1), demeurant à Hellebecque, paroisse de Fruges-en-Artois, et enregistrées le 20 décembre 1476, moyennant finance de 100 francs (2).

Le dispositif le dit : « homme d'honorable état et extrait de bonne et notable génération » et nous apprend que cette faveur lui est accordée pour les bons et agréables services qu'il a faits au feu duc défunt et au duc actuel pendant les guerres.

Armes : *D'argent au chevron de sable accompagné de 3 merlettes de même.*
Cimier : Une tête et col de cygne d'argent.

(XVe registre des Chartes, folio 89).

Octobre 1476. — DES GROUSILLIERS. — Lettres d'anoblissement données à Mildebourg pour Gilles *des Grousilliers*, et enregistrées le 15 novembre suivant, moyennant finance de 80 livres (3).

Le dispositif parle de ses vertus et bonnes mœurs, de ses bons et agréables services et nous apprend qu'il était né à Meugnac en la régale de Térouane. (*Alias* Mougnac.)

Armes : *Émanché de gueules et d'or de 14 pièces.*

(XVe registre des Chartes, folio 160).

Mai 1479. — ROGIERVILLE dit WICQ. — Lettres d'anoblissement données à Lille pour Guillaume *Rogierville*, dit *Wicq*, et enregistrées le 16 novembre suivant moyennant finance de 32 livres.

Nous voyons dans le dispositif « qu'il avait rendu de bons et agréables services, était homme d'honorable état, extrait de bonne et notable génération, qu'il avait servi le feu duc (aïeul de Marie), en la compagnie de messire Antoine de Bourgogne, et avait été aussi contrôleur des officiers de Flandres. »

(XVe registre des Chartes, folio 269).

---

(1) La terre d'Hezecques fut érigée en comté par Louis XIV, en juillet 1666, en faveur de Charles *de La Haye*, un de ses descendants.

(2) Il est fait mention de ces lettres dans le registre de l'audience, B, 1698, folio 34.

(3) Il est aussi fait mention de ces lettres dans le registre de l'audience, B, 1690, folio 75.

Février 1491. — LIÉVINS. — Lettres d'anoblissement données à Malines pour Nicolas *Liévins*, de Zélande, fils de Nicolas.

(Registre de l'audience, B, 1707, folio 28).

Mars 1498. — LE DUC. — Lettres d'anoblissement données à Bruxelles en faveur de Jean *Le Duc*, demeurant en la prévôté de Bastogne, en Luxembourg, descendant, du côté maternel, d'ancienne noblesse.

Registre de l'audience, B, 1710, folio 21).

Février 1499, Gand. — BERNARD. — Anoblissement pour Arnould *Bernard* (1), enregistré le 25 mai 1500, moyennant finance de 90 livres.

Arnould *Bernard*, d'Esquelmes, prétendait avoir obtenu des lettres d'anoblissement de Louis, roi de France, et refusait de payer le droit de nouvel acquêt pour des fiefs achetés dans la châtellenie de Lille.

Philippe d'Autriche, duc de Bourgogne, etc., etc., fait savoir qu'ayant reçu l'humble supplication d'Arnould *Bernard*, bourgeois de Tournai, « qui prétendoit avoir obtenu des lettres d'anoblissement du roi de France, et sachant que ledit Arnould est homme francq, de bonne vie, fame et renommé, sans aucun reproche, extrait de notables et vaillants gens, il lui accorde des lettres d'anoblissement. »

Armes : *De gueules à l'épée d'argent garnie d'or, la pointe en bas, posée en pal et accostée de 2 molettes d'éperon d'or.*

(Archives du département du Nord, registre de l'audience, B, 1711, folio 18. — XVIIe registre des Chartes, folio 92).

Octobre 1499. — RONVELLE. — Lettres d'anoblissement données à Gand pour Laurent *Ronvelle*, demeurant à Montmédy, dans le comté de Chiny, en récompense des services qu'il a rendus dans les armées sous Charles-le-Téméraire, le roi Maximilien et l'archiduc.

(Registre de l'audience, B, 1710, folio 59).

---

(1) Louis-François *Bernard* obtint de Louis XIV, en mai 1695, l'érection de sa terre de Bailleul en comté.

Mai 1500. — DE HAUSSY. — Lettres d'anoblissement (1) données à Lille pour Jean *de Haussy*, et enregistrées le 26 du même mois, moyennant finance de 22 livres.

Ces lettres nous apprennent qu'il était conseiller et receveur du domaine à Douai, qu'il avait porté auparavant les armes pendant 30 ans, sçavoir : au voyage d'Amiens, en état d'homme d'armes avec 6 chevaux, avec le grand-père du duc actuel, s'était trouvé devant Beauvais et Rouen, sous la charge du seigneur de Corency, et au voyage de Nuysse, sous le seigneur de Fienne, et depuis à la journée d'Arras, où il avait été fait prisonnier par les Français et mis à rançon de 1,000 francs, qu'il fut obligé pour les payer de vendre et charger ses héritages ; enfin, qu'il avait été huit ans receveur. Le dispositif contient qu'en considération de ce qu'il était homme de bonne vie et mœurs et de ses services, le prince lui accordait cet anoblissement.

ARMES : *De gueules au lion d'or armé et lampassé d'azur.*

(XVIIe registre des Chartes, folio 91).

NOVEMBRE 1500, BRUXELLES. — BERNARD. — Anoblissement pour Guillaume *Bernard*, natif d'Artois, en retour de ses bons et agréables services.

(Archives du département du Nord, registre de l'audience, B, 1711, folio 50).

NOVEMBRE 1500, BRUXELLES. — RENAULT. — Anoblissement pour Guillaume *Renault*, enregistré le 15 novembre 1501, moyennant finance de 50 livres.

Cet anoblissement lui fut octroyé pour récompense des bons services que lui et ses prédécesseurs ont faits, et les lettres nous apprennent qu'il était natif d'Artois et allié noblement.

(Archives du département du Nord, XVIIe registre des Chartes, folio 100).

JUIN 1501. — BRETON MOINDREDANS. — Lettres d'anoblissement (2) données à Bruxelles, en faveur de Jean *Breton Moindredans*, et enregistrées le 8 juillet suivant, moyennant finance de 100 francs.

---

(1) Ces lettres sont rapportées également dans le registre de l'audience, B, 1711, folio 18.

(2) Ces lettres sont aussi rapportées dans le registre de l'audience, B, 1712, folio 90.

— 142 —

Jean *Breton*, fils de Jean *Moindredans*, demande ces lettres pour pouvoir prendre possession de la terre de Briarre, fief noble, situé dans le comté de Bourgogne, que lui avait donné sa grande-tante Pernette *Viard*, et dont il pensait qu'on l'empêcherait de devenir propriétaire, s'il n'était noble.

Le dispositif contient que le prince le sachant « bien moriginé, de bonne vie et honneste conversation, il l'anoblit à charge de vivre noblement sans que lui ou autre de par lui se mêla de marchandises, négociations ou autres choses non permises aux nobles du comté de Bourgogne. »

(XVIIe registre des Chartes, folio 118).

Juin 1501, Bruxelles. — DE GILLY. — Ratification des lettres d'anoblissement conférées à Jean *de Gilly*, de Salins, par Maximilien, empereur des Romains, le 2 janvier 1494.

(Registre de l'audience, B, 1712, folio 63).

Juin 1501, Bruxelles. — DE BILLY. — Lettres de ratification de l'anoblissement de Jean *de Billy*, de Salins, anobli par Maximilien d'Autriche, empereur, le 2 janvier 1494.

(Registre de l'audience, B, 1712, folio 63).

Décembre 1501. — POINT. — Lettres d'anoblissement données à Tours pour Etienne *Point*, de Lons-le-Saulnier, à l'instante recommandation du prince d'Orange, lieutenant-général de Bourgogne.

(Registre de l'audience, B, 1713, folio 50).

Décembre 1501, Tours. — BRETIN. — Lettres d'anoblissement données pour Louis *Bretin*, de Lons-le-Saulnier, à cause de l'instante recommandation du prince d'Orange, lieutenant-général de Bourgogne.

(Registre de l'audience, B, 1712, folio 49).

Février 1503. — VIGOUREUX. — Lettres d'anoblissement données par Philippe-le-Beau, à Lille, pour Jean *Vigoureux*, de Salins, en considération de ses services.

(Registre de l'audience, B, 1715, folio 11).

Février 1503. — DE LE FLIE. — Lettres d'anoblissement données à Lille pour Michel *de Le Flie*, et enregistrées le 24 du même mois, moyennant finance de 90 livres.

Ces lettres nous apprennent qu'il était fils de maître Jean *de Le Flie*, licencié. èslois, « et étoit homme franc, de bonne vie, franc renommée et honnête conversation, selon le rapport de quelques officiers qui avoient instamment demandé pour lui ces dites lettres (1). »

Armes : *Fascé, contrefascé d'or et d'azur de 4 pièces.* Cimier : Deux demi-vols, à dextre fascé d'or et d'azur, à sénestre fascé d'azur et d'or, le tout de 4 pièces.

(XVIIe registre des Chartes, folio 228).

Février 1503. — CUISSEMENT. — Lettres d'anoblissement données à Lille, par Philippe-le-Beau, en faveur de Guyenet *Cuissement*, de Salins, en considération de ses services.

(Registre de l'audience, B, 1715, folio 12).

Mars 1503. — GRANT. — Lettres d'anoblissement données à Gand par Philippe-le-Beau, en faveur de Jean *Grant*, de Salins, « gardien du puits à grez de notre saulnerie dudit Salins. »

(Registre de l'audience, B, 1715, folio 16).

Aout 1505. — DE FRESNES. — Lettres d'anoblissement (2) données à Bruxelles pour Philippe *de Fresnes*, et enregistrées le 30 du même mois, moyennant finance de 30 francs.

---

(1) Ces lettres se trouvent aussi dans le registre de l'audience, B, 1715, folio 10.

(2) On trouve également ces lettres dans le registre de l'audience, B, 1716, folio 29.

— 144 —

Ces lettres lui furent accordées par l'archiduc Philippe, roi de Castille, etc.: « à cause de ses vertus, bonnes mœurs et pour les bons et agréables services qu'il a faits, dès sa jeunesse, à la guerre. »

(XVIIe registre des Chartes, folio 289).

Mars 1504. — DAVID. — Lettres d'anoblissement données à Bruxelles par Philippe-le-Beau pour Jean *David*, du comté de Bourgogne, extrait « de notables et vaillans gens. »

(Registre de l'audience, B, 1716, folio 23).

Aout 1505. — GHISELIN. — Lettres d'anoblissement (1) données à Bruxelles pour Charles *Ghiselin*, alias *Vliége*. Ces lettres de Maximilien Ier et de Charles, depuis Charles-Quint, furent enregistrées le 9 novembre de la même année, moyennant finance de 90 livres.

Le dispositif nous apprend que Charles *Vliége*, fils de Ghiselin *Vliége*, « a rendu de bons et loyaulx services en plusieurs guerres, en état d'homme d'armes, à grands frais, péril et danger de sa personne, qu'il s'est toujours bien honnêtement et vertueusement conduit et est issu de bons et notables parents, et pourveu de biens temporels pour entretenir honnête état. »

Armes : *D'azur à la croix d'argent, accompagnée de 4 mouches d'or qui sont celles de la famille Vliége.*

(XVIIIe registre des Chartes, folio 32).

Juillet 1505. — LE CHABLE. — Lettres d'anoblissement (2) données à Arnheim pour Roland *Le Chable*, receveur des aides d'Artois, et enregistrées le 26 novembre suivant.

Il obtint cette faveur pour les services qu'il a rendus dans l'exercice de sa charge et parce qu'il était homme d'honneur, extrait de bonne et notable génération.

(XVIIe registre des Chartes, folio 291).

---

(1) Ces lettres sont également dans le registre de l'audience, B, 1718, folio 23.

(2) Ces lettres sont aussi dans le registre de l'audience, B, 1716, folio 34.

Décembre 1505. — DE CANONNE. — Lettres d'anoblissement (1) données à Gand pour Nicolas *de Canonne* ou *Le Canonne*, et enregistrées, le 12 du même mois, moyennant finance de 20 livres.

Ces lettres nous apprennent « qu'il avoit servi son souverain en armes et aultrement, qu'il étoit de bonne vie, fame et renommée et extrait de notables et vaillans gens ; » son père, Jacques *Le Canonne*, avait servi le prince, en offices qu'ont coutume d'exercer les personnes notables.

Armes : *D'azur,* alias *de sable, à 3 roses d'argent.*

(XVIIe registre des Chartes, folio 293).

Avril 1507. — PYELLES dit DE MORBECQUE. — Lettres d'anoblissement données à Malines par Charles, archiduc d'Autriche, pour Jean *Pyelles* dit *de Morbecque*, extrait de notable génération.

(Registre de l'audience, B, 1718, folio 7).

Janvier 1512. — GOMMER. — Lettres d'anoblissement (2) données à Malines pour Jean *Gommer*, et enregistrées le 15 février suivant, moyennant finance de 100 philippes d'or de 25 florins.

Ces lettres furent accordées audit Jean *Gommer*, conseiller en la gouvernance de Lille, fils de feu Jacques, tant pour ses propres services que ceux de son père et ceux de feu son frère, Antoine *Gommer*, qui fit plusieurs voyages, guerres, et servit en état d'homme d'armes sous le duc Charles et périt même, à la journée de Béthune, au service de l'empereur Maximilien.

Armes : *De sable à la fasce d'or chargée de trois aiglettes de gueules et accompagnée de 13 billettes couchées d'or, 7 en chef, posées 4 et 3 ; 6 en pointe posées, 3, 2 et 1.*

(XVIIIe registre des Chartes, folio 164).

---

(1) On trouve également ces lettres rapportées dans le registre de l'audience, B, 1716, folio 52.

(2) On trouve aussi ces lettres dans le registre de l'audience, B, 1724, folio 3.

Juin 1512. — HUGHESZONE. — Lettres d'anoblissement données à Malines par Maximilien Ier, pour Liévin *Hugheszone*, de Zélande, en récompense de ses bons et louables services.

(Registre de l'audience, B, 1723, folio 40).

18 Novembre 1512. — LE FEBVRE. — Lettres (en latin) d'anoblissement données à Landaw, le 18 novembre 1512, par l'empereur Maximilien, pour Pierre *Le Febvre* et ses fils Philippe et Jean *Le Febvre*, originaires de Béthune.

Armes : *Coupé d'or et d'azur au griffon de l'un en l'autre, les pieds de derrière de lion, les pieds de devant d'aigle, lampassé de gueules, les ailes étendues et la queue relevée jusqu'à la partie supérieure de l'écu.*

(Manuscrit Palisot, tome I, folio 1, enregistrées au Ve registre aux commissions du conseil d'Artois, folio 530).

Aout 1515. — GANTHOIS. — Lettres d'anoblissement données à Heures, près de Louvain, pour Bertrand *Ganthois* (1), le 23 du même mois, moyennant finance de 100 philippes d'or de 25 florins.

Il obtint cette faveur en récompense des vertus, bonnes mœurs, honnête conduite et sur l'avis de plusieurs serviteurs du prince qui l'en avaient instamment requis.

Armes : *De gueules au chevron d'or.*

(XVIIIIe registre des Chartes, folio 29).

29 Octobre 1516. — VELASQUES. — Lettres d'anoblissement données à Bruxelles pour Bernardin *Velasques*, espagnol.

(Registre de l'audience, B, 1727, folio 115).

29 Octobre 1516. — LOPE DE PADILLA. — Lettres d'anoblissement données à Bruxelles pour Pierre *Lope de Padilla*, espagnol.

(Registre de l'audience, B, 1728, folio 5).

---

(1) Le nom de cette famille est *de Le Cambe* dit *Ganthois*.

Mai 1517. — DUMOULIN. — Lettres d'anoblissement (1) données à Bruxelles, pour Jacques *Dumoulin* ou *du Moulin*, et enregistrées le 16 juillet de la même année, moyennant finance de 50 philippes d'or.

Le sieur *du Moulin* nous apprend par sa requête qu'il est natif d'Artois, qu'il a servi le duc Charles de Bourgogne, comme homme d'armes dans sa jeunesse, depuis le siége de Saintron jusqu'au trépas dudit duc, et depuis, l'empereur s'est même trouvé à la journée de Guinegate ; qu'étant devenu vieux, il avait été quelques années lieutenant-général du seigneur d'Estrées, bailly de la ville d'Aire, qu'enfin il s'était retiré au village de Berghettes, vivant bien et honorablement ; qu'étant issu de noble lignée du côté maternel, il n'aurait pas été soumis à aucune taille, aide ou subside, que comme du côté paternel l'on pourrait ne pas le reconnaître pour noble et le priver des priviléges, prérogatives, etc., etc., des nobles, il demande pour ces raisons lesdites lettres.

(XVIIIIe registre des Chartes, folio 128).

Janvier 1518. — JACQUART. — Lettres d'anoblissement données à Saragosse pour Martin *Jacquart* dit *Gigot*. Ces lettres furent enregistrées, le 8 février 1519, moyennant finance de 24 livres.

Cette faveur lui fut accordée pour le récompenser des bons et loyaux services rendus en qualité d'homme d'armes sous la charge du comte de Nassau dans les guerres de France, Gueldres, Tholie, Frise, etc., pendant lesquelles il fut même plusieurs fois blessé et fait prisonnier. C'est le premier anoblissement où il est fait mention d'armoiries.

ARMES : *Ecartelé aux 1 et 4 d'azur à une épée d'argent posée en bande, emmanchée de sable, les pommeaux percés d'or ; aux 2 et 3 d'argent à une macle de gueules remplie d'argent.*

(XXe registre des Chartes, folio 40).

Janvier 1518. — DE CROY. — Erection en comté de la baronnie de Beaumont, par lettres données à Saragosse, au profit de Guillaume *de Croy*, chevalier de

---

(1) Ces lettres sont aussi enregistrées dans le registre de l'audience, B, 1728, folio 32. Dans ces lettres, il est appelé *Du Molin*.

l'ordre, marquis d'Arschot, seigneur de Chieuvres et dudit Beaumont, grand et premier chambellan du roi Charles de Castille.

Le dispositif dit que le comté comprendra les ville, terre, seigneurie de Beaumont, Fumainy, Renin, Rausse, auxquelles on joint celles du Val, de Therimont, de Bersillies, l'Abbaye, avec les bois de Martinpret et de Goulot.

(XXe registre des Chartes, folio 12).

15 Décembre 1518. — GODEMART. — Lettres d'anoblissement données à Wels par Maximilien Ier pour Jean *Godemart,* en retour des bons services que lui et ses ancêtres ont rendus à la maison d'Autriche.

Ces lettres furent enregistrées en 1626 du consentement des gens des comptes à Lille.

Armes : *D'azur, au chef d'or chargé d'une aigle de sable.*

(LIXe registre des Chartes, folio 18).

10 Avril 1521. — DE LA RIVIÈRE. — Lettres d'anoblissement données à Worms, en Allemagne, pour Jean *de La Rivière,* auquel on assigne pour armes : *D'or à 6 roses de gueules feuillées de sinople posées 3, 2 et 1.*

Philippe *de La Rivière,* écuyer, seigneur de Warmes, demeurant à Lille, ayant remontré que ledit Jean *de La Rivière,* son grand-père, qui avait obtenu ces lettres, et Jean, son père, s'étaient entretenus comme nobles, sans faire aucun acte de dérogeance ; que lui Philippe était allié noblement et jouissait des priviléges des nobles, qu'il était appelé avec eux aux assemblées du service de Sa Majesté ; qu'il avait été aux camps de Saint-Quentin et Ham, sous le seigneur de Tourcoing, lieutenant de la compagnie d'ordonnance du duc de Savoie, avait même assisté à la bataille de Saint-Quentin et La Fère ; puis, enfin, mayeur et rewart de la ville de Lille, il avait été choisi plusieurs fois comme commissaire au renouvellement de la loi de cette ville où, ayant une charge de capitaine de 500 à 600 bourgeois qu'il avait conservée 12 ans, il s'était alors opposé, pendant les troubles arrivés en 1566, avec ses parents qui étaient des principaux de Lille et autres, aux hérétiques qui prétendaient profaner les églises et briser les images ; qu'enfin, pour éviter les doutes que l'on pourrait avoir sur sa noblesse, il demandait des lettres de confirmation qui lui furent accordées à Madrid, le 5 mars 1588, enregistrées le 30 septembre suivant.

(XXXVIIIe registre des Chartes, folios 2 et 3).

Novembre 1523. — PICAVET. — Lettres d'anoblissement données à Malines pour Alard *Picavet*, et enregistrées le 22 décembre suivant, moyennant finance de 80 livres.

On voit dans les lettres qu'il demeurait à Aire et qu'il est autorisé à porter ses armes accoutumées, qui sont : *D'azur à deux haches adossées d'argent, emmanchées d'or.*

(XXe registre des Chartes, folio 144. — Registre de l'audience, B, 1734, folio 119).

Novembre 1523. — LE PREVOST. — Lettres d'anoblissement données à Malines pour Pierre *Le Prevost*, et enregistrées le 22 décembre suivant, moyennant finance de 80 livres.

Le dispositif nous apprend que Pierre *Le Prevost*, fils de Louis, était né à Béthune(1).

(XXe registre des Chartes, folio 143).

14 Février 1525. — LE PREVOST. — Lettres de confirmation de noblesse et de changement et augmentation d'armoiries données à Esseling pour Pierre *Le Prevost*, originaire de Quesnoy-le-Comte, en Hainaut, secrétaire d'Antoine *de Croy*, seigneur de Sempy, chevalier de la Toison-d'Or. Ces lettres furent enregistrées le 12 mars 1577 (2).

Armes : *D'argent à la fasce vivrée de sable, au chef d'argent, à l'aigle naissante de gueules, couronnée et becquée d'or et longuée de gueules.*

(XXXIIIe registre des Chartes, folio 78-79).

10 Février 1527, Tolède. — DE LANNOY. — Lettres patentes de Charles-Quint accordant « à son féal et très cher cousin, Charles *de Lannoy*, seigneur de Senzelles, et à sa postérité, tant garçons que filles, le titre de comte et comtesse du Saint-Empire et de Lannoy et, en cas que la postérité dudit Charles *de Lannoy* vienne à

---

(1) Le registre de l'audience, B, 1734, folio 118, contient également une copie de ces lettres.

(2) Le même Pierre *Le Prevost*, écuyer, seigneur de Soulesche ou Senlesche, mayeur d'Arras, fut fait chevalier par lettres données à Madrid le 17 juillet 1572, enregistrées le 12 mars 1577. Il fut depuis maître de la Chambre des comptes de Lille.

manquer et faillir, l'empereur accorde à tous et à un chacun de la maison *de Lannoy,* tant mâles que femelles, le titre de comte du Saint-Empire. »

Les lettres portent « A Charles *de Lannoy,* chevalier de mon ordre, grand écuyer de l'Empire et de nos royaumes d'Espagne, général de nos armées en Italie, vice-roy de Naples, etc., et ayant égard à l'ancienne noblesse de sa naissance, et plus particulièrement à cause qu'il a paru avec grand éclat à notre inauguration, et lorsque nous avons pris possession de nos royaumes d'Espagne, à Valladolid, où il a eu l'honneur de courir la lance avecq nous, avecq gronte adresse, de plus, parce qu'il at esté présent à la cérémonie de nostre mariage avec Madame l'Infante, Isabelle de Portugal; considérant aussi les bons et extraordinaires services qu'il nous a rendus dans la guerre que nous a suscitée François I**er**, de France en Italie et dans le duché de Milan, pendant laquelle il a fermé l'alliance que nous avons faicte avec notre saint Père le pape Adrien, avec Henri VIII, roi d'Angleterre, avec Ferdinand, archiduc d'Austriche, pour la conservation de nos Etats d'Italie, sur lequel il remporte, l'an 1525, devant Pavie, par la grâce de Dieu, la victoire, lorsque le roi de France fust pris par la valeur et bonne conduite du même Charles *de Lannoy,* qui le mena ensuite en notre ville de Madrid, d'où, suivant nos ordres, il conduit le Roi à Fontarabie, et de ce qu'il receut en ôtage le dauphin et le duc d'Orléans, ses deux fils, lesquels aussy il conduit en Espagne auprès du Roi, leur père. Davantage considérant sa vaillance en expérience, sa magnanimité et sa générosité en faict de guerre et les bons et fidels services que ses prédécesseurs nous ont rendus et aux nostres et particulièrement aux illustres ducqs de Bourgogne, dans les voyages et grands employs de guerre, tant par terre que par mer dans nos armées, et les faits mémorables et de grande prévoyance en divers états et emplois, lesquels méprisent leurs biens et leurs vies exposés à notre service. Enfin, ils se sont distingués dans les armées et dans leurs expéditions avecq tant de force, de vaillance et de fidélité qu'ils se sont acquis une si haute réputation qu'elle ne périra jamais.

» Scavoir faisons que eu égard à tout cela et voulant donner un témoignace considérable à nostre dit cousin Charles *de Lannoy,* par nostre pouvoir impérial et royal et la publique intervention de nostre Conseil d'Etat, nous avons créez et constituez ledit Charles *de Lannoy* et sa postérité, tant garçons que filles à l'infini, le titre de comte et comtesse du Saint-Empire et *de Lannoy,* et en cas que la postérité dudit Charles vienne à manquer et faillir, accordons à tous et à un chacun de la maison *de Lannoy,* tant masles que femelles, le tiltre de comte du Saint-Empire.

» (Mandées) aux juges, officiers et à tous nos sujets présents et futurs.

» Donné dans nostre ville de Tolède, le 10 février, l'an de Notre-Seigneur 1527, le septième de nostre Empire et de nos royaumes le onzième. »

Au bas est signé CAROLUS, avec le grand scel.

Collationné sur ledit titre trouvé dans les papiers de la maison mortuaire de feue noble dame Madame Anne-Thérèse *de Carondelet*, douairière de la Granville, fille de messire Antoine, chevalier, baron de Noyelles, et de dame Jeanne-Louise, née comtesse *de Lannoy*.

Certifié, le 22 janvier 1767, par l'abbé *de Carondelet* (1).

(AN. Carton B, cours et juridictions, Chambre des comptes, noblesse XVII° et XVIII° siècles, n° 2).

JUIN 1529. — LE BLANC. — Lettres d'anoblissement données à Bruxelles en faveur de Guillaume *Le Blanc*, conseiller et maître en la Chambre des comptes à Lille, et enregistrées le 21 du même mois, sans finance.

ARMES : *D'azur au chevron d'or, accompagné de 3 quinte feuilles aussi d'or.*

(XXI° registre des Chartes, folio 134).

JUILLET 1529. — DOMESSENT (2). Lettres d'anoblissement données à Gand pour Jean *Domessent,* et enregistrées le 4 août 1530, moyennant finance de 100 francs (3).

Il appuie sa demande en faisant valoir qu'il a servi le roi Philippe, sous le seigneur de Molemboix ; qu'étant marié, il a été rewart, mayeur et échevin de Lille; puis second lieutenant de la gouvernance de cette ville ; que son père a été premier lieutenant de ladite gouvernance pendant 28 à 30 ans, qu'il a eu sa maison et cense de La Haye, à Wavrin, démolie par les gens de guerre, et a exposé plusieurs fois sa vie pour tenir le peuple en obéissance pendant la minorité de l'empereur, sans avoir été récompensé de ses services ; que son grand-père, Louis *Domessent*, d'abord secrétaire ordinaire et greffier du grand conseil du bon duc Philippe, en 1437, a ensuite été nommé maître des comptes, à Lille, en 1448 ; que tous les trois ont tou-

---

(1) Communication de M. Henri Fremaux, membre de la commission historique du département du Nord, à Lille.

(2) Il était seigneur de Boisgrenier et laissa deux fils, morts sans postérité : 1° Jean, écuyer, seigneur de Boisgrenier, mort avant son frère; 2° Antoine, écuyer, seigneur de Boisgrenier et de Gontières, échevin, conseiller et pensionnaire de la ville de Lille, mort le 23 novembre 1598.

(3) Ces lettres se trouvent aussi dans le registre de l'audience, B, 1738, folio 97.

jours été tenus pour nobles ; mais, comme il pourrait arriver qu'on mît en doute sa noblesse, « il supplie l'empereur de le déclarer noble, d'ordonner de le laisser jouir du privilége de noblesse et, en tant que besoin serait l'anoblir sans finance. » Le dispositif dit qu'en faveur desdits services, lesdites lettres lui sont accordées.

ARMES : *De sable à la fasce ondée d'argent, accompagnée en chef de 3 merlettes de même, posées en fasce.*

(XXIe registre des Chartes, folio 167).

Avril 1532. — DE CROY. — Erection en marquisat de la baronnie de Renty, pour Philippe *de Croy,* duc d'Arschot, prince de Chimay, comte de Porceau et de Beaumont, baron de Renty, chevalier de la Toison-d'Or, conseiller, premier chef sur le fait des domaines et finances, lieutenant, gouverneur et capitaine général du comte de Hainaut, neveu et héritier de Guillaume *de Croy,* marquis d'Arschot.

A la baronnie de Renty sont jointes les terres de Couppèles, vieilles et nouvelles, qui, réunies, prendront la dénomination de marquisat de Renty.

(XXIIe registre des Chartes, folio 90).

FÉVRIER 1530. — PREUDHOMME. — Lettres d'anoblissement données à Bruxelles pour Pierre *Preudhomme,* et enregistrées le 6 février 1531, moyennant finance de 122 livres.

Ledit Pierre nous apprend qu'il était seigneur de Coisne, mayeur de Lille, qu'il avait servi pendant la guerre de Gueldre, avait été maître-d'hôtel du comte de Lalaing pendant 15 à 16 ans, que son père Jacques *Preudhomme,* homme d'armes du duc Charles, fait prisonnier à la journée de Nancy, avait été détenu un an, et paya 400 écus d'or de rançon, qu'il avait repris du service sous le seigneur de Fiennes, capitaine général de Douai, et après était devenu rewart et mayeur de Lille. Le dispositif dit qu'après information des suffisantes vertus dudit Pierre, le prince l'anoblit et lui confirme les armes que ses prédécesseurs avaient portées de tout temps (1).

ARMES : *De sinople à l'aigle d'or membrée de gueules ; timbré d'un col d'aigle d'or.*
Supports : Deux lions d'or.

(XXIIe registre des Chartes, folio 40).

---

(1) Dans le registre de l'audience, B, 1742, on trouve une copie de ces lettres, page 83.

Mai 1530. — THIÉBAULT. — Lettres d'anoblissement données à Malines par Charles V, pour Jean *Thiébault*, astrologue, natif de Rouen, qui s'est toujours bien conduit et gouverné.

(Registre de l'audience, B, 1741, folio 145).

Juin 1531. — LE ROULX. — Lettres d'anoblissement données à Gand pour Claude *Le Roulx*, et enregistrées le 18 juillet 1545, moyennant finance de 200 florins carolus d'or.

Claude *Le Roulx*, natif de Béthune, demeurant dans la châtellenie de Lille, expose qu'il a servi pendant les guerres, et même pendant la dernière guerre contre la France, en état d'homme d'armes ; que la moitié d'une maison qu'il possédait à Béthune avait été démolie et appliquée à la fortification de cette ville, qu'il est extrait de bons et honnêtes parents, etc., etc.

Armes : *Écartelé aux 1 et 4 d'argent à une fasce de gueules, accompagnée de 6 coquelets de sable, 3 en chef, 3 en pointe, membrés et crêtés de gueules, aux 2 et 3 d'or à la fasce de gueules, à la bordure engrêlée de même, sur le tout d'argent à 3 fleurs de lys de gueules, brisé en chef d'un lambel à trois pendants d'azur.*

(XXIVe registre des Chartes, folio 71. — Registre de l'audience, B, 1742, folio 125).

Octobre 1531. — NAYE. — Lettres d'anoblissement (1) données à Bruxelles pour Huttin *Naye*, et enregistrées, le 1er décembre suivant, moyennant finance de 80 carolus d'or.

Huttin *Naye*, né à Béthune dont il était premier échevin, expose que l'empereur Maximilien avait anobli Charles *Naye*, son père, pour le récompenser de ses services, et lui avait donné des armes ; qu'il était son fils légitime, mais que les lettres accordées par l'Empire n'étant pas reconnues au pays d'Artois, qui n'avait jamais été sujet de l'Empire, il se voyait forcé de demander d'autres lettres d'anoblissement.

Le dispositif nous apprend que, sur l'avis des élus d'Artois, chargés de s'informer de la qualité, vie et conversation dudit Huttin, qui le reconnaissent extrait de père homme de bien, riche et opulent et de mère noble, de bonne vie et honnête conversation, pourvu de biens suffisans pour vivre noblement, le prince, pour le récom-

---

(1) Ces lettres se trouvent aussi dans le registre de l'audience, B, 1742, folio 71.

penser de ses services et de ceux de son père, lui accorde ledit anoblissement ainsi que le droit de porter, lui et ses enfants, les armes concédées par l'empereur Maximilien.

(XXIIe registre des Chartes, folio 15).

Septembre 1532. — MEYRIA. — Lettres données à Bruxelles, par Charles-Quint, en faveur de Jean et Claude *Meyria*, à cause des grands et bons services rendus au prince d'Orange, par leur père, Pierre *Meyria*, châtelain de Chavennes, « qui étoit homme d'honneur et d'Estat, extrait de bonne et honneste génération. »

(Registre de l'audience, B, 1743, folio 69).

Mars 1533. — VAN DER MADE. — Lettres d'anoblissement données par Charles-Quint, à Bruxelles, pour Thierry *Van der Made*, de Wateringhe, en Hollande.

(Registre de l'audience, B, 1745, folio 92).

12 Octobre 1540. — DE LUXEMBOURG. — Erection en principauté des terres de Gavre et Sottinghien, par lettres données à Bruxelles, pour Françoise *de Luxembourg*, fille de Jacques, seigneur de Fiennes, Armentières, Sottinghien, etc., et veuve de Jean, comte d'*Egmont*, chevalier de la Toison-d'Or, mort le 19 avril 1528.

Gavre et Sottinghien, unis et annexés, continueront à relever du comté d'Alost, sous la dénomination de principauté de Gavre.

(XXIVe registre des Chartes, folio 44).

Novembre 1541. — DE VERET. — Lettres d'anoblissement données à Bruges pour Nicolas *de Veret*, résidant à Hersin, en Artois, et enregistrées le 1er décembre suivant, moyennant finance de 250 carolus de 20 sols.

Les lettres (1) mentionnent sa prudence, vertus, bonnes mœurs et honneste conduite, ses services à la guerre et les biens dont il est suffisamment pourvu pour vivre noblement.

(XXIIIe registre des Chartes, folio 147).

---

(1) Le registre de l'audience, B, 1752, folio 149, contient une copie de ces lettres.

23 Novembre 1549. — DU MORTIER. — Lettres de confirmation de noblesse et d'anoblissement en tant que besoin, données à Bruxelles pour Jean *du Mortier*. Il dut payer 500 florins.

Jean *du Mortier* remontre qu'il descend en ligne directe paternelle de Gossuin, Mahieu, Jérôme, Louis et Bruno *du Mortier* et, en ligne maternelle, de Jacques *de Le Lacherie*, qui ont tous vécu noblement, sans exercer art mécanique; que lesdits *du Mortier*, passé deux cents ans, ont été les uns capitaines et les autres maîtres d'hôtel et écuyers dans de grandes et anciennes maisons, ainsi qu'il le prouve par certificats, et dit qu'il se trouve en divers lieux plusieurs sépultures et épitaphes, démontrant sa dite noblesse et donnant ses anciennes armes, qui sont : *Echiqueté d'or et d'azur ; timbré d'un casque ouvert, ayant le bourlet dessus, lambrequins d'or et d'azur*, et pour cimier : *un héron issant entre un vol d'argent*. « Le dispositif dit que ces choses considérées et vues par ceux du conseil, le prince confirme, approuve lesdites armes et lui en fait nouvelle concession, en tant que besoin fut, voulant et octroyant que lui et ses enfants soient tenus pour nobles. »

(XXVe registre des Chartes, folio 42).

14 Octobre 1555. — HANGOUART. — Lettres d'anoblissement données à Bruxelles, en faveur de Guillaume *Hangouart* (1), et enregistrées, le 8 juillet 1556, moyennant finance de 550 florins.

Guillaume *Hangouart* fait valoir qu'il est fils de feu Guillaume *Hangouart*, président du Conseil provincial d'Artois, qu'il est extrait de bonne, notable et ancienne bourgeoisie de Lille, que ses ancêtres ont servi les souverains en divers états, que son grand-père, après avoir été homme d'armes, est devenu premier lieutenant du bailliage de Lille, etc., etc.

Armes : *De sable à l'aigle d'argent membrée d'or, timbrée sur le casque de deux cornes de bœuf de sable;* pour supports : Deux lions d'or.

(XXVIe registre des Chartes, folio 40).

(1) Ses descendants, créés baron d'Avelin, en 1664, comte d'Avelin en 1696, marquis du même lieu en 1703, s'éteignirent, sans laisser de postérité mâle, au commencement de ce siècle.

21 Décembre 1555. — DE LE CANDÈLE. — Lettres de chevalerie données à Bruxelles pour Maximilien *de Le Candèle*, écuyer, seigneur d'Herbomez d'Ernonval, et enregistrées le 12 septembre 1585.

Les lettres mentionnent les services qu'il a rendus pendant plusieurs années en qualité d'homme d'armes, ayant suivi l'empereur dans ses guerres de France, au siége de Péronne, Thérouane, de Gueldre, Clèves et qui, depuis, a été entremis en loi et assisté à la conduite de la république des villes de Tournai et Lille.

(XXXVIe registre des Chartes, folio 139).

Février 1560. — DE VILLERS. — Lettres d'anoblissement données à Tolède pour Roland *de Villers*, seigneur de Villers-ley-Leus ou Lens, en Artois, et enregistrées le 14 avril 1561, moyennant finance de 140 livres.

Le narratif nous apprend que, dans la guerre de Landrecies, il avait servi l'empereur, d'abord au château de Trélon, sous le seigneur de Warelles, bailly d'Avesnes, ensuite comme homme d'armes de la compagnie du seigneur de Bugnicourt, marquis du Guet-au-Camp, qu'il avait été prisonnier et eu de grandes pertes en ses chevaux et biens situés sur la frontière ; en considération de quoy le seigneur de Bugnicourt avait présenté une requête au Conseil d'Etat, afin qu'il fût anobli ; que cette requête n'aurait pas eu de suite ; que, depuis cette époque, il avait perdu tous ses biens meubles, fut contraint de se sauver, qu'ayant repris du service comme porteur de cornette de chevau-légers du capitaine Saint-Mortan, assista à la bataille de Gravelingues, où il prit le seigneur de Severpont, chevalier de l'ordre de France, gouverneur de Boulogne ; qu'en outre il était noble du côté maternel. Les lettres portent que lui et ses descendants pourront prendre l'état de chevalerie toutes les fois qu'il leur plaira et de quelque prince, seigneur et chevalier que bon leur semblera.

Le manuscrit aux bourgeois d'Arras, appartenant à M. *d'Hagerue*, propriétaire, demeurant au château de Lozinghien, page 952, lui donne pour armes : *D'argent, à la croix de gueules chargée de 5 étoiles d'or posées* 1, 3 *et* 4.

(XXVIIe registre des Chartes, folio 67).

23 Février 1561 *alias* 1562, Madrid. — GUYOT D'ARUD. — Anoblissement pour Jean *Guyot* et Jean *d'Arud*, frères, enregistré, le 6 octobre 1563, moyennant finance de 100 livres.

Lesdits *d'Arud*, frères, natifs de Setegny, en Bourgogne, font valoir qu'ils avaient plusieurs fois exposé leur vie et tous leurs biens pour le service du souverain, ainsi que pouvaient l'attester plusieurs grands personnages, sans avoir obtenu aucune récompense et étant pourvus de biens suffisants pour soutenir et s'entretenir convenablement en l'état de noblesse, demandent ces lettres, qui leur sont accordées pour cette considération et sur les instances de bons personnages.

ARMES : *D'azur à 2 dards d'argent ferrés d'or et posés en forme de chevron renversé, accompagné de 3 étoiles aussi d'or, timbré d'un casque de joûte fermé d'argent, les bourlets et lambrequins d'or, d'argent et d'azur*, et pour cimier : Un d'extrochère habillé d'argent, revestu d'azur, un dard en la main.

(Archives du département du Nord, XXVIIIe registre des Chartes, folio 62).

1562, BRUXELLES. — LE VASSEUR. — Erection en fief et justice vicomtière de la terre et seigneurie de Houches (tenue du château de Béthune), au profit de Barthélémy *Le Vasseur*, seigneur de Verquigneul.

(XXVIIIe registre des Chartes, folio 125).

29 MARS 1564. — LE VASSEUR. — Lettres d'anoblissement données à Madrid, par Philippe II, pour Barthélémy *Le Vasseur*, Guillaume *Le Vasseur*, frères, et Jacques *Le Vasseur*, leur oncle, qui avaient été anoblis par l'empereur, à Bruxelles, le 7 décembre 1547, *alias* 10 décembre 1541.

Ces lettres furent enregistrées sans finance le 6 juillet 1565.

Lesdits Barthélémy *Le Vasseur*, seigneur de Werquigneul, conseiller et receveur-général des ordres d'Artois, et Guillaume *Le Vasseur*, seigneur de Valhuon, son frère, résidant en Artois, exposent que l'empereur les avait anoblis, avec leur oncle Jacques *Le Vasseur*, pour les services qu'ils ont rendus à Sa Majesté en toutes ses guerres et armées, tant en état de gens de guerre que de commissaires des vivres ; que ledit Guillaume avait été lieutenant-général, dix à vingt ans, sous le sieur *de Vaux* ; se doutant qu'ils seraient empêchés aux pays d'Artois en la jouissance des prééminences et autorité de noblesse, nonobstant que lesdites lettres avaient été dépêchées du vivant de Sa Majesté impériale, pour ce demandent ratification, agréation et homologation, etc. Le dispositif les anoblit simplement avec accord desdites armoiries.

ARMES : *De gueules, à trois fasces ondées d'argent, au lion rampant de même, armé et lampassé d'or, brochant sur le tout, timbré d'un casque ouvert, bourlets et hache-*

ments d'argent et de gueules, et pour cimier : Entre deux ailes de gueules, un bras d'homme au naturel jusqu'au coude et habillé d'une manchette d'argent, tenant en la main un cimeterre ou épée turque.

(XXVIIIe registre des Chartes, folio 184).

13 Juillet 1564. — DU BOSQUIEL. — Lettres d'anoblissement données à Madrid pour Jacques *du Bosquiel* (1), seigneur de Lobes, président et maître en la Chambre des comptes de Lille, et enregistrées le 19 octobre suivant.

Il remontre que, dès l'âge de 21 ans, il était entré au service de l'empereur, et ne l'a pas quitté depuis 32 à 33 ans ; qu'il est actuellement pourvu de la charge de président à la Chambre des comptes de Lille ; que Hugues *du Bosquiel*, son père, a servi pendant 19 ans, tant comme greffier que comme auditeur en ladite Chambre ; que Hugues *du Bosquiel*, son grand-père, a été plusieurs années mayeur et échevin de Lille ; que chacun d'eux ont vécu noblement et se sont alliés à des demoiselles nobles et que ses autres prédécesseurs ont toujours pris femmes dans les familles nobles, notables et de l'ancienne bourgeoisie de Lille.

Il demande qu'on lui accorde pour armoiries celles que ses prédécesseurs avaient anciennement portées, qui sont : *D'azur à un canton d'argent*, lui permettant de mettre sur le tout celle de la famille de *Fief*, dont il dit descendre du côté maternel, qui sont : *D'argent, à 5 fusées de gueules posées en pal*. Ce qui lui fut accordé. Cimier : Une licorne issante d'argent.

(XXVIIIe registre des Chartes, folio 131).

8 Janvier 1573. — CUVILLON. — Sentence de noblesse du bailliage ou plutôt de la gouvernance de Lille, en faveur de maître Baude (Bauduin) *Cuvillon*, seigneur du Molinel, à Lomme, lieutenant de la gouvernance de Lille, puis conseiller du Roi et maître de la Chambre des comptes de Lille (2).

---

(1) Le prévôt de Montauban dit qu'il mourut sans avoir été marié.

(2) Il était fils d'Allard et d'Anne *Muyssart* et avait épousé Jeanne *de Couronble*, fille de Wallerand, docteur en médecine, dont Pierre *Cuvillon*, avocat, auteur des *Cuvillon*, qui achetèrent, en 1643, la seigneurie de Roncq au prince de Chimay.

Son cousin Jacques *Cuvillon* (1), seigneur du Fermont, homme d'armes sous le marquis de Bergues, obtint une sentence de noblesse à l'élection d'Artois, le 11 juillet 1587.

(Bibliothèque de la ville de Lille, manuscrit n° 295, tome III de la 1re série).

1er Mars 1579. — DE MELUN. — Erection en marquisat de la terre et seigneurie de Roubaix, par lettres données à Madrid pour Robert *de Melun*, vicomte de Gand, seigneur dudit Roubaix, dont le père, prince d'Epinoy, seigneur d'Antoing, avait été tué à Talmar. Ces lettres expédiées de Madrid, avec charge d'enregistrement en dedans deux ans et demi n'ont été enregistrées que le 23 janvier 1601, en vertu de confirmation de ces dites patentes de marquisat accordée par les archiducs, le 6 avril 1600, en faveur de Lamoral, comte *de Ligne* et de Fauquemberghe. Robert *de Melun* obtint en échange le titre de marquis de Richebourg (2). La bannière de Roubaix est : *D'hermines, au chef de gueules.*

(XLIIe registre des Chartes, folio 109).

Septembre 1579, Saint-Laurent-le-Royal. — DE BASSECOURT. — Anoblissement pour Pierre et Charles *de Bassecourt*, frères, signé à Lisbonne, en novembre 1581, et enregistré le 12 août 1583, moyennant finance de 500 florins, dont 300 à la charge des enfants de Pierre et 200 à la charge des enfants de Charles (3).

Lesdits *de Bassecourt* exposent que, dès leur jeunesse, ils sont au service de l'Empereur et du Roi et ont fait toutes les guerres de France depuis 50 ans. Ledit Pierre, en état d'homme d'armes, fut présent à la prise de Saint-Pol avec ses deux frères aînés qui y furent tués, puis à la ville de Louvain, au repoussement de Martin *Van Rossen*, et après avoir suivi Sa Majesté impériale, monté de 4 bons chevaux à ses dépens, lorsque le roi François se retira du château Cambrésis, de là au secours de Renty, ensuite à la journée de Saint-Laurent, à la suite du comte d'Egmont, depuis lieutenant de 200 chevau-légers lancés, sous le seigneur de Villerval, qu'il quitta

---

(1) La postérité de Jacques *Cuvillon*, seigneur du Fermont, existait encore à Carvin en 1850.

(2) Voir Le Roux, page 52.

(3) Ces lettres furent aussi enregistrées aux archives de la ville de Lille, registre verd, folio 139, verso.

l'année de la Trève et assista enfin à la journée de Gravelines aussi à ses frais. Ledit Charles, dès l'âge de 16 à 18 ans, fit les guerres d'Italie et de Piémont, à pied et à cheval, en état d'homme d'armes, sous le comte de Rœux, seigneur de Bugnicourt et autres, fut présent au camp devant Thérouane comme prévôt général de l'armée, charge tenue pour très honorable, devint ensuite bailli d'Orchies, office qu'il céda à Robert *de Bassecourt*, son fils aîné, qui avoit aussi servi une douzaine d'années comme homme d'armes sous le seigneur de Montigny, tant au secours que mena le comte d'Aremberge en France, qu'au repoussement du prince d'Orange à son premier voyage de Maestricht, ayant aussi 2 frères maisnés archiers du corps du Roi. Claude, fils de Pierre, au service depuis 30 ans, tant sous le marquis de Renty que le seigneur d'Ochimont, gouverneur de Bapaumes, en qualité d'homme d'armes s'étoit trouvé en toutes les rencontres contre les François et servoit encore sous le marquis de Roubaix en état de lieutenant du bailliage d'Hesdin ; que ledit Claude avait aussi deux fils servans sous ledit marquis, qu'enfin lesdits deux frères Pierre et Charles *de Bassecourt*, ainsi que leurs enfants et neveux, s'étoient toujours bien acquittés sans avoir été récompensés, mais dépensé une bonne partie de leur patrimoine, qu'ils s'étoient toujours conduits en gentils-hommes, que leurs fils ainés étoient alliés à gentil-femmes de nom et d'armes, et avoient raisonnable moyen de vivre et que ce nonobstant on les vouloit contraindre de payer tailles comme des roturiers, ce qui les obligeoit à demander d'être reçus au nombre des gentils-hommes. Leur demande leur fut accordée en considération de l'exposé ci-dessus et sur l'avis de quelques principaux ministres.

ARMES : *D'azur à la bande d'argent, chargée de 3 sautoirs écotés et alaisés de gueules, casque ouvert, timbré d'un bras au naturel tenant une épée d'armes garnie d'argent, la lame d'azur.*

(Archives du département du Nord, XXXVe registre des Chartes, folio 171).

7 SEPTEMBRE 1579. — DE BOURNONVILLE. — Erection en comté de la ville d'Hénin-Liétard, avec adjonction de la baillie et fief de Gouy-Servain, pour Oudart *de Bournonville*, chevalier, baron de Barlin et Houllefort, seigneur de Capres, Division, Ranchicourt, Tournes, Bondas, du Maisnil, gentilhomme de la bouche de Sa Majesté, chef d'une bande d'hommes d'armes, gouverneur et capitaine des ville et cité d'Arras, et capitaine d'une compagnie de chevau-légers.

Les lettres patentes furent dépêchées de Saint-Laurent-le-Royal et seulement signées par le Roi, à Lisbonne, le 19 mai 1582.

(XXXVe registre des Chartes, folio 149).

3 Novembre 1581. — DE MONTMORENCY. — Lettres de chevalerie données à Lisbonne pour Nicolas-Maximilien *de Montmorency*, seigneur de Vendegies. Elles furent signées le 8 du même mois et enregistrées le dernier juillet 1583. Nicolas *de Montmorency*, alors gentilhomme de la bouche du roi d'Espagne Philippe II, devint en 1611 chef des finances des archiducs, conseiller de leur Conseil d'Etat et plusieurs fois commissaire au renouvellement des lois en Flandres. Il mourut, le 16 mai 1617, sans laisser de postérité d'Anne *de Croy*, dame de Bermeraing et de Pamèle.

(XXXVIe registre des Chartes, folio 126).

19 Mai 1582. — PAYEN. — Lettres de ratification de noblesse et d'anoblissement en tant que besoin (1) données à Lisbonne pour Pierre *Payen*, avocat fiscal au Conseil d'Artois, seigneur de Bellacourt et Hautecloque, et à son fils, Paris *Payen*, seigneur d'Ecoivre. Elles furent enregistrées le 23 août 1582. Ledit Pierre *Payen* remontra qu'il était issu de bon et honorable parentage ; que ses père, grand-père et bisaïeul, natifs d'Arras, avaient vécu en bonne réputation et que eux ni lui n'avaient jamais exercé aucun stil ni art mécanique, mais que, depuis 20 ans, il était avocat fiscal et employé en plusieurs charges notables par les gouverneurs de par-deçà; qu'il avait rendu de bons services ; que son fils Paris *Payen*, seigneur d'Ecoivre, était élu et juge de fait de la noblesse audit Artois, et enfin que bien que lui et son fils se pouvaient tenir pour nobles, tant à raison desdits états qu'autrement, et qu'ils jouissaient de plusieurs priviléges attribués aux nobles, et que leurs prédécesseurs, passé 150 ans, se sentant descendus de noble génération, avaient porté armoiries, pour éviter la difficulté de preuves, causée par les changemens et guerres depuis 100 à 120 ans, il priait Sa Majesté de lui accorder ratification de ladite noblesse et, en tant que besoin, serait l'anoblir de nouveau ; ce qui lui fut accordé en considération des choses devant dites, des moyens qu'il avait pour vivre noblement et par l'intercession de certains personnages, ses alliés.

Armes : *D'or à l'aigle de sinople membrée et becquée de gueules, au franc canton de gueules, chargé de 3 bandes de vair, casque ouvert, bourlet et lambrequins d'or et de sinople.* Cimier : Un cigne naissant d'argent becqué de gueules.

(XXXVe registre des Chartes, folio 144).

(1) Ces lettres furent aussi enregistrées à Arras, registre de l'élection, de 1575 à 1587, folio 252.

19 Mai 1582. — PAYEN. — Lettres d'anoblissement (1) données à Lisbonne pour Pontus *Payen,* seigneur des Essars, et enregistrées le 12 décembre 1607, moyennant finance de 120 livres d'Artois.

Pontus *Payen,* demeurant à Arras, expose que lui et ses prédécesseurs ont toujours vécu en bonne réputation depuis plus de 150 ans, sans avoir jamais exercé aucun stil ni art mécanique, qu'ils portent des armoiries, mais que, pour éviter de faire la preuve de leur noblesse, ce qui lui serait très difficile à cause des guerres qui, depuis 100 ou 80 ans, désolent le comté d'Artois, il prie le souverain de ratifier sa noblesse et en tant que besoin serait de l'anoblir de nouveau.

Armes : *D'or à l'aigle de sinople membrée et becquée de gueules ; au franc canton de gueules, chargé de 3 bandes de vair, casque ouvert ; lambrequins et bourlet d'or et de sinople.* Cimier : Un cigne naissant d'argent becqué de gueules.

(XLVe registre des Chartes, folio 293).

19 Mai 1582. — DE GAND. — Erection en comté, par lettres données à Lisbonne, de la terre d'Ysenghien, située dans la châtellenie de Courtray, avec adjonction des terres de Belleghem et Herdèche, pour Maximilien *de Gand* dit *Vilain,* baron de Rassenghien, franc seigneur de Saint-Jans-Steene, seigneur de Calcken, etc., du Conseil d'Etat, chef des finances, gouverneur de Lille, Douai et Orchies.

(XXXVe registre des Chartes, folio 127).

10 Juin 1582. — SARAZIN. — Lettres de chevalerie (2) données à Lisbonne pour Chrétien *Sarazin.*

Chrétien *Sarazin,* seigneur d'Alennes, dont l'aïeul et le père étaient reconnus pour nobles, obtint cette faveur du souverain pour les grands services qu'il avait rendus au siége de Navarin, en Morée ; depuis, sous la charge de Marcel Doria, il alla à la rencontre de l'armée turque, fut présent à la prise de Thimen, en Barbarie, avec don Jean d'Autriche, et se rendit devant Cambrai et au siége de Tournai, avec 4 chevaux entretenus à ses frais ; enfin, pendant les troubles d'Artois, il avait tou-

---

(1) Ces lettres furent aussi enregistrées à Arras, au registre de l'élection, de 1613 à 1639, folio 62.

(2) Ces lettres furent aussi enregistrées à Arras, registre de l'élection d'Artois, de 1575 à 1587, folio 192.

jours tenu le parti du Roi qu'il servait encore en qualité de capitaine d'une compagnie bourgeoise de la ville d'Arras.

ARMES : *D'hermines à la bande losangée d'azur ; casque d'argent grillé et liseré d'or.*
Cimier : Un sarazin tenant un cimeterre en sa main droite.

(XXXVIe registre des Chartes, folio 61).

10 DÉCEMBRE 1582. — GODART. — Lettres d'anoblissement données à Tournai pour Louis *Godart,* natif d'Ivoir-en-Luxembourg, qui a subi de grandes pertes dans ses biens, pendant les guerres de France, et dont le père s'est toujours employé au service de feu l'empereur Charles-Quint.

(XXXIIIe registre de l'audience, B, 1783, folio 30).

31 OCTOBRE 1583. — FRANEAU. — Lettres de chevalerie données à Madrid pour Philippe *Franeau,* seigneur de Hyon, de l'Arbre et d'Attne, prévôt de la ville de Mons. Elles furent enregistrées le 30 août 1586 (1).

Il est question dans ces lettres des services qu'il a rendus pendant 18 ans, soit comme receveur-général des aides en Hainaut, soit comme premier échevin de Mons, ou comme « trésorier-général des guerres de par-deçà, » ayant plusieurs fois, pendant ces dernières fonctions, levé des sommes notables en son nom, pour Sa Majesté, ayant aussi, comme député, contribué à la réconciliation des provinces wallonnes et, en dernier lieu, en trouvant moyen d'entrer dans Landrecies, occupée par les rebelles, et de calmer les soldats, prêts à se mutiner, en leur payant de son argent trois mois de solde.

ARMES : *De gueules à une licorne assise d'argent, sur une terrasse de sinople.*
Cimier : Une licorne issante d'argent.

(XXXVIIe registre des Chartes, folio 42).

---

(1) Elles sont imprimées *in extenso* dans Poplimont (Belg. Herald, LV, 311).

18 Mai 1585. — DE BEAUFFREMEZ. — Sentence de noblesse de la gouvernance de Lille, en faveur d'Henri *de Beauffremez* (1), seigneur de Herlies (lisez : seigneur de Ribaucourt à Herlies).

Nous rapportons ici les termes de cette sentence.

« Touchant Henry *de Beauffremez*, seigneur d'Herlies, demandeur par requeste
» contre les officiers fiscaulx de Sa Majesté à ce siége.

« Sçavoir faisons que veu la teneur de la dicte requeste, enqueste, tiltre, munie-
» mens et productions facte de la part dud impétrant, et considéré tout ce que faict
» à considérer et mouvoir prult : Nous, par notre sentence, déffinitive jugement, et
» pour droit ordonnons que esdictes de décret, la dicte qualité d'escuier sera aud
» impétrant atribuée, mise et adjoutée. Jugié comme dessus (le XVIII de mai 1585,
» archives municipales de Lille, registre de la gouvernance intitulé : Quieraux
» dictons des sentences rendues depuis le jeudi XXVIe jour d'avril Xe soixante-
» douze. »

1585. — DE CAMBRY. — Jaspart *de Cambry*, fils de feu Gabriel, fut déchargé du droit de nouvel acquêt, pour deux fiefs situés à Boisieux, relevant de la baronnie de Cysoing : l'un appelé le fief du Bus, l'autre innommé, par sentence du Conseil privé du roi d'Espagne, parce que son grand-père avait été créé chevalier ; cela concorde avec la mention qui se trouve dans le recueil manuscrit de *Creteau*, roi d'armes (bibliothèque de Tournai, manuscrit 221), qui rapporte que Guillaume *de Cambry* a été fait chevalier en 1545 de la main de l'empereur Charles-Quint.

(Archives départementales du Nord. Comptes de Jehan de Warenghien, des nouveaux acquetz, levez ès villes et chastellenies de Lille, Douai et Orchies, ès années 1585, 1586, 1587, folio 311).

18 Aout 1585. — OBERT. — Sentence de l'élection d'Artois rendue, pour Wallerand *Obert* (2), écuyer, seigneur de Gaudiempré, Grevillers, conseiller de Sa Majesté,

---

(1) Sa fille, Catherine *de Beauffremez*, épousa, le 21 octobre 1589, Olivier *de Bacquehem*, écuyer, seigneur du haut et bas Liez (à Ribaucourt), Pont-à-Beuvry, Le Sanch, etc. (Bibliothèque de Lille, manuscrit n° 295).

(2) Cette sentence se trouve aussi dans le manuscrit de Palisot de Beauvois, tome Ier, page 57, manuscrit appartenant à M. du Hays, propriétaire à Montéventé (Pas-de-Calais), et fut enregistrée à Arras, registre de l'élection d'Artois, de 1587 à 1595, page 23 verso.

procureur-général en la province d'Artois, le déclarant noble et exempt de nouvel acquêt, tant pour la terre de Gaudiempré que pour l'achat d'autres fiefs nobles.

ARMES : *D'azur, au chevron d'or, accompagné de 3 chandeliers de même.*

(Archives de la ville de Lille, registre Dauphin, folio 25 verso) (1).

20 SEPTEMBRE 1585. — BLONDEL. — Erection en baronnie de la terre et seigneurie de Cuinchy-le-Prévôt par lettres données à Monçon, en Aragon, en faveur d'Antoine *Blondel*, seigneur de Monchicourt, Sanssoy, Werquineul.

Les lettres portent que feu Jacques *Blondel*, père d'Antoine, seigneur de Cuinchy-le-Prévôt et Cuinchy-le-Bauduin, a rendu de grands et loyaux services sous l'empereur, a été commissaire des monstres de gendarmerie à pied et à cheval, puis gouverneur de Tournai et du Tournaisie jusqu'à l'âge de 70 ans, et s'est comporté fidèlement, ainsi que ses deux frères, jusqu'à son trépas ; que ledit Antoine, suivant l'exemple de son père et de ses oncles, a fait les guerres d'Italie, a été au dernier secours à l'île de Malte, etc.

On voit que la terre de Cuinchy-le-Prévôt, appelée vulgairement le grand Cuinchy, contenait château, forteresse, jardinages, prairies, bosqueaux, cyngles, basse-cour, avec plusieurs édifices, arbres croissans tant en drève qu'autrement et 220 mesures de terre à labour, tenue et mouvante en seigneurie vicomtière de la terre et seigneurie de Lambre, bailliage d'Oisy, au pays et comté d'Artois.

(XXXI° registre des Chartes, folio 70. — Manuscrit Palisot de Beauvois, tome I, folio 63).

13 DÉCEMBRE 1585. — DU MORTIER. — Sentence de noblesse de la gouvernance de Lille, en faveur de Louis, Jean et Henri *du Mortier* (2), tous trois fils de feu Jérôme, licencié ès lois.

Archives municipales, registre de la gouvernance de Lille intitulé : Quieraux dictons des sentences rendues depuis le 26° jour d'avril 1572.

(1) Le Roux, recueil de la noblesse de Bourgogne, Limbourg, etc., page 66, dit que Wallerand *Obert* a été anobli par lettres données à Madrid le 31 octobre 1583.

(2) Leur oncle Jean *du Mortier*, seigneur de Layens, frère de Jérôme, avait obtenu de l'empereur Charles-Quint des lettres de reconnaissance de noblesse le 23 novembre 1549. Voir ci-devant page 155.

7 Février 1587, Madrid. — BRANDT. — Anoblissement de Jean *Brandt*, licencié en droit, de la ville de Saint-Omer, enregistré le 13 décembre 1590, moyennant finance de 300 florins (1).

Le Roi l'anoblit, lui et ses enfants nés et à naître en loyal mariage, leur permettant de prendre et accepter l'état et ordre de chevalerie toutes et quantes fois et de quel seigneur que bon leur semblera.

Armes : *D'azur à trois flammes d'or ombrées de gueules.* Cimier : Un chien assis d'argent.

(Registre de l'élection d'Artois, de 1746 à 1758, folio 367. — XXXVIIIe registre des Chartes, folio 192)

29 Avril 1588. — SEGON. — Lettres d'anoblissement données à l'Escurial pour Hugues *Segon*, seigneur de Guyonval, et enregistrées le 17 juillet 1589, moyennant finance de 200 florins.

Hugues *Segon* expose qu'il a été plusieurs fois échevin de Béthune, que Noël *Segon*, seigneur du Hamel, son grand-père, Jean *Segon*, seigneur de Senenboone, son père, Toussaint *Segon*, seigneur du Hamel, son oncle, Etienne *Segon*, son cousin-germain, et plusieurs autres de sa famille, ont toujours vécu honorablement de leurs biens, que son frère, Louis *Segon*, est mort des suites d'une blessure reçue au siège de Maestrich.

Armes : *De gueules à 3 croix ancrées d'argent, casque ouvert, lambrequins, bourlet d'argent et de gueules.* Cimier : Un griffon naissant d'or, lampassé de gueules.

(XXXVIIIe registre des Chartes, folio 83).

12 Mai 1588. — RUFFAULT. — Sentence du Conseil privé en faveur d'Antoinette *Ruffault*, qui avait été taxée, en 1586, à la somme de 500 florins 11 sols pour droit de nouvel acquêt pour le fief des Masures situé à Bousbecq, tenu de la seigneurie d'Halluin, consistant en 110 rasières 3 havots et 2 pintes d'orge, 1 chapon et demi et 13 sols 3 deniers de rentes annuelles acquis en 1508 par Jean *Ruffault*, son aïeul. Elle

---

(1) Enregistrées d'après jugement du 29 janvier 1756, obtenu par Alexandre-François-Ignace *de Brandt*, écuyer seigneur de Marconne, Galametz, Ecoivres.

fut déchargée de ce droit par cette sentence, à cause de son grand-père, Jean *Ruffault*, trésorier, qui avait été créé chevalier en 1520 (1).

ARMES : *D'or à 3 coqs basilics de sable membrés et armés de gueules.*

(Bibliothèque de la ville de Lille, manuscrit n° 129, histoire).

26 AOUT 1588, PRAGUE. — BOLOGNE. — Anoblissement par l'empereur Rodolphe II de Jean *Bologne* (Bologna), statuaire, « en considération de l'honorabilité de sa vie, » la distinction de sa famille, ses connaissances étendues, les rares qualités de son » esprit et des dons du génie qui illustre sa profession, etc., etc. (2) »

ARMES : *Coupé, au 1ᵉʳ, de gueules au lion d'or tenant dans les pattes de devant un globe de même et lampassé de gueules, au 2ᵐᵉ d'azur à trois globes d'or posés 2 et 1.* Cimier : Un lion semblable à celui des armes, écu timbré, lambrequins d'or et d'azur.

9 DÉCEMBRE 1588. — GODIN. — Lettres d'anoblissement données à Madrid pour Christophe *Godin*, conseiller et receveur-général des domaines et finances du Roi. Ces lettres furent enregistrées le 20 juin 1613.

ARMES : *De sinople, à une coupe couverte d'or, casque ouvert ; les lambrequins et bourlet d'or et de sinople.* Cimier : Une coupe semblable à celle de l'écu.

(XLIXᵉ registre des Chartes, folio 46).

7 JANVIER 1589. — GODIN. — Lettres d'anoblissement données à Madrid pour

---

(1) La famille Ruffault appartenait à l'ancienne bourgeoisie de Lille, connue dès le XIVᵉ siècle, possédait déjà à cette époque des fiefs importants et s'éteignit à la fin du XVIᵉ siècle. Jean *Ruffault*, bourgeois de Lille, maître de la Chambre des comptes, puis trésorier de l'empereur Charles-Quint, qui le créa chevalier vers 1520, est le fondateur de la chapelle Notre-Dame de Lorette, de l'ancienne église Saint-Etienne, à laquelle il fit don de magnifiques tentures en drap d'or. Il acheta les seigneuries de Lambersart, Monveaux et de Neuville et éleva sa famille à un haut degré de prospérité.

(2) Titre original en latin dans les archives de la famille *de Franqueville*, au château de Bourlon.

Jacques *Godin*, conseiller et maître des comptes en Hollande, frère du receveur-général qui précède. Elles furent enregistrées le 20 septembre 1613.

ARMES : Comme son frère.

(XLIXe registre des Chartes, folio 48).

7 JANVIER 1589. — HACCART. — Lettres d'anoblissement données à Madrid pour Jacques *Haccart*, seigneur de Carnoy, et enregistrées le 27 septembre 1590, moyennant finance de 500 florins.

Il remontre, par ces lettres, « qu'il étoit de bonne et ancienne génération de Tournay, où ses parents avoient exercé la charge de grand et second prévôt de cette ville, de lieutenant au bailliage, etc. ; qu'en outre, ils étoient alliés avec des gentilshommes, comme les *de Lannoy, de Herchier, de Calonne, de Landas*, et qu'en plusieurs lieux se trouvent plusieurs sépultures, épitaphes et autres enseignements démontrant leurs anciennes armes; que lui et ses enfants avoient toujours vécu comme ils faisoient encore, noblement, et eux fidèlement employés au service de Sa Majesté en fait des armes et en état de chef de justice, pour laquelle avoient enduré dignement ès derniers troubles, grandes foules, oppression et dommages. »

Le Roi l'anoblit avec ses enfants nés et à naître en leal mariage et leur postérité et leur confirme, en tant que besoin est, et leur octroie les armoiries qu'ils portoient.

ARMES : *D'azur, à la croix ancrée d'argent, cantonnée de 4 coquilles d'or; casque ouvert à un bourlet d'or et d'azur.* Cimier : *Un vol d'argent.*

(XXXVIIIe registre des Chartes, folio 171).

7 JANVIER 1589. — GODIN. — Lettres d'anoblissement données à Madrid en faveur de François *Godin*, secrétaire ordinaire du grand Conseil à Malines, commis de l'artillerie dans cette ville, frère des deux précédents. Ces lettres furent enregistrées le 20 septembre 1613.

ARMES : Comme ses deux frères.

(XLIXe registre des Chartes, folio 49).

7 Janvier 1589. — DE LA GRANGE. — Lettres de chevalerie données à Madrid pour Paul *de La Grange,* seigneur de Vrelenghem, président de la Chambre des comptes de Lille.

Ces lettres nous apprennent qu'il était depuis 28 ans à la Chambre des comptes de Lille, où il avait rempli les fonctions d'auditeur, de maître et enfin celles de président.

Armes : *D'azur à 3 étoiles d'argent, au chef de même chargé d'une tortue de gueules mise en pal.*

(XXXVIII° registre des Chartes, folio 53).

7 Janvier 1589. — DE LATTRE. — Lettres d'anoblissement données à Madrid pour Jacques *de Lattre,* seigneur de Villerval et Rollancourt. Elles furent enregistrées le 22 août suivant, moyennant finance de 250 livres.

Ledit Jacques remontre qu'il est issu d'honorables parents ; que son père, grand-père et bisaïeul, originaires de Lalœu, en Artois, ont toujours vécu en bonne réputation, fait alliances notables et possédé de beaux fiefs, et qu'ils portent depuis plus de 150 ans des armoiries ; que lui-même a été plusieurs fois échevin d'Arras et, en voulant réprimer les troubles dont cette ville a été l'objet, a été incarcéré par les rebelles ; qu'enfin, l'ordre étant rétabli, de nouveau échevin, il a été député de la part des Etats d'Artois, à la réception du duc de Parme au gouvernement de par-deçà ; que, pour ses raisons, il pouvait se dire noble ; mais, pour éviter la difficulté de preuve causée par les guerres advenues en Artois par la mort du duc Charles, il plut au souverain de ratifier sa noblesse et, en tant que besoin, l'anoblir.

Le dispositif dit que sur le bon témoignage du duc de Parme et du seigneur de Marles Sa Majesté l'anoblit.

Armes : *D'or à 2 écussons d'azur, l'un au côté senestre du chef et l'autre en pointe, au franc canton de gueules, chargé d'une molette d'éperon d'or ; casque ouvert, bourlet et lambrequins d'or et d'azur et, sur le casque, une molette pareille à celle du canton.*

(XXXVIII° registre des Chartes, folio 92.—Archives du Pas-de-Calais, registre aux commissions, II, folio 137. — Registre de l'élection d'Artois , 1587-1595, folio 38. — Manuscrit Palisot de Beauvois, tome I, folio 95).

13 Octobre 1589. — LE PETIT. — Lettres d'anoblissement (1) données à l'Escurial pour Jacques *Le Petit*, bailly de la terre et ville de Saulty-en-Artois, et enregistrées le 22 octobre 1590.

Ledit Jacques *Le Petit* expose qu'il est issu d'honnêtes parents; que, depuis sa jeunesse, il sert ses souverains; qu'il a commencé à servir l'empereur Charles, sous le seigneur de Rosimbos, dans les guerres d'Allemagne, étant parti de Bruxelles en mai 1549; qu'il a été à Thionville, au siége de Metz; archer de corps de Sa Majesté, lors de son mariage en Angleterre, au camp devant Saint-Quentin; qu'il a continué son service d'archer, après la paix de 1559, encore pendant 5 ou 6 ans; qu'alors Sa Majesté le renvoya d'Espagne aux Pays-Bas avec une pension; que, depuis, sur la demande du feu baron de Billy, gouverneur de Frise, il avait accepté la charge de capitaine en chef et gouverneur de la ville de Bolswaert, charge qu'il a occupée pendant 10 à 12 ans; que les soldats, excités par les Etats de la province en révolte, s'étant mutinés, l'avaient détenu en prison pendant 5 mois; qu'alors il s'était retiré en Artois et marié à une gentil-femme de bon lieu, et avait été nommé bailly de Saulty par Charles de Melun, prince d'Epinoy; que son frère, Jean *Le Petit*, avait été anobli, par lettres patentes, en 1550; qu'enfin, il suppliait Sa Majesté de vouloir bien lui accorder la même faveur, ce qui lui fut accordé après examen des certificats de feu le comte de Bucquoy et baron de Billy.

Armes : *D'azur au chevron renversé d'or, coupé d'argent, au chevron de gueules ; le casque d'argent, grillé et liseré d'or, le bourlet d'or, d'azur, d'argent et de gueules, les lambrequins à dextre d'or et d'azur et à senestre d'argent et de gueules.* Cimier : Deux mains de carnation, les manches de gueules.

(XXXVIIIe registre des Chartes, folio 169).

10 Décembre 1589, Arranguez. — BAUDEQUIN. — Anoblissement pour Claude, Charles, Catherine et Françoise *Baudequin*, frères et sœurs, enregistré le 20 août 1590.

Lesdits *Baudequin* exposent qu'ils sont enfants légitimes de feu Philippe, greffier du bureau de la maison du Roi; que Paul, leur aïeul, était mort sommelier de la cave de l'empereur Maximilien; que Denis, son fils et leur grand-père, était aussi mort, occupant le même office sous l'empereur Charles; que Charles, leur oncle, d'abord écuyer de cuisine de madame Léonor, douairière de France, était mort sommelier de

---

(1) Ces lettres furent aussi enregistrées à Arras au registre de l'élection provinciale, folio 87.

la paneterie de Sa Majesté, après 25 ans d'exercice ; que leur père Philippe avait été premier officier de la saulcerie de l'empereur Charles, et après sommelier de sa paneterie ; qu'après la retraite de Sa Majesté en Espagne, il alla habiter Bruxelles, avec une pension, et s'y maria ; qu'enfin, en 1560, le duc d'Albe le choisit pour desservir l'office de greffier du bureau de la maison de Sa Majesté ; qu'au bout de 11 ans, il mourut revêtu de cette charge ; que leur aïeul était originaire de Dijon, de bons et nobles parens qui prenaient la qualité d'écuyers et portaient des armoiries timbrées, comme cela apparaissait en l'église de Cauberge, à Bruxelles, sur la sépulture de Paul et Denis ; qu'ils s'étaient alliés noblement : témoin leur père, marié à une fille d'Arnould *de Zomberge*, châtelain de Rupelmonde et prévôt de la Cour de l'Empereur ; que Claude et Charles avaient servi dans les guerres ; que, ne pouvant prouver leur noblesse, ils suppliaient le Roi de la reconnaître en leur accordant un nouvel anoblissement, ce qui fut fait en considération des services de Philippe et Charles *de Baudequin*, leur père et oncle.

Armes : *D'argent à la hure de sanglier de sable défendue d'argent ; le casque ouvert, les lambrequins et bourlet d'argent et de sable.* Cimier : Un vol, l'aile droite d'argent coupée de sable, et l'autre de sable coupée d'argent.

(Archives du département du Nord, XXXVIIIe registre des Chartes, folio 146).

31 Juillet 1591. — DE CANTELEU. — Sentence de noblesse pour Guillaume *de Canteleu*, écuyer, seigneur de Cable et des Francqs-Alleux, fils de Guillaume et de Péronne *de Croix*, demeurant en la ville de Saint-Omer.

Les *de Croix* portaient pour armes : *Ecartelé aux 1 et 4 de sable, à la croix ancrée d'argent, aux 2 et 3 d'argent, à trois fleurs de lys de gueules.*

Armes : *D'argent, à la fasce chargée d'une gerbe d'or.*

(Manuscrit Palisot, tome I, folio 89).

12 Août 1592. — LE MAIRE. — Lettres d'anoblissement données à Valladolid pour Thomas *Le Maire*, docteur ès-droits, conseiller et lieutenant de la gouvernance de Lille, Douai et Orchies. Ces lettres furent enregistrées le 12 janvier 1593, moyennant finance de 120 florins.

Dans le narratif, il dit que ses père et aïeux sont du Cambrésis, où ils ont laissé plusieurs marques et monuments de leur noble, bonne et vertueuse vie, par érection d'autel, images, fondations anniversaires et obits ; qu'ils ont toujours joui des privilèges, franchises et exemptions de noblesse ; que lui-même, depuis 20 ans, est lieutenant de la gouvernance de Douai et a rendu de bons et fidèles services à Sa Majesté en cette qualité, et supplie Sa Majesté, en considération d'iceux et de ceux qu'il espère faire encore à l'avenir, il veuille bien lui octroyer le titre de noblesse, ainsi qu'à Jacques et Françoise *Le Maire*, ses enfants légitimes, nés de son mariage avec Catherine *de Tenremonde*, fille de Jacques, écuyer, seigneur de Blanchemaille.

Armes : *D'argent à une merlette de sable ; casque de guerre ouvert, lambrequins et bourlet d'argent et de sable.*

(XXXIXe registre des Chartes, folio 101).

9 Septembre 1592. — HAPIOT. — Lettres d'anoblissement données à Bruges pour Jean *Hapiot*, licencié ès-lois, conseiller et maître en la chambre des comptes de Lille, et pour ses enfants nés et à naître en loyal mariage. Ces lettres furent enregistrées le 20 mars 1594, moyennant finance de 25 florins ou livres d'Artois.

Ledit Jean *Hapiot* expose qu'il est issu de bon et honorable parentage ; que son père, grand-père, bisaïeul et autres, ses prédécesseurs, natifs d'Arras, auraient vécu honorablement, sans avoir exercé aucun stil et art mécanique ; que son père, feu Robert *Hapiot*, avait été, pendant 28 à 30 ans, greffier du Conseil d'Artois et employé en plusieurs charges et commissions importantes pour le service du Roi, et avait fait preuve de sa fidélité à son souverain, pendant les troubles de l'an 1578, excitant les bons bourgeois et capitaine de la ville d'Arras à prendre les armes contre les séditieux et qu'armé de toutes pièces, quoique âgé d'environ 70 ans, il s'était joint aux canonniers et autres bourgeois et avait contribué à faire mettre en liberté le magistrat de cette ville que les révoltés détenaient en prison ; qu'enfin lui-même avait suivi et assisté son feu père et avait fait partie du magistrat de la ville d'Arras ; enfin s'était bien acquitté de son devoir, ainsi qu'il le prouve par les attestations délivrées par le conseil d'Artois et certificat de l'évêque d'Arras ; que son père avait pris une femme dans la famille des *Bauduin*, et lui dans la famille des *Prévot*, familles réputées nobles toutes les deux, etc.

Armes : *D'azur à la bande d'or, accompagnée de 6 trèfles de même mis en orle ; casque grillé, lambrequins et bourlet d'or et d'azur.* Cimier : Une licorne issante d'argent armée d'or.

(XLe registre des Chartes, folio 28).

31 Décembre 1593. — RAULLIN. — Lettres d'anoblissement données à Madrid pour Philippe Raullin, seigneur de la Motte-lez-Querry, et Georges Raullin (1), seigneur de Belleval, frères, natifs d'Arras. Elles furent enregistrées le 17 février 1595, moyennant finance de 500 livres d'Artois.

Ils exposent que leur grand-père, feu Guillaume Raullin, avait toujours vécu honorablement, ayant été bailly, et même plusieurs fois échevin d'Arras, et s'était marié 3 fois à des demoiselles nobles. 1° A Antoinette de Flers; 2° A Jeanne de Nœufville; 3° A Barbe de Berncecourt, et était fils de Gilles, qui fut aussi échevin d'Arras; que leur père, Philippe Raullin, avait épousé Madeleine Blocquel, d'une famille noble de Cambrai, avait été avocat en la gouvernance d'Arras, puis, pendant 6 ans, conseiller de la ville, et enfin, pendant 30 ans environ, conseiller au Conseil d'Artois, avait possédé plusieurs beaux fiefs et seigneuries, sans avoir payé le droit de nouvel acquêt, et avait marié ses filles à des gentilshommes. Il est dit encore que Philippe avait fait son droit, avait été plusieurs fois échevin d'Arras; que Georges avait suivi le parti des armes, notamment sous le marquis de Roubaix, avait été présent à la prise du seigneur de la Nonc et à la journée de Prémont.

Le dispositif les anoblit avec leurs enfants nés et à naître.

Armes : *D'argent à 3 roses de gueules boutonnées d'or, soutenues et feuillées de sinople; casque treillé, les bourlets et lambrequins d'argent et de gueules.* Cimier : Un griffon naissant d'argent brequé d'or.

(XLᵉ registre des Chartes, folio 122. — Registre de l'élection d'Artois, de 1595-1607, folio 247).

15 Juin 1594. — DES TROMPES. — Lettres de confirmation de noblesse et d'anoblissement, en tant que besoin, données à Saint-Laurent-le-Royal pour Jean des Trompes, seigneur de Westhove, maître ordinaire en la Chambre des comptes de Lille, puis président en la même Chambre. Ces lettres furent enregistrées le 7 avril 1595.

Ces lettres nous apprennent que ledit Jean était originaire d'Ostende; que son grand-père Jean a été bourgmestre et ensuite premier échevin et trésorier de Bruges, fonctions dans lesquelles son père lui a succédé, et qu'après avoir été employé dans les Conseils de Flandre, Artois et Malines, il a rendu beaucoup de services pen-

---

(1) Ledit Georges, seigneur de Belleval et de Beaumont, épousa Madeleine *de Bonmarché*, fille de Guy, écuyer, et de Catherine *du Bosquel*, dont Marie *Raullin*, mariée à François *de Beaulaincourt*.

dant les troubles dans différentes charges de secrétaire de Charles de Berlaimont, chef des finances, surintendant des vivres et secrétaire des vivres de l'armée qui accompagnait l'arrivée du duc d'Albe dans les Pays-Bas.

ARMES : *De gueules, au chevron d'argent, accompagné de 3 pommes de pin d'or renversées. Le casque treillé, les lambrequins et bourlet d'argent et de gueules.* Cimier : Un homme sauvage, tenant en sa main dextre un bâton noueux élevé, orné tant par son corps que dessus la tête d'un crancelin de lierre de sinople ; supports : Deux sauvages au naturel appuyés sur leurs bâtons.

(XL⁰ registre des Chartes, folio 137).

17 FÉVRIER 1595. — DU PIRE. — Lettres d'anoblissement données à Madrid pour Charles *du Pire*, licencié ès-droits, seigneur du Buisson et de la Hayette. Elles furent enregistrées le 17 février 1597.

Charles *du Pire*, natif d'Arras, remontre qu'il est fils de Jean et de Marie *Sarrazin*, à leur trépas, bourgeois notables de cette ville, lesquels ont toujours vécu honorablement, laissant leur fils en bas âge sous garde-noble à ses oncles maternels : Jean *Sarrazin*, abbé de Saint-Vaast, conseiller d'Etat aux honneurs, et au seigneur d'*Allennes*, bailly de Lille, son frère, qui a été créé chevalier par le Roi lui-même, à Lisbonne, en 1582 ; que ses ancêtres avaient été reconnus nobles, ce qui fait que ledit Charles *du Pire*, du côté maternel, comme noble, est exempt du droit de nouvel acquêt et franc fief, et comme il ne peut justifier sa noblesse à cause des guerres pendant lesquelles il a perdu quelques titres, il demande « à être confirmé dans sa noblesse et en tant que besoin serait de le déclarer de nouveau noble, lui permettant de continuer à user de ses anciennes armes. »

ARMES : *D'azur à une fleur de lis d'or, surmontée de 2 étoiles de même ; au chef d'or, chargé d'une étoile d'azur. Casque treillé ; lambrequins, bourlet d'or et d'azur.* Cimier : Une licorne naissante, les cornes barbe et crins d'or entre un vol d'argent.

(XLI⁰ registre des Chartes, folio 42).

16 MAI 1595, MADRID. — BALLET. — Anoblissement pour François *Ballet*, licencié ès-droits, seigneur de la Croix, enregistré le 29 mai 1597 (1).

---

(1) Ces lettres furent aussi enregistrées à Arras, au registre de l'élection d'Artois, folio 9.

Le narratif dit que ledit *Ballet* est pourvu depuis plusieurs années de la charge d'élu d'Artois, dont il s'est fidèlement acquitté ; que ses ancêtres étaient nobles, mais, qu'à cause des guerres, il lui serait difficile de pouvoir prouver sa noblesse, ses titres étant égarés ; que son bisaïeul, Nicolas *Ballet*, était venu, en 1483, de Breteuil s'établir en Artois, y avait vécu honorablement ; que son fils, Jean *Ballet*, avait servi les anciens souverains de ce pays comme homme d'armes ; que son fils Adrien *Ballet*, père de l'exposant, avait été nommé rewart ou mayeur de La Bassée ; qu'il avait empêché les rebelles de s'emparer de cette ville ; que lui-même est marié à la nièce de Jean *Sarrazin*, abbé de Saint-Vaast, conseiller d'Etat aux honneurs, et est pourvu de biens suffisants pour vivre noblement ; enfin il demande qu'il lui soit permis de porter les armes que ses ancêtres ont toujours portées et qui sont : *D'argent à 3 hermines de sable ; casque treillé, hachements et bourlet d'argent et de sable.* Cimier : Un cigne s'essorant becqué de gueules.

(Archives du département du Nord, XLI⁰ registre des Chartes, folio 40).

30 Novembre 1595. — DE FLANDRES. — Lettres d'anoblissement (1) données à Madrid pour Jacques *de Flandres*, seigneur de Fromont, et enregistrées le 12 février 1597.

Jacques *de Flandres*, seigneur de Fromont, natif d'Arras, expose que Daniel *de Flandres*, son grand-père, a servi feu l'Empereur, pendant dix ans, comme homme d'armes ; qu'Antoine *de Flandres*, son père, a également servi pendant le même temps, aussi comme homme d'armes, ledit Empereur, qu'il a suivi en tous ses voyages à Alger et ailleurs ; enfin que, pendant les troubles des Pays-Bas, ledit remontrant a levé une compagnie à ses frais et rendu de grands services au souverain dans la ville d'Arras, ainsi que l'atteste un acte par lequel le magistrat de cette ville lui accordait en récompense l'exemption du guet et garde, sa vie durante ; que son fils Charles *de Flandres* était employé aux affaires du souverain, près de son secrétaire, au Conseil d'Etat ordonné en nos Pays-Bas et aussi secrétaire en son Conseil privé et greffier de son ordre, messire François *Le Vasseur*, chevalier, seigneur de Moriensart ; qu'il avait plusieurs parents nobles et noblement alliés employés en différentes charges, comme les sieurs *de Bellacourt*, son frère, et *de Pomera*, son neveu : l'aîné en qualité de conseiller au Conseil d'Artois, et l'autre en qualité d'avocat fiscal au même Conseil ;

---

(1) Ces lettres furent aussi enregistrées au registre de l'élection d'Artois, de 1595 à 1607, folio 4.

qu'enfin, possédant les seigneuries d'Hersiaux, Fromont, il avait des moyens suffisants pour vivre noblement.

ARMES : *D'or à un chevron de sable, chargé en chef d'un écusson d'or au lion de sable et accompagné de 3 étoiles de même ; casque treillé, lambrequins et bourlet d'or et de sable.* Cimier : Une aigle naissante d'or.

(XLIe registre des Chartes, folio 21).

15 MAI 1596.— DE MAILLY.— Lettres de chevalerie données à Vecca, en Castille, pour Louis *de Mailly*, seigneur de Quesnoy-sur-Deûle. Elles furent enregistrées le 4 janvier 1597.

ARMES : *D'or à 3 maillets de sinople.*

(XLIe registre des Chartes, folio 15).

12 JUIN 1596. — DE CARDEVACQUE. — Lettres d'anoblissement données à Tolède pour Charles *de Cardevacque* (1), seigneur de Beaumont, ancien avocat postulant au Conseil d'Artois, et enregistrées le 13 mai 1597, moyennant finance de 628 florins.

Ledit Charles *de Cardevacque* expose qu'il a rendu des services comme avocat postulant au Conseil d'Artois ; qu'il a contribué, aux derniers troubles, à chasser les rebelles de la ville d'Arras ; que ses ancêtres ont vécu noblement et sont bien alliés et nous ont servi depuis de longues années ; qu'enfin il possède plusieurs terres et seigneuries pour lesquelles il est exempt de payer le droit de nouvel acquêt, attendu que son fils était issu de mère noble ; qu'enfin, à cause des guerres, il a perdu plusieurs titres et qu'il lui serait difficile de vérifier sa noblesse, ce qui est cause qu'il demande des lettres de ratification de noblesse et en tant que besoin serait de le déclarer de nouveau noble.

ARMES : *D'hermines au chef de sable ; casque treillé, lambrequins et bourlet d'hermines et de sable.* Cimier : Un destrochère et un sinistrochère habillés d'hermines, les mains de carnation.

(XLIe registre des Chartes, folio 34).

---

(1) C'est de lui que descendent les marquis *d'Havrincourt.*

10 Juillet 1596. — DERVILLERS. — Lettres d'anoblissement (1) données à Tolède pour Pierre *Dervillers*, seigneur de Bavincourt et Faustelet en partie, mayeur d'Arras, et enregistrées le 12 mars 1597, moyennant finance de 200 livres.

Dans le narratif, ledit Pierre *Dervillers* rappelle qu'il a exercé la charge de capitaine d'une compagnie bourgeoise pendant 17 ans ; que, pendant ce temps, il a toujours entretenu chevaux et serviteurs à ses frais ; qu'il avait accompagné le marquis de Roubaix et celui de Varambon, gouverneur du comté d'Artois, et le seigneur de Marles, gouverneur d'Arras, en diverses expéditions ; qu'il avait empêché les Cambrésiens, maîtres de la ville de Lens en 1582, de prendre l'abbaye du Mont-Saint-Eloy, et que capitaine des paysans sous la conduite du marquis de Varambon, avec autres gentilshommes, ils s'étaient opposés aux courses et pilleries que faisaient journellement les gens du parti du roi de France ; qu'en 1578, il avait combattu les pernicieux desseins du conseil des 15, qui avait emprisonné le magistrat de la ville d'Arras ; que feu son père, Antoine *Dervillers*, qui tenait le parti de son souverain, fut aussi détenu par les séditieux ; que ledit Antoine avait été échevin d'Arras, puis receveur-général des impôts du comté d'Artois ; qu'il avait épousé Marie *Vignon*, fille de Pierre, seigneur d'Angre et Liévin en partie ; que lui-même était actuellement receveur-général des impôts du comté d'Artois, et pourvu de biens suffisants pour vivre honorablement.

Armes : *D'argent au chevron de sable accompagné de 2 trèfles en chef et d'une merlette de même en pointe ; casque treillé, lambrequins, bourlet d'argent et de sable. Cimier : Un cigne à 2 têtes.*

(XLIe registre des Chartes, folio 29. — Registre de l'élection d'Artois, de 1595 à 1607, folio 112).

26 Juillet 1596. — D'ESCLAIBES. — Lettres de chevalerie données à Saint-Laurent-le-Royal, en Castille, en faveur d'Elie *d'Esclaibes*, écuyer (2).

Ces lettres nous apprennent que ledit *d'Esclaibes* a commencé à porter les armes, lors de la bataille de Saint-Quentin ; qu'il fut présent à l'assaut de cette ville, s'est trouvé à divers exploits et escarmouches devant la chapelle d'Orlens, à Ham, Otty et à Oisy et environs ; qu'enfin, capitaine d'infanterie, il avait commandé le château,

---

(1) Ces lettres furent aussi enregistrées au registre de l'élection d'Artois, folio 112.

(2) Je ne sais où ont été enregistrées ces lettres que j'ai relevées sur une copie ancienne qui m'a été communiquée par M. le comte *d'Esclaibes*, avocat à la Cour d'appel de Douai, mai 1873.

ville et dépendance de Lallaing et les avait préservés des excursions et surprises des malintentionnés sortant de Cambray ; qu'il est d'une ancienne noblesse et fils de messire Jean *d'Esclaibes*, chef du nom et d'armes de la très illustre maison *d'Esclaibes*, chevalier, chambellan et gentilhomme de la Chambre de l'empereur Charles-Quint et de Catherine *de Goussy* (laquelle était fille du roi de Tunis et de la sultane reine Agala) que ledit messire Jean avait enlevée en suivant et servant ledit empereur, quand il fit la conquête du royaume de Tunis.

22 Janvier 1597. — DE HANON. — Lettres d'anoblissement données à Madrid pour Philippe *de Hanon*, capitaine d'une compagnie wallonne, et enregistrées le 30 juillet suivant.

Le sieur Philippe *de Hanon*, énumère, dans sa requete, tous les services rendus pendant 48 ans ; quatre ans comme soldat à Naples, sur les galères, trois ans tant à Naples qu'à Gayette, quatre ans comme caporal au château de Renty, de là, environ vers 1560, à Gravelines où il fut sergent, l'espace de 16 ans, assistant, pendant ce temps, avec sa compagnie, aux siéges de Valenciennes, Maestrick, Goude, Amsterdam et Harlem, puis fait lieutenant de la compagnie du lieutenant-colonel du feu le comte de Rœulx et sergent-major du régiment ; il assista aux siéges de Mons, Malines, Zutphon, Harlem, Alemar et retourna en garnison à Gravelines en son premier service. Enfin de rechef lieutenant de la compagnie colonnelle d'un régiment levé par le comte de Fauquemberghe, l'espace d'un an durant, il fut au siége de Bommel, puis, le régiment réformé, il retourna à Gravelines où don Jean d'Autriche, pour le récompenser, lui donna une pension de 200 livres durant sa vie. Le sieur de La Motte, gouverneur de Gravelines, ayant levé un régiment, le nomma capitaine et le chargea de garder cette place, ce qu'il fit, ainsi que pour le fort de Nieuwendamme où il est actuellement en garnison avec son fils, Jean *de Hanon*, aussi capitaine en chef, qui a assisté avec sa compagnie aux siéges de Doulens et Cambray. Le Roi, vu les certificats divers donnés par les colonels et notamment par le comte de Rœulx et le seigneur de Guernonval, l'anoblit, etc.

Armes : *De gueules, à 3 coquilles d'argent ; casque treillé, lambrequins et bourlet d'argent et de gueules.* Cimier : Un lévrier naissant d'argent à collet de gueules, bordé, cloué et bouclé d'or, armé et onglé de même.

(XLI° registre des Chartes, folio 57).

17 Avril 1598. — BIDAULT. — Lettres d'anoblissement données à Madrid (enregistrées le 13 décembre 1599) pour Gilles *Bidault*, auditeur ordinaire en la Chambre des comptes de Lille.

Gilles *Bidault*, natif d'Ath, fait valoir que ses ancêtres ont exercé des charges honorables, notamment Julien *Bidault*, son grand-père, gouverneur et châtelain d'Ath, charge vacante par la mort de Jacques, comte de Ligne et de Fauquembergue ; qu'il est pourvu de biens suffisants pour vivre noblement tant de son patrimoine que par donation de son oncle, Jean *Bidault*, chanoine de la collégiale de Saint-Pierre de Lille. Le Roi, sur le rapport que lui en fait l'archiduc Albert, gouverneur des Pays-Bas, l'anoblit avec sa postérité née et à naître en loyal mariage.

Armes : *De gueules au barbeau d'argent en bande, accosté de deux étoiles de même ; casque treillé, lambrequins et bourlet d'argent et de gueules.* Cimier : Deux barbeaux au naturel adossés et renversés l'un contre l'autre.

(XLIe registre des Chartes, folio 202).

22 Avril 1598. — DE CREUS. — Lettres d'anoblissement données à Madrid pour Paul *de Creus*, seigneur de Ramegnies, et enregistrées le 22 novembre 1599, moyennant finance de 20 livres d'Artois.

Dans le narratif, Paul *de Creux* fait valoir qu'il a été au service de feu l'empereur Charles, à la suite du seigneur de Beaufort, aux guerres d'Allemagne, à la prise du duc de Saxe et landgrave de Hessen, à Inspruck, avec l'Empereur, lorsque les ducs Maurice et Albert de Brandebourg se soulevèrent contre leur suzerain, au siège de Metz, à la prise de Thérouane, d'Hesdin, de Saint-Quentin, etc., etc. ; que, tenant le parti du Roi, pendant la régence de feu Jean d'Autriche, à la suite du baron de Hierges, il a perdu les biens qu'il possédait dans les provinces rebelles, sans avoir reçu aucun dédommagement ; qu'actuellement il fait partie du magistrat de Tournay et exerce la charge de capitaine des bourgeois de cette ville et se trouve allié à la maison de Montmorency et de Croisille par le mariage d'une nièce du seigneur de Corbaron ; qu'enfin il y a plus de 66 ans qu'ils sont ses souverains.

Le Roi, sur le rapport que lui fait l'archiduc Albert, qui avait été informé des services et des pertes que ledit *de Creus* avait souffertes, l'anoblit.

Armes : *D'or à un double trescheur, fleuronné et contre-fleuronné de sinople, à la bande de gueules brochante sur le tout ; casque treillé, lambrequins et bourlet d'or et de sinople.* Cimier : Un chien naissant d'argent armé et lampassé de gueules.

(XLIIe registre des Chartes, folio 1).

30 Avril 1598. — BODDENS. — Lettres d'anoblissement données à Madrid en faveur de Louis et de Pierre *Boddens*, natifs de Thielt, qui ont rendu de fidèles services, le premier comme gentilhomme du grand prieur don Fernand de Tolède et ensuite gentilhomme du duc de Terranova ; le second comme receveur-général des aides de Flandre, trésorier des guerres. Elles furent enregistrées sans finance le 5 janvier 1600.

Armes : *De gueules à la bande d'or et six étoiles de même posées en orles ; heaume treillé, les hachements et bourlet d'or et de gueules.* Cimier : Une étoile d'or, entre deux ailes, l'une d'or, l'autre de gueules.

(XLIIe registre des Chartes, folio 22 verso).

1er Décembre 1598. — ALLEGAMBE. — Sentence du Conseil privé de Sa Majesté qui déclare que Louis *Allegambe*, seigneur de Bazinghien à Loos, et son frère, Quentin *Allegambe* (1), seigneur d'Antreuilles, bailli de l'abbaye de Marchiennes, seront déchargés comme nobles du droit de nouvel acquêt auquel ils avaient été taxés en 1586.

Cette famille, qui vient de s'éteindre à Lille, portait : *De gueules à 3 croix abaissées d'argent posées 2 et 1.*

(Bibliothèque de la ville de Lille, manuscrit n° 129, histoire).

(1) Quentin *Allegambe* possédait la seigneurie d'Antreuilles relevante de la seigneurie de Warcoing, du chef de sa femme Marie *de Pontrevart*. Cette ancienne famille patricienne de Tournai remontait à Pierre *Allegambe*, conseiller, qui acheta la bourgeoisie de cette ville le 25 septembre 1353, moyennant 4 écus, fit son testament le 28 avril 1400 et mourut peu après. Son arrière-petit-fils, Michel *Allegambe*, licencié ès-lois, fut conseiller de la ville de Tournai en 1515 et laissa un fils, Quentin *Allegambe*, conseiller de l'empereur Charles-Quint, marié à Marie *de Le Cambe* dit *Gantois*, sœur du seigneur de Templeuve-en Dossemer, dont 2 fils, Louis et Quentin *Allegambe*, rapportés ci-dessus. (Note fournie par M. Henri Frémaux, de Lille.)

8 Mai 1599. — THIEULAINE. — Sentence de noblesse de la gouvernance de Lille en faveur d'Arnould *Thieulaine* (1) seigneur de Fermont.

Armes : *Burelé de 8 pièces d'argent et d'azur à la bande de gueules, chargée de 3 alérions d'or.*

(Extrait du dispositif des lettres d'anoblissement de Christophe *Thieulaine*).

5 Janvier 1600. — DE CATRIX. — Lettres de chevalerie données à Bruxelles pour Nicolas *de Catrix*, lieutenant d'artillerie et gouverneur du fort Saint-André, qui a été lieutenant et capitaine d'infanterie wallonne, depuis lieutenant d'artillerie et gouverneur de place et forteresse, qui a assisté à plusieurs siéges et reçu plusieurs blessures.

(Registre de l'élection d'Artois, de 1613 à 1637, folio 205).

6 Février 1600. — DU BOIS. — Lettres de chevalerie pour Wallerand *du Bois*, seigneur de Beauffremez.

Ces lettres lui furent accordées tant pour ses services en fait de guerres, exploits d'armes rendus au feu Roi catholique, qu'en plusieurs charges concernant l'administration de justice, dont, en suivant les traces et vestiges de ses ancêtres, il s'est acquitté avec promptitude, dextérité et honneur. Elles mentionnent aussi qu'il est issu de l'ancienne et noble maison *du Bois*, qui a toujours eu rang et qualité de gentil-

---

(1) Le même Arnould *Thieulaine*, bourgeois de Lille, ayant été imposé en 1585 à la taxe du droit de nouvel acquêt comme non noble, vit rejeter ses prétentions par les commissaires; elles étaient du reste basées à tort sur ce que son aïeul, Jacques *Thieulaine*, seigneur d'Aigremont à Ennevelin et du Fermont, avait été tour à tour secrétaire de la duchesse Eléonore de Portugal, veuve de Philippe-le-Bon, de Charles-le-Téméraire, de la duchesse Marie, sa fille, de l'empereur Maximilien, de l'archiduc Philippe-le-Beau et de l'empereur Charles-Quint, au service duquel il mourut vers 1525.

Son fils, Arnould *Thieulaine*, écuyer, seigneur du Fermont, premier lieutenant de la gouvernance de Lille, fut créé chevalier vers 1617 et sa postérité s'éteignit à la fin du XVIIe siècle.

Gérard *Tuelaine* ou *Thieulaine*, mayeur de Lille en 1286, était fils de Pierre, auteur de cette vieille famille patricienne, avait acheté la bourgeoisie de Lille en 1299 et avait épousé en secondes noces Isabeau *de Landas*, nièce de Jean, chevalier, seigneur de Warlain et de Soinghin-en-Melantois.

homme de temps immémorial, dont plusieurs membres ont été honorés du titre de chevaliers pour leurs valeurs, prouesses et vertus, et qu'enfin il a été fait chevalier de la main de l'archiduc lui-même.

(Archives de la ville de Lille, registre rouge, pièce 420).

7 Février 1600. — DE CROIX. — Bauduin *de Croix*, seigneur d'Oyembourg, bailly-général de la châtellenie de Lille et cour de Phalempin, fut armé chevalier, à Lille, par l'archiduc Albert. Il a rendu beaucoup de services à son souverain, ainsi que ses ancêtres, dont plusieurs ont été honorés du titre de chevaliers, à cause de la valeur qu'ils ont montrée en expéditions de guerres, entre autres : le seigneur *de Le Court*, son cousin, qui a servi les archiducs en qualité de gentilhomme de la Chambre.

(Archives de la ville de Lille, registre Albert, folio 156 verso).

7 Février 1600. — HANGOUART. — Lettres patentes de chevalerie pour Wallerand *Hangouart*, écuyer, seigneur de la Laurie, rewart de Lille, fut armé chevalier de la main de l'archiduc, à Lille. Ces lettres, délivrées le même jour, furent enregistrées le 14 janvier 1619.

Ces lettres disent que cette faveur fut accordée à Wallerand *Hangouart* en considération des services que lui et ses ancêtres ont rendus depuis 200 ans.

Il était fils de Guillaume *Hangouart*, anobli en 1555, rapporté ci-devant.

(LIVe registre des Chartes, folio 197. — Archives de la ville de Lille, registre rouge, folio 419).

18 Février 1600, Cambrai. — DE MAUVILLE. — Lettres de chevalerie pour Renon *de Mauville* (1), écuyer, seigneur dudit lieu, enregistrées le 16 novembre 1615.

Ces lettres nous apprennent que ledit *de Mauville* a fait la guerre sous les ordres du marquis de Roubaix et de Renty, a assisté avec eux aux siéges de Bouchain,

---

(1) Le nom de cette famille très ancienne est *Baudain* ; elle a possédé la terre de Wagnonville, près Douai, et s'est alliée aux *Montmorency* ; c'est par erreur que Le Roux, dans le *Recueil de la noblesse de Bourgogne*, etc., page 234, l'appelle *Maville*.

Cambrai, Audenarde, Termonde, Am'ens, et a accompagné le duc de Parme, quand ce dernier a été envoyé au secours de la ville de Paris et des princes de France.

(Archives du département du Nord, LIe registre des Chartes, folio 234).

11 Mars 1600. — LE MERCHIER. — Lettres d'anoblissement données à Bruxelles pour Hector *Le Merchier*, seigneur du Payaige, et enregistrées le 22 juin suivant, moyennant finance de 400 livres d'Artois.

Hector *Le Merchier*, lieutenant du baron de Billy, gouverneur de Lille, Douay et Orchies, expose qu'il est né de fort honnêtes parents, qu'il est licencié ès-lois, a épousé une gentil-femme à Arras, qu'il a été plusieurs fois échevin de cette ville, capitaine d'une compagnie bourgeoise, puis argentier de cette dite ville ; qu'à la tête d'une poignée de soldats, il avait repoussé les Français qui, essayant de surprendre la ville d'Arras, s'étaient déjà emparés de la porte de Beaudimont ; qu'il avait éprouvé de grandes pertes en ses biens ; que, notamment, sa maison du Payaige avait été brûlée par les gens de guerre du Roi ; que, depuis, le baron de Billy l'avait choisi pour son lieutenant de Douai et Orchies ; que ses papiers ayant été, ou brûlés dans l'incendie de sa maison, ou perdus par la nonchalance de son curateur, il ne pouvait pas établir sa noblesse, etc., etc.

Armes : *D'argent à une bande d'azur chargée de 3 coquilles d'or*. Cimier : Un hibou d'or sur un ourlet d'argent et d'azur.

(XLIIe registre des Chartes, folio 69).

21 Mars 1600. — DE BROIDE. — Lettres d'anoblissement données pour Philippe *de Broide*, licencié ès-lois, conseiller pensionnaire de la ville de Douai. Elles furent enregistrées en 1637, moyennant finance de 300 florins. Dans sa requête, ledit *de Broide* expose qu'il est conseiller pensionnaire depuis 26 ans ; a été lieutenant de la gouvernance de Douai pendant 9 ans ; qu'il a été employé en plusieurs voyages, députations, pour les traités de réconciliations et autres affaires importantes ; que son père, grand-père et aïeul ont servi en qualité d'officiers, magistrats et mayeurs de la ville d'Aire ; que ses frères et oncles ont occupé les principales dignités de doyens, écolastres et chanoines, à Aire, Saint-Omer et Gand.

Armes : *D'argent à l'aigle de sable becquée et membrée de gueules, la tête contournée.* Cimier : Une aigle, pareille à celle de l'écu, sur un bourlet d'argent et de sable.

(LXVIIe registre des Chartes, folio 60).

21 Mars 1600. — HANNEDOUCHE. — Lettres d'anoblissement données à Bruxelles pour Henri *Hannedouche*, seigneur de Franquières, et enregistrées le 9 septembre 1603, moyennant finance de 60 livres d'Artois.

Le narratif nous apprend que ledit *Hannedouche*, licencié ès-droits, a été procureur-général de Calais, et plusieurs fois échevin d'Arras, puis avocat postulant au Conseil d'Artois, et enfin procureur-général audit Conseil ; qu'il s'était fait recevoir licencié, en l'un et l'autre droit, à l'Université de Douai ; que ses prédécesseurs ont toujours vécu honorablement à Béthune ; qu'il est marié à Jacqueline, fille d'Antoine, seigneur de Wanquetin et d'Ablainsvelle.

Armes : *De sinople à la bande d'or chargée de 3 croix recroisettées au pied fiché de sable ; au chef d'argent chargé de trois mouchetures d'hermines de sable ; casque treillé de 3 treilles, lambrequins et bourlet d'or et de sinople.* Cimier : Une croix recroisettée, pareille à celle de l'écu, entre deux ailes : l'une d'or, l'autre de sinople.

(XLIIIe registre des Chartes, folio 76. — Registre de l'élection d'Artois, de 1595 à 1607, folio 265, archives du Pas-de-Calais).

21 Mars 1600. — LE MERCHIER. — Lettres d'anoblissement (1) données à Bruxelles pour Antoine *Le Merchier*, seigneur de Boiry, et enregistrées le 17 septembre 1603, moyennant finance de 500 livres payées par Marie *Le Merchier*, veuve dudit Antoine *Le Merchier*. Ledit Antoine *Le Merchier*, seigneur de Boiry, mayeur actuel de la ville d'Arras, fait valoir qu'il a été plusieurs fois échevin d'Arras, ainsi que son père, s'est toujours bien acquitté de ses fonctions et est issu de bonne et honorable parenté. Le souverain l'anoblit lui et ses enfants nés et à naître en légitime mariage.

Armes : *De sable, à la bande d'or chargée de 3 étoiles d'azur ; casque treillé.* Cimier : Une étoile d'azur.

(XLIIIe registre des Chartes, folio 244).

21 Mars 1600. — PETITPAS. — Lettres d'anoblissement données à Bruxelles pour Charles *Petitpas*, seigneur de Gamons, mayeur de Lille, et enregistrées le 10 mai suivant, moyennant finance de 150 livres de 40 gros.

(1) Ces lettres furent aussi enregistrées au registre de l'élection d'Artois, de 1595 à 1607, folio 258.

Ledit *Petitpas* remontre que, depuis 300 à 400 ans, ses prédécesseurs ont servi les comtes de Flandre, ducs de Bourgogne, Rois et Empereurs de la maison d'Autriche, tant comme secrétaires, conseillers et maîtres des requêtes de leur hôtel, que comme commis et députés de paix et même comme gouverneurs et baillys de La Gorgue et pays de Lalœu et en diverses expéditions militaires, et lui-même, depuis 40 ans, comme échevin, mayeur, capitaine et connestable souverain des arbalétriers; que lui et ses prédécesseurs ont toujours suivi la religion catholique et se sont alliés à des familles honorables et même des maisons nobles ; que même un *Petitpas* est mentionné comme vicomte, officier et justice de la Cour de Philippe d'Alsace, comte de Flandre en 1171, et qu'ils portent, depuis plus de 400 ans, des armoiries; qu'ils ont possédé des grands biens, fiefs, seigneuries et nobles tenements ; que, comme il craint de ne pouvoir exhiber les preuves de sa noblesse, telles que la rigueur de droit requiert, ledit *Petitpas* demandait qu'en considération de ses services, le souverain voulût bien l'honorer, lui et les siens, du titre et degré de noblesse, ce qui lui fut accordé pour lui et ses enfants nés et à naître en loyal mariage.

ARMES : *De sable à 3 fasces d'argent ; casque d'argent ouvert et treillé, les lambrequins et bourlet d'argent et de sable.* Cimier : Un lion naissant aussi de sable.

(XLIIe registre des Chartes, folio 49).

22 SEPTEMBRE 1600. — POLLET. — Lettres d'anoblissement données à Bruxelles pour Jean *Pollet*, licencié ès-droit, seigneur de Navigers, et enregistrées le 25 octobre suivant, moyennant finance de 150 livres d'Artois.

Ledit seigneur de Navigers expose que Raphaël *Pollet*, son père et ses autres prédécesseurs ont toujours vécu noblement, se sont bien alliés, ont porté des armoiries, exercé des charges et offices honorables sous feu l'empereur Charles V et le Roi, son successeur; qu'ils ont fondé des chapelles, bourses, offices et aumônes en plusieurs villes et lieux de Flandre; que lui-même est tenu et réputé pour noble, mais qu'il lui serait difficile d'en faire la preuve à cause des pertes que lui ont fait éprouver les rebelles en la ville d'Ypres; qu'il s'est retiré à Lille, où, en qualité de capitaine de 200 bourgeois, pendant l'espace de 12 à 13 ans, il a contribué en diverses occasions à la garde et défense de cette place, pendant les troubles, sans avoir jamais demandé aucune récompense ; il désirerait, en considération des choses ci-dessus, obtenir pour lui et ses enfants nés et à naître, les droits, prérogatives, prééminence de noblesse, ce qui lui est accordé, ainsi que d'écarteler ses armes avec celles de *Vanden Poele*, qui sont celles de feu Josine *Vanden Poele*, sa grande paternelle.

ARMES : *Ecartelé aux 1 et 4 de sable, à 2 étoiles d'or rangées en fasce aux 2 et 3 de sable au chevron, et 3 chiens couverts d'or : 2 en chef, 1 en pointe, qui sont* Vanden Poele ; *casque ouvert, timbre : une tête et col de chien courant de sable, au collier d'or et chargé d'une étoile de sable,* alias *d'or.*

(XLIIe registre des Chartes, folio 85).

30 SEPTEMBRE 1600. — D'YDEGHEM. — Erection en baronnie de la terre et seigneurie de Bousbecques, tenue de la Salle de Lille, par lettres données à Bruxelles et enregistrées le 17 avril 1602, en faveur de Charles *d'Ydeghem*, chevalier, seigneur de Wirse, Bousbecques, etc., grand bailly d'Ypres. A la baronnie de Bousbecques sont annexées les terres et seigneuries suivantes : 1° les fief et seigneurie de La Lis, tenus de leurs altesses à cause de la Cour féodale de Werny ; 2° une pescherie tenue d'icelle seigneurie ; 3° les fief et seigneurie de Belcamp tenus de Thillœul en Balluin ; 4° le fief de Collera tenu de la seigneurie de Watines ; 5° un fief de 3 bonniers tenu de cette même seigneurie ; 6° enfin le moulin de Belcamp et 37 bonniers 208 verges de terres cottières situées audit Bousbecques.

Le seigneur *d'Ydeghem* dit que ses ancêtres, tant paternels que maternels, ont toujours servi leurs souverains ; son père était gouverneur, grand bailly de Tenremonde ; son grand-père, grand bailly d'Alost ; son bisayeul maternel, écuyer tranchant du duc Charles-le-Hardy et, depuis, du roi Philippe Ier ; son oncle maternel, conseiller de l'empereur Maximilien, grand-maître d'hôtel de la reine Elisabeth, douairière de France, deux fois ambassadeur de l'empereur Charles V ; son beau-père, le seigneur *de Courteville*, grand bailly et capitaine d'Audenarde et Peteghem, fut tué, par les rebelles, à la surprise de cette ville ; enfin, que lui-même exerce depuis plus de dix ans la charge de grand bailly d'Ypres.

(XLIIIe registre des Chartes, folio 41).

26 JANVIER 1601. — DES PRETZ. — Lettres d'anoblissement (1) données à Bruxelles pour Fourcy *des Pretz*, seigneur de Grancourt, et Claude *des Pretz* (2), son

---

(1) Ces lettres furent aussi enregistrées au registre de l'élection d'Artois, de 1595 à 1607, folio 119.

(2) Cette famille s'est éteinte à Douai et à Inchy, il y a environ 15 ans.

neveu, et enregistrées le 1ᵉʳ juin 1602, moyennant finance de 100 livres d'Artois.

Fourcy *des Pretz*, autrefois conseiller et receveur-général des aides ordinaires et extraordinaires d'Artois, seigneur de Grancourt-en-Baralle et Buissy, échevin d'Arras, gouverneur et bailly du comté de Bucquoy, expose qu'il a recouvré plusieurs titres et renseignements servant à justifier la noblesse de ses ancêtres; que plusieurs, du surnom de *des Pretz*, du pays d'Artois et lieux voisins, sont tenus pour nobles et qu'il avait présenté une requête aux élus d'Artois. Il parle d'Angelin *des Pretz*, son oncle, de son frère Gilles *des Pretz*, son aïeul, mort à Valladolid, en 1506, à la suite du Roi, en Espagne, et dit que, craignant de ne pouvoir établir suffisamment la preuve de sa noblesse, faute de quelques titres qui lui manquent, il se voit contraint de supplier Sa Majesté de l'honorer, de nouveau, du titre de noblesse, ainsi que Claude *des Pretz*, son neveu, fils adoptif et héritier apparent.

Armes : *De sable à 3 fasces d'argent, sur le tout un écusson de sable, chargé de 3 lions rampants d'argent, couronnés et lampassés d'or, posés 2 et 1.*

(XLIIIᵉ registre des Chartes, folio 72).

5 Février 1601. — DU TAILLY. — Lettres d'anoblissement (1) données à Bruxelles pour Antoine *du Tailly* ou *Taillick*, seigneur de Sanguehem, lieutenant de la compagnie d'infanterie wallonne du seigneur de Marles. Elles furent enregistrées le 4 mai suivant, moyennant finance de 150 livres d'Artois.

Le narratif nous fait connaître que Martin *du Tailly*, père de l'exposant, lieutenant de la compagnie d'infanterie wallonne du seigneur de Lecou dit Laboure, a assisté à la prise et démolition du château d'Hesdin en 1553, à la défaite de Fléchinel où il fut laissé pour mort à la journée de Monte-les-Térouane où, blessé aux deux bras et estropié, il fut mené prisonnier à Térouane, à la prise de laquelle il a servi ; qu'il a été au secours du château de Renty, en 1554, où l'empereur l'anoblit avec plusieurs autres capitaines et officiers ; qu'ensuite il se trouva, en 1558, à la bataille de Gravelines et fut nommé lieutenant de la compagnie d'infanterie du seigneur de Morbecque, gouverneur d'Aire jusques environ 1575 ; qu'il se retira alors en sa maison de Fuenansart, hameau dépendant du fief où il termina ses jours, passant pour gentilhomme, jouissant des exemptions des nobles, comme il apprit par information.

(1) Ces lettres furent également enregistrées au registre de l'élection d'Artois, de 1597 à 1607, folio 115.

Ledit Antoine, entré au service, dès l'âge de 14 à 15 ans, en la compagnie du seigneur *du Plantin*, puis en la bande d'ordonnance du comte *du Rœux*, alla au camp de Bonn, au secours du duc de Lorraine, puis, devenu alfere de la compagnie d'infanterie du comte de Marles, il assista à la prise de Châtelet, Dourlens, Cambray, Calais, où il fut un des premiers à l'assaut de la citadelle, et remplaça le lieutenant de sa compagnie qui y fut tué et, en 1597, empêcha les Français, qui s'étaient presque rendus maîtres de la porte Baudimont à Arras et avaient rompu les pont-levis, porte, etc., de passer la dernière grille, en les attaquant, avec quelques soldats, avec tant d'audace qu'ils durent se retirer. Les archiducs l'anoblirent lui et sa postérité née et à naître en légitime mariage.

ARMES : *D'argent à 3 vers-montants de gueules tenant chacun une branche d'olivier de sinople en leurs pattes, posés 2 et 1 ; casque treillé de 3 treilles, bourlet et lambrequins d'argent et de sinople.* Cimier : Un oiseau avec une branche d'olivier pareil à ceux de l'écu.

(XLIIe registre des Chartes, folio 141).

17 JUILLET 1601. — VAN NIEUWENHOVE. — Lettres d'anoblissement données à Gand pour François *Van Nieuwenhove*, seigneur dudit lieu, de Berghes, etc., et enregistrées le 8 août suivant, moyennant finance de 120 livres d'Artois.

François *Van Nieuwenhove*, seigneur dudit lieu, de Berghes, etc., dépositaire de la gouvernance de Lille, était fils de Henri, plusieurs fois échevin de la ville de Tenremonde où il résidait, qui, durant les troubles et guerres, avait perdu une partie de ses biens et avait été emprisonné en servant le Roi. Ces lettres disent en outre que lui François, à l'exemple de son père et de ses ancêtres, avait toujours fidèlement servi ses souverains et était partout reconnu comme issu de la vraie lignée de *Nieuwenhove*, dont il portait les armoiries. Le souverain, toutes ces choses considérées, le déclare noble et, en tant que besoin, l'anoblit lui et ses enfants nés et à naître.

ARMES : *D'azur à 3 besans d'or en chef et une coquille d'argent en pointe ; casque treillé.*
Cimier : Un léopard naissant d'argent lampassé de gueules.

(XLIIIe registre des Chartes, folio 86).

9 Aout 1601. — FENTIN. — Lettres d'anoblissement données au camp devant Ostende pour François *Fentin*, prê.re, et enregistrées le 20 décembre suivant, moyennant finance de 40 livres d'Artois.

François *Fentin*, prêtre, natif et résidant à Ypres, expose qu'il est fils aîné d'Olivier *Fentin* et de noble feue dame Marie *Dœulle*, dame de Maubus et de Bois-Rosel, fiefs nobles et seigneuries relevant du souverain à cause du château d'Aire, aujourd'hui propriété d'Olivier *Fentin* et devant lui revenir comme fils aîné ; que Malin et Olivier *Fentin*, ses grand-père et père ont toujours été au service de leurs souverains, le premier comme conseiller, et le second comme greffier de la ville d'Ypres, et seraient réputés pour nobles ; que lui, désirant obtenir une place de chanoine et prébende noble et n'étant pas certain de pouvoir bien démontrer les titres de noblesse de ses ancêtres, il priait leurs altesses de l'anoblir, ce qui lui fut accordé.

Armes : *Ecartelé aux 1 et 4, d'or à 3 massacres de cerfs de gueules et une molette d'éperon de sable en abîme ; aux 2 et 3 d'or à la bande de sable. Casque treillé.* Cimier : Un cigne couché s'issorant d'argent becqué de gueules ; supports : Deux griffons de sable.

(XLIVe registre des Chartes, folio 109).

5 Septembre 1601. — VLAEMINCK. — Lettres d'anoblissement données au camp devant Ostende en faveur de Louis *Vlaeminck*, licencié ès-lois, avocat postulant au Conseil de Flandre, et enregistrées le 18 juin 1603, moyennant finance de 30 livres d'Artois.

Ledit *Vlaeminck*, licencié ès-droits, avocat postulant au Conseil de Flandre, clerc tonsuré de l'évêque d'Ypres, remontra qu'il a fait ses études à Douai, Alcale, Henares, Louvain et ailleurs ; que ses ancêtres se sont toujours bien et honnêtement maintenus sans faire acte de dérogeance, ayant été échevins de la ville d'Ypres. Désirant obtenir une prébende en l'église cathédrale de la ville d'Ypres et devant pour cela faire vérifier sa noblesse, ce qui lui serait très difficile, n'ayant pas les pièces suffisantes, même l'anoblissement d'un Pierre *Vlaeminck*, il demande donc d'être confirmé dans sa noblesse ou anobli de nouveau.

Armes : *D'argent à une croix de gueules cantonnée de 4 fleurs de lys de même ; casque treillé.* Cimier : Un griffon naissant de couleur aquilin (*sic*).

(XLIIIe registre des Chartes, folio 168).

3 Novembre 1601. — LE RICQUE. — Lettres d'anoblissement données au camp devant Ostende en faveur de Jean *Le Ricque*, licencié ès-droits, et enregistrées le 18 mai 1602, moyennant finance de 100 florins.

Jean *Le Ricque* expose qu'il est issu de bons et honorables parents, habitant Arras ; qu'il est allié à Isabeau *Le Grand*, petite-fille de feu Robert *Hapiot*, connu pour avoir exercé la charge de greffier du Conseil d'Artois pendant 30 ans environ et avoir rendu de grands services pendant les troubles de 1578, malgré son grand âge (il avait alors 70 ans), et pour avoir contribué à faire remettre en liberté le magistrat emprisonné par les rebelles ; que lui, Jean *Le Ricque*, avait été échevin d'Arras plusieurs fois ; qu'il avait été député des Etats d'Artois à la Cour ; que le magistrat d'Arras, confiant dans ses bonnes qualités, lui avait remis l'une des clefs des chartes de la ville d'Arras, l'avait exempté du guet et de garde, sa vie durante ; que, portant armoiries comme les nobles et étant allié et parent à plusieurs personnes reconnues pour nobles, il demandait à être, ainsi que ses enfants, maintenu en l'état et qualité de noble.

Armes : *D'argent à un chevron de gueules chargé de 3 roses d'argent œillées d'or et feuillées de même ; casque treillé, les lambrequins et bourlet de gueules et d'argent.* Cimier : Une aigle issante de gueules, becquée d'or.

(XLIII⁰ registre des Chartes, folio 69).

3 Décembre 1601. — BOMMAERE. — Lettres d'anoblissement données au camp devant Ostende à Pierre *Bommaere*, licencié ès-lois, et enregistrées à la Chambre des comptes, le 12 janvier 1602, moyennant finance de 300 livres d'Artois.

Dans l'exposé, on voit que ledit *Bommaere* est originaire d'Ypres, où ses ancêtres, tant paternels que maternels, ont toujours suivi la religion catholique et tenu le parti du Roi ; qu'ils ont occupé plusieurs charges dans cette ville ; que plusieurs d'entre eux ont fait partie du magistrat ; qu'enfin François *Bommaere*, son oncle, a rendu de grands services comme greffier de la Salle et châtellenie d'Ypres et qu'il est pourvu de biens, rentes et revenus suffisants pour vivre honorablement.

Armes : *D'argent au chevron de sable accompagné de 3 fers de moulin de même ; casque treillé.* Cimier : Un griffon.

(XLIII⁰ registre des Chartes, folio 115).

14 Juin 1602. — CASTELLAIN. — Lettres d'anoblissement données à Bruxelles pour Nicolas *Castellain*, licencié ès-lois, lieutenant et mayeur de Saint-Omer. Elles furent enregistrées le 3 avril 1604, moyennant finance de 200 livres d'Artois.

Nicolas *Castellain*, dans le narratif, nous apprend qu'il est fils de feu Nicolas, receveur des aides d'Artois au quartier de Saint-Omer, et de Marguerite *Gavelle*, née de père et mère nobles, et ledit feu Nicolas d'une demoiselle *Rithane*, famille appartenant à l'ancienne noblesse du Boulonnais; qu'il a pris ses degrés de licence ès-droits, a été plusieurs fois échevin de Saint-Omer et depuis est lieutenant et mayeur de cette dite ville; qu'il a toujours vécu honorablement, est pourvu d'un patrimoine suffisant; que son aïeul paternel tenait rang entre les gentilshommes du pays, mais, qu'à cause des guerres, il lui serait difficile d'en faire la preuve; c'est pourquoi il s'adresse à son souverain qui l'anoblit, ainsi que sa postérité née et à naître en légitime mariage.

ARMES : *Ecartelé* aux 1 et 4 *de sable, au château crénelé d'argent*, aux 2 et 3 *de gueules à l'écusson de même chargé d'une croix d'or, le chef du quartier échiqueté d'argent et d'azur de 3 traits.*

(XLIVe registre des Chartes, folio 28).

4 Novembre 1602. — DE MAUBUS. — Ferdinand *de Maubus*, seigneur de Schoondorp, fut reconnu noble par les officiers fiscaux après information sur sa noblesse.

(Registre aux placards, B, 1836, folio 95).

1603, Bruxelles. — SPINOLA. — Erection en comté de la terre et seigneurie de Bruay, au profit de don Gaston *Spinola*, chevalier de l'ordre de Saint-Jacques, gouverneur de Limbourg, dont la vie toute entière s'est passée dans les champs de bataille et dont trois frères sont morts à la guerre, et de sa femme Marie *de Renty*, dame d'Embry et de Bruay.

(LVIe registre des Chartes, folio 68).

10 Février 1603. — MAES. — Lettres de chevalerie données à Gand pour Philippe *Maes* (1), écuyer, seigneur de Badeghem, conseiller et président de la Chambre des comptes à Lille.

Armes : *De sable, à 2 quintefeuilles d'argent, l'un en chef sur le second quartier, et l'autre sur la pointe de l'écu; au franc canton d'or chargé d'un double roc d'échiquier de gueules.*

(LIXe registre des Chartes, folio 148).

13 Août 1603. — WAIGNON. — Lettres d'anoblissement données à Bruxelles pour Antoine *Waignon*, écuyer, seigneur des Marlières, homme d'armes de la compagnie d'ordonnance du seigneur de Barbançon, et enregistrées le 18 janvier 1611, moyennant finance de 50 florins.

Antoine *Waignon* expose dans le narratif que, depuis l'âge de 16 à 17 ans, il sert ses souverains, premièrement en qualité de gentilhomme de la compagnie du sieur de Proue, en garnison à Bruges, sous le régiment du comte de Rœux, depuis au régiment du sieur de Floyon, au camp de la ville de Zirixzée, nommé ensuite capitaine dans le régiment du comte de Henin, et, après la réformation de ce régiment, capitaine des troupes du marquis de Renty, en l'an 1578, où il resta deux ans; mais ledit régiment étant aussi réformé, il entra dans les compagnies d'hommes d'armes où il sert encore, ayant en cette qualité servi au camp de Sa Majesté, tenant la ville de Bommel assiégée, et s'est trouvé depuis, avec les compagnies du marquis de Havré et prince de Chimay, à la défaite des Reistres, près de Bâle, en Suisse. Il expose aussi qu'il a été au ravitaillement de Paris, s'est trouvé aux monstres générales, équipé d'armes et de chevaux, selon sa qualité, au dernier mandement de son souverain qu'il sert depuis 34 ans, a reçu plusieurs blessures, a été fait prisonnier plusieurs fois et a dépensé une partie de ses biens au service ; que Philippe *de Waignan*, son grand-père, a servi comme homme d'armes de la compagnie d'ordonnance de Floris d'Egmont, comte de Bure, puis comme capitaine du château de Dandicifer; qu'Adrien *Waignon*, aussi écuyer, son père, a également été au service militaire, sous l'empereur Charles; que Etienne *Waignon*, oncle de Philippe, rapporté ci-devant, était en son vivant chevalier, sommelier de l'empereur Maximilien ; que Simon *Waignon* dit

---

(1) Nous croyons qu'il était conseiller et greffier des Etats de Brabant, lorsqu'il fut créé chevalier; ce n'est qu'en 1618 qu'il fut nommé à la Chambre des comptes.

Holleville, écuyer, seigneur de Fervillers, frère du remontrant, a rendu de notables services comme homme d'armes et capitaine du régiment de feu Philippe, comte d'Egmont; que tous ont été alliés noblement et porté pour armoiries : *D'argent au chevron de gueules, accompagné de 3 maillets de sable, 2 en chef, 1 en pointe; casque ouvert.* Cimier : Un chien en forme de braque de port de sable, les lambrequins de gueules. Il expose en outre que ses prédécesseurs ayant perdu leurs titres qui furent brûlés dans leurs résidences à Bondues et à Lincelles, en 1582, par les ennemis qui occupaient la ville de Menin, il ne peut prouver sa noblesse, bien que, de tous temps, ses prédécesseurs ont joui des priviléges, exemptions et franchises appartenant à gens nobles.

(XLVII° registre des Chartes, folio 116).

26 Aout 1604. — MORANT. — Lettres d'anoblissement données à Bruges pour François *Morant,* guidon de la compagnie d'hommes d'armes du comte Frédéric de Berghe, et enregistrées le 9 novembre 1605.

Ledit *Morant* expose que, suivant l'exemple de ses grand-père et père, il avait, avec son frère, servi en qualité d'homme d'armes, depuis 16 à 17 ans, premièrement soldat aux chevau-légers, puis homme d'armes de la compagnie du feu seigneur de Bailleul, avec lequel, étant aux rencontres que fit le feu comte d'Egmont en France, au premier rang de l'escadron, il fut fort blessé et eut son cheval tué; nommé depuis guidon, il assista au secours de Paris, Rouen, aux siéges de Dourlens, Cambray, secours d'Amiens, où il eut un cheval tué et fut fait prisonnier par les Français; qu'il assista au siège de Grave, fut nommé gouverneur du château de Ligne-sur-Canche, distant de Dourlens de deux lieues; qu'il fit la guerre avec 50 chevaux et 30 piétons avec lesquels il s'empara d'un grand butin, que 120 chevaux ennemis avaient levé en Artois; puis défit en une autre rencontre quelque cent piétons français, près d'Auchichau; que tous ces faits sont attestés par des certificats des divers chefs avec lesquels il s'est trouvé; enfin qu'il est allié à ceux *de Courcol,* qui sont gentilshommes en Artois, et vit honnêtement et en gentilhomme.

Armes : *D'or à 3 merlettes de sable.* Cimier : Un homme armé avec l'épée à la main.

(XLIV° registre des Chartes, folio 223. — Manuscrit Palisot de Beauvois, tome I, folio 117).

1605, Bruxelles. — DE SAINTE-ALDEGONDE. — Erection en comté de la seigneurie de Sainte-Aldegonde, située dans la ville de Saint-Omer en faveur de Maximilien *de Sainte-Aldegonde*, baron de Noircarmes et de Maingoval, chevalier de la Toison-d'Or, alfère et capitaine d'une compagnie d'ordonnance, dont le père, Philippe *de Sainte-Aldegonde*, est mort le 5 mars 1574, à Utrecht, des suites d'un coup de mousquet, qui, au siége de Harlem, en 1572, lui avait emporté une partie de la joue.

Les lettres nous apprennent que ce Philippe *de Sainte-Aldegonde* avait été, pendant sa vie, conseiller-chef des finances, grand-bailly de Hainaut, gouverneur de Cambrai, et commandant l'armée des Pays-Bas ; s'était, en 1567, emparé des villes de Tournay, Valenciennes, Maestricht, Amsterdam, et avait taillé en pièces, à Waterloo, une troupe de 3000 rebelles, qui allaient se joindre aux insurgés de Tournai, etc.

ARMES : *D'argent au chef de gueules, un bâton de sable brochant sur le tout ; écartelé d'or, à la bande de sable, chargée de 3 coquilles d'argent posées dans le sens de la bande*, qui est *de Noircarmes*.

(XLIV° registre des Chartes, folio 182).

13 JANVIER 1605. — ROSE. — Lettres d'anoblissement données à Bruxelles pour Louis *Rose* dit *de Rosa*, licencié ès-lois, seigneur de Vaux et Ister, conseiller au Conseil d'Artois, et enregistrées le 30 août suivant, moyennant finance de 200 livres d'Artois.

Louis *Rose* remontre qu'il est fils d'Antoine *Rose*, en son vivant avocat du Roi à la gouvernance d'Arras, pendant 22 ans, puis procureur-général du Conseil d'Artois, et petit-fils de Pierre *Rose*, homme de bonne réputation, décédé pendant les guerres, à Saint-Omer, laissant, outre Antoine *Rose* ci-dessus, deux autres fils : 1° Noël *Rose*, secrétaire de feu Philippe, roi de Castille, et doyen de l'église Notre-Dame de Saint-Omer ; 2° Jean *Rose*, docteur ès-droits, archidiacre de l'église Notre-Dame d'Arras, lesquels, oncles paternels dudit remontrant, ont toujours vécu fort honorablement, portant armoiries publiquement, ainsi qu'on peut le voir sur leurs tombeaux ; qu'enfin ledit remontrant, au service des souverains dès l'an 1569, a été nommé lieutenant particulier de la gouvernance d'Arras, a exercé cette charge l'espace de 15 ans ; qu'alors il s'est souvent exposé en procédant à l'emprisonnement des rebelles et séditieux ; qu'en récompense de sa conduite, il avait été nommé procureur-général du Conseil d'Artois, avait exercé cette charge 2 ans, puis nommé alors conseiller au même Conseil, avait continué à servir Sa Majesté dans cette dernière charge depuis 18 ans ; qu'il était allié à une femme noble et avait toujours porté les mêmes armes que ses prédécesseurs et était qualifié d'écuyer dans les diverses commissions lui conférant les charges susdites, tant à cause de ses services et descentes honorables que de sesdits états.

Armes : *Fascé de gueules et d'argent de 6 pièces, chargé de six roses, savoir : 3, 2 et 1, de l'un à l'autre, au chef d'or, à un vol de sable lié de même.* Cimier : Un vol semblable à une rose de gueules au-dessus.

(XLIVᵉ registre des Chartes, folio 201).

21 Avril 1605. — DE MONCHEAUX. — Sentence du Conseil des archiducs de Bruxelles qui déclare noble Martin *de Moncheaux*, fils de feu Louis, écuyer, gouverneur de Bouchain, et qui fut, pour cette raison, exempté du droit de nouvel acquêt.

(Registre aux placards, B, 1836, folio 160 verso).

7 Juillet 1605. — DAENS. — Lettres d'anoblissement (1) données à Bruxelles pour Nicolas *Daens*, seigneur de Bonnichit (*alias* Bovinchiet), Parquet, Chelers en partie, natif du pays de Bredenarde, et enregistrées le pénultième février 1606, moyennant finance de 300 livres d'Artois.

Le narratif nous apprend que Nicolas *Daens* demeure à Saint-Omer, est fils de Jacques *Daens*, en son vivant seigneur de Bonnichit, de Parquet, et d'Anne *Brunnick* ; ledit Jacques, fils de Guillaume *Daens*, seigneur de Bonnichit, qui demeurait au pays de Bredenarde et avait toujours vécu honorablement, portant des armoiries, ainsi que son fils Jacques, qui, pendant longtemps, avait servi l'empereur Charles-Quint sous le comte de Rœux, puis était décédé, il y avait environ 40 ans, vivant de ses biens, sans faire aucun acte de dérogeance. Quant à sa mère, Anne *Brunninck*, elle était fille de Michel, extrait de noble génération ; que lui, arrivé à l'âge viril, avait pris du service à la suite du seigneur de la Motte, s'était trouvé en diverses expéditions contre le duc d'Alençon, prince d'Orange, Lanone, etc., puis nommé par le seigneur de la Motte, capitaine du pays de Bredenarde, « avec pouvoir d'établir lieutenants, sergeants, officiers de guerre, assembler en troupes et armes, sous son enseigne et tambourg, ceux du pays de Bredenarde, pour repousser toutes les invasions de l'ennemi, » ce qu'il a fait pendant l'espace de 9 à 10 ans, vivant en

---

(1) Ces lettres furent aussi enregistrées au registre de l'élection d'Artois, de 1595 à 1607, folio 253.

gentilhomme et s'étant marié : 1° à demoiselle *de Fernacles*, dame de La Haye, reconnue de très noble extraction, et 2° à Anne *de Bavelinge*, dame de Chelers, dont la noblesse est très notoire en Artois; que feu Nicolas *Daens*, cousin-germain de son père, était vice-amiral des côtes maritimes du comté de Flandres; qu'il est fort difficile de bien établir l'extraction de son grand-père, mort il y a plus de 80 ans, le pays de Bredenarde situé à une demi-lieue de la ville d'Ardres, ayant été totalement ruiné et brûlé plusieurs fois pendant les guerres, en 1595, avec l'église de Zintkercke où se voyaient, dans le chœur, des verrières avec les armes de ses ancêtres tant paternels que maternels.

ARMES : *De gueules à 3 fasces d'argent, l'écu timbré*, et pour cimier : Une tête de more avec un turban.

(XLV° registre des Chartes, folio 13).

12 JUILLET 1605. — MINEZ. — Lettres d'anoblissement données à Bruxelles pour Antoine *Minez*, bourgmestre de Namur, et enregistrées à Lille, le 12 août 1606, moyennant finance de 200 livres qui lui fut remise en vertu de lettres, du 10 janvier 1606, par leurs Altesses.

Antoine *Minez* remontre qu'il y a 40 ans qu'il a été nommé lieutenant-mayeur de Namur; que, lorsque les ennemis passèrent la Meuse en dessous de Maestricht et surprirent Mons, il se comporta si bien que la ville de Namur fut exempte de garnison, et fut, en récompense de sa conduite, nommé échevin de la ville, tout en conservant sa place de lieutenant, (chose qu'on n'avait jamais vu auparavant et qu'on ne vit plus); qu'il fut pourvu de la charge de mayeur, vacante par la retraite du sieur *de Marche*, puis après receveur de Flerut et de Viesville, ensuite bailly dudit Viesville, et, en 1586, élu bourgmestre de Namur, charge qu'il a occupée pendant 14 ans sans discontinuation, sauf deux années où il avait été choisi pour premier échevin de la ville; qu'en 1590, il avait été fait lieutenant du bois de Namur et qu'en 1578, sous don Jean d'Autriche, il avait aussi exercé la charge de commis aux vivres de l'étape de Namur.

ARMES : *De sinople à 3 étoiles d'argent. Casque ouvert treillé; lambrequins, bourlet de sinople et d'argent.* Cimier : Un vol de sable avec une étoile d'argent au milieu.

(XLV° registre des Chartes, folio 80).

3 Octobre 1605. — DU CHASTEL. — Erection en vicomté des terres et seigneuries d'Haubourdin et Emerin, relevant du comté de Hainaut, pour Nicolas *du Chastel*, seigneur de la Howardrie (1).

(XLIVe registre des Chartes, folio 218).

16 Février 1606. — DE THIERRY. — Lettres d'anoblissement données à Bruxelles pour Wallerand *de Thierry*, licencié ès-droits et procureur-général de Saint-Omer, Tournehem et pays de Bredenarde. Ces lettres furent enregistrées le 26 juin suivant, moyennant finance de 200 livres d'Artois.

Ledit *de Thierry* expose que Louis *de Thierry*, son père, a toujours suivi le parti de Sa Majesté pendant 28 ans; qu'il a été forcé, pour éviter les menaces des rebelles, de quitter Saint-Omer; que lui-même, à l'exemple de son feu père, depuis 12 ans environ, sert son souverain avec fidélité; que tous les deux et leurs prédécesseurs, depuis 200 ans et plus, portent armoiries timbrées, selon qu'on peut le voir dans diverses épitaphes et mémoires en la ville d'Arras; qu'ayant perdu leurs titres, pendant les guerres, ils ne peuvent prouver, justifier suffisamment leur extraction noble, etc., etc.

Armes : *De gueules, à la fasce d'argent, accompagnée de 3 merlettes de même, 2 en chef, 1 en pointe. Sur le casque, une licorne.*

(XLVe registre des Chartes, folio 206).

27 Février 1606. — DE LOYERS. — Lettres de chevalerie données à Bruxelles pour Antoine *de Loyers*, seigneur de Terbourcq, au service depuis l'âge de seize ans, qui a assisté au siége de Tournai, comme soldat au régiment du baron d'Aubigny, en la compagnie du capitaine Siméon, puis enseigne de cette compagnie, cornette et lieutenant de la compagnie du sieur de Beugniatre, et enfin lieutenant de deux cents chevaux cuirassiers sous la charge du sieur de Pallant.

On voit également dans ces lettres qu'il s'est allié à Iolente *Sénélart*, fille d'Antoine, écuyer, seigneur de la Cocquerie et de Jossine *de Cabilleau*, et qu'il a accepté la

---

(1) Les lettres données à Bruxelles sont rapportées *in extenso* dans la généalogie de la famille *du Chastel* et dans Piplemont, tome III, page 34.

charge d'enseigne de la compagnie d'hommes d'armes du prince d'Orange ; qu'il avait quatre frères : 1° Que le plus jeune, enseigne du capitaine Nieuport, est mort au siége d'Ostende ; 2° que le second a servi dans le régiment du comte de Bruay, puis en Hongrie ; que, fait prisonnier par les Turcs au siége d'Agria, il est encore esclave ; 3° que le troisième, religieux à l'abbaye d'Aulne, a été choisi, à cause de sa vertu, pour prieur, à l'âge de vingt-sept ans ; 4° que le quatrième a été nommé, par Albert et Isabelle, prélat de Saint-Martin, à Tournai ; enfin qu'il est fils de Toussaint *de Loyers*, en son temps homme d'armes de la compagnie du feu comte de Boussu, qui a assisté aux batailles de Gravelines, Renty et Saint-Quentin, « où que tous hommes d'armes furent faits gentilshommes et aulcuns chevaliers, » et de Françoise *Du Bus*, fille de Pierre, écuyer, bailli de la ville de Lillers et de Charlotte *de Mons*.

(Manuscrit Palisot, tome I, folio 121. — Archives départementales du Pas-de-Calais, registre aux commissions, II, folio 473).

3 Juillet 1606, Bruxelles. — BERTHEAU. — Anoblissement, par lettres enregistrées à Lille, le 13 juin 1607, moyennant finance de 200 livres d'Artois, d'Antoine *Bertheau*, seigneur de Perroy, guidon de la compagnie d'ordonnance de Bucquoy.

Nous voyons, dans le narratif, qu'il est fils de Jean, receveur du domaine d'Hesdin ; qu'il sert, dans les armées, depuis 23 ans, s'est trouvé aux siéges de Tournai, Gand, Cambrai, Anvers, Le Catelet, Doulens, etc., etc., et qu'il avait épousé Catherine *de Rebreviette*.

Armes : *Contrefascé d'argent et de gueules et un écusson de gueules, sur le tout un cigne d'argent.*

(XI.V° registre des Chartes, folio 197).

23 Aout 1606. — DE FORMANOIR. — Lettres d'anoblissement données à Bruxelles en faveur de Pierre *de Formanoir* ou *Fourmanoir*, échevin de la ville de Tournai et capitaine d'une compagnie bourgeoise, et enregistrées le 13 janvier 1608, moyennant finance de 300 livres d'Artois.

Pierre *de Formanoir* fait valoir que ses ancêtres se sont toujours comportés comme gens nobles, comme on peut le voir par leurs armoiries, posées en divers lieux, et ont dépensé leurs biens au service des anciens souverains, ce qui est cause qu'il a dû occuper des offices inférieurs.

Pierre *de Formanoir*, le même qui précède, devenu écuyer, seigneur de Merlain, grand prévôt de Tournai, fut créé chevalier par lettres du 17 juillet 1630. (Voir Le Roux, page 254.)

Armes : *D'or fretté de sable, les interstices remplis d'yeux au naturel. Casque treillé, ouvert; les lambrequins et bourlet d'or et de sable semés d'yeux au naturel.* Cimier : Une aigle de sable naissante membrée d'or.

(XLVIe registre des Chartes, folio 12).

6 Septembre 1606. — DESPLANCQUES. — Lettres d'anoblissement données à Bruxelles pour Rogier *Desplancques*, ou *des Plancques*, capitaine d'infanterie réformé et présentement lieutenant du seigneur de Noyelles, gouverneur de Bapaume et de sa compagnie d'infanterie y tenant garnison ordinaire. Ces lettres furent enregistrées le 21 mars 1607, moyennant finance de 400 livres d'Artois.

Rogier *Desplancques* expose que feu son père, Jean *Desplancques*, mort lieutenant du gouverneur de Bapaume, âgé de 72 ans en 1597, avait été, dans sa jeunesse, page du seigneur de Noyelles, grand-père de celui actuel; qu'il aurait été gouverneur du feu seigneur de Beaunois, aurait voyagé en Espagne, Italie et Malte, occupant plusieurs charges de guerre au service des anciens souverains, notamment contre les protestants d'Allemagne, puis, à Amsterdam, sous le duc d'Albe, contre le seigneur de Brederade, et envoyé en mission secrète par ledit duc au roi d'Espagne ; puis, de retour, créé, au camp de Mons, sergent-major du régiment de feu le comte de Henin, il commanda seul les troupes qui avaient défait le sieur Janlis qui venait secourir la ville de Mons; que, nommé alors capitaine, il était entré à Mons avec 5 compagnies dudit régiment, dont il aurait eu le commandement en chef, l'espace de 28 mois, sous le feu comte de Lallaing, gouverneur-général du Hainaut; qu'il avait été capitaine, sous le seigneur de la Motte, à Gravelines, et enfin lieutenant audit Bapaume, pendant 17 ans, s'étant toujours bien comporté comme un gentilhomme ; qu'enfin Jean *Desplancques*, à la vérité, était fils de Nicolas *Desplancques* et de Jacqueline *Destocq* ; cette dernière, issue d'une fille de Moerkerke (maison très illustre de Flandre); que lui-même, Rogier *Desplancques*, né au milieu des camps, avait commencé le métier des armes dès sa jeunesse ; d'abord page du seigneur de la Motte, pendant 4 ans, il avait ensuite traîné la pique en état de gentilhomme, sous le seigneur de Noyelles, pendant 27 ans, ayant conduit les soldats, de Bapaume à l'entreprise d'Ostende par le seigneur de la Motte, au siège de Lécluse par le feu duc de Parme ; puis, nommé capitaine en chef aux premiers secours de Paris, et, depuis, établi sergent-major sur toutes les garnisons tirées d'Artois, de Hainaut et Namur, pour le secours préparé pour le comte de Mansfelt, pour Geertrudenberg, et, après la réformation du régiment dudit duc de Parme, pourvu d'une compagnie dans le régiment du comte de Solre, il aurait alors chassé les mutinés de Sicchemet, été présent à la prise du château de Hey, aurait forcé les troupes du duc de Bouillon d'abandonner les places d'Ivoix, Serté et Chenancy, pays du Luxembourg, d'où, étant retourné après la prise du Chastelet, aurait assisté à l'assaut de Dourlens, à la prise de Cambray; que son régiment étant licencié, il était revenu à Bapaume, vers 1597, avait été retenu par le seigneur de Noyelles, qui l'avait choisi pour succéder à feu son père, dans la place de lieutenant de Bapaume, où il avait continué ses services, donnant des avertissements aux gouverneurs de Cambray et Arras, et empêchant aussi Bapaume d'être surprise par les ennemis. Enfin ledit Rogier dit qu'il a toujours été reputé et traité comme gentilhomme et en a pris la qualité dans les contrats, passe-ports et patentes, mais que le procureur fiscal en l'élection d'Artois, l'ayant mis en demeure de prouver son extraction noble, il lui serait très difficile de le faire, parce que son grand-père Nicolas, décédé depuis plus de 60 ans (pendant que son fils Jean était en bas âge et en voyage à Jérusalem, où il fut fait chevalier du Saint-Sépulcre), habitait Staden, dans le quartier de Bruges, et avait eu sa maison pillée, brûlée et ses papiers perdus.

ARMES : *D'argent à la fasce de gueules, chargée d'un croissant d'argent, à la bordure écartelée de gueules. Casque à treillis ouvert ; lambrequins et bourlet d'argent et de gueules.* Cimier : Un cigne.

(XLVe registre des Chartes, folio 156).

20 SEPTEMBRE 1606. — DE LIEPVRE. — Lettres de chevalerie données à Bruxelles en faveur de Jean *de Liepvre*, alias *Ducarue*, seigneur de Nœufville-les-Cassel et La Vastine, qui a employé toute sa vie au service de ses souverains, ayant suivi les armées et fait les voyages à ses dépens, au royaume de France, et actuellement s'emploie au service de son prince, au quartier de Cassel, en se trouvant aux assemblées des Etats dudit quartier.

(Manuscrit Palisot, tome I, folio 123. — Archives départementales du Pas-de-Calais, registre aux commissions II, page 472).

7 NOVEMBRE 1606. — MIROUL. — Lettres d'anoblissement données à Bruxelles pour Arnould *Miroul*, seigneur de Chanteraine, licencié ès-lois, et enregistrées, le 9 août 1607, moyennant finance de 500 livres.

On voit, dans l'exposé, que ledit *Miroul* est issu d'une bonne famille bourgeoise de Lille, alliée à celle des *Clicquet*, famille noble de l'Artois, etc., etc.

Armes : *De sinople à 3 têtes de cheval d'argent, bridées de gueules;* alias *de sinople, à 3 têtes d'ours, muselées de gueules; casque treillé, ouvert, lambrequins et bourlet d'or et de sinople.* Cimier : Un ours naissant aussi muselé de gueules.

(XLVᵉ registre des Chartes, folio 226).

23 Novembre 1606. — DE LE PREE. — Lettres d'anoblissement données à Bruxelles pour Julien *de Le Prée*, seigneur de Wandecque, et enregistrées le 14 février 1608, moyennant finance de 300 livres d'Artois.

Julien *de Le Prée* remontre « qu'il a toujours vécu comme un gentilhomme, ainsi que feu son père et ses ancêtres, qui ont toujours suivi le parti de leur souverain, ce qui est cause qu'ils ont éprouvé de grandes pertes en leurs biens par feux, pillages, tant en nos pays de Brabant, Flandres, Haynaut, châtellenie de Lille, que quartier de Malines ; que lui est allié à une femme noble du pays d'Artois, où il s'est toujours maintenu honorablement et même a reçu une convocation, lorsque les gentilshommes eurent l'ordre de se montrer et de s'équiper, ce qu'il a fait à ses grands frais et dépens ; que, malgré cela, le procureur fiscal d'Artois lui demande d'établir sa noblesse, ce qui lui est impossible, parce que ses prédécesseurs sont originaires du Tournaisie et que ce pays ayant été ruiné par des guerres entre les Français et les Anglais, tous leurs titres, muniments et enseignements ont été pris, brûlés ou perdus. »

Armes : *D'azur fretté d'or, au chef de même, chargé d'un lion léopardé passant et mi-partie de sable et d'azur, armé et lampassé de gueules. Casque à treillis ouvert, lambrequins et bourlet d'or et d'azur.* Cimier : Un lion léopardé naissant, mi-partie de sable et d'azur.

(XLVIᵉ registre des Chartes, folio 9).

27 Mai 1607. — DE MAILLERY. — Lettres d'anoblissement données à Bruxelles pour Pierre *de Maillery*, et enregistrées le 31 mai 1608, moyennant finance de 150 livres d'Artois.

Pierre *de Maillery*, demeurant au pays d'Artois, dit que lui, son père et son aïeul ont toujours vécu comme gentilshommes et porté le titre d'écuyers ; que son père s'est trouvé à la défaite de Talma, en 1553, en qualité d'homme d'armes en la compagnie du prince d'Epinoy ; et que, mis en demeure par les élus d'Artois, il lui serait difficile de prouver sa noblesse, ses papiers ayant été brûlés au sac d'Anvers, avec la maison de son oncle paternel, qui était l'aîné de la famille.

ARMES : *D'argent à un merle de sable membré d'or. Casque à treilles ouvertes, lambrequins et bourlet d'argent et de sable. Cimier : un vol de sable.*

(XLVI° registre des Chartes, folio 51).

22 JUIN 1607. — BETTE. — Erection en baronnie de la terre de Lède, avec adjonction de la terre de Hollebecque, par lettres données à Bruxelles en faveur de Jean *Bette*, chevalier, seigneur d'Angreau, Autreppe, Péronne, Lède, etc., etc., qui a eu l'honneur de recevoir le serment des archiducs à leur joyeuse entrée à Gand.

(XLV° registre des Chartes, folio 266).

25 JUIN 1607. — LE MARCHANT. — Lettres d'anoblissement données à Bruxelles pour Jacques *Le Marchant*, seigneur de La Haye, licencié ès-lois, échevin d'Arras. Ces lettres furent enregistrées le 13 septembre 1607, moyennant finance de 200 livres d'Artois.

Dans le narratif, ledit Jacques expose qu'il est issu d'ancienne et honorable famille, a toujours vécu noblement, comme feu son père, Nicolas *Le Marchant*, en son vivant licencié ès-lois, avocat au Conseil d'Artois, seigneur de Lohette, échevin d'Arras ; que Jean et Jacques *Le Marchant*, le premier, son aïeul, et le second, son bisaïeul, avaient été tous les deux conseillers en Cour laie ; que ses ancêtres, originaires du bourg de Fournes, en la châtellenie de Lille, portaient des armes timbrées, depuis 100 ou 80 ans, et avaient contracté des alliances nobles, savoir : ledit Nicolas *Le Marchant*, avec Yolente *de Pronville*, fille de Pierre, écuyer, seigneur de Haucourt, capitaine du château de Bellemote, fils de feu Simon *de Pronville*, chevalier, seigneur dudit lieu, et lui-même, Jacques *Le Marchant*, avait épousé : 1° Anna *Payen*, fille de Pontus, écuyer, seigneur des Essars, échevin d'Arras ; 2° Cécile *Billot*, fille de feu Jean *Billot*, écuyer, échevin d'Arras ; 3° Léonore *Carpentier*, fille de feu Jean, écuyer, seigneur de Grogilliers, avocat au Conseil d'Artois et neveu de l'abbé de Saint-Vaast d'Arras et de défunt Pierre *de Caverel*, en son temps gouverneur des pages des archiducs, gentilhomme de leur maison et gouverneur de leur pays de Lalœu, mort, au service, à la journée de Nieuport ; que ces alliances lui donnent des parentés avec la plupart des familles nobles d'Arras, mais que le bourg de Fournes, où ils résidaient, et l'église de ce lieu, ont été détruit durant les anciennes guerres, et, avec elle, les épitaphes où se voyaient les armes que ses ancêtres ont toujours portées, qui sont : *D'azur, à un écusson d'argent, chargé d'une patte de griffon de sable et surmonté de 3 merlettes d'or, rangées en fasce, avec casque, lambrequins et autres marques d'armoiries nobles* ; qu'ayant, de plus, perdu leurs papiers, il lui était difficile de prouver la noblesse de ses ancêtres. Les archiducs Albert et Isabelle l'anoblissent en considération des services qu'il a rendus au Roi catholique pendant l'espace de 9 à 10 ans, en qualité de capitaine d'une compagnie bourgeoise à Arras, notamment la nuit du 28 mars 1588, où, étant de garde sur les remparts, avec sa compagnie, il empêcha les Français de surprendre cette ville, sur les deux heures du matin.

Armes : Comme ci-devant ; *casque à treillis ouvert, lambrequins et bourlet d'or et d'azur*. Cimier : une tête de licorne.

(XLVIe registre des Chartes, folio 42).

17 Mars 1608. — IMBERT. — Lettres d'anoblissement données à Bruxelles pour Nicolas *Imbert*, seigneur de La Phalecque, échevin de Lille. Ces lettres furent enregistrées le 13 février 1609, moyennant finance de 115 livres d'Artois.

Nicolas *Imbert*, natif d'Arras, demeurant à Lille, remontre « que, pendant les troubles et guerres, il a rendu de grands services à ses souverains, en l'assemblée des Etats de Lille, Douai et Orchies, en qualité d'échevin de Lille ; qu'il est pourvu de bons et notables moyens pour honorablement s'entretenir en gentilhomme, mais qu'il n'ose se placer au rang des nobles sans avoir été auparavant anobli, etc. »

Armes : *D'azur à la bande d'argent, accompagnée de 2 molettes d'éperon d'argent, placée une en chef, l'autre en pointe. Casque à treilles ouvertes ; lambrequins et bourlet d'argent et d'azur*. Cimier : Un léopard assis au naturel.

(XLVIe registre des Chartes, folio 119. - Archives départementales du Pas-de-Calais, registre aux commissions, tome II, page 511. — Manuscrit Palisot, tome I, folio 127).

10 Mars 1609. — DE SEUR. — Déclaration de noblesse pour Jean *de Seur*, écuyer, greffier de la Chambre des comptes, à Lille. Ces lettres, données à Bruxelles, furent enregistrées le 27 février 1610.

Jean *de Seur*, d'après le narratif, avait été auparavant secrétaire du duc de Sessa, ambassadeur à Rome, et de dom Balthazar de Buniga ; puis, étant lui-même ambassadeur en Italie, à Rome, en Espagne et aux Pays-Bas, il avait rendu en cette qualité de grands services aux archiducs. Ledit narratif nous apprend aussi qu'il était fils de Jean, capitaine et commandant des francs-bourgeois de la Roche.

(XLVIIe registre des Chartes, folio 7).

24 Mars 1609. — DENIS. — Lettres d'anoblissement données à Bruxelles pour Antoine *Denis*, licencié ès-droits, conseiller au Conseil d'Artois et enregistrées le 28 janvier 1610, moyennant finance de 300 livres d'Artois.

Le narratif nous apprend qu'Antoine *Denis* est fils d'Adrien *Denis*, licencié ès-droits, avocat postulant au Conseil d'Artois et échevin d'Arras pendant 21 ans; que ce dernier, pendant les troubles, en 1578, a été emprisonné avec l'archevêque de Cambrai, lors élu abbé de Saint-Vaast, et autres notables d'Arras, et a toujours servi ses souverains avec fidélité; que lui-même, s'étant fait recevoir licencié ès-droits, avait été avocat au Conseil d'Artois, puis nommé procureur-général dudit Conseil, puis envoyé, avec les députés, en France, aux dernières conférences, pour y défendre les droits de son souverain; qu'après avoir été, pendant 10 ans, procureur-général, il avait été nommé conseiller au même Conseil et, en cette qualité « commis à la liquidation et taxation du droit de nouvel acquêt qui s'est levé cette année en notre pays d'Artois; qu'il s'est bien acquitté de cette fonction et a contribué à éclaircir plusieurs points douteux sur ledit droit. »

Armes : *D'argent, au chevron de gueules, accompagné en chef de 2 losanges de sinople, et en pointe d'une grenade sans fleur, aussi de sinople, tigée et feuillée de même, et ouverte de gueules. Casque à treilles ouvertes; lambrequins et bourlet d'argent et de gueules.* Cimier : Un cigne d'argent becqué de gueules.

(XLVIe registre des Chartes, folio 270).

19 Septembre 1609. — MARON. — Lettres d'anoblissement données à Bruxelles pour Nicolas *Maron*, alias *Macon*, seigneur de Bomal-les-Serain, qui a servi pendant 14 ans comme archer de corps de Philippe II. Ces lettres furent enregistrées le 20 septembre 1621, moyennant finance de 300 florins.

Il était natif du comté de Namur et avait pour armes : *D'or, à 3 flammes de gueules, casque à treilles ouvertes; les lambrequins et bourlet d'or et de gueules.*

(LVIIe registre des Chartes, folio 57).

20 Mars 1610. — BRONGNIART. — Lettres d'anoblissement données à Bruxelles en faveur d'Antoine *Brongniart*, ou *Brougniart*, seigneur de Cauroy, avocat au Conseil d'Artois, et enregistrées le 19 mars 1611, moyennant finance de 500 livres d'Artois.

Armes : *D'or (au sautoir d'azur), à 3 têtes de léopards d'azur, lampassés de gueules, 2 et 1. Casque à treilles ouvertes ; lambrequins d'or et d'azur.* Cimier : Une tête de léopard, aussi d'azur, lampassée de gueules.

(XLVIIe registre des Chartes, folio 164).

26 Mars 1610. — DE SIRE. — Lettres d'anoblissement données à Bruxelles en faveur de François *de Sire*, seigneur de Goigné au comté de Namur, capitaine de cavalerie, blessé à la joue droite d'un coup d'arquebuse qui a mis ses jours en danger. Ces lettres furent enregistrées, le 23 juin 1636, moyennant 1,500 florins de finance.

Armes : *D'or, à une tête de sanglier au naturel armée d'argent. Casque ouvert et treillé ; les lambrequins et bourlet de sable et d'or.* Cimier : Un bras droit, enrichi d'or, tenant une épée à la main, la garde d'or.

(LXVIe registre des Chartes, folio 16°).

30 Avril 1610. — A LA TRUYE dit DE LE VIGNE. — Sentence de noblesse de la gouvernance de Lille en faveur de Sébastien *A La Truye* dit *de Le Vigne*, seigneur de La Haye à Wavrin, de Langlée à Esquermes, de Cliqueunois à Verlinghem, rendue, malgré l'opposition des officiers fiscaux de leurs altesses et grâce à l'énergie de Sébastien *A La Truye*.

(Saint-Genais, monuments anciens, tome II, page 143 et suivantes).

28 Juin 1610. — WIDEBIEN. — Lettres d'anoblissement données à Bruxelles pour Charles *Widebien* (1), licencié ès-droits, conseiller et receveur-général des aides

---

(1) Le manuscrit aux bourgeois d'Arras, appartenant à M. *d'Hagerue*, propriétaire à Lozinghien, nous apprend que Charles *Widebien*, licencié ès-lois, releva sa bourgeoisie dans cette ville le 5 septembre 1594, était fils de Jean et épousa Marie *Danel*.

ordinaires et extraordinaires du pays et comté d'Artois, seigneur de Nœufvireulle. Ces lettres furent enregistrées le 10 décembre suivant, moyennant finance de 300 livres de 40 gros, monnaie de Flandre.

ARMES : *De sable à la bande d'argent, chargée de 3 têtes de lions de gueules, lampassées de même. Casque à treilles ouvertes ; lambrequins d'argent et de sable.* Cimier : Une tête de chien bracq de sable accolée d'or.

(XLVIIe registre des Chartes, folio 107).

1611. — LE PIPPRE. — Sentence de noblesse de la gouvernance de Lille, en faveur d'Antoine *Le Pippre*, alfère, puis capitaine d'artillerie, seigneur de la Grande-Motte, du chef de sa femme Isabeau *Desbuissons* (1).

(Bibliothèque de Lille, manuscrit 295, tome III, 1re série).

12 MARS 1611, BRUXELLES. — ANDREA. — Anoblissement pour Jérôme *Andrea*, né à Lille.

ARMES : *D'azur à un lévrier courant d'argent, au collier de gueules garni d'or. Casque à 5 treilles ; les lambrequins et bourlet d'argent et d'azur.* Cimier : Une tête de lévrier, au collier de gueules, armée d'or.

(Archives départementales du Nord, XLVIIe registre des Chartes, folio 197).

8 AOUT 1611. — DE MONTMORENCY. — Erection en comté, par l'archiduc Albert, des seigneuries d'Estaires et de Zenecbergue, sous le nom de comté d'Estaires, pour Nicolas *de Montmorency*, chevalier, seigneur de Vendegies, d'Estaires et de Zenecbergue, baron d'Haverskerque, pour lui et ses hoirs mâles et, à leur défaut, pour les hoirs de son frère, Louis *de Montmorency*, seigneur de Beuvry.

(Père Anselme, *Histoire des grands officiers de la Couronne*).

---

(1) Il exerça les fonctions de lieutenant de la gouvernance de Lille et était fils de Jean *Le Pippre*, mort au siège de Tournai en 1583, et de Marguerite *Grenu*. Antoine *Le Pippre*, qui avait été prévôt de Lille en 1600, ne laissa qu'une fille, Marie *Le Pippre*, femme de Michel *Gommer*, armé chevalier, par l'archiduc Albert, en 1600.

12 Janvier 1612. — LE VASSEUR. — Erection en baronnie de la terre et seigneurie d'Esquelbecq (1), tenue du comté de Fauquembergh, par lettres données à Bruxelles, au profit de Philippe *Le Vasseur*, dit *de Guernonval*, chevalier, seigneur d'Esquelbecq, membre du Conseil de guerre, gouverneur et capitaine de la ville de Gravelines.

(XLVIIIe registre des Chartes, folio 34).

30 Juillet 1612. — CAVEREL. — Lettres d'anoblissement données à Bruxelles pour Etienne *Caverel*, licencié ès-lois, conseiller et avocat fiscal des ville et bailliage d'Aire, et enregistrées, le 15 septembre suivant, moyennant finance de 400 florins.

Armes : *D'argent, au chevron de sable, accompagné de 3 molettes d'éperons de sable, 2 en chef, 1 en pointe.* Casque à treilles ouvertes ; les lambrequins d'argent et de sable. Cimier : Un cigne au naturel assis, ayant les ailes tendues et ouvertes, tenant en son bec une bague d'or et un diamant.

(XLVIIIe registre des Chartes, folio 114).

30 Juillet 1612, Bruxelles. — DE LANGLÉE. — Erection en baronnie de la terre et seigneurie de Pecq, située dans le Tournaisie, tenue de la Cour de Main, pour Jacques *de Langlée*, chevalier, baron d'Eyne, seigneur de Pecq, souverain bailly du pays et comté de Flandre, grand bailly de Gand.

(XLVIIIe registre des Chartes, folio 190).

---

(1) La terre d'Esquelbecq avait été donnée, par testament du 13 août 1592, à Philippe *Le Vasseur*, seigneur de Guernonval, pour Valentin *de Pardieu*, seigneur de la Motte.

1ᵉʳ Septembre 1612. — GOMBAULT. — Lettres d'anoblissement données à Bruxelles pour Wallerand *Gombault*, seigneur de Manaing, originaire de Lille, et enregistrées, le 3 octobre suivant, moyennant finance de 800 florins.

Armes : *D'argent, au chevron de gueules, accompagné de 3 hures de sable, 2 en chef, 1 en pointe. Casque à treilles ouvertes ; les lambrequins et bourlet d'argent et de gueules.* Cimier : Une tête de chien de gueules entre deux épées d'arme mises en pointe, les gardes dorées et les poignées de sable.

(XLVIIIᵉ registre des Chartes, folio 122).

22 Octobre 1612. — DE PARMENTIER. — Sentence (1) de la gouvernance de Lille sur le différent mû entre Josse *de Parmentier* (2), licencié ès-droits, seigneur du Grand-Bas, à Lomme, et les officiers fiscaux de la gouvernance, ces derniers prétendant que ledit Josse n'était pas noble et ne devait pas, par conséquent, jouir des immunités attachées à cet état ; la sentence reconnaît la noblesse dudit *de Parmentier* et entérine la requête par laquelle celui-ci a établi l'authenticité de son extraction noble.

Armes : *D'argent, au chevron d'azur chargé d'un chevron d'argent, accompagné de 3 trèfles de sinople, 2 en chef, 1 en pointe.*

(Registre aux placards, B, 1837, folio 38).

25 Février 1613. — DE LANDAS. — Lettres de chevalerie données à Bruxelles pour Louis *de Landas*, écuyer, seigneur de Wannechain, issu de la noble et ancienne famille *de Landas*. Elles furent enregistrées le 12 septembre 1636.

(LXVIᵉ registre des Chartes, folio 182).

---

(1) Cette sentence se trouve aussi aux archives de la ville de Lille, registre Albert, folio 41.

(2) Josse *Parmentier* était fils de Jean, greffier de la gouvernance de Lille, et de Philippine *Picavet*, dame du Grand-Bas. Cette famille s'est éteinte au XVIIᵉ siècle.

27 Février 1613, Bruxelles. — DE LA BARRE. — Anoblissement pour Jean de La Barre, seigneur de Viesmanil, et Philippe de La Barre, seigneur de Maurage, son frère, demeurant à Mons, enregistré, le 26 juillet suivant, moyennant finance de 450 florins chacun, soit 900 pour les deux.

Armes : *D'azur, à la fasce d'or, accompagnée de 3 têtes de lions arrachées d'or, lampassées de gueules, 2 en chef, 1 en pointe. Casque à treilles ouvertes; lambrequins et bourlet d'or et d'azur.* Cimier : Une tête de lion d'or, lampassée de gueules.

(Archives du département du Nord, XLIX⁰ registre des Chartes, folio 44).

27 Février 1613. — ERCLE. — Lettres d'anoblissement données à Bruxelles pour François et Nicolas *Ercle*, frères, fils de Pierre, bourgeois de la ville d'Ypres. Elles furent enregistrées le 9 janvier 1614, moyennant finance de 700 livres de 40 gros.

Armes : *D'azur à une fasce d'or, accompagnée de 3 cornets d'argent liés et virolés d'or, 2 en chef, 1 en pointe. Casque à treilles ouvertes ; lambrequins et bourlet d'or et d'azur.* Cimier : Une encolure de cerf avec la tête au naturel, surmontée de 6 cors d'or.

(XLIX⁰ registre des Chartes, folio 114).

6 Septembre 1613. — DE MAROTTE. — Lettres de confirmation et de ratification de noblesse données à Ratisbonne, par l'empereur Mathias, en faveur de Vinand *de Marotte*, prêtre et chanoine de Liége, Jean-Nicolas et Jean *de Marotte*, ses neveux, respectivement seigneurs de Bossut, Josiau et d'Acoz.

(LXIV⁰ registre des Chartes, folio 153).

20 Septembre 1613. — HARDEVULST. — Lettres d'anoblissement données à Bruxelles pour Guillaume *Hardevulst*, bourgmestre des ville et châtellenie de Berghes-Saint-Vinock, fils de Pierre et de Jeanne *Ziloff*. Elles furent enregistrées, le 9 septembre 1614, moyennant finance de 300 florins.

Armes : *D'or, à l'aigle d'azur, membrée de gueules. Casque à treilles ouvertes, les lambrequins et bourlet d'or et d'azur.* Cimier : Un bras armé tenant au poing une épée nue garnie d'or.

(L⁰ registre des Chartes, folio 91).

2 Octobre 1613, Bruxelles. — DE CROIX. — Lettres de chevalerie pour Pierre *de Croix*, seigneur de Triestre et Prescau, rewart de la ville de Lille. Il expose que les membres de sa famille, depuis passé trois cents ans, ont été en plusieurs expéditions de guerre ; que trois de ses grands oncles sont morts au service, l'un d'eux à la bataille de Pavie ; qu'en 1573, il a perdu deux cousins, le seigneur de Ghorghemez et le seigneur de Le Court, gentilhomme de la Chambre des archiducs Mathias et Maximilien ; que plusieurs de sa maison ont été honorés du titre de chevaliers, notamment Baudouin *de Croix*, son père, seigneur d'Oyembourg.

(Archives de la ville de Lille, registre Albert, folio 157. — LXVIe registre des Chartes, folio 107, archives départementales du Nord).

4 Février 1614, *alias* 1617. — DE WASQUEHAL. — Lettres de chevalerie (1) données à Bruxelles, par l'archiduc Albert, pour Jean *de Wasquehal*, écuyer, seigneur de Lassus, Radoux et Granenbourcq, pour les services rendus en qualité de soldat de Sa Majesté, en son château de Perpignan ; pour ceux de défunt le seigneur de Lassus, son père, qui, pendant 25 ans, fut porte-guidon et enseigne de la compagnie du marquis de Roubaix, et fit deux voyages en France, sous le gouvernement du duc de Parme : l'un d'eux à ses frais et dépens, et l'autre en qualité de quartier-maître-général de toutes les compagnies d'hommes d'armes, et devint capitaine d'une compagnie d'infanterie wallonne de 300 tierches hors de régiment pour commander en la ville de Menin ; aussi pour les services de Jean *de Wasquehal*, son aïeul, qui a été, jusqu'à son trépas, porte-guidon de la compagnie d'hommes d'armes au service de Charles-Quint ; et pour ceux de Jean *de Wasquehal*, son bisaïeul, dans les armées, pendant les guerres sous l'empereur Philippe, archiduc d'Autriche. Il est issu de gentilshommes de nom et d'armes, et allié aux maisons *de Montmorency*, *Vendegies*, et à autres familles signalées comme *Saint-Venant* et *Blondel*, dont il descend du côté maternel.

(Archives de la ville de Lille, registre Albert, folio 14).

8 Février 1614, Bruxelles. — DE BAILLEUL. — Erection en comté de la terre et seigneurie de Bailleul en Artois, en y adjoignant les terres de Saint-Martin et de

---

(1) Ces lettres sont également rapportées dans le registre aux placards, B, 1837, folio 13.

Ganchin, pour Maximilien *de Bailleul*, seigneur dudit lieu, en récompense des services que lui et ses ancêtres, Antoine Pierre et Wallerand *de Bailleul*, ont rendus.

ARMES : *D'argent, à la bande de gueules.*

(Archives du département du Nord, XLIXe registre des Chartes, folio 202).

8 FÉVRIER 1614, BRUXELLES. — DE BOURGOGNE. — Erection en baronnie de la terre et seigneurie de Wacken, tenue du château de Courtrai, pour Charles *de Bourgogne*, en récompense des services qu'il a rendus, à l'imitation de ses ancêtres : son père, en qualité de vice-amiral, et son grand-père, en qualité de gouverneur de Zélande et de Middelbourg ; et aussi en considération de sa noble et ancienne extraction. (Il descendait d'Antoine, surnommé le grand-bâtard de Bourgogne.)

(L^e registre des Chartes, folio 109).

8 FÉVRIER 1614. — HAMAL-MONCHAUX. — Erection en comté de la terre de Gomegnies, par lettres données à Bruxelles, en faveur de Guillaume, baron de *Hamal-Monchaux* et de Gomegnies, dont la famille a jadis possédé le comté de Looz et est venue se fixer en Brabant, Namur, Hainaut, où elle s'est alliée aux *Trasegnies* qui descendent des anciens comtes de Hainaut.

ARMES : *D'argent, à 5 fusées de gueules rangées en fasce.*

(XLIXe registre des Chartes, folio 223).

8 FÉVRIER 1614. — DE LIGNE. — Erection en principauté de la terre-prairie et baronnie de Barbançon, en Hainaut, par lettres données à Bruxelles en faveur de Robert *de Ligne*, prince, comte d'Aremberghe.

(LIIe registre des Chartes, folio 55).

8 FÉVRIER 1614, BRUXELLES. — DE SAINT-OMER. — Erection en comté de la terre et seigneurie de Morbecque, en y adjoignant les fiefs de Scheystrach, Zinneghem, en la tenance de Morbecque, de Minqueval en la tenance d'Hazebrouck, de Zenecote en la tenance de Berquin, et de la Bourre tenue de Cassel, en faveur de Robert *de Saint-Omer*, vicomte d'Aire, seigneur dudit lieu, issu des anciens châtelains héréditaires

de Saint-Omer et des comtes de Fauquemberghe, dont il porte les armes pleines. Il a pour ancêtres : Denis *de Morbecque*, Pierre *de Morbecque*, qui a reconquis pour Maximilien Ier les villes de Saint-Omer et Dunkerque ; Jean *de Saint-Omer*, à qui fut conféré, après la mort de leur oncle, le gouvernement de la ville d'Aire.

(LIe registre des Chartes, folio 85).

8 FÉVRIER 1614. — DE RUBEMPRÉ. — Erection en comté de la terre de Vertaing par lettres données à Bruxelles, pour Philippe *de Rubempré*, seigneur de Vertaing, gentilhomme de la Chambre des archiducs, grand veneur de Brabant, dont les ancêtres se sont illustrés au service des maisons de Bourgogne et d'Autriche, et dont la famille doit son origine (s'il faut en croire une épitaphe de 1262 qui existe à Saint-Paul, à Valenciennes) à Alexandre Sans-Terre, fils maîné d'un roi de Hongrie.

(XLIXe registre des Chartes, folio 210).

10 FÉVRIER 1614. — DE THIEULAINE. — Lettres de chevalerie données à Bruxelles en faveur d'Arnould *de Thieulaine*, écuyer, seigneur du Fermont dudit Thieulaine, Sappignies, Vandeville et Billon, issu, tant du côté paternel que maternel, de noble génération ; qui a servi dans les armées, notamment tout le temps du siège d'Ostende, en qualité d'alfère entre l'infanterie wallonne et depuis, jusqu'à présent, premier lieutenant du gouverneur du pays de Lille, Douai et Orchies.

(Archives de la ville de Lille, registre rouge, pièce 378 *bis*).

5 MARS 1614. — DE NOYELLES. — Erection en comté de la terre et seigneurie de Noyelles, en Artois, tenue du château de Lens, par lettres données à Bruxelles en faveur de Hugues *de Noyelles*, seigneur dudit lieu, de Stade, Loo, Roosebeke et Calonne-Ricouart, gentilhomme de la bouche des archiducs.

ARMES : *Ecartelé d'or et de gueules.*

(XLIXe registre des Chartes, folio 216).

10 MARS 1614, BRUXELLES. — DE BERNEMICOURT. — Erection en vicomté de la terre et seigneurie de la Thieuloye pour Charles *de Bernemicourt*, seigneur dudit lieu et descendant des marquis *de Saluces*.

Les lettres mentionnent aussi qu'il est parent du baron *de Lisfeld*, en Hollande, a servi vaillamment ses princes aux siéges de Doulens, Cambrai, Calais, Ardres, etc., et a été fait prisonnier de guerre.

ARMES : *Ecartelé aux 1 et 4 d'azur au chef d'argent; aux 2 et 3 de sable semé de fleurs de lys d'or.*

(XLIX⁰ registre des Chartes, folio 225).

20 MAI 1614. — DE BLONDEL. — Lettres de chevalerie données à Bruxelles en faveur de Louis *de Blondel*, écuyer, seigneur de Werquigneul et de Ghilenghien, haut justicier de Lille et bailly de Wavrin, et enregistrées le 18 mars 1619.

Dans le narratif, on voit que Jacques *de Blondel*, l'un de ses ancêtres, a rempli, sous Charles-Quint, des charges très importantes, entre autres celle de commissaire de gendarmerie et de gouverneur de Tournai et de Tournaisie.

ARMES : *Ecartelé, aux 1 et 4 de sable à la bande d'or qui est Blondel ; aux 2 et 3 d'or fretté de gueules au franc de Wavrin, qui est d'azur à l'écusson d'argent.*

(LV⁰ registre des Chartes, folio 1).

20 JUIN 1614. — LE SERGEANT. — Lettres d'anoblissement données à Bruxelles pour Louis *Le Sergeant*, seigneur de Beaurains et Hendecourdel, licencié ès-lois, avocat au Conseil d'Artois, naguère échevin d'Arras, fils de Louis et petit-fils de Thomas *de Douai*, qui, tous les deux, ont été échevins d'Arras, notamment ledit Louis *Le Sergeant*, en 1578 et 1579, pendant les troubles où il s'est acquitté fidèlement de sa charge ; ledit remontrant s'est adonné aux études des bonnes-lettres, puis à la philosophie et jurisprudence, et s'est allié à Jeanne *Denis*, fille d'Antoine, écuyer, conseiller au Conseil d'Artois, etc., etc. Ces lettres furent enregistrées, le 20 octobre suivant, moyennant finance de 300 florins.

ARMES : *De sinople à 3 gerbes d'or liées de gueules. Casque à treilles ouvertes, lambrequins et bourlet d'or et de sinople.* Cimier : Une gerbe d'or liée comme en l'écu.

(L⁰ registre des Chartes, folio 121. — Archives du Pas-de-Calais, registre de l'élection d'Artois, de 1613 à 1639, folio 20. — Manuscrit Palisot de Beauvois, tome 1, folio 133).

1615, Bruxelles. — VAN HOUDEGHEM. — Erection en fief vicomtier du titre de Houdeghem, pour le tenir de la Cour de Cassel, au profit de Thomas *Van Houdeghem*, seigneur dudit lieu, qui a, comme ses aïeux, Antoine et Jacques *Van Houdeghem*, servi fidèlement les princes et son pays.

(LIe registre des Chartes, folio 87).

8 Avril 1615.—MAINSENT.—Lettres d'anoblissement données à Bruxelles pour Etienne *Mainsent*, seigneur de Montigny, conseiller pensionnaire de Mons.

Ces lettres furent enregistrées, le 29 octobre 1619, moyennant finance de 600 florins.

Le narratif nous apprend qu'il était seigneur de Montigny, Onnezies, Rogeries et Haultbrugghe, avait épousé la fille du seigneur de Bétisart, et appartenait à une fort bonne et ancienne famille de Mons.

Armes : *Coupé d'argent et de sable, au lion de l'un à l'autre armé et lampassé de gueules. Lambrequins et bourlet d'argent et de sable.* Cimier : Deux pattes de lion, dont l'une est d'argent, l'autre de sable, armées de gueules.

(LVe registre des Chartes, folio 134).

10 Aout 1615. — DE SAINT-VENANT. — Lettres de chevalerie (1) données à Bruxelles en faveur de Charles *de Saint-Venant*, écuyer, seigneur de La Cessoye, La Broye et Videbien.

Le dispositif nous dit qu'il est d'une ancienne noblesse militaire ; que ses ancêtres, depuis un temps immémorial, ont rendu de bons et fidèles services ; ayant son aïeul et père servi pendant les guerres de Charles-Quint et s'étant trouvés aux batailles de Saint-Quentin, Gravelines et autres ; que son père a porté les armes, dès sa jeunesse, aux dernières guerres contre les Français et les rebelles, en qualité de capitaine d'une compagnie wallonne entretenue par les Etats de Lille, avec laquelle il a tenu garnison audit Lille, Menin, Armentières et Commines, et a hasardé sa vie aux occupations où le service de Sa Majesté le requérait ; que son aïeul et père ont pris alliances honorables aux maisons *de Blondel* et *du Bois*, dont les descendants ont été honorés du titre de chevalier.

(Registre aux placards, B, 1837, folio 31).

1) Ces lettres furent aussi enregistrées aux archives de Lille, registre Albert, folio 37, verso.

— 215 —

10 Aout 1615. — DE WARENNES. — Lettres de chevalerie données à Bruxelles pour Antoine *de Warennes*, écuyer, seigneur de Bois-Grenier, issu de noble génération, originaire de France, dont le bisaïeul, Antoine *de Warennes*, a été maître d'hôtel de la reine de Hongrie ; dont le père, Claude *de Warennes*, est mort d'une blessure reçue au service de Sa Majesté catholique, pendant la guerre de France, et dont le frère, Pierre *de Warennes*, est mort au siége d'Ostende.

(Archives de Lille, registre rouge, pièce 421).

1ᵉʳ Octobre 1615. — DELIOT. — Lettres d'anoblissement données à Bruxelles pour Hubert *Deliot*, seigneur de Cerfontaine, capitaine d'une compagnie bourgeoise de la ville de Lille, et enregistrées, le 3 novembre suivant, moyennant finance de 500 florins.

Armes : *D'azur à 2 haches adossées d'argent, emmanchées d'or ; lambrequins et bourlet d'argent et d'azur.* Cimier : *Une hache pareille à celle de l'écu.*

(LIᵉ registre des Chartes, folio 223).

10 Octobre 1615. — DE FREMICOURT. — Lettres d'anoblissement (1) données à Bruxelles pour Jacques et Jean *de Fremicourt*, frères, fils de Pierre et de Bonne *Raulin*, natifs et demeurant à Cambrai. Elles furent enregistrées, le 14 février 1617, moyennant finance de 500 florins.

Armes : *D'azur, au lion d'or, armé et lampassé de gueules, une bande de gueules chargée de 5 losanges en bande d'argent, brochante sur le tout. Casque ouvert ; lambrequins, bourlet d'or et d'azur.* Cimier : *Un écureuil de gueules assis, ombré au naturel.*

(LIIᵉ registre des Chartes, folio 202).

10 Mars 1616. — PETITPAS. — Lettres d'anoblissement données à Bruxelles pour Auguste *Petitpas*, seigneur de Warcoing, résidant à Lille, neveu de Charles *Petitpas*, seigneur de Gamans, et enregistrées, le dernier mai suivant, moyennant finance de 400 florins.

---

(1) Il y a une autre lettre d'anoblissement, pour Jean, en forme de duplicata.

On voit dans le narratif qu'il avait été employé en diverses charges, telles que celles de mayeur, échevin, connétable des arbalétriers et capitaine à la manutention de Lille.

ARMES : *De sable, à 3 fasces d'argent; lambrequins d'argent et de sable.* Cimier : Un lion naissant de sable.

(LIIe registre des Chartes, folio 42).

14 AVRIL 1617. — DE NOYELLES. — Erection en comté de la terre et seigneurie de Croix, par lettres données à Bruxelles, au profit de Jacques *de Noyelles*, vicomte de Noyelles, seigneur dudit Croix, Flers, Boncourt.

Jacques *de Noyelles*, nommé chef des finances des Pays-Bas en 1632, mourut sans postérité, en 1637, et cette terre ayant été vendue, en 1677, par Eugène *de Noyelles*, marquis de Lisbourg, à Pierre-Louis *Jacops*, fut retraité par Pierre *de Croix*, seigneur du Petit-Wasquehal, qui devint ainsi seigneur de Croix en 1678 (1).

(LIIIe registre des Chartes, folio 11).

18 AVRIL 1617. — DE MERODE. — Erection en comté de la terre-seigneurie de Middelbourg, par lettres données à Bruxelles pour Philippe *de Merode*, baron de Frentz, baron des terres et seigneuries de Middelbourg, vicomte d'Ypres, maître-d'hôtel des archiducs, grand veneur de Flandre.

(LIIIe registre des Chartes, folio 6).

7 DÉCEMBRE 1617. — WALLART. — Lettres d'anoblissement (2) données à Bruxelles pour Antoine Wallart (3), licencié ès-droits, avocat au Conseil d'Artois, puis conseiller commis par feu Sa Majesté catholique en la ville de Valenciennes.

---

(1) Bibliothèque nationale, manuscrit de M. de Coupigny, page 74.

(2) Ces lettres furent aussi enregistrées au registre de l'élection d'Artois, de 1613 à 1639, folio 84.

(3) Le manuscrit aux bourgeois d'Arras nous apprend qu'il se fit recevoir à la bourgeoisie de cette ville, le 28 août 1579 ; qu'il était natif d'Aire, fils de Vincent, en son vivant échevin d'Aire, et de Jacqueline *de La Haye*. Il lui donna pour femme : 1° N... *Carpentier*, fille de Jean, écuyer, licencié ès-lois ; 2° Jeanne *de Bourdet*.

Elles furent enregistrées, le 30 juin suivant, moyennant finance de 200 florins.

Le narratif dit qu'il tient de ses parents l'assurance que sa famille descend d'un gentilhomme anglais, qui vint demeurer dans les Pays-Bas et se mit au service du duc Philippe-le-Bon, alors en guerre avec la France.

Armes : *D'or à la fasce d'azur, accompagnée de 3 losanges de sable. Sur le casque, la torque d'or et d'azur.* Cimier : Un lion naissant de sable, lampassé de gueules.

(LIVe registre des Chartes, folio 8).

24 Mars 1618. — FRANÇOIS. — Lettres d'anoblissement données à Bruxelles pour Philippe *François*, seigneur de Sepmeries et de Quevelon, natif de Mons.

Ces lettres furent enregistrées, le 10 septembre 1619, moyennant finance de 500 florins.

Le narratif expose que Severin *François*, seigneur de Sepmeries, grand-père de Philippe, a été pendant 40 ans lieutenant du grand bailly de Hainaut et, lors des troubles, après beaucoup de mauvais traitements, qu'il a été chassé, avec son fils, de la ville de Mons, où il cherchait à maintenir le peuple.

Armes : *D'azur, à la croix ancrée d'argent, cantonnée de 4 étoiles de même.*

(LVe registre des Chartes, folio 95).

25 Juillet 1618. — DE MAUBUS. — Lettres de chevalerie données à Bruxelles pour Ferdinand *de Maubus*, écuyer, seigneur de Schoondorp et de Dourles.

Elles furent enregistrées le 29 janvier 1636.

L'exposé nous apprend qu'il était fils de Georges, seigneur de Maubus-les-Aix ; qu'il avait, parmi ses ancêtres, Michel *de Maubus*, vivant en 1301, et descendait d'une fille du seigneur *de Mullem*, de la famille *de Cabillau*, laquelle possédait, avant 1337, cette seigneurie, et l'aurait conservée jusqu'aujourd'hui ; que lui-même s'était, toute sa vie, comporté en gentilhomme et s'était allié noblement à la fille de feu Alexandre *Le Blancq*, écuyer, seigneur de Meurchin ; que lui et son père avaient exposé leur vie pour le service de Sa Majesté et notamment ledit remontrant, lorsqu'il était, en 1591 et 1592, bourgmestre d'Audenarde.

(Registre des Chartes, folio 28. — Archives de la ville de Lille, registre Albert, folio 159, recto).

18 Septembre 1619. — LE FLON. — Lettres d'anoblissement données à Marimont pour Jacques *Le Flon*, seigneur de Royaulcourt, et enregistrées le 21 février 1620.

Le narratif contient qu'il est petit-fils de Mathieu *Le Flon*, fait prisonnier avec ses enfants par les Français, qui détruisirent sa demeure dans laquelle se trouvaient des papiers prouvant la noblesse de l'origine de la famille *Le Flon*.

Armes : *D'or, à une bordure et trèfle d'azur,* alias *d'azur, à un trèfle d'or, l'écu bordé de même; lambrequins et bourlet d'or et d'azur.* Cimier : Un trèfle d'azur entre un vol d'or bordé d'azur.

(LVe registre des Chartes, folio 213).

22 Octobre 1618. — DU CHASTEL. — Lettres de chevalerie, données au château de la Vuère, à Adrien *du Chastel*, écuyer, seigneur de Courchelettes, en considération des services par lui rendus et par ses ancêtres : Adrien *du Chastel*, homme d'armes de l'empereur Charles-Quint, Josse *du Chastel*, prévôt de Lannoy, Guillaume *du Chastel*, employé au service de feu la reine de Hongrie, et enfin Louis *du Chastel*, son père, prévôt de Longueville, etc.

(Registre aux placards, B, 1837, folio 25. — Archives de la ville de Lille, registre Albert, folio 24).

22 Octobre 1618. — THIEULAINE. — Lettres d'anoblissement données au château de Vueren pour Philippe *Thieulaine*, seigneur de Graincourt, licencié ès-droits, ancien échevin d'Arras, capitaine d'une compagnie bourgeoise de la ville d'Arras (1).

Elles furent enregistrées, le 20 janvier 1619, moyennant finance de 150 florins.

Le dispositif dit que l'un de ses ancêtres a été anobli par Charles VII, roi de France, en l'an 1439.

Armes : *Burelé d'argent et d'azur de 8 pièces et une bande de gueules, chargée de 3 aiglettes d'or, brochante sur le tout; lambrequins et bourlet d'argent et d'azur.* Cimier : Un more sans bras, vêtu d'azur, renversé d'argent et la tête liée de même entre deux ailes armoriées des mêmes armes que l'écu.

(LIVe registre des Chartes, folio 217. — Archives du Pas-de-Calais, registre de l'élection d'Artois, de 1613 à 1619, folio 97. — Manuscrit Palisot de Beauvois, tome I, folio 139).

---

(1) Le Raux, recueil de la noblesse de Bourgogne, etc., page 18, rapporte que Daniel *de Thieulaine*, demeurant à Lille, fut anobli le 23 janvier 1439.

25 Aout 1619, Chateau de Marimont. — LE WAITTE. — Agréation et confirmation de l'adoption de Philippe *Le Waitte* (1), seigneur de Recques, conseiller du Conseil de Hainaut, faite par son oncle maternel, Jean *Le Bourguignon*, seigneur de Chandeville, chanoine de Notre-Dame à Condé, dernier mâle de sa famille, avec la permission de prendre le nom et les armes des *Le Bourguignon*, ainsi que celle de jouir de toutes franchises et prérogatives d'honneur et de noblesse.

Ces lettres furent données par les archiducs Albert et Isabelle.

Le Bourguignon porte : *D'argent à la croix ancrée de sable ; casque d'argent, grillé et liseré d'or ; lambrequins et bourlet d'argent et de sable.* Cimier : Un dragon d'argent, langué de gueules.

(LVe registre des Chartes, folio 217).

10 Mars 1620. — D'ENNETIÈRES. — Lettres patentes (2) datées de Bruxelles qui créent chevalier Jean *d'Ennetières*, écuyer, seigneur de Harlebois, conseiller et commis des domaines et finances de Douai.

Elles furent enregistrées à la Chambre des comptes, le 20 août 1669.

(LIXe registre des Chartes, folio 105).

2 Aout 1620, *alias* 1630. — VAN ONCLE. — Lettres d'anoblissement données à Marimont pour Ambroise *Van Oncle*, receveur-général des domaines et finances du Roi.

On voit par le narratif que cet anoblissement lui fut concédé en reconnaissance de ses services, de ceux de son père, Herman *Van Oncle*, longue verge de la ville d'Anvers, mort en 1612, et de ses frères Bonaventure et Herman *Van Oncle*, qui

---

(1) Il était fils de Michel *Le Waitte* et de Marie *Le Bourguignon*.

2) Imprimées *in extenso* dans Poplimont, Belg. Herald. IV, page 94.

ont été secrétaires du prince d'Epinoy, du marquis de Berghes et du comte de Bucquoy.

ARMES : *De gueules, à 3 chevrons d'or accompagné de 3 annelets de même, 2 en chef, 1 en pointe ; les lambrequins et bourlet d'or et de gueules.* Cimier : Une tête et col de chameau d'or entre un vol de gueules.

(LIXe registre des Chartes, folio 4).

23 AOUT 1620. — MARCHANT. — Lettres d'anoblissement (1) données à Marimont pour Pierre *Marchant,* licencié ès-lois, seigneur de la Brayelle, et enregistrées, le 5 juillet 1621, moyennant 600 florins de finance.

Ledit Pierre remontre qu'il est d'une ancienne et honorable famille ; que ses père, aïeul et bisaïeul ont toujours vécu noblement et se sont alliés à des familles nobles, si comme Nicolas *Marchant,* licencié ès-droits, avocat au Conseil d'Artois, seigneur dudit Lohette et échevin d'Arras, à Yolente *de Pronville,* fille de Pierre, écuyer, seigneur de Haucourt, capitaine du château de Bellemotte-les-Arras, fils de Simon, chevalier, seigneur dudit lieu ; que Jean et Jacques *Marchant,* aïeul et bisaïeul dudit suppliant, vivant conseillers en Cour laye, se sont alliés, le premier à Barbe *du Bruslé,* le deuxième à Marie *de Canteleu,* familles nobles de l'Artois ; que lui-même, Pierre *Marchant,* a épousé Hélène *de La Buissière,* fille de Charles, vivant écuyer, seigneur de Hamblain ; que ses alliances lui donnent des parentés avec la plupart des nobles familles d'Arras ; qu'il est pourvu de biens suffisants pour vivre en gentilhomme ; qu'il lui serait difficile de prouver sa noblesse à cause des guerres qui désolent le pays d'Artois et les environs depuis plus de 100 ans ; que ses ancêtres, qui habitaient le bourg de Fournes, avaient eu leur ancienne résidence ruinée, et que l'église de ce lieu, où se trouvaient plusieurs épitaphes ornées de leurs armes, ayant été détruite, cela le mettait dans l'impossibilité de bien établir sa noblesse.

ARMES : *D'azur, à un écusson d'argent chargé d'une patte de griffon de sable et surmonté de 3 merlettes d'or, rangées en fasce. Casque à treilles ouvertes ; les lambrequins et bourlet d'or et d'azur.* Cimier : Une tête de licorne.

(LVIe registre des Chartes, folio 192).

(1) Ces lettres furent aussi enregistrées au registre de l'élection d'Artois, de 1613 à 1639, folio 111.

11 Janvier 1621. — DE NOYELLES. — Erection en comté de la terre de Fléchin, unie à celle de Marles, pour porter le nom de comté de Marles, par lettres données à Bruxelles, en faveur de Adrien *de Noyelles*, seigneur de Marles, Fléchin, Corroy, baron du Rossignol, chevalier, conseiller d'Etat et de guerre des archiducs, gouverneur d'Arras, chef des domaines et finances.

Armes : *Ecartelé d'or et de gueules.*

(LVIe registre des Chartes, folio 216).

3 Décembre 1622, Bruxelles. — DE BASSECOURT. — Erection en seigneurie vicomtière de la terre du Metz, à Orchies, en faveur de Philippe *de Bassecourt*, gentilhomme, demeurant au village d'Auchy.

(Archives du département du Nord, LIXe registre des Chartes, folio 179).

5 Janvier 1623. — DE GAEST. — Enregistrement de lettres d'anoblissement demandé par Antoine et Michel *de Gaest*, frères, natifs de Malines. Ces lettres d'anoblissement avaient été données à Madrid, le 15 février 1535, par Charles-Quint, à Michel *de Gaest*, leur aïeul, et, nonobstant la surannation, les gens de la Chambre des comptes consentirent à le laisser enregistrer.

Armes : *D'argent, au sautoir de 5 losanges de sinople, partie du même, au pareil sautoir de l'un en l'autre.*

(LVIIe registre des Chartes, folio 199).

30 Juin 1623. — GODIN. — Lettres d'anoblissement données à Madrid pour Daniel *Godin*, seigneur de Beauvais, et enregistrées, le 9 juillet 1625, moyennant 2000 florins de finance.

Le narratif nous apprend qu'il était fils d'un lieutenant-prévôt de Valenciennes et que, depuis plus de 200 ans, ses ancêtres avaient rendu de fidèles services aux ducs de Bourgogne et aux comtes de Hainaut, spécialement dans les fonctions de lieutenant-prévôt de Valenciennes et de mayeur de Cambrai.

Armes : *De sinople à une coupe couverte d'or, les lambrequins d'or et de sinople.*
Cimier : Une coupe pareille à celle de l'écu.

(LIXe registre des Chartes, folio 4).

30 Juin 1623. — SURHON. — Lettres d'anoblissement données à Madrid pour Vincent *Surhon*, licencié ès-droits, conseiller et avocat fiscal du bailliage de Tournai, et enregistrées, le 1er mars 1624, moyennant finance de 400 florins.

Armes : *D'azur à un chevron d'or accompagné de 3 coquilles d'argent, timbré d'un casque ; les lambrequins et bourlet d'or et d'azur.* Cimier : Une tête de licorne d'argent.

(LVIIIe registre des Chartes, folio   ).

30 Octobre 1623. — DE LA CHAPELLE. — Lettres d'anoblissement données à Madrid pour Nicolas *de La Chapelle*, natif de Valenciennes, allié à la veuve de Gérard *de Lyebart*, chevalier, vivant seigneur de Marlin, frère de Jacques *de Lyebart*, chevalier, en son vivant président du grand Conseil. Il fut anobli, le 8 février 1624, moyennant finance de 300 florins.

Armes : *Ecartelé aux 1 et 4 de gueules à une croix pattée d'or, accompagnée de 4 annelets de même ; aux 2 et 3 fascé d'argent et de gueules de 6 pièces. Casque ouvert et treillé ; les lambrequins et bourlet d'or et de gueules.* Cimier : Un dragon naissant d'or.

(LVIIIe registre des Chartes, folio 99).

3 Novembre 1623. — DE FOURMESTRAUX. — Lettres d'anoblissement (1) données à Madrid pour André *de Fourmestraux*, seigneur de Wazières et de Beaupré, issu de parents honorables et riches, n'ayant exercé aucun acte vil ou mécanique, mais ayant toujours vécu de leurs rentes ; dont le père, André *de Fourmestraux*, a été allié noblement à Anne *de Kesseler* et a été plusieurs fois échevin et conseiller de la ville de Lille, et qui lui-même, suivant les traces de son père, a desservi les mêmes charges et dernièrement celle de reward.

---

(1) Ces lettres sont aussi enregistrées aux archives de la ville de Lille, registre Albert, folio 103, verso, et dans le registre aux placards, B, 1837, folio 171, archives départementales à Lille.

Ces lettres furent enregistrées, le 3 janvier 1624, moyennant 300 florins de finance.

ARMES : *Ecartelé aux 1 et 4 d'or à l'aigle éployée à 2 têtes de gueules, aux 2 et 3 d'or, à un ours rampant au naturel, tenant en ses pattes une branche d'arbre, courbée et émondée de gueules; timbré d'un heaume ouvert et treillé, le bourlet et hachements de même métal et couleur, surmonté d'une main droite ayant le poignet orné d'un revers d'argent et tenant par les jambes et la queue l'aigle du premier quartier.*

(LVIIIe registre des Chartes, folio 92).

3 NOVEMBRE 1623, MADRID. — DE RICHARDOT. — Erection en comté de la seigneurie de Gamarage, en y incorporant la seigneurie de Dottignies avec ses dépendances, au profit de Guillaume *de Richardot*, baron de Lembeke.

Il était fils de Jean *Grusset*, dit *Richardot* (1), chef-président du Conseil privé, du conseil d'Etat, qui a, pendant 50 ans, rendu de très grands services à la couronne d'Espagne.

(LVIIIe registre des Chartes, folio 137).

20 NOVEMBRE 1623. —BRUNEAU.— Lettres de chevalerie données à Madrid pour Jacques *Bruneau*, secrétaire d'Etat du Roi pour les affaires des Pays-Bas et conseiller de la Chambre des comptes de Lille. Elles furent enregistrées le 12 septembre 1624.

Il était fils de Jacques et de Claudine *Mombiliart* et obtint cette faveur en retour des services qu'il avait rendus en qualité de maître à la Chambre des comptes, spécialement lors de l'élection au trône impérial des princes Mathias et Ferdinand.

ARMES : *D'argent à la fasce de gueules, chargée de 3 merlettes d'argent.*

(LVIIIe registre des Chartes, folio 162).

12 DÉCEMBRE 1623, MADRID. — DE BAUDEQUIN. — Lettres de chevalerie pour Charles *de Baudequin*, écuyer, dont les ancêtres, depuis 150 ans, ont été employés

---

(1) Jean *Grusset* était fils de Guillaume *Grusset de Champlète* et de Marguerite *Richardot*, sœur de François *Richardot*, évêque d'Arras, et prit le nom et les armes de sa mère.

en charges et états nobles ès-hôtel de Maximilien Ier et Charles-Quint, enregistrées le 24 avril 1624.

(Archives du département du Nord, LVIIIe registre des Chartes, folio 120).

6 MAI 1624. — D'OIGNIES. — Erection en comté de la terre de Morchoven, en y joignant celle de Coupigny, située dans la châtellenie de Lille, relevant de celle de Morchoven, sous le nom de Coupigny, par lettres données à Madrid pour Claude *d'Oignies,* qui exerce, depuis 7 ans, à l'entière satisfaction du Roi, l'important office de chef des domaines et finances.

(LXVIe registre des Chartes, folio 134).

9 AOUT 1624, MADRID. — DE BAUDEQUIN. — Lettres de chevalerie pour Philippe *de Baudequin,* écuyer, seigneur d'Alincourt, enregistrées le 26 mai 1626.

Ces lettres nous font connaître qu'il était fils de Claude, écuyer, seigneur de La Haye, petit-fils de Philippe, en son vivant greffier de l'hôtel de Philippe II et neveu de Charles, chevalier.

La finance taxée par ceux du Conseil d'Etat du roi d'Espagne s'éleva à
450 écus à 13 réaux 1620
Pour le garde-des-sceaux 90
Pour l'enregistrature 3
Pour les officiaux 40
Pour les secrétaires 36

Pour l'huissier, la somme n'est pas indiquée. Total. . . 1759

On voit que les lettres de chevalerie rapportaient une belle somme au souverain, soit 1759 florins.

(Archives du département du Nord, LIXe registre des Chartes, folio 106).

12 AOUT 1624. — DU BOIS. — Lettres d'anoblissement données à Madrid en faveur de Michel *du Bois,* seigneur d'Estiez et de Lassus, natif de Tournai, fils de Nicolas, conseiller de la ville de Tournai et petit-fils de Jacques, prévôt de la même ville. Elles furent enregistrées, le 14 février 1629, moyennant 1000 florins de finance.

ARMES : *D'azur à 3 fasces d'or. Casque ouvert et treillé ; lambrequins et bourlet d'azur et d'or.* Cimier : Une tête de chien d'azur accolée d'or.

(LXIe registre des Chartes, folio 17).

12 Aout 1624. — ROUSSEAU. — Lettres d'anoblissement données à Madrid pour Julien *Rousseau* (1), seigneur de Saméon, premier échevin de Mons, qui a été député des villes à l'assemblée des Etats de Hainaut et receveur-général des ecclésiastiques de cette province.

Ces lettres furent enregistrées, le 27 septembre 1626, moyennant 1000 florins de finance.

ARMES : *De gueules, au chevron d'or, accompagné de 3 aigles de même. Casque ouvert et treillé; les lambrequins et bourlet de gueules et d'or.* Cimier : Une aigle naissante d'or.

(LIXe registre des Chartes, folio 140).

13 Décembre 1624. — HAUGOUBART. — Lettres d'anoblissement données à Madrid pour Gilles *Haugoubart*, seigneur de Heurs-en-Ecaillon, originaire de Valenciennes, dont les ancêtres ont toujours vécu fort honorablement et possédé des fiefs et terres seigneuriales. Il dut payer 600 florins de finance.

ARMES : *De sable au chef d'argent et sur le sable un chevron à pointe perdue et rompue; casque ouvert et treillé; les lambrequins d'or et de sable.* Cimier : Trois plumes, celle du milieu d'or, les 2 autres de sable.

(LXVIe registre des Chartes, folio 150).

21 Février 1625. — DE KESSEL. — Lettres de chevalerie données à Madrid pour Philippe *de Kessel*, écuyer, seigneur de Milleville, Wattignies, Becquerel et Le Pré, bailly de Cysoing et député ordinaire des Etats de Lille, Douai et Orchies.

Le narratif nous apprend « que ses ancêtres ont rendu de grands services, notamment Gilbert *de Kessel*, son père grand, en celle de lieutenant d'hommes d'armes pendant les guerres de l'empereur Charles-Quint contre la France ; que son père, pour ne pas prendre part aux rébellions des Pays-Bas, a dû abandonner ses biens et se retirer en Hainaut ; que le suppliant, à leur exemple, sitôt que l'âge lui a permis de porter les armes, s'est mis au service de son souverain en la garnison de la ville de

---

(1) Le Roux l'appelle *Buseau*, et divers manuscrits *Bousseau* ; mais nous pensons qu'il faut lire *Rousseau*.

Hulst et, depuis, a servi le public, comme il fait encore présentement, et a prêté serment à notre joyeuse réception aux Pays-Bas. »

(Archives de la ville de Lille, registre Albert, folio 218, verso).

12 Août 1625. — DE LE VAL. — Lettres de chevalerie données à Madrid pour Philippe *de Le Val*, écuyer, seigneur dudit lieu, Graincourt, Pévèle en partie, la Hamède et Briatre, fils unique de feu Maximilien, chevalier, seigneur desdits lieux, dont les aïeux ont été, depuis plus de deux cent cinquante ans, décorés du titre de chevalier de Malte et autres, dont le grand-père, feu Philippe *de Le Val*, a été bailly de la ville de Douai, et le père a assisté, à ses frais, à plusieurs expéditions militaires, notamment aux siéges de Bouchain, Tournai, Cambray, Lens, Audenarde.

(Registre aux placards, B, 1837, folio 222. — Archives de la ville de Lille, registre Albert, folio 114).

22 Août 1625, MADRID. — MESSIA. — Cession et transport fait par Philippe IV, roi d'Espagne, à dom Diego *Messia*, chevalier de l'ordre de Saint-Jacques de la ville, paroisse et Verge de Deynze, Peteghem, Assenne et Tronchiennes, pour la somme de 25,000 florins, et érection desdites terres en marquisat pour ledit *de Messia*.

(LIXe registre des Chartes, folio 143).

2 Décembre 1625. — DE PRESSY. — Lettres de chevalerie (1) données à Madrid pour Charles *de Pressy*, écuyer, seigneur de Flencques, Halloy, Remy, etc., descendant directement de Jean *de Pressy*, chevalier, seigneur du Maisnil, chambellan de Philippe-le-Bon, duc de Bourgogne. Elles furent enregistrées le 23 avril 1626.

ARMES : *D'azur à deux bâtons écôtés et alésés d'or, passés en sautoir, accompagnés de 4 trèfles de même.*

(LIXe registre des Chartes, folio 89).

29 Décembre 1625. — D'ENNETIÈRES. — Lettres de chevalerie données à Madrid pour Jacques *d'Ennetières*, écuyer, seigneur de Harlebois, conseiller et maître en la Chambre des comptes à Lille. Elles furent enregistrées le 26 mai 1626.

---

1) Ces lettres furent aussi enregistrées au registre de l'élection d'Artois, folio 145.

Ces lettres (1) contiennent qu'il est fils de feu Jean, chevalier, qui exerça, pendant 48 ans, diverses charges importantes, entre autres celle de conseiller et commis des finances.

(LIXe registre des Chartes, folio 107).

1er Février 1626. — DE LICHTERVELDE. — Lettres de chevalerie données à Gand pour Ferdinand *de Lichtervelde*, écuyer, seigneur de Vellenaere et Berewart; dont le père avait été souverain bailli de Flandre sous Philippe II.

Armes : *D'azur au chef d'argent, chargé de 7 mouchetures d'hermines de sable posées 4 et 3.*

(LIXe registre des Chartes, folio 108).

12 Mai 1626, DRAGON. — Lettres d'anoblissement (2) données à Madrid en faveur de Jean *Dragon*, seigneur de Mons-en-Bareuil, d'une ancienne famille bourgeoise de Lille, dont le père, lieutenant-capitaine et député du souverain, connétable de la compagnie des archers de la ville de Lille, s'est bien comporté, ainsi qu'avait fait son grand-père, dont la sœur unique est alliée noblement et qui a l'honneur d'avoir pour oncle l'évêque de Tournai, *Vendeville* et le conseiller de notre grand Conseil, *Vendeville*.

Armes : *D'or à la bande de sable. Casque ouvert et treillé ; lambrequins d'or et de sable.*
Cimier : Un dragon manant ou posé d'or mouvant du bourlet aussi d'or.

(LXVIIe registre des Chartes, folio 118).

28 Mai 1626, Madrid. — DE JAUCHE. — Erection en comté de la terre et seigneurie de Mastaing-en-Hainaut pour Philippe *de Jauche*, seigneur de Mastaing, Hermez, Brugelet et Marie-Lierde.

Armes : *De gueules, à la fasce d'or.*

(LIXe registre des Chartes, folio 142).

---

(1) Imprimées *in extenso* dans Poplimont, tome IV, page 100.

(2) Ces lettres furent aussi enregistrées aux archives de la ville de Lille, registre Albert, folio 263, verso.

20 Juin 1626. — DES MARÉS. — Lettres de chevalerie données à Madrid en faveur de Jean *des Marés*, seigneur des Marés et de Waele, échevin de Malines, dont la famille ne voulant pas abandonner la foi catholique, et persistant dans sa fidélité au Roi, a dû s'expatrier pendant les troubles. Ces lettres furent enregistrées le 23 avril 1629.

(LXIe registre des Chartes, folio 52).

20 Juin 1626. — MORINO. — Lettres d'anoblissement (1) données à Madrid pour Bernard *Morino* dit *de Morin*, seigneur de Schouvelde, etc., et enregistrées le 17 octobre suivant.

Bernard *Morino* dit *de Morin*, seigneur de Schoonvelde, Groenstracte, Renaudelts, né dans le comté de Flandre, expose qu'il descend de la maison de Morino, famille noble et ancienne du Piémont, alliée avec celles *de Genève*, *Bentivoglio*, barons *de Lago*, *Borromée*; qu'il porte armes nobles telles qu'elles sont peintes en ces présentes; qu'en 1595, il y avait encore diverses personnes vivantes en la ville de Gassino (sic) qui avaient connu Antoine *Morino*, son bisaïeul, habitant cette ville où il avait maison et train de gentilhomme; que Bernard *Morino*, dit *de Morin*, fils dudit Antoine et de Jacobine *de Vimarca*, sa femme, avait porté, en sa jeunesse, les armes pour le service des anciens souverains des Pays-Bas, s'était trouvé à la prise de Térouane, journée de Graveline et Saint-Quentin, jusqu'au moment où il s'est allié à l'héritière de Schoouvelde, Groenstrate, Renaudelst et Ruddergherg, et ayant eu divers enfants, les aurait instruits convenablement à son extraction noble, particulièrement Jean *Morino*, père du suppliant, qui a servi en qualité de gentilhomme l'archevêque de Cologne et évêque de Liége et Ernest, duc de Bavière, ainsi que cela est prouvé par copie authentique des lettres patentes de sa réception de ladite qualité; qu'il s'est allié noblement et a tenu état de gentilhomme, possédant terres et seigneuries, etc., etc.

ARMES : *Écu mi-partie à dextre d'or à une croix fleuroncée d'azur, chargée d'un écusson de sable et à sénestre de gueules à deux lions léopardés d'or, couronnés d'azur, l'un dessus, l'autre dessous une fasce d'argent; l'écu soutenu de deux ours au naturel,*

(1) Ces lettres furent également enregistrées aux archives de la ville de Lille, registre Albert, folio 123, verso, et dans le registre aux placards, B, 1837, folio 256, archives départementales à Lille.

lampassés de gueules et onglés de sable; heaume ouvert et treillé avec hachemens et bourlet d'or et de sable; timbré d'un bras armé et la main nue tenant une épée ondée dégaignée et garnie d'or.

(LVIIe registre des Chartes, folio 146).

28 Juin 1626. — DE MERODE. — Erection en marquisat de la terre de Trelon par lettres données à Madrid au profit d'Herman-Philippe *de Merode*, seigneur de Trelon.

(LIXe registre des Chartes, folio 193).

15 Juillet 1626. — MAES. — Lettres de chevalerie données à Madrid pour Nicolas *Maes*, écuyer, seigneur d'Ophem, maître en la Chambre des comptes de Lille, fils de Philippe, chevalier, président de la même Chambre et neveu d'Engelbert *Maes*, chevalier, chef président du Conseil privé. Ces lettres furent enregistrées le 26 suivant.

(LIXe registre des Chartes, folio 148, verso).

15 Aout 1626, Madrid. — DE BOURGOGNE. — Erection en comté de la terre et baronie de Wackene, tenue du château de Courtray, en faveur de Charles *de Bourgogne*, baron de Wackene, grand bailly de la ville de Gand, capitaine d'une compagnie de lanciers à cheval, qui, à l'exemple de son grand-père, gouverneur de Zélande et Middelbourg, a rendu de grands services à ses souverains qu'il sert depuis dix-huit ans.

(LXIe registre des Chartes, folio 45).

15 Aout 1626, Madrid. — STAPPENS. — Anoblissement de Marc *Stappens*, receveur de la ville et châtellenie de Bergues-Saint-Vinock. Les lettres nous apprennent qu'il est allié par mariage à une demoiselle de la maison *de Zinneghem*, dont il a plusieurs enfants mâles; que son père a été, pendant les troubles, 14 à 15 fois échevin de Bergues, jusqu'en 1578, époque où, chassé par les troupes qui empêchaient l'exercice de la religion catholique, il dut se réfugier à Bourbourg; qu'en

1583, après la réduction de Bergues, il a été de nouveau échevin ; que lui-même remontrant est receveur depuis 26 ans et n'a cessé de rendre des services, etc., etc.

ARMES : *D'argent, à une fasce d'azur accompagnée de 7 mouchetures d'hermines posées 4 en chef et 3 en pointe; les lambrequins et bourlet d'argent et d'azur.* Cimier : un renard issant au naturel.

(Archives de la ville de Lille, registre Eugène, folio 183, verso. — Archives départementales du Nord, LX° registre des Chartes, folio 152).

21 NOVEMBRE 1626. — VENANT. — Lettres d'anoblissement (1) données à Madrid pour Vincent et Philippe *Venant*, frères, natifs d'Arras, et enregistrées le 17 mai 1627 moyennant finance de 2,000 florins.

Le narratif dit que cette famille a toujours été considérée comme noble en Artois et a essuyé de grandes pertes dans ses biens pendant les guerres entre l'Espagne et la France.

ARMES : *D'or à la bande composée d'argent et de gueules de 7 pièces, les 4 coupons d'argent chargés chacun d'une moucheture d'hermines de sable, et accompagnée de deux fleurs de lys d'azur, posées l'une en chef, l'autre en pointe. Casque à treilles ouvertes; les hachements et bourlet d'or et d'azur.* Cimier : Une fleur de lys d'azur, entre un vol dont une partie est d'or et l'autre de gueules.

(LIX° registre des Chartes, folio 219).

7 DÉCEMBRE 1626. — DU MONT. — Lettres de chevalerie données à Madrid pour Philippe *du Mont*, écuyer, seigneur de Rampemont, natif de Mons-en-Hainaut, dont le père avait été fait chevalier. Elles furent enregistrées le 16 octobre 1638.

(LXVII° registre des Chartes, folio 61).

24 MARS 1627. — LUYTENS. — Lettres d'anoblissement données à Madrid pour Jean *Luytens*, licencié ès-droits, seigneur d'Esparqueaux, prévôt de Valenciennes. Ces lettres furent enregistrées le 7 avril 1628, moyennant finance de 960 florins.

---

(1) Ces lettres furent également enregistrées au registre de l'élection d'Artois, folio 167, verso.

Ledit *Luytens*, demeurant à Tournai, remontre qu'il est fils de Georges, qui dut, en 1580, à cause des persécutions des rebelles, abandonner Saint-Amand, Tournai et Valenciennes, villes où il s'était successivement retiré.

ARMES : *Écartelé aux 1 et 4 d'azur à 3 fasces d'argent aux 2 et 3 d'azur, à trois fasces d'or* (1). *Casque ouvert et treillé; les lambrequins et bourlet d'or, d'argent et d'azur.* Cimier : Un lion naissant d'or, lampassé de gueules.

(LXe registre des Chartes, folio 115).

8 JUILLET 1727. — DE CROIX. — Lettres de chevalerie données à Madrid pour Jacques *de Croix*, seigneur d'Estracelles, lieutenant-général des ville et bailliage de Saint-Omer, dont l'un des fils est mort glorieusement sur le champ de bataille et dont le bisaïeul a été écuyer d'écurie et premier fourrier du duc Philippe-le-Bon. Ces lettres furent enregistrées en mai 1631.

(LXIIIe registre des Chartes, folio 97).

12 AOUT 1627. — DE CROY. — Erection en duché du marquisat d'Havré par lettres données à Madrid, au profit de Charles-Philippe *de Croy*, marquis de Renty, vicomte de Bourbourg et de Gravelines, et de sa femme Marie-Claire *de Croy*, marquise d'Havré, fille unique de Charles-Alexandre *de Croy*, marquis d'Havré, comte de Fontenoy, lequel avait reçu en 1624 le titre de duc d'Havré, en récompense de ses services; mais les lettres patentes, requises et accoutumées en pareille occasion, ne purent être délivrées à cause de sa mort arrivée peu après. Ce duché devait être tenu en fief et relever de la Cour de Mons.

(LXIe registre des Chartes, folio 129).

12 AOUT 1627. — DE LIÈRES. — Erection en vicomté de la terre et seigneurie de Lières, au profit de Gilles *de Lières*, chevalier, seigneur dudit lieu, baron du Val et de Berneville, gouverneur de Lens.

(LXe registre des Chartes, folio 119).

---

(1) Depuis, cette famille porte : *D'azur à 3 fers de moulin d'or.*

12 Aout 1627 — QUARRÉ. — Lettres d'anoblissement données à Madrid pour Charles *Quarré*, licencié ès-droits, seigneur du Cauroy, échevin d'Arras, qui, dès son jeune âge, s'est adonné à l'étude des bonnes lettres, philosophie et jurisprudence. Elles furent enregistrées, le 3 février 1628, moyennant finance de 500 florins.

ARMES : *D'azur, au chevron d'argent accompagné de 3 besans de même*, alias *d'or, chargés chacun d'un filet de sable, mis en demi-cercle ; ledit chevron chargé en chef d'une étoile de sable, et au bas de chaque côté d'une merlette de même, se regardant l'une l'autre, ou affrontées. Casque ouvert et treillé ; les lambrequins et bourlet d'argent et d'azur.* Cimier : Une merlette de sable.

(LX° registre des Chartes, folio 83. — Registre de l'élection d'Artois, de 1613 à 1639, folio 150. — Manuscrit Palisot de Beauvois, tome I, folio 167).

12 Aout 1627. — VAN DER SPEETEN. — Lettres d'anoblissement données à Madrid pour Jean *Van der Speeten*, licencié ès-droits, secrétaire ordinaire de la ville de Gand et avocat au conseil de Flandre. Elles furent enregistrées, le 4 août 1632, moyennant finance qui lui ont été remises depuis, en récompense des services qu'il a rendus.

ARMES : *De sable, au pal retrait d'argent, soutenu d'une fasce de même, accompagné de 3 merlettes aussi d'argent*, alias *de sable, à une fasce et 3 cignes couchés sur leur nid d'argent becqués de gueules, le chef au pal pareillement d'argent. Casque ouvert et treillé ; les lambrequins et bourlet aux couleurs de l'écu.* Cimier : Un cigne volant d'argent.

(LXIV° registre des Chartes, folio 13?).

12 Octobre 1627. — DE LIEDEKERCKE. — Erection en comté de la seigneurie de Mouscron, par lettres données à Madrid, le 12 octobre 1627, au profit de Ferdinand *de Liedekercke*, baron de Hucle, seigneur de Mouscron.

ARMES : *De gueules à 3 lions d'or, armés, lampassés et couronnés d'azur.*

(LX° registre des Chartes, folio 101).

4 Janvier 1628. — TAMISON. — Lettres d'anoblissement ou réhabilitation de noblesse datées Del Prado et données pour Albert *Tamison*, seigneur de la Haye,

échevin de Namur, et Nicolas *Tamison*, seigneur de Mazerin (alias *Maharen*), capitaine d'une compagnie d'infanterie luxembourgeoise, cousins-germains. Ils obtinrent ces lettres tant pour eux que pour leurs frères et sœurs et les firent enregistrer, le 22 juin 1636, moyennant finance de 480 florins.

Armes : *D'argent à la bande de sable, accompagnée de 2 cotices de même. Casque ouvert, treillé et couronné ; lambrequins d'argent et de sable.* Cimier : un lévrier naissant de sable accolé d'argent.

(LXVIe registre des Chartes, folio 165).

4 Février 1628. — TRIEST. — Erection en baronie de la terre d'Auwelghem, par lettres données à Del Prado, en Castille, au profit de Nicolas *Triest*, seigneur dudit lieu, premier échevin de Gand et descendant de la noble maison *de Triest*, qui, depuis plus de 300 ans, est passée d'Albanie en Flandre, où ses membres n'ont cessé de rendre de grands services aux souverains.

(XLIIe registre des Chartes, folio 13).

28 Février 1628. — MONEL. — Lettres d'anoblissement données à Madrid pour Antoine *Monel*, seigneur de Bouverie, Massard, trésorier de Tournai, et enregistrées le 7 janvier 1632, moyennant 800 florins de finance.

Il expose dans le narratif que son aïeul a fait partie des compagnies des bandes d'ordonnances du comte de Rœux et donné des preuves de sa fidélité à l'empereur Charles-Quint en exhortant les habitants de Tournai, alors assiégé par ce prince, à se réconcilier avec leur souverain.

Armes : *De gueules à la bande d'or, accompagnées de 2 aigles d'argent.* Cimier : Une aigle naissante d'argent.

(LXIVe registre des Chartes, folio 184).

26 Mars 1628. — DE LANNOY. — Erection en comté de la terre seigneurie de la Mottry, pour Claude *de Lannoy*, seigneur dudit lieu, gouverneur et surintendant de Maestricht, membre du conseil de Flandre, en retour des dévoués services qu'il a rendus. Cette seigneurie était tenue en justice vicomtière de la terre de Quesnoy-sur-Deûle.

(LXIe registre des Chartes, folio 155).

26 Mars 1628. — DE REVEL. — Lettres de réhabilitation de noblesse et d'anoblissement en tant que besoin données à Madrid pour Jean *de Revel*, et enregistrées le 25 mars 1629 moyennant finance de 150 florins qui lui ont été remis en vertu de lettres patentes datées de Bruxelles, le 7 décembre 1628.

Le remontrant dit qu'il est fils de *Victor* et qu'il a été forcé, à cause des grandes pertes qu'il a faites pendant les troubles, de se livrer au commerce pour élever sa famille, et par conséquent de déroger à la noblesse de son origine.

Armes : *D'azur à dix losanges d'argent :* 3 3 3 *et un*. Cimier : Une tête et col de bouc d...

(LXIe registre des Chartes, folio 25).

29 Avril 1628. — DU PONT. — Lettres d'anoblissement données à Madrid pour Jean *du Pont*, seigneur du Gaure, procureur fiscal général de la gouvernance de Lille, Douai et Orchies. Elles furent enregistrées, le 2 juillet 1649, moyennant 900 florins de finance.

Jean *du Pont* étant décédé avant d'avoir payé ladite somme de 900 florins, Françoise *du Pont*, veuve de Michel *Braem* ou *Brasme*, second argentier de Lille, et Marie-Madeleine *du Pont*, sa sœur, héritières dudit Jean *du Pont*, ayant obtenu une ordonnance de relèvement de son anoblissement par lettres données à Bruxelles, le 9 juin 1646, de Messieurs des finances, à cause de la tardive présentation desdites lettres d'anoblissement, les firent enregistrer.

Armes : *D'or, à 3 têtes de vache de sable ; les lambrequins et bourlet d'or et de sable.* Cimier : Une tête et col de vache de sable.

(LXXe registre des Chartes, folios 21 et 22).

28 Juin 1628. — DE HAMERE. — Lettres d'anoblissement données à Madrid en faveur de François *de Hamere*, écoutète de la Cour et seigneurie de Saint-Bavon, diverses fois échevin de la ville de Gand. Ces lettres furent enregistrées, le 27 juillet 1629, moyennant 800 florins de finance.

Armes : *De gueules à 3 malllets d'or*, alias *d'argent. Casque ouvert et treillé ; les lambrequins et bourlet.* Cimier : Un vol aux couleurs de l'écu.

(LXIe registre des Chartes, folio 3).

22 Septembre 1628. — SARRAZIN. — Lettres de chevalerie données à Madrid pour Chrétien *Sarrazin*, écuyer, seigneur de Lambersart et de Villers, dont le grand-père, Chrétien *Sarrazin*, seigneur desdits lieux, a été, en 1582, fait chevalier de la main du roi Philippe II, et dont le père, Jean *Sarrazin*, fut aussi fait chevalier par l'archiduc Albert, en 1615, pour divers services ; lui-même a assisté au siége de Breda avec 4 chevaux à ses frais, sous la charge du comte d'Isenghien. Ces lettres furent enregistrées le 3 décembre 1637 (1).

(LXVIIe registre des Chartes, folio 18).

30 Octobre 1628. — DE MERODE. — Erection en comté de la terre et seigneurie de Thiant, en Hainaut, par lettres données à Madrid en faveur d'Ernest *de Mérode*, baron de Harchies, gouverneur et prévôt-le-comte de Valenciennes, fils du seigneur de Waroux, grand maître d'hôtel du prince électeur de Cologne, qui a été récemment créé comte du Saint-Empire et est frère du comte *de Mérode*, qui a obtenu ce titre de comte en retour des signalés services qu'il a rendus pendant les guerres d'Allemagne où il avait le commandement d'un corps de 8,000 hommes.

(LXIIe registre des Chartes, folio 65).

7 Décembre 1628. — DES BARBIEUX. — Sentence de noblesse de la gouvernance de Lille pour Toussaint *des Barbieux*, seigneur des Pretz, à Flers.

Il était fils de Toussaint *des Barbieux*, échevin de Lille, bourgeois de cette ville, par relief du 15 mars 1590, tondeur de draps, qualifié de seigneur de Salomé, la Vigne, Beuvrecq et des Pretz, en 1626, d'écuyer, dans les registres de la loy de Lille, à partir de 1632, et de Marie *L'Hermite*.

Il avait pour sœur Marie *des Barbieux*, dame des Pretz, mariée en 1614 à Jean *de Lannoy*, capitaine d'une compagnie bourgeoise de Lille, anobli en 1641, ainsi qu'on le verra ci-après.

Toussaint *des Barbieux*, qui avait fait le commerce comme son père, avait également pour cousins-germains : François *des Barbieux*, qualifié d'écuyer dans les

---

(1) Ces lettres furent aussi enregistrées aux archives de Lille, registre Albert, folio 155.

registres aux bourgeois de Lille, ainsi que son frère, Jaspart *des Barbieux*, licencié en droit, échevin de Lille en 1642.

ARMES, d'après M. Henri Fremaux : *D'azur, à 3 roues d'or posées 2 et 1 au chef d'or.*

(Bibliothèque de Lille, manuscrit 295, tome II, note de M. Henri Fremaux, de Lille).

20 MARS 1629, MADRID. — DE MONTMORENCY. — Erection en marquisat de la terre et comté de Morbecque, en faveur de Jean *de Montmorency*, comte d'Estaire et de Morbecque, chevalier de la Toison-d'Or, en reconnaissance des signalés services qu'a rendus la famille des *Montmorency*.

(I.XVIe registre des Chartes, folio 37).

24 MARS 1629. — DE CALDENBORCH. — Lettres de chevalerie données à Madrid pour Philippe-Guillaume *de Caldenborch*, écuyer, seigneur Delbeucque, lieutenant et drossart de la ville et duché de Lembourg, qui a, ainsi que ses prédécesseurs, servi son souverain avec fidélité, a été mayeur de Lembourg et a assisté à la royale réception et inauguration de son souverain, en lui présentant le serment comme un des députés du pays.

(Archives de la ville de Lille, registre Albert, folio 159).

24 MARS 1629. — DE CROIX. — Lettres de chevalerie datées de Madrid pour Adrien *de Croix*, écuyer, seigneur de Wasquehal, Belsaye, Arelette.

Ces lettres nous apprennent que ses ancêtres, depuis plus de trois cents ans, nous ont servi en diverses guerres, que le sieur de Wasquehal, son père, a occupé diverses charges importantes pendant les troubles, que son grand-père, aussi seigneur de Wasquehal, a rempli les principaux états de la ville de Lille, et a pris part à des expéditions militaires en Italie, où il a perdu trois frères, dont un à Pavie en 1524 ; qu'un oncle du remontrant a été tué en 1573, que trois de ses frères sont morts au service, que deux de ses fils portent encore les armes dans les troupes du prince de Barbanson, en Italie ; que plusieurs membres collatéraux de sa famille, dont il se dit le chef, auraient été honorés du titre de chevalier, etc., etc., et se seraient alliés à la maison *de Wignacourt*, dont Adolphe *de Wignacourt*, grand-maître de Malte, dernièrement décédé.

(Archives de la ville de Lille, registre Albert, folio 157, verso).

— 237 —

11 Mai 1629. — DE MAROTTE. — Lettres de confirmation de noblesse données par Philippe IV, roi d'Espagne, à Madrid, moyennant 1000 florins de finance, pour Jean *de Marotte*, écuyer, seigneur d'Acoz.
Sa famille avait été anoblie en 1613 par l'empereur Mathias.

(LXIVe registre des Chartes, folio 155).

18 Mai 1629. — BOSSIER. — Lettres d'anoblissement données à Madrid pour François *Bossier*, seigneur d'Huffezele, avocat au Conseil de Flandre, premier échevin du terroir de Saint-Pierre de Gand, qui, pendant les troubles, a été pillé et rançonné par les factieux de Gand, à cause de sa fidélité à l'Espagne. Ces lettres furent enregistrées le 29 mai 1630, moyennant 2,200 réaux de finance, soit 800 florins.

(LXVe registre des Chartes, folio 83).

18 Juin 1629. — D'YDEGHEM. — Erection en comté de la terre et seigneurie de Watou, tenue du château de Cassel, par lettres de Philippe IV données à Madrid en faveur de Charles d'Ydeghem, chevalier, baron de Bousbecques, seigneur de Wièse, Watau et Merre, du Conseil de guerre des Pays-Bas, commissaire ordinaire au renouvellement des lois du comté de Flandre, grand bailly de la ville et châtellenie d'Ypres, pour le récompenser des nombreux services qu'il rend depuis 40 ans, et aussi de ceux rendus par ces ancêtres : Gérard et Gilles *de Ydeghem*, chevaliers, frères, qui accompagnèrent, en 1096, Robert, comte de Flandre, au siége de Jérusalem, où l'un d'eux fut tué; Bauduin *de Ydeghem*, qui suivit, en 1202, Bauduin IX à la Croisade ; un autre Bauduin *de Ydeghem*, tué en Hollande, en 1258, au service de Marguerite de Constantinople; plusieurs Jean *de Ydeghem*, dont l'un fut tué, en 1492, au siége de Grammont; deux autres suivirent Philippe-le-Bon, en 1421, lorsque ce prince entra en France avec son armée; un quatrième fut exilé par les rebelles en 1420 ; enfin le cinquième, qui dut à ses services d'être, en 1491, promu au poste de grand bailli de Tenremonde, office que remplirent successivement le bisaïeul, l'aïeul et le père dudit Charles *de Ydeghem*.

(LXIe registre des Chartes, folio 173).

28 Juillet 1629. — DE CROIX. — Lettres de chevalerie données à Madrid pour Jacques *de Croix*, écuyer, seigneur d'Escou ou Escourt, (fils d'Adrien, seigneur de Wasquehal, crée dernièrement chevalier, chef de la famille), qui, depuis son jeune

âge, porte les armes pour le service du Roi et est issu en ligne directe et masculine des anciens seigneurs de Croix. Elles furent enregistrées le 13 janvier 1638.

(LXVII⁰ registre des Chartes, folio 68. — Archives de la ville de Lille, registre Albert, folio 162, verso).

22 Aout 1629. — DE GOSÉ. — Lettres d'anoblissement données à Madrid en faveur de Simon *de Gosé*, seigneur de Balastre-le-Casteau, receveur-général des domaines et aides du comté de Namur. Elles furent enregistrées le 2 août 1642, moyennant finance de 1000 florins.

Dans le narratif, ledit Simon nous apprend qu'il a fait diverses expéditions navales, avec la compagnie de Francisco de Baucacio, étant alors sur les galères de Naples ; qu'il était entré dans cette compagnie en 1588, et était ensuite venu faire la guerre en France, où il avait assisté au secours de Paris et de Rouen.

ARMES : *De sinople, au lion d'argent, lampassé et armé de gueules, chargé sur l'épaule d'une étoile de sinople à la bordure engrelée d'argent. Casque à 5 treilles; lambrequins et bourlet d'argent et de sinople.* Cimier : Un lion naissant comme en l'écu.

(LXVIII⁰ registre des Chartes, folio 22).

15 SEPTEMBRE 1629. — DE VICQ. — Lettres de chevalerie données à Madrid pour Roland *de Vicq*, écuyer, seigneur de Watermeuleu, alfère de la compagnie du capitaine Ottaine Errigon, qui s'est comporté en gentilhomme d'honneur et valeureux soldat, dont la famille est noble et ancienne et dont les membres ont toujours été appelés aux assemblées et convocations des nobles des provinces où ils résidaient, et ont fait des fondations en plusieurs églises, ce qui fut cause que Chrétien *de Vicq*, écuyer, en considération de sa qualité et de son zèle particulier pour la foi catholique, aurait obtenu, en 1433, du pape Eugène, un autel portatif, grâce qui, à cette époque, ne s'accordait qu'aux princes et grands seigneurs ; le grand-père de Roland, Roland *de Vicq*, écuyer, seigneur de Watermeuleu, mourut en combattant contre les rebelles devant la ville de Menin, en compagnie du seigneur de Renty et d'Emmanuel de Lallaing. Ces lettres furent enregistrées le 15 décembre 1631.

(LXIII⁰ registre des Chartes, folio 217).

28 SEPTEMBRE 1629, MADRID. — DE MARNIX. — Erection en vicomté de la seigneurie d'Ogimont, en faveur de Jean *de Marnix*, chevalier, baron de Pottes, seigneur d'Ogimont.

Jean *de Marnix* expose que ses ancêtres ont de tout temps été de fidèles serviteurs de leurs souverains, ayant eu plusieurs charges honorables, ambassades, commissions d'importance et de confiance ; qu'ils étaient d'ancienne chevalerie et noblesse militaire, ayant, tant pour cette considération que pour leurs services, toujours été décorés du titre de chevalier, comme dernièrement son bisayeul, ayeul, père et lui successivement ; plusieurs d'iceux furent même reçus en divers colléges et ordres, si comme en celui de Saint-Lambert à Liége, et de Sainte-Waudru à Mons, et en iceux de Saint-Jean de Jérusalem et de Saint-Maurice et de Saint-Lazare en Savoie ; qu'ils ont fait des alliances principales, si comme aux familles *de Hemericourt, Bonnières, Lannoy*, etc. ; que ledit Jean *de Marnix*, à leur imitation, a toujours témoigné un particulier zèle à notre service, etc., etc. Pour ces causes avons érigé, faisons, créons vicomté ladite terre et seigneurie d'Ogimont, ayant haute, moyenne et basse justice, située en notre comté de Flandre pour ses hoirs successeurs en ligne directe masles et femelles nés et à naître en loyal mariage, à condition bien expresse que ores que ladite seigneurie d'Ogimont soit tenue du château de Pamile ; ledit titre de vicomte avec les droits et prérogatives y appartenant sera tenu et mouvant en fief de nous à cause de notre Cour féodale d'Audenarde, à raison duquel, il sera aussi notre vassal et tenancier immédiat à charge de droits seigneuriaux en cas de vente ou aliénation (1).

(LXIIe registre des Chartes, folio 80).

24 Novembre 1629. — CLOU. — Lettres d'anoblissement données à Madrid en faveur de Philippe-Ghislain *Clou*, fils d'un échevin de Nieuport, l'un des juges de l'amirauté établie à Séville, qui a déboursé une notable somme d'argent pour ériger cette amirauté. Ces lettres furent enregistrées, le 29 mai 1630, moyennant finance de 600 florins.

Armes : *Coupé, en chef de gueules, à une comète à huit pointes d'or ; la pointe portée à dextre d'argent à 2 branches bâtonnées et raccourcies de gueules, mises en sautoir, et à senestre, d'azur à une fleur de lis d'or. Casque ouvert et treillé, panaché de 4 plumes des couleurs et métaux des armes*, ainsi que les lambrequins et bourlet.

(LXIIe registre des Chartes, folio 83).

---

(1) Ces lettres furent également enregistrées aux archives de la ville de Lille, registre Albert, folio 185.

22 Décembre 1629. — LAURIN. — Lettres de chevalerie données à Madrid pour Charles *Laurin*, conseiller du grand Conseil de Malines, originaire de Béthune, dont le père, Jean *Laurin*, écuyer, seigneur des Plancques, n'ayant pas voulu adhérer aux factions des rebelles pendant le gouvernement de don Jean d'Autriche, dut se réfugier à Béthune où il tomba entre les mains des insurgés qui lui firent payer une forte rançon. Il avait épousé Anne *Vuens*, fille de Henri, chevalier, chancelier de Gueldres. Ces lettres furent enregistrées le 29 janvier 1631.

(LXIIIe registre des Chartes, folio 15. — Registre de l'élection d'Artois, de 1613 à 1639, folio 165. — Manuscrit Palisot de Beauvois, tome I, folio 179).

1630. — DU BUS. — Sentence de noblesse de la gouvernance de Lille, en faveur de Robert *du Bus* (1), licencié en droit, avocat fiscal de ladite gouvernance, seigneur de Breuze.

Armes : *D'azur, à un écusson posé en cœur d'argent, accompagné de 7 fleurs de lys de même, posées en orle, 3 en chef, 2 en flanc et 2 en pointe.*

(Manuscrit n° 295 de la bibliothèque de Lille, portefeuille non inventorié, 4e vol. de la 2e série actuellement aux archives départementales).

21 Janvier 1630. — L'HERMITE. — Lettres de confirmation de noblesse données à Madrid pour Jacques ou Diego *L'Hermite*, entretenu au château d'Anvers et receveur du Conseil d'Etat des Pays-Bas et Bourgogne en Espagne, et Antoine *L'Hermite*, son frère, licencié en droit, résidant à Malines, descendants de Tristan *L'Hermite*, chevalier de l'ordre de l'Etoile, grand prévôt de France et de Pierre *L'Hermite*, d'Amiens, qui prêcha la première Croisade. Ces lettres furent enregistrées le 9 juillet 1632.

Armes : *Écartelé aux 1 et 4 de sinople à un dixain de chapelet d'or mis en chevron, enfilé et houppé de même, accompagné de 3 quintefeuilles d'argent percées 2 en chef*

---

(1) Robert *du Bus* mourut le 16 novembre 1650 ; il appartenait à une famille bourgeoise de Lille, avait épousé, en 1604, Péronne *Petitpas*, veuve de Frédéric *Herlin*, seigneur de Jenlaine et fille de Germain, seigneur de Warcoing, et de Françoise *de Le Cambre*.
Le dernier de cette famille, Jean-François *du Bus*, écuyer, seigneur du Grand-Bas à Lomme, capitaine de cavalerie au service de Louis XIV, fut tué, le 11 août 1675, à la bataille de Trèves, sur la Sarre.

1 *en pointe*, qui sont les armes du fameux chef des Croisés, Pierre *L'Hermite*, aux 2 et 3 *d'argent, à 3 bandes de gueules,* qui sont les armes de Béatrix *de Roussy*, héritière *de Beaumont*, femme dudit Pierre. *Casque ouvert et treillé, les lambrequins et bourlet d'or et de sinople.* Cimier : Une tête de griffon entre deux ailes de faisan d'or.

(LXIVe registre des Chartes, folio 108).

11 Février 1630, Madrid. — ANSEAU. — Anoblissement pour Jean-Baptiste *Anseau*, receveur du domaine à Mons, seigneur d'Airmont, et Michel *Anseau*, seigneur du Sart, Lonchamps, son frère, natifs de Mons et fils de Michel, qui, à cause de sa fidélité, fut chargé de diverses missions de confiance par l'archiduc Albert.

Enregistré, le 6 mars 1631, moyennant finance de 1625 florins.

(Archives départementales du Nord, LXIIIe registre des Chartes, folio 113).

11 Février 1630, Madrid. — DE BARBIEUX. — Lettres de chevalerie (1) pour Toussaint *de Barbieux*, seigneur des Pretz, et de Salomé, natif de Lille, descendant des *des Barbieux*, dont plusieurs étaient chevaliers dès l'an 1300 ; fils de Marie *L'Hermite*, laquelle est issue de la maison *L'Hermite*, dont était Pierre, chef de la Croisade en 1096, et dont la sœur, Anne *des Barbieux*, s'est alliée dernièrement à messire Guillaume de *Caldenbourg*, seigneur de Le Beucq. Elles furent enregistrées le 22 décembre 1633.

(Archives de la ville de Lille, registre Albert, folio 217, verso.— Archives du département du Nord, LXVe registre des Chartes, folio 180).

31 Juillet 1630. — CHARLET. — Lettres d'anoblissement données à Madrid pour Jean *Charlet*, seigneur de Portilas, demeurant à Namur, dont le père et le grand-

---

(1) M. Paul *Barbieux*, chanoine de Nancy, m'a communiqué une copie de ces lettres de chevalerie en tête desquelles se trouvent peintes les armoiries suivantes : *Écartelé aux 1 et 4 de sinople au chapelet posé au chevron d'or, accompagné de 3 étoiles d'argent, 2 en chef, une en pointe, aux 2 et 3 bandes d'argent et de gueules de six pièces.*

père ont perdu la vie sur les champs de bataille. Il dut payer finance taxée à 450 écus
à 13 reaux pièce, soit : . . . . 1620 florins.
pour le garde-des-sceaux . . . . 90 »
pour le secrétaire . . . . 36 »
pour l'enregistrature . . . . 3 »
pour les officiaux . . . . 10 »
pour l'huissier. 2 ».

Total. 1761

(LXIIIe registre des Chartes, folio 51).

31 Juillet 1630, Madrid. — DE MONTMORENCY. — Erection en principauté de la terre et seigneurie de Robecque, en y incorporant la ville et vicomté d'Aire, les villages de Blessy, Blesselles, Saint-Quentin, Glomenghem et Famechon, pour Jean *de Montmorency*, marquis de Morbecque, comte d'Estaires, vicomte d'Aire, baron d'Haverskerque et des Wastines, seigneur de Robecq et de Bersée.

(LXVIe registre des Chartes, folio 38).

31 Juillet 1630. — PIERSSENE. — Lettres de chevalerie données à Madrid pour Abraham *Pierssene*, écuyer, seigneur de Zuytdorp et Beoostembly, conseiller et receveur-général des domaines du Roi, des ouvrages et fortifications au quartier d'Oost-Flandres, en récompense des services qu'il rend dans ces dites fonctions et pour ceux qu'il a rendus, lorsqu'il était receveur-général des aides du comté de Flandre.

Ces lettres furent enregistrées le 13 décembre suivant.

Armes : *Coupé, de gueules au chevron d'or et d'argent à 3 branches de laurier de sinople, une en pal au milieu, et les deux autres en bande et en barre.*

(LXIIe registre des Chartes, folio 222).

31 Juillet 1630. — DE LICQUES. — Erection en baronie, avec haute justice sur icelle, de la terre et seigneurie de Wissekercke, située dans le comté de Flandre, en faveur de Philippe *de Licques*, seigneur de Wissekercke, qui a servi, pendant plus de 40 ans, comme capitaine d'infanterie de chevaux, lances, colonel d'infanterie

wallonne, capitaine du château de Ruplemonde et d'une compagnie libre de 300 têtes, et grand bailly du pays de Waes, comme a fait son père Philippe, baron *de Licques*, durant l'espace de 46 ans.

(LXVIIIe registre des Chartes, folio 32).

2 Aout 1630. — DE MAROTTE. — Lettres d'anoblissement données à Madrid en faveur de Jean *de Marotte*, seigneur de Jergné ou Jeugnée, de Montigny et d'Yerghée, demeurant au comté de Namur. Il a, de plus, l'autorisation d'ajouter à son nom celui *de Montigny*, pour le distinguer des autres familles du même nom. Ces lettres furent enregistrées, le 16 septembre 1632, moyennant 950 florins de finance.

Le narratif dit qu'il a toujours résidé dans son château de Montigny, situé sur les frontières du pays de Liége, château qu'il a défendu pendant les troubles contre les rebelles qui auraient voulu s'en emparer.

Armes : *D'or, au trescheur fleuré et contrefleuré de sable, au sautoir alaisé de gueules brochant sur le tout et chargé en cœur d'un écusson d'argent, à 3 chaudrons de sable remplis de gueules. Casque ouvert et treillé ; les lambrequins et bourlet d'or et de sable.* Cimier : Une cigogne au naturel membrée et becquée de gueules.

(LXIVe registre des Chartes, folio 183).

12 Octobre 1630. — DU CHASTEL. — Erection en baronie de la terre et seigneurie d'Ere, en Tournaisis, pour Charles *du Chastel*, chevalier, seigneur de Terminy, qui s'est fait remarquer, ainsi que ses ancêtres, par son dévouement à la maison d'Autriche ; lui et son père, en faisant les guerres des Pays-Bas, d'Allemagne, d'Afrique ; son aïeul, Jacques du Chastel, en servant, pendant plus de 50 ans, Charles-Quint et Philippe II, et surtout en allant « déguisé en halert des religieux de l'ordre de Saint-François soubz umbre de confesseur et en compagnie du comte de Rœulx, pour lors gouverneur du pays d'Artois, pour tirer de France *Bourbon* (le connétable de Bourbon), frère du roy très-chrétien, lequel depuis print la ville de Rome. »

Armes : *D'azur au chevron d'or accompagné de trois croisettes au pied fiché de même. Casque d'argent grillé de 5 grilles d'or, couronné et liseré de même.* Cimier : Un château de gueules (armes des du Chastel de Blangerval).

(LXVIe registre des Chartes, folio 24).

4 Décembre 1630, Madrid.—DE CROIX.—Lettres de chevalerie pour Charles *de Croix*, écuyer, seigneur d'Estrasselles, Nerbinghem et la Motte, qui a servi deux ans dans l'infanterie espagnole au régiment de Simon Autunz, s'est trouvé aux siéges de Vreselle, Juliers et depuis, avec le marquis de Los Vallases, en qualité de volontaire à ses frais et dépens, qui a perdu son frère au siège de Verselli, ce dernier servant au régiment du sieur de Coing. On voit qu'il est issu, tant du côté paternel que maternel, d'ancienne noblesse ; que plusieurs de ses prédécesseurs ont été honorés du titre de chevalier; qu'il est fils de feu Jacques *de Croix*, chevalier, lieutenant-général des ville et bailliage de Saint-Omer, pendant l'espace de 27 ans, qui avait suivi la Cour et les armées et avait été fait prisonnier au siége de Tournai et, après une rigoureuse détention de 15 mois, avait dû payer une rançon excessive, etc.

(Archives du département du Pas-de-Calais, registre aux commissions, tome V, folio 290. — Elles étaient aussi au LXIIIe registre des Chartes, folio 96. — Manuscrit Palisot de Beauvois, tome I, folio 183).

27 Mars 1632, Madrid. — DE BEAULAINCOURT. — Lettres de chevalerie pour Georges *de Beaulaincourt*, écuyer, seigneur de Lanson, mayeur héréditaire de Berifontaine, petit-fils d'Antoine *de Beaulaincourt*, premier roi d'armes royal, dit Toison-d'Or, et ensuite premier lieutenant d'Adrien de Croy, comte de Rœux, gouverneur de Lille, enregistrées le 12 septembre 1641.

(Archives du département du Nord, LXVIIe registre des Chartes, folio 147).

26 Mars 1632, Madrid. — DE BEAUFFREMEZ. — Lettres de chevalerie (1) pour Philippe *de Beauffremez*, écuyer, seigneur du bourg de Nerlyes, fut créé chevalier par lettres données à Madrid le 26 mars 1632.

Ledit Philippe expose que ses prédécesseurs nobles de tout temps ont servi les rois en diverses charges honorables ; que lui-même a aussi servi le Roi en qualité de gentilhomme en la compagnie d'hommes d'armes du comte de Rœux et s'est trouvé avec 3 chevaux à l'armée que l'archiduc Albert avait envoyée pour faire lever le siége de la ville de Coane.

(Archives de la ville de Lille, registre Albert, page 188, verso).

---

(1) M. *Derolin*, propriétaire à Douai, en possède une copie du temps qui se trouve dans les archives de la famille *de Bucquehem*, à laquelle appartenait sa mère.

3 Avril 1632, Madrid. — DE HAYNIN. — Erection en vicomté de la terre du Breucq, tenue de la seigneurie de Grandmetz-en-Hainaut, pour François *de Haynin*, seigneur du Breucq, dont les ancêtres ont exercé plusieurs charges importantes, telles que celles de grand bailli du comté de Hainaut, commissaire au renouvellement de la loi de Lille, député et bailli général des états de cette ville, etc., etc.

(LXIVe registre des Chartes, folio 173).

20 Octobre 1632. — DE HAVERSKERCKE. — Erection en baronie de la terre et seigneurie de Winghem par lettres données à Madrid au profit de Jean *de Haverskercke*, chevalier, seigneur de Winghem, Sedelgem, chef de nom et d'armes de la noble et ancienne maison *de Haverskercke*, qui a toujours été fidèle et a rendu de grands services à ses souverains.

(LXVIe registre des Chartes, folio 53).

10 Janvier 1633. — DE LA GRANGE. — Lettres de chevalerie données à Madrid en faveur de Paul *de La Grange*, seigneur de Verlenghehem et de Nedonchel, rewart de la ville de Lille, dont le grand-père, feu Paul *de La Grange*, a été en son vivant président de la Chambre des comptes et commission au renouvellement de la loi.

(Archives de la ville de Lille, registre Albert, folio 194, verso).

3 Aout 1633. — DE GOMICOURT. — Erection en comté, par lettres données à Madrid, de la terre et seigneurie de Gomicourt, en y annexant les seigneuries de Lagnicourt, Ervillers et autres, tenues du château d'Arras, en faveur de Philippe *de Gomicourt*, chevalier, seigneur dudit lieu, gouverneur, capitaine et bailli des ville et château de Béthune.

Armes : *D'or à la bande de sable.*

(LXVe registre des Chartes, folio 165).

9 Aout 1633. — DE BETTE. — Erection en marquisat de la baronie de Lède, située dans le perron d'Alost, par lettres données à Madrid pour Guillaume *de Bette*, membre du Conseil de guerre, colonel d'un régiment d'infanterie Bas-Allemands, grand bailli de Gand, qui a obtenu le commandement de plusieurs places frontières

en Gueldre, à Venloo et Ruremonde, s'est illustré au passage de la Velve, par l'expédition de la Platte, en 1634, où il fut fait prisonnier, et au siége de Maestrich qu'il défendit en 1632, pendant 11 semaines, contre des forces hollandaises considérables.

(LXVI⁰ registre des Chartes, folio 205).

12 Novembre 1633. — RAPE. — Lettres de chevalerie données à Madrid pour Vigoureux *Rape*, écuyer, seigneur de Stemborck, du Conseil de guerre, capitaine entretenu aux Pays-Bas, qui s'est équipé à ses frais, a assisté aux guerres desdits pays, puis a fait partie du magistrat de Berghes-Saint-Vinock, et a été plusieurs fois bourgmestre de cette ville. Ces lettres furent enregistrées le 12 octobre 1640.

(LXVII⁰ registre des Chartes, folio 134).

16 Mars 1634. — DE HENNIN. — Lettres de chevalerie données à Madrid pour Claude *de Hennin*, seigneur de Warlaing, Querenaing et Baudimont, prévôt de Valenciennes, dont la famille est noble depuis plus de 200 ans. Ces lettres furent enregistrées le 20 avril suivant.

(LXV⁰ registre des Chartes, folio 199).

18 Mars 1634. — DE VARICQ. — Lettres de chevalerie données à Madrid pour Sasbout *de Varicq*, seigneur de Carnin, bailli de Lille, dont le père, Pierre *de Varicq*, échevin de Delf sous Philippe II, refusa de prendre le parti des rebelles et fut forcé pour cette raison d'abandonner ses biens et de se réfugier en Flandre avec sa famille.
Elles furent enregistrées le 10 octobre suivant.

(LXVI⁰ registre des Chartes, folio 44).

18 Mars 1634. — VAN DER HAER. — Lettres de chevalerie (1) données à Madrid pour Arnould *Van der Haer*, écuyer, originaire d'Utrecht, issu d'une famille noble, neveu de Floris *Van der Haer*, trésorier et chanoine de l'église Saint-Pierre de Lille,

---

(1) Ces lettres furent également enregistrées aux archives de Lille, registre Albert, folio 217, recto.

et commissaire au renouvellement de la loi, lequel Floris a employé « ses biens et ses moyens » au service du Roi et au maintien de la foi catholique pendant les troubles du XVIe siècle, et a contribué beaucoup à la réconciliation des provinces avec leur souverain.

(LXVIe registre des Chartes, folio 36).

21 Juillet 1634. — DE LA CHAPELLE. — Sentence de noblesse, rendue par la gouvernance de Lille, pour Bauduin *de La Chapelle*, seigneur du Maret, demeurant à Flagelles-les-Dixmade (sic), en Flandre, et Jean *de La Chapelle*, seigneur de la Folye, demeurant à Capelle-en-Pevèle, châtellenie de Lille.

Armes : *De gueules à une croix ancrée d'or, ayant chacun des quatre costés de ladite croix un crancelin d'or et d'argent*, comme se voit en l'église métropolitaine de Cambrai dans l'épitaphe à la mémoire de Daniel *de La Chapelle*, chanoine de ladite église et prévôt de Remy.

(Archives de la ville de Lille, registre Albert, folio 226).

12 Décembre 1634. — DE CROIX. — Lettres de chevalerie données à Madrid pour Thomas *de Croix*, écuyer, seigneur de la Fresnoy, en considération de l'ancienne noblesse de sa famille, des services de ses prédécesseurs et des siens pendant les guerres. Son père avait été honoré du titre de chevalier par feu l'archiduc Albert.

(Manuscrit Palisot de Beauvois, tome I, folio 195. — Archives départementales du Pas-de-Calais, Ve registre aux commissions, folio 202).

20 Décembre 1634. — DE NOYELLES. — Erection en marquisat de la seigneurie de Lisbourg-en-Artois, par lettres données à Madrid pour Jacques *de Noyelles*, comte de Croix, vicomte de Noyelles, gouverneur du château de la Motte-au-Bois, chef des finances, commissaire au renouvellement des lois du comté de Flandre, qui s'est acquitté des fonctions ci-dessus à l'entière satisfaction du Roi.

1636.— DE LA RUE. — Antoine *de La Rue*, seigneur de Laubel, échevin, rewart et mayeur de Lille, se trouve qualifié du titre de chevalier à partir de la loy de Lille de 1636. Il mourut le 10 septembre 1653 (Famille éteinte au XVIIᵉ siècle).

(LXVIᵉ registre des Chartes, folio 107).

10 Mars 1636.—OBERT. — Lettres de chevalerie (1) données à Madrid pour Louis *Obert*, écuyer, seigneur de Mazinghem (près Aire), qui s'est équipé à ses propres frais pour assister aux siéges de Cambrai et d'Amiens, et a été fait prisonnier par les Français à la journée où commandait le marquis de Warembon. Elles furent enregistrées le 12 septembre suivant.

Armes : *D'azur au chevron d'or, accompagné de* 3 *chandeliers de même* (alias *d'argent*).

(LXVIᵉ registre des Chartes, folio 183).

20 Mars 1640. — OBERT. — Lettres de chevalerie données à Madrid pour Louis *Obert*, écuyer, seigneur de Gandienprez, Copiemont, Villers, lieutenant de la gouvernance de Lille, Douai et Orchies.

Le narratif nous apprend qu'il est fils de Jean, écuyer, seigneur desdits lieux, et de Madeleine *de Le Candèle*, fille de Maximilien, chevalier, seigneur de Herbomez et de Marie *Dumortier*; que ses ancêtres, tant paternels que maternels, passé 400 ans, ont été honorés du titre de noblesse et ont rendu de grands services; que son grand-père paternel, échevin d'Arras pendant les derniers troubles, a été emprisonné par les séditieux, puis a été procureur-général et conseiller au Conseil d'Artois; que son père a été plusieurs fois du magistrat de Lille ; que son frère aîné est mort capitaine en Italie ; que lui-même exposant a servi à ses frais et dépens avec la noblesse du pays, à la suite du Cardinal Infant, don Ferdinand, assiégeant, en 1635, Louvain, et est resté dans cette place jusqu'à la levée du siége par l'ennemy.

(Archives de la ville de Lille, registre Albert, folio 258, recto).

30 Avril 1640, Madrid. — BÉCUE. — Anoblissement pour Antoine *Bécue* ou *Bécove*, seigneur de Casterwalle, demeurant à Dunkerque, qui a, pendant

---

(1) Imprimées *in extenso* dans Poplimont, VIII, 152, Belg. Herald.

l'année 1626 et suivantes, équipé plusieurs navires de guerre qui ont fait beaucoup de tort au commerce des Hollandais. Enregistré, le 8 mai 1647, moyennant finance.

ARMES : *D'azur à la fasce d'or chargée d'un cœur de gueules et accompagnée de 3 étoiles d'or, 2 en chef, 1 en pointe ; casque ouvert et treillé, les lambrequins et bourlet d'or et d'azur.* Cimier : Une étoile d'or.

(Archives du département du Nord, LXXe registre des Chartes, folio 72).

6 MAI 1640. — DE FRANCE. — Erection en baronie par lettres données à Madrid (1) de la terre et seigneurie de Boucault, relevant de la Cour féodale du Brabant, ayant château, cense, terres, située à deux lieues de Bruxelles, pour Jérosme-Gaspard *de France*, chevalier, seigneur de Noyelles-Vion, qui a été pendant plusieurs années bailli de la ville et Université de Douai, et est depuis douze ans mayeur de la ville de Louvain.

On voit dans ces lettres que ses ancêtres, tant paternels que maternels, ont été honorés de diverses charges : comme celle de président du grand Conseil de Malines et de celui d'Artois, de chancelier du Brabant, de conseiller d'Etat, de grand veneur dudit Brabant, de Wintmester, de Roerberst et de Bertechercher en Zélande, de capitaine de chevaux, guidons, enseigne de compagnie et bande des ordonnances des Pays-Bas, et quelques-uns employés en diverses légations en Allemagne, en Angleterre, etc. ; qu'il a épousé Marguerite *d'Assonville*, petite-fille et héritière de feu Christophe *d'Assonville*, chevalier, conseiller au Conseil d'Etat et privé aux Pays-Bas, et trésorier de l'ordre de la Toison-d'Or ; que, par sa femme, il s'est trouvé en possession de la terre de Boucault, qui, en juin 1605, sur production judiciaire de plusieurs titres, avait été, à la requête dudit feu conseiller, en pleine assemblée du Conseil de Brabant, déclarée ancienne seigneurie et baronie du duché de Brabant.

(Manuscrit Palisot de Beauvois, tome I, folio 199).

---

(1) Ces lettres ont été enregistrées au registre de l'élection d'Artois, le 15 juin 1700, et au bureau de la Chambre des comptes de Brabant, au registre des Chartes commencé en juillet 1629, marque hors des lettres, H, folio 199, verso.

10 Mai 1640. — DE HANGOUART. — Lettres de chevalerie (1) données à Madrid pour Michel *de Hangouart*, écuyer, seigneur du Plouich, Piètre et Pommereau, qui a servi pendant cinq ans tant en la compagnie d'infanterie du capitaine du Thil qu'en la cavalerie sous le baron de Courchelettes. Ces lettres furent enregistrées le 16 février 1643.

Dans le narratif, ledit Michel expose « que plusieurs de ses prédécesseurs ont été honorés du titre de chevalier et ont occupé des charges importantes, savoir : Guillaume *Hangouart*, chevalier, seigneur de Piètre, son bisaïeul, en celle de président du Conseil d'Artois, dont le fils, aïeul de l'exposant, nommé aussi Guillaume *Hangouart*, écuyer, seigneur de Piètre, avait épousé Antoinette *de Croix*, fille du seigneur de la Fresnoy, famille ancienne et noble de la province de Lille, et aurait eu plusieurs enfants, parmi lesquels Bartholomé *Hangouart*, chevalier, seigneur de Le Court et Piètre, marié à Marie *de Pressy*, issue de la noble et ancienne famille de ce nom, père et mère dudit Michel *Hangouart*, petit-neveu en ligne collatérale de Walerand *Hangouart*, en son vivant prévôt de la collégiale de Saint-Amé à Douai et de Saint-Bartholomé à Béthune et aumônier de Charles-Quint et Philippe II, et aussi petit-neveu et héritier de Jean *de Croix*, en son temps seigneur de Le Court, gentilhomme de la Chambre des jeunes princes d'Autriche, enfants de Maximilien II. »

(LXVIIIe registre des Chartes, folio 78).

10 Mai 1640. — DE PREUDHOMME DE HAILLY. — Lettres de chevalerie données à Madrid pour Pierre *de Preudhomme de Hailly*, écuyer, seigneur de la Riandrie.

Le narratif nous fait connaître qu'il est issu de noble extraction, que plusieurs de ses ancêtres ont été faits chevaliers pour leurs services, entre autres François *de Preudhomme de Hailly*, seigneur de Coisne, son père ; Jean *de Preudhomme de Hailly*, seigneur de Neufville, baron de Poucques, cousin-germain de son dit père et son oncle allié du côté maternel, et Henri *de Preudhomme de Hailly*, seigneur de Laoulte, frère dudit baron de Poucques. Du côté de sa compagne, Anne *Hangouart*, feu Bartholomé *de Hangouart* était seigneur de Le Court, outre que lui-même, dudit côté maternel, serait descendu de la famille *de Croix*, ancienne et noble famille du quartier de Lille.

(Archives de la ville de Lille, registre Albert, folio 251).

---

(1) Ces lettres furent aussi enregistrées aux archives de la ville de Lille, registre Albert, folio 250.

6 Aout 1640. — VAN DER SPEETEN. — Lettres d'anoblissement données à Madrid pour Servais *Van der Speeten*, conseiller et maître ordinaire en la Chambre des comptes de Lille, frère de Jean, anobli en 1627 (voir ci-devant), et dont le grand-père maternel, Jean *Van der Manden*, exerça pendant 40 ans les fonctions de conseiller pensionnaire de Gand et s'exila volontairement pendant six ans, lui et son gendre, Pierre *Van der Speeten*, père dudit Servais, afin de ne pouvoir prendre part aux troubles qui agitaient alors ladite ville. Ces lettres furent enregistrées, le 28 août 1648, moyennant finance.

ARMES : Voir ci-devant à Jean *Van der Speeten*.

(LXXe registre des Chartes, folio 165).

9 Octobre 1640. — LE BOUCQ. — Lettres d'anoblissement données à Madrid en faveur de Henri *Le Boucq*, seigneur de Camcourgean, échevin de Valenciennes et officier de la mairie de Beaurepaire, pour le Roi. Elles furent enregistrées moyennant finance.

Ledit Henri remontre que ses ancêtres ont toujours servi fidèlement leurs souverains, sans avoir adhéré aux factions des rebelles, se sont alliés à de bonnes familles : Jacques *Le Boucq* à Isabeau *de Sars*, fille de Guillaume, seigneur d'Angre, et petite-fille de Guillaume *de Sars*, aussi seigneur d'Angre, grand-bailly du Hainaut, puis avec les maisons de Mastaing, Noyelles, Jausse et autres ; que ses prédécesseurs ont occupé des charges honorables : Noël *Le Boucq*, son bisaïeul, allié à Anne *Le Prince*, était commissaire de l'artillerie et apprêts de guerre sous Philippe II ; Olivier *Le Boucq*, seigneur de Beaucamp, aïeul de l'exposant, allié à Catherine *Le Mye*, fut plusieurs fois échevin de Valenciennes, puis greffier de cette ville ; enfin Pierre *Le Boucq*, père de l'exposant, marié : 1° à Marguerite *Hangoubart*, et 2° à Marie *de Pennemaeckere*, fille de Jean, chevalier, tapissier-major de l'empereur Charles-Quint, fut aussi plusieurs fois échevin de Valenciennes, puis greffier de cette ville. Il demande qu'on lui assigne pour armes, celles dont ceux de sa famille ont toujours usé jusqu'à ce jour, qui sont : *D'azur à 3 catoires* (ruches) *d'or*, et qu'on lui accorde, ainsi qu'à ses descendants, au lieu d'*un boucq avec deux ailes*, que ceux de sa dite famille ont porté jusqu'à présent sur le timbre: *un lion d'or couronné rampant*, pour le distinguer des autres membres de sa famille, ce qui lui fut accordé.

A cette famille appartiennent aussi :

Pierre *Le Boucq*, seigneur de Haustrud, né en 1460, historien et généalogiste, auteur de plusieurs manuscrits, et qui alla en Terre-Sainte. Marié à Jeanne *de Noyelle* ;

Jacques *Le Boucq*, seigneur de Camcourgean, héraut d'armes de la Toison-d'Or sous Charles-Quint, en 1559 ;

Simon *Le Boucq*, seigneur de la Mouzelle, petit-fils de Noël, né en 1591, qui fut prévost de Valenciennes en 1644, et historien de cette ville, et qui laissa de nombreux ouvrages fort estimés ;

Et de nos jours le chevalier Amédée *Le Boucq de Ternas*, généalogiste, historien et archéologue, auteur de cet ouvrage, mort en 1882.

(LXIX° registre des Chartes, folio 94).

23 Octobre 1640. — LAURYN. — Lettres de chevalerie données à Madrid pour Jean *Lauryn*, écuyer, seigneur de Leeskens et de Schoondick, échevin du Franc de Bruges. Elles furent enregistrées le 11 avril 1642.

Ledit Jean *Lauryn* remontre que son père, Jérôme *Lauryn*, chevalier, chef des armes de sa maison, descendait de Jérôme *Lauryn*, chevalier, seigneur de Watervliet, Waterlant, Waterdyck et de Le Philippine, en son vivant maître-d'hôtel de Philippe Ier, roi de Castille, son conseiller et trésorier-général de ses domaines et finances aux Pays-Bas ; qu'il aurait été employé en diverses ambassades et même créé chevalier, des mains du Roi, en récompense de ses fidèles services ; que sa mère, descendant de la noble famille *de Mol*, du duché de Brabant, était fille d'Antoine *de Mol*, chevalier, et de Anne *de Barnst*; que ledit Antoine *de Mol*, mis en prison à Ostende, par les rebelles, y était mort ; qu'il était allié, tant du côté paternel que maternel, aux plus nobles et anciennes familles de Flandre, savoir : *Claerhant, de Barnst, Ghistelle, Hallevin, La Vichte, Vander Gracht, Mamines, Villaire de Gand, Ruffaut, de Maecht, Pedaert, Says*; que lui-même avait épousé Marie *de Vos de Steenwyck*, fille de feu René, écuyer, d'abord secrétaire d'Isabelle d'Autriche, femme de Charles IX, roi de France, avait suivi cette princesse à sa retraite en Allemagne, comme conseiller et surintendant de sa maison et finances, puis avait été agent auprès de la Cour de France, tant pour les affaires des Pays-Bas que de l'Empereur, puis, enfin, avait été nommé conseiller et maître de la Chambre des comptes à Lille, charge qu'il exerçait au moment de sa mort ; que la femme de René *de Vos*, Jacqueline *Gesselin*, était la nièce de Anger *Gesselin*, chevalier, seigneur de Rousbeke, conseiller de Charles-Quint, et son ambassadeur auprès du sultan Soliman Selim, puis après grand maître-d'hôtel de la reine Isabelle, douairière de France ; qu'enfin ledit remontrant avait fait la guerre pendant 10 ans, tant dans les Pays-Bas qu'en Allemagne, en qualité de soldat, d'alfère et de capitaine d'infanterie au tertio du maître-de-camp, Frédéric *Micault*.

(LXVIIIe registre des Chartes, folio 1).

23 Janvier 1641. — LE CLERCQ. — Lettres d'anoblissement données à Madrid pour Liévin *Le Clercq*, natif de Bruges, qui a rendu de grands services, spécialement lors de la construction, à Dunkerque, de huit galères destinées à « infester la pescherie des Hollandais » et, en 1627, de sept navires de guerre qui furent envoyés sous le commandement de l'amiral Francisco de Rivera, au secours du roi de France assiégeant en ce moment La Rochelle. Elles furent enregistrées, le 23 mai suivant, moyennant 6,000 florins de finances.

Armes : *D'or émanché de 3 pièces de sable, mouvantes du côté sénestre. Casque ouvert et treillé, lambrequins et bourlet d'or et de sable.* Cimer : Un cocq de sable crêté, barbé, membré d'or.

(LXVIIe registre des Chartes, folio 176).

23 Janvier 1641, Madrid. — BAERT. — Anoblissement de Jean *Baert* (1), trésorier de la ville de Gand, allié aux familles *Van Havre* et *Van Ackre*. Ces lettres, données à Madrid le 23 janvier 1641, furent enregistrées, le 21 avril 1644, moyennant 2,500 florins de finance.

Armes : *De sable, à la fasce d'argent accompagnée en pointe d'un lévrier courant aussi d'argent. Casque, lambrequins et bourlet d'argent et de sable.* Cimier : Deux ailes, l'une de sable, l'autre d'argent.

(Archives du département du Nord, LXIXe registre des Chartes, folio 44).

15 Mai 1641. — D'ENNETIÈRES. — Lettres de chevalerie données à Madrid en faveur de Charles-Philippe *d'Ennetières*, écuyer, seigneur de Croix-au-Mont, bailly

---

(1) Le Roux rapporte, page 280, qu'il devint premier conseiller pensionnaire de Gand, se maria : 1° à Quintine *Van Wychuys*, fille d'Antoine, écuyer ; 2° à Eléonore *de La Costa*, fille d'André, écuyer, et obtint des lettres de chevalerie le 20 septembre 1644.

des villes de Flobecq et Lessines, dont la famille est depuis longtemps reconnue noble. Elles furent enregistrées le 8 novembre suivant.

(LXVIIe registre des Chartes, folio 205).

28 Mai 1641. — DE HOT. — Lettres d'anoblissement données à Madrid pour Antoine *du Hot*, seigneur de Flequières, rewart de Lille, et enregistrées le 23 mai 1642.

Il expose qu'il a épousé Anne *de Hennin*, sœur de l'évêque d'Ypres, Antoine *de Hennin*; qu'il a rempli plusieurs charges importantes en la ville de Lille, entre autres celles de ministre-général des pauvres, de surintendant des notables, de rewart, ayant même eu, en cette dernière qualité, l'honneur de présenter les clefs de la ville au Cardinal Infant, don Ferdinand, lieutenant-gouverneur des Pays-Bas, lors de sa joyeuse entrée à Lille.

Armes : *D'azur à un nœud d'amour d'or.*

(LXVIIIe registre des Chartes, folio 6).

23 Juillet 1641. — DE HARCHIES. — Lettres de chevalerie données à Madrid pour Jean *de Harchies*, écuyer, seigneur de Millomez, Hallennes, Erquinghem-le-Sec, Basinghem, Rodesel, Caetheu.

Le dispositif nous apprend qu'il est fils de feu Léon *de Harchies*, fils de Arnould *de Harchies*, à son trépas chevalier, seigneur dudit Millomoz, et neveu en ligne collatérale et héritier universel de feu Arnould *de Harchies*, chevalier, seigneur de Hellennes, Erquinghem-le-Sec, aussi fils dudit feu Arnould ; qu'il est d'ancienne et noble extraction ; qu'à l'exemple de ses ancêtres il a porté les armes pour le service du Roi à Zantvliet et autres endroits et, en 1635, a été l'un des premiers gentilshommes volontaires qui se seraient rendus auprès du Cardinal Infant, don Ferdinand, à Tilemont, en Brabant, pour résister à l'armée française et à celle des provinces rebelles ; qu'il a toujours été prêt, en toutes occurrences, en étant requis par les gouverneurs de Lille, Douai et Orchies, Tournay et Tournaisis, à les accompagner comme gentilhomme du quartier, à ses frais, pour notre service , qu'il est allié par mariage à la fille de Floris *de Griboval*, chevalier, seigneur de Sweveghem, « lequel auroit aussi été toujours été fort zéleux pour le service du Roi et, à son exemple, deux siens fils, l'un desquels seroit mort d'une blessure reçue devant notre ville de Salses, en notre comté du Roussillon, et l'autre encore capitaine au régiment du seigneur de Ribaucourt en nos Pays-Bas. »

(Archives de la ville de Lille, registre Albert, folio 255, verso).

24 Septembre 1641. — DE CARDEVACQUE. — Lettres de chevalerie (1) données à Madrid pour Pierre *de Cardevacque*, écuyer, seigneur de Gouy et de Saint-Amand, et enregistrées le 3 mars 1642.

Le narratif dit qu'il est fils de feu Ferdinand *de Cardevacque*, écuyer, seigneur de Beaumont et petit-fils de Charles *de Cardevacque*, écuyer, seigneur de Beaumont; que son grand-oncle maternel, frère « au vieil baron de Cuincy », a été gouverneur de Tournay, le frère second d'icelluy, gouverneur de Bapaume, et leur frère troisième, coronel d'infanterie, a rendu au Roi de notables services au siége de Cambray ; que Louis *de Cardevacque*, écuyer, seigneur de Haubois, son frère aîné, capitaine de cuirassiers, après plusieurs fidèles services, a été tué, à l'avantage de notre cavalerie, par les Français, à leur dernière sortie de la ville de Maubeuge en 1637 ; que son second frère a été tué en Allemagne au service de l'Empereur en 1634 ; que lui-même remontrant a porté les armes au service du Roi en qualité de cornette au régiment du comte de Bucquoy, et depuis choisi capitaine de 300 testes. Il a épousé la fille aînée de Arnould *de Thieulaine*, chevalier, seigneur du Fermont, lieutenant de la gouvernance de Lille.

(LXVIIe registre des Chartes, folio 216).

15 Octobre 1641. — HANGOUART. — Lettres de chevalerie données à Madrid pour Robert-Ignace *Hangouart*, écuyer, seigneur de Le Court.

On voit « qu'il est issu, tant du côté paternel que maternel, de noble extraction ; que plusieurs de ses prédécesseurs ont été créés chevaliers et ont occupé des charges importantes, comme Guillaume *de Hangouart*, chevalier, seigneur de Piètre, son bisayeul, président du Conseil d'Artois, dont le fils, nommé aussi Guillaume, écuyer, seigneur dudit Piètre, ayeul dudit remontrant, a épousé Antoinette *de Croix*, fille du seigneur de la Fresnoy, dont est venu Bartholomé *de Hangouart*, vivant chevalier, seigneur de Le Court et de Piètre, père dudit exposant, qu'il aurait eu de son mariage

---

(1) Elles furent également enregistrées aux archives de Lille, registre Albert, folio 257, recto.

avec Marie *de Pressy*, issue de la noble maison de Pressy ; que l'exposant était aussi petit-neveu en ligne collatérale de feu Walerand *Hangouart*, prévôt de la collégiale de Saint-Amé de Douai et de Saint-Barthélémi de Béthune, aumônier de Charles-Quint et de Philippe II et aussi petit-neveu et héritier de feu Jean *de Croix*, seigneur de Le Court, gentilhomme des jeunes princes d'Autriche, enfants de l'empereur Maximilien II, tous lesquels, ses ancêtres, ont occupé états et offices honorables tant en fait des armes que d'administration d'affaires politiques. »

(Archives de la ville de Lille, registre Albert, folio 257, verso).

19 Novembre 1641. — DE LANNOY. — Lettres d'anoblissement (1) données à Madrid, moyennant finance, pour Jean *de Lannoy*, qui, pendant plus de 20 ans, a été capitaine, bourgeois de la ville de Lille. Elles furent enregistrées le 30 mai 1642.

Jean *de Lannoy* expose qu'il est fils de feu Jacques, seigneur de Plantos, demeurant à Lille, allié à la famille *des Barbieux*, laquelle a été honorée du degré de chevalier ; que le seigneur de Rabodenghe et de la Boutillerie, son oncle maternel, neuf fois mayeur en chef de la ville de Lille, a rendu de grands services au Roi ; qu'il est de noble extraction ; que ses titres ont été perdus et égarés pendant les guerres, notamment lorsque la maison de Henri *de Lannoy*, son bisayeul, demeurant à Cisoing, fut brûlée, l'an 1515, pendant le siège de Tournai par les Anglais, et aussi lorsque la maison de Pierre *de Lannoy*, son ayeul, fut brûlée au grand feu de Lille, en 1545, avec tous ses meubles et papiers.

Armes : *Écartelé aux 1 et 4 d'argent au lion de sinople couronné, lampassé et armé de gueules, aux 2 et 3 aussi d'argent à une fasce de 3 pièces de sinople, heaume ouvert et treillé, bourlet et hachements d'argent et de sinople.* Cimier : Un lion naissant de sinople comme celui de l'écu.

(LXVIIIe registre des Chartes, folio 7).

21 Janvier 1642. — HOVERLAND. — Lettres d'anoblissement (2) données à Madrid, moyennant finance, en faveur de Jean-Baptiste *Hoverland* (3), échevin de Tournai.

---

(1) Ces lettres furent enregistrées aux archives de la ville de Lille, registre Albert, folio 261, verso.

(2) Ces lettres furent aussi enregistrées aux archives de la ville de Lille, registre Albert, folio 274, verso.

(3) C'est par erreur que Le Roux, page 271, l'appelle *d'Hourlande*.

Jean-Baptiste *Hoverland*, demeurant à Tournai, commis au fait des passeports des marchandises qui s'envoient vers les royaumes d'Espagne, et substitut des maîtres généraux des monnaies des Pays-Bas pour toutes les provinces wallonnes, expose qu'il appartient à une famille ancienne, qu'il est marié à Françoise *Cocquiel*, fille de Gilles, seigneur de Merchin, qu'il a été forcé par les rebelles de quitter la ville et rétabli au magistrat d'icelle par le prince de Parme, que sa mère, alors veuve, avait donné asile à des personnes religieuses et caché des ornements d'églises pour les sauver des mains des hérétiques et qu'en 1641, il avait entretenu, à ses frais, deux soldats, au siége de la ville d'Aire.

ARMES : *D'azur à une croix terminée en pointe ayant en fil, sur chaque pointe, deux boules d'argent, cantonné de 4 griffons d'or armés et langués de gueules.*

(LXVIIIe registre des Chartes, folio 15).

21 JANVIER 1642. — DE COUROUBLE. — Lettres d'anoblissement (1) données à Madrid pour Walerand *de Courouble*, seigneur du Carieul, et enregistrées, le 21 juillet suivant, moyennant finance.

Ledit Walerand *de Courouble* expose qu'il est fils de feu Georges, licencié ès-lois, bourgeois, demeurant à Lille, et de Anne *Van der Meerch*, fille de François, aussi licencié ès-lois, conseiller pensionnaire, pendant 50 ans, de la châtellenie d'Ypres ; que ses ancêtres ont, depuis un temps immémorial, vécu noblement, ayant état de magistrature et de robe longue, comme échevin, huit-hommes de Lille ; se sont alliés aux familles *Immeloot, La Wickte, Formanoir, du Quesnoy, Liebart, La Chapelle, de Wochte, du Chastel, Le François, Zuytpiène*, etc., dont plusieurs descendants, pour leurs services, ont été honorés du titre de chevalier ; qu'il est allié à la famille des *Fourmestraux*, aussi notable et ancienne à Lille.

ARMES : *D'azur au sautoir ancré d'argent, accompagné de 4 merlettes de même, chargé en cœur d'un écusson d'or à l'aigle à 2 têtes de gueules. Casque ouvert et treillé, les lambrequins et bourlet d'azur et d'argent. Cimier : Une aigle comme celle de l'écu.*

(LXVIIIe registre des Chartes, folio 19).

(1) Ces lettres furent aussi enregistrées aux archives de Lille, registre Albert, folio 273, verso.

23 Janvier 1642. — DE FOURMESTRAUX. — Lettres de chevalerie données par le roi d'Espagne, Philippe IV, pour Jean-André *de Fourmestraux*, écuyer, seigneur du Verbois, la Rue, Hacquebart, fils de messire André, chevalier, seigneur de Wasières.

Le dispositif nous fait connaître qu'à l'imitation de son père, il a occupé les premières charges et états principaux de la ville de Lille ; qu'il a procuré au souverain de notables sommes au moyen de son crédit ; qu'il a suivi le Cardinal Infant, don Ferdinand, pendant deux campagnes, avec trois chevaux à ses frais, etc., etc.

(Archives de la ville de Lille, registre Albert, folio 267, verso).

18 Février 1642. — DE VICQ. — Lettres de chevalerie données à Madrid en faveur de François *de Vicq*, écuyer, fils de feu Louis, écuyer, à son trépas seigneur de Watermeulen, d'ancienne et noble famille, dont les ancêtres ont rendu de grands services ; plusieurs ont été honorés du titre de chevalier, notamment, en 1629, Roland *de Vicq*, écuyer, seigneur de Watermeulen, frère du remontrant, qui sert le Roi depuis sa jeunesse aux guerres des Pays-Bas et espère continuer son service.

(Archives de la ville de Lille, registre Albert, folio 259, recto).

10 Mars 1642. — DE LANNOY. — Lettres d'anoblissement (1) données à Madrid, moyennant finance, pour Jacques *de Lannoy*, seigneur de Fretin, et Paul *de Lannoy*, seigneur du Chastel, frères de Jean, anobli en 1641, et fils de Jacques *de Lannoy*, seigneur de Plantis. Elles furent enregistrées le 13 novembre de la même année.

Le dispositif, qui est le même que celui de Jean, anobli en 1641, nous apprend de plus que Paul *de Lannoy* est allié à la noble famille *du Forest* et a été plus de 20 ans capitaine de la bourgeoisie de Lille, et qu'il a rendu, ainsi que son frère Jacques, de grands services au Roi.

Armes : Portent comme leur frère, Jean *de Lannoy*.

(LXVIIIe registre des Chartes, folio 47).

2 Mai 1642. — DE KESSEL. — Lettres de chevalerie données à Arranguez pour Michel *de Kessel*, écuyer, seigneur de Wattignies.

---

(1) Ces lettres furent également enregistrées aux archives de la ville de Lille, registre Albert, folio 262, verso.

L'exposé nous apprend que ses ancêtres ont rendu de grands services aux Rois, comme Gistrecht *de Kessel*, chevalier, bisayeul de l'exposant, lieutenant d'hommes d'armes sous Charles-Quint, pendant les guerres contre les Français ; Jean-François *de Kessel*, écuyer, seigneur de Milleville, son ayeul, qui a abandonné ses biens pour ne pas prendre part à la rébellion ; Philippe *de Kessel*, chevalier, seigneur de Milleville, Wattignies, Becquerol, son père, d'abord à la guerre, puis après bailli de Cisoing, député ordinaire des Etats de Lille, Douai et Orchies pendant vingt ans ; que le remontrant, Michel *de Kessel*, suivant l'exemple de ses ayeux, a servi, dès l'an 1632, dans la compagnie de chevaux du comte de Nassau, général de la cavalerie, pendant deux ans et demi comme soldat, puis pourvu de l'estendart de la compagnie du comte Jean-François de Nassau, fils dudit général, s'est trouvé aux prises de Stenenbert, de la Chapelle, Chastelet, Corbie, Ruremonde, Venloo, aux secours de Breda, Louvain, Saint-Omer, de Gueldre, et s'est signalé contre les ennemis, tant Français que Hollandais.

(Archives de la ville de Lille, registre La Paix, folio 112).

6 MAI 1642. — DE LANNOY. — Lettres d'anoblissement (1) données à Arranguez pour Michel *de Lannoy*, seigneur du Carnois. Ces lettres furent enregistrées, le 11 septembre suivant, moyennant finance.

On voit qu'il était fils de Paul, à son trépas échevin de Lille et petit-fils d'Allard *de Lannoy*, seigneur du Canteleu, et de Marguerite *Van Dale*, fille et héritière de feu Paul *Van Dale*, vivant chevalier, seigneur de Lillo, Berlaer, dont les ancêtres ont rendu de grands services à Charles-Quint, notamment le seigneur *de Lillo*, en son voyage d'Outre-Mer, pour la conquête de Tunis et de la Goulette, aux siéges de Saint-Pol, Montreuil, Thérouane, etc. : en 1536 et 1537, qui, avec 6 chevaux, a servi la reine Marie de Hongrie et de Bohême, gouvernante des Pays-Bas, et a été créé chevalier par l'Empereur le 24 avril 1554 ; que le frère de ce seigneur, messire Pierre *Van Dale*, seigneur de Berlaer, Ghessel, doyen d'Alost et chanoine de Notre-Dame d'Anvers, a fondé et doté en l'Université de Louvain le célèbre et magnifique collége Van Dale, pour nourrir et entretenir plusieurs étudiants en diverses facultés et sciences et en a délaissé le droit de patronage à ses plus proches parents de ladite ligne Van Dale qui prendrait continuation dans ledit Michel *de Lannoy* ; que Paul *de*

---

(1) Ces lettres furent aussi enregistrées aux archives de la ville de Lille, registre Albert, folio 266, verso.

Lannoy, son père, aurait été allié par mariage à feu demoiselle Eléonore *de Fourmestraux*, fille de défunt Allard, vivant seigneur de Le Val, et de noble demoiselle, Jeanne *Le Maire*; que ledit Paul *de Lannoy* aurait été plusieurs fois échevin de la ville d'Arras, où il serait resté avec sa famille jusqu'au moment où cette ville étant occupée par nos ennemis, il serait venu à Lille et aurait éprouvé de grandes pertes et dommages par la prise d'Arras.

ARMES : *D'argent a 3 lions de sinople, 2 et 1 lampassés et armés de gueules au chef cousu d'or à un demi-homme sauvage affronté de carnation ou couleur pourpre, à la guirlande en tête de sinople tenant dans la main droite une rondache et dans la gauche une massue, appuyée sur l'épaule de même; un timbre grillé d'argent, les bourlets et hachements d'or et de sinople.* Cimier : Un homme semblable à celui de l'écu.

(LXVIIIe registre des Chartes, folio 29).

13 MAI 1642. — DES ENFANS. — Lettres d'anoblissement données à Arranguez, en Castille, pour Jacques *des Enfans*, seigneur du Fermont, qui a été plusieurs fois échevin de Valenciennes. Elles furent enregistrées, le 28 mars 1643, moyennant finance.

Ledit Jacques expose qu'il est issu d'ancienne et honorable famille; que lui et ses ancêtres ont toujours été de fidèles sujets; qu'il a été plusieurs fois échevin de Valenciennes; qu'il a épousé Marie *de Hennin*, sœur de feu Antoine *de Hennin*, évêque d'Ypres, qui a fondé un très beau séminaire de 50 bourses pour les étudiants en théologie; enfin que plusieurs de ses parents ou cousins collatéraux se sont signalés au service de leur souverain.

ARMES : *D'argent, à un chêne de sinople. Casque d'argent ouvert et treillé; bourlet d'argent et de sinople.* Cimier : Un chêne de sinople.

(LXVIIIe registre des Chartes, folio 100).

26 MAI 1642. — DE LA RUE. — Lettres de chevalerie données à Cuença (royaume de Castille) pour Antoine *de La Rue*, seigneur de Laubel, premier échevin de Lille et député ordinaire des états de la châtellenie de Lille, Douai et Orchies.

Il expose qu'il descend de noble et ancienne famille de la province de Lille; que son père grand, Allard *de La Rue*, seigneur de Laubel, a épousé Barbe *Arthus*, fille de Jacques, écuyer, seigneur de Walgourdin ; que François *de La Rue*, son père, aussi seigneur de Laubel, a épousé Isabelle *de La Grange*, fille aînée de Paul, chevalier, seigneur de Nedonchel, président de la Chambre des comptes de Lille; que lui-même, exposant, est marié à Anne *Le Clément*, fille aînée de feu Pierre, vivant écuyer, seigneur de Leuwacq et qui s'est, à l'imitation de ses prédécesseurs, comporté en homme d'honneur; qu'il a fait parti du magistrat de Lille dès 1619, a été plusieurs fois rewart et, en cette qualité, a eu la surintendance de la garde et chez lui les clefs des portes de la ville, lesquelles il a eu l'honneur de présenter au Cardinal Infant don Ferdinand.

(Archives de la ville de Lille, registre Albert, folio 288, recto).

16 Juillet 1642. — DE STIEMBECQUE. — Lettres de chevalerie données à Molina, en Castille, pour Edouard *de Stiembecque*, écuyer, seigneur de Millemotte, capitaine entretenu au régiment du comte de Grobendoncq, lieutenant-général de la gouvernance de Douai et d'Orchies, et sergeant-major de ladite ville de Douai et des gens de guerre qui y sont en garnison. Il naquit à Saint-Omer. Ces lettres furent enregistrées le 16 mars 1643.

Ledit *de Stiembecque* remontre que, suivant les traces de ses nobles prédécesseurs tant paternels que maternels, il est entré, dès sa jeunesse, au service de son souverain, en qualité de gentilhomme de la compagnie colonelle de feu le seigneur de Coin, au siége et à la prise de Verselles en Italie, puis fut pourvu d'une compagnie d'infanterie de 200 têtes wallonnes au régiment de feu le seigneur de Maisières, a assisté à la conquête du Palatinat inférieur sous le marquis Spinola, a fait partie de l'armée des Pays-Bas, et qu'à la défense d'Arras il fut blessé ; qu'il est allié à Adrienne *de Wancquelin*, fille de Claude, chevalier, seigneur de Saint-Tol, grand bailli du pays de Cambrésis, ancienne et noble famille ; que lui-même est le chef de l'ancienne et noble famille des seigneurs *de Stiembecque*, étant fils de Jérôme *de Stiembecque*, écuyer, seigneur de Dicques et de la Motte, et de Adrienne *de Wasselin*, fille et sœur de feu Hugues *de Wasselin*, père et fils, vivant chevaliers, seigneurs de Lannoy, prévôts héréditaires de la ville de la Gorgue ; icelui, Jérôme *de Stiembecque*, fils de *Nicolas* et de Catherine *Bersacques* ; *Nicolas*, fils de *Jean*, écuyer, seigneur de la Motte; icelui *Jean*, fils de Henri *de Stiembecque*, chevalier, seigneur dudit lieu et de la Motte, qui, l'an 1350, avait fait hommage au duc de Bourgogne à cause de son fief de la Motte tenu du château de Saint-Omer. Enfin que Jérôme *de Stiembecque*, son père, rapporté ci-devant, avait servi ses anciens souverains dès sa jeunesse, s'était trouvé aux siéges de Harlem, Zutphen, Ziriczée, Utrech et Amsterdam, sous la conduite du duc d'Albe, et s'était si bien comporté qu'en récompense de ses services il aurait eu 100 florins par an, sa vie durant, assignés sur le domaine de Saint-Omer.

Armes : *Écartelé aux 1 et 4 de vair de 4 traits aux 2 et 3 d'azur, à 3 bandes d'argent.*

(LXVIIIe registre des Chartes, folio 79).

3 Juillet 1642. — DE FOURMESTRAUX. — Lettres de chevalerie données à Saragosse par le roi d'Espagne en faveur de André *de Fourmestraux*, écuyer, seigneur de Wasières, Beaupré, Rollandre.

L'exposé contient que ses ancêtres, tant paternels que maternels, ont rendu de grands services à la maison d'Autriche; que lui-même a, pendant les présentes guerres, levé à diverses fois de grandes sommes d'argent à fort petit intérêt ; a été mayeur et rewart de Lille, et que, pendant que les Français ravageaient le pays, il était toujours en action pour la meilleure direction des gardes et fermetures des portes, qu'il a été député de la province de Lille, Douai et Orchies, que son fils aîné, capitaine au service du Roi, y est mort, que son fils unique, Jean-André *de Fourmestraux*, seigneur du Verbois, s'est aussi bien montré comme gentilhomme volontaire à la suite de feu le Cardinal Infant, don Ferdinand, etc., etc.

(Archives de la ville de Lille, registre Albert, folio 265, recto).

7 Septembre 1742. — GOMBAULT. — Lettres de chevalerie données à Saragosse pour Walerand *Gombault*, écuyer, seigneur de Manaing, rewart de Lille, député de la noblesse de Lille, Douai et Orchies, et enregistrées le 16 mars 1643.

(LXVIIIe registre des Chartes, folio 92).

16 Septembre 1642. — DE PAILLY. — Lettres de réhabilitation de noblesse données à Saragosse pour Jean *de Pailly*, descendant d'une famille piémontaise déchue de sa noblesse, parce que son père, Marc-Antoine *de Pailly*, ayant abandonné son pays natal et étant venu s'établir à Tournay, s'était longtemps occupé de négoce « chose souillant le lustre de la noblesse. » Elles furent enregistrées, le 30 mars 1643, moyennant finance.

Armes : *Tranché d'argent et de gueules.* Cimier : Une licorne naissante d'argent, armée d'or, au crin et barbe de même.

(LXVIIIe registre des Chartes, folio 100).

23 Septembre 1642. — DAMMAN. — Lettres de chevalerie données à Saragosse pour Gilles-François *Damman*, ou *d'Aman*, écuyer, seigneur de Warnoyze, fils de Charles, seigneur d'Oomberghe, de Warnoyze, Vilaine, Bus et Burgracht, d'une ancienne et noble famille de Gand, fut, en retour des bons services que lui et ses ancêtres ont rendus, créé chevalier.

Armes : *D'argent à la tour de gueules, sur 2 marches de même.*

(LXVIIIe registre des Chartes, folio 107).

18 Novembre 1642. — ZUALLART. — Lettres d'anoblissement données à Madrid moyennant finance pour Jacques *Zuallart*, seigneur de Selain, de Bouville et de Namur, qui a, comme son père, rempli les fonctions de receveur des mains-mortes de Namur, de receveur des biens confisqués sur les Français, de bailli des lois du comté de Namur.

(LXIXe registre des Chartes, folio 37).

23 Décembre 1642. — PAILLY. — Lettres de réhabilitation de noblesse données à Madrid pour Marc-Antoine *Pailly*, seigneur du Grand-Châtelet, Steenbrugge, Grand-Rieu et Violaine, cornette de la compagnie d'hommes d'armes du comte Albert, marquis de Berghes, natif de Tournay, fils de Gabriel, en son vivant capitaine d'infanterie wallonne, d'une famille d'ancienne noblesse piémontaise. Ces lettres furent enregistrées, en décembre 1643, moyennant finance.

Armes : Voir l'article ci-devant.

(LXIXe registre des Chartes, folio 5).

23 Décembre 1642. — PAILLY. — Lettres de réhabilitation de noblesse données à Madrid pour Jean-Baptiste *Pailly*, frère de Marc-Antoine, homme d'armes de la compagnie du seigneur de Lannoy, comte de la Motterie. Elles furent enregistrées, en décembre 1645, moyennant finance.

Armes : Comme le précédent.

(LXIXe registre des Chartes, folio 7).

13 Janvier 1643. — DE HAYNUIER. — Lettres d'anoblissement données à Madrid moyennant finance pour Jean *de Haynuier*, ou *Hennuier*, seigneur de Hazencourt, issu d'une des plus honorables et anciennes familles de Valenciennes où il demeurait.

Armes : *D'or au lion de sable timbré et surmonté d'hermines et du fruit de palmier de sinople (sic dans les lettres).*

(LXVIIIe registre des Chartes, folio 159).

16 Février 1643. — PAILLY. — Lettres de réhabilitation données à Madrid moyennant finance pour Laurent *Pailly*, né à Tournay, fils de feu Flaminio *Pailly*.

Ledit Flaminio *Pailly*, issu de la noble maison *de Pailly*, de la ville d'Aste, en Piémont, dont la mère, Lucrétia *Visconti*, s'était remariée avec le marquis *d'Aneize*, avait alors quitté l'Italie pour venir dans les Pays-Bas, où il dut travailler pour vivre, jusqu'au moment où il put rentrer en possession de ses biens.

Armes : *Tranché d'argent et de gueules.*

(LXIXe registre des Chartes, folio 3).

24 Mars 1643. — DE MESTER. — Lettres d'anoblissement données à Madrid moyennant finance pour Jean-Juvenal *de Mester*, frère de Gabriel et Nicolas *de Mester*, rapportées ci-après.

(Mêmes armes que ses frères).

(LXIXe registre des Chartes, folio 99).

24 Mars 1643. — DE MESTER. — Lettres d'anoblissement données à Madrid moyennant finance pour Louis *de Mester*, frère du précédent.

Dans ces lettres, on voit qu'il est fils de François *de Mester*, qui a été successivement secrétaire du comte de Herlies, bailly d'Estaires et de Haverskercke, député des nobles vassaux de la Cour de Cassel, haut justicier de cette Cour.

(Louis *de Mester* avait les mêmes armes que le suivant).

(LXIXe registre des Chartes, folio 102).

24 Mars 1643. — DE MESTER. — Lettres d'anoblissement données à Madrid pour Gabriel *de Mester*, licencié ès-lois, bailli-général des villes et comté d'Estaires, et baronie de Haverskercke, fils de François *de Mester*, aussi bailli-général du comté d'Estaires et de la baronie de Haverskercke, et de Marguerite *Van Cappel*, fille de noble homme, Guillaume *Van Cappel*, et ledit François *de Mester*, aussi fils de François, en son vivant, conseiller pensionnaire de la châtellenie de Berghes. Ces lettres furent enregistrées, le 21 juillet 1644, moyennant finance.

Armes : *De sinople à la fasce bretessée* alias *treschée d'or de quatre pièces, accompagnée en pointe d'une fleur de lys d'or, les lambrequins d'or et de sinople.* Cimier : Une fleur de lys pareille à celle de l'écu.

(LXIXᵉ registre des Chartes, folio 80, verso).

24 Mars 1643. — DE MESTER. — Lettres d'anoblissement données à Madrid pour Nicolas *de Mester*, receveur de la ville et châtellenie de Bailleul, frère du précédent. Il dut aussi payer finance et avait les mêmes armes que son frère.

(LXIXᵉ registre des Chartes, folio 91).

14 Avril 1643. — DE SION. — Lettres d'anoblissement (1) données à Madrid pour François *de Sion*, licencié ès-droits, et enregistrées le 30 du même mois.

Ledit François *de Sion* expose qu'il est fils de Philippe et de Jeanne *Petitpas* (2); qu'il est issu de familles honorables, tant du côté paternel que maternel; que Philippe, son père, a suivi la carrière des armes avec deux chevaux à ses frais, sous le marquis de Spinola, à la conquête du Palatinat, en la compagnie de chevaux du comte d'Annapes, et qu'il est mort, le 6 janvier 1621, suivant une attestation dudit comte; que Renaud *de Sion*, son père grand, a, sous la conduite du sieur de Houchin, suivi Charles V à la conquête de la ville de Duren, où il a couru de grands dangers par la violence du canon, qui avait furieusement traversé toute sa compagnie; puis a été, avec ledit sieur de Houchin, accompagner le prince d'Orange aux fêtes du mariage

---

(1) Ces lettres furent également enregistrées aux archives de Lille, registre Albert, folio 272, verso.

(2) Elle était fille d'Auguste, seigneur de Warcoing, qui compte parmi les membres de sa famille des rewarts, mayeurs et échevins de Lille, comme Guillaume *Petitpas*, seigneur de la Mousserie, alors rewart de cette ville.

de feu le roi, Philippe II, avec Isabelle, fille de Henri II ; que François *de Sion*, son grand-oncle, a servi de longues années Philippe II en sa chapelle secrète en Espagne et obtenu une prébende en l'église collégiale de Lillers, à laquelle il avait nommé Philippe *de Sion*, son neveu, présentement doyen de Saint-Pierre à Lille.

ARMES : *D'argent à une montagne de couleur pourpre, au chef d'azur chargé de trois étoiles d'or. Casque ouvert et treillé ; les lambrequins et bourlet d'or et d'azur.* Cimier : Une licorne issante d'argent.

(LXVIIIe registre des Chartes, folio 200).

17 AVRIL 1643. — MULLER. — Lettres d'anoblissement données à Madrid pour Jean *Muller*, seigneur de Courrières, Gouy, etc., échevin de Namur, ainsi que plusieurs de ses ancêtres. Elles furent enregistrées, le 7 décembre suivant, moyennant finance.

ARMES : *D'argent, à la fasce denchée en pointe de sable, accompagnée de 3 merlettes de sable, 2 en chef, 1 en pointe. Casque d'argent grillé et liseré d'or ; les lambrequins et bourlet d'argent et de sable.* Cimier : Un lion naissant d'argent.

(LXIXe registre des Chartes, folio 1).

20 AVRIL 1643. — SCHINCKELLE. — Lettres de chevalerie données à Madrid pour Jacques *Schinckelle*, écuyer, seigneur d'Oudewerse, Gomuy, de Saint-Clément, Cappelle, échevin, bourgmestre et landthouder de la ville et châtellenie de Furnes, fils de Charles, écuyer, et de Jeanne *de Vos*, dont les ancêtres ont rendu de bons et fidèles services au Roi et à ses prédécesseurs. Elles furent enregistrées le 9 juillet suivant.

ARMES : *D'hermines, au chef d'or, à un lion naissant de gueules.*

(LXVIIIe registre des Chartes, folio 156).

19 MAI 1643. — WARLOP. — Lettres d'anoblissement données à Madrid pour Robert *Warlop*, licencié ès-lois, seigneur de Bihamel, Was, Duldreucq, Bois et Hollebecque, procureur-général de la gouvernance de Lille, Douai et Orchies. Ces lettres furent enregistrées, le 9 janvier 1644, moyennant finance.

Ledit Robert fait valoir qu'il occupe les fonctions de procureur-général depuis 13 ans et que cette charge est très lourde, surtout pendant la guerre contre la France, à cause de la surveillance active qu'il faut exercer sur certaines personnes soupçonnées de trahison ; qu'il a épousé Jacqueline *Gilleman*, notoirement noble, dont le frère, père et aïeul avaient rendu de notables services à leur prince : son frère, comme auditeur et maître de la Chambre des comptes, son père, pareillement auditeur et maître de ladite Chambre, son aïeul, comme président de ladite Chambre et commissaire au renouvellement de la loy, et qu'enfin son père, Robert *Warlop*, aussi licencié ès-droits, avait aussi été procureur-général de la gouvernance de Lille, sous le gouvernement du duc de Parme.

ARMES : *D'argent, au chef de sable à 5 maillets d'argent*. Cimier : Une tête et encolure de cheval d'argent.

(LXIXe registre des Chartes, folio 19. — Archives de la ville de Lille, registre Albert, folio 271, verso).

11 Aout 1643. — VAN SCHRIECK. — Lettres d'anoblissement données à Saragosse moyennant finance pour Antoine-Julien *Van Schrieck*, seigneur de Rodoorme, natif de la ville d'Ypres, allié à la nièce de Pierre *Carlins*, premier évêque de Bruges, lequel Antoine fut obligé de travailler pour vivre, son père, Jean *Schrieck*, ayant perdu tous ses biens lors de l'inondation du quartier d'Axel, en 1641. Elles furent enregistrées le 9 février 1645.

ARMES : *D'argent à une fasce ondée d'azur de trois pièces* (alias *à trois fasces ondées*) *au chef d'azur chargé d'une étoile à six raies d'argent, heaume treillé, timbre une étoile comme celle de l'écu, bourlet et hachements d'argent et d'azur.*

(LXIXe registre des Chartes, folio 148).

18 Aout 1643. — DE FOURMESTRAUX. — Lettres d'anoblissement (1) données à Saragosse pour Georges et Paul *de Fourmestraux*, frères, et enregistrées, le 29 mai 1644, moyennant finance.

Georges et Paul *de Fourmestraux*, frères, exposent qu'ils sont fils de Paul *de Fourmestraux*, bourgeois de Lille, échevin à son tour de cette ville, et de Marie *de*

---

(1) Ces lettres furent aussi enregistrées aux archives de Lille, registre Albert, folio 280, verso.

Lannoy, fille de feu Allard *de Lannoy*, fille de feu Allard *de Lannoy*, seigneur du Canteleu, et de Marguerite *Van Dale*, fille de feu Paul *Van Dale*, vivant chevalier, seigneur de Lillo ; que plusieurs desdites familles avaient rendu de bons et signalés services et été honorées de diverses marques et degrés d'honneur, entre autres André *de Fourmestraux* et Jean-André *de Fourmestraux*, seigneur des Wazières, leurs cousins paternels créés chevaliers en 1642 ; que Paul *Van Dale*, leur bisayeul maternel, avait été créé chevalier par Charles V ; que Michel *de Lannoy*, leur oncle maternel, frère de leur mère, avait été anobli en 1642.

ARMES : *D'or, à trois aigles de gueules à double tête ; timbre une demi-aigle de gueules à une tête ; heaume ouvert et treillé ; bourlet et hachement d'or et de gueules.*

(LXIXe registre des Chartes, folio 55).

1644. — LE PIPPRE. — Sentence de noblesse de la gouvernance de Lille, en faveur d'Antoine *Le Pippre* (1).

(Bibliothèque de la ville de Lille, manuscrit 295, tome III de la 1re série).

5 JUILLET 1644. — DE PINCHAR. — Lettres d'anoblissement données à Saragosse pour Jean *de Pinchar*, seigneur de Friset, natif de Namur (fils de Jean), qui a perdu deux frères et deux fils tués sur les champs de bataille. Elles furent enregistrées, le 16 juin 1645, moyennant finance.

ARMES : *Écartelé aux 1 et 4 d'or, à 3 maillets de sable, aux 2 et 3 d'azur, à 2 pattes d'aigle d'or posées en sautoir. Casque ouvert ; les lambrequins d'or et de sable. Cimier : Une aigle naissante de sable becquée d'or.*

(LXIXe registre des Chartes, folio 178).

---

(1) Antoine *Le Pippre*, fils de Paul, né à Anvers, mort à Lille en 1643, et de Marguerite *de Smerpont*, était seigneur des Obeaux et de la Vallerie ; il épousa à Lille, en 1644, Rose *de Haynin*, fille de Jacques, seigneur de Lomeau, dont Simon *Le Pippre*, écuyer, seigneur de la Vallerie et de Neuville à Sailly, père de Jean *Le Pippre*, écuyer, seigneur de Neuville, mort sans alliance.

16 Novembre 1644. — D'ENNETIÈRES. — Lettres de chevalerie données à Madrid en faveur de Philippe-François *d'Ennetières*, écuyer, seigneur des Mottes, dont la noblesse remonte à l'année 1362. Ces lettres furent enregistrées le 12 juin 1646.

(LXXe registre des Chartes, folio 16).

1er Décembre 1644. — LE GROS. — Lettres d'anoblissement données à Madrid pour Guillaume *Le Gros*, seigneur d'Havret, Fousier et Willewaert, natif de Namur, qui a servi, depuis son jeune âge, dans la compagnie du comte d'Isenghien, où il a obtenu, en 1616, le grade de guidon, charge qu'il va être obligé d'abandonner à cause de son grand âge. Ces lettres furent enregistrées, le 22 mars 1645, moyennant finance.

ARMES : *D'argent, au lion rampant d'azur, la queue fourchue et passée en sautoir armé d'or, lampassé de gueules, tenant dans la patte droite un poignard mi-garni d'or. Casque ouvert et grillé; les lambrequins et bourlet d'argent et d'azur.* Cimier : Un lion naissant semblable à celui de l'écu.

(LXIXe registre des Chartes, folio 160).

10 Janvier 1645. — DU CHAMBGE. — Lettres d'anoblissement données à Madrid pour Jean *du Chambge*, conseiller et receveur-général de Cassel et du bois de Nieppe, natif de Tournai, qui a, en 1641, lors du siège d'Aix par les Français, avancé de grandes sommes pour le secours et munitions de cette ville, et appartient à d'honorables parents : son père, aïeul et bisaïeul ayant été échevins et grand prévôt de Tournay. Elles furent enregistrées le 2 septembre suivant.

ARMES : *D'azur, à 3 têtes d'oiseaux d'argent, le bec et la huppe d'or, le dedans du bec de gueules. Casque d'argent avec la visière d'or ; les lambrequins d'argent et d'azur.* Cimier : Une tête semblable à celle de l'écu.

(LXIXe registre des Chartes, folio 192).

10 Janvier 1645, Madrid. — LANCHALS. — Erection en baronie de la terre et seigneurie d'Excarde, située au pays de Waes, en faveur de Maximilien *Lanchals*, écuyer, seigneur d'Olsène, Excarde, Dentergem, Desselgem, Gotthem, issu d'ancienne noblesse militaire, fils de messire Philippe *Lanchals* et de Florence *de Gruytheere*.

(LXXe registre des Chartes, folio 218).

31 Janvier 1645. — DE KEERLE. — Lettres d'anoblissement données à Madrid pour Pierre *de Keerle*, licencié ès-droits, natif d'Ypres. Elles furent enregistrées, le 16 août suivant, moyennant finance.

Le narratif nous apprend qu'il est fils de N... *de Keerle*, plusieurs fois échevin de la ville d'Ypres, puis commis des impositions dudit quartier, et de N... *Van der Mersch*, fille de François *Van der Mersch*, échevin, premier conseiller pensionnaire et enfin premier greffier de la ville, salle et châtellenie d'Ypres ; ledit François (fils de Georges *Van der Mersch*, échevin de ladite ville), allié à Catherine *de Fourmanoir*, de noble extraction, et, comme plusieurs de ses prédécesseurs, aux maisons de *Pottelberghe*, *Liébart*; qu'enfin lui-même, l'exposant, a épousé Anne *Cnockaert*, fille de Charles, premier conseiller pensionnaire de la ville de Bergues-Saint-Winock.

Armes : *D'azur à 3 vans d'or.*

(LXIXe registre des Chartes, folio 189).

3 Février 1645. — DE BOUSSU. — Lettres d'anoblissement données à Madrid en faveur d'Adrien *de Boussu*, seigneur d'Aulmeries, premier conseiller du Conseil ordinaire du Hainaut, lieutenant du grand bailliage de cette province, qui a fait preuve de fidélité au Roi en plusieurs circonstances, surtout en 1638, en dévoilant les mauvais desseins des Français sur la ville de Bouchain et la machination du comte de Berghe. Elles furent enregistrées le 26 août suivant.

(LXIXe registre des Chartes, folio 191).

7 Mars 1645. — DE GAND. — Lettres d'anoblissement données à Madrid pour Philippe-Théodore *de Gand*, ou *Ghendt*, natif et demeurant en la ville d'Alost, fils de François et de Catherine *de Varnewyck*. Il obtient en même temps approbation et ratification de l'adoption faite, en sa faveur, par son oncle, Théodore *de Warnewyck*, pour prendre le nom et les armes *de Warnewyck*. Ces lettres furent enregistrées, le 26 février 1646, moyennant finance.

Armes : *De sable, à 3 lions rampants d'argent. Casque ouvert et treillé ; les lambrequins d'argent et de sable.*

(LXIXe registre des Chartes, folio 212).

7 Juin 1645. — ZEGHERS. — Lettres d'anoblissement données à Saragosse pour Paul *Zeghers*, licencié ès-lois, bailli des ville et métiers de Roulers, après avoir été conseiller pensionnaire de cette ville, fils de Jean *Zeghers*, échevin et greffier de Waesmunster et de Claire *Le Clercq*, fille de Paul, échevin et receveur de la ville de Terremonde. Elles furent enregistrées, le 10 avril 1646, moyennant finance.

Armes : *D'argent à 3 couleuvres de sable allumées d'argent, posées en fasce l'une sur l'autre, celle du milieu contournée. Casque ouvert et treillé.* Cimier : Un cigne d'argent allumé et becqué de gueules, naissant et prenant l'essort.

(LXXe registre des Chartes, folio 13).

20 Juin 1645, Saragosse. — DE BRIAS. — Erection en marquisat de la terre de Molinghem, tenue du château d'Aire, pour Guislain *de Brias*, chevalier de l'ordre de Calatrava, membre du Conseil suprême de guerre, capitaine-général de la cavalerie légère de l'armée de Portugal, qui s'est signalé, dans le métier de la guerre, en maintes circonstances, tant en Allemagne, Gueldre, dans les Pays-Bas qu'en Espagne, en Castille, en Estramadure, en Aragon et en Portugal.

(LXXIe registre des Chartes, folio 141).

12 Septembre 1645. — BRUNETI. — Lettres d'anoblissement données à Saragosse pour Jean-François *Bruneti*, originaire de Florence, lieutenant-général d'artillerie aux Pays-Bas, qui, avant d'arriver à ce grade, a exercé pendant 20 ans les fonctions d'ingénieur à la suite de l'armée. Ces lettres furent enregistrées le 24 septembre 1649.

Armes : *De gueules, à la croix fleureutée d'or. Casque grillé; les lambrequins et bourlet d'or et de gueules.* Cimier : Une demi-croix comme celle de l'écu.

(LXXIe registre des Chartes, folio 21).

1645. — DAMMAN. — Erection en vicomté de la terre et seigneurie d'Oomberge, située au pays d'Alost, à laquelle sont jointes les seigneuries de Saint-Liévin, Oosche et Schoonberghe, par lettres données à Madrid au profit de Gaspard *Damman*, écuyer, seigneur d'Oomberge, d'Essche, Velaine, Bus, Burchgracht, Vromenhove, Cercouteren et Monnaux, chef de nom et armes de la maison Damman, l'une des plus nobles et anciennes de la ville de Gand, alliée aux Bette, Baenst, Beauffremetz, Cauwerbourg, Triest, Poucques, etc.

(LXIXe registre des Chartes, folio 206).

1645. — THIEULAINE. — Arnould *Thieulaine*, écuyer, seigneur du Fermont, échevin et rewart de Lille, est qualifié du grade de chevalier à partir de la loi de 1645. Il mourut en mai 1673.

(Registre aux papiers de la loy de Lille).

— DU SART. — Anoblissement, par l'empereur Léopold Ier, de Nicolas *du Sart*, seigneur de Bouland et d'Escarne (1).

(Manuscrit de M. de Coupigny, page 73).

13 Avril 1646. — DE LABEN. — Lettres d'anoblissement données à Madrid en faveur de Louis *de Laben*, seigneur de Crevecœur, échevin commis à l'artillerie et munitions de guerre de Saint-Omer, élu échevin de cette ville en 1623, 1629 et, en cette dernière année, capitaine d'une compagnie bourgeoise de celte dite ville. Elles furent enregistrées, le 20 août suivant, moyennant finance.

Armes : *D'azur, au chevron d'or accompagné en chef de 2 trèfles d'argent et en pointe d'un lion rampant de même. Casque ouvert et treillé, les lambrequins et bourlet d'or et d'azur.* Cimier : Un lion naissant d'argent lampassé et armé de gueules.

(LXXe registre des Chartes, folio 31).

10 Juillet 1646. — SCHERER DE SCHERBOURG. — Anoblissement de Diethelin *Scherer*, natif et originaire de Saint-Galle, en Suisse, principauté de l'Empire, avec permission pour lui et ses descendants de prendre la qualité de chevalier banneret

---

(1) Nicolas *du Sart*, licencié en droit, natif de Mons, fils de Nicolas et de Jeanne *Gau'tier*, acheta la bourgeoisie de Lille, en 1645, et épousa Antoinette *du Beran*, qui était veuve en 1715. (C'est de lui que descendent les *du Sart*, *de Bouland*, existant actuellement en Belgique).

et de porter le nom de *Scherer de Scherbourg* ; donné, par l'empereur Ferdinand III, au château de Linz.

Guillaume-Eubert *Scherer* (1), négociant à Lille, où son père, Diethelin, était venu s'établir en 1626, voulant faire reconnaître sa noblesse, s'adressa, en 1710, aux Etats-Généraux de Hollande, qui étaient alors maîtres de la ville de Lille, et obtint des lettres de confirmation et de réhabilitation de noblesse et de chevalerie, datées de La Haye, du 16 mai 1710, et notifiées au lieutenant-général de la gouvernance de Lille (2).

(Archives de la ville de Lille, registre Eugène, folio 25 et suivants).

15 Janvier 1647. — DE NAVES. — Lettres d'anoblissement données à Madrid, moyennant finance, pour Jean-Michel *de Naves*, licencié ès-lois, Mathias et François *de Naves*, tous les trois frères et fils de Mathias *de Naves*, seigneur de Constantin-les-Tournay, et de Isabeau *Le Louchier*, et dont le frère, Charles-François *de Naves*, capitaine d'infanterie wallonne, après s'être battu pour le service du Roi en Espagne, aux Pays-Bas, Catalogne et en France, et avoir reçu 26 blessures, fut tué à l'attaque des tranchées de la ville de Lérida.

Armes : *D'azur, à une fasce ondée d'argent. Casque ouvert ; les lambrequins et bourlet d'argent et d'azur.* Cimier : Un lion issant d'or armé et lampassé de gueules tenant une épée.

(LXXe registre des Chartes, folio 107).

2 Février 1647, Madrid. — DE MÉRODE. — Erection en comté de la terre et seigneurie d'Ongnies, située en Artois, en y annexant les terres et fiefs de Wahagnies, Hacquetel, Quintises et Cocquenplus, pour François *de Mérode*, baron d'Ongnies, capitaine d'une compagnie d'hommes d'armes des bandes d'ordonnances.

---

(1) Guillaume-Eubert *Scherer de Scherbourg*, chevalier, seigneur de Tourmignies et de Le Prée, mourut le 25 août 1720 et fut inhumé dans le chœur de l'église de Tourmignies dont il avait acquis la seigneurie en 1694.

(2) Voir manuscrit de M. de Coupigny, page 216, registre aux bourgeois de Lille. Enregistrées d'après les lettres originales suivies d'une traduction en langue française, même registre, folio 85, notice sur la requête de Guillaume-Eubert *Scherer*, 1710. (Renseignements fournis par M. Henri Fremaux).

Ledit François *de Mérode* fait valoir, dans l'exposé, que ses ancêtres ont toujours servi fidèlement les anciens souverains, comme gouverneurs de provinces et de villes, comme colonels, chefs de troupes, capitaine de chevaux, conseillers de guerre, etc., etc.; que son père a servi Philippe II comme gentilhomme de la bouche, lieutenant de la compagnie des archers de corps, a été honoré de l'ordre de Calatrava, nommé gouverneur de Bapaume, et est mort devant Bergh-op-Zoom, où il commandait une troupe de 3,000 wallons; qu'il y eut dans la famille de Mérode 3 titres de marquis, savoir : de Westerloo, de Deynse et de Trelon, 2 titres de comte, celui de Thiant et de Middelbourg; que, dans la famille de sa grand-mère, Marguerite *d'Ongnies*, il y avait 4 titres de comte, celui d'Estrée, de Willerval, de Beaurepaire et de Couppignies; que sa mère, Hélène *de Montmorency*, était la sœur du feu prince de Robecque, et qu'enfin l'empereur d'Allemagne l'avait, il y a deux ans, honoré du titre de comte « parce que le chef-lieu de sa famille serait en Allemagne » etc., etc.

(LXXIe registre des Chartes, folio 47).

25 Février 1647. — POUILLE. — Lettres d'anoblissement données à Madrid pour Remy *Pouille*, licencié ès-droits, résidant à Lille, fils de feu Remy, issu de parents de bonne réputation, allié à Anne-Marie *Warlop*, fille de feu Robert, vivant seigneur de Bihamel, Mas, Dulereucq, Bois et Hollebecque, procureur fiscal à la gouvernance de Lille, Douai et Orchies. Elles furent enregistrées, le 26 août suivant, moyennant finance (1).

(LXXe registre des Chartes, folio 79).

29 Avril 1647. — DE TYMPEL. — Confirmation du titre de comte de Hautreppe en faveur de Marie-Anne *de Tympel*, veuve et héritière d'Albert *Mulert*, qui avait été créé comte de Hautreppe, à Vienne, en avril 1636, par l'empereur Ferdinand II.

(LXXe registre des Chartes, folio 123).

9 Mai 1647, Paris. — DESCOULEURS. — Anoblissement pour Jacques *Descouleurs*, seigneur de la Batterie, conseiller au Conseil d'Artois.

(Archives du département du Pas-de-Calais, registre aux commissions, tome V, folio 432. — Manuscrit Palisot de Beauvois, tome I, folio 205).

---

(1) Ces lettres se trouvent aussi enregistrées aux archives de la ville de Lille, registre la Paix, folio 31.

11 Novembre 1647. — MEYNAERT. — Lettres de chevalerie données à Madrid pour Guillaume *Meynaert*, échevin de Gand, bailli de la Chambre légale de Flandre depuis 31 ans, et, depuis 16 ans, chef bailli de la vicomté de Gand, qui a épousé 1° Isabeau *Van den Kerchove*, dit *Van der Varent*, et 2° Madeleine *de Meleun*, alliances qui lui donnent des parentés avec plusieurs familles nobles. Elles furent enregistrées le 19 août 1648.

Armes : *D'or à un arbre sec d'épines de* 5 *branches de sable, au bout desquelles sont assis des piverds au naturel*. Cimier : Un arbre de l'écu.

(LXXe registre des Chartes, folio 163).

6 Avril 1648. — DE LANNOY. — Lettres de chevalerie données à Madrid pour Jean-Baptiste *de Lannoy*, écuyer, seigneur des Prés, de Le Deusle, demeurant à Lille. Ces lettres furent enregistrées, le 5 mai 1649, sans finance (1).

Ledit Jean-Baptiste *de Lannoy* expose : qu'il est fils de feu Jean *de Lannoy*, écuyer, seigneur de Rabodenghes, de la Vigne, allié à la noble famille *des Barbieux*, qui aurait été honorée du titre de chevalier dès 1300, titre dont aurait également été honoré Toussaint *des Barbieux*, seigneur des Prets, et Guillaume *de Caldenborch*, seigneur de Le Beuque, ses oncles, que Jean *Le Vasseur*, seigneur de Rabodenghes, aussi son oncle, a été dix fois mayeur et chef de la ville de Lille, enfin qu'il est allié du côté paternel à la noble famille *de Logenhagen* et du côté maternel à celle *de Hangouart*, et qu'il a rendu ainsi que ses ancêtres de grands services, etc.

(LXXe registre des Chartes, folio 221).

11 Avril 1648. — HAMILTON. — Lettres de réhabilitation de noblesse données à Madrid pour Pierre-Ferdinand *Hamilton* d'Enderwick et enregistrées, le 3 juillet 1649, moyennant finance.

Ledit *Hamilton* expose qu'il est petit-fils de Jacques *Hamilton*, et icelui second fils du baron *d'Enderwick*, qui dut quitter l'Ecosse, parce qu'il était catholique, et vint en France où il entra, en qualité de gentilhomme, dans la garde écossaise du Roi de France et épousa à Poitiers Marie *Widarts*, fille de Simon, dont vint Jacques *Hamilton*,

---

(1) Elles sont également enregistrées aux archives de Lille, registre Albert, folio 343, verso.

père de l'exposant, qui, après avoir été page d'Henri de Lorraine, duc de Guise, vint aux Pays-Bas avec le colonel Jacques *Hamilton de Bodenelhagh*, son parent, servit plusieurs années, se maria à Namur, puis se retira à Huy, pays de Liége, où il mourut ; que lui était né à Huy, s'était marié au pays de Liége avec Marguerite *Stals*, et désirait rester dans les pays du Roi catholique ; que, comme son père, qui avait perdu tous ses biens en Ecosse, avait dû faire le commerce, ce que lui-même avait été forcé aussi de faire quelque temps, il se voyait obligé de demander des lettres de réhabilitation et l'usage des armoiries qui suivent : *De gueules, à la fasce échiquetée d'argent et d'azur de 3 traits, accompagnée de 3 quintefeuilles d'hermines, boutonnées d'or, et au chef de l'écu un croissant d'or pour brisure. Casque sommé d'une couronne rehaussée de perles, les lambrequins d'argent et de gueules.* Cimier : *Un chêne de sinople, son tronc au naturel, croisé au milieu d'une double scie de charpentier d'argent garnie d'or*; supports : *deux cerfs d'argent*.

(LXXIe registre des Chartes, folio 13).

20 Avril *(alias)* 2 Mai 1648. — D'HANE. — Lettres d'anoblissement données à Madrid pour Sébastien *d'Hane*, seigneur de Heusden, greffier du Conseil de Flandre, licencié ès-lois, qui a toujours montré beaucoup de diligence au service du Roi, surtout pendant les troubles, en expédiant les mandements pour la levée des chevaux, chariots, subsides. Ces lettres furent enregistrées, le 9 décembre suivant, moyennant finance.

Armes (pour le distinguer d'une autre famille du même nom) : *D'or, au trecher flouré et contreflouré de sable, au sautoir raccourci de gueules brochant sur le tout, chargé en cœur d'un écusson d'argent à 3 chaudrons de sable remplis de gueules. Casque ouvert et treillé ; les lambrequins d'or et de sable.* Cimier : *Une cigogne au naturel membrée et becquée de gueules.*

(LXXe registre des Chartes, folio 187).

20 Avril 1648. — LE CLERCQ. — Lettres de Madrid qui confirment et déclarent « issu d'ancienne noblesse de sang » Philippe-Charles *Le Clercq*, dit *d'Olmen*, seigneur de Chanfontaine et Courtanbois, trésorier des Chartes du pays et comté de Haynaut, fils de Charles, seigneur dudit Courtanbois, premier échevin de Mons, et de Isabeau *Boote*, dame dudit Chanfontaine, fille d'Adrien, écuyer; et de Jacqueline *de Megem*,

dame du même Chanfontaine, is u d'ancienne noblesse de sang, au moyen de la noble et chevaleresque maison *d'Olmen*, originaire du Brabant. Ces lettres furent enregistrées, le 19 novembre suivant, moyennant finance.

Armes : *D'argent, au chevron d'azur, chargé de* 5 *fleurs de lys d'or, accompagné de* 3 *coqs de sable, membrés, barbés et crêtés de gueules ; les lambrequins et bourlet d'argent et de sable.* Cimier : Un coq veillant comme en l'écu entre deux ailes d'azur semées de fleurs de lys d'or.

(LXXe registre des Chartes, folio 182).

18 Juin 1648. — DE LA TENRE. — Lettres d'anoblissement données à Madrid pour Antoine-Ignace *de La Tenre*, seigneur d'Athies et Horuette, qui s'est toujours, à l'imitation de ses ancêtres, comporté en gentilhomme, entretenant carrosse et valets, natif de Mons, petit-fils de Antoine *de Tenre*, greffier, puis conseiller de la Cour de Mons. Elles furent enregistrées, le 27 août 1650, moyennant finance.

Armes : *D'or, à* 3 *têtes de mores de sable tortillées d'argent, posées* 2 *et* 1. *Casque ouvert et treillé ; les lambrequins et bourlet d'or et de sable.* Cimier : Une tête de more semblable à celles de l'écu.

(LXXIe registre des Chartes, folio 145).

23 Juillet 1648. — FERQUO. — Lettres d'anoblissement données à Madrid pour Daniel, *alias* Gabriel *Ferquo*, fils de Georges, greffier de Mons, et enregistrées, le 14 décembre 1654, moyennant finance.

Armes : *De gueules, à la fasce d'argent, accompagnée de* 3 *étoiles d'or,* 2 *en chef,* 1 *en pointe. Casque ouvert et treillé, les lambrequins et bourlet de gueules et d'argent.* Cimier : Un griffon d'argent.

(LXXIIIe registre des Chartes, folio 21).

7 Septembre 1648. — DE CORET. — Lettres d'anoblissement données à Jean *de Coret*, colonel d'un régiment wallon, natif de Saint-Ghislain, fils d'un mayeur de

cette ville, et enregistrées, le 18 septembre 1651, avec un acte de relief pour le temps écoulé pour l'enregistrement desdites lettres.

ARMES : *De sable, à une fasce d'argent chargée de 3 coquilles de sable, et accompagnée en chef d'un cerf issant d'or. Casque ouvert et treillé ; les lambrequins et bourlet d'or et de sable.* Cimier : Un cerf issant d'or.

(LXXII° registre des Chartes, folio 11).

14 SEPTEMBRE 1648. — DU BUS. — Lettres de chevalerie (1) données à Madrid pour Robert *du Bus*, écuyer, seigneur du Fresnel, d'ancienne noblesse, qui, à l'exemple de ses prédécesseurs, a servi en qualité de gentilhomme appointé en la compagnie d'infanterie d'Alexandre de Robbe, comte d'Annaple, s'est allié noblement, a rempli les charges du magistrat de Lille et de rewart pendant 9 à 10 ans, a été chef des capitaines de la garde de ladite ville, « lequel garde les clefs d'icelle », mayeur, échevin et conseil dudit magistrat.

(Archives de la ville de Lille, registre Albert, folio 519, verso).

14 SEPTEMBRE 1648. — OBERT. — Lettres de chevalerie données à Madrid pour François *Obert*, écuyer, seigneur du Breucq.

Il expose qu'il est d'ancienne famille tant du côté paternel que maternel ; que ses prédécesseurs ont desservi des charges honorables et ont été honorés du titre de chevalier ; que son père, Louis *Obert*, chevalier, a rendu de grands services au siége de Cambrai, au secours d'Amiens, à ses propres frais et dépens, a été fait prisonnier de guerre, l'épée au poing à la journée où commandait le marquis de Warambon ; que lui-même exposant, à l'imitation de ses prédécesseurs, s'est allié noblement à Marie *de Seur*, fille de feu messire Jean, vivant conseiller et commis des finances des archiducs ; qu'il s'est trouvé en bon équipage, avec les autres gentilshommes du pays, à la suite du Cardinal Infant, don Ferdinand, au secours de Louvain, et depuis à Hesdin que les Français étaient venus assiéger.

(Archives de la ville de Lille, registre Albert, folio 317).

(1) Elles sont imprimées, par extrait, dans Poplimont, II, page 300.

2 Décembre 1648. — BRUNEAU. — Lettres d'anoblissement données à Madrid pour Adrien-Ignace *Bruneau*, seigneur du Petit-Sart, originaire de Mons, dont le père et le grand-père, qui étaient considérés comme nobles, ont exercé les fonctions de receveur-général et de bailli des chapitres de Sainte-Vaudru de Mons et de Sainte-Aldegonde de Maubeuge, les lettres furent enregistrées, le 27 septembre 1649, moyennant finance.

ARMES : *D'or, à une tête de taureau, mise en profil de sable, accornée, bouclée et languée de gueules.*

(LXXIe registre des Chartes, folio 33).

13 Janvier 1649. — DE LA PORTE. — Lettres d'anoblissement (1) données à Madrid pour Nicaise *de La Porte*, seigneur de Sebinois, procureur fiscal de la gouvernance de Lille, issu de la noble famille *de La Porte*, originaire de la châtellenie de Lille, à laquelle appartenait Jean *de La Porte*, chevalier vivant en 1415, et dont la mère était petite-fille de feu Paul *Van Dale*, seigneur de Lillo, qui, pour ses services dans diverses expéditions militaires, fut honoré du titre de chevalier au siége de la Goulette, en Afrique, par l'empereur Charles-Quint. Ces lettres furent enregistrées le 11 octobre suivant.

(LXXIe registre des Chartes, folio 37).

8 Février 1649. — FOURNET. — Lettres d'anoblissement données à Madrid pour Antoine *Fournet* ou *Furnet*, seigneur de Jettefeuil, natif du Hainaut, et enregistrées moyennant finance, le 8 mars 1663, en vertu des lettres de surannation accordées à ses enfants le 17 janvier 1663.

ARMES : *D'argent, au chevron d'azur, accompagné de 3 tourteaux de même. Casque, avec lambrequins et bourlet d'argent et d'azur.* Cimier : *Un tourteau d'azur entre deux vols d'argent.*

(LXXVIe registre des Chartes, folio 55).

---

(1) Ces lettres furent également enregistrées aux archives de la ville de Lille, registre Albert, folio 520, recto.

19 Avril 1649, Madrid. — VERREYKEN. — Erection en baronnie de la terre et seigneurie de Gèves, située au comté de Namur, pour Louis-François *Verreyken*, chevalier, baron de Boulez, seigneur de Sart-sur-le-Thyl, Hammes, Impden, Ruart, Gèves, membre du Conseil de guerre.

L'exposant fait valoir que son père, Louis *Verreyken*, chevalier, seigneur de Hammes, Sart, Impden, Ruart, était membre du Conseil d'Etat et de guerre; qu'il a été envoyé comme ambassadeur vers le roi de France en 1598, et depuis en Angleterre et aux Etats des Provinces-Unies pour traiter de la paix, puis vers les archiducs en 1606, vers le roi d'Espagne, pour des affaires de grand poids et de confiance; que Pierre *Verreyken*, son oncle, est mort au service, au siege d'Anvers en 1584; que son frère Lambert *Verreyken*, écuyer, seigneur d'Impden, Wolverthem, capitaine dans la compagnie de 100 chevaux cuirassiers, en 1629, fut tué d'un coup de canon en commandant sa compagnie et 4 autres qu'il avait menées au secours de Bois-le-Duc assiégée par l'ennemi.

(LXXIe registre des Chartes, folio 37).

22 Mai 1649. — DE PIPPRE. — Sentence de noblesse de la gouvernance de Lille, en faveur de Philippe *Le Pippre*, et confirmée par le roi Charles II, suivant lettres patentes enregistrées à la Chambre des comptes de Bruges.

Le manuscrit n° 697, supplément français de la Bibliothèque nationale à Paris, folio 200, nous en rapporte le dispositif que voici :

« Philippe *Le Pippre*, natif de Lille et habitant la ville d'Anvers, ayant représenté
» d'être issu de l'ancienne maison de Bailleul et que ses ancêtres avaient déjà desservi
» plusieurs charges honorables, nommément François *Le Pippre*, gentilhomme de la
» maison impériale et grand bailly de Gramont en 1513, et Noël *Le Pippre*, celle de
» gouverneur de Gravelines, que n'ayant pu suivre leurs traces, il s'est appliqué
» quelque temps au commerce, lequel ayant abandonné, il aurait, en 1649, obtenu
» des Etats dudit Lille déclaration de son extraction noble; laquelle par les mêmes
» Etats, antérieurement, aurait aussi été octroyée à Antoine *Le Pippre*, son neveu, il
» suppliait Sa Majesté qu'il plût de confirmer icelle déclaration ou l'anoblir de
» nouveau avec permission de porter les armes de ses ancêtres. »

Ledit Philippe *Le Pippre* (1) obtint du roi Charles II le titre de noblesse au port d'un écu de gueules à la croix vairée d'azur et d'argent, et, pour cimier, *deux têtes de chiens courants*.

(Archives de la ville de Lille, registre aux sentences civiles de la gouvernance de Lille).

30 MAI 1649. — DE BRIAS. — Erection en comté de la terre de Brias, située au pays d'Artois, en y joignant celles de Bristel, Troisveaux, Grossart, Rolancourt, Hernicourt, Saint-Martin, Glise, Betonval, Lannoy et Gauchain, par lettres données en faveur de Charles *de Brias*, membre du Conseil de guerre, gouverneur de Marienbourg, chef de la maison de Brias, dont tous les membres ont embrassé la carrière des armes : trois de ses frères sont morts glorieusement sur le champ de bataille, trois autres occupent des postes militaires très élevés ; l'aîné, seigneur *de la Grange*, est gouverneur de Philippeville, le deuxième, le marquis *de Molinghem*, mestre-de-camp général de l'armée du Portugal, le dernier, le seigneur de *Wallenchen*, est colonel d'infanterie allemande. L'aîné de ses fils a été fait prisonnier à la bataille de Lens ; le deuxième est capitaine d'une compagnie de cavalerie en Portugal.

(LXXIe registre des Chartes, folio 127).

13 SEPTEMBRE 1649. — DE THIENNES. — Erection en comté de la terre de Rumbeke, située en Flandre pour René *de Thiennes*, seigneur de Rumbeke, Caestre, Claerhoudt, Oudenen et de la Cour d'Idegem, dont la famille a rendu les plus grands services, depuis 1340, époque où Jean *de Thiennes*, seigneur de Lombize et de Beaurepaire, accompagna, avec huit écuyers à sa solde, le duc de Bourgogne allant au secours de Saint-Omer assiégée par Robert d'Artois.

(LXXIe registre des Chartes, folio 124).

---

(1) Philippe *Le Pippre* (oncle d'Antoine, cité ci-devant), frère de Paul et fils de Michel (mort après 1603) et d'Anne *Descours*, avait relevé la bourgeoisie de Lille le 23 novembre 1599, ce qui fait qu'il devait être centenaire en 1677. Il avait fait le commerce de sayeterie à Lille, dont il fut échevin en 1625, appaiseur en 1614, conseiller en 1626, membre de la vingtaine le 27 octobre 1626. En 1599, il avait épousé Antoinette *de Fourmestraux*, dont il eut deux enfants : 1° François *Le Pippre*, marié vers 1636 à Louise *Le Roy* ; 2° Catherine *Le Pippre*, mariée le 5 octobre 1622 à Martin *de Fontaine*, marchand à Lille, frère de l'auteur des *de Fontaine de Resbecq*. — (Histoire généalogique de la famille de Fourmestraux, manuscrit, page 51).

18 Septembre 1649. — DU MONIN. — Lettres d'anoblissement données à Madrid pour Charles *du Monin*, seigneur de Golezines, échevin de Namur, nommé pour la première fois échevin en 1622, bourgmestre de cette ville pendant 6 ans, puis, en 1624, receveur des aides que les prélats du comté de Namur accordent à leur souverain. Il a aussi, en qualité de bourgmestre, avancé de grosses et notables sommes d'argent et ne s'est livré, ni lui ni ses prédécesseurs, au commerce. Ces lettres furent enregistrées le 28 juin 1650.

Il obtint la permission de continuer à porter les armes de ses prédécesseurs qui étaient : *D'azur, au chevron d'argent accompagné de 3 équerres d'or* (alias *aiguières*). *Casque d'argent grillé et liséré d'or mis en profil ; les lambrequins et bourlet d'argent et d'azur.* Cimier : Un cerf naissant au naturel, accosté de 2 bannières d'azur en forme de pennon, chargées chacune d'un équerre d'or (*alias* aiguière).

(LXXe registre des Chartes, folio 121).

25 Octobre 1649. — VAN DER HEYDEN. — Lettres de réhabilitation de noblesse et d'anoblissement en tant que besoin données pour Jacques *Van der Heyden*, licencié ès-lois, avocat au Conseil de Flandre, issu en légitime mariage de la noble lignée des *Van der Heyden*, fils de Jacques. Ces lettres furent enregistrées, le 23 juin 1650, moyennant finance.

Armes : *D'hermines à l'écusson de gueules à la bande d'or, accompagnée en chef de 3 merlettes de sable.*

(LXXIe registre des Chartes, folio 119).

17 Novembre 1649. — DE LA CROIX. — Lettres de chevalerie données à Madrid pour Nicolas-Louis *de La Croix*, conseiller et receveur-général de Cassel et du Bois de Nieppe, dont la famille est, depuis 200 ans, réputée noble. Elles furent enregistrées le 24 avril 1651.

(LXXIe registre des Chartes, folio 190).

10 Janvier 1650 *alias* 18 Septembre 1649. — LE CLERCQ. — Lettres de réhabilitation et de confirmation de noblesse données à Madrid pour Marguerite *Le Clercq*, dit *d'Olmen*, sœur de Charles, seigneur de la Cour-au-Bois, trésorier des Chartes du Hainaut, qui a obtenu, en 1648, des lettres de reconnaissance de noblesse,

et fille de feu Philippe, vivant seigneur de la Cour-au-Bois. Elles furent enregistrées, le 21 juillet suivant, moyennant finance.

ARMES : Comme Philippe-Charles *Le Clercq* rapporté ci-devant.

(LXXIe registre des Chartes, folio 135, verso).

10 JANVIER 1650. — PETITPAS. — Lettres de chevalerie données à Madrid pour Jean *Petitpas*, écuyer, seigneur de Walle et Bellegem, conseiller et maître des comptes de Lille. Elles furent enregistrées le 30 juillet suivant.

Dans ces lettres il est dit que, selon les archives de l'abbaye de Loos, la famille de Jean *Petitpas* remonte à Jean *Petitpas*, qui était justicier de la Cour de Philippe d'Alsace, comte de Flandre en 1174, et que c'est à tort que Charles *Petitpas* a été anobli en 1600, attendu qu'il était noble auparavant.

(LXXIe registre des Chartes, folio 137).

13 MARS 1650. — DU FOREST. — Lettres de chevalerie données à Madrid en faveur de Jean *du Forest*, écuyer, seigneur de la Feuneric, grand bailly de Menin, capitaine d'une compagnie libre d'infanterie et haut pointre de la châtellenie de Courtray, qui a rendu de grands services, pendant la campagne de 1645, en défendant contre les Français les villes de Menin et de Courtray, et en avançant à cette époque deux mille florins de secours au Roi pour la levée d'une compagnie d'infanterie wallonne qui est encore à présent au service, puis une autre somme en 1645. Ces lettres furent enregistrées le 11 août suivant (1).

(LXXIIe registre des Chartes, folio 1).

20 MAI 1650. — DE VARICK. — Lettres de chevalerie données à Madrid pour Cyprien *de Varick*, écuyer, seigneur de Carnin, bailly de Lille.

Il expose que son père, Sasbout *de Warick*, en son vivant aussi chevalier et bailly de Lille, a épousé Marie-Clémence *Laurin*, fille de Charles, conseiller au Conseil privé, a servi 33 ans tant comme bailly qu'en diverses commissions ; a maintenu la

---

(1) Ces lettres furent également enregistrées aux archives de la ville de Lille, registre Albert, folio 342, recto.

ville de Delff dans la fidélité à son prince ; à préféré abandonner ses biens et se retirer dans les provinces soumises à l'Espagne; que ses parents, tant paternels que maternels, parmi lesquels Josse, Arnoult et Sasbout ont été honorés, par Charles-Quint et Philippe II, des charges de chancelier de Guldre et président du Conseil privé, etc., etc.

(Archives de la ville de Lille, registre La Paix, folio 110, verso).

10 Juin 1650. — PETITPAS. — Acte de relief de l'anoblissement de Charles *Petitpas* (de l'an 1600, inscrit registre 42, folio 49), accordé à Jean *Petitpas*, écuyer, seigneur de Walle, Belleghem, etc.; conseiller et maître ordinaire en la Chambre des comptes à Lille, par lequel le Roi déclare que Charles *Petitpas* n'avait pas besoin desdites lettres d'anoblissement comme étant noble auparavant. Donné à Madrid sous le cachet secret du Roi.

(LXXIe registre des Chartes, folio 152).

6 Juillet 1650. — VAN CAUTEREN. — Lettres d'anoblissement données à Madrid pour Antoine *Van Cauteren*, licencié ès-lois, fils de Josse *Van Cauteren*, sergent-major des douze paroisses de l'Oostquartier du pays de Waes, qui a prouvé son zèle en plusieurs circonstances, notamment en 1602, « lorsque les Allemands et la cavallerie avoient comploté un mutin très pernicieux en la ville de Hulst, il y accourut avec sa troupe de volontaires sur les ordres du gouverneur d'icelle ville, si promptement et si opportunément qu'il y est entré deux jours devant que les autres troupes du pays arrivassent, bien qu'elles en avoient reçu l'ordre en même temps » et de Sara *Coninck*. Elles furent enregistrées, le 21 mai 1650, moyennant finance.

Armes : *De sinople à une épée d'argent dressée en pal la pointe en haut emmanchée et garnie d'or, soutenue au nombre de l'écu d'une jumelle d'argent. Casque ouvert d'argent, grillé et enrichi d'or, sommé d'un bourlet d'or et de sinople; les lambrequins d'argent et de sinople.* Cimier : Une épée en pal, comme celle de l'écu.

(LXXe registre des Chartes, folio 183).

5 Septembre 1650. — VAN DER STICHELE. — Lettres d'anoblissement données à Madrid pour Jean *Van der Stichele*, conseiller et pensionnaire de la ville d'Ypres, fils

de Pierre, aussi conseiller pensionnaire de ladite ville. Ces lettres furent enregistrées, le 2 août 1651, moyennant finance.

ARMES : *D'azur, au chevron d'or, accompagné de 3 maillets de même. Casque treillé ; les lambrequins et bourlet d'or et d'azur.* Cimier : Un maillet naissant d'or emmanché de même.

(LXXIIe registre des Chartes, folio 1, verso).

10 OCTOBRE 1650. — VAN DER MAER. — Lettres de chevalerie données à Madrid en faveur de Lambert *Van der Maer*, prévôt de Lille, drossart et lieutenant-général du pays de Foulquemont, en retour des services qu'il a rendus depuis 18 ans comme secrétaire de mestre-de-camp-général des armées des Pays-Bas, près des personnes des feus comte de Lannoy, de la Mottry et d'Issembourg. Ces lettres furent enregistrées le 27 mars 1651.

(LXXIe registre des Chartes, folio 186. — Archives de la ville de Lille, registre Albert, folio 333, verso).

12 DÉCEMBRE 1650. — BASSÉE. — Anoblissement de François *Bassée*, seigneur de Watou, originaire d'Arras, habitant Lille, qui, ainsi que ses ancêtres, n'avait jamais exercé métier vil ni dérogeant à la noblesse.
Enregistrées, le 25 mai 1653, moyennant finance.

ARMES : *D'azur, au chevron d'or, accompagné en chef de 2 croissants et en pointe d'une étoile, le tout d'or. Casque treillé ; les lambrequins d'or et d'azur.* Cimier : Un griffon naissant d'or.

(Archives du département du Nord, LXXIIe registre des Chartes, folio 129).

9 JANVIER 1651. — DE VOS. — Lettres de chevalerie données à Madrid pour René *de Vos*, seigneur de Steenwich, président de la Chambre des comptes de Lille, dont la famille, originaire du pays d'Overysel, est alliée aux principales maisons de ce quartier et de Westphalie.

(LXXVIe registre des Chartes, folio 139).

26 Janvier 1651, Madrid. — D'ANNEUX. — Erection en marquisat de la terre et seigneurie du Grand-Wargnies, en y joignant les seigneuries de Boussoit-sur-Sambre et Bual en Hainaut, au profit de Philippe *d'Anneux*, chevalier, baron de Crèvecœur, premier pair en Cambrésis, châtelain héréditaire de Cambrai, seigneur d'Abancourt, Rumilly, Saint-Souplet, Fontaine-au-Pire, etc., gouverneur d'Avesnes.

(Archives départementales du Nord, 72, registre des Chartes, folio 23).

30 Janvier 1651. — GALLE. — Lettres de réhabilitation de noblesse données à Madrid pour Jean *Galle*, licencié ès-lois, secrétaire de ville de Gand, issu de la noble famille de *Galle* qui a produit plusieurs chevaliers. Ces lettres furent enregistrées le 20 décembre suivant, moyennant finance.

Armes : *D'azur à 6 croissants montant d'or posés* 3. 2 1. *Casque d'argent grillé et liseré d'or; les lambrequins et bourlet d'or et d'azur*. Cimier : Un croissant d'or comme celui de l'écu, placé au milieu d'un vol d'azur.

(LXXIIe registre des Chartes, folio 18).

30 Janvier 1651. — GALLE. — Lettres de réhabilitation de noblesse données à Madrid pour Antoine *Galle*, négociant en Cour à Madrid, frère de *Jean* ci-devant nommé. Elles furent enregistrées, le 20 décembre suivant, moyennant finance.

Armes : Comme son frère.

(LXXIIe registre des Chartes, folio 19).

5 Juin 1651. — LE BOUCQ. — Lettres d'anoblissement données à Madrid en faveur de Simon *Le Boucq*, prévôt de Valenciennes, dont les ancêtres quoique d'une famille noble, ont dû, à cause de la ruine du Hainaut, s'adonner au commerce durant le règne de Charles-Quint. Elles furent enregistrées le 18 avril 1652.

Armes : *Ecartelé aux* 1 *et* 4 *d'azur à* 3 *ruches d'or*, qui est *le Boucq; aux* 2 *et* 3, *bandé d'or et d'azur de* 6 *pièces au franc canton de gueules, chargé d'un croissant montant d'argent*, qui est *de Noyelles; et sur le tout, de gueules, à la fasce d'or brisée en cœur d'un étoile d'azur, à une burelle vivrée en chef d'or*, qui est *de Jauche de*

Mastaing. Casque d'argent grillé et liseré d'or; les lambrequins et bourlet d'or et d'azur. Cimier : Un bouc naissant d'argent, accorné et barbé d'or.

(LXXIIe registre des Chartes, folio 32).

5 Juin 1651. — GODIN. — Lettres de chevalerie données à Madrid pour Jean-François *Godin* (1), écuyer, seigneur de Beaumez, député de la noblesse aux États de Tournay et Tournaisie, pour le récompenser des bons et fidèles services que lui et son père ont rendus au Roi. Elles furent enregistrées le 10 mars 1651.

(LXXIIIe registre des Chartes, folio 213).

16 Aout 1651. — GRUMELIER, — Lettres d'anoblissement données à Madrid en faveur de Jean *Grumelier*, lieutenant prévôt de Valenciennes, et enregistrées le 15 mars 1656, moyennant finance.

Armes : *D'azur au paon faisant la roue d'or, becqué de même et armé d'argent. Les lambrequins et bourlet d'or et d'azur.* Cimier : Un paon entier comme celui de l'écu.

(LXXIIIe registre des Chartes, folio 123).

28 Aout 1651. — L'ABBAYE DE MESSINES. — Arrêt du Conseil d'Etat, qui ordonne que la principauté des Croisettes, soit rendue à l'abbaye de Messines.

Cet arrêt fut rendu sur la représentation de dame Isabelle *du Chastel de Le Howardrie*, abbesse et comtesse de Messines, princesse des Croisettes et autres lieux, qui expose: que l'abbaye de Messines et la principauté des Croisettes au comté de Saint-Pol avaient toujours été du domaine de Sa Majesté dans le pays d'Artois; que par lettres de cachet, du 11 décembre 1648, adressées à l'évêque de Boulogne, Sa Majesté lui avait fait savoir qu'elle avait accordé tant à la suppliante qu'aux vicaires-

---

(1) Le nobiliaire des Pays-Bas et Le Roux nous apprennent qu'étant bailli et haut justicier de Reume il avait obtenu, par lettres du 23 décembre 1642, changement d'armoiries : *De sinople à 3 coupes couvertes d'or. Casque d'argent, grillé liseré et couronné d'or; les lambrequins d'or et de sinople.* Cimier : Une tête et col de licorne au naturel.

généraux du diocèse d'Ypres et du clergé de ladite ville qu'ils rentreraient dans la possession de leurs biens confisqués à cause de la guerre et des arrérages qui en seraient dus; et condamna l'évêque de Boulogne et le seigneur de Corlecville, lieutenant d'infanterie au régiment de Bellebrune, en garnison à Hesdin, qui avait loué, moyennant 600 livres, par an, d'après des lettres dudit évêque, en date des 19 et 22 juillet 1651, la principauté des Croisettes, bien que le revenu en soit de 3 à 4000 livres par an, à remettre l'abbesse dans la pleine jouissance de la principauté de Croisettes, à restituer les revenus et fruits que la suppliante justifiera avoir été pris et perçus depuis la lettre citée ci-devant et met la suppliante et ses religieuses sous sa protection et sauvegarde en leur abbaye et comté de Messines.

Cette lettre rapporte aussi que l'abbaye avait été pillée complètement par les gens de guerre qui avaient enlevé les meubles, bestiaux, etc., etc.

(Manuscrit Palisot, tome I, folio 269).

31 Aout 1651. — DE LA FOSSE. — Lettres de chevalerie données à Madrid pour Jean-Ignace *de La Fosse*, seigneur de Dryncham.

Le narratif nous fait connaître que ledit *de La Fosse* s'est mis à la solde du régiment de mestre-de-camp dom Francises Deza, a servi à ses dépens l'espace de deux ans, a exposé sa vie au siège d'Ypres où il a reçu un coup de mousquet à la tête et une autre blessure à Lens; que son frère aîné Antoine *de La Fosse* a eu à sa charge l'artillerie en la ville de Gravelines du temps et durant le gouvernement du sieur de la Motte-Pardieu, après avoir suivi les armées pendant plusieurs années sous la conduite du comte d'Egmont; que Jean *de La Fosse*, son père, servant dans le régiment du comte de la Motterie s'est trouvé aux sièges des villes de Wesel, Bergh-op-Zom et a été nommé capitaine commandant au fort de l'Ecluse, enfin que lui-même, remontrant, s'est toujours conduit en gentilhomme et qu'à l'imitation de ses ancêtres, il s'est allié noblement à Anne-Jeanne *Obert*, fille de Louis, chevalier, seigneur de Godiempez, lieutenant de la gouvernance de Lille et de Marie *de Nieuwenhove*, fille de feu François, seigneur de Noyelles, conseiller-maître de la Chambre des comptes de la ville de Lille.

(Archives de la ville de Lille, registre Albert, folio 344, verso).

10 Septembre 1651. — WAYE. — Lettres d'anoblissement données à Madrid pour Josse *Waye*, échevin de Courtray, natif dudit lieu, issu de parents qui de mémoire d'homme n'ont jamais exercé aucune fonction roturière, et ont occupé des charges

honorables tant civiles que militaires. Ces lettres furent enregistrées le 30 août 1652, moyennant finance.

Armes : *D'argent à 3 corbeaux de sable 2 et 1. Casque ouvert et treillé; les lambrequins et bourlet d'argent et de sable.* Cimier : *Un corbeau de sable.*

(LXXIIe registre des Chartes, folio 76).

16 Octobre 1651. — DE HARSCAMP. — Lettres de réhabilitation de noblesse données à Madrid pour Vincent *de Harscamp*, receveur-général des domaines et aides du comté de Namur, et enregistrées le 7 août 1652 moyennant finance.

Ledit Vincent *de Harscamp* expose que sa famille est une des nobles familles du quartier d'Arnhem au duché des Gueldres, que ses ancêtres, qualifiés d'écuyers et de chevaliers depuis passé 400 ans, possédaient le fief d'Enrickhuysen et portaient pour armes : *D'argent à une croix ayant les deux croisons en pal de gueules et les deux en fasces d'azur. Casque d'argent enrichi d'or, surmonté d'un bourlet d'argent et de gueules, les lambrequins d'argent doublés de gueules et d'azur.* Cimier : *D'un pal adossé par les ailerons, l'aile droite de gueules et celle de gauche d'azur*; que cela était attesté par certificats du magistrat des villes d'Emrich, Arnhem et de La Haye en Hollande; que Lubert *de Harscamp*, au commencement des troubles des Pays-Bas résidant à Arnhem, avait servi l'empereur Charles-Quint et ne voulant pas que ses enfants prêtassent serment aux provinces rebelles, les avait envoyés hors ces dites provinces; que l'un de ceux-ci, Henri *de Harscamp*, père de l'exposant s'était retiré à Namur pour y vivre en l'observance de la religion catholique et aurait abandonné tous ses biens et son fief d'Enrickhuysen; qu'il aurait servi ses souverains en fournisssant aux armées des munitions de guerre contre les rebelles ainsi que l'exposant qui aurait rendu de grands services en continuant à fournir les armées en qualité d'échevin de Namur et comme conseiller receveur-général des domaines et des aides; que quoiqu'il lui semble que le susdit négoce ne dérogeait pas à la noblesse, pour éviter toutes difficultés il demandait des lettres de réhabilitation, ce qui lui fut accordé, sans la mention d'anoblissement en tant que besoin.

(LXXIIe registre des Chartes, folio 69).

28 Octobre 1651. — DE LA RUELLE. — Lettres d'anoblissement données à Madrid pour Henri *de La Ruelle*, licencié ès-droit, natif de Namur, et enregistrées le 30 août 1652, moyennant finance.

Ledit *de La Ruelle* remontre que Jean *de La Ruelle,* son père, a fait longtemps partie du magistrat de Namur, dont il a été 11 ans bourgmestre ; que pendant ce temps, il a rendu de grands services, tant en avançant des sommes d'argent qu'en qualité de député des Etats-généraux du comté de Namur, vers le prince d'Orange et les députés des Etats-généraux des Provinces-Unies pour traiter avec eux des contributions du pays de Namur ; que ses parents ont toujours vécu noblement et se sont alliés à des familles nobles ; que lui-même a épousé une demoiselle de la noble maison *de Tournon,* qui compte plusieurs personnages de marques et des chevaliers, et ont toujours servi le pays avec zèle tant dans les charges militaires que politiques ; que sa famille est aussi alliée à la maison *de Boissimez* qui a fourni des chevaliers et un panetier d'un comte de Namur ; que ses ancêtres et ceux de sa femme ont fait des fondations et laissé aux églises et abbayes des marques de leur piété et générosité ; qu'on peut voir sur les sépultures et épitaphes les armes timbrées *de La Ruelle* qui sont : *D'argent à 3 crapauds de sinople, timbré,* et pour cimier un crapaud de même.

(LXXIIe registre des Chartes, folio 67).

1651. — DU FOREST. — Daniel *du Forest,* seigneur d'Orifontaine, mort échevin de Lille le 9 mars 1652, se trouve qualifié d'écuyer à partir de la loi de Lille de 1651. Il est probable qu'il avait obtenu une sentence de reconnaissance de noblesse de la gouvernance de Lille vers cette année.

Il descendait réellement des seigneurs *du Chastel,* à Roncq, cadets des seigneurs *du Forest,* connus dès le XIVe siècle.

Antoine *du Forest,* son neveu, seigneur des Passé, rewart et mayeur de Lille, est aussi qualifié d'écuyer à toutes les années de ses magistratures et mourut le 29 avril 1669. Famille éteinte au XVIIe siècle.

ARMES : *D'argent à la bande de gueules accompagnée de 6 roses de même posées 2 et 1 en chef et 1 et 2 en pointe.*

9 JANVIER 1652. — ROBERTI. — Lettres d'anoblissement données à Madrid pour Michel *Roberti,* seigneur d'Ocoche, natif d'Artois, et enregistrées le 22 novembre 1652, moyennant finance.

Le narratif nous apprend que ses ancêtres n'ont jamais pratiqué aucun métier ni négoce ; que le remontrant a desservi les plus importantes charges du magistrat de Saint-Omer, notamment, en 1638, devant le dernier siége, où il était maître de l'artillerie et munitions de guerre, capitaine d'une compagnie bourgeoise et commis au payement et distributions des rations de la garnison et milice, et ce gratuitement et généreusement, sans avoir jamais touché aucun gage ni salaire, qu'au contraire, outre ses peines continuelles, il y a mis du sien propre, pour aller à Bruxelles afin de rendre compte de ses dits services ; qu'il a pour beau-frère le président *Civot*, lisez *Chivot*, au Conseil d'Artois. Il supplie qu'on lui accorde la noblesse et le droit de continuer de porter les armes que sa famille a toujours prises, qui sont : *D'azur à 2 chevrons d'argent, accompagné en chef de 2 étoiles d'or et en pointe d'une tête de lion arrachée d'argent. Casque grillé et liseré d'or ; les lambrequins et bourlet d'or et d'azur.* Cimier : Un griffon naissant d'or.

(LXXIIe registre des Chartes, folio 91).

15 Avril 1652. — GOETHALS. — Lettres d'anoblissement données à Madrid pour Gérard *Goethals*, archer de corps du Roi, dont la famille est réputée noble, et qui remplit avec fidélité son emploi d'archer. Ces lettres furent enregistrées le 22 novembre 1653.

Armes : *De gueules, à 3 bustes de filles, ou têtes de femmes au naturel (mises de front) chevelées d'or, la poitrine revêtue d'azur, ornée d'or. Casque ouvert et treillé, les lambrequins et bourlet de gueules et d'or.* Cimier : Une tête semblable à celles de l'écu.

(LXXIIe registre des Chartes, folio 179).

29 Mai 1652. — DE HENNIN. — Lettres de chevalerie données à Madrid en faveur de Jean-Baptiste *de Hennin*, dont la famille, reconnue pour noble depuis 200 ans, a rendu de grands services en diverses charges honorables, comme Antoine *de Hennin*, son cousin, évêque d'Ypres, qui a fondé un séminaire pour les étudiants en théologie en l'Université de Douai ; Claude *de Hennin*, seigneur de Warlaing, père de messire François-Antoine *de Hennin*, seigneur de Quiévrain, a été honoré du titre de chevalier, « par nos prédécesseurs, le dernier septembre 1642 » ; ledit Jean-Baptiste *de Hennin* a été échevin de Lille et dépositaire du souverain bailliage de cette ville, et il est allié noblement par mariage à Jeanne *du Bus*.

(Archives de la ville de Lille, registre Albert, folio 360).

29 Mai 1652. — JACOPS. — Lettres d'anoblissement données à Madrid pour Nicolas *Jacops*, natif de Lille, et enregistrées le 29 janvier 1655.

Le narratif le dit issu d'une des plus honorables familles de Lille et dit qu'il a rendu de grands services au Roi pendant les guerres de France et de Catalogne, tant par le prêt de grosses sommes d'argent qu'autrement.

Armes : *D'or, au chevron d'azur. Casque ouvert et treillé; les lambrequins et bourlet d'or et d'azur.* Cimier : Une fleur de lys d'or.

(LXXIIIe registre des Chartes, folio 42).

Aout 1652. — DE MULLET. — Lettres d'anoblissement données à Pontoise pour Jean *de Mullet*, seigneur de Le Laque, conseiller au Conseil d'Artois.

(Manuscrit Palisot de Beauvois, tome I, folio 222. — Extrait du IIe registre aux mémoriaux du Conseil d'Artois).

1er Aout 1652. — DE GAND. — Erection en principauté de la terre et seigneurie de Masmines, au pays de Tenremonde, pour Philippe-Balthazar *de Gand*, comte d'Yseghem. Ces lettres données à Madrid furent accompagnées d'un acte de relèvement daté de Bruxelles, le 15 octobre 1664, à cause du laps de temps écoulé sans avoir présenté ces lettres à l'enregistrement.

(LXXVIe registre des Chartes, folio 219).

2 Septembre 1652. — STALINS. — Lettres de chevalerie données à Madrid pour Jacques *Stalins*, chevalier de Gueldre, qui a été, ainsi que son père et son beau-père, membre du Conseil de Flandres.

(LXXVe registre des Chartes, folio 169).

14 Octobre 1652. — DU CHAMBGE. — Lettres d'anoblissement données à Madrid pour Charles *du Chambge*, commis aux finances et échevin de Tournai, dont l'oncle, Jean *du Chambge*, a été anobli, tandis qu'il remplissait les fonctions de bailli du bois de Nieppe et de receveur de Cassel. Elles furent enregistrées, le 27 septembre 1653, moyennant finance.

Armes : *D'azur, à 3 têtes d'oiseaux de proie arrachées d'argent, becquées de gueules.* Cimier : Une tête, pareille à celle de l'écu, issante.

(LXXIIe registre des Chartes, folio 166).

23 Décembre 1652. — L'ENCLUD. — Lettres d'anoblissement données à Madrid pour Jean *L'Enclud*, demeurant en Hainaut, qui a servi pendant 17 ans dans la compagnie du comte de Bruai et dans celles d'autres capitaines. Elles furent enregistrées, le 27 février 1653, moyennant finance.

Armes : *D'or, à 3 griffons de sable, lampassés de gueules. Casque ouvert et treillé ; les lambrequins et bourlet d'or et de sable.* Cimier : Un bras armé tenant en main un estoc.

(LXXIIe registre des Chartes, folio 110).

Janvier 1653. — DES LIONS. — Lettres de confirmation de noblesse, avec anoblissement en tant que besoin, données à Paris pour Antoine *des Lions*, conseiller et avocat fiscal au Conseil d'Artois (depuis le mois d'août 1646), qui a exercé pendant trois ans la charge de lieutenant particulier de la gouvernance d'Arras, et est issu de l'ancienne famille des *des Lions*, qui compte plusieurs de ses membres réputés nobles et qualifiés d'écuyers.

(Manuscrit Palisot de Beauvois, tome I, page 224, extraites du registre de l'élection d'Artois, où elles ont été enregistrées le 7 mai 1753).

12 Avril 1653. — BRUNASSE. — Lettres de réhabilitation de noblesse données à Madrid pour Jean-Prosper *Brunasse*, et enregistrées, le 25 mars 1654, moyennant finance.

Jean-Prosper *Brunasse* expose « qu'il est fils de Prosper *Brunasse* et de Léonore *Cominetto*, et natif de Lille ; que son dit père descendait de la famille des Brunasse, originaire de Chiery, ville de Piémont ; que cette famille aurait été honorée par Charles-Quint des titres de comte palatin, chevalier et autres honneurs et marques de noblesse, dès l'an 1533 ; que son père étant venu dans les Pays-Bas, aurait rendu de bons services en tenant table de prêts à Lille et aurait fourni de grosses sommes d'argent pour l'entretien des armées de ses souverains ; mais, craignant que cela puisse préjudicier à sa noblesse, bien qu'en Piémont et en Italie ce commerce est permis à la noblesse, il demandait des lettres déclarant que c'était sans préjudice pour sa noblesse que son père avait tenu ladite table de prêts et qu'il pouvait continuer à porter les mêmes armes que ses ancêtres, » qui sont : *D'argent, à la pointe de sable, au lévrier de l'un à l'autre, langué et accolé de gueules, bordé et annelé d'or, surmonté d'une aigle de sable, couronnée d'or, armée et languée de gueules.*

Casque ouvert et treillé; les lambrequins d'argent et de sable. Cimier : Une aigle naissante comme celle de l'écu.

(LXXIIe registre des Chartes, folio 202).

12 Mars 1654, Madrid. — COCHET. — Anoblissement pour Jean *Cochet*, seigneur de Corbeaumont, conseiller au Conseil d'Artois.

On voit qu'il était né à Béthune, fils de Jean *Cochet*, licencié ès-droits, procureur fiscal de la ville et gouvernance de Béthune, icelui fils de Pierre *Cochet*, échevin de la ville d'Aire. Le remontrant expose que Philippe II avait nommé, en 1575, son père procureur fiscal de la ville de Béthune ; que ce dernier avait exercé fidèlement son emploi pendant les troubles des Pays-Bas, avait fait poursuivre les factieux qui avaient mis le gouverneur en prison et s'était démis de sa charge, en 1609, à cause de son grand âge ; que l'archiduc Albert avait nommé à sa place le remontrant, son fils, qui, après avoir exercé cette charge pendant 30 ans, avait été nommé conseiller au Conseil d'Artois, le 31 mai 1641 ; que sa mère était de la noble famille *Hannedouche*; que sa sœur avait épousé Jean *Pinchon*, licencié ès-droits, prévôt et diverses fois échevin de Béthune, dont la fille, Marie *Pinchon*, avait épousé Louis *de Zunequin*, écuyer, seigneur de Hamières, capitaine de cavalerie, mort en la bataille du comte de Soissons et autres alliés contre la France, près de Sedan, et Anne *Pinchon* s'était mariée à Jean-Louis *Segan*, écuyer, seigneur du Hamel ; que lui-même remontrant avait épousé Antoinette *Doré*, fille de Charles, plusieurs fois prévôt et échevin de Béthune, et de Marguerite *Casier*, fille d'Antoine, seigneur de Corbeaumont, aussi échevin et prévôt diverses fois de Béthune, icelui Antoine, fils de Jean, aussi échevin de ladite ville, et de Marguerite *Casier*, cousine-germaine de Jacques *Chivot*, seigneur de Tournay, chevalier, président du Conseil d'Artois (1).

Armes : *Echiqueté de vair et de gueules de six traits; les lambrequins et bourlet de gueules et d'azur.* Cimier : Un vol pareil au blason de l'écu.

(Manuscrit Palisot de Beauvois, tome I, folio 228, verso, et aux archives de Lille, LXXIIIe registre des Chartes, folio 27).

---

(1) Palisot de Beauvois nous apprend que ces lettres furent enregistrées à l'élection d'Artois, le 4 avril 1663, avec l'autorisation du procureur du Roi, sur la demande de Jean-Charles *Cochet*, écuyer, seigneur de Corbeaumont, demeurant à Béthune, fils de Jean *Cochet*, qui les avait obtenues.

24 Mars 1654. — MONNIOT. — Lettres d'anoblissement données à Madrid pour Vincent *Monniot*, et enregistrées, le 19 janvier 1655, moyennant finance.

Dans l'exposé Vincent *Monniot*, dit *de Flavion*, dit que Vincent *Monniot*, seigneur de Hestroy, son père, et Vincent *Monniot*, son aïeul, ont été échevins de la haute Cour de Namur et commissaires ordinaires des vivres et munitions de guerre ; qu'ils ont rendu de bons et longs services dans les armées tant du Palatinat que des Pays-Bas, en fournissant et avançant de grandes provisions dont il leur est encore due une forte somme ; que Guillaume *Monniot*, un des ancêtres de l'exposant, a fait des fondations dans l'église de Bovigne et laissé deux rentes annuelles de 50 florins chacune pour le service divin par testament de 1507 ; que plusieurs membres de cette famille avaient laissé des marques de leurs libéralités aux églises, cloîtres, etc. ; que, depuis 1556, en l'église Notre-Dame de Namur et autres de ladite ville, on pouvait voir par leurs sépultures et épitaphes de marbre et sur les verrières leurs armoiries timbrées, qui sont : *D'azur à 3 fers de lance d'argent. Casque grillé ; les lambrequins et bourlet d'argent et d'azur.* Cimier : Un fer de lance d'argent. Qu'en outre ils sont alliés aux anciennes familles *de Tamison*, *d'Aix*, *Broyart*, etc. ; que Marguerite *Monniot*, tante de l'exposant, a été nommée, à cause de sa naissance et de ses vertus, abbesse de Salzinnes-lez-Namur ; que Pierre *Monniot*, oncle dudit exposant, est chanoine et doyen de l'église collégiale de Notre-Dame de Namur ; que Jeanne *Monniot*, aussi sa tante, était la mère de Vincent *de Harscamp*, chevalier, conseiller et receveur-général des domaines et aides du comté de Namur, qui avait rendu de grands services à ses souverains ; que François *Badot*, son oncle, était pensionnaire de l'état noble et auditeur de la province de Namur ; qu'enfin lui-même, à l'exemple des siens, avait servi ses souverains dans la guerre en qualité de porte-enseigne.

(LXXIIIe registre des Chartes, folio 32).

2 Avril 1654. — LE DUCQ. — Lettres d'anoblissement données à Madrid pour Pierre *Le Ducq*, natif de Mons, qui occupe depuis 17 ans la place de conseiller ordinaire en la Cour de cette ville, et dont la femme, Marie *Vivien*, descend de Jean *Vivien*, mayeur de Mons en 1412. Ces lettres furent enregistrées, le 22 mars 1655, moyennant finance.

Armes : *De sable, à la croix ancrée d'argent, au chef de même. Casque ouvert et treillé ; les lambrequins et bourlet d'argent et de sable.* Cimier : Un griffon naissant aussi d'argent.

(LXXIIIe registre des Chartes, folio 43).

31 Juillet 1654. — DE PRONVILLE. — Lettres de chevalerie données à Madrid pour Philippe-Dominique *de Pronville* et enregistrées le 13 juillet 1655.

Le dispositif rapporte les bons rapports qui ont été faits au Souverain sur Philippe-Dominique *de Pronville*, seigneur d'Hancourt, capitaine d'une compagnie d'infanterie wallonne hors de régiment, issu d'ancienne noblesse militaire du comté d'Artois, chef de la famille *de Pronville*, dont ses membres se sont signalés dans différentes charges, tant dans la cavalerie que l'infanterie; que plusieurs auraient été chevaliers ; que deux oncles paternels dudit *Philippe*, capitaines : l'un dans le régiment du comte de Bucquoy, l'autre sous le seigneur de Torres, avaient assisté aux sièges de Dourlens, Cambrai, Calais, Ardres, Hulst, Ostende, Rimberg et Linghem, aux secours d'Amiens et Bois-le-Duc, à la bataille de Nieuport, etc., etc., et « perdu la vie à notre service ; » que Dominique *de Pronville*, chevalier, père dudit *Philippe*, avait rempli divers emplois pendant les guerres contre la France, et, qu'étant capitaine, il avait été tué, à la tête de sa compagnie, à l'assaut donné à la ville du Châtelet, le 14 décembre 1638 ; que lui-même, Philippe-Dominique *de Pronville*, capitaine, étant sur la brèche avec son père, avait été blessé, fait prisonnier et forcé de se racheter à ses dépens ; que, pourvu de la compagnie de son feu père, il avait continué à servir encore pendant 16 ans.

(LXXIIIe registre des Chartes, folio 74).

6 Aout 1654. — VERQUEST. — Lettres d'anoblissement données à Madrid pour Jean *Verquest*, qui, de simple soldat, est arrivé au grade de mestre-de-camp d'un régiment d'infanterie wallonne. Elles furent enregistrées, le 11 août 1659, en vertu des lettres de dispenses de surannation.

Armes : *D'azur, au lion rampant d'argent, armé et lampassé de gueules, couronné d'or, tenant en sa patte dextre une épée levée, nue d'argent croisée et pommettée d'or, et à senestre, un bouclier de gueules à la fasce d'argent. Casque d'argent grillé, liseré d'or ; les lambrequins et bourlet d'argent et d'azur.* Cimier : Un lion naissant pareil à celui de l'écu.

(LXXIVe registre des Chartes, folios 222).

7 Octobre 1654. — SALPIN. — Lettres d'anoblissement données à Madrid pour Martin *Salpin*, originaire du comté de Haynaut, et enregistrées le 7 juillet 1655.

Martin *Salpin*, dans l'exposé, raconte que ses ancêtres ont toujours servi fidèlement leurs souverains ; que son père, après avoir fait la guerre quelques années, a été tué au siége d'Ostende, accompagnant alors un convoi en qualité de lieutenant de cavalerie ; que lui-même, entré au service dès sa jeunesse, a été, premièrement, dans la compagnie du comte de Middelbourg, gouverneur de Tournai, pendant sept ans ; qu'il a assisté, en 1621, au siége de Bergh-op-Zoom par les Hollandais, ayant été envoyé au secours de cette place avec 60 hommes de sa compagnie et 1,500 hommes choisis et commandés des Finances, sous la conduite du seigneur d'Ongnies, gouverneur de Bapaume, qui a été tué à la défense d'une demi-lune, après avoir résisté valeureusement à plusieurs assauts ; que lui-même y avait reçu 5 blessures, savoir : un coup d'épée à la tête, un coup de pique à l'estomac, un coup de fusil au bras gauche et 2 autres coups de piques dans les mains, dont il est demeuré estropié d'une main ; que, depuis, il a continué à servir, en la compagnie du comte de la Mottrie, pendant 28 ans : 9 ans comme soldat factionnaire, 5 ans comme alfère, et 14 comme lieutenant-capitaine, pendant lesquelles il s'est trouvé en plusieurs rencontres militaires et a toujours fait son devoir à l'entière satisfaction de ses supérieurs, mais que son âge et ses blessures le forcent à se retirer du service et il serait très heureux de faire voir à sa postérité que ses souverains ont eu ses dits services pour agréables en lui accordant comme récompense des lettres d'anoblissement.

ARMES : *D'azur, au chevron d'or, accompagné de 3 lionceaux de même, lampassés et armés de gueules. Casque ouvert et treillé ; les lambrequins et bourlet d'or et d'azur.* Cimier : Un lionceau comme celui de l'écu.

(LXXIIIe registre des Chartes, folio 71).

25 JANVIER 1655. — DE RYM. — Erection en baronnie de la seigneurie de Bellem et de la cense de Schuervelt par lettres données à Madrid en faveur de Charles de Rym (1), chevalier, seigneur de Bellem, Schuervelt, Eeckenbeke, dont les ancêtres ont rendu depuis 500 ans de signalés services aux maisons d'Autriche et d'Espagne ; son grand'père Charles Rym, ayant été, parmi d'autres missions, chargé de négocier la paix entre Maximilien II et le Grand Turc, mission qu'il mit 5 ans à remplir, au dire de Guicciardini.

(LXXIIIe registre des Chartes, folio 106).

---

(1) Il était fils de Philibert Rym, chevalier, seigneur desdits lieux, et de Anne de Hortoghe, fille de Marc de Hortoghe, chevalier, seigneur de Honswalle et président du Conseil de Flandre.

17 Mai 1655. — DE LIÈRES. — Erection en comté de la ville et terre de Saint-Venant par lettres données à Madrid, au profit de Maximilien *de Lières*, baron du Val, seigneur de Saint-Venant, gouverneur de Saint-Omer, dont les ancêtres ont, depuis le temps des ducs de Bourgogne jusqu'à ce jour, successivement porté les armes, pour le service de leur prince, avec grande valeur et loyauté.

(LXXVIIe registre des Chartes, folio 90).

13 Aout 1655. — BLONDEL. — Lettres d'anoblissement données à Madrid en faveur de Nicolas *Blondel* (1), seigneur de Ricamez, natif d'Hesdin, maître des feux d'artifices des places frontières de Flandre et d'Artois, dont les services ont été grandement utiles aux siéges de Hesdin, Bapaume, Lillers, Béthune, Aire, Saint-Omer, à la défense de Dunkerque, Mardick, Gravelines, où il a fait sauter et brûler le port ou havre, dit vulgairement le Schurckant, et mettre le feu dans les bateaux ennemis qui tenaient le canal bouché. Ces lettres furent enregistrées, le 21 août 1657, moyennant finance.

Armes : *Écartelé aux 1 et 4 d'azur au lion d'or, armé, lampassé et couronné de gueules, aux 2 et 3 de gueules, à 3 coquilles d'or*, qui sont *Ricamez* dont la famille est éteinte. *Casque ouvert, treillé et liseré d'or ; les lambrequins et bourlet d'or, d'azur et de gueules.* Cimier : Un lion naissant d'or armé, lampassé et couronné de gueules.

(LXXIVe registre des Chartes, folio 20).

13 Aout 1655, Madrid. — DE BEER. — Erection en baronnie de la terre et seigneurie de Meulebecqcue, en y annexant la seigneurie de Hallewin, située en Flandre, pour Nicolas-Ignace *de Beer*, écuyer, grand bailli de la ville de Gand, qui a

---

(1) On trouve dans le registre LXXIVe, au folio 8, que Nicolas *Blondel*, écuyer, seigneur de Ricamez, fils de sire Nicolas *Blondel*, prêtre, pasteur de Rollencourt, et de feue Claude *Duval*, fille à marier, fut légitimé par lettres données à Madrid, le 14 août 1656, moyennant finance taxée par le Conseil d'Espagne, et au même registre, folio 9, que de semblables lettres lui furent accordées, en juin 1657, sans finance, attendu qu'il l'avait déjà payée à Madrid, par les ministres de Bruxelles, qui ne voulaient pas laisser perdre le droit qu'ils avaient d'accorder de semblables grâces.

pris part à l'attaque de Calloo, La Bassée, Armentières, Landrecies, Saint-Venant, Ypres, Commines et Courtray.

(Archives du département du Nord, LXXIIIe registre des Chartes, folio 175).

19 Juillet 1655, Madrid. — DE SAINT-GENOIS. — Erection en comté de la terre et seigneurie de Grand-Breucq (Hainaut), en y annexant la seigneurie d'Escanaffe, pour messire Charles *de Saint-Genois,* proche parent du duc de Medina-Cœli.

(LXXIIIe registre des Chartes, folio 113).

19 Avril 1656. — DE LANNOY. — Lettres de chevalerie données à Madrid pour Michel *de Lannoy,* écuyer, seigneur du Carnoy, résidant à Lille. Ces lettres furent enregistrées le 4 mars 1657 (1).

Michel *de Lannoy* expose qu'il a avancé de grosses sommes, d'argent dont il n'est pas encore remboursé ni indemnisé ; que Paul *Van Dale,* chevalier, seigneur de Lillo, son ayeul maternel, a servi l'empereur Charles-Quint au voyage d'outre-mer, à la conquête de Tunis et de la Goulette, et aux Pays-Bas, aux siéges de Saint-Pol, Montreuil, Thérouane en 1536 et 1537, avec six chevaux en campagne, durant le gouvernement de feue Marie, reine de Hongrie et de Bohême ; qu'il a été, pour ces causes, créé chevalier par ledit empereur, le 23 avril 1554 ; que Pierre *Van Dale,* en son vivant seigneur de Berlaert, Ghestel, doyen d'Alost, chanoine d'Anvers, a fondé un collége à Louvain ; enfin que lui-même, Michel *de Lannoy,* est allié à la noble famille *de Croix,* ayant épousé Marie-Marguerite *de Croix,* fille de Jacques, chevalier, seigneur d'Escou, mayeur de la ville de Saint-Omer, et de Marie *de Croix,* etc., etc.

(LXXIIIe registre des Chartes, folio 216).

19 Avril 1656. — THOMAS. — Lettres d'anoblissement données à Madrid en faveur de Jean *Thomas,* conseiller au Conseil de Namur, admis d'abord, dès 1618, comme avocat de ce Conseil, puis successivement échevin de Namur, échevin de la

---

(1) Ces lettres ont également été enregistrées aux archives de la ville de Lille, registre Albert, folio 293, verso.

haute Cour de Feix, avocat fiscal des lois. Ces lettres furent enregistrées le 26 avril 1658, moyennant finance.

Armes : *Écartelé aux 1 et 4 de gueules, au daim rampant d'or, accorné et onglé de sable; aux 2 et 3 d'argent, à une bande de sable chargée de 3 étoiles d'or. Casque ouvert et treillé; les lambrequins et bourlet d'or et de gueules.* Cimier : Un daim naissant comme en l'écu.

(LXXIVe registre des Chartes, folio 76).

28 Avril 1656, Madrid. — DU BOSCH. — Erection en baronnie de la terre et seigneurie de Meere, au pays d'Alost, du fief de Meusleschette, de Wesseyelde et de Ourin, sous le nom de baronnie de Meere, pour Jacques-Philippe *du Bosch*, seigneur desdits lieux, qui avait été dans son jeune âge page de l'infante Isabelle et est allié aux familles françaises du Grellet, de Rocheboriteau, du Becq et de Créqui, ainsi qu'aux familles flamandes de Borexstel, Ideghem et Schouteete.

(LXXIIIe registre des Chartes, folio 151).

14 Aout 1656. — DU MONT. — Lettres d'anoblissement données à Madrid en faveur de Bernard *du Mont*, natif de Namur, commissaire ordinaire des monstres des gens de guerre et commissaire des guerres à Namur. Elles furent enregistrées, le 14 juin 1657, moyennant finance.

Armes : *D'argent, à 3 étoiles de gueules, 2 et 1, au chef de sable, chargé d'un lion naissant d'or, armé et lampassé de gueules. Casque ouvert et treillé; les lambrequins et bourlet aux couleurs et métaux de l'écu.* Cimier : Un lion naissant comme celui de l'écu.

(LXXIVe registre des Chartes, folio 3).

25 Septembre 1656, Madrid. — DE WIGNACOURT. — Erection en comté de la terre et seigneurie de Flêtre, située en Flandre au profit de Jacques *de Wignacourt*, issu d'une très ancienne famille noble de Flandre, qui compte, parmi ses membres, Jean *de Wignacourt*, seigneur de Flêtre, prévôt de Mons sous Charles-Quint; Jean *de Wignacourt*, gentilhomme de la bouche du roi Philippe II, etc., etc.

(LXXIVe registre des Chartes, folio 53).

20 Décembre 1656. — DE MONCHEAUX. — Lettres de déclaration et de confirmation de noblesse données à Madrid pour Pierre *de Moncheaux*, écuyer, conseiller et maître de la Chambre des comptes de Lille, issu d'une famille noble alliée aux maisons *de Bailleul, de Bergues, de Parmentier* et *de La Croix*. Elles furent enregistrées, le 4 mars 1657, sans finance.

Il obtint par ces lettres l'autorisation de continuer de porter les mêmes armes, qui sont : *de sinople fretté d'or*. Cimier : Un griffon naissant d'or, armé et langué de gueules.

(LXXIVe registre des Chartes, folio 17).

24 Décembre 1656. — DURSENS. — Lettres d'anoblissement données à Madrid pour Antoine *Dursens*, massard de Valenciennes, fils d'Antoine, échevin de cette ville. (Anoblissement général du magistrat de Valenciennes, à cause de la belle défense de cette ville, dont le siège fut levé le 15 juin 1656.)

Armes : *Écartelé aux 1 et 4 d'azur, à 3 roses d'argent ; aux 2 et 3 d'azur, à une croix ancrée d'argent. Casque ouvert grillé, posé de profil ; les lambrequins et bourlet d'argent et d'azur.* Cimier : Une croix semblable à celle de l'écu.

(LXXIVe registre des Chartes, folio 130).

24 Décembre 1656. — HANGOUBART. — Lettres d'anoblissement données à Madrid pour Florent *Haugoubart* ou *Hangoubart*, seigneur des Cottières *alias* Descohiers, second massard de Valenciennes, qui a porté les armes comme gentilhomme appointé dans la campagne de François de Croy et a pris part à plusieurs rencontres et à huit campagnes, fils de David *Haugoubart*, aussi massard et échevin de Valenciennes. Ces lettres furent enregistrées le 15 septembre 1860 avec dispense de surannation en date du 17 août 1658.

Armes : *Ecartelé aux 1 et 4 ; de sable au chevron péri d'or au chef d'argent ; aux 2 et 3 d'or, à 2 lions adossés de gueules, qui est* de Cordes. Cimier : Cinq panaches : 3 de sable, 2 d'or, feuillagés de sable et d'or.

(LXXVe registre des Chartes, folio 56).

24 Décembre 1656. — DE SARS. — Lettres d'anoblissement données à Madrid pour Maximilien *de Sars* (1), massard de Valenciennes, et enregistrées le 20 décembre 1657.

Armes : *D'or à la bande de gueules, chargée de 3 lions d'argent; casque ouvert et treillé les lambrequins et bourlet d'or et de gueules.* Cimier : Deux pattes de lion d'or.

(LXXIVe registre des Chartes, folio 62).

12 Janvier 1657. — DE LE WARDE. — Lettres d'anoblissement données à Madrid pour *Jean de Le Warde*, seigneur de la Wardin, ancien lieutenant de Valenciennes, plusieurs fois échevin de cette ville et massard. Il ne dut point payer finance, et fit enregistrer ces lettres le 26 septembre suivant.

Armes : *D'azur au chevron d'argent accompagné en chef de 2 molettes d'éperon d'or et d'un croissant d'argent en pointe, les lambrequins et bourlet d'argent et d'azur.* Cimier : Une molette d'éperon d'or.

(LXXIVe registre des Chartes, folio 31).

6 Mars 1657, Madrid. — VAN DER BEKE. — Anoblissement de Pierre *Van der Beke*, d'abord juge assesseur de l'amirauté de Dunkerque, puis conseiller du Conseil de Flandres, qui a épousé la fille de l'amiral Josse *Piétersen*, enregistré le 14 février 1658, moyennant finance.

Armes : *D'azur à la fasce ondée d'argent, accompagnée de 3 merlettes d'or, 2 en chef 1 en pointe; casque d'argent enrichi d'or; les lambrequins et bourlet d'or et d'azur.* Cimier : Un oiseau naissant d'or prenant son essor.

(Archives du département du Nord, LXXIVe registre des Chartes, folio 88.)

3 Juillet 1657. — DE NEVE. — Lettres de confirmation de noblesse et d'anoblissement en tant que besoin données à Madrid pour Théodore *de Neve*, de

---

(1) Simon LE BOUCQ dans *ses advenues*, n° 540 des manuscrits de la bibliothèque de Valenciennes, nous dit qu'il était fils de Jean, qui fut bailly de Saultain, receveur de Quarouble et échevin de la ville de Valenciennes.

Namur, qui est allié aux familles nobles *de Noverlée, d'Autrive* et *de Lathem.* Elles furent enregistrées le 24 mai 1658, moyennant finance.

(LXXIVe registre des Chartes, folio 115).

3 JUILLET 1657. — DE NEVE. — Lettres de confirmation de noblesse et d'anoblissement en tant que besoin données à Madrid pour Pierre *de Neve*, demeurant dans le comté de Namur, frère de Théodore qui précède. Ces lettres furent enregistrées le 24 mai 1658 moyennant finance.

(LXXIVe registre des Chartes, folio 119).

15 SEPTEMBRE 1657, MADRID. — DE GRASS. — Erection en baronnie de la terre et seigneurie de Nokere pour Jean-Cornille *de Grass*, commissaire au renouvellement de la loi en Flandres ; dont les ancêtres sont toujours restés fidèles au Roi et à la religion malgré les guerres et troubles de Flandres, et dont le père a montré son dévouement à la maison d'Espagne en acceptant la place de premier bourgmestre pendant les troubles.

(LXXIVe registre des Chartes, folio 126).

8 OCTOBRE 1657. — DE BONNIÈRES. — Lettre d'anoblissement données à Madrid en faveur de Jacques *de Bonnières*, juré et échevin de Valenciennes, fils de François (anoblissement général du magistrat de Valenciennes à cause de la belle défense de cette ville dont le siége fut levé le 15 juin 1656).

ARMES : *Ecartelé aux 1 et 4, vairé d'or et d'azur à la bordure engrelée de gueules, aux 2 et 3 d'or fretté de gueules. Casque ouvert et treillé et mis de profil ; les lambrequins et bourlet d'or et d'azur.* Cimier : Un cigne d'argent prenant l'essort, becqué de sable et tenant un anneau d'or en son bec,

(LXXIVe registre des Chartes, folio 109).

8 OCTOBRE 1657. — BRETEL. — Lettres d'anoblissement données à Madrid pour Martin *Bretel*, juré et échevin de Valenciennes, fils de Toussaint qui fut échevin de

cette ville (anoblissement général du magistrat de Valenciennes à cause de la belle défense de cette ville, dont le siége fut levé le 15 juin 1656).

ARMES : *D'or, au chevron d'azur, chargé d'une fleur de lys d'or en chef et accompagné de 3 trèfles d'azur ; au chef cousu d'or chargé d'une couleuvre tortillante d'azur mise en fasce. Casque ouvert treillé et posé de profil ; les lambrequins et bourlet d'or et d'azur.* Cimier : Une fleur de lys d'or.

(LXXIVe registre des Chartes, folio 102).

8 OCTOBRE 1657. — LELIÈVRE. — Lettres d'anoblissement données à Madrid pour Jean *Lelièvre*, juré et échevin de Valenciennes, et greffier du village d'Hasnon (anoblissement général du magistrat de Valenciennes, à cause de la belle défense de cette ville, dont le siége fut levé le 15 juin 1656).

ARMES : *D'azur à 3 têtes de lièvres d'or posées 2 et 1. Casque ouvert, treillé et posé de profil.* Cimier : Une tête de lièvre comme celle de l'écu, entre 2 ailes et 2 rangs d'argent.

(LXXIVe registre des Chartes, folio 106.)

8 OCTOBRE 1657. — DES PRETZ. — Lettres d'anoblissement données à Madrid pour Michel *des Pretz*, greffier criminel de la ville de Valenciennes, auparavant avocat, fils de feu Henri, aussi avocat et échevin de Valenciennes, (anoblissement général du magistrat de Valenciennes, à cause de la belle défense de cette ville dont le siége fut levé le 15 Juin 1656).

ARMES : *D'argent à 3 roses de gueules, boutonnées d'or, au chef de gueules. Casque ouvert, treillé et mis en profil.* Cimier : Un cigne d'argent prenant l'essor, becqué de sable.

(LXXIVe registre des Chartes, folio 113).

8 OCTOBRE 1657. — DE RANS. — Lettres d'anoblissement données à Madrid pour Jacques *de Rans*, seigneur de Liversalle, premier conseiller pensionnaire de Valenciennes, fils de Jean *de Rans*, avocat wallon, et de N..... *Huaine* (anoblissement

général du magistrat de Valenciennes, à cause de la belle défense de cette ville, dont le siége fut levé le 15 juin 1656).

Armes : *De gueules au lion d'or tenant dans sa patte droite une épée garnie d'or à l'orle de 3 fleurs de lys d'argent. Casque ouvert treillé et mis en profil; les lambrequins et bourlet d'or et de gueules.* Cimier : Un griffon naissant et volant de pourpre membré d'or.

(LXXIVe registre des Chartes, folio 3).

8 Octobre 1657. — DE RANTRE. — Lettres d'anoblissement données à Madrid pour Lamoral *de Rantre,* juré et échevin de Valenciennes, fils de Philippe, capitaine d'une compagnie bourgeoise de cette ville (anoblissement général du magistrat de Valenciennes, à cause de la belle défense de cette ville, dont le siége fut levé le 15 juin 1656).

Armes : *Ecartelé; au 1 d'azur au chevron d'or; au 2 d'or à la croix de gueules cantonnée de 4 étoiles de sable; au 3 de sable à la fasce d'or accompagnée de 3 anneaux de même; au 4 d'azur au chevron d'or accompagné de 3 trèfles de même. Casque ouvert, grillé et posé de profil.* Cimier : Un silvain naissant au naturel couronné d'une guirlande de sinople tenant une massue sur l'épaule droite.

(LXXIVe registre des Chartes, folio 104).

8 Octobre 1657. — TORDREAU. — Lettres d'anoblissement données à Madrid en faveur de Charles-Gabriel *Tordreau,* licencié ès-droits, second conseiller pensionnaire de cette ville, fils de Pierre qui fut premier conseiller pensionnaire de cette ville (anoblissement général du magistrat de Valenciennes à cause de la belle défense de cette ville dont le siége fut levé le 15 juin 1656).

Armes : *D'azur à un taureau furieux d'or accorné d'argent; casque ouvert treillé et posé de profil, les lambrequins et bourlet d'or et d'azur.* Cimier : Un taureau naissant de même que celui de l'écu.

(LXXIVe registre des Chartes, folio 107).

8 Novembre 1657. — BOULIT. — Lettres d'anoblissement données à Madrid pour Jean *Boulit,* seigneur de Surhan, juré et échevin de Valenciennes, fils de Nicolas

(anoblissement général du magistrat de Valenciennes à cause de la belle défense de cette ville dont le siége fut levé le 15 juin 1656).

ARMES : *D'azur, au chevron d'or, accompagné de 3 soucis d'argent, boutonnés, tigés et feuillés d'or. Casque ouvert, grillé et posé de profil; les lambrequins et bourlet d'or et d'azur.* Cimier : Un vol à deux rangs d'argent.

(LXXIVe registre des Chartes, folo 93).

8 NOVEMBRE 1657. — DESCHAMPS. — Lettres d'anoblissement données à Madrid pour Nicolas *Deschamps*, juré et échevin de Valenciennes (anoblissement général du magistrat de Valenciennes à cause de la belle défense de cette ville dont le siége fut levé le 15 juin 1656).

ARMES : *D'azur, au chevron d'argent chargé de 3 étoiles de sable, accompagné en pointe d'un croissant d'or. Casque ouvert, treillé et posé de profil; les lambrequins et bourlet d'azur et d'argent.* Cimier : Un croissant d'or.

(LXXIVe registre des Chartes, folio 99).

8 NOVEMBRE 1657. — D'ESPIENNES. — Lettres d'anoblissement données à Madrid en faveur de Aimerie-François *d'Espiennes*, seigneur de Saint-Remy, juré et échevin de Valenciennes, fils de François, seigneur de la Porquerie (anoblissement général du magistrat de Valenciennes à cause de la belle défense de cette ville dont le siége fut levé le 15 juin 1656).

ARMES : *D'argent au chevron de sable chargé en chef d'une comète d'or et de deux croissants de même de chaque côté, accompagné de 3 trèfles de sable. Casque ouvert et treillé posé de profil; les lambrequins et bourlet d'argent et de sable.* Cimier : Un lion naissant d'argent.

(LXXIVe registre des Chartes, folio 90).

8 NOVEMBRE 1657. — HARDY. — Lettres d'anoblissement données à Madrid pour Antoine *Hardy*, avocat et juré de Valenciennes, fils de Nicolas, petit-fils de Philippe

anoblissement général du magistrat de Valenciennes à cause de la belle défense de cette ville dont le siége fut levé le 15 juin 1656).

ARMES : *De sable, semé de billettes d'or, au lion de même, couronné armé et lampassé d'argent, brochant sur le tout. Casque ouvert, grillé et posé de profil; les lambrequins et bourlet d'or et de sable.* Cimier : *Un demi homme sauvage au naturel, couronné de sinople tenant sa massue sur l'épaule droite.*

(LXXIVe registre des Chartes, folio 90).

8 NOVEMBRE 1657. — HUET. — Lettres d'anoblissement données à Madrid pour Arnould *Huet* (1), juré et échevin de Valenciennes (anoblissement général du magistrat de Valenciennes à cause de la belle défense de cette ville, dont le siége fut levé le 15 juin 1656).

ARMES : *D'or, au chevron de gueules, accompagné de 3 étoiles de même. Casque ouvert, treillé et posé de profil ; les lambrequins et bourlet d'or et de gueules.* Cimier : *Un vol à 2 rangs d'or.*

(LXXIVe registre de Chartes, folio 101).

8 NOVEMBRE 1657. — MALAPERT. — Lettres d'anoblissement données à Madrid pour Philippe *Malapert,* juré et échevin de Valenciennes, fils de Jacques qui fut aussi échevin (anoblissement général du magistrat de Valenciennes, à cause de la belle defense de cette ville, dont le siége fut levé le 15 juin 1656).

ARMES : *D'azur semé de fleurs de lys d'argent ; casque ouvert, grillé et posé de profil ; les lambrequins et bourlet d'argent et d'azur.* Cimier : *Une fleur de lys comme celle de l'écu.*

(LXXIVe registre des Chartes, folio 92).

8 NOVEMBRE 1657. — MICHEL. — Lettres d'anoblissement données à Madrid pour François *Michel,* lieutenant prévôt de Valenciennes, fils de Jacques (anoblissement

---

(1) Simon LE BOUCQ dans son manuscrit *des advenues* déjà cité l'appelle *d'Huez.*

général du magistrat de Valenciennes à cause de la belle défense de cette ville dont le siége fut levé le 15 juin 1656).

ARMES : *D'azur, au chevron d'or, accompagné en chef de 2 étoiles et en pointe d'un croissant le tout d'or. Casque ouvert grillé et placé de profil; les lambrequins et bourlet d'or et d'azur.* Cimier : Un croissant comme celui de l'écu.

(LXXIVe registre des Chartes, folio 87).

8 NOVEMBRE 1657. — PAMART. — Lettres d'anoblissement données à Madrid pour Nicolas *Pamart*, licencié en droit, greffier civil de Valenciennes, originaire de Douai (anoblissement général du magistrat de Valenciennes, à cause de la belle défense de cette ville, dont le siége fut levé le 15 juin 1656).

ARMES : *D'azur, au chevron d'argent, accompagné en chef de 2 grenades d'or tigées et feuillées de même, ouvertes et grenées de gueules, et en pointe d'un cor de chasse d'or, lié de gueules. Casque ouvert, treillé et posé de profil; les lambrequins et bourlet d'azur et d'argent.* Cimier : Une tête et col de cerf au naturel.

(LXXIVe registre des Chartes, folio 96).

8 NOVEMBRE 1657. — DE RANS. — Lettres d'anoblissement données à Madrid pour Philippe-François *de Rans*, licencié ès-droits, juré et échevin de Valenciennes, fils de Jacques, premier conseiller pensionnaire de cette ville (anoblissement général du magistrat de Valenciennes, à cause de la belle défense de cette ville, dont le siége fut levé le 15 juin 1656).

ARMES : *De gueules, au lion d'or tenant dans la patte droite une épée garnie d'or, à l'orle de 8 fleurs de lys d'argent. Casque ouvert, treillé et posé de profil; les lambrequins et bourlet d'or et de gueules.* Cimier : Un griffon naissant et volant de pourpre, membré d'or.

(LXXIVe registre des Chartes, folio 97).

26 NOVEMBRE 1657. — THÉRY. — Lettres d'anoblissement, données à Madrid moyennant finance, pour Mathieu *Théry*, seigneur du Blocus, natif d'Arras, châtelain des deux châtellenies de la cité d'Arras, conseiller pensionnaire de Douai, dont

le père, receveur-général des impôts et centièmes de l'Artois, a rendu service au Roi en lui avançant de grosses sommes d'argent.

ARMES : *Écartelé aux 1 et 4 de gueules à la fasce d'argent, accompagnée en chef de 2 merlettes de même et en pointe d'une étoile d'or; aux 2 et 3 d'argent à la fasce vivrée de sable, qui est* de Morel-Tangry ; *les lambrequins et bourlet d'argent et de gueules.* Cimier : Une merlette d'argent.

(LXXIVe registre des Chartes, folio 152).

13 MARS 1658. — VAN HOOBROUCQ. — Lettres d'anoblissement données à Madrid pour Louis *Van Hoobroucq*, échevin de Gand, natif de cette ville, qui a donné des témoignages particuliers de son zèle dans l'accomplissement de ses fonctions d'échevin de Gand, du banc de la Keure, du banc des parchons et de trésorier de la même ville. Elles furent enregistrées, le 26 mars 1659, moyennant finance.

ARMES : *Écartelé aux 1 et 4 d'argent à l'aigle de sinople membrée de gueules; aux 2 et 3 d'azur, au sautoir d'or accompagné de 4 besans de même. Casque ouvert et grillé posé de profil; les lambrequins et bourlet d'argent et de sinople.* Cimier : Une aigle naissante comme en l'écu.

(LXXIVe registre des Chartes, folio 175).

2 MAI 1658, MADRID.— COLOMA.— Erection en comté de la baronnie de Bornhem, en Flandre, pour Jean-François *Coloma*, vicomte de Dourlens, seigneur de Bretel, Ternas, Allennes, issu de l'ancienne maison espagnole de Coloma, venue en Flandre, en la personne de Pierre *Coloma*, seigneur de Robadilla, nommé contador-major de l'armée des Pays-Bas par Philippe II.

(LXXIVe registre des Chartes, folio 159).

3 JUILLET 1658. — DE HOVYNE DESMARTIN. — Lettres de confirmation de noblesse pour Françoise *de Hovyne*, veuve de Jean *Desmartin*, seigneur de Foresteau, grand prévôt de Tournay, et pour ses enfants. Ledit Jean était issu d'une famille

qui figure depuis plus de 100 ans parmi les familles nobles du Tournaisis. Ces lettres furent enregistrées, le 29 avril 1659, moyennant finance.

Armes (des Desmartin) : *D'azur, à une bande d'or accompagnée de 2 étoiles d'or, une en chef, l'autre en pointe. Casque ouvert et treillé ; les lambrequins et bourlet d'or et d'azur.* Cimier : Une gerbe d'or liée de même.

(LXXIVe registre des Chartes, folio 189).

15 Novembre 1658. — LE CAPPELIER. — Lettres de confirmation de noblesse et d'anoblissement en tant que besoin données à Madrid pour Gilles *Le Cappelier*, seigneur de Frize, demeurant à Tournay, dont un des ancêtres, Frédéric *Le Cappelier*, seigneur du Moret, a assisté à la prise de Térouane et a été nommé, en 1566, mayeur des échevins de Saint-Brice, et dont la famille compte des alliances avec celles de Gombault, Morel, Saint-Genois, Bernard, du Chastel. Elles furent enregistrées, le 27 avril 1659, moyennant finance.

Armes : *De gueules, au chevron d'or, accompagné de 3 aigles à doubles têtes d'or, 2 en chef 1 en pointe. Casque ouvert et treillé ; les lambrequins et bourlet d'or et de gueules.* Cimier : Une aigle naissante becquée d'or.

(LXXIVe registre des Chartes, folio 187).

21 Décembre 1658. — DE BRIASTRE. — Lettres d'anoblissement données à Madrid pour Philippe *de Briastre*, seigneur de Foscelle ou Forcelle, capitaine d'infanterie, fils d'un lieutenant prévôt de Valenciennes, en récompense des services qu'il a rendus pendant le siége de cette ville. Elles furent enregistrées le 10 décembre 1659.

Armes : *Échiqueté d'argent et d'azur de 4 traits au chef de même chargé de 3 bandes d'argent.* Cimier : Un vol et tête de licorne, armé d'or au crin et barbe de même.

Albert *de Briastre*, surintendant des fortifications de Valenciennes, frère de Philippe qui précède, fut anobli en récompense des services qu'il a rendus pendant le siège de Valenciennes, par lettres données à Madrid, le 21 décembre 1658, enregistrées le 10 décembre 1659.

Armes : Comme son frère qui précède, *avec un croissant d'azur, pour brisure, au premier point de l'echiquier.*

(LXXIVe registre des Chartes, folio 258-260).

18 Janvier 1659. — DE HAYNIN. — Lettres de chevalerie données à Madrid pour César *de Haynin*, écuyer, demeurant à Lille et enregistrées le 21 octobre de la même année (1).

Les lettres portent qu'il descend de l'ancienne et noble famille *de Haynin*; que son père, Pierre *de Haynin*, écuyer, seigneur de Courtembecque, a servi aux siéges de Louvain, Lillers, en 1635, 1639, avec trois cavaliers équipés à ses frais; que Ferdinand *de Haynin*, son frère, a servi pendant plus de 7 ans, à grands frais, dans l'infanterie espagnole, sous Francisco Deca, et est mort au service après s'être signalé au combat de Lens, où il a été fait prisonnier et rançonné par son dit père, après une longue et fâcheuse prison.

(LXXIVe registre des Chartes, folio 239).

17 Mars 1659. — DE LA RUE. — Lettres d'anoblissement données à Madrid, moyennant finance, pour Guillaume *de La Rue*, receveur du soixantième au pays de Namur et échevin de cette ville, dont les ancêtres ont fait fidèlement leur devoir et ont occupé d'assez hauts grades dans l'armée.

Armes : *D'or, aux fleurs de lys sans nombre de sable. Casque ouvert et treillé; les lambrequins et bourlet d'or et de sable.* Cimier : Une fleur de lys pareille à celle de l'écu.

(LXXIVe registre des Chartes, folio 237).

11 Mai 1659. — BUISSERET. — Lettres données à Versailles qui maintiennent dans son ancienne noblesse, nonobstant la dérogeance de son père, Michel *Buisseret*, écuyer, seigneur de Hantes, conseiller commissaire ordinaire des guerres, né à Lille. Il a remontré qu'il est issu d'une ancienne famille noble de Mons; que François *de Buisseret*, son grand-oncle, a été créé archevêque de Cambrai, etc., etc.; que Louis *Buisseret*, son père, ayant perdu ses biens par le malheur des guerres, est venu s'établir à Lille, où il a épousé une demoiselle *A La Truye*, fille d'un ancien gentilhomme, qui, faisant le négoce, s'était associé son gendre, ce qui était une espèce de dérogeance qui n'a pu éteindre sa noblesse, puisque ledit exposant, son fils, a tou-

---

(1) Ces lettres sont également enregistrées aux archives de la ville de Lille, registre la Paix, folio 25, recto.

jours vécu noblement, ayant acheté une charge de commissaire ordinaire des guerres, pour pouvoir entretenir sa famille. Ces lettres furent enregistrées le 19 août suivant (1).

Le 6 JUILLET 1731, Jean-François *Buisseret*, écuyer, seigneur d'Hantes et de Thiennes, fils de Michel, obtint une sentence de noblesse rendue par la gouvernance de Lille, « qui le déclare issu de noble race et extraction et n'avoir besoin de lettres du Roi auxquelles il a renoncé, et sa renonciation décrétée avec restitution en entier de les avoir obtenues par erreur et faute d'avoir été suffisamment instruit de ses droits (2). »

(Parlement de Flandre, registre aux édits et déclarations, n° 15, folio 137).

20 MAI 1659. — DE LA PORTE. — Lettres de chevalerie données à Madrid pour Gilles *de La Porte*, écuyer, seigneur de la Baratrie, et Paul *de La Porte*, écuyer, seigneur dudit lieu et de Sobecq, dont la famille, existant déjà en 1234, est alliée aux *de Pottes, Cavrines, du Marez, de Calonne, Van Dale*, etc.

(LXXVe registre des Chartes, folios 48 et 49).

13 JUIN 1659. — DE CLERCQUE. — Erection en vicomté de la terre et seigneurie de Wissocq, en Artois, tenue du château de Tournehem, au profit de Ignace *de Clercque*, seigneur dudit lieu, chevalier de l'ordre militaire de Saint-Jacques, mestre-de-camp d'un tercio d'infanterie wallonne, dont 3 frères sont morts au service du Roi, savoir : Guillaume *de Clercque*, capitaine d'infanterie, à la prise du Fort de Schenck ; François *de Clercque*, capitaine de cuirassiers, à la bataille de Lérida en Catalogne ; Gabriel *de Clercque*, mestre-de-camp, aux attaques de Flix, également en Catalogne (3).

(LXXVe registre des Chartes, folio 41).

---

(1) Ces lettres furent également enregistrées au bureau des finances de Lille, 1er registre, folio 219. — Archives de la ville de Lille, registre Riswick, folio 55, verso.

(2) Manuscrit de M. de Coupigny, page 45. — Bibliothèque de la ville de Lille, manuscrit, jurisprudence, n° 135.

(3) Imprimées *in extenso* dans Poplimont, Belg. Herald., III, page 353.

4 Juillet 1659. — D'ENNETIÈRES. — Lettres données à Madrid qui obtiennent pour Jacques *d'Ennetières*, chevalier, seigneur d'Harlebois, La Berlière, trésorier-général des domaines et finances, et sa postérité, de porter des armoiries distinguées de celles des autres membres de sa famille, savoir : *D'argent à 3 écussons d'azur chargés d'une étoile à 6 raies d'or, à la bordure engrelée de gueules. Casque couronné d'or; les lambrequins d'argent et d'azur.* Cimier : Un léopard naissant au naturel accolé d'azur, au bord, clous, anneau et chaîne d'or ; supports : *deux léopards au naturel tenant d'une patte l'écu et de l'autre une bannière au blason de l'écu sans bordure, la lance et franges d'or.*

(LXXVe registre des Chartes, folio 98).

14 Juillet 1659. — VAN HULTEN. — Lettres d'anoblissement données à Madrid pour Antoine *Van Hulten*, échevin de Gand, natif de cette ville, fils d'Adrien, et enregistrées, le 16 juin 1660, moyennant finance.

Armes : *D'hermines, à une tour ouverte et crénelée de 3 pièces, deux demi-donjonnés de sable,* au lieu d'un d'argent que ses ancêtres portaient depuis longtemps. Cimier : Une tour de sable, pareille à celle de l'écu, au milieu d'un vol d'hermines, en place de 2 bras d'hommes adossés et habillés d'ornements épiscopaux avec la mitre en tête, bordée de gueules et enrichie d'or, que sesdits ancêtres portaient auparavant.

(LXXVe registre des Chartes, folio 44).

3 Septembre 1659. — DE MEULEBECQUE. — Lettres d'anoblissement données à Madrid pour Robert *de Meulebecque*, gentilhomme de l'artillerie résidant à Bruges, l'un des principaux armateurs qui, lors de la prise de Bergues-Saint-Vinock, ont fourni une flotte de 13 navires pour empêcher de secourir Dunkerque et Mardick par mer, et l'année suivante une autre flotte composée de 24 navires pour récupérer les villes de Dunkerque, Mardick et Gravelines. Ces lettres furent enregistrées, le 20 janvier 1660, moyennant finance.

Armes (1) : *De gueules chargé d'un moulin à vent d'argent, à la pointe ondée d'argent.*

---

(1) Armes parlantes : Un moulin (meule) et un ruisseau (becque) en flamand.

Casque d'argent ouvert et treillé ; les lambrequins d'argent et de gueules. Cimier : Un cigne d'argent avec les ailes élevées.

(LXXVe registre des Chartes, folio 3).

8 Novembre 1659. — LE CLERC. — Lettres d'anoblissement données à Madrid pour Jean *Le Clerc*, mayeur de Valenciennes, et enregistrées le 6 novembre 1662, après avoir obtenu un acte de relief, le 20 juin 1662, pour la tardive présentation de ses lettres à l'enregistrement (anoblissement général du magistrat de Valenciennes, à cause de la belle défense de cette ville, dont le siége fut levé le 15 juin 1656).

Armes : *D'azur à une couronne d'or, chargée en dedans de deux plumes passées en sautoir et accompagnée de 4 étoiles, le tout d'or. Casque ouvert et treillé ; les lambrequins et bourlet d'or et d'azur.* Cimier : Un bras naissant au naturel tenant en main une épée garnie d'or.

(LXXVIe registre des Chartes, folio 22).

14 Janvier 1660, Madrid. — STALINS. — Lettres qui permettent un changement dans les armes, pour se distinguer des autres membres de leur famille, à Gilles *Stalins*, conseiller et receveur-général de West-Flandres ; Jean-Baptiste *Stalins*, conseiller et maître aux requêtes du grand Conseil à Malines ; Jacques, Jean-Baptiste et Albert *Stalins*, enfants de Jacques *Stalins*, en son vivant chancelier du duché de Gueldre et de Zutphen ; tous enfants et neveux de Gilles *Stalins*, en son vivant aussi conseiller et maître aux requêtes du grand Conseil de Malines.

Armes : *Écartelé, aux 1 et 4 d'argent, à 3 fers de fusil de sable, aux 2 et 3 d'or, à 3 plongeons de sable. Casque ouvert et treillé ; les lambrequins d'argent et de sable.* Cimier : Un plongeon d'argent issant, tenant en son bec un fer de fusil comme en l'écu. Les lettres leur accordèrent une couronne, au lieu du bourlet, et deux sauvages pour tenants de leurs armes.

(LXXVe registre des Chartes, folio 169).

29 Avril 1660. — VAN DER MEERE. — Lettres de chevalerie données à Madrid pour Albert *Van der Meere*, seigneur de Brouwane, lieutenant-colonel du régiment

de cavalerie du baron de Tremblay, qui a servi pendant 15 ans dans les armées avec les grades successifs d'alferez, de capitaine et lieutenant-colonel.

(LXXVe registre des Chartes, folio 110).

19 JUIN 1660, MADRID. — DE THIENNES. — Erection en marquisat de la seigneurie et terre de Berthen, ayant haute, moyenne et basse justice, située au comté de Flandre, relevant de la Cour féodale de Bailleul, en y annexant les terres et seigneuries de Vleminckhove, Noirmont et Houtambach, au profit de Georges *de Thiennes*, baron de Brouck, seigneur desdits lieux, de Berthe, Vleminckhove, etc, mestre-de-camp entretenu, gouverneur, bailli et capitaine des ville et château d'Aire.

Il est dit dans ces lettres que la maison *de Thiennes* est issue des ducs de Limbourg et Luxembourg et en porte les armes ; qu'elle a fourni beaucoup de gouverneurs de provinces, de places de guerre, de chefs dans les armées, d'ambassadeurs, d'écuyers tranchants, de gentilshommes de bouche, de conseillers et chambellans, savoir : Robert *de Thiennes*, seigneur de Castre et Berthen, conseiller et chambellan des ducs Philippe-le-Bon et Charles-le-Guerrier, ayant eu commandement dans leurs armées contre la France ; Jacques *de Thiennes*, son fils, aussi chambellan des empereurs Maximilien Ier et Charles-Quint, puis bailli de Gand, commissaire ordinaire au renouvellement des magistrats du comté de Flandres, lieutenant et capitaine du pays et comté de Hollande, ambassadeur vers le roi d'Angleterre, et envoyé aussi en qualité d'ambassadeur au roi de Danemarck pour lui porter la Toison-d'Or ; que lui-même, Georges *de Thiennes*, a servi 27 ans comme alfère, colonel, capitaine de cuirassiers, commissaire général de cavalerie, mestre-de-camp et, depuis 7 ans, gouverneur d'Aire, et s'est trouvé au siége de Maestrich, à la surprise de Trèves, à la bataille du prince Thomas de Savoye, en la ville de Saint-Omer assiégée, aux siéges de Lens et de La Bassée où, ayant pris les postes, il empêcha l'ennemi d'y introduire des secours, à la défaite de l'armée de France, en la bataille d'Hancourt, etc., etc.

(LXXVe registre des Chartes, folio 124).

27 JUIN 1660. — DESMANEZ. — Lettres d'anoblissement données à Madrid pour Martin *Desmanez*, maître des forges du pays de Namur, originaire du Hainaut, et enregistrées le 21 mai 1661, moyennant finance.

Martin *Desmanez* expose que son père Jean *Desmanez*, aussi maître des forges au pays de Namur et son grand père Jean *Desmanez*, maire de Chastres ont toujours vécu en gens d'honneur et bons catholiques et fait de pieuses fondations tant dans l'église de Chastre que de Virelles ainsi qu'on peut le voir par les monuments, épitaphes et ornements qui portent leurs armes ; que ceux de sa famille sont alliés à diverses nobles et anciennes familles dans les Pays-Bas et en Italie, savoir : *de Tamison* et de *Colnet*, qu'une de ses cousines germaines a épousé le comte *de Montécuculi*, gouverneur d'Armentières, que le grand oncle de sa femme, messire François *de Bruges*, doyen et chanoine de l'église Saint-Aubin de Namur, était désigné pour être nommé évêque si la mort ne l'avait enlevé si prématurément; que lui-même, exposant, a rendu de grands services en fournissant des canons, balles, mousquets, bombes et grenades aux armées et à la défense des places frontières ; qu'il aurait augmenté la valeur des forêts et bois de ses souverains en en achetant pour alimenter ses dites forges, qu'il était dans l'intention de se retirer à sa maison forte de Gerpines et abandonner sa profession et y passer le reste de ses jours au milieu de ses enfants avec plus de lustre et d'honneur et y jouir des priviléges de la noblesse.

ARMES : *De gueules au lion d'or, couronné, armé et lampassé d'azur, la bordure d'argent chargée de 8 flammes au naturel. Casque ouvert, grillé et liseré d'or.* Cimier : Un globe ou bombe d'argent d'où sortent des flammes de gueules.

(LXXV registre des Chartes, folio 120).

3 AOUT 1660. — LE GROS. — Lettres d'anoblissement données à Madrid pour Nicolas *Le Gros*, du comté de Namur, et enregistrées le 11 mai 1661 moyennant finance.

ARMES : *D'argent au lion rampant d'azur, la queue fourchue et passée en sautoir, armé d'or et lampassé de gueules, tenant en sa patte droite un poignard mi-garni d'or. Casque ouvert et grillé; les lambrequins et bourlet d'argent et d'azur.*

(LXXV registre des Chartes, folio 114).

AOUT 1660. — CHIVOT. — Lettres de confirmation de noblesse données à Paris pour Antoine *Chivot*, écuyer, licencié ès-lois, échevin d'Arras, qui fait valoir que feu Jacques *Chivot*, son père, président du Conseil d'Artois, par lettres du 22 mars 1641, aurait été non-seulement anobli par cette charge, mais encore aurait pu transmettre la noblesse à sa postérité.

(Arch. départementales du Pas-de-Calais. — Registre aux commissions VI, folio 94. - Manuscrit Palisot, tome 1, folio 232.)

Aout 1660. — DU RIETZ. — Lettres de chevalerie données à Paris, pour Jérôme *du Rietz*, écuyer, seigneur de Frevillers, Jouy, Hamol, Marets, Grande-Vacquery, Noyelles et de Valhuon en partie, qui expose qu'il est gentilhomme et dont les ancêtres n'ont jamais fait acte de dérogeance à leur ancienne noblesse, et dont plusieurs, au contraire, ont été chevaliers (1).

(Manuscrit Palisot, tome 1, folio 231).

4 Septembre 1660. — DU BOIS. — Lettres d'anoblissement données à Madrid pour Philippe *du Bois*, né à Lille, résidant à Saint-Sébastien en Espagne et enregistrées le 28 mai 1661, à la condition d'abandonner son négoce pour pouvoir jouir de l'effet de ses lettres d'anoblissement.

Armes : *D'azur, au chevron d'or, accompagné de 2 roses d'or, en chef, et d'une croix pattée d'or, en pointe. Casque ouvert et treillé ; les lambrequins et bourlet d'or et d'azur.* Cimier : Trois plumes d'autruche d'or, d'argent et d'azur.

(LXXVᵉ registre des Chartes, folio 122).

6 Novembre 1660. — DES MARTINS. — Lettres de confirmation de noblesse datées de Madrid pour Charles *des Martins*, capitaine de cuirassiers, originaire de Tournai, qui, depuis 20 ans, est au service et a été fait prisonnier plusieurs fois par les Français et Hollandais. Elles furent enregistrées le 15 janvier 1661.

Armes : *D'azur à une bande d'or accompagnée de 2 étoiles aussi d'or, une en chef, l'autre en pointe. Casque ouvert et treillé ; les lambrequins d'or et d'azur.* Cimier : Une gerbe liée de même.

(LXXVᵉ registre des Chartes, folio 80).

1661. — DU CHASTEL. — Erection en comté de la terre et seigneurie de Blangerval au profit de Jérôme *du Chastel*, seigneur dudit lieu, haut bailly et châtelain

---

(1) Extraits des registres de l'élection d'Artois, où elles ont été enregistrées, le 12 novembre 1660

des villes d'Audenarde et Peteghem, maître des camps, en récompense des services qu'a rendus sa famille à la maison d'Autriche.

(LXXIVe registre des Chartes, folio 167).

25 Avril 1661, Madrid. — DE MAILLY. — Erection en marquisat de la terre et seigneurie du Quesnoy (sur Deûle), en faveur de Philippe *de Mailly*, seigneur du Quesnoy, descendant en ligne directe de la très ancienne et très noble famille *de Mailly*, qui compte parmi ses membres plusieurs chevaliers des ordres de France, un grand pannetier, un grand chambellan de ce royaume et Gilles *de Mailly*, qui portait le heaume (casque) de guerre aux funérailles du comte de Flandres, Louis le Mâle.

(LXXVe registre des Chartes, folio 192).

13 Juin 1661. — MEURISSE. — Lettres d'anoblissement données à Madrid pour Adrien *Meurisse*, seigneur de la Havrie, de Moncheau, de Bonne-Ville, Saint-Hilaire, dont la famille habite Tournai depuis 150 ans y vivant fort honorablement sans se livrer à aucun trafic ni commerce. Elles furent enregistrées le 30 septembre suivant, moyennant finance.

Armes : *De gueules, à un chevron d'or accompagné de 3 roses d'argent. Casque avec lambrequins et bourlet de gueules, d'or et d'argent.* Cimier : Une tête de licorne d'argent.

(LXXVe registre des Chartes, folio 148).

15 Juin 1661. — DE FARVACQUES. — Lettres de réhabilitation de noblesse datées de Madrid, pour Robert *de Farvacques*, docteur en médecine, né à Lille. Elles furent enregistrées le 16 décembre suivant, moyennant finance.

Ledit *de Farvacques* expose que ses armes se trouvent imprimées dans la carte figurative des blasons de la noblesse de la Flandre-Gallicane et au nouveau tableau de l'ancienneté de la noblesse du pays de Cambrésis ; que depuis plus de 300 ans les descendants de cette famille ont fait de bonnes et nobles alliances, savoir : Dès 1332 Adon *de Farvacques*, chevalier, avait épousé Jeanne *de Bellesage*, fille de Jean, chevalier et de Catherine *de Boufflers* ; depuis ses descendants se sont alliés aux *de Le Cantlele, de Maulde, du Fresnoy, de Lannoy, de Baudrenghien, de Bernard, de Carnin, de Thouart* ; qu'ils avaient été enterrés noblement, comme on peut le voir par la sépulture de Jacques *de Farvacques*, chevalier, inhumé en 1433 au cimetière Saint-Jacques à Tournai, où est une pierre avec armoiries représentant un homme armé revêtu de sa cotte d'armes ; qu'Eduin *de Farvacques* se trouve au nombre des hérauts d'armes de nobles extractions, que les membres de sa famille ont possédé plusieurs seigneuries comme celles du Maret, de Miromont, de Houtain, etc.

Que l'exposant et son père ont toujours porté publiquement les armes *de Farvacques*, qu'ils ont constamment été reconnus comme parents par plusieurs familles nobles, même par le dernier prélat de Caubergue du surnom de Carnin, famille noble de Tournai, dont la mère serait issue de la noble race *de Farvacques* ; que lui-même l'exposant est allié noblement ayant épousé une femme descendant du côté paternel de la famille *Jocquet*, réputée noble au pays d'Hainaut, et du côté maternel de la maison de *Blitterswick*, issue d'une de sept anciennes nobles privilégiées lignages de la ville de Bruxelles, qu'enfin plusieurs membres de sa famille avaient assisté à divers siéges, secours de places et autres exploits de guerre.

ARMES : *D'argent au chevron de gueules accompagné de 3 molettes d'azur. Casque ouvert à treilles et orné d'or ; les lambrequins et bourlet d'argent et de gueules.* Cimier : Un buste de more habillé, boutonné d'or et bandé d'argent ; supports : un lion à dextre et un griffon à senestre.

(LXXVᵉ registre des Chartes, folio 163).

5 JUILLET 1661. — HANOT. — Lettres d'anoblissement données à Madrid pour François-Arnould *Hanot* alias *Havot*, seigneur de Bongnies, député des Etats de Hainaut, dont les ancêtres ont perdu, par suite des guerres, avec une grande partie de leurs biens, leurs titres et papiers pouvant servir à prouver l'ancienne extraction de leur famille. Ces lettres furent enregistrées moyennant finance le 27 avril 1662.

ARMES : *D'or à une hure de sanglier au naturel mise en fasce. Casque ouvert et treillé, les lambrequins et bourlet, d'or et de sable.* Cimier : Un lion de gueules naissant entre 6 vols aussi de gueules.

(LXXVᵉ registre des Chartes, folio 196).

18 JUILLET 1661. — DE LENCQUESAING. — Lettres d'anoblissement données à Madrid pour Jean-Jacques *de Lencquesaing* (et non Lemquesen comme l'écrivent Le Roux et le nobiliaire des Pays-Bas), conseiller et receveur-général des aides d'Artois,

charge que son père a aussi remplie après avoir été receveur du domaine à Aire. Ces lettres furent enregistrées, le 19 novembre suivant, sans finance.

ARMES : *D'azur, fretté d'or, au chef cousu d'azur chargé de 2 étoiles d'or.*

(LXXVe registre des Chartes, folio 161).

13 SEPTEMBRE 1661. — CAYRO. — Érection en baronnie, par lettres données à Madrid, de la terre et seigneurie de Morsele, située au territoire de Tenremonde pour Louis *Cayro*, commissaire général de la cavalerie légère au service de Sa Majesté, fils de Luc *Cayro*, en son vivant lieutenant-général de ladite cavalerie.

(LXXVe registre des Chartes, folio 166).

17 OCTOBRE 1661, MADRID. — BERNARD. — Erection en baronnie de la terre et seigneurie de Taintignies, village à clocher dans le bailliage et pays de Tournaisis, pour Nicolas-François *Bernard* dit *du Bois*, écuyer, seigneur dudit lieu (1).

(Archives du département du Nord, LXXVIe registre des Chartes, folio 5).

17 OCTOBRE 1661. — DU FAING. — Érection en comté de la terre de Hasselt, située en Flandre au profit de Philippe-François *du Faing*, baron de Jamoigne (2), seigneur de Fourny, Hasselt, Marckegem, Joye, Pontrave, Bye, Sesbals, conseiller de courte robe du Conseil de Luxembourg et comté de Chiny, député ordinaire des nobles de ladite province, capitaine, prévôt et gruyer dudit comté, gouverneur de Florenville, de la très ancienne militaire noblesse et maison sortie de celles *de Walcourt* et *Rochefort* en ligne directe et masculine.

(LXXVIIe registre des Chartes, folio 179).

---

(1) Il ajouta à son nom celui de *du Bois* en vertu du testament de Michel *du Bois*, son grand oncle, qui l'avait institué son héritier universel à cette condition.

(2) La terre de Jamoigne avait été érigée en baronnie le 24 janvier 1623, au profit de Gilles *du Faing*, chevalier, seigneur de Jamoigne, Hasselt, Mackegem, etc., membre du Conseil de guerre et conseiller de courte robe au duché de Luxembourg et comté de Chiny, souverain bailli de Flandre, gentilhomme de la bouche de feu l'archiduc Albert. (Le Roux, page 240).

20 Novembre 1661, Madrid. — VAN DEN BERGHE. — Anoblissement pour Michel *Van den Berghe*, natif de Courtray, issu d'une famille bourgeoise de cette ville, qui a toujours eu beaucoup d'attachement au Roi et à la religion catholique et dont le grand père Martin, fut obligé pendant les troubles de s'expatrier ainsi que sa femme. Enregistré, le 19 juin 1662, moyennant finance.

Armes : *De sable semé de 9 boulets d'argent, à un chevron d'argent chargé de 5 boulets de sable, en pointe un chevron naissant aussi d'argent chargé d'un boulet de sable. Casque ouvert et treillé ; les lambrequins et bourlet de sable et d'argent.* Cimier : Deux plumes, une de sable, l'autre d'argent.

(Archives du département du Nord, LXXVe registre des Chartes, folio 213).

1662. — LE MARTIN. — Nicolas-Alexandre *Le Martin*, seigneur de Wasne, du magistrat de Lille est qualifié d'écuyer à partir de la loi de Lille de 1662.

Avril 1662, Paris. — DE MAULDE. — Erection en marquisat de la terre de la Buissière pour Albert *de Maulde*, seigneur de ladite terre, en récompense des services qu'il a rendus.

On voit que cette terre située au comté d'Artois est mouvante du Roi à cause de ce comté, a toutes les prérogatives de justice, féodalité, patronage, droits honorifiques, est d'une grande étendue, d'un revenu considérable, possède un beau château, avec un grand parc, plusieurs vassaux et tenanciers, etc., etc.

(Archives du département du Pas-de-Calais, reg. aux comm., tome VI, folio 96).

5 Mai 1662. — DE LANDAS. — Lettres de confirmation de noblesse et d'armes datées de Madrid et données aux enfants de feu Jacques *de Landas*, demeurant à Tournai, dont la famille est noble. Ces lettres enregistrées le 15 novembre suivant, moyennant finance, leur furent obtenues à la requête de Marie *Herot* alias *Iterot* alias *Itetot*.

(LXXVIe registre des Chartes, folio 27).

3 Juillet 1662. — DIEDMAN. — Lettres d'anoblissement données à Madrid pour Jacques *Diedman*, seigneur de la Riandrie, demeurant à Lille, allié par sa mère à la

famille *A La Truye*, dite *de Le Vigne*, dont les ancêtres se sont toujours comportés avec fidélité, notamment pendant les dernières guerres lorsque la ville de Lille, en 1641 et 1643, fut attaquée par les Français, en fournissant de l'argent et des vivres pour la subsistance des armées du Roi catholique. Elles furent enregistrées le 7 août suivant moyennant finance.

ARMES : *D'azur, à 3 éperons d'or. Casque ouvert et treillé.* Cimier : Un demi éperon au blason de l'écu.

(LXXVe registre des Chartes, folio 224.— Archives de la ville de Lille, registre la Paix, folio 181).

2 OCTOBRE 1662. — D'YVE. — Erection en baronnie de la seigneurie de Soye, en y incorporant la seigneurie de Jodions, située au pays de Namur, par lettres données au profit de François-Philippe *d'Yve*.

(LXXVIIe registre des Chartes, folio 38).

6 OCTOBRE 1662. — DU CHAMBGE. — Lettres de chevalerie (1) données à Madrid pour Séraphin *du Chambge*, rewart de Lille, dont le père et les devanciers ont vécu noblement, qui est issu d'une famille du Tournaisis, dont les membres ont été baillis de Rumes, de Pecq, hauts-justiciers de Tournai, députés ordinaires aux assemblées des Etats de cette province, membres du magistrat de Lille, notamment Nicolas, père dudit Séraphin, plusieurs fois échevin, qui a épousé Jossine *Van den Berghe*, sœur de Robert, capitaine de chevaux pour le service du Roi.

ARMES : *D'argent, au chevron de gueules, accompagné en chef de deux merlettes de sable et en pointe d'un trèfle de sinople.*

(LXXVIe registre des Chartes, folio 51).

23 OCTOBRE 1662. — LEFEBVRE DIT DE LATTRE. — Lettres de déclaration ou reconnaissance de noblesse, datées de Madrid, pour Guillaume *Lefebvre* dit *de Lattre*, conseiller en la Chambre des comptes de Lille. Elles furent enregistrées le 26 juin 1663.

---

(1) Ces lettres se trouvent enregistrées aux archives de la ville de Lille, registre la **Paix**, folio 90.

Le dispositif dit que ces lettres sont accordées en retour des services que lui et ses ancêtres ont rendus depuis 250 ans : lui, en remplissant consciencieusement les postes de premier échevin et chef du magistrat d'Armentières. (Cette ville obtint, grâce à son intervention, une capitulation honorable des Français, qui l'assiégeaient et l'avaient mise hors d'état de se défendre); Martin *Lefebvre*, père et fils, en s'acquittant avec fidélité et dévouement des fonctions d'archers de corps des ducs Philippe-le-Bon et Charles-le-Téméraire, en combattant aux côtés de ce dernier à la bataille de Nancy, où Martin *Lefebvre,* le fils, fut fait prisonnier avec son cousin-germain, Jean *Lefebvre.*

ARMES : *De gueules, à l'aigle d'or accompagnée de 5 étoiles à 6 raies de même posées 2, 2 et 1 en pointe. Casque treillé ; les lambrequins et bourlet d'or et de gueules.* Cimier : Une épée d'armes, la garde d'or sans poignée, la pointe en haut.

(LXXVIe registre des Chartes, folio   ).

JANVIER 1663. — LE MAISTRE. — Lettres de confirmation de noblesse et d'anoblissement en tant que besoin données à Paris pour Edme *Le Maistre,* écuyer, seigneur de Saint-Aubin, capitaine d'une compagnie au régiment d'infanterie du prince de Condé. Elles furent enregistrées le 6 mars 1676.

Le narratif nous apprend que ledit *Le Maistre* a commencé à porter les armes, en 1633, au siége de Nancy, dans la compagnie du sieur *de Vallain*, capitaine au régiment de Navarre, qui a assisté à la retraite de Mayence ; qu'il fut enseigne dans le régiment de Verderome, puis attaché à la personne du duc de Longueville ; a reçu un coup de mousquet au combat de Poligny ; a été présent aux siéges de Saint-Amour, La Foix, Saint-Laurent, de La Roche-Bornay, Lons-le Saulnier, Poligny, Corlaou et Blettereau où il fut blessé à la cuisse d'un coup de mousquet, en montant à l'assaut; qu'il a été en Piémont, en 1639, avec le duc de Longueville ; qu'en 1640 il a été au secours de Casal, avec le comte d'Harcourt ; qu'il a été à la bataille de Crencil et Saint-Antoine, pays de Juliers, en qualité d'aide-de-camp du maréchal de Guebriant, puis au combat de Fribourg avec le duc d'Enghien où il fut blessé de 3 coups de mousquet ; puis aux siéges de Philisbourg, Spire, Worms, Oppetrem, Mayence, etc., ensuite prisonnier de guerre par les impériaux ; ayant recouvré sa liberté, il fut, en 1645, aux batailles de Moriendal et de Nortlingue, puis au siége d'Inguespil, où il fut encore blessé. Il servit ensuite, en 1646, sous le vicomte de Turenne, puis, en 1647, alla au siége de Lérida, où il eut le bras gauche cassé d'un coup de mousquet; étant guéri, il assista à la bataille de Lens, et continua à servir.

Le dispositif contient que « quand la naissance ne lui aurait pas donné le titre de noble, ses longs et considérables services lui auraient pu acquérir cet avantage, et nous (le Roi) obligerait à le reconnaître pour tel, parce que nous ne pouvons donner de récompenses plus dignes à ceux qui, par des actions signalées dans nos armées, ont bien mérité de nous et du public, qu'en les élevant par quelques marques d'honneur qui les distinguent du commun et qui passe à la postérité. »

Ledit Edme *Le Maistre de Saint-Aubin* est maintenu et non compris dans l'édit d'août 1664, révoquant les lettres de noblesse de 1630 à 1664. Saint-Germain-en-Laye, février 1676.

(Parlement de Flandre, registre aux édits et déclarations, n° 8, folio 458).

10 Janvier 1663. — LE GRAND. — Lettres d'anoblissement données à Madrid pour Jacques *Le Grand*, archer de corps de Sa Majesté, résidant à la Cour, à Madrid, natif de Tournay. Une clause mentionne qu'il ne pourra jouir, aux Pays-Bas, de l'effet de ces lettres, qu'après avoir abandonné le commerce et lorsqu'il ne fera plus rien pouvant entraîner dérogeance. Ces lettres furent enregistrées le 6 février 1663.

Armes : *De gueules, au géant armé de toutes pièces d'argent. Casque ouvert et treillé ; les lambrequins et bourlet d'argent et de gueules.* Cimier : Un géant comme celui du blason de l'écu.

(LXXVI⁰ registre des Chartes, folio 66).

18 Janvier 1663. — WOUTERS. — Lettres d'anoblissement données à Madrid pour Josse *Wouters*, natif de Bruges, dont il a été plusieurs années conseiller et échevin. Elles furent enregistrées, le 27 juin suivant, moyennant finance.

Armes : *D'or, à un chevron de gueules, chargé de 3 fleurs de lys d'argent, une en chef, 2 en pointe, et accompagné de trois merlettes de sable, 2 en chef, 1 en pointe. Casque ouvert et treillé ; les lambrequins et bourlet d'or et de gueules.* Cimier : Une merlette comme au blason de l'écu.

(LXXVI⁰ registre des Chartes, folio 69).

18 Février 1663. — BURLEN. — Lettres de réhabilitation de noblesse données à Madrid pour Nicolas *Burlen*, seigneur d'Arbre, pensionnaire de l'Etat ecclésiastique

de Namur, issu de parents qui ont toujours vécu noblement et qui, depuis 150 ans, remplissent différentes charges militaires et politiques. Ces lettres furent enregistrées, le 28 mars 1664, moyennant finance.

ARMES : *De sinople, au chevron d'argent accroché et soutenu d'un autre chevron renversé d'or, au chef d'argent chargé de 3 chaubus* (sic) *de sinople armés d'or. Casque couronné d'or.*

(LXXVIe registre des Chartes, folio 137).

30 AVRIL 1663. — LE DUCQ. — Lettres d'anoblissement données à Madrid pour Jean-Charles *Le Ducq*, seigneur de Calomé, bailli d'Emblise, natif de Valenciennes. Elles furent enregistrées le 28 octobre suivant.

ARMES : *D'argent, à la bande de gueules chargée d'une épée au naturel; les lambrequins et bourlet d'argent et de gueules.* Cimier : Une chauve-souris.

(LXXVIe registre des Chartes, folio 97).

JUIN 1663. — DAMIENS. — Lettres d'anoblissement (1) données à Paris pour Jean-François *Damiens* (2), licencié ès-lois, demeurant à Béthune, qui expose que ses ancêtres n'ont jamais fait trafic, ni acte dérogeant, et ont rendu de grands services au public, en qualité d'échevins, à Arras. Il avait épousé Iolaine *Denis*, fille de Jacques, écuyer, seigneur de Sapignies, président du Conseil d'Artois.

ARMES : *D'azur, au chevron d'or, accompagné de trois têtes et cols de cigne d'argent.* Depuis, ses descendants ont pris pour armes : *De gueules, à trois chevrons de vair.*

(Manuscrit Palisot de Beauvois, tome I, folio 240).

6 JUILLET 1663. — HESPEL. — Lettres de confirmation de noblesse données à Madrid pour François *Hespel*, seigneur du Grand-Hocron, conseiller en la Chambre des comptes de Lille. Elles furent enregistrées le 12 novembre suivant.

---

(1) Ces lettres, extraites des registres de l'élection d'Artois, ont été enregistrées le 17 juillet 1663.

(2) Jean-François *Damiens*, dans la requête qu'il présente aux élus d'Artois pour faire enregistrer ses lettres d'anoblissement, se qualifie de seigneur de Warenghien, Berles, etc.

Le narratif dit qu'il est né à Lille et descend de la noble famille *Hespel*, qui s'est signalée dans les siècles passés par d'importants services : Walerand *Hespel* entre autres, qui, étant homme d'armes de Charles-le-Téméraire, perdit la vie avec ce prince à la bataille de Nancy ; Clément *Hespel*, fils dudit Walerand, qui fut roi de l'Epinette et eut 5 fils qui se sont fait remarquer par leur dévouement envers leur souverain.

ARMES : *Écartelé aux 1 et 4 d'or, à 3 cucolis renversés et camponés de gueules et d'azur tigés de sinople ; aux 2 et 3 d'argent, au chevron d'azur chargé d'un autre chevron d'or. Casque grillé et liseré d'or, posé en profil ; les lambrequins et bourlet d'or et de gueules.* Cimier : Une sphère et 2 bras armés, élevés haut, retombant de la main, embrassant ladite sphère.

(LXXVIe registre des Chartes, folio 99).

5 SEPTEMBRE 1663. — VAN DER LEPE. — Lettres d'anoblissement données à Madrid pour Jean *Van der Lepe*, descendant d'une des anciennes familles patriciennes de Bruges, lequel, pendant un séjour de 17 ans qu'il a fait en Espagne, a pris part à plusieurs batailles contre les Maures. Ces lettres furent enregistrées, le 14 juin 1664, moyennant finance.

ARMES : *De gueules, à une croix ancrée d'or, chargée d'une double aigle de sable ; les lambrequins d'or et d'azur.* Cimier : Une aigle de sable.

(LXXVIe registre des Chartes, folio 152).

5 SEPTEMBRE 1663. — REBS. — Lettres d'anoblissement données à Madrid pour Jacques *Rebs*, seigneur de Fontaine, mayeur héréditaire du personat d'Hautecroix, descendant d'une famille des plus honorables et des plus catholiques d'Enghien. Elles furent enregistrées, le 23 octobre suivant, moyennant finance.

ARMES : *De sable à 3 aigles d'argent membrées, becquées et couronnées d'or. Casque accompagné de lambrequins et bourlet d'argent et de sable.* Cimier : Un dragon d'or.

(LXXVIe registre des Chartes, folio 175).

JANVIER 1664. — DE MULLET. — Lettres de confirmation de noblesse, avec anoblissement en tant que besoin, données à Paris pour Jean *de Mullet*, écuyer, conseiller au Conseil d'Artois, Adrien, Guillaume, Robert et Guislain *de Mullet*, nés au pays d'Artois, frères, enfants de feu Adrien *de Mullet*, échevin principal de la cité d'Arras.

Ces lettres nous apprennent qu'Adrien *de Mullet*, leur père, était fils de Jean *de Mullet*, qui vivait de ses biens, ledit Jean issu d'un autre Jean *de Mullet*, leur bisaïeul, aussi vivant de ses biens, lequel avait pour frère Guislain *de Mullet*, homme d'armes du duc de Bourgogne, ayant 3 chevaux, vivant en gentilhomme, lesquels Jean et Guislain étaient fils de Nicolas, aussi homme d'armes, vivant noblement ; que Jean *de Mullet*, leur frère aîné a été anobli en août 1652 ; que Jean *de Mullet* fils de Nicolas, est représenté en forme et figure de gentilhomme dans une grande vitre de l'église paroissiale de Lens ; qu'il parait y avoir eu quelques armes empreintes et rompues par la rigueur des guerres ; qu'il y a plusieurs nobles du nom de *de Mullet*, entre autres le sieur *de Mullet*, seigneur de la Tour, conseiller d'Etat et privé, avocat général au parlement de Bordeaux, qui vivait en 1629, etc. (1).

(Manuscrit Palsiot de Beauvois, tome I, folio 242).

8 JANVIER 1664. — DE WILDE. — Lettres d'anoblissement données à Madrid pour Ferdinand *de Wilde*, licencié ès-lois, secrétaire de la ville et du collége des députés des ville et pays d'Alost. Elles furent enregistrées, le 2 mai 1665, moyennant finance.

ARMES : *D'or, au chevron de sable, accompagné de 3 têtes de cerf de même. Casque ouvert ; les lambrequins et bourlet d'or et de sable.* Cimier : *Un lévrier d'argent.*

(LXXVIe registre des Chartes, folio 25).

23 MAI 1664. — D'ENNETIÈRES. — Erection en baronnie, par lettres données à Madrid, de la terre et seigneurie de La Berlière, située en la châtellenie d'Ath, consistant en haute, moyenne et basse justice, un château et autres dépendances, au profit de Jacques *d'Ennetières*, chevalier, seigneur de La Berlière, Harlebois, etc., membre du Conseil d'Etat et trésorier-général des domaines et finances des Pays-

---

(1) Ces lettres furent enregistrées, le 16 février 1664, au registre de l'élection d'Artois.

Bas et de Bourgogne, au service du Roi depuis 47 ans, et dont la famille, extraite des comtes et châtelains d'Abbeville, est venue habiter Lille, puis le Tournaisis (1).

(LXXVIe registre des Chartes, folio 191).

23 Mai 1664, Madrid. — DE LENS. — Erection en comté de la terre et seigneurie de Blandecque, près Saint-Omer, au profit de François *de Lens*, mayeur de Saint-Omer, seigneur de Blandecque, dont la famille descend des châtelains héréditaires de Lens et a produit plusieurs personnages remarquables, comme Bauduin *de Lens*, gouverneur de Lille, tué en 1364, Charles de *Lens*, assassiné au pont de Montereau avec le duc Jean-sans-Peur, Robert *de Lens*, père dudit François, qui accepta, dès le commencement de la guerre avec la France, la charge difficile de mayeur de Saint-Omer et prit une part très active dans la défense de cette ville, lorsqu'elle fut assiégée par les Français en 1638.

(LXXVIIe registre des Chartes, folio 59).

13 Juin 1664, Madrid. — DE BARGIBAUT. — Anoblissement pour Jean *de Bargibaut*, premier conseiller pensionnaire de Tournay, en retour des grands services qu'il avait rendus comme échevin, commis aux finances, conseiller des doyens des métiers et conseiller de l'échevinage de Saint-Brice de ladite ville, enregistré, le 26 novembre suivant, moyennant finance.

Armes : *D'azur, à une rose d'or, au chef d'or chargé de 3 étoiles de gueules posées en fasce. Casque ouvert et treillé ; les lambrequins et bourlet d'or et d'azur.* Cimier : Une rose d'or.

(Archives du département du Nord, LXXVIIe registre des Chartes, folio 3).

1er Aout 1664. — DE HANGOUART. — Erection en baronnie de la terre et seigneurie d'Avelin et de ses dépendances, de la Madeleine, la mairie de Gondecourt et la seigneurie du Plouich, par lettres données à Madrid au profit de Michel *de Hangouart*, chevalier, grand bailli de Wavrin, à cause des bons et loyaux services

---

(1) Imprimées *in extenso* dans Poplimont, Belg. Herald, IV, 101.

rendus par divers membres de sa famille, notamment par Gérard *Hangouart,* tué à la bataille de Nancy, en 1477, par Guillaume *Hangouart,* président du Conseil provincial d'Artois et par Walerand *Hangouart,* aumônier de Charles V et prévôt du chapitre de Saint-Pierre, de Lille.

(LXXVIIe registre des Chartes, folio 50).

19 Décembre 1664. — MAES. — Lettres d'anoblissement données à Madrid pour Jean-Baptiste *Maes,* résidant en la ville de Gand, fils de Luc *Maes,* avocat du Conseil provincial de Flandre, et d'Anne *Baert,* fille de François, qui, suivant l'exemple de ses ancêtres, officiers du Conseil de Flandre, trésoriers de Gand, etc., a toujours vécu fort honorablement sous l'obéissance de l'Eglise catholique et de ses princes naturels. Ces lettres furent enregistrées, le 13 novembre 1665, moyennant finance.

Armes : *D'azur, au chevron d'or, accompagné de 2 étoiles en chef et d'une doloire en pointe du tout d'or. Casque d'argent, grillé, liseré d'or, posé de profil ; les lambrequins et bourlet d'or et d'azur.* Cimier : *Une étoile d'or entre deux ailes, l'une d'or, l'autre d'azur.*

(LXXVIIe registre des Chartes, folio 110).

6 Décembre 1665. — LE PRINCE. — Lettres de chevalerie données à Madrid pour Josse-Alexandre *Le Prince,* écuyer, fils de feu Guillaume-Charles *Le Prince,* écuyer, seigneur de Dour, qui, à l'imitation de ses ancêtres, a rendu de grands services au roi d'Espagne, et qu'Adrien *du Chastel,* chevalier, seigneur de Courcelettes, avait déclaré son successeur principal en ses biens, à la charge de porter son nom et ses armes.

(Archives de la ville de Lille, registre la Paix, folio 127, verso).

16 Décembre 1665. — FAULCONNIER. — Lettres d'anoblissement données à Madrid pour Guillaume-Servais *Faulconnier,* de Lille, fils de Guillaume, lieutenant en second de la gouvernance de Lille, qui, pendant les guerres, a risqué sa vie dans plusieurs voyages et missions importantes. Elles furent enregistrées, le 14 décembre 1666, moyennant finance.

Armes : *Écartelé aux 1 et 4 d'argent, à un faucon de sable, la tête contournée, chaperonnée et grelottée* alias *grilletée de 2 pieds de gueules, langué de même ; aux*

2 et 3 d'argent, à 3 bandes de sable, chargé en cœur d'un écusson d'argent à un lion de gueules, armé et lampassé d'azur. Casque d'argent, grillé, liseré d'or; les hachements et bourlet d'argent et de sable. Cimier : Une main dextre, sans gant, au naturel issant du bourlet et soutenant un faucon pareil au blason de l'écu.

(LXXVIIe registre des Chartes, folio 207).

16 Décembre 1665. — D'OIGNIES. — Erection en comté de la terre et seigneurie de Sweneghem, située dans la châtellenie de Courtray, en y incorporant les villages de Hallennes et Erquinghem-le-Sec, par lettres données à Madrid en faveur de Charles-Philippe *d'Oignies*, fils de feu Claude *d'Oignies*, comte de Couppignies, et de Anne *de Croy*, pour revenir après son décès au fils aîné de feu Jean *de Harchies de Ville* et de Marie-Florence *de Griboval*, dame dudit Sweneghem.

(LXXVIIe registre des Chartes, folio 135).

18 Décembre 1665, Madrid. — DE BERGHES. — Erection en comté de la terre et seigneurie de Raches, pour Eugène *de Berghes*, seigneur dudit lieu, maître-de-camp d'un tertio d'infanterie wallonne, dont la famille, originaire de la Flandre, descend des anciens vicomtes *de Berghes-Saint-Vinoc*.

(Archives du département du Nord, LXXVIIe registre des Chartes, folio 176).

1er Février 1666, Madrid. — VAN DER BEKEN. — Anoblissement pour Pierre *Van der Beken*, capitaine d'une compagnie bourgeoise de Lille, natif de Lille, enregistré, le 25 octobre suivant, moyennant finance.

Pierre *Van der Beken* expose qu'il est issu de noble extraction, que sa famille est alliée à plusieurs maisons nobles, notamment Pierre *Van der Beken*, son trisaïeul, marié à Vellerine *des Cordes*, fille d'Amilford, écuyer ; Pierre *Van der Beken*, son bisaïeul, marié à Marie *Elias*, fille de Jean ; Jean *Vander Beken*, son aïeul, marié à Adrienne *de Meulenaire*, fille de Antoine, conseiller au grand Conseil de Malines, et de Jossine *de Courteville*, dont les descendants sont alliés aux maisons *de Viron*, *Vanhède* et *de Trombryes* ; que plusieurs de ses parents ont desservi des charges importantes en la ville de Lille ; que Pierre *Van der Beken*, père de l'exposant, a épousé Marie *Le Pez*, fille de Jean et d'Agnès *de Guilleman*, cette dernière, fille de feu Adrien, président à la Chambre des comptes de Lille ; que son oncle, Josse de *Courteville,* avait été secrétaire d'Etat, résidant auprès de Philippe II ; qu'enfin lui-même est depuis 19 ans capitaine d'une compagnie bourgeoise de Lille, s'est trouvé, en qualité d'alfère de ladite compagnie, aux deux attaques que les Français ont faites, en 1641 et 1643, contre la ville de Lille ; qu'enfin il a desservi la recette des assenes, au quartier de Lille, pendant 23 ans.

ARMES : *De gueules à 5 viroles de façon d'argent posées en sautoir. Casque treillé ; les lambrequins et bourlet d'argent et de gueules.* Cimier : Un chien matin naissant de gueules.

(Archives du département du Nord, LXXVII⁰ registre des Chartes, folio 165).

22 MARS 1666, SAINT-GERMAIN-EN-LAYE. — DE LA MIRE. — Arrêt du Conseil d'Etat reconnaissant la noblesse de Gabriel *de La Mire,* écuyer, seigneur de la Motte, Estrepigneul, ci-devant capitaine au régiment de Rambures, à présent dans celui de Monseigneur le Dauphin.

(Archives du département du Pas-de-Calais, registre aux commissions, tome VI, folio 360).

19 MAI 1666, MADRID. — BERTELLY. — Lettres de réhabilitation de noblesse pour François-Dominique *Bertelly,* seigneur de Poucke, demeurant en Flandre, fils de Jean-André *Bertelly* et de Anne *Liégeois,* et petit-fils d'Horatio *Bertelly,* gentilhomme piémontais, natif de Carignan, qui vint dans les Pays-Bas pour « s'y habituer et faire le négoce à Anvers, ce qu'il cessa d'exercer, 36 ans avant sa mort, pour vivre selon son rang, de ses rentes et revenus, avec carrosse et chevaux. » Ces lettres furent enregistrées, la même annnée, moyennant finance.

ARMES : *De sinople à la bande échiquetée d'or et d'azur de 3 traits, accompagnée de 2 étoiles à 5 pointes d'or. Casque d'argent liseré et couronné d'or sommé d'une licorne d'argent; les lambrequins d'or, de sinople et d'azur.*

(LXXVII⁰ registre des Chartes, folio 207).

23 FÉVRIER 1667. — DE TOLLENAERE. — Lettres d'anoblissement données à Madrid pour Ferdinand *de Tollenaere,* natif de Bruges, et enregistrées, le 3 juin suivant, moyennant finance.

ARMES : *D'or, à une fasce vairée d'argent et de sable 4 et 3. Casque ouvert.* Cimier : Un caïman *alias* un canard d'argent.

(LXXVII⁰ registre des Chartes, folio 217).

DÉCEMBRE 1667. — HONORÉ. — Lettres d'anoblissement données à Paris pour Georges Honoré (1), docteur ès-droits, professeur primaire des pandectes en l'Université de Douai, fils de Pierre *Honoré*, aussi docteur ès-droits et professeur primaire de droit canon en la même Université, où il a enseigné pendant 40 ans et plus, qui est parvenu au plus grand honneur de cette dite Université, c'est-à-dire à la dignité de recteur, et de Marie *Cordouan*, qui appartient à une des meilleures et anciennes familles de Douai. Ces lettres furent enregistrées le 28 mai 1672.

ARMES : *De gueules, à un croissant d'or accompagné de 6 croix fleuronnées au pied fiché de même posées 3 en chef, 2 en flanc et 1 en pointe.*

(Parlement de Flandre, registre aux édits et déclarations, n° 7, folio 228).

AVRIL 1668. — CHIVOT. — Lettres de chevalerie héréditaire, données à Saint-Germain-en-Laye, pour Antoine *Chivot*, écuyer, seigneur de Lobbes, Haucourt, Precordier, Fossés, Alepolt, etc., ancien échevin d'Arras, fils de feu Jacques *Chivot*, qui a été honoré du titre de chevalier (2) et de la charge de président et chef du Conseil d'Artois, le 22 mars 1641.

On voit que Jacques *Chivot* était fils de Jacques, mayeur de la ville d'Aire, et ce deuxième Jacques, fils de Floris *Chivot*, homme d'armes du Roi catholique.

(Manuscrit Palisot de Beauvois, tome I, folio 272. — Archives du Pas-de-Calais, registre aux commissions, tome I, folio 272).

7 JUIN 1668. — ERREMBAULT. — Gilles *Errembault*, écuyer, seigneur de La Haye, obtint du marquis de Castel-Rodrigo la permission de jouir de l'effet des lettres de confirmation de noblesse et de chevalerie qu'a obtenues son père, Gilles *Errembault*, écuyer, seigneur du Breucq, quoiqu'il n'ait pu, par suite de sa résidence

---

(1) Voir la généalogie de cette famille que nous avons publiée dans les Souvenirs de la Flandre-Wallonne, tome VI, page 130. Douai, 1866.

(2) Il n'avait pas été créé chevalier par le roi d'Espagne; mais, comme il était d'usage que le premier président du Conseil d'Artois prit ce titre qui ne tenait qu'à sa charge, le sieur *Chivot* s'en est prévalu pour dire que son père avait été créé chevalier par le roi d'Espagne.

dans le pays conquis et à cause de la mort soudaine de son père, faire lever une copie desdites lettres (1).

(LXXVIe registre des Chartes, folio 225).

Décembre 1668. — DE VALICOURT. — Lettres d'anoblissement données à Paris pour Louis *de Valicourt*, né à Niort, en Poitou, prévôt de la province d'Artois, qui est au service du Roi depuis 1645, a assisté aux siéges de Bar, Ligny, Ypres et Arras et s'est acquitté des divers emplois qui lui ont été confiés, en exposant plusieurs fois sa vie.

Armes : *D'azur, au franc quartier d'hermines.*

(Souvenirs de la Flandre-Wallonne publiés à Douai, tome IX, année 1869, page 30).

1669. — BAYART. — Bruno *Bayart*, procureur-général de la ville de Lille et commissaire-député de cette ville aux Etats de la province de Lille, Douai et Orchies, fils de feu Jean *Bayart*, qui, en 1626, était procureur de la châtellenie de Lille et halle de Phalempin pour le roi de France, Louis XIII, fut anobli par lettres données à Paris pour le récompenser des bons et fidèles services que lui et son feu père avaient rendus dans l'exercice de leurs fonctions (2).

Armes : *D'azur, au chef d'argent chargé d'un lion naissant de gueules et filet d'or mis en bande brochant sur le tout. Casque treillé; lambrequins et bourlet d'argent et d'azur.*

(Anoblissement par Louis XIV, LXXVIIe registre des Chartes, folio 234).

---

(1) L'archiviste Godefroy a écrit en marge: « Cette pièce me paraît suspecte et enregistrée par surprise ou corruption de quelque commis; c'est pourquoi, pour plus grande sûreté, il n'en faut délivrer de copie. »
Plus loin il est encore mis la note suivante :
« L'acte original qui est entre les mains du sieur *Errembault*, président à mortier au Parlement de Tournay, est de l'an 1668; ainsi je ne scay si c'est ici vice de clerc ou si on aurait fait mettre ici adroitement cette pièce sur une copie fautive. »

(2) Ces lettres furent aussi enregistrées, le 10 avril 1669, au Parlement de Flandre, registre aux édits et déclarations, côté n° 7, folio 25.

Août 1669. — PETITPAS. — Lettres de chevalerie (1) données en faveur de François *Petitpas*, écuyer, seigneur de Warcoing, Lamousserie, etc., mayeur de Lille, et Germain *Petitpas*, écuyer, seigneur du Brulle, frères, issus de l'ancienne et noble famille de *Petitpas*. Ils obtinrent en même temps la permission de porter leurs anciennes armoiries qui sont : *De sable, à 3 fasces d'argent, les lambrequins et bourlet d'argent et de sable*. Cimier : Un lion rampant de sable ; supports : *deux lions aussi de sable*. Il leur est permis de changer la couleur du cimier et des supports qu'ils porteront dorénavant « *d'argent* » à la distinction des deux autres branches de leur famille.

(LXXVIIe registre des Chartes, folio 236).

Octobre 1669. — DE LA CROIX. — Lettres de confirmation et d'anoblissement (2) en tant que besoin données à Chambord en faveur de Jean-François *de La Croix*, seigneur de Maubroy, Signoreul, né à Valenciennes, demeurant à Maubroy, père d'Ath, avec sa femme, Catherine-Isabelle *de Voocht*, alias *de Vooght* issue d'une ancienne famille noble, expose que la famille *de Cordes*, dite *de Maubroy*, s'est éteinte en la personne de Marie *de Cordes*, dame de Maubroy, femme de Jean *de La Croix*, son aïeul paternel ; que depuis Jean *de La Croix*, seigneur de *Maubroy*, son fils aîné, Pierre *de La Croix*, seigneur de Signoreul, son second fils, et Jacques *de La Croix*, son cadet, propriétaire et seigneur desdits lieux, père du remontrant, ont toujours continué à porter les armoiries timbrées et supports de la famille des *de Cordes*, dite *de Maubroy*, jointes à celles des *de La Croix*, ainsi que cela est prouvé par un acte signé d'un conseiller pensionnaire de Valenciennes, mais que, craignant que faute de titres suffisants, on lui conteste sa qualité de noble et d'écuyer, il demandait des lettres de confirmation, ce qui lui est accordé avec la clause d'anoblissement en tant que besoin.

(LXXVIIIe registre des Chartes, folio 15).

1670. — TURPIN DE PERINCHICOURT. — Diplôme délivré à Paris pour Maximilien *Turpin de Perinchicourt*, contrôleur du domaine de la châtellenie de Lille, qui

---

(1) Ces lettres furent enregistrées également, le 7 septembre 1669, au Parlement de Flandre, registre des édits et déclarations, n° 7, folio 64.

(2) Ces lettres furent enregistrées au Parlement de Flandre, le 11 décembre 1669, registre aux édits et déclarations, n° 7, folio 106.

fut reçu comme chevalier servant des ordres royaux et militaires de Notre-Dame du Mont-Carmel et de Saint-Lazare de Jérusalem, dans les Pays-Bas (cédés à la France, en vertu du traité des Pyrénées), par Charles de Nerestaing, chef général et grand maître desdits ordres royaux.

(LXXVIIe registre des Chartes, folio 240).

Avril 1670, Saint-Germain-en-Laye. — DE FOURMESTRAUX. — Anoblissement pour Bon *de Fourmestraux* (1), seigneur de Guemanez, Chastel, Emmerin, etc.

On voit qu'il est échevin de Lille, qu'il appartient à une des plus anciennes familles de cette dite ville ; que plusieurs de ses parents ont été anoblis par les rois d'Espagne, et qu'il a rendu de grands services dans l'exercice de sa charge d'échevin.

Il est en outre autorisé à porter pour armes : *D'or, à l'aigle déployée de gueules, bourlets et hachements d'or et de gueules*. Cimier : au lieu d'une aigle, *un dauphin*, pour distinguer sa branche de celles de la même famille anoblies par les rois d'Espagne.

Ces lettres furent enregistrées le 11 septembre 1670.

(Archives du Parlement de Flandre, registre des édits et déclarations, de 1668 à 1674, n° 7, folio 139. — Archives de la ville de Lille, registre la Paix, folio 174, verso. — Archives départementales du Nord, LXXVIIe registre des Chartes, folio 238).

Avril 1670. — DE BROIDE. — Lettres de chevalerie héréditaire données à Saint-Germain-en-Laye en faveur de Henri *de Broide*, écuyer, seigneur de Beauffremez, premier conseiller pensionnaire de la ville de Lille et député ordinaire des Etats de cette province et enregistrées le 10 juin suivant.

Armes : *D'argent à l'aigle de sable becquée et membrée de gueules, la tête contournée.* Par ces lettres, il est autorisé à ajouter à ses armes deux lions de sable pour supports.

(Parlement de Flandre, registre aux édits et déclarations, n° 7, folio 139).

---

(1) Le registre des Chartes l'appelle « Allard » *de Fourmestraux*; mais ce doit être une erreur, et il faut lire « Bon ».

SEPTEMBRE 1670, SAINT-GERMAIN-EN-LAYE. — DU BERON. — Lettres d'anoblissement accordées à Philippe *du Beron*, seigneur du Bois, du Razzan, etc., échevin et du Conseil de la ville de Lille. Ces lettres furent enregistrées le 4 novembre 1670.

ARMES : *D'azur à 3 étoiles d'or 2 et 1 ; le casque ouvert et treillé ; lambrequins et bourlet d'or et d'azur.* Cimier : Un vol d'or et d'azur avec une étoile d'or placée au milieu.

(Parlement de Flandre, registre aux édits et déclarations, n° 7, page 152).

SEPTEMBRE 1670. — CORDOUAN. — Lettres d'anoblissement (1) données à Saint-Germain-en-Laye en faveur de Jacques *Cordouan*, premier conseiller pensionnaire de la ville de Douai, exerçant cette charge depuis 30 ans, ayant eu l'honneur de complimenter le roi et la reine de France à leur entrée à Douai, et sa famille étant alliée à diverses familles nobles, entre autres David *Cordouan*, son bisaïeul, avec Jeanne *Cuvillon* et Jeanne *Cordouan*, sa grande-tante, avec Laurent *du Bois*, vicomte de La Hargerie, seigneurie aujourd'hui possédée par ledit Jacques *Cordouan*.

ARMES : *Écartelé aux 1 et 4 d'or, à la croix pattée et alaisée d'azur, aux 2 et 3 ; de gueules à une autruche d'argent tenant en son bec un fer à cheval de même, qui est Cuvillon.*

(LXXVIIIe registre des Chartes, folio 23).

SEPTEMBRE 1670, SAINT-GERMAIN-EN-LAYE. — DE JAUCHE DE MASTAING. — Erection en comté de la terre et baronnie de Cruyshautem, située dans la châtellenie d'Audenarde, consistant en une seigneurie ayant haute, moyenne et basse justice, s'étendant dans plusieurs villages et dont relèvent deux cents arrières-fiefs, et donnant à son possesseur le droit de se qualifier de premier haut-pointre héréditaire de la haute et basse châtellenie d'Audenarde en faveur de Philippe-François *de Jauche de Mastaing*, baron de Cruyshautem, seigneur d'Aysterne, d'Helleme, de Mureyeur, etc., dont la famille est fort illustre et alliée avec les maisons de *Flandre, Hainaut, Montmorency, Hornes, M^elun, Lannoy, Vilain, Rubempré*, etc., et est reçue aux chapitres nobles de Mons, Nivelle, Maubeuge, etc.

---

(1) Ces lettres furent aussi enregistrées au Parlement de Flandre, registre des édits et déclarations, n° 7, folio 155.

Ces mêmes lettres établissent en foire chaque année, audit comté, le lendemain de la fête de Saint-Eloy, au 25 juin (1).

(LXXVIII° registre des Chartes, folio 21).

Septembre 1670. — DE FOURMESTRAUX. — Lettres d'anoblissement données à Saint-Germain-en-Laye en faveur de Pierre *de Fourmestraux*, seigneur d'Hauvincourt, et Nicolas-François *de Fourmestraux de La Vallée*, cousins-germains, demeurant à Lille, issus de l'ancienne famille de Fourmestraux, à laquelle appartenaient André *de Fourmestraux,* anobli en 1623, Georges et Paul *de Fourmestraux,* anoblis en 1643, et Bon *de Fourmestraux,* seigneur de Guermanez, leur cousin-germain, anobli en 1670. Ces lettres furent enregistrées le 9 octobre 1670.

Armes : *D'or à l'aigle déployée de gueules ; les lambrequins et bourlet d'or et de gueules,* et pour cimier : Un lion au lieu d'aigle pour les distinguer de leurs parents anoblis par les rois d'Espagne.

(Parlement de Flandre, registre aux édits et déclarations, n° 7, page 147. — Archives de la ville de Lille, registre la Paix, folio 179).

Juillet 1671. — DE LANNOY. — Lettres de chevalerie héréditaire données à Ath pour Jean-Baptiste *de Lannoy,* seigneur des Pretz, mayeur de la ville de Lille, créé chevalier par le roi d'Espagne en 1648 (voir ci-devant). Elles furent enregistrées le 14 août suivant.

Ces lettres en outre portent concession pour supports de deux lions de sinople armés et couronnés d'or et lampassés de gueules, semblables à ceux de l'écu.

(Parlement de Flandre, registre aux édits et déclarations, n° 7, page 218).

Octobre 1671. — DIEDMAN. — Lettres de chevalerie (2) données à Saint-Germain-en-Laye en faveur de Jacques *Diedman,* seigneur de la Riandrie, bailly de la châtel-

---

(1) Ces lettres furent enregistrées au Parlement de Flandre, le 13 juillet 1671, registre des édits et déclarations, n° 7, folio 204.

(2) Ces lettres furent enregistrées aussi le 12 novembre 1671 au Parlement de Flandre, registre aux édits et déclarations, n° 7, folio 221.

lenie de Lille, cour et halle de Phalempin, qui a été nommé rewart et chef du magistrat de Lille en 1669 par les commissaires et les députés pour le renouvellement de la loi, charges dans lesquelles il a rendu des services au Roi.

ARMES : Il obtint alors *deux lions d'or armés et lampassés d'azur* pour supports, et *un lion pareil* pour cimier.

(LXXVIIe registre des Chartes, folio 254).

DÉCEMBRE 1671. — DU QUESNOY. — Confirmation de l'érection de la terre de Le Loire en baronnie pour Charles-Liévin *du Quesnoy*, vicomte d'Ormal, seigneur de Le Loire, lieutenant de la gouvernance de Douai. Le sieur *du Quesnoy* ayant obtenu des lettres du roi d'Espagne, le 11 février 1668, érigeant en baronnie sa terre de Le Loire (consistant en un château bâti en 1409) située à une lieue d'Orchies, ayant justice vicomtière, relevant du château d'Orchies et d'où dépendent plusieurs rentes seigneuriales et foncières, en y joignant 1° le fief de la Rosière qui consiste en une grande étendue de pâturage et marais, une quantité de bois, tant montants qu'autres, relevant de l'abbaye de Saint-Amand, un moulin à vent à moudre blé tenu en fief de la baronnie de Landans ; 2° un autre grand fief tenant à ladite seigneurie, relevant aussi de la même baronnie, consistant en beaucoup de terres labourables, une pêcherie et canardière au village de Brillon ; 3° une cense, nommée la Rosière, dépendant de ladite abbaye de Saint-Amand, consistant en un grand nombre de terres labourables, prairies, pâturages ; 4° un autre fief, nommé les Vains, situé au village de Beuvry, consistant en terres labourables, prairies et jardinages dépendant de l'abbaye de Marchiennes ; 5° un autre fief audit Beuvry nommé la Hamette, consistant en terres à labour, relevant de l'abbaye de Marchiennes. Il demande que le roi de France accorde des lettres de confirmation de ladite érection, ce qui lui est accordé par lettres données à Saint-Germain-en-Laye.

Charles *du Quesnoy* était, d'après les lettres (1), issu de l'ancienne famille *du Quesnoy* et *de Coudenhove*, à laquelle appartenait Louis *du Quesnoy*, prince d'Oudenarde, grand fauconnier des Pays-Bas, qui, en l'honneur de la fauconnerie, avait

---

(1) Ces lettres furent aussi enregistrées au Parlement de Flandre, le 16 mars 1672 (registre aux édits et déclarations, n° 7, folio 225) avec cette réserve que l'impétrant ne pourra dorénavant s'attribuer le titre de vicomte d'Ormal, pris dans l'exposé sur lequel les lettres patentes ont été dressées.

fait bâtir en 1409, ainsi que l'atteste une inscription, le château de Le Loire, qui était encore en 1671 entouré de 3 doubles fossés et possédait une basse-cour et autres édifices (1).

(LXXVIII⁰ registre des Chartes, folio 28).

Février 1672. — DE CROIX. — Permission de porter une couronne de comte accordée à Pierre *de Croix*, seigneur de Wasquehal, grand bailli de la ville et châtellenie de Furnes, et Jean *de Croix*, seigneur de Bauvercle, son oncle. Ils exposent qu'ils sont chefs de nom et d'armes de l'ancienne et noble maison de Croix, du comté de Flandre ; qu'ils sont alliés à des familles considérables, dont plusieurs comptent des chevaliers de la Toison-d'Or et sont qualifiés de titres de marquis, comtes et barons ; que la terre de Croix, mouvante de la salle de Lille, érigée en comté en 1617 pour un membre de leur famille, est passée, par mariage, dans une autre maison, et enfin que leurs parents et alliés surmontent leurs armes d'une couronne de comte (2).

(LXXVIII⁰ registre des Chartes, folio 35).

Avril 1672, Saint-Germain-en-Laye. — DE LANNOY. — Les enfants de feu Michel *de Lannoy*, seigneur de Carnoy, et d'encore vivante Marie-Marguerite *de Croix*, obtinrent de laisser *le chef cousu d'or avec le demi-homme sauvage affronté de carnation à la guirlande en tête de sinople tenant dans la main droite une rondache et dans la gauche une massue appuiée sur l'épaule* (que le roi d'Espagne, en anoblissant leur père en 1642, avait ajouté à leurs armes) pour reprendre leurs anciennes armes, qui sont : *D'argent à 3 lions de sinople armés et lampassés de gueules* (3).

(LXXVIII⁰ registre des Chartes, folio 35).

---

(1) Ce petit château très curieux à visiter existe encore aujourd'hui et n'est guère qu'à une lieue d'Orchies, sur la route qui mène de cette ville à Saint-Amand.

(2) Ces lettres furent aussi enregistrées au Parlement de Flandre, le 22 février 1673, registre aux édits et déclarations, n° 7, folio 248.

(3) Ces lettres furent aussi enregistrées au Parlement de Flandre, le 18 janvier 1673, registre aux édits et déclarations, n° 7, folio 247.

Octobre 1673. — DU CHAMBGE. — Lettres d'anoblissement données à Versailles pour Séraphin *du Chambge*, seigneur de Liessart, en considération de ses louables qualités, des agréables services qu'il a rendus comme mayeur de Lille et dont les ancêtres ont exercé divers offices considérables, comme magistrats de Lille, baillis, hauts-justiciers, et sont entrés aux Etats de Tournai.

Dans les pièces produites lors de la demande en rectification de nom faite par MM. Paul et Albéric *du Chambge*, en 1852 (voir Dalloz), on voit que ledit Séraphin *du Chambge* avait obtenu des lettres de chevalerie le 29 octobre 1673.

(Archives de la ville de Lille, registre la Paix, folio 207, verso).

1ᵉʳ Octobre 1673. — DU CHAMBGE. — Lettres de confirmation de noblesse accordées par Louis XIV à Séraphin *du Chambge*. Il obtint le titre de chevalier le 29 octobre suivant (1).

Janvier 1674, Saint-Germain-en-Laye. — DE MALBAULT. — Albert-Maximilien *de Malbault*, conseiller et lieutenant de la gouvernance de Lille, obtint de changer son nom *de Malbault* en celui *de Bussy*, qui est celui d'un fief et seigneurie vicomtière qu'il possède dans la châtellenie de Lille (2).

(LXXVIIIᵉ registre des Chartes, folio 46. — Archives de la ville de Lille, registre la Paix, folio 223).

Février 1674. — FAULCONNIER. — Lettres d'anoblissement (3) données à Versailles en faveur de Nicolas-François *Faulconnier*, seigneur de Périnchies, dépositaire des consignations de Lille, dont les ancêtres, tant du côté paternel que maternel, ont

---

(1) Pièces originales produites lors de la demande en rectification de nom faite par MM. Paul et Albéric *du Chambge*, en 1852. — Voir Dalloz.

(2) Ces lettres furent également enregistrées au Parlement de Flandre, le 11 février 1674, registre aux édits et déclarations, n° 7, folio 261.

(3) Ces lettres furent enregistrées également au Parlement de Flandre, le 5 avril 1674, registre aux édits et déclarations, n° 7, folio 264.

possédé les premières charges de la gouvernance et de la magistrature de la ville de Lille et se sont alliés à diverses familles nobles.

Armes : *Écartelé aux 1 et 4 d'argent, à un faucon de sable, la tête contournée, chaperonnée et grelottée* alias *grilletée de 2 pieds de gueules langué de même; aux 2 et 3 d'argent, à 3 bandes de sable, chargé en cœur d'un écusson d'argent, à un lion de gueules armé et lampassé d'azur; casque d'argent.* Cimier : Une main dextre au naturel soutenant un faucon pareil à celui de l'écu ; supports : *deux léopards au naturel.*

(LXXVIIIe registre des Chartes, folio 3).

Juillet 1674. — MEZ. — Lettres d'anoblissement données à Versailles pour Michel *Mez*, seigneur de Bouille et Dorissart, bailly de la baronnie de Roubaix, en considération des services rendus au Roi depuis le traité d'Aix-la-Chapelle. Elles furent enregistrées le 22 août de la même année.

(Parlement de Flandre, registre des édits et déclarations, n° 8, folio 290).

1675. — OBERT. — Lettres de chevalerie données à Versailles pour Charles *Obert*, seigneur de Chaunes, gentilhomme du pays de Lille, dont la famille est reconnue noble depuis 1475.

(LXXVIIIe registre des Chartes, folio 7).

1675. — DE SAMPIERRE. — *De Sampierre*, major au régiment royal italien, est autorisé, ainsi que ses frères, à prendre la qualité de marquis (1).

(LXXVIIIe registre des Chartes, folio 126).

Janvier 1675. — DESBUISSONS. — Lettres d'anoblissement (2) données à Saint-Germain-en-Laye en faveur de Pierre-Martin *Desbuissons*, seigneur de Biache, et de

---

(1) Le folio du registre étant enlevé, nous ne pouvons donner plus de détails.

(2) Ces lettres furent enregistrées au Parlement de Flandre, le 30 mars 1675, registre aux édits et déclarations, n° 8, folio 431, et archives de la ville de Lille, registre la Paix, folio 208.

Jacques *Desbuissons*, seigneur de Hautevalle, frères, issus de l'ancienne bourgeoisie de Lille, dont les ancêtres ont été employés dans toutes les charges publiques de la magistrature de ladite ville depuis plus de 150 ans et se sont alliés à plusieurs familles nobles. Ledit Pierre-Martin *Desbuissons* fut, l'année dernière, choisi pour l'un des huit-hommes au renouvellement de la loi de Lille.

(LXXVIIIe registre des Chartes, folio 7).

JANVIER 1675, SAINT-GERMAIN-EN-LAYE. — VAN SPIERE. — Erection en baronnie de la terre et seigneurie de Mooreghem, ornée d'un assez beau château, située en la châtellenie d'Audenarde, en faveur d'Adrien-Joseph *Van Spiere*, seigneur de Mooreghem, bourgmestre d'Audenarde, qui a rendu au Roi de grands services dans cette fonction pendant le siége de cette ville et a, pour cette raison, été gratifié d'une chaîne d'or, et n'a pas hésité, étant capitaine d'infanterie et de cavalerie au service du Roi catholique et réformé à l'époque de la paix des Pyrénées, avec une pension de 1800 livres par an, de quitter généreusement le service de son ancien Souverain pour s'attacher à son nouveau Roi (1).

(LXXVIIIe registre des Chartes, folio 66).

AVRIL 1675, VERSAILLES. — D'AUSSY. — Confirmation de l'érection de la terre de Fretin en baronnie pour Emmanuel *d'Aussy*, seigneur de Fretin, enregistrée au Parlement de Flandre le 18 juin de la même année. Emmanuel *d'Aussy* justifie par différentes pièces que la terre de Fretin a été érigée en baronnie par le roi d'Espagne, en 1666, mais qu'à cause des guerres, il n'avait pu faire enregistrer ces lettres ; que depuis, son château de Fretin où il demeurait habituellement, situé près de Lille, ayant été plusieurs fois pillé par les gens de guerre, et ses titres ayant été perdus, il lui était impossible de les produire, ce qui est cause qu'il nous supplie de le vouloir maintenir et confirmer dans ledit titre de baron.

(Archives du Parlement de Flandre, registre des édits et déclarations, folio 433. — Archives de la ville de Lille, registre la Paix, folio 209. — Archives du département du Nord, LXXVIIIe registre des Chartes, folio 12).

---

(1) Ces lettres furent aussi enregistrées au Parlement de Flandre, le 14 mars 1675, registre aux édits et déclarations, n° 8, folio 429.

Octobre 1675. — DE BLOIS. — Erection en vicomté de la terre et seigneurie d'Arondeau située près de Tournai et relevant du château d'Ath, ayant un ancien château et la haute, moyenne et basse justice, par lettres données à Versailles en faveur d'Antoine *de Blois*, seigneur d'Arondeau, Beauregard et de Joulen, issu par son père de l'ancienne maison de Blois de Chatillon, alliée aux maisons d'Arquel, de Harchies, Barbençon, Hénin-Liétard, etc., et, par sa mère, de l'ancienne maison *d'Ittre*, qui sort des comtes de Faucomberge, et encore alliée par mariage à la maison de Toustaint de Normandie (1).

(LXXVIIIe registre des Chartes, folio 71).

Mars 1676. — BRIDOÜL. — Lettres de confirmation de noblesse et d'anoblissement en tant que besoin, données à Saint-Germain-en-Laye, en faveur de Jacques *Bridoul*, seigneur de Burgau, d'Ennetières, conseiller et premier assesseur de la gouvernance de Lille. Elles furent enregistrées le 27 avril suivant.

Ledit *Bridoul* expose que sa famille est originaire de Normandie; que Raoul *Bridoul*, l'un de ses ancêtres, était secrétaire du roi Charles VI, qu'il fut assassiné dans Paris par les séditieux pendant une émeute en servant le Roi : son corps fut jeté à la rivière, ses maisons furent pillées et brûlées; que Jacques *Bridoul*, écuyer, aussi l'un de ses ancêtres, fils de Jean, seigneur d'Ybonville en Normandie, ayant été forcé de quitter le pays à cause de l'irruption des Anglais en 1438, vint se réfugier à Lille, avec trois de ses enfants, où leurs descendants ont toujours porté leurs anciennes armes comme nobles et ont exercé dignement diverses charges de la magistrature; que Louis et Jacques *Bridoul*, aïeul et père dudit exposant, seigneur dudit Burgau, ont vécu très honorablement sans avoir ni l'un ni l'autre, plusieurs années avant leur mort, fait aucun acte dérogeant à la noblesse; que son dit aïeul s'est allié à la noble famille *de Bavière*; qu'il est cousin de Pierre *Bridoul*, écuyer, seigneur de Salay et de Freville, l'un des 36 gentilshommes servant près de la personne du Roi issu de la même branche des *Bridoul*, mentionnée plus haut, revenue dans le royaume de France et établie aux environs de Paris; qu'enfin il possède plusieurs fiefs nobles ayant haute justice dans la châtellenie de Lille; qu'il est allié à la noble famille *de Lannoy* et exerce depuis 27 ans la charge de conseiller et premier assesseur de la gouvernance de Lille; qu'il a eu l'honneur d'être député par le corps

(1) Ces lettres furent aussi enregistrées au Parlement de Flandre, le 31 mars 1677, registre aux édits et déclarations, n° 8, folio 503. Elles sont imprimées par extrait dans Poplimont, II, page 10.

de la gouvernance pour assurer le Roi de sa fidélité, lors de la réduction de Lille, et depuis à notre joyeuse entrée dans cette ville, etc., etc.

ARMES : *D'azur, à une fasce d'or, accompagnée de 3 molettes aussi d'or, rangées en chef.* Cimier : Une tête de griffon d'or placée entre un vol d'or ; supports : *deux griffons d'or.*

(Parlement de Flandre, registre aux édits et déclarations, n° 8, folio 461. — Archives de la ville de Lille, registre la Paix, folio 221).

AOUT 1676. — D'ENNETIÈRES. — Lettres de chevalerie (1) données à Versailles pour Arnould Jean *d'Ennetières* écuyer, seigneur de Watine, la Plaine, grand-prévôt de Tournai, en récompense de ses services et en considération de l'ancienneté de sa famille.

(LXXVIII° registre des Chartes, folio 50).

JANVIER 1677. — DU BOIS. — Lettres de confirmation et d'anoblissement (2) en tant que besoin données à Saint-Germain-en-Laye en faveur de Antoine *du Bois* (3), seigneur de Duisant, député-général ordinaire des Etats d'Artois, honoré de huit députations près de la personne du Roi. Elles furent enregistrées à Arras le 13 janvier 1678. L'exposant nous apprend qu'il est d'une famille noble des Pays-Bas, connue sous le nom *du Bois de Hoves;* qu'il est fils d'André, vivant seigneur d'Hancourt, et de Rose *de Vermeille*, fille de Simon, écuyer, seigneur de Vilers et petit-fils de Melchior, aussi seigneur d'Hancourt, et de Marie *Despretz*, fille de Simon, écuyer, seigneur de La Motte ; que lui-même, à l'exemple de ses ancêtres, s'est allié

---

(1) Ces lettres furent aussi enregistrées au Parlement de Flandre, le 31 octobre 1676, registre aux édits et déclarations, n° 8, folio 493.

(2) Ces lettres, qui se trouvent indiquées comme ayant été enregistrées au Parlement de Flandre dans une table que possède M. Gustave de Gennes, propriétaire, n'existent plus, le registre ayant disparu à la Révolution.

(3) La généalogie de la famille *du Bois*, dite *de Hoves*, a été publiée par M. le comte Paul-Armand *du Chastel de la Howardries*, membre du Cercle archéologique de Mons. A Tournai, chez Vasseur-Delmée, 1876.

noblement, ayant épousé Jeanne *Galbart*, fille de Chrétien, écuyer, seigneur de Hertigneul, dont les prédécesseurs ont eu des emplois considérables en France ; que quelques-uns ont été gouverneurs de place ; que tous les papiers de sa famille ont été pris par les officiers du roi d'Espagne, après la mort d'André, son père, arrivée à Douai pendant les guerres en 1635, alors que lui, son fils et héritier, demeurait en France ; que depuis, il n'a jamais pu recouvrer aucun desdits papiers, quelques soins et diligence qu'il y ait apportés.

ARMES : *D'azur, à 3 vannets d'or, 2 et 1.*

(Registre aux commissions, 1675 à 1714).

1678. — DE CROY. — Erection en principauté, par Charles II, roi d'Espagne, du comté de Solre, en Hainaut, en faveur de Philippe-Emmanuel-Ferdinand *de Croy*, comte de Solre et de Buren.

(Tablettes de *Chazeau de Nontignies*).

JUILLET 1678. — VANDENBOSCHE. — Lettres données à Saint-Germain-en-Laye qui permettent de porter le nom de *Vichte* et les armes de cette famille à Isabelle *Vandenbosche*, douairière *de Varneviche*, dame de Vichte, et à ses enfants et descendants. Elle a remontré que la seigneurie de Vichte, située dans la châtellenie de Courtray et dans celles d'Audenarde, est dans sa famille depuis 900 ans ; c'est pour cela qu'elle demande et obtient pour elle et ses enfants et descendants tant mâles que femelles, qui seront seigneurs ou dames de ladite seigneurie de Vichte, de pouvoir prendre et porter le nom de Vichte et les armes de cette maison. Ces lettres furent enregistrées le 7 octobre 1678.

(Parlement de Flandre, registre aux édits et déclarations, n° 8, folio 548).

MAI 1679. — DE WOERDEN. — Permission de se qualifier de baron, et d'appliquer ce titre sur celle de ses terres qui lui plaira, accordée par lettres données à Saint-Germain-en-Laye, à Michel-Ange *de Woerden*, chevalier, conseiller d'honneur au Parlement de Flandre, bailly des Etats de Lille, issu du côté paternel d'une ancienne famille chevaleresque de Hollande et alliée avec Marie-Catherine *de Croix*, de Wasquehal, qui a rendu au Roi de grands services comme commissaire, après la paix d'Aix-la-Chapelle, pour éclaircir les droits sur les dépendances de Commines, et, pendant les guerres, s'est trouvé aux prises de Valenciennes, de Gand et d'Ypres. Il obtint en outre pour son fils, François-Louis *de Woerden*, la permission de se qualifier de baron et de chevalier et, pour lui et ses descendants, de décorer leurs armes d'une couronne de comte (1).

ARMES : *D'argent, au lion de sinople, chargé d'un écusson d'or à 3 losanges de gueules.*

(LXXVIIIe registre des Chartes, folio 32).

NOVEMBRE 1679. — THÉRY. — Lettres d'anoblissement données à Saint-Germain-en-Laye pour Arnould-Joseph *Théry* (2), ingénieur ordinaire et architecte, député de la noblesse des États de Tournai et bailly général de l'évêché de cette ville. Elles furent enregistrées le 13 juillet 1680.

Le narratif nous fait savoir que, depuis 12 ans, il sert le Roi avec distinction ; qu'il a dirigé les travaux de la citadelle de Tournay, a donné des preuves de son courage, lorsque cette ville a été menacée après la bataille de Senef, a pris part aux sièges de Condé, Valenciennes et Gand, et a contribué à la prise de ces places, en peu de temps, en faisant construire des ponts, des radeaux et digues avec une promptitude incroyable, etc., etc., et qu'en raison des charges qu'il exerce, il passe pour noble.

(Parlement de Flandre, registre aux édits et déclarations, n° 9, folio 263).

8 NOVEMBRE 1679. — D'HAFFRINGUES. — Certificat du gouverneur-général, du président et gens du Conseil d'Artois, délivré sur la demande de Jacques *d'Haffringues*, écuyer, autrefois avocat du roi d'Espagne, au Conseil ci-devant, siégeant à Saint-Omer, attestant que les présidents, conseillers et gens du Roi, composant le corps dudit Conseil, ont toujours joui de la noblesse personnelle et en particulier de l'exemption du droit de nouvel acquêt.

(Manuscrit Palisot de Beauvois, tome 1, folio 292. — Extrait du registre aux actes de notoriété du Conseil d'Artois).

(1) Ces lettres furent aussi enregistrées au Parlement de Flandre, le 19 septembre 1679, registre aux édits et déclarations, n° 9, folio 93.

(2) L'arrêt d'enregistrement contient cette réserve : qu'il ne reconnaît pas que le sieur *Théry* passe pour noble, comme ingénieur ordinaire du Roi, ni que, comme tel, il est député de la noblesse du pays.

Janvier 1680. — DE LA HAYE. — Lettres de chevalerie (1) données à Saint-Germain-en-Laye pour Lamoral-Claude *de La Haye*, écuyer, seigneur de La Cessoye, bailli de La Motte-aux-Bois, issu d'une ancienne famille de la châtellenie de Lille, dont l'aïeul et le père ont été honorés du titre de chevalier par les anciens Souverains ; qui a quitté le service d'Espagne pour nous servir en qualité d'aide de nos camps et armées, s'est trouvé aux siéges de Valenciennes, Saint-Omer, Gand et à la bataille de Cassel, et dont le frère, le seigneur *de La Haye d'Hennequin*, colonel de cavalerie, a été tué au siége de Mons.

(LXXVIIIe registre des Chartes, folio 52).

16 Janvier 1682. — GALBART. — Arrêt du Conseil d'Artois, qui déclare Pierre *Galbart*, écuyer, conseiller audit Conseil, noble et issu de noble génération, attendu qu'il descend de la même famille que Wallerand *Galbart*, déclaré noble, par sentence de l'élection d'Artois, le 3 avril 1599 (2).

(Manuscrit Palisot de Beauvois, tome 1, folio 310).

Mai 1682, Saint-Cloud. — DE CROIX. — Titre de comte pour Pierre *de Croix*, chevalier, seigneur de Wasquehal, Marcq-en-Barœul, Mourberque, Flers, Escou, Belsage, Esquesme, etc., colonel du régiment royal de cavalerie wallonne en 1673, puis brigadier des armées du Roi en 1676, puis enfin commandant de la cavalerie dans la place de Saint-Omer et dans celles d'Aire, Bergues, Dunkerque, Gravelines, Furnes, Bourbourg, Cassel et Ypres. Il obtint aussi de décorer ses armes d'une couronne de marquis, et la faculté d'appliquer le titre de comte sur la terre que bon lui semblera. Ces lettres furent enregistrées le 2 juillet suivant.

Il expose que sa famille est originaire de la châtellenie de Lille, est bannerée depuis le XIVe siècle, sert de père en fils, depuis quatorze générations, les comtes de Flandres, ducs de Bourgogne, rois d'Espagne ; que plusieurs de ses membres ont été armés chevaliers sur le champ de bataille ; que la branche aînée de sa maison s'étant éteinte en la personne d'Isabelle *de Croix*, héritière de la terre de son nom, cette

---

(1) Ces lettres furent aussi enregistrées au Parlement de Flandre, le 27 juillet 1680, registre aux édits et déclarations, n° 9, folio 269.

(2) Enregistrées au registre de l'élection d'Artois de 1676 à 1714, folio 116, et registre aux commissions, XIII, folio 568.

terre est passée en 1360 dans la famille *du Mez*, puis dans celle *de Luxembourg* et enfin dans celle *de Noyelles*, qui a obtenu de l'archiduc Albert, en 1617, son érection en comté ; que Eugène *de Noyelles*, comte de Croix, marquis de Lisbourg, l'ayant vendue, il y a environ 4 ans, il avait intenté un procès en retrait lignager ; qu'enfin il s'est trouvé aux batailles de Semzheim et de Ensheim, à celle de Trèves, au siége de Saint-Omer, à la bataille de Cassel, et a, en dernier lieu, empêché que l'Artois et les châtellenies de la Flandre du côté de la mer fussent soumises à la contribution.

(Parlement de Flandre, registre aux édits et déclarations, n° 10, folio 322).

JUILLET 1684. — OBERT. — Erection en vicomté de la terre et seigneurie de Chaunes par lettres données à Versailles pour Charles-Philippe *Obert*, prévôt-général des maréchaux de Flandre et Hainaut, qui appartient à une ancienne famille de la province de Flandre et dont les ancêtres ont rendu de grands services à leurs Souverains dans plusieurs charges considérables, et que lui-même a été longtemps mayeur de Lille, puis prévôt-le-comte de Valenciennes, et exerce depuis 3 ans ladite charge de prévôt-général (1).

(LXXVIIIe registre des Chartes, folio 125).

OCTOBRE 1684. — DE LANNOY. — Permission de décorer ses armes d'une couronne en cinq fleurons d'or, accordée par lettres données à Fontainebleau, pour Jean-Baptiste Olivier *de Lannoy*, seigneur des Pretz, grand-bailli de la ville et châtellenie de Furnes, dont le père, Jean-Baptiste, seigneur des Pretz, mayeur de Lille, avait obtenu des lettres de chevalerie héréditaire en 1671. Ces lettres furent enregistrées le 14 novembre de la même année (2).

(LXXVIIIe registre des Chartes, folio 123).

---

(1) Ces lettres furent aussi enregistrées au Parlement de Flandre, le 14 juillet 1685, au registre des édits et déclarations, n° 12, folio 32, et imprimées dans Poplimont, Belg. Her., VIII, 156.

(2) Ces lettres furent aussi enregistrées au Parlement de Flandre, le 14 novembre 1684, au registre des édits et déclarations, n° 13, folio 105.

Mai 1685. — VOLANT. — Lettres d'anoblissement (1) données à Versailles pour Simon *Volant*, natif de Lille, ingénieur ordinaire, qui a fait construire la citadelle de Lille et s'est trouvé aux siéges de Valenciennes, Ypres et Gand ; ayant été appelé aux Conseils de guerre tenus pour l'attaque desdites places, il a donné des avis qui ont contribué à hâter la prise de ces villes, et, chargé de visiter Douai, le fort de Scarpe, Audenarde, Halle, les citadelles de Tournay, d'Arras et d'Ypres, il nous a signalé les défauts qu'il y avait remarqués, et ensuite été chargé, à cause de ses capacités, de la direction des fortifications de Menin et a donné le conseil de joindre la Scarpe avec la Deûle, ce qui a été exécuté, et rend le commerce plus aisé et est cause qu'il se fait avec moins de frais.

ARMES : *D'azur, à un chevron d'or, accompagné en chef de deux demi-vols d'argent et en pointe d'un trèfle de même.*

(LXXVIIIe registre des Chartes, folio 124).

Mars 1686, VERSAILLES. — D'AMAN. — Titre de vicomte pour Louis-Joseph *D'Aman*, seigneur d'Hérine, Sainte-Aldegonde, Ennequin, etc., grand bailly des villes et pays de Tournai, avec autorisation d'appliquer ce titre à celle de ses terres qui lui plairait, et de décorer ses armes d'une couronne de comte. Enregistrées le 1er avril 1686.

Il expose qu'il est issu de la noble maison des anciens *Ammans*, héréditaires de Gand, connue depuis 6 siècles pour ses alliances ; que Théry, comte de Flandre, a reconnu pour son parent Clément *Amman*, héréditaire de Gand en 1165 ; que tous les membres de sa famille se sont toujours signalés dans les emplois militaires, ayant commandé des armées en chef, gagné des batailles, soutenu des siéges de villes, rendu de grands services à leur patrie ; que plusieurs d'entre eux ont été créés chevaliers ; que Gaspard *D'Aman*, son oncle paternel, a été créé vicomte ; qu'enfin lui-même a rendu au Roi de notables services, dans les deux dernières guerres, en faisant prendre les armes aux habitants du Tournaisis et en empêchant ainsi les partis ennemis d'entrer dans le pays pour lever des contributions, etc., etc.

(Archives du Parlement de Flandre, registre aux édits et déclarations, n° 12, folio 116).

---

(1) Ces lettres furent aussi enregistrées au Parlement de Flandre, le 17 mai 1685, registre aux édits et déclarations, n° 12, folio 12.

Janvier 1687. — HANGOUART. — Lettres de chevalerie héréditaire accordées par Louis XIV, à Versailles, pour Michel-Alexandre *Hangouart* (1), écuyer, grand-bailly des Etats de Lille, qui, pendant 9 années, a servi tant dans les mousquetaires de la garde du Roi qu'en qualité de cornette et de lieutenant de cavalerie, et dont le père, aussi grand-bailly des Etats de Lille, avait obtenu du roi d'Espagne des lettres de chevalier. Ces lettres furent enregistrées le 14 mars suivant.

(Parlement de Flandre, registre aux édits et déclarations, n° 12, folio 199. — LXXIXe registre des Chartes, folio 1).

Juillet 1687. — DE WOERDEN. — Permission de se qualifier de vicomte *de Langle* accordée à Michel-Ange, baron *de Woerden*, chevalier, conseiller d'honneur au Parlement de Tournay, bailly et député ordinaire des Etats de Lille, qui a assisté, en qualité de commissaire du Roi, à la conférence tenue à Courtray pour le règlement des limites des frontières, en exécution du traité de Nimègue. Il avait acheté du duc d'Havré (Croy) la vicomté et châtellenie de Langle, qui relève du Roi, est située en Artois et consiste en plusieurs fonds, hauteurs, droits et censives, dans les villages de Saint-Folquin, Capelle, Saint-Nicolas et Marickerke. Ces lettres données à Versailles l'autorisent aussi à décorer ses armes d'une couronne de vicomte (2).

(LXXIXe registre des Chartes, folio 15).

27 Octobre 1687. — DE GHERBODE. — Sentence de noblesse pour Philippe-François *de Gherbode* (3), écuyer, seigneur de Douvrin, fils de feu Pierre-Horace *de Gherbode*, écuyer, seigneur de la Hoie, et de Marguerite *de Douai*.

Armes : *D'argent, à la fasce vivrée d'azur*. Cimier : Un demi-griffon aussi d'azur, les ailes ouvertes ; supports : *deux hommes sauvages armés de massues*.

(Manuscrit Palisot de Beauvois, tome 1, folio 318).

(1) Il avait épousé Anne-Marie *Lefebvre de Lattre*, dont un fils unique mort âgé de 18 ans.

(2) Ces lettres furent aussi enregistrées, le 23 décembre 1687, au Parlement de Flandre, au registre des édits et déclarations, n° 12, page 265, et au IIe registre du bureau des finances, folio 255.

(3) Il avait pour frère Charles-Albert *de Gherbode*, mort à Arras, paroisse Sainte-Croix, le 10 octobre 1681.

Mars 1699. — DE GROSPRÉ DE GORGUECHEL. — Lettres données à Versailles qui permettent à N... *de Grospré de Gorguechel*, grand-bailli des ville et châtellenie de Bailleul, de décorer ses armes d'une couronne de comte et de prendre deux sauvages comme supports, en récompense des services qu'il a rendus tant en servant dans les armées que dans les fonctions de bailly et commissaire au renouvellement de la loi de Lille. Ces lettres furent enregistrées le 2 août 1690.

(Parlement de Flandre, registre aux édits et déclarations, n° 13, folio 162).

Janvier 1690. — DE MICHELIN. — Lettres de confirmation et d'anoblissement en tant que besoin données à Versailles pour Nicolas *de Michelin*, seigneur de Jearny, sergent-major de la ville de Tournay. Il a représenté qu'il est gentilhomme et qu'il descend de la famille *Michelin* anoblie par les ducs de Lorraine ; mais, comme sa noblesse n'a pas été reconnue dans le royaume de France, et qu'elle peut lui être contestée, il demandait à être anobli en récompense des services qu'il a rendus depuis 45 ans qu'il est au service du Roi, en qualité de capitaine d'une compagnie de fusiliers, puis de sous-brigadier des gardes-corps du Roi, ensuite en qualité de sergent-major dans la ville de Tournay, et enfin en celle de capitaine d'une compagnie de dragons dont il est pourvu depuis peu. Ces lettres furent enregistrées le 16 mars 1690.

(Parlement de Flandre, registre aux édits et declarations, n° 13, folio 144).

Mars 1690. — L'abbesse de Denain (1) et les quatre plus anciennes chanoinesses obtinrent de pouvoir prendre la qualité de dames, au lieu de demoiselles, par lettres données à Versailles et enregistrées le 23 décembre suivant.

(Parlement de Flandre, registre aux édits et déclarations, n° 13, folio 182).

28 Mars 1690. — DE BONNIÈRES DE GUINES. — Lettres qui autorisent Charles-Dominique-Eugène *de Bonnières de Guines*, comte de Souastre, mestre-de-camp d'un régiment de cavalerie pour le service du Roi, à acheter au nommé *Gouart* la haute justice de la terre de la Neuville, en Hainaut. Enregistrées le 3 mai 1690.

(Parlement de Flandre, registre aux édits et déclarations, n° 13, folio 146).

---

(1) L'abbaye de Denain, située près de Valenciennes, fondée en 1764, était un chapître noble, et il fallait, pour y être admises, que les demoiselles fissent preuve de 16 quartiers de noblesse. L'abbesse seule faisait des vœux à sa bénédiction, les autres chanoinesses pouvaient quitter l'abbaye et se marier.

Décembre 1692. — CLÉMENT DE SAINT-MARC. — Lettres de chevalerie héréditaire et permission de mettre une couronne sur le timbre et de prendre deux lions pour supports, datées de Versailles et accordées à Philippe *Clément de Saint-Marc*, demeurant à Lille. Il a remontré qu'il est issu de noblesse ancienne du pays d'Artois, ainsi qu'il le justifie par des titres authentiques de l'année 1588 ; qu'il est allié noblement ; que ses ancêtres ont exercé les premières charges du magistrat de Lille ; qu'il a deux fils actuellement au service du Roi, depuis le commencement de la guerre : l'un capitaine au régiment de Navarre, l'autre lieutenant au régiment de Solre. Ces lettres furent enregistrées la même année (1).

(Parlement de Flandre, registre aux Provisions étrangères, n° 1, page 119).

Aout 1693. — DE FIENNES. — Erection en marquisat des terres d'Anstaing et de Gruzon, situées en la châtellenie de Lille, sous la dénomination de marquisat *de Fiennes*, par lettres données à Versailles et enregistrées, le 31 octobre 1699, en faveur de Maximilien *de Fiennes*, chevalier, comte de Lambre, maréchal de camps et armées du Roi, pour le récompenser des services qu'il a rendus tant comme maréchal de camps que comme brigadier et maitre-de-camp d'un régiment de cavalerie, et dans les divers commandements qu'il a exercés et où il a fait preuve de valeur, courage, et aussi en considération de sa famille qui est une des plus illustres des Pays-Bas, a possédé des charges considérables et donné un connétable à la France, sous le règne des rois Jean et Charles V, et est alliée aux maisons les plus qualifiées dudit pays, et dont le fils, le comte *de Fiennes*, nous rend journellement de grands services en qualité de mestre-de-camp d'un régiment de cavalerie. — En cas de non successeur mâle ou femelle, le marquisat sera éteint.

Maximilien *de Fiennes* qui avait négligé de faire enregistrer ces lettres, craignant qu'on ne fît des difficultés à cause de leur tardive présentation, avait eu soin de se faire délivrer des lettres de surannation datées de Versailles, le 26 septembre 1698.

(Parlement de Flandre, registre aux lettres patentes, n° 4, folio 91.—Bureau des finances, IIIe registre, folio 205, verso).

---

(1) Ces lettres furent également enregistrées au bureau des finances de Lille, Ier registre, folio 5.

Novembre 1693. — DE FLÉCHIN. — Erection, par lettres de Louis XIV, de la terre de Wamin, en marquisat, en faveur de François *de Fléchin*, écuyer, seigneur de Wamin (1).

(Godefroy du Sart).

Avril 1694. — DE CARNIN. — Erection, par lettres de Louis XIV, de la terre de Nédonchel en marquisat pour Maximilien-François *de Carnin*, baron de Lillers, seigneur de Nédonchel, Gommecourt, Quernes, à la charge de le tenir du Roi à cause de son château de (*Viennes* ou *Vrenne*) en Boulonnais (2).

(Godefroy du Sart).

Avril 1694. — DU QUESNOY. — Erection en marquisat de la terre de Casteau, située entre Mons et Soignies, village à clocher, ayant haute, moyenne et basse justice, avec château, basse-cour, etc., par lettres données à Versailles et enregistrées le 11 mai 1694, en faveur de Charles-Liévin *du Quesnoy*, vicomte de Dormal, Boucherleen, Casteau, pour le récompenser des services qu'il a rendus, pendant près de 20 ans, comme lieutenant-général des gouvernances de Douai et Orchies (3).

(Parlement de Flandre, registre aux Provisions étrangères, n° 2, folio 67).

Aout 1694, Versailles. — BART. — Anoblissement pour Jean *Bart* (4), chevalier de Saint-Louis, capitaine de marine, commandant actuellement une escadre de vaisseaux de guerre. Ces lettres rapportent les principaux faits d'armes du célèbre marin, à commencer de l'année 1675.

---

(1) Elles furent enregistrées au bureau des finances de Lille, VIII° registre, folio 90, et à Arras, XI° registre aux commissions, page 624.

(2) Enregistrées au bureau des finances de Lille, XI° registre, folio 252, verso, et à Arras, au registre de l'élection, page 290.

(3) Enregistrées au bureau des finances, III° registre, folio 317.

(4) Histoire de Jean *Bart*, par Vanderest, Paris, 1841, page 165.

Par ces lettres, il obtint l'autorisation de charger l'écusson de ses armes d'une fleur de lys d'or, sur fond d'azur.

Armes, depuis la concession : *D'argent, à une fasce d'azur chargée en cœur d'une fleur de lys d'or, acompagnée en chef de deux ancres de sable posées en sautoir et en pointe d'un lion passant de gueules.*

(Archives du département du Nord, LXXIXe registre des Chartes, folio 66, arrachées).

Octobre 1694. — DE CROIX. — Titre de comte et de comtesse de Croix accordé par lettres données à Versailles pour Charles-Adrien *de Croix* (1) et Marie-Philippine *de Croix*, sa cousine-germaine et épouse, fille aînée de feu Pierre *de Croix*, seigneur de Wasquehal, en son vivant brigadier des armées du Roi, créé comte de Wasquehal, par lettres du mois de mai 1682, pour ses services, mort sans enfant mâle. Ils peuvent appliquer ce titre à telle terre que bon leur semblera et porter une couronne de marquis au-dessus de leurs armes. Elles furent enregistrées le 3 mars 1695 (2).

(Parlement de Flandre, registre aux Provisions étrangères, n° 2, folio 136).

18 Décembre 1694. — DU RETZ. — Lettres d'anoblissement données à Versailles pour Etienne *du Retz*, demeurant à Lille, trésorier des Etats de cette ville, en récompense des services qu'il a rendus et de la somme considérable qu'il a donnée en achetant deux charges créées par de nouveaux édits, et aussi parce que sa femme, née à Bruges, a rendu toutes les terres qu'elle possédait dans ce pays (pour plus de 100,000 livres), afin d'en acheter d'autres en la châtellenie de Lille. Ces lettres furent enregistrées le 7 mars 1695 (3).

Armes réglées par d'Hozier : *D'azur, à une fasce d'argent accompagnée de 3 roues de même, posées 2 en chef, une en pointe ; casque de profil avec lambrequins d'azur et d'argent.*

(Parlement de Flandre, registre aux Provisions étrangères, n° 2, folio 132).

---

(1) Charles-Adrien *de Croix*, écuyer, seigneur d'Oyenbourg, ne laisse que deux filles, dont l'aînée, Claire-Angélique *de Croix*, a épousé Christophe-Louis *de Beauffort*.

(2) Ces lettres furent également enregistrées au bureau des finances de Lille, Ier registre, folio 222.

(3) Ces lettres furent également enregistrées au bureau des finances de Lille, Ier registre, folio 219.

Février 1695, Versailles. — LE JOSNE. — Erection en marquisat de la terre de Levacque, relevant du château de Bapaume, consistant en bâtiments, mouvances, droits seigneuriaux, etc., etc., pour Maximilien-Martin *Le Josne Contay*, écuyer, seigneur de La Ferté et de Levacque, gentilhomme de la province d'Artois, premier capitaine au régiment wallon de Famechon, en considération de ses services et de ceux d'Hyacinthe *Le Josne*, son frère, capitaine au régiment d'Artois, dont la famille noble et ancienne a fourni un gouverneur d'Arras, un cardinal, et dont le père, Louis-Georges *Le Josne*, seigneur de Grandmaret, a été créé chevalier en 1679.

Ces lettres n'ayant pas été enregistrées dans le délai voulu, il obtint des lettres de surannation données à Versailles, le 6 décembre 1702 (1).

(Manuscrit Palisot de Beauvois, tome I, folio 356. — Bureau des finances de Lille, X^e registre, folio 367).

Mai 1695, Compiègne. — BERNARD. — Erection en comté des terres et seigneuries de Bailleul, d'Esquelines et Florent sous le nom de Bailleul, pour Louis-François *Bernard*, écuyer, seigneur desdits lieux. On voit dans ces lettres que la terre de Bailleul et celle d'Esquelines sont situées sur l'Escault, dans le bailliage de Tournay, et celle de Florent dans la châtellenie de Lille ; que la terre d'Esquelines est décorée d'un château bien bâti ; que ces trois terres, dont plusieurs fiefs importants relèvent, ont toutes la justice vicomtière et rapportent 7 à 8,000 livres de revenu. Ces lettres furent enregistrées le 19 juillet 1695.

(Archives du Parlement de Flandre, registre aux édits et déclarations, n° 15, folio 135. — Archives du département du Nord, LXXIXe registre des Chartes, folio 11. — Bureau des finances de Lille, IIe registre, folio 32).

29 Mai 1695. — JACOPS. — Anoblissement de Nicolas *Jacops*. Ces lettres furent enregistrées à la gouvernance de Lille.

Armes : *D'or au chevron d'azur, accompagné de trois coquilles de gueules.*

(Bibliothèque de Lille, manuscrit jurisprudence, n° 135).

Aout 1695, Marly. — LIOT. — Confirmation de la sentence de noblesse rendue par les élus d'Artois, le 4 septembre 1677, en faveur des sieurs Pierre-Ferdinand

---

(1) Ces lettres furent également enregistrées à Arras, XIIIe registre aux commissions, page 904.

Liot, seigneur de Guzelinghem, Jacques-Dominique *Liot*, seigneur de Walle, et Jacques-Bernard *Liot*, seigneur d'Eglegotte, demeurant à Saint-Omer.

Lesdits *Liot* exposent que Louis-Clément *Liot*, frère aîné dudit Pierre-Ferdinand *Liot*, étant mort deux ans après le jugement des élus d'Artois, une partie des titres ont été égarés, probablement par une de leurs sœurs, en haine de ce que sa famille n'avait pas voulu consentir à un mariage qu'elle ne laissa pas de contracter contre leur gré, ce qui est cause qu'ils ne peuvent plus reproduire leurs titres que le procureur-général du Conseil d'Artois, rappelant de la sentence des élus d'Artois, veut les contraindre de faire (1).

ARMES : *D'argent à trois quinte-feuilles de gueules, deux et un.*

(Manuscrit Palisot de Beauvois, tome I, folio 364. — Archives de la ville de Lille, registre jaune, folio 262).

JUILLET 1696, VERSAILLES. — HANGOUART. — Lettres qui donnent le titre de comte *d'Hangouart* et qui permettent à Barthélemy-François *Hangouart*, baron d'Avelin, seigneur de Saint-Marc, Autreuil, un des quatre baillis de la châtellenie de Lille, Douai et Orchies, de surmonter ses armes d'une couronnne de marquis. Il représente dans ces lettres qu'il est issu de l'ancienne famille noble des *Hangouart* ; que ses parents, notamment Walerand *Hangouart*, prévôt des églises de Saint-Amé, de Douai, et de Saint-Barthélemy de Béthune, doyen de Saint-Pierre de Lille, étant aumônier de Charles V, l'a suivi et servi dans tous ses voyages ; que Barthélemy *Hangouart*, chevalier, seigneur d'Elcourt, son grand-père, a servi, pendant les guerres, les souverains des pays de Flandre ; que Michel *Hangouart*, baron d'Avelin, a exercé pendant 50 ans la charge d'un des quatre baillis de Lille, Douai et Orchies ; qu'il a été créé baron d'Avelin par Philippe IV, roi d'Espagne, et que, lors de la reddition de la province de Lille, il a été un des premiers gentilhommes qui s'est attaché à nous et nous a rendu de grands services pendant les siéges et prises de Courtrai, Condé, Bouchain, Aire, Valenciennes, Cambrai, Saint-Omer, Gand, Ypres, etc., en fournissant des pionniers, chariots, chevaux, pour l'artillerie ; que ledit exposant, à l'imitation de ses prédécesseurs, s'est allié noblement à la fille du sieur

(1) Ces lettres furent aussi enregistrées au Conseil d'Artois, dans le XIe registre aux commissions, folio 598, le 1er septembre 1695, et au bureau des finances de Lille, folio 159, verso, VIIIe registre, le 13 mars 1710.

Vichte, vicomte d'Erbodeghem, d'une des plus anciennes familles de Flandre, et a rendu de signalés services pendant les siéges de Mons, Namur, Charleroi, Furnes, etc. Ces lettres furent enregistrées le 3 octobre suivant (1).

(Parlement de Flandre, registre aux Provisions étrangères, n° 3, folio 91).

Aout 1696. — DU BUS. — Lettres d'anoblissement (2) données par Louis XIV à Jean-Charles *du Bus*, demeurant à Béthune, qui avait obtenu une des 500 lettres d'anoblissement, créées par édit de mars 1696, moyennant 6,000 livres de finance. Il paya, d'après une quittance du 5 mai 1706, 3,000 livres de supplément pour confirmation.

Armes : *Un écu d'azur....*

Décembre 1696. — CHOLET. — Lettres (3) de Louis XIV, datées de Versailles, anoblissant René *Cholet*, seigneur de Broyelles, demeurant à Arras, qui avait obtenu, moyennant 6,000 livres de finance, une des 500 lettres d'anoblissement créées par édit de mars 1696. Il paya 3,000 livres de supplément pour confirmation.

Dans ces lettres, il est dit qu'il a rendu de grands services au Roi tant à la défense d'Ypres, en 1649, qu'aux siéges de Bordeaux, Mouzon et Rethel, en 1650, a été fait prisonnier en 1654, enfermé au château de Linchamp, puis, devenu libre, s'est retiré à Arras, où il a rempli pendant 32 ans des emplois de police et finance avec zèle.

Armes : *D'azur à une gerbe d'or liée de même; au chef de gueules chargé de 3 étoiles d'argent; casque de profil; lambrequins d'or, d'azur, d'argent et de gueules.*

(Manuscrit Palisot de Beauvois, tome I, folio 376. — Bureau des finances de Lille, VIII° registre, folio 14, recto. — Registre de l'élection d'Artois, de 1675 à 1714, folio 384).

(1) Ces lettres furent aussi enregistrées au II° registre du bureau des finances de Lille, folio 285.

(2) Enregistrées au bureau des finances de Lille, VIII° registre, folio 120. — Godefroy du Sart, et table des registres du bureau des finances, archives départementales.

(3) Ces lettres furent également enregistrées à Arras, XII° registre aux commissions, folio 830. — Table des registres du bureau des finances, archives départementales, et registre aux commissions.

Janvier 1697. — LE CAT. — Lettres données à Versailles qui obtiennent à Denis *Le Cat*, après information sur ses bonnes qualités et les services qu'il avait rendus, d'être compris dans les 500 anoblis, créés par l'édit de mars 1696, moyennant 6,000 livres de finance. Ces lettres furent enregistrées, la même année, le 16 mars (1).

Il dut payer 3,000 livres de supplément pour confirmation de noblesse.

Armes réglées par d'Hozier : *D'azur, à une croix ancrée d'or, casque de profil avec lambrequins d'or et d'azur.*

(Parlement de Flandre, registre aux Provisions étrangères, n° 3, folio 124. — Archives de la ville de Lille, registre Riswick, folio 1).

Février 1697. — DE FLANDRES. — Lettres de confirmation de noblesse et de chevalerie (2) données à Versailles pour Josse *de Flandres*, seigneur du Coutre et de Beauvoir, natif de Lille. Il avait établi qu'il descendait de Jacques *de Flandres*, anobli par Philippe II le 30 novembre 1595.

Il dut payer finance de 6,000 livres, plus 3,000 livres de supplément pour confirmation et permission d'ajouter à ses armes 2 lions d'or pour supports.

Armes : *D'or au chevron de sable, accompagné de 3 étoiles à 6 raies de même; 2 en chef, 1 en pointe, chargé à la pointe d'un écu d'or au lion de sable; timbre de profil avec bourlet d'or et de sable, sommé d'une aigle naissant d'or, le vol étendu, lambrequins d'or et de sable.*

(LXXIX° registre des Chartes, folio 13. — Archives de la ville de Lille, registre Riswick, folio 120).

Février 1697. — LE VAILLANT. — Erection en baronnie de la terre de Bousbecque, mouvante de la salle de Lille, en faveur de Guillaume-François *Le Vaillant*, seigneur de Waudripont et de Bousbecque, demeurant à Tournai, gentilhomme d'ancienne extraction, dont plusieurs de ses ancêtres ont été honorés du titre de chevalier, qui, depuis que la Flandre est passée sous notre domination, nous a témoi-

(1) Ces lettres furent également enregistrées au bureau des finances de Lille, II° registre, folio 214.

(2) Ces lettres furent également enregistrées au Parlement de Flandre, le 16 mars 1697, registre aux Provisions étrangères, n° 3, page 118, et au bureau des finances de Lille, II° registre, folio 216. — Table des registres du bureau des finances, archives départementales.

gné en toute occasion un zèle et une fidélité singulière ; qu'à son exemple, trois de ses enfants ont servi dans nos troupes, l'un de ceux-ci est encore capitaine de grenadiers au régiment étranger de Pery, les deux autres ont été tués à notre service, l'un au siége de Luxembourg, étant officier du régiment de Rouage, et l'autre en Irlande, officier au régiment de Famechon ; que cette terre a été érigée, en 1600, par les archiducs en baronnie et est échue à Anne *de Haynin*, son épouse, par le décès de son frère, César *de Haynin*, chevalier ; que ledit Guillaume *Le Vaillant*, craignant d'être inquiété s'il prenait la qualité de baron de Bousbecque, nous supplie de la lui accorder, ce qu'il obtint par lettres données à Versailles et enregistrées le 18 avril 1698.

ARMES : *De gueules au soleil d'or.*

(Parlement de Flandre, registre aux lettres patentes, n° 4, folio 3.—Bureau des finances 4e registre folio 149).

AVRIL 1697. — ESPILLET. — Anoblissement par lettres (1) de Louis XIV en faveur de François *Espillet*, seigneur de Marquais, prévôt de Béthune, fils d'Antoine, qui avait obtenu une des 500 lettres d'anoblissement créées par édit de mars 1696, moyennant 6,000 livres de finance et un supplément de finance de 3,000 livres pour confirmation de noblesse, suivant quittance du 5 mai 1706.

ARMES : *De sinople à un chef d'argent chargé de 3 étoiles de gueules ; casque de profil, avec lambrequins de sinople, d'argent et de gueules.*

(VIIe registre du bureau des finances, folio 174).

JUIN 1697. — DU PUICH. — Confirmation de noblesse accordée à François-Bernard *du Puich*, seigneur du Quesnoy, conseiller du Roi, contrôleur ordinaire des guerres, ancien lieutenant du bailli d'Hesdin, par lettres de Louis XIV données à Versailles et enregistrées au Parlement de Paris, le 31 juillet 1698 (2).

ARMES : *De sinople à une fasce d'argent accompagnée en chef d'un croissant de même.*

(Archives nationales, registre du Parlement de Paris, ancienne cote PPPP, folio 189).

(1) Ces lettres furent également enregistrées à Arras, registre de l'élection, de 1676 à 1714, folio 418, verso. — *Roger* leur assigne pour date l'année 1699 dans son volume sur la noblesse et chevalerie du comté de Flandre, d'Artois et de Picardie. — Godefroy du Sart, bureau des finances de Lille, VIIe registre, folio 174, verso.

(2) Communication de M. Henri Fremaux, généalogiste à Lille.

Juillet 1697. — INGILLARD. — Lettres d'anoblissement données à Versailles pour Edouard *Ingillard*, seigneur de Wattines et Plouy, trésorier en la généralité de Lille, qui obtint d'être compris dans les 500 anoblis, créés par l'édit de mars 1696, moyennant finance de 6,000 livres. Ces lettres furent enregistrées le 4 août 1697 (1).

Il dut payer plus tard 3,000 livres de supplément de finance pour confirmation. (Quittance du 27 mai 1706.)

Armes : *D'azur à deux chevrons d'argent posés l'un au-dessus de l'autre, timbré d'un casque de profil orné de lambrequins d'azur et d'argent.*

(Parlement de Flandre, registre aux Provisions étrangères, n° 3, folio 158. — Archives de la ville de Lille, registre Riswick, folio 6).

Aout 1697. — DU RIETZ. — Confirmation de l'érection en comté de la terre de Willerval (cette terre avait été érigée en comté, le 28 mai 1612, par les archiducs, pour Jean *d'Oignies*) en faveur de Charles-Jérôme *du Rietz*, chevalier, seigneur du Hamel (2).

13 Septembre 1697. — HUBERT. — Reconnaissance d'enregistrement d'armoiries à Antoine-Joseph *Hubert*, écuyer, seigneur de Tannay, demeurant à Aire.

(Manuscrit Palisot de Beauvois, tome II, folio 305).

Septembre 1697, Versailles. — DE THIEULAINE. — Confirmation ou anoblissement pour Arnould *de Thieulaine*, seigneur de Neuville, natif d'Arras, fils de feu Louis *de Thieulaine*, qui dit descendre de Daniel *de Thieulaine*, anobli en 1439 par Charles VII, roi de France, mais ne peut l'établir suffisamment à cause de la perte de ses papiers occasionnée par les guerres. Il fut mis au nombre des 500 anoblis créés par édit du 25 juin, moyennant 6,000 livres de finances (3).

---

(1) Ces lettres furent également enregistrées au bureau des finances de Lille, folio 295, IIe registre.

(2) Enregistrées au bureau des finances de Lille, VIIIe registre, folio 45, et à Arras, dans le IIe registre aux commissions, page 1261.

(3) Enregistrées au bureau des finances de Lille, VIIIe registre, folio 57, recto, et à Arras, XIIe registre aux commissions, 1re série, page 111.

ARMES : *Burelé d'argent et d'azur de 10 pièces à une bande de gueules chargée de 3 aigles d'or brochant sur le tout ; casque de profil, lambrequins d'azur, d'or et de gueules.*

(Manuscrit Palisot de Beauvois, tome II, folio 287).

JANVIER 1698, VERSAILLES. — DE LA MOTTE. — Erection en comté de la terre de Villers-au-Bois, en faveur de Philippe-François *de La Motte*, baron de Cuincy, seigneur de Villers-au-Bois, du Troncquoy et de Pibremont, ci-devant capitaine de cavalerie. Ces lettres nous apprennent qu'il a d'abord été cornette en 1696, lieutenant la même année dans le régiment royal wallon, incorporé avec la compagnie dans le régiment de Rozen ; qu'il a assisté au siège de Cambrai, puis, ayant quitté ce régiment, il a levé une compagnie franche de cavalerie, en 1677, au mois de janvier, incorporé dans Lumbre ; qu'ayant été réformé à la paix de Nimègue, il y a servi dans ledit régiment, en qualité de capitaine réformé, jusqu'en 1683 ; qu'alors il a levé une compagnie dans le régiment de Saint-Germain-Beaupré ; qu'il a accepté la lieutenance de la mestre-de-camp de cavalerie de Humières, où le Roi lui aurait conservé son rang de capitaine de cavalerie tant ainsi que s'il eût eu une compagnie en pied ; qu'il a servi, dans ce régiment, la campagne, pendant la conquête de Savoie, et, de là, en Piémont, sous les ordres du marquis de Feuquières ; qu'il s'est trouvé en plusieurs rencontres contre les ennemis et s'est toujours bien acquitté de son devoir.

On voit aussi que la terre de Villers-au-Bois, relevant du Roi à cause du château de Béthune, consistait en une maison, château, plusieurs terres labourables, bois-taillis, rentes foncières ; que plusieurs fiefs en relèvent, qu'elle a la justice vicomtière et basse, et que le seigneur est fondateur de l'église du lieu, etc. Ces lettres mentionnent en outre que la famille *de La Motte* est alliée aux maisons d'*Humières*, *Bournonville*, *Crequy* et *Joigny* ; que Marguerite *de La Motte*, petite-fille de Pierre, aurait porté la baronnie de Bellebrune, sise au pays de Boulonnais, dans la maison de Joigny, par son mariage avec Nicolas *de Joigny*, dont descend le marquis *de Bellebrune*, gouverneur et grand-bailli d'Hesdin, dont la fille unique a épousé le marquis *de Palaiseau*, père du marquis *de Trenes*, guidon des gens d'armes, ainsi que cela se voit par les huit quartiers produits par François *de Joigny*, frère du marquis, gouverneur d'Hesdin, pour être reçu chevalier de Malte, ordre dans lequel il était connu sous le nom de commandeur de Saint-Marc d'Orléans (1).

(Manuscrit Palisot de Beauvois, tome II, folio 292).

(1) Extraites des registres de l'élection d'Artois où elles ont été enregistrées le 12 mars 1698.

Février 1698. — DE HAYNIN. — Erection en marquisat de la terre de Querenaing, mouvante du Roi à cause du comté de Hainaut, consistant en un beau château revêtu de murailles, tours, pont-levis, basse-cour, colombier, grand plantis d'arbres et terres labourables, consistant en 1100 mencaudées de terres avec haute, moyenne et basse justice, en y incorporant la terre et seigneurie de Warlaing, ayant haute, moyenne et basse justice, grande quantité de prairies et bois, terres labourables, plusieurs mouvances, droits seigneuriaux, etc., par lettres données à Versailles et enregistrées, le 12 avril suivant, au profit de Philippe-Louis *de Haynin*, écuyer, seigneur de Querenaing, Warlaing, etc., fils du seigneur de Querenaing et de Thérèse *de Lens*, fille d'honneur de la duchesse d'Orléans et fille et sœur des comtes *de Blandecques*, maison alliée aux plus illustres familles de Flandre, ayant été reçue aux chapitres de Nivelle, Denain et autres; que lui-même a épousé Marie-Madeleine-Charlotte *Damman*, fille du vicomte *Damman d'Hérines*, grand-bailly de la ville et pays de Tournai.

Armes : *D'or à la croix dentelée de gueules, l'écu brisé au premier canton d'une tête de sanglier de sable.*

(Parlement de Flandre, registre aux lettres patentes, n° 4, folio 1. — Bureau des finances, IIIe registre, folio 52).

Février 1698. — DELATTRE. — Lettres de confirmation de noblesse (1) données à Versailles pour Pierre-Antoine *Delattre*, seigneur de la Tererie, du Douenof et de la vicomté de Nièle, demeurant à Saint-Omer, qui n'avait pas de preuves suffisantes à cause de la perte de ses papiers. Il dut payer 6,000 livres de finance et 3,000 livres de supplément. La quittance est datée du 7 décembre 1706.

Armes : *D'or à 3 hures de sanglier de sable défendues d'argent et languées de gueules, 2 et 1. Casque de profil; lambrequins d'or, de sable et de gueules.* Cimier : Un demi-lévrier d'argent posé de profil, accolé de gueules, et pour supports : *deux lévriers d'or aussi accolés et bouclés de gueules.*

Manuscrit Palisot de Beauvois, tome II, folio 295).

(1) Enregistrées au bureau des finances de Lille, VIIe registre, folio 224, verso, et à Arras, XIIe registre aux commissions, page 163.

Mai 1698. — DE CARDEVACQUE. — Lettres (1), données à Versailles, autorisant Pierre-François *de Cardevacque*, seigneur de Gouy, gentilhomme d'Artois, fils de Pierre *de Cardevacque*, lieutenant de dragons, créé chevalier, à porter sur l'écusson de ses armes, qui sont *d'hermines, au chef de sable*, une couronne de cinq fleurons d'or, avec deux licornes pour tenants, comme le marquis *d'Havrincourt*, l'aîné de sa famille, a droit de les porter.

Ces lettres rapportent que Pierre *de Cardevacque*, père de l'exposant, avait pour neveu Joseph *de Cardevacque*, seigneur des Haut-Bois, capitaine de grenadiers dans le régiment de Croy, qui assista aux batailles de Fleurus, en 1690, de Steinkerque, en 1692, de Nerwinde, en 1693, aux siéges de Mons, en 1694, de Namur en 1695, de Charleroy, en 1696, et enfin à celui de Barcelonne, où, après avoir donné des preuves éclatantes de sa valeur aux attaques du chemin couvert et des bastions de la place, il fut tué sur la brèche du deuxième retranchement.

(Manuscrit Palisot de Beauvois, tome II, folio 304).

Mai 1698. — DE HAYNIN. — Lettres datées de Versailles qui créent marquis Louis-César *de Haynin* (2), seigneur des Fays. Il expose qu'il descend d'une des plus illustres familles du Hainaut connue depuis le XII⁰ siècle, puisqu'Etienne *de Haynin* épousa la quatrième fille *de Gossuin*, premier pair de Hainaut ; que lui-même a épousé Marie *de Haynin-Liétard*, qui appartient à une des maisons les plus considérables de l'Alsace ; que plusieurs membres de sa famille se sont signalés de tous temps dans les emplois militaires et ont été honorés de quelques titres et marques honorables.

Il obtint le droit d'appliquer ce titre sur telle terre qu'il jugera la plus convenable. Ces lettres furent enregistrées le 12 juillet suivant.

(Parlement de Flandre, registre aux lettres patentes, n° 4, folio 18).

5 Mai 1698. — ROUSSEAU. — Lettres d'anoblissement données en faveur de François *Rousseau*, seigneur de La Motte, lieutenant du Roi à la citadelle de Lille.

(Bibliothèque de l'arsenal de Paris, manuscrit n° 698).

---

(1) Extraites des registres de l'élection d'Artois, où elles ont été enregistrées le 6 août 1698.

(2) Il était fils de César *d'Haynin*, créé chevalier le 8 octobre 1659, et petit-fils de Pierre *d'Haynin*, écuyer, seigneur de Courtembecque.

Juillet 1698. — COCLE. — Lettres d'anoblissement données à Versailles pour François-Jean *Cocle*, à qui le Roi accorde une des 500 lettres de noblesse créées par édit de mars 1696, moyennant 6,000 livres de finance qu'il a payées, suivant quittance du garde du trésor royal, le 16 juin 1698. Il exposait qu'il a été 14 ans échevin de la ville d'Ypres, puis, choisi par le sieur de Madry, intendant de Flandre, pour être son subdélégué dans les villes d'Ypres, Bailleul, Warneton, Poperingue et Werwicq ; qu'en 1695, il a été nommé conseiller de la salle et châtellenie d'Ypres ; qu'il a été chargé de plusieurs commissions importantes, tant dans les armées que dans les affaires publiques ; que Jean *Cocle*, son bisaïeul, mort en 1628, était greffier des huit paroisses de la châtellenie de Furnes ; qu'il a été enseveli dans l'église cathédrale de Saint-Martin, sous un grand marbre bleu, avec ses armes ornées d'un casque et lambrequins ; que Jean *Cocle*, son aïeul, nommé en 1630 premier conseiller de la salle et châtellenie d'Ypres, a exercé cette charge pendant 36 ans et a été inhumé aux Récollets avec les mêmes armes que celui qui précède ; que Jean *Cocle*, père du remontrant, a continué à vivre noblement et a été qualifié d'écuyer par plusieurs personnes distinguées de la province ; que la perte de ses papiers, par suite des guerres continuelles depuis plus de 100 ans, ne lui permet pas d'établir la noblesse de sa famille. Ces lettres furent enregistrées le dernier octobre suivant.

Ses armoiries furent réglées par d'Hozier : *D'azur au chevron d'or accompagné de 3 étoiles de même posées 2 en chef, 1 en pointe. Casque de profil orné de lambrequins d'or et d'azur.* Cimier : Un coq au naturel ; supports : *deux coqs, aussi au naturel, les têtes contournées.*

(Parlement de Flandre, registre aux lettres patentes, n° 4, folio 30. — Voir aussi bureau des finances, IIIe registre, folio 69).

Juillet 1698, Versailles. — DE FRANCE. — Erection en marquisat de la terre de Noyelles-Wion pour Guillaume-Alexandre *de France*, baron de Boucoult, seigneur de Hauteville, Noyelles-Wion, Sare-les-Bours, Marez, Grande-Wacquerie, en récompense des services qu'il a rendus dans la dernière guerre.

On voit que la terre de Noyelles-Wion relevait du Roi à cause de son château d'Avesnes-le-Comte et consistait en un beau château et plusieurs beaux fiefs (1).

(Manuscrit Palisot de Beauvois, tome II, folio 309).

---

(1) Enregistrées au bureau des finances de Lille, VIIIe registre, folio 98, et à Arras, XIIe registre aux commissions, 1re série, page 221.

Août 1698. — DELFOSSE. — Lettres d'anoblissement pour Laurent *Delfosse*, qui, moyennant 6,000 livres de finance, obtint une des 500 lettres de noblesse créées par l'édit de mars 1696, seigneur de La Locry, trésorier-général des Etats de Tournay et conseiller du Mont-de-Piété de cette ville, ayant en 1674 fourni au gouverneur de Tournai une somme importante d'argent pour la subsistance de la garnison et, en 1695, une autre somme rendue nécessaire par la cherté du blé causée par l'interruption du commerce et son fils, Nicolas *Delfosse*, conseiller pensionnaire des Etats de Tournai, ayant employé son crédit pour faire trouver les fonds dont on avait besoin et en ayant même fourni une partie de ses propres deniers, et ayant exposé sa vie pour rejoindre le Dauphin qui était à l'armée de Flandre, et enfin tous les deux ayant à l'occasion témoigné leur zèle pour le service du Roi pendant les sièges de Condé, Mons, Charleroy et bombardement de Bruxelles, en fournissant des provisions et des voitures. Elles furent enregistrées le 12 janvier 1699 (1).

Ses armoiries furent réglées, comme suit, par d'Hozier : *D'azur, à une fasce d'or, chargées de 3 roses de gueules feuillées de sinople et boutonnées d'or et accompagnées en pointe d'un quarte-feuille d'argent. Casque de profil avec lambrequins d'or, d'azur et de gueules.* Cimier : Une tête de léopard au naturel avec le col, lampassée de gueules et accolée d'or ; supports : *deux léopards de même.*

(Parlement de Flandre, registre aux lettres patentes, n° 4, folio 39).

Octobre 1698. — FRANÇOIS. — Lettres d'anoblissement données à Fontainebleau pour Arnould *François*, seigneur d'Orchival, du Jolimetz et de Brié, né au Quesnoy, qui avait obtenu une des 500 lettres d'anoblissement créées par l'édit de mars 1696. Ces lettres furent enregistrées, le 4 février 1699, sur la demande de Jean-Charles *François*, seigneur d'Artois, son fils, attendu qu'il était décédé avant leur enregistrement. Il dut payer finance de 6,000 livres et 3,000 livres de supplément pour confirmation (Quittance du 17 décembre 1706). Ledit Armand *François* expose que ses ancêtres ont occupé depuis plus de 200 ans les principales charges et emplois de la ville du Quesnoy, qu'il a servi, pendant les campagnes de 1667 et 1668, dans une compagnie des gens d'armes de la garde du Roi ; qu'il s'est trouvé à tous les sièges qui ont été faits tant en Flandre qu'en Franche-Comté ; qu'il a exercé, pendant 12 années, la charge de mayeur du Quesnoy ; que, pendant son administration, il a fait

---

(1) Table du bureau des finances, IIIe registre, folio 121, verso.

embellir cette ville et fait renouveler tous les bâtiments publics ; que, depuis 25 ans, il sert le Roi, en qualité de subdélégué de l'intendant, avec zèle et intégrité, etc., etc.

ARMES : *D'or, à une grappe de raisin d'azur tigée et feuillée de sinople, timbrée d'un casque de profil, lambrequins d'azur, d'or et de sinople.*

(Parlement de Flandre, registre aux lettres patentes, n° 4, folio 45).

10 DÉCEMBRE 1698. — LE JOSNE CONTAY. — Enregistrement d'armoiries au registre de l'élection d'Artois, pour Maximilien *Le Josne Contay*, écuyer, seigneur de La Ferté, demeurant à Arras, qui porte *aux 1 et 4 de gueules, frété d'argent, semé de fleurs de lys d'or; aux 2 et 3 ; fascé d'argent et de gueules de six pièces, à la bordure d'azur avec un petit écusson de gueules, au créquier d'argent sur le tout.*

(Manuscrit Palisot de Beauvois, tome II, folio 307).

AVRIL 1699. VERSAILLES. — BEUVET.—Lettres de confirmation de noblesse (1) avec anoblissement en tant que besoin et lettres de chevalerie héréditaire moyennant finance de 6,000 livres et 3,000 de supplément pour la confirmation (quittance du 27 mai 1706) en faveur de Jacques-Philippe *Beuvet*, seigneur de Poterstraeten, La Vicht, Bapaume, Hosriveken, Petit-Wasquehal, etc., originaire de Bruges.

L'exposé contient qu'Antoine *Beuvet*, son trisaïeul, et Jacques *Beuvet*, son bisaïeul, vivaient dans le même temps comme nobles, possédaient des fiefs et portaient les mêmes armoiries, ainsi qu'on peut le voir dans les principales églises et dans les édifices publics de Bruges et autres villes de Flandre ; que Jacques *Beuvet*, son aïeul, avait épousé Adrienne *de Provins*, fille d'Iwimbert *de Provins*, pensionnaire du franc de Bruges, trésorier de la Chambre générale des finances aux Pays-Bas, et nièce du seigneur de Lauwanebourg, François *de Provins*, chef de la députation des Etats de Flandre vers le roi Henri III, en 1580, pour offrir au duc d'Alençon, son frère, la souveraineté des Pays-Bas ; que Jacques *Beuvet*, son père, avait épousé Marie *de Vendeville*, ce qui fait que, parmi ses prédécesseurs, se rencontre Gilles *de Vendeville*, qui, pendant 25 ans, a exercé les premières charges de la ville de Lille et avait pour grand-oncle Jean *de Vendeville*, conseiller d'Etat du roi catholique

---

(1) Ces lettres furent enregistrées au Parlement de Flandre, le 13 mai 1699, registre aux lettres patentes, n° 4, folio 53, et au bureau des finances, III° registre, folio 128.

Philippe II, puis, évêque de Tournai, mort en 1593 ; que Guillaume et Jean de Vendeville ont été successivement conseillers au Parlement de Malines, etc.

Ses armes furent réglées, par d'Hozier, comme il suit : *D'argent à 3 têtes de taureaux de sable, posées de front, 2 et une ; casque de profil ; lambrequins d'argent et de gueules.* Cimier : Une tête de taureau de sable ; supports : *deux licornes de sable.*

(LXXIXe registre des Chartes, folio 17. — Archives de la ville de Lille, registre Riswick, folio 14).

AVRIL 1699. — ERREMBAULDT. — Lettres données à Versailles qui maintiennent et confirment dans leur ancienne noblesse Thiery-Ignace *Errembauldt*, écuyer, seigneur de Beaurepaire, fils de feu Gilles, aussi écuyer, seigneur de La Haye et député de la noblesse aux Etats de Tournai et pays de Tournaisis. Ces lettres furent enregistrées le 17 octobre suivant (1).

Ledit *Errembauldt* expose qu'il est issu d'une famille dont la noblesse peut se prouver depuis 250 ans, ainsi que le rapportent des actes, dès l'année 1440 et suivantes, dans lesquels Colart *Errembauldt* et Guillaume *Errembauldt*, son fils, et autres de leurs descendants sont qualifiés écuyers ; que feu Gilles *Errembauldt*, écuyer, seigneur de Biency, son aïeul, ayant perdu par incendie quelques titres qui servaient à prouver sa filiation, avait obtenu du Roi catholique, avant la reddition à l'obéissance du Roi, non-seulement des lettres de confirmation de noblesse, mais même de chevalerie, comme il le justifie par un acte signé de Castel-Rodrigues, gouverneur-général des Pays-Bas, du 7 juin 1668 (2) ; que sa famille a possédé des charges considérables ; que Louis *Errembauldt*, seigneur de Breucy, son oncle, a été député aux Etats du Tournaisis, et est président à mortier au Parlement de Tournai, etc., etc.

Ses armoiries furent réglées comme suit par d'Hozier : *De sable à une fasce d'or surmontée de deux fleurs de lys d'argent. Casque posé de profil avec lambrequins d'or, de sable et d'argent.*

(Parlement de Flandre, registre aux lettres patentes, n° 4, folio 84).

---

(1) Ces lettres portent qu'il fut compris dans les 500 anoblis par l'édit de mars 1696, et qu'il paya 6,000 livres de finance et 600 livres pour les 2 sols par livre. — Bureau des finances, IIIe registre, folio 196, verso.

(2) Voir les lettres de Castel-Rodrigues rapportées ci-devant.

Avril 1699, Versailles. — ENLART. — Lettres (1) de Louis XIV qui anoblissent Adrien *Enlart*, seigneur de Campeau, échevin d'Arras, fils de Nicolas, seigneur de Bouvigny et d'Anne *Boisquet*. Il avait obtenu, moyennant 6,000 livres de finance, une des 500 lettres d'anoblissement créées par édit de mars 1696.

Armes : *Écu parti d'argent et de sable à un sanglier de l'un en l'autre passant sur une terrasse de sinople. Casque de profil orné de ses lambrequins d'argent et de sable.*

(Bureau des finances de Lille, VIIe registre, folio 97).

Mai 1699. — DE SURMONT. — Lettres d'anoblissement (2) données à Versailles pour Philippe *de Surmont*, seigneur de Warvanne, fils de feu Philippe *de Surmont* et de Bauduine *Van Alckemade*, demeurant à Lille, qui avait obtenu d'être compris dans la liste des 500 anoblis créés par l'édit du Roi du 3 avril 1696.

Ses armes réglées par d'Hozier, le 14 mai 1699, sont : *De sable, à une fasce bretessée d'argent ; casque de profil orné de lambrequins d'argent et de sable ;* supports : *deux lions d'argent lampassés et armés de gueules.* Cimier : Une tête de licorne d'argent posée de profil.

(LXXIXe registre des Chartes, folio 19. — Archives de la ville de Lille, registre la Paix, folio 17).

Juillet 1699. — VOLANT. — Lettres de chevalerie héréditaire (3) données à Versailles pour Jean *Volant*, écuyer, seigneur des Verquoirs, grand-trésorier de Lille, fils de Simon *Volant*, anobli en mai 1685.

On voit, par ces lettres que, dès 1679, il a servi le Roi en qualité d'ingénieur ;

---

(1) Ces lettres furent également enregistrées à Arras, XIIe registre aux commissions, page 395. — Notes de M. Godefroy du Sart.

(2) Ces lettres furent aussi enregistrées au Parlement de Flandre, le 2 juillet 1699, registre aux lettres patentes, n° 4, folio 72, et au bureau des finances, IIIe registre, folio 142, verso. (Là les lettres son dites d'avril 1699.)

(3) Ces lettres furent également enregistrées au Parlement de Flandre, le 12 août 1699, registre aux lettres patentes, n° 4, folio 77. — Bureau des finances, IIIe registre, folio 148, verso. — LXXIXe registre des Chartes, folio 22.

qu'il a dirigé l'érection des fortifications de Menin, les ouvrages du canal de Maintenon, le siége de Luxembourg, où il a été blessé, a ensuite été au royaume de Siam, eu qualité d'ingénieur en chef et commandant l'une des 12 compagnies d'hommes d'armes envoyée dans ce royaume, et enfin a succédé à son père dans la charge de conseiller, grand-trésorier de Lille.

Ces armes, qui sont comme celles de son père ci-devant nommé, furent décorées d'un *casque posé de trois quarts, orné et grillé d'or, les lambrequins et bourlet aux émaux de l'écu*. Cimier : Un griffon naissant d'or, lampassé et armé de gueules, les ailes d'argent ; supports : *deux griffons de même posés sur une terrasse de sinople ;* devise : *In mandatis volet nimis*. Par les mêmes lettres, il fut autorisé à placer une couronne au lieu du bourlet.

(Archives de la ville de Lille, registre Riswick, folio 19).

7 Août 1699. — DE LANNOY. — Sentence de la gouvernance de Lille, en faveur de Pierre-Allard *de Lannoy* (1), fils de Michel, seigneur du Carnoy, anobli en 1642, écuyer, seigneur du Fretin, Bersée et du Carnoy, capitaine de cavalerie au régiment de Chartres.

Par cette sentence, il se fit reconnaître comme descendant en ligne directe et masculine de Jean *de Lannoy*, seigneur de la Frumaudrie à Croix, fils légitimé de Guilbert *de Lannoy*, chevalier, seigneur de Beaumont à Hem et de Santes, en 1390, cadet de l'illustre maison de Lannoy (Archives municipales de Lille, registre de la gouvernance).

Pierre-Allard *de Lannoy* fut nommé rewart de Lille en 1710 et 1712, mayeur en 1711 et mourut en 1717. En 1699, ayant acheté les seigneuries de Bersée et de Wastines à crédit au prince de Robecq, et n'ayant pu les payer, ses créanciers firent vendre par décret ses terres de Bersée et de Wastines, puis sa seigneurie de Fretin, qui fut adjugée, le 4 octobre 1726, à Marie-Catherine *Stappaert*, veuve de Pierre *Delespaul*, secrétaire du Roi en la chancellerie du Parlement de Flandre, au nom de son fils, Jean-Baptiste *Delespaul*, écuyer, seigneur des Wastines, pour la somme de 88,000 florins. (Le florin de Lille valait 25 sols).

(Histoire généalogique de la famille de Fourmestraux, page 82).

(1) Les degrés généalogiques du XVe siècle présentés dans la requête ne paraissent pas bien prouvés ; ce qu'il y a de certain, c'est qu'il était issu d'une famille commerçante de Lille, dont la bourgeoisie remontait à l'an 1502, et qui avait établi des comptoirs ou succursales à Arras et à Cologne, aux XVIe et XVIIe siècles.

XVIIᵉ siècle. — DE LESPINE. — Anoblissement, par l'empereur Ferdinand III, de N... *de Lespine*, avec l'autorisation de changer son nom *de Lespine* et de prendre à l'avenir le nom de *Spina*. N... *de Lespine* descendait d'une famille de Lille, alliée aux *du Fresnoy de Le Vigne, Thieulaine, de Saint-Venant* dit *Markant, Fremault*, etc. Il était fils de Pierre *de Lespine* et de la baronne *Gutta de Palant* et petit-fils de Pierre, natif d'Armentières, qu'il quitta pour aller se fixer à Aix-la-Chapelle, où il mourut, en 1569, et d'Agnès *Le Bourgeois* (1), décédée, en 1579, fille de François, échevin d'Armentières, et de Jeanne *de La Vallée*.

P... *de Spina*, petit-fils de N... *de Lespine*, l'anobli, demeurait à Francfort-sur-le Mein, d'après une lettre qu'il écrivit en 1708 et dans laquelle il mentionne sa filiation. Les alliances indiquées par lui se retrouvent dans les généalogies des familles citées ci-dessus.

(Archives du département du Nord, canton B, Chambre des comptes, noblesse XVIIᵉ et XVIIIᵉ siècles).

Juin 1700. — THIEFFRIES. — Lettres données à Versailles pour Jacques *Thieffries*, seigneur de Layens, demeurant à Cambrai, qui avait obtenu une des 500 lettres d'anoblissement créées par l'édit de mars 1696 moyennant finance de 6,000 livres. Elles furent enregistrées le 26 octobre suivant. Il paya plus tard 3,000 livres de finance pour confirmation.

Ses armoiries furent réglées par d'Hozier comme suit : *D'or, à un chevron de gueules chargé en pointe de deux croissants entrelacés d'argent et accompagnés de 3 quintefeuilles de sinople, tiercés de même, boutonnés d'or et posés 2 en chef, 1 en pointe. Casque de profil, lambrequins d'or, de gueules, d'argent et de sinople.*

Cette famille porte aujourd'hui : *D'argent, à quatre jumelles de gueules en bandes accompagnées de neuf merlettes de sable.*

(Bureau des finances, IVᵉ registre, folio 52, verso. — Parlement de Flandre, registre aux lettres patentes, n° 4, folio 141).

(1) Agnès *Le Bourgeois*, « vesve demourée es biens et debtes de feu maître Pierre *de L'espine* », obtint par sentence rendue en la gouvernance de Lille, le 8 mars 1577, main-levée des biens de son mari, qui avaient été confisqués et mis sous séquestre, à l'époque des troubles, vers 1568. (Archives communales de Lille, registre aux sentences civiles de la gouvernance, années 1571 à 1586).

Aout 1700, Versailles. — DE KESSEL. — Erection en comté de la terre de Wattignies, située dans la châtellenie de Lille, village à clocher, ayant haute, moyenne et basse justice, et un beau château, plusieurs fiefs qui en dépendent et relevant immédiatement du Roi. Ces lettres furent enregistrées, le 10 octobre 1700, en faveur de Philippe-Albert *de Kessel,* écuyer, seigneur de Wattignies et Lesquin, premier capitaine de cavalerie au régiment de Mauroy, où il sert le Roi depuis 13 ans et a donné des marques de sa valeur, courage, expérience en la guerre. Il est issu d'une ancienne et noble famille du duché de Brabant, dont les ancêtres se sont toujours alliés noblement ; Jacques *de Kessel,* écuyer, père de son trisaïeul, à Madeleine *de Lierre Immerselle ;* Gilbert *de Kessel,* son fils, écuyer, lieutenant d'hommes d'armes de la compagnie d'ordonnance du comte de Nassau, trisaïeul dudit sieur de Wattignies, à Gertrude *de Blankeloet ;* Jean *de Kessel,* écuyer, fils dudit Gilbert et bisaïeul du sieur de Wattignies, à Anne *de la Briche ;* Philippe *de Kessel,* chevalier, son aïeul, à Madeleine *d'Apelteren ;* Michel *de Kessel,* son père, à Bonne-Françoise *d'Henin de Wambrechies,* et ledit sieur de Wattignies, à Marie-Charlotte *de Lannoy,* fille du comte *de Lannoy,* dont la sœur a été fille d'honneur de la Reine défunte et est actuellement comtesse douairière *de Montreuil.* Il est fait mention dans ces lettres de Emmanuel *de Kessel,* son oncle, seigneur de Gancline, officier-général, gouverneur de Charlemant et du Conseil de guerre du Roi catholique ; de Claude-Lamoral *de Kessel,* seigneur de Joncquaire, son cousin-germain, capitaine de cavalerie au régiment d'Hannequin, qui a eu aussi son cousin-germain tué au blocus de Mons.

(Archives de la ville de Lille, registre Riswick, folio 186. — Registre aux lettres patentes, n° 4, folio 135. — Bureau des finances, 4e registre, folio 7).

Septembre 1700. — DE ZOUCHE. — Lettres de maintenue, confirmation et anoblissement en tant que besoin données à Versailles, par Louis XIV, en faveur d'Alexandre-Pierre *de Zouche,* seigneur de la Lande, brigadier des ingénieurs, commandant de la citadelle de Metz, chevalier de Saint-Louis.

Ledit Alexandre-Pierre *de Zouche* expose qu'il est fils d'Alexandre *de Zouche* et de Marie *de Moupat,* petit-fils de Guillaume *de Zouche,* issu de la noble famille *de Zouche,* d'Angleterre, passée en France en 1623, fixée dans la province du Berry, ainsi que cela est établi par un certificat authentique du roi Jacques d'Angleterre et du roi d'armes de ce pays ; qu'il porte encore aujourd'hui les mêmes armes : *De gueules à douze besans d'or 3, 3, 3, 2 et 1, au franc quartier d'hermines ;* qu'ayant eu le malheur de perdre ses père et mère en bas-âge, ses papiers ont été entièrement perdus par la négligence et mauvaise conduite de son tuteur ; qu'il sert le Roi depuis 1670 ; qu'il commença par porter le mousquet dans le régiment de Navarre, fut officier et ingénieur, a pris part aux siéges de Maseic, Orsoy, Burick, Desbourg, Zutphen, est entré à Nimègue dont il a fait rétablir les brèches ouvertes lors du siége ; qu'il a pris part à la conquête de la Franche-Comté, a assisté aux siéges de Besançon, Dôle, Salins, a reçu deux coups de mousquet, un devant Besançon et un devant Dôle, a assisté, comme ingénieur, aux siéges de Huy, Limbourg, en 1675, aux siéges de Condé, Bouchain et Aire, en 1676, a été nommé major de cette dernière place, a été aux siéges de Valenciennes, en 1677, de Saint-Omer, en 1678, a été blessé dangereusement au bras droit devant cette dernière place, au siége d'Ypres, puis rentra à Aire, comme major, après la paix de Nimègue ; qu'il fut nommé lieutenant au gouvernement de Hambourg, fit la campagne sur le Haut-Rhin, a assisté aux siéges de Philisbourg, Manhein et Franckental, fut nommé, en récompense de ses services, commandant de la citadelle de Metz, fit encore la campagne suivante, se jeta dans Bonne, où il fut blessé d'un coup de fonconneau au poignet et demeura estropié, ce qui ne l'a pas empêché de diriger si bien la défense de cette place, qu'elle résista 102 jours aux ennemis auxquels elle ne fut remise que sur l'ordre du Roi ; qu'il servit encore pendant la campagne de 1691 et fut nommé depuis commandant de la citadelle de Metz ; qu'il a épousé Charlotte et non Marie *de Balestrier*, dont il a un fils et trois filles ; que cette dame est héritière de l'ancienne maison de *Saint-Waast*, etc., etc.

(Archives de la ville de Lille, registre Eugène, folio 161).

Septembre 1700. — DE ZOUCHE. — Confirmation de noblesse et anoblissement en tant que besoin de Pierre *de Zouche*, seigneur de la Lande, par lettres de Louis XIV données à Versailles et enregistrées au Parlement de Paris, le 8 mars 1708.

(Archives nationales, registre du Parlement de Paris, ancienne cote, M M M M M, folio 299).

Juin 1701. — LE COMTE. — Lettres d'anoblissement et de chevalerie héréditaire données en faveur de Jean-Charles *Le Comte* (1), seigneur de Caverine, né à Lille,

---

(1) Le premier registre où sont enregistrées les lettres des secrétaires du Roi (archives du Parlement de Flandre, à Douai, folio 176), nous apprend que Jean-Charles *Le Comte*, seigneur de La Barre, avait obtenu, le 29 juin 1683, des lettres de conseiller-secrétaire du Roi en la chancellerie établie auprès du Parlement de Tournai, mais qu'elles furent rapportées et déclarées nulles comme ayant été mal obtenues.

qui avait obtenu une des 500 lettres d'anoblissement créées par édit de mars 1696. Elles furent enregistrées le 15 juillet suivant. Il paya 6,000 livres de finance. Ces lettres disent qu'il a rendu de grands services lors de la réduction de Lille et a acheté, un des premiers, un office de conseiller-secrétaire en la chancellerie du Parlement de Tournai.

ARMES : *D'azur, au chevron d'argent, accompagné de 3 quinte-feuilles de même et chargé en pointe d'un croissant de gueules;* supports : *2 licornes d'argent.*

(Parlement de Flandre, registre aux édits et déclarations, n° 17, folio 23. — Enregistrées au bureau des finances, IV° registre, folio 98, verso).

JUILLET 1701. — VAN DER STICHELE. — Lettres d'anoblissement données à Marly en faveur de Charles-Joseph *Van der Stichele,* demeurant à Ypres, dont les ancêtres ont toujours été mis au rang des gentilshommes, ont occupé depuis plus d'un siècle des charges d'échevin, de conseiller et trésorier de la ville d'Ypres ; dont le père et aïeul ont été pendant plus de 50 ans députés à l'Assemblée générale des Etats de Flandre, et dont la famille est alliée à la plupart des plus honorables et à plusieurs familles nobles de la ville d'Ypres. Il avait, moyennant 6,000 livres de finance, obtenu une des 500 lettres d'anoblissement créées par édit de mars 1696. Les lettres furent enregistrées le 3 mars 1703 (1).

Ses armes furent réglées par d'Hozier : *D'azur au chevron d'or, accompagné de 3 maillets de même posés 2 et un.* Cimier : Un maillet d'or, casque de profil orné de lambrequins d'or et d'azur.

(Parlement de Flandre, registre aux édits et déclarations, n° 17, folio 123).

AOUT 1701, MARLY. — DE BERGHES. — Erection en principauté de la terre de Raches, près Douai, en faveur de Philippe-Ignace *de Berghes,* prince de Raches, et de Marie-Françoise *de Berghes,* princesse de Raches, son épouse, enregistrée le 19 octobre 1701. Le dispositif nous apprend qu'Eugène *de Berghes,* maître-de-camp-général des armées aux Pays-Bas de Hainaut, oncle de ladite Marie-Françoise *de Berghes,* avait obtenu le titre de prince, le 30 décembre 1681, du feu Roi catholi-

---

(1) Enregistrées aussi au bureau des finances, IV° registre, folio 235.

que, avec la faculté de l'appliquer à celle de ses terres qu'il lui plairait, pourvu qu'elle soit située sous la domination d'Espagne; que ledit Eugène et Charles-Alexandre *de Berghes*, son frère, (ce dernier héritier et père de ladite Marie-Françoise *de Berghes*,) étaient décédés sans avoir fait cette déclaration de terre ; que ledit Philippe-Ignace *de Berghes* et ladite dame, son épouse, avaient nommé leur dite terre de Zetaud, au bailliage de Namur, suivant déclaration de septembre 1698, mais que, depuis, désirant vivre sous notre domination, ils demandaient que ce titre fût transféré sur leur comté de Raches, près Donai, qui est un bourg paroisse ayant justice haute, moyenne et basse et beaucoup de beaux droits seigneuriaux et plusieurs fiefs qui en relèvent et qui, avec l'union de la terre de Boubers, sise au comté d'Artois et relevant du château d'Hesdin, en a fait une terre d'un revenu considérable et peut aisément soutenir le nom, titre et qualité de principauté.

(Archives du Parlement de Flandre, registre aux édits et déclarations, n° 17, folio 31. — Archives du département du Pas-de-Calais, XII° registre aux commissions, folio 932).

21 Janvier 1702. — VAN ZELLER. — Lettres de réhabilitation et maintenue de noblesse avec anoblissement en tant que besoin, avec augmentation d'armoiries, données à Barcelonne pour Roland *Van Zeller* (1).

« Philippe, roi de Castille, etc., de la part de notre cher et bien-amé Roland *Van Zeller,* nous a été remontré que la famille *Van Zeller,* dont il descend, seroit fort noble et ancienne et que, de tout temps, ses ancêtres se seroient signalez au service des ducs de Gueldres, nos prédécesseurs, tant par les employs et dignités considérables qu'ils y auroient possédés et exercés, que par le titre de chevalier, dont ils auroient été honorés avec toutes les prééminences, prérogatives qui y compètent, s'estant maintenus et conservez dans ce lustre et distinction jusqu'à ce que les Etats des provinces unies s'estant emparés de la ville de Nimègue (où ils s'estoient établis), ils s'en seroient retirez aimant mieux d'abbandonner leur demeure que de blesser en rien la religion catholique, ni la fidélité due à leur Souverain, mais que, se voyant dépouillez entièrement de leurs biens, charges et dignités, ils auroient été obligés de s'appliquer au commerce, afin de se pouvoir maintenir ainsi qu'auroit fait le remontrant qui souhaitait de s'en relever et de remettre sa famille dans son ancien lustre, nous a très humblement supplié qu'il nous plût lui faire la grâce de le réhabiliter

---

(1) Roland *Van Zeller* avait pour frère Théodore *Van Zeller* qui fut anobli par une charge de secrétaire du Roi, en la chancellerie du Parlement de Flandre, le 30 avril 1702.

— 375 —

et de pouvoir continuer à porter les armes de ladite famille *Van Zeller* : *En un écu d'argent à l'étoile de six rayons de gueules au milieu de 3 merlettes de sable, 2 en chef, 1 en pointe,* qui seroient de *Zeller,* et pour augmentation de pouvoir porter ledit *écu, d'or à une fleur de lys d'azur posée au milieu de 3 lions, à savoir : deux de sable armés et lampassés de gueules en chef et d'un lion léopardé passant de sinople en pointe,* et pour cimier *un merle, au pied aussi de sable, avec une étoile d'or à la poitrine, l'heaume de profil ou contourné grillé et liseré d'or, bourlet, hachements et lambrequins aux émaux de l'écu.* Savoir faisons ce que dessus considère et que le suppliant en auroit fait couster par des instruments autentiques qu'il nous a exhibé à notre appaisement, avons de notre certaine science, autorité souveraine et pleine puissance pour nous, nos hoirs et successeurs, remis et effacé, comme nous remettons et effaçons par ces présentes tout ce en quoy ledit Roland *Vanzeller*, son père, ayeul ou autre de ses devanciers pourroient avoir dérogé à leur noblesse en quelconque manière que ce soit et suivant ce réhabilité et rétabli comme nous réhabilitons et rétablissons audit état de noblesse de ses prédécesseurs, l'anoblissant de nouveau pour autant que besoin soit par ces présentes, voulant, et entendant qu'il, ses enfants et postérité masle et femelles naiz et à naître en léal mariage aient à jouir et user, jouissent et usent doresnavant et à toujours comme gens nobles, en tous lieux, actes et besoignes, etc., etc. »

(Archives de la ville de Lille, registre Dauphin, folio 93).

15 Mai 1703. — COL. — Lettres de chevalerie héréditaire données à Versailles pour François *Col*, baron de Gaverelle, chef du magistrat de la ville de Douai, qui a servi pendant 30 ans dans le régiment de royal Roussillon, en qualité d'un des premiers capitaines, et dont le père a été tué au service, en commandant le régiment de Douche, et ensuite du comte d'I... (cavelerie). Elles furent enregistrées le 12 juillet suivant.

(Parlement de Flandre, registre aux édits et déclarations, n° 17, folio 146).

Juin 1703. — D'HANGOUART. — Lettres qui créent marquis d'Avelin Barthélemi-François *d'Hangouart*, comte d'Avelin, seigneur de Seclin, et Antoine-Félix *d'Hangouart*, son fils cadet. Elles furent enregistrées le 25 octobre 1706 (1).

(1) Elles furent aussi enregistrées au bureau des finances de Lille, VII° registre, folio 144, verso (Table Godefroy).

Ces lettres portent en outre qu'ils pourront appliquer ce titre à telle terre qu'il leur plaira et que, si Antoine-Félix meure sans héritier mâle, ce titre doit retourner à Charles-Philippe d'*Hangouart*, son frère aîné, et aux aînées de ses descendants mâles.

(Parlement de Flandre, table de M. Remy de Gennes, registre , folio 40).

Avril 1704. — COCLE. — Lettres de chevalerie héréditaire données à Versailles pour François-Jean *Cocle*, écuyer, conseiller pensionnaire de la salle et châtellenie de la ville d'Ypres, et enregistrées le 17 octobre 1704 (1).

Le dispositif porte que sa famille occupe depuis un temps immémorial les premières charges de la ville d'Ypres ; que Jean *Cocle*, son aïeul, a possédé 36 ans celle de premier conseiller de la salle et châtellenie ; que son fils, père de l'exposant, lui a succédé dans cette charge et l'a exercée jusqu'à son décès arrivé en 1677 ; que lui-même, après avoir exercé la magistrature dans ladite salle et châtellenie pendant 14 ans, fut choisi, par l'intendant de la Flandre du côté de la mer, M. Desmadris, comme son délégué pour les villes et châtellenie d'Ypres, Bailleul, Warneton, Poperingue et Werwicq, charge qu'il exerce encore sous Mᵉ Barentin, successeur de M. Desmadris, avec celle de conseiller pensionnaire de la ville d'Ypres, dont il a été pourvu en 1695, etc., etc.

(Parlement de Flandre, registre aux édits et déclarations, n° 17, folio 237).

Mai 1704. — L'ESPAGNOL. — Lettres d'anoblissement données pour André-François *L'Espagnol*, conseiller des Etats de la Flandre-Wallonne et premier conseiller pensionnaire de la ville de Lille, fils de Jean-Joseph *L'Espagnol de Cavrines*, ancien procureur-général de la ville de Douai. Elles furent enregistrées le 14 mars 1705 (2).

On voit qu'il avait pour père Jean-Joseph *L'Espagnol de Cavrines*, ancien procureur-syndic de la ville de Douai, qui a rendu au Roi de France des services dans

---

(1) Enregistrées aussi au bureau des finances, Vᵉ registre, folio 100.

(2) Elles furent aussi enregistrées au bureau des finances de Lille, Vᵉ registre, folio 394.

diverses commissions extraordinaires qui lui furent confiées par les intendants de Flandre, à l'occasion des siéges de Condé, Bouchain, Valenciennes et Cambray.

ARMES : *D'azur à une foi d'argent ; casque de profil, orné de lambrequins d'argent et d'azur.*

(Parlement de Flandre, table de M. Remy de Gennes, registre , folio 5).

JUIN 1704. — GAILLARD. — Lettres d'anoblissement (1) données par Louis XIV, à Versailles, pour Pierre *Gaillard*, avocat en Parlement, fils de Jean *Gaillard*, d'abord procureur-général, puis conseiller au Conseil d'Artois, qui obtint une des 500 lettres d'anoblissement créées par édit de mars 1696. Il avait rendu au Roi, au péril de sa vie, de grands services aux siéges de Saint-Omer, Aire et à la bataille de Cassel, en allant reconnaître les forts des ennemis et leur situation. Il dut payer 6,000 livres et un supplément de finance de 3,000 livres (Quittance du 27 mai 1706).

Les armoiries de Pierre *Gaillard*, réglées par d'Hozier, sont : *D'argent à 2 fasces de sable accompagnées de 6 quintefeuilles de même posées 3, 2 et 1 ; casque de profil, lambrequins d'argent et de sable.*

OCTOBRE 1704, FONTAINEBLEAU. — BECQUET. — Confirmation de noblesse et anoblissement en tant que besoin, sans finance, pour Philippe-François *Becquet*, docteur en droit à l'Université de Douai et premier conseiller pensionnaire de cette ville, enregistrés au Parlement de Flandre, le 1er décembre 1704, et au bureau des finances et domaines de la généralité de Flandre, le 27 septembre 1709 (2).

Le dispositif dit que sa famille est originaire d'Angleterre, de la même famille que Thomas de Cantorbery, le grand chancelier d'Angleterre ; que son trisaïeul, Adam *Becquet*, était venu d'Angleterre s'établir à Bapaume ; qu'il avait eu, entre autres enfants, Michel, bisaïeul de l'exposant, qui vint s'établir à Douai ; que son origine

---

(1) Ces lettres furent enregistrées au greffe du bureau des finances, domaine de la généralité de Lille registre VIIe, folio 35, et à l'élection d'Artois, le 15 octobre 1704. — Ces lettres, qui ne sont citées ni par Roger, ni par Godefroy du Sart, ont été relevées par nous dans le manuscrit de M. Palisot de Beauvois, appartenant à M..., demeurant à..., tome II, page 17.

(2) Cette date est indiquée dans les lettres obtenues par son cousin-germain.

anglaise est établie par deux certificats émanant du premier roi d'armes des Pays-Bas espagnols, et par des lettres patentes de Jacques II et de Jacques III, roi d'Angleterre, etc., etc.

Les armes ont été de tout le temps : *Écu d'argent à 3 canettes de sable becquées et membrées de gueules, 2 en chef, 1 en pointe, et une croix pattée au pied fiché de sable posée en cœur ; casque de profil, lambrequins d'argent et de sable* (1).

(Archives du Parlement de Flandre, registre aux édits et déclarations, n° 17, folio 260. — Bureau des finances de Lille, VIII° registre, folio 47, verso).

Mai 1705, Marly. — DE LA WOESTINE. — Erection en marquisat de la terre de Becelaere pour Maximilien *de La Woestine*, chevalier, baron de Becelaere, de Troibreze et du Saint-Empire, seigneur de Flechinel, Gheluwe, etc., gentilhomme de la province de Flandre. Ces lettres furent enregistrées au Parlement de Flandre, le 26 juin 1705, au bureau des finances de Lille (V° registre, folio 252), le 3 juillet suivant, et à la Chambre héraldique à Bruxelles le 2 septembre 1758 (2).

(Parlement de Flandre, table de M. Remy de Gennes, registre , folio 11).

Aout 1705. — GILLARD. — Lettres de confirmation de noblesse et d'anoblissement (3) en tant que besoin données à Antoine *Gillard*, conseiller pensionnaire de la ville de Valenciennes, et enregistrées le 4 mai 1706.

Armes : *D'or à un lion de sable lampassé de gueules, d'or et de sable.*

(Parlement de Flandre, registre , folio 24).

Octobre 1705. — DE SALPERVICK. — Lettres données à Fontainebleau qui permettent de relever le titre de marquis de Grigny, à François *de Salpervick* (4), sei-

---

(1) Table des registres du bureau des finances, archives départementales.

(2) Ces lettres sont publiées *in extenso* dans l'annuaire de la noblesse de Belgique du baron de Stein d'Altenstein, année 1865, page 301.

(3) Ces lettres furent également enregistrées au bureau des finances de Lille, VI° registre, folio 124, verso.

(4) François *de Salpervick*, et sa femme Marie-Charlotte *de Harchies*, déclarent d'un commun accord consentir à ce qu'Antoinette-Philippe *de Bassecourt* jouisse, sa vie durante, de la terre de Grigny.

gneur du Fresnoy, Crehem, Hestruval, Plumoison, Quiesy, Ristade, Marconnelle, Hericourt et Leuzeux, mousquetaire de la seconde compagnie de la garde du Roi, commandée par le sieur de Jouvelle, qui a assisté aux prises de Valenciennes, Cambrai, Saint-Omer, à la bataille de Cassel, fils de feu Louis de Salpervick et de Antoinette-Philippe *de Bassecourt,* et neveu de Jean-Baptiste *de Bassecourt,* marquis de Grigny. Il peut relever ce titre de marquis de Grigny, en y ajoutant et y incorporant les terres de Fresnoy, Quisy et Marconnelle, qui relèvent aussi du château d'Hesdin, pour en jouir après le décès de sa mère, qui, suivant les intentions de son frère, lui avait fait don de la terre de Grigny, par acte du 17 janvier 1703.

(Manuscrit Palisot de Beauvois, tome II, folio 33. — Archives départementales du Pas-de-Calais, registre aux commissions d'Artois, XIII, 281. — Bureau des finances, registre VIe, folio 118).

Décembre 1705. — D'HAFFRINGUES. — Anoblissement de Jacques-Adrien *d'Haffringues,* conseiller pensionnaire des Etats de Lille, subdélégué de l'intendant de Flandre, fils de Jacques, conseiller et avocat-général au Conseil d'Artois, pour le Roi catholique, etc., par lettres de Louis XIV données à Versailles, sans finances, et enregistrées au Parlement de Flandre, le 25 février 1706, et au bureau des finances de Lille, le 9 mars suivant.

Ledit *d'Haffringues,* d'après le dispositif, s'est acquis, dans les fonctions de ses charges, la réputation d'un magistrat très capable, très intelligent, très intègre, très désintéressé et très zélé pour le service du Roi et pour le bien public (1).

Armes : *D'azur à la fasce d'or accompagnée en chef de 3 étoiles de même et en pointe d'une grive aussi d'or; lambrequins d'or et d'azur* (2).

(Parlement de Flandre, VIe registre, folio 41, verso. — Renseignement de M. Fremaux).

(1) Le baron Charles *d'Haffringues,* dernier descendant mâle de cette ancienne famille de Saint-Omer, originaire de Boulogne-sur-Mer qu'elle avait quitté en 1515, a épousé Marie-Léonie *Cœuret de Nesle,* fille du comte de Nesle, et habitait encore en 1875 à Meslay, près Vendôme.

(2) Table des registres du bureau des finances ; archives départementales à Lille.

Octobre 1706. — STAPPAERT. — Lettres d'anoblissement données à Versailles pour Jean-Baptiste *Stappaert* (1), seigneur de La Haye, et enregistrées le 14 décembre 1706 (2).

Jean-Baptiste *Stappaert* expose qu'il est d'une bonne famille de Lille, qui, depuis un temps immémorial, vit noblement et a toujours été très zélée pour le bien public ; que son aïeul paternel a fondé à Lille un hôpital, qui porte son nom, où un grand nombre de jeunes filles sont entretenues, élevées et instruites gratuitement jusqu'à l'âge de vingt ans, et une maison dans la ville d'Armentières pour des pauvres enfants orphelins ; que son père est décédé, pourvu d'une charge de trésorier de France au bureau des finances de Lille, après l'avoir exercée dix ans avec honneur, etc., etc. ; pour ces causes et sur la recommandation de l'électeur de Cologne, Clément de Bavière, le roi de France lui accorda ces lettres.

Armes : *D'azur semé de flammes d'or avec une bande de même. Casque posé de profil avec lambrequins d'or et d'azur.*

(Parlement de Flandre, registre   , folio 49).

9 Février 1707. — DE LA FONTAINE. — Lettres (3) de Louis XIV données à Versailles qui dispensent d'un degré de service Pierre-François Gaspard *de La Fontaine*, seigneur de Fontissart, conseiller du Roi, doyen des trésoriers du bureau des finances de Lille. Il acquiert ainsi la noblesse et peut la transmettre à ses enfants, moyennant finance de 6,000 livres payées suivant quittance délivrée à Paris le 26 janvier 1707.

(LXXIXe registre des Chartes, folio 34).

Avril 1707. — DESMAZURES. — Lettres d'anoblissement données à Versailles pour Jacques *Desmazures*, seigneur du Val-Bernard, chevalier de Saint-Louis, capi-

---

(1) Jean-Baptiste *Stappaert* avait prêté sa maison de campagne dite de La Haye, sise à Esquermes, à l'électeur de Cologne.

(2) Ces lettres furent également enregistrées aux archives de la ville de Lille, registre la Guerre, folio 155, et au bureau des finances de Lille, folio 324.

3) Ces lettres furent aussi enregistrées aux archives de Lille, registre la Guerre, folio 197, verso.

taine réformé à la suite du régiment d'infanterie d'Isenghien, au service depuis trente-cinq ans, blessé au siége de Mons, issu d'une bonne famille d'Arras, dont l'aïeul était procureur-général du Conseil d'Artois, et dont le père avait épousé Marie-Claire *Deleval*, d'une famille noble d'Artois.

ARMES réglées par d'Hozier : *D'argent à une tête de more de sable liée d'argent posée de profil et accompagnée de trois roses de gueules posées 2 en chef une en pointe. Casque de profil, lambrequins de gueules d'argent et de sable.*

(Manuscrit Palisot de Beauvois, tome II, folio 39. — Archives départementales du Pas-de-Calais, registre aux commissions d'Artois, XIII, 428).

OCTOBRE 1708. — CAUDRON. — Lettres de confirmation et d'anoblissement en tant que besoin, données à Versailles, pour Jacques *Caudron*, avocat au Conseil d'Artois, échevin d'Arras, député des Etats.

Ces lettres nous apprennent « qu'il est fils de Louis *Caudron*, fils de Guillaume, fils de Jean, fils d'Antoine, fils de Jean, fils de Jean, écuyer, fils de Bauduin, écuyer, qui vivait en 1364 ; que Bauduin, fils de Jean et de Catherine *de Loncharde*, fille de Jean, écuyer, fils de Manassié *Caudron*, écuyer, seigneur de Wullecourt et de Longastre, frère de Bauduin *Caudron*, chevalier, seigneur de Santy, qui vivait en 1273, iceux Bauduin et Manassié, frères, fils de Manassié *Caudron*, chevalier, seigneur de Santy, vivant en 1228, fils de Jean, chevalier, seigneur dudit Santy, neveu et héritier de Jean-Bauduin *Caudron*, fils de Jessiers *Caudron*, chevalier, seigneur de Santy, Inchy, Wullecourt, Longastre, Grombremetz, vivant en 1096, etc. ; qu'il a épousé : 1° Barbe-Françoise *de Saint-Waast*, fille d'Allard, chevalier, conseiller au grand Conseil de Malines ; 2° Jeanne *Prévost*, fille d'Antoine, lieutenant particulier de la gouvernance d'Arras. »

Ses armes furent réglées comme suit par d'Hozier : *De gueules, à 3 chaudrons d'or posés en bande, chacun entre un double filet d'or posé en fasce. Casque de profil, lambrequins d'or et de gueules.*

(Manuscrit Palisot de Beauvois, tome II, folio 47. — Archives départementales du Pas-de-Calais, XIIIe registre aux commissions, folio 812).

31 DÉCEMBRE 1708. — LE MAYEUR. — Lettres patentes données à Versailles, moyennant six mille livres de finance, accordant, à Jean *Le Mayeur*, écuyer, seigneur

de Beugnastre, conseiller au Conseil d'Artois, dispense d'un degré de service, pour transmettre la noblesse à sa postérité.

(Manuscrit Palisot de Beauvois, tome II, folio 51. — Archives départementales du Pas-de-Calais, registre aux commissions, XIII, 667).

MAI 1709. — FRANEAU. — Erection en comté de la terre de Gommegnies, relevant du Roi, située dans le bailliage du Quesnoy, pour Albert-Michel Joseph *Franeau*, chevalier, seigneur d'Yon, baron de Gommegnies, vicomte de Canteleu, par lettres données à Versailles et enregistrées au Parlement de Flandre, le 24 décembre 1709, et au bureau des finances de Lille, VIIIe registre aux Provisions, folio 128 (1).

(Parlement de Flandre).

DÉCEMBRE 1710. — DE CERF. — Erection en marquisat des terres de Flamertingue et de Wyterkove, en faveur de Jean-François *de Cerf*, écuyer. Les lettres furent enregistrées le 11 février 1711.

(Parlement de Flandre, table de M. Remy de Gennes, registre , folio 71).

FÉVRIER 1710. — LEFEBVRE. — Lettres d'anoblissement données à Versailles pour Arnould *Lefebvre*, chevalier de Saint-Louis, lieutenant-colonel du régiment de cavalerie de marine, qui sert depuis 38 ans.

On voit dans ces lettres qu'il est entré au service comme cadet dans le régiment de Picardie en 1672 ; qu'il a été blessé au siége de Worden, en Hollande ; qu'il a été cornette de cavalerie au régiment de Hovamain, en 1678, puis lieutenant réformé dans celui de Bordage, capitaine dans le régiment du Maine, en 1698 ; qu'il s'est distingué à la bataille de Fleurus, ayant passé la veille, à la nage, la rivière de Sambre, avec quinze cavaliers, et pris une redoute de l'autre côté ; qu'il a reçu cinq coups de feu et d'épée le jour de la bataille, et a eu un cheval blessé et un tué sous lui ; qu'il a assisté aux combats de Leuze, Steenkerque, batailles de Ramilly, d'Audenarde, où il fut blessé au bras d'un coup de sabre, à celle de Malplaquet, aux siéges de Maes-

(1) Ces lettres sont rapportées *in extenso* dans la Belgique héraldique de Ch. Poplimont, tome IV, page 323.

trick, Trèves, Gand, Ypres, Valenciennes, Saint-Omer, Mons, Namur, Charleroy, etc.

D'Hozier règle ses armoiries : *D'azur à une colombe d'argent fondante en pal et au chef de gueules chargé de trois étoiles d'or. Casque de profil, lambrequins d'or, d'azur, d'argent et de gueules.*

(Manuscrit Palisot de Beauvois, tome II, folio 55. — Archives départementales du Pas-de-Calais, registre aux commissions d'Artois, XIII, folio 910).

16 Mai 1710. — SCHERER DE SCHERBOURG. — Lettres de confirmation et de réhabilitation de noblesse et de chevalerie datées de La Haye et données à Guillaume-Eubert *Scherer*, négociant à Lille, où son père, Diethelin, était venu s'établir en 1626. Voulant faire reconnaître sa noblesse, il s'adressa en 1710 aux Etats-Généraux de Hollande qui étaient alors maîtres de la ville de Lille et obtint ces lettres notifiées au lieutenant-général de la gouvernance de Lille.

Son père, Diethelin *Scherer*, natif et originaire de Saint-Galle, en Suisse, principauté de l'Empire d'Allemagne, avait obtenu, de l'empereur Ferdinand III, des lettres d'anoblissement datées du château de Linz, 10 juillet 1646, l'autorisant, ainsi que ses descendants, de prendre la qualité de chevalier banneret et de porter le nom de *Scherer de Scherbourg* (1).

Armes : *Aux 1 et 4 d'argent à une simple aigle déployée de gueules, lampassée, armée et couronnée de même, aux 2 et 3 d'or au cerf de gueules rampant, ramé et lampassé de même posé sur une montagne de sinople. L'écu timbré d'un casque d'acier ouvert de front, orné de lambrequins d'argent et de gueules par la gauche, et d'or et de gueules par la droite, sommé d'une couronne royale d'or à l'antique, surmonté d'un cerf naissant de gueules ramé et lampassé de même, posé entre deux cornes de buffles, tournées en dehors, coupée la première de gueules et d'or, la deuxième d'argent et de gueules.*

(Archives de la ville de Lille, registre Eugène, folio 85 et suivants).

---

(1) Guillaume-Eubert *Scherer de Scherbourg*, chevalier, seigneur de Tourmignie et de Le Pré, mourut le 25 août 1720 et fut inhumé dans le chœur de l'église de Tourmignie dont il avait acheté la seigneurie en 1694.

Décembre 1710. — DE HERTAING. — Lettres de légitimation données à Versailles pour Robert-François *de Hertaing*, avocat au Parlement de Flandre, conseiller référendaire en la chancellerie du Parlement de Flandre. On voit qu'il était né à Cambrai, paroisse Saint-Waast, le 3 juin 1678, de Robert *de Hertaing* et de Marie-Françoise *Laude*, et que son père, alors défunt, s'était sauvé et fait carme à Namur, ne voulant pas épouser la demoiselle *Laude*.

(Parlement de Flandre, registre aux Provisions étrangères, n° 6, folio 95).

Février 1711. — DE LA VIEFVILLE. — Erection en marquisat (avec établissement d'une foire) des terres de Steenworde, d'Oudenhove et d'Octezele, sous la dénomination de marquisat *de La Viefville*, pour François-Joseph-Germain *de La Viefville*, baron de Steenvoorde, ancien capitaine aux gardes wallonnes. Ces lettres furent enregistrées le 20 avril suivant (1).

L'exposé dit qu'en 1023 Jean *de La Viefville*, gentilhomme du roi Robert, gagna, dans un tournois que le Roi fit faire à Montmartre, les trois annelets, que la maison *de La Viefville* a depuis portés et porte encore dans ses armes pour marque d'honneur; que la terre de La Viefville a été érigée en comté par le roi Philippe-Auguste; que Pierre *de La Viefville*, vicomte d'Aire, a été choisi par le duc Jean de Bourgogne pour être gouverneur du bon duc Philippe, son fils; que Jeanne, héritière de la maison *de La Viefville*, a épousé Antoine *de Bourgogne*; qu'elle était la dernière de la maison de La Viefville; que Philippe *de La Viefville*, dont descend la branche du suppliant, était, en 1460, chambellan du duc de Bourgogne, gouverneur d'Artois chevalier, de la Toison-d'Or, et avait épousé Isabelle *de Bourgogne*, de Brabant, etc., etc. Enfin il est dit que le marquisat *de La Viefville* sera tenu en un seul fief du château de Cassel.

Parlement de Flandre, registre , folio 73 (table de M. Remy de Gennes).

Avril 1711. — GALLOT. — Lettres de confirmation de noblesse et anoblissement en tant que besoin données à Versailles pour François *Gallot*, écuyer, seigneur de Rosemar, commissaire provincial d'artillerie, et enregistrées le 24 décembre de la même année.

---

(1) Enregistrées au bureau des finances de Lille, tome VIII, folio 161. — Table des registres du bureau des finances de Lille, archives départementales à Lille.

Le dispositif nous apprend qu'il est au service depuis 37 ans ; qu'il a commencé à servir, dès l'âge de 17 ans, dans le régiment de Romanet (cavalerie); qu'il s'était équipé à ses dépens; qu'il a continué à servir, pendant 35 ans, dans l'artillerie, a assisté à tous les siéges, bombardements et batailles qui ont eu lieu en Flandre ; qu'il a donné des preuves de valeur qui lui ont mérité des témoignages avantageux du duc de Maine, grand-maître de l'artillerie ; que sa famille était établie à Montreuil-sur-Mer, où ses ancêtres étaient réputés nobles ; qu'il y possède encore aujourd'hui le fief de la Gueulde donné à ses ancêtres par Philippe II; que ses titres ont été perdus, dans l'embrasement de Montreuil, en 1573 ; que ceux qu'il possédait encore ont été brûlés, dans une maison qu'il avait en Boulonnais, par la garnison de Saint-Omer, etc., etc. ; qu'un de ses fils est lieutenant d'artillerie depuis 14 ans ; que quatre de ses oncles, deux de ses cousins-germains et son frère ont été tués au service, etc., etc.

Ses armes, réglées par d'Hozier, sont : *D'azur au chevron d'or, accompagné en pointe d'un coq de même, crêté, becqué, barbé et onglé de gueules; casque de profil orné de lambrequins d'azur, d'or et de gueules.*

(Parlement de Flandre, registre des bulles, 2ᵉ Chambre commençant le 11 juin 1703, folio 72).

21 Janvier 1712, Paris. — GRENU. — Arrêt du Conseil d'Etat du roi de France, ordonnant maintenue de la noblesse de Pierre *Grenu*, brigadier des armées du roi Louis XIV, et de son cousin, Gabriel *Grenu*, conseiller d'Etat de la république de Genève. Cet arrêt ajoute que leurs noms seront inscrits dans le catalogue des gentils-hommes qui se fera au Conseil et sera envoyé dans tous les bailliages et élections du royaume (1).

---

(1) Pierre et Gabriel *Grenu* descendaient en ligne directe de Michel *Grenu*, baptisé à Tournai, paroisse Saint-Quentin, le 11 mai 1534, marié à Armentières, le 3 février 1565, à Anne *Grenu*, appartenant à une branche de la même famille établie dans cette dernière ville. Michel *Grenu* quitta les Pays-Bas vers 1568, s'établit en Suisse vers 1576, devint capitaine de cavalerie au service d'Henri IV et mourut des suites des blessures qu'il avait reçues à la bataille d'Yvry, vers 1590.

Gilles *Grenu*, père de Michel, était conseiller-pensionnaire de la ville de Tournai, avait épousé, en 1528, Jeanne *de Preys* et fut anobli, par lettres patentes de Charles-Quint, à Bruxelles, le 4 novembre 1553.

Cette famille, originaire de Lille, avait quitté cette ville, vers la fin du XVᵉ siècle, pour se fixer à Tournai, existait encore en 1778 et servit toujours avec fidélité les rois de France dans les régiments des gardes-suisses.

Grenu portait : *D'argent au serpent de gueules, au chef d'azur, chargé de 3 molettes d'or de 5 pièces;* timbre : *Un serpent de gueules entre deux penants d'argent avec hachements d'or et d'azur.*

(Saint-Génois, monuments anciens, tome II, page 125).

Mai 1712. — DE CARNIN. — Erection en comté des terres de Staden, Roosebecque, Swylande, Loo, Suos, Cachembilk, Terheyde, Cackenburgh, tenues d'Ypres, qui furent réunies sous le nom de Carnin Staden, pour Jean *de Carnin,* vicomte de Vain, baron de Slyps, seigneur de Staden et Roosebeke, châtelain d'Ypres, fils de Jean-Baptiste-François *de Carnin,* baron de Slyps, seigneur de Lignecourt, Boutouzel, Staden, etc., et de Jeanne-Marie *Wain.* Elles furent enregistrées le 23 juin suivant (1).

Dans ces lettres, il est question de Jean *de Carnin,* auteur dudit Jean, échanson de Philippe-le-Bon, duc de Bourgogne, et d'un autre, Jean *de Carnin,* fait chevalier en 1616 par Albert, archiduc d'Autriche.

(Parlement de Flandre, table de M. Remy de Gennes, registre , folio 76).

Juin 1712. — WERY. — Lettres de confirmation de noblesse données pour Philippe-Léopold *Wery,* seigneur de Rampy, et enregistrées le 20 juillet 1712 (2).

Armes : *D'azur, à un chevron d'or, accompagné de trois étoiles d'or; casque de profil, orné de lambrequins d'or et d'azur.*

(Parlement de Flandre, table de M. Remy de Gennes, registre , folio 78).

Octobre 1712, Versailles. — DE PARTZ. — Erection en marquisat de la terre d'Esquire pour François-Joseph *de Partz,* seigneur de Pressy, d'Esquire, Crepy, Sorel, Lannoy, Outrebois, Mortaigne, La Rachie, député de la noblesse des Etats d'Artois, ci-devant capitaine dans le régiment wallon d'Isenghien, qui a rendu de

---

(1) Ces lettres furent également enregistrées au bureau des finances de Lille, VIIIe registre, folio 368. — Voir les annales de la Société historique d'Ypres, tome II, page 238.

(2) Ces lettres furent également enregistrées au bureau des finances de Lille, IXe registre, folio 138. verso.

grands services au Roi dans les armées, a assisté à la bataille de La Marsailles, à différents siéges ; qui commandait les grenadiers à la prise d'assaut de Palamos et a eu deux frères tués au service : l'un à La Pérouze, l'autre en revenant de Bavière ; qui est issu d'une très noble et ancienne famille d'Artois.

Ces lettres nous apprennent que la terre d'Esquire, à laquelle sont incorporées les terres de Crepy et de La Rachie, consistait en deux prairies mouvantes du comté de Saint-Pol, avait haute, moyenne et basse justice, comprenait 400 mesures de terres en rentes foncières, 800 mesures de terres qui en relevaient en coteries, ainsi que plusieurs fiefs, et possédait un château bien bâti, avec une chapelle fondée en 1588, un seigneur d'Esquire, trisaïeul du seigneur actuel.

(XIVe registre aux commissions, folio 229. — Manuscrit Palisot de Beauvois, tome II, folio 59, et bureau des finances de Lille, IIe registre, folio 98).

Février 1714. — PRANGER. — Lettres d'anoblissement, données à Versailles moyennant six mille livres de finance, pour Antoine *Pranger*, avocat au Conseil d'Artois, fils de Sébastien et d'Anne *Quarré*, qui exerce avec distinction et probité la charge d'avocat, depuis 1673, et a été plusieurs fois employé par le sieur Bignon, commissaire du Roi, ce qui lui a donné l'occasion de rendre des services au Roi.

Armes réglées par d'Hozier : *D'or, à un lion de gueules et un chef de même ; casque de profil; lambrequins d'or et de gueules.*

(Manuscrit Palisot de Beauvois, tome II, folio 66. — Archives départementales du Pas-de-Calais, registre aux commissions, XIV, folio 505).

17 Février 1714. — SUNELLINCK. — Lettres de chevalerie données pour Charles-Joachim *Sunellinck*, seigneur de Poelcapelle, et enregistrées le 20 mars suivant.

(Parlement de Flandre, registre   , folio 81. — Table de M. Remy de Gennes).

30 Avril 1714, Vienne. — LE BÈGUE DE GERMINY. — Joseph-Liber, baron *Le Bègue de Germiny* et de Thelod, seigneur de Gauviller, membre du Conseil secret du duc de Lorraine, fut créé comte du Saint-Empire avec ses descendants de l'un et l'autre sexe, par diplôme de Charles VI, empereur.

Armes : *D'azur à un ombre d'argent* (poisson) *mis en fasce;* timbre : *Un neptune naissant.*

(Archives de la ville de Lille, registre violet, folio 305).

Juillet 1714, Marly. — DES LIONS DE FONTENELLE. — Erection en baronnie de la terre et seigneurie du Locon, située dans la province d'Artois, relevant du château de Béthune, composée d'un village et d'une paroisse très fertile, ornée d'un beau château, ayant haute, moyenne et basse justice, et plusieurs fiefs qui en relèvent, sous le nom de des Lions, en faveur d'Amé-François *des Lions de Fontenelles*, seigneur du Locon, qui a rendu des services dans les armées, etc.

Ces lettres disent qu'il est d'une ancienne famille encore représentée en Champagne par la branche aînée connue sous le nom *des Lions*, vicomte de Paulx, et font remonter sa généalogie à Mille *des Lions*, écuyer, vivant à Arras en 1424, dont Antoine *des Lions*, qui abandonna Arras, en 1476, pour s'établir à Thérouane, dont Jean *des Lions*, homme d'armes au service de France, tué à la journée d'Esglugatte en 1513, etc., etc. (1).

(Manuscrit Palisot de Beauvois, tome II, folio 67).

6 Novembre 1714. — VAN THIENE. — Sentence de la gouvernance de Lille qui reconnaît pour nobles les héritiers et descendants de Nicolas *Van Thiene*, conseiller, secrétaire du Roi en la chancellerie du Parlement de Flandre, qui avait acheté cette charge, le 30 avril 1702, et mourut en juillet 1710.

(Manuscrit de M. de Coupigny).

29 Février 1716. — ZOUCHE. — Arrêt du Conseil d'Etat, daté de Paris, qui maintient dans la noblesse accordée à son père, Alexandre *Zouche*, seigneur de La Lande, major au régiment de Conti, fils de défunt Alexandre-Pierre *Zouche*. Il obtint cette grâce, malgré l'édit du mois d'août 1715, qui supprimait les anoblissements accordés, moyennant finance, depuis le 1er janvier 1689.

(Archives de la ville de Lille, registre Eugène, folio 163).

---

(1) Extrait du registre de l'élection d'Artois commençant en 1698, enregistrées le 14 août 1714, folio 368. Ces lettres furent aussi enregistrées au bureau des finances de Lille, XIIe registre, folio 94, et XIVe registre aux commissions du Conseil d'Artois, folio 597.

Décembre 1717, Paris. — ARNAULD. — Lettres de maintenue de noblesse avec anoblissement en tant que besoin, pour Louis-Roch *Arnauld.*

« Louis...... Louis-Roch *Arnauld*, l'un de nos gentilshommes servans que, quoiqu'il soit issu d'ancienne noblesse d'extraction de la province d'Auvergne, où ses prédécesseurs, de temps immémorial, ont vécu noblement, avant le siècle de 1600, Jean *Arnauld* en sortit en 1595 pour entrer au service du roi Henri IV, qui le pourveu d'une compagnie de 50 hommes d'armes ; que Roch *Arnauld*, ayeul de l'exposant, continua ses services, dans la maison royale, près de la personne de Gaston *de France*, duc d'Orléans, jusqu'en l'année 1659, aiant négligé la recherche des titres justificatifs de sa noblesse d'extraction, dans les temps, où ladite province d'Auvergne étoit remplie de troubles et agitations, il seroit décédé, laissant Charles *Arnauld*, son fils, père de l'exposant, qui fut pourveu de la charge de l'un de nos gentilshommes servans, en l'année 1662, laquelle il a exercée, pendant 46 ans, avec autant d'attachement que de fidélité ; qu'ayant servi le feu Roi de glorieuse mémoire, notre bisayeul, dans les conquestes de la Franche-Comté, de la Lorraine et d'une partie de la Hollande, en 1663, 1667, 1672 et 1673, et aiant toujours continué ses services, même dans toutes ses campagnes, il se démit de ladite charge en faveur de Louis-Roch *Arnauld*, son fils, exposant, qui en a été pourveu depuis l'année 1694 qu'il est en exercice et en continue les fonctions à notre satisfaction ; lequel craignant qu'à l'avenir luy et ses descendants soient troublés n'y inquiettés dans l'état de leur naissance, sous prétexte de ne pouvoir rapporter aucun titre de noble de naissance, il nous a très humblement supplié de ly pourvoir de nos lettres de maintenus et confirmations ledit Louis-Roch *Arnauld* audit titre et qualité de noble, écuyer, et l'avons de nouveau anobli et anoblissons en tant que besoin seroit, etc., etc. (1) »

(Archives de la ville de Lille, registre Dauphin, folio 118).

Avril 1718, Paris. — D'AOUST. — Erection en marquisat des terres et seigneuries de Jumelles, Sin, Dion, Roucourt, Harponlieu, Bourcheul et Lambres en partie, sous la dénomination de marquisat de Sin, pour Jacques-Eustache-Joseph *d'Aoust*, chevalier, seigneur de Jumelles, Sin, Dion, etc. (2).

---

(1) L'exposant avait pour fils Michel-Ange *Arnauld de Sailly*, qui se fit inscrire au rôle des nobles de la province de Lille, Douai et Orchies en 1748.

(2) Enregistré au Parlement, le 13 mai suivant, et au bureau des finances de Lille, XIIIe registre aux Provisions, folio 122, le 7 juillet 1719, et à la gouvernance de Douai, le 29 novembre suivant.

Le dispositif dit qu'il est issu d'une ancienne famille noble, dont les membres ont exercé des emplois considérables, soit par des commandements dans les armées des gouvernements, des grands bailliages, et ont été députés pour des négociations importantes ; que ledit impétrant a servi 12 ans en qualité de lieutenant, 7 ans comme capitaine et 4 comme major commandant dans le régiment de Himenes et s'est allié avec la famille *de Belleforière*, une des plus anciennes du pays.

Ce marquisat de Sin relèvera du château de Douai.

(Archives du Parlement de Flandre, registre aux mémoires de la gouvernance de Douai, 1713 à 1724, folio 61, verso).

Mai 1718. — BROUWE. — Lettres de naturalité et de maintenue de noblesse pour Edouard *Gouth*, gentilhomme irlandais, Anastasie *Brouwe*, sa femme, et Edouard *Gouth*, leur fils. Ces lettres, données à Paris par Louis XV, furent enregistrées au Parlement, le 11 octobre 1718 (1).

Edouard *Gouth*, demeurant à Dunkerque, expose qu'il est né dans le comté de Vaterford (royaume d'Irlande) ; qu'il est catholique et qu'il descend de Gavette *Gouth*, qui s'établit en Irlande sous le règne de Charles VIII, en 1530, et laissa 3 enfants nommés Jacques, Edouard et Patrice *Gouth* ; que Jacques et Edouard furent faits chevaliers par la reine Elisabeth, qui donna à Edouard *Gouth* les terres de Kilmanghen dans le comté de Waterford ; que Jacques *Gouth*, l'aîné, est mort sans postérité ; que, par sa mort, Edouard est devenu l'aîné et a formé la première branche ; qu'il a laissé 4 enfants : 1° Jacques ; 2° Thomas ; 3° Patrice ; 4° N... *Gouth*. Le premier est mort sans enfants; le deuxième a pris pour femme Marie *Vatute*, fille de Nicolas *Vulglute*, écuyer ; le troisième a épousé Marie *Sitz-Gerald*, de l'illustre famille *de Rostillon*, dans le comté de Croccke, et de leur mariage est venu Edouard *Gouth*, écuyer, marié à Marguerite *Bleuet*, lesquels eurent pour fils Jacques qui épousa Jeanne *Luker*, dont est né Edouard, exposant, marié à Anastase *Brouwe*, de la maison *de Kemmere*, famille très noble, lequel Edouard fut choisi membre du Parlement convoqué à Dublin par le feu roi Jacques II, en 1689, et étant dans les troupes lors des troubles en Angleterre, voulant donner au Roi des marques de sa fidélité, est passé en France avec sa famille et avec ce qu'il a pu sauver de ses biens, est venu habiter Dunkerque, où il lui est né plusieurs enfants, parmi lesquels, François, qui

(1) Ces lettres avaient été également enregistrées au bureau des finances de Lille, XIIe registre, folio 307, et se trouvent aussi aux archives de la ville de Lille, registre Eugène, folio 174.

sert dans le régiment de Lée, irlandais; qu'à sa sortie du royaume d'Irlande, il a été condamné à mort, et que les terres considérables qu'il y possédait ont été confisquées; que sa noblesse est si avérée que le roi d'Angleterre, Jacques III, lui a accordé, le 26 avril 1709, des lettres de reconnaissance de noblesse, etc., etc.

(Parlement de Flandre, registre , folio 153. — Table de M. Remy de Gennes).

Septembre 1718, Paris. — BECQUET. — Reconnaissance de noblesse et anoblissement en tant que besoin pour Pierre-Claude-Thomas *Becquet*, seigneur du Moulin-le-Comte, ci-devant conseiller et procureur du Roi en la gouvernance de Douai, et actuellement conseiller pensionnaire de la ville de Douai, enregistrées au Parlement, le 9 décembre suivant, et au bureau des finances de Lille, folio 125 du XIV° registre, le 13 juin 1722.

Il expose que sa famille est originaire d'Angleterre et compet parmi ses membres saint Thomas de Canterbury; que son quatrième aïeul, Adam *Becquet*, est venu s'établir à Bapaume et fut père de Renault, et ledit Renault, de Julien *Becquet*, aïeul de l'exposant, qui vint s'établir à Douai ; que Philippe-François *Becquet*, son cousin-germain, a obtenu de Louis XIV, en 1704, des lettres de confirmation de noblesse avec anoblissement en tant que besoin; qu'il a rendu des services dans les charges qu'il a occupées, etc., etc.

(Archives du Parlement de Flandre, registre aux bulles, folio 136, verso).

20 Octobre 1718. — PALISOT D'INCOURT. — Brevet donné à Paris (1), accordant à Ambroise-Alexandre *Palisot d'Incourt*, premier président du Conseil d'Artois, à Louis-Philippe *Palisot de Beauvois* et a Noël-Albert *Palisot*, frères, et à leurs descendants, mâles et femelles, l'autorisation d'ajouter à l'écusson de leurs armes une couronne

---

(1) Dans la demande d'enregistrement, ils se qualifient comme suit : 1° Ambroise-Alexandre *Palisot*, chevalier, seigneur d'Incourt, Warluzel, premier président du Conseil d'Artois; 2° Louis-Philippe *Palisot*, chevalier, seigneur de Beauvois, capitaine au régiment du colonel-général des dragons ; 3° Noël-Albert *Palisot*, chevalier, seigneur d'Athies, receveur-général des domaines et bois du Roi en Flandre. — Extrait des registres de l'élection d'Artois, où il a été enregistré le 9 décembre 1717, et XV° registre aux commissions, folio 326.

de comte, ainsi que le Roi l'avait accordé, par brevet du 1ᵉʳ seppembre 1717, à feu François-Ignace *Palisot d'Incourt*, leur frère, premier président du Conseil d'Artois.

(Manuscrit Palisot de Beauvois, tome II, folio 89).

17 Novembre 1719. — ZOUCHE DE LA LANDE. — Brevet de Louis XV et lettres patentes du même (6 octobre 1719) à Alexandre *Zouche de La Lande*, major du régiment de Conty (infanterie), chevalier de Saint-Louis, et à ses descendants, la permission de prendre la qualité de messire et de chevalier, et à leurs femmes celle de dames.

Il obtint également augmentation d'armoiries et les portera comme elles sont blasonnées.

(Notes de M. Godefroy du Sart. Bureau des finances de Lille, XIIIᵉ registre, folio 210, verso. — Archives de la ville de Lille, registre Eugène, folio 173, verso).

30 Novembre 1718. — DE SURMONT. — Lettres patentes sur arrêt qui exceptent Philippe *de Surmont*, écuyer, seigneur de Warwanne, de la révocation portée par l'édit du mois d'août 1715, concernant la noblesse, lui accordant au surplus la qualité de chevalier héréditaire et la permission de porter le casque sur ses armes. Elles furent enregistrées le 14 février 1719 (1).

(Parlement de Flandre, table de M. Remy de Gennes, registre   , folio 166).

3 Février 1719. — DE FLANDRE, LE CAT, INGILLARD, BEUVETTE, DE SURMONT. — Lettres patentes sur arrêt du Conseil qui exceptent Jean-Pierre *de Flandre*, écuyer, seigneur du Coustre, ancien mayeur de Lille; Gilles *Le Cat*, écuyer, seigneur de Beauffremez; Edouard *Ingillard*, écuyer, seigneur de La Maine; Jacques-Philippe *Beuvette*, chevalier, seigneur du Potestamen, et Philippe *de Surmont*, écuyer, seigneur de Wassamen, tous demeurant à Lille, de la révocation des lettres d'anoblissement, portée par l'édit d'août 1715, et les créent chevaliers héréditaires. Ces lettres, données à Paris, furent enregistrées le 14 suivant (2).

---

(1) Ces lettres se trouvent rapportées dans le manuscrit Palisot de Beauvois, tome II, folio 104. — Bureau des finances, XIIIᵉ registre, folio 6, verso.

(2) Elles furent également enregistrées au bureau des finances de Lille, le 3 mars 1719, XIIIᵉ registre, folio 3, verso.

Elles reconnaissent la validité des lettres d'anoblissement obtenues pour les sieurs *Le Cat, Beuvette, de Surmont* et disent que celles obtenues par Jean-Pierre *de Flandre* étaient inutiles, puisqu'il descendait de Josse *de Flandre*, anobli par Philippe III, roi d'Espagne, en 1595, et qu'enfin Edouard *Ingillard* n'en avait pas besoin non plus, étant fils d'Edouard *Ingillard*, trésorier au bureau des finances de Lille, etc., etc.

(Parlement de Flandre, registre aux Provisions étrangères, n° 7, folio 1. — Manuscrit Palisot de Beauvois, tome II, folio 99).

Février 1719. — LE CAT. — Lettres de chevalerie héréditaire données à Paris pour Gilles *Le Cat*, écuyer, seigneur de Cliquenoy, qui obtint en outre, pour lui et ses enfants, la permission d'ajouter à ses armes deux tigres pour supports et un casque en fasce surmonté de son aigrette. Ces lettres furent enregistrées, le 14 février suivant, et au bureau des finances de Lille, le 17 mars 1719, XIII° registre, folio 24, verso (1).

(Parlement de Flandre, table de M. Remy de Gennes, registre , folio 177).

Mai 1719. — DE LANDAS. — Erection en comté de la terre de Louvignies située en Hainaut, d'un revenu considérable, ayant, haute, moyenne et basse justice, de laquelle relèvent plusieurs fiefs et terres à clocher, en faveur de Philippe-Ernest-André *de Landas,* baron de Grincourt, député-général et ordinaire des Etats de la province d'Artois pour la noblesse. Lettres données à Paris et enregistrées le 23 juin suivant.

Le dispositif porte que Philippe *de Landas* est seigneur de Coing, en Artois, de Louvignies, en Hainaut; que sa maison très ancienne a eu entrée aux Etats de Flandre et d'Artois, depuis un temps immémorial, et dans les chapîtres nobles; que Péronne *de Landas* a été abbesse de Maubeuge en 1467; que Jean-Chrétien *de Landas,* seigneur de Louvignies, commandeur de l'ordre militaire d'Alcantara, a commandé les armées sous Charles II, roi d'Espagne, et a été nommé ensuite gouverneur, grand-bailli du Hainaut; que ledit exposant a été député de la noblesse d'Artois en 1715, 1716, 1717, et, cette année, près du Roi; qu'il a eu des commissions extraordinaires et de confiance pour le service du Roi, en Hollande, afin d'y traiter des contributions de la province d'Artois; qu'Etienne *de Landas*, son frère, enseigne-colonel du

(1) Ces lettres sont aussi dans le manuscrit Palisot de Beauvois, tome 11, folio 103.

régiment des vaisseaux, a été tué, à l'affaire de Crémone, en 1702 ; qu'un autre Jean de *Landas*, a été tué, en 1356, à la bataille de Poitiers, près du roi Jean, etc., etc.

(Parlement de Flandre, registre aux Provisions étrangères, n° 7, folio 20. — Bureau des finances, XIII° registre, folio 332).

Mai 1719, Paris. — DELATTRE. — Erection en comté de la terre de Neuville pour Christophe-François *Delattre*, seigneur d'Ayette, gentilhomme de la province d'Artois. On voit qu'il avait pour trisaïeul Jacques *Delattre*, allié à Marie *Morel-Tangry*, dont Adrien *Delattre*, seigneur d'Ayette, marié à Philippine *de France*, dont Adrien *Delattre*, seigneur de Valevillers, marié, le 26 mai 1611, à Iolande *de Landas*, dont Jean-Philippe *Delattre*, seigneur d'Ayette, marié à Valentine-Marie-Madeleine *de Boulogne*, père et mère de Christophe-François *Delattre*, l'exposant, marié, le 6 août 1693, à Marie-Anne-Françoise *de Brias*, fille de Charles-Silvestre *de Brias*, chevalier, seigneur de Valtencheux. Ces lettres nous apprennent que la terre de Neuville, située en Artois, relevant du château de Bapaume, consistait en seigneurie de paroisse, ayant justice vicomtière, droit de fromage et forage, maison et autres bâtiments, jardins, bois et plus de 300 à 400 mesures ou arpens de terres, moulins, plusieurs rentes en blé, chapons et argent; à cette terre sont réunies : 1° la terre de Sailly, ou seconde seigneurie de Bucquoi, qui relève du château de Bapaume, consistant en justice vicomtière, maison et bâtiments, 650 mesures de bois, four banal, droit de travers, d'amendes et de corvée en une grande étendue de terre, quantité de censitaires et plusieurs fiefs qui en relèvent; le prix d'acquisition de cette terre, suivant contrat du 4 juin 1699, était de 205,000 livres ; 2° la terre d'Ayette relevant de la terre et baronnie du Grand-Leslete, consistant en seigneurie vicomtière, droit de terrage, plusieurs fiefs qui en relèvent et grand nombre de censitaires, etc., etc.

(Manuscrit Palisot de Beauvois, tome II, folio 93. — Bureau des finances de Lille, XX° registre, folio 140, verso. — Registre de l'élection d'Artois commençant en juillet 1718, folio 28, aujourd'hui détruit).

Juin 1719. — LAUWEREYNS. — Lettres de reconnaissance de noblesse, données à Paris pour François *Lauwereyns*, seigneur de Rosendalle, gradué ès-lois, conseiller pensionnaire de la ville et châtellenie de Bergues-Saint-Vinocq et pour son frère Jean Winocq *Lauwereyns*, seigneur de Berghendael, gradué ès-lois, premier échevin de ladite ville. Elles furent enregistrées le 27 juillet suivant.

Le dispositif dit qu'ils descendent en ligne directe de la famille *Lauwereyns* dit

Diepende, de la ville de Bruges, réputée noble de temps immémorial, portant pour armes : *D'argent à l'arbre de sinople, au chef de gueules chargé de 3 merlettes d'argent; l'écu surmonté d'un heaume ouvert grillé et liseré d'or, aux barbettes et lambrequins d'argent et de gueules, et d'une merlette de l'écu entre un vol d'argent et de gueules pour cimier ;* que leurs ancêtres ont contracté des plus nobles alliances avec la famille de *Deorient, Boot, Bonin, Meulebecq, Waterlete, de Le Flye,* dont les quartiers et armoiries se trouvent encore à présent, à Bruges, en lames de cuivre, sur les tombeaux, avant les années 1414 ; que Pierre *Lauwereyns*, écuyer, seigneur de Rosendael, Souarthouf, mort en 1547, frère cadet de Nicolas *Lauwereyns*, mort en 1566, bisaïeul paternel des exposants, a été qualifié publiquement des titres d'écuyer et de noble par devant les baillis et hommes de fief de la Cour féodale, du péron de Bergues, par relief du 20 août 1627 et par deux extraits du greffe du magistrat dudit lieu, de l'année 1703, etc., etc.

(Parlement de Flandre, registre aux Provisions étrangères, n° 7, folio 27. — Bureau des finances, XIII° registre, folio 130).

Juillet 1719. — DES RASIÈRES. — Lettres de reconnaissance de noblesse données à Paris pour Charles-Louis *des Rasières* et Alexis-François *des Rasières*, frères, natifs de Douai. Elles furent enregistrées le 14 juillet 1719.

Ils exposent qu'ils sont fils de Michel-Charles *des Rasières*, vivant ancien échevin du Mont-de-Piété de Douai, et de Françoise *de La Bruyère* ; que leur famille, originaire de Liége, a toujours été reconnue comme noble ; qu'ils descendent de Théry *des Rasières*, échevin de la Haute-Cour de Fleron dès 1400 ; qu'en 1466, Henri *des Rasières* était mambour de Jean de Brandebourg, seigneur de Bolland ; que, dans les registres des échevins de Liége, on trouve Gérard *des Rasières*, citoyen de ladite ville, qualifié de noble, qui, par son testament, ordonne de l'enterrer aux Dominicains de cette ville ; que Jean-Gérard *des Rasières*, son fils, fut également enterré aux Dominicains et avait épousé Alix *Fanchon*, fille de Gilles, échevin de Liége, en 1434 ; qu'il laissa à ses deux fils, Jean et Pierre *des Rasières*, 2,000 florins du Rhein, ce qui était une somme très considérable pour ce temps-là ; que Jean épousa Marie *de Deus*, en 1520, dont Jean et Henri ; Jean se maria à Marie *d'Hoderge*, fille de Jacques, et en eut un autre Jean qui, avant 1547, était qualifié de chevalier et archer de Charles-Quint et mourut vers 1547, laissant de son mariage avec Oudon, fille de Mathieu, etc., etc. (1).

(Parlement de Flandre, registre aux Provisions étrangères, n° 7, folio 28).

(1) Cela nous paraît si embrouillé que nous croyons inutile de le rapporter.

5 Septembre 1719. — DE GUISNE, comte DE SOUASTRE. — Arrêt du Conseil d'Etat rendu sur la requête de Charles-Eugène-Jean-Dominique *de Guisne*, *comte de Souastre*, qui se plaignait de ce que l'élection d'Artois l'avait poursuivi, ainsi que le curé de la Madeleine d'Arras, parce qu'il avait pris la qualité de haut et puissant seigneur, qualité que ses auteurs avaient toujours prise ; il prétendait que les officiers de l'élection d'Artois n'étaient pas compétents ; que ce n'était qu'incidemment qu'ils pouvaient connaître du fait de la noblesse à l'égard de ceux qui se prétendaient exempts d'impôts ; que ce tribunal n'avait aucun droit de connaître directement du fait de noblesse, titres d'honneur et des armoiries des nobles ; que ce droit appartenait seulement aux Etats-Généraux et à l'intendant de la province, d'après divers arrêts et déclarations particuliers à l'Artois, etc., etc. Cet arrêt ordonne que la requête dudit *de Guisnes de Bonnière* soit communiquée aux Etats de la province, qui devront répondre dans un délai de trois mois et que, jusqu'à ce moment, tout reste dans l'état actuel.

(Manuscrit Palisot de Beauvois, tome II, folio 97).

Septembre 1719. — DES RASIÈRES. — Lettres de reconnaissance de noblesse (1) données à Paris en faveur de Martin-Joseph-Bernard *des Rasières*, avocat au Parlement de Flandre, né à Bruges, premier et ancien greffier du magistrat de la ville de Douai, fils légitime de Michel-Charles, vivant ancien échevin du Mont-de-Piété de Douai, et de Françoise *de La Bruyère*. Le dispositif est le même que pour les lettres accordées à ses frères, rapportées ci-devant.

(Parlement de Flandre, registre aux Provisions étrangères, n° 7, folio 35. — Manuscrit Palisot de Beauvois, tome II, folio 107).

Mars 1720. — DE CARDEVACQUE. — Lettres de chevalerie héréditaire données à Paris pour Pierre-François *de Cardevacque*, écuyer, seigneur de Gouy, Boucly, etc., qui a toujours servi fidèlement le Roi dans les assemblées des Etats de la province d'Artois, a deux frères actuellement au service, l'un en qualité de capitaine, l'autre lieutenant au régiment de Boufflers ; qui a eu un neveu tué sur la brèche, à

---

(1) Ces lettres furent enregistrées au Parlement de Flandre, le 16 novembre suivant, et au bureau des finances de Lille, XIII° registre, folio 270, recto.

l'assaut de Barcelonne, en 1697, alors qu'il commandait cinq compagnies de grenadiers, et a un autre neveu gouverneur d'Hesdin depuis 1705 (1).

(Manuscrit Palisot de Beauvois, tome II, folio 111).

11 Octobre 1720, Paris. — LE MAYEUR. — Confirmation de noblesse pour Jean *Le Mayeur*, ancien conseiller au Conseil d'Artois, qui représente que, par arrêt du Conseil d'Etat du 30 juillet dernier, le Roi a déclaré n'avoir pas entendu comprendre, dans la révocation des anoblissements portée par l'édit du mois d'août 1715, les lettres de noblesse accordées à l'exposant, le 31 décembre 1708.

(Archives du département du Pas-de-Calais, XV° registre aux commissions, folio 56³).

Mars 1721. — CARDON. — Lettres d'anoblissement (2) données à Paris pour Ignace-François *Cardon*, chevalier de Saint-Louis, capitaine au régiment de Vandroy (cavalerie) et enregistrées le 27 mars suivant.

Le dispositif nous fait connaître qu'il est au service depuis plus de 28 ans ; qu'il a commencé, en 1692, en qualité de cornette au régiment des dragons d'Artois, ensuite lieutenant réformé à la suite du régiment de Languedoc, en 1700, dans le régiment de cavalerie de Horn, depuis Vignaux ; qu'il avait servi en Portugal, aurait été blessé à Alcala, à la tête d'un détachement de 150 maistres qu'il commandait en chef ; qu'il aurait été fait major dudit régiment, puis, ensuite, reformé à la suite de celui de Vandrey, serait actuellement remis à la tête d'une compagnie de ce corps, où il continue son service ; qu'il appartient à une ancienne famille de Lille ; que son père, Jacques *Cardon*, seigneur de Broncquart, a fait partie, pendant 40 ans, du magistrat de cette dite ville ; qu'il avait pour mère Isberghe *Van den Bergh*, etc., etc.

Ses armes furent ainsi réglées par d'Hozier : *D'azur, à 3 chardons d'or, posés* 2 *et* 1, *l'écu timbré d'un casque de profil orné de lambrequins d'or et d'azur.*

(Parlement de Flandre, registre aux Provisions étrangères, n° 7, folio 76).

1ᵉʳ Avril 1721. — DE LA PIERRE. — Brevet donné à Paris le 1ᵉʳ avril 1721, signé du Roi, autorisant François *de La Pierre*, comte de Bousies, seigneur de

---

(1) Extrait des registres de l'élection d'Artois, où elles ont été enregistrées le 16 octobre 1720.

(2) Enregistrées au bureau des finances, XIII° registre, folio 375.

Cuincy-le-Prévost et de Cuincy-le-Bauduin, ci-devant capitaine au régiment d'Isenghien, de continuer à prendre le titre de comte et de décorer l'écusson de ses armes d'une couronne de comte (1).

(Manuscrit Palisot de Beauvois, tome II, folio 123).

Juillet 1721, Paris. — TUGGHE. — Anoblissement de Thomas-Ignace *Tugghe* (2), conseiller pensionnaire tant du magistrat que de la Chambre du commerce de la ville de Dunkerque. Le Roi, informé que le sieur *Tugghe* était issu d'une honorable famille du royaume d'Angleterre, laquelle était du nombre de celles qui y avaient le titre de chevalier baronnet, et que, lors des troubles arrivés sous le règne de la reine Elisabeth, cette famille avait été obligée de quitter son pays et de venir s'établir à Dunkerque, afin de pouvoir y exercer librement la religion romaine, dont elle faisait profession, a cru qu'il ne convenait pas de laisser le sieur *Tugghe* confondu parmi le peuple et qu'il était juste de le distinguer par un état qu'il avait mérité en France par son attachement aux intérêts de Sa Majesté, non seulement pendant qu'il avait rempli l'une des places d'échevin de ladite ville, où il avait été admis dès l'année 1691, mais encore dans les fonctions de conseiller pensionnaire du magistrat de ladite ville, depuis l'année 1698, et de conseiller pensionnaire du commerce, depuis l'an 1710, et enfin par la noblesse de ses sentiments et les alliances qu'il avait contractées avec nombre de personnes recommandables par leurs charges et leurs emplois, etc., etc. (3).

Armes : *D'azur, à un chevron d'or accompagné en chef de deux étoiles de même, et en pointe d'un soleil d'or, l'écu timbré d'un casque de profil.*

Novembre 1722, Versailles. — PAYEN. — Erection en comté de la terre de La Bucquière en faveur de Maximilien-Charles *Payen*, seigneur de La Bucquière, Brebières, baron de Lallocue, qui a servi pendant plusieurs années en Italie, Allemagne, Flandre, tant comme lieutenant de cavalerie au régiment d'Humières que

---

(1) Extrait des registres de l'élection d'Artois, où il a été enregistré le 23 mai 1721.

(2) Marie-Jacqueline *Tugghe*, sa sœur, avait épousé Jean *Barth*, chef d'escadre des armées navales du Roi.

(3) Armorial général de la France, registre Ier, imprimerie royale, 1821, page 641.

comme capitaine au régiment de dragons Artois et ensuite comme premier capitaine ; qui a donné un exemple de grande valeur à la bataille de Nerwinde, où, ayant mis pied à terre à la tête de son escadron qu'il commandait, il força, l'épée à la main, les retranchements des ennemis. On voit qu'il est fils de Gilles-François *Payen*, seigneur de La Bucquière, grand-bailly de la ville de Douai, et de Jeanne-Françoise *de Brias* ; que la terre de La Bucquière, située en Artois, relevait de la terre de Brebières, et possédait un beau château, environné de fossés, avec une grande basse-cour aussi environnée de fossés, deux cents arpents, tant de terres labourables que bois ; que celle de Brebières, qui relevait de celle de Lens, avait la haute, moyenne et basse justice ; que quarante fiefs en relevaient et contenait un ancien château, presque démoli par les guerres, et 16 mesures de terre, bois et prairies, etc., etc.

(Archives départementales du Pas-de-Calais, XVe registre aux commissions, folio 752. — Manuscrit Palisot de Beauvois, tome II, folio 133, et bureau des finances de Lille, XVIIe registre, folio 313).

Février 1723, Versailles. — DE BEAUFFREMEZ. — Erection en marquisat de la terre d'Esne, située en Cambrésis, consistant en un château ancien, environné de fossés, plus 800 arpents de bois et terres labourables, ayant haute, moyenne et basse justice, plusieurs terres, fiefs et seigneuries considérables qui en relèvent, etc., en y incorporant les terres de Brimeux et Cauroy, en faveur de Charles-Alexandre *de Beauffremez*, baron d'Esne. Ces lettres furent enregistrées le 12 avril suivant.

Le dispositif nous apprend qu'il est d'une très ancienne famille noble des Pays-Bas, ayant entrée dans les chapitres de ces pays et collèges de chanoinesses, alliée aux meilleures maisons de Flandre et d'Artois ; que lui-même est marié à Françoise-Louise *de Croix*, fille d'Adrien, comte de Croix, seigneur de Wasquehal, maréchal de nos camps et armées ; qu'il a perdu deux frères au service : le premier, colonel d'un régiment de son nom, le 25 février 1702, par la démission du duc de Noaille, fut tué en commandant une sortie au siège de Landau, en 1704 ; le deuxième, après la mort de son frère qu'il remplaça dans le même régiment, fut aussi tué en commandant l'attaque du chemin couvert de Bruxelles, sous l'électeur de Bavière, etc.

(Archives du Parlement de Flandre, registre aux Provisions étrangères, n° 7, folio 153).

28 Février 1723, Versailles. — QUARRÉ. — Chevalerie héréditaire pour Charles-Philippe *Quarré*, écuyer, seigneur de Boiry-Saint-Martin, qui s'est acquitté avec distinction des commissions dont il a été chargé et est issu d'une ancienne famille

noble, fils de Philippe-Albert, écuyer, seigneur desdits lieux, et de Anne-Madeleine *Payen*, icelle fille d'Adrien *Payen*, écuyer, seigneur d'Hauttecoste, lieutenant-général de la gouvernance d'Arras, qui a rendu de grands services après la prise d'Arras ; petit-fils de François *Quarré*, écuyer, seigneur desdits lieux, et de Marguerite *Vanderaghien*, fille de Frédéric et petite-fille de Jean *Vanderaghien*, écuyer, grand forestier de Brabant ; ledit François *Quarré*, fils de Charles, écuyer, seigneur desdits lieux, et de Barbe *de Smerpont*, fille de Pierre, chevalier, maître des requêtes, conseiller en la Cour de Bruxelles ; enfin ledit François *Quarré*, petit-fils de Charles et de Marguerite *Le Merchier*, fille de Jacques et nièce d'Antoine *Le Merchier*, écuyer, seigneur de Boiry, mayeur, chef de l'hôtel-de-ville d'Arras.

(Archives départementales du Pas-de-Calais, XVe registre aux commissions, folio 799).

JUILLET 1723, MEUDON. — DE COURONNEL. — Lettres de chevalerie héréditaire pour Louis-Joseph *de Couronnel*, écuyer, seigneur d'Aussimont, Vélu, etc. Ces lettres contiennent une généalogie de cette famille qui commence à Charles *Couronnel*, écuyer, seigneur de Rantigny, marié à Jacqueline *de Passy*, ; celui-ci avait obtenu en 1445, une sentence du bailliage de Lille le déchargeant du droit de nouvel acquêt et le faisant descendre de *Cognœuil*, qui portait : *D'or à 3 maillets de gueules à une bande de sable* et criait *Mailly*.

(Archives départementales du Pas-de-Calais, XVIe registre aux commissions, folio 102. — Manuscrit Palisot de Beauvois, tome II, folio 143).

SEPTEMBRE 1723, VERSAILLES. — DE NÉDONCHEL. — Lettres patentes qui autorisent Octave-Eugène *de Nédonchel*, et l'aîné de ses descendants mâles, de prendre la qualité de chevalier, marquis *de Nédonchel*, et confirme la terre de Bouvignies dans le titre de baronnie. Ces lettres furent enregistrées le 3 novembre suivant.

Le dispositif nous fait connaître que la famille *de Nédonchel* est une des plus anciennes des Pays-Bas ; que 11 demoiselles de cette maison ont été reçues dans les chapitres nobles de Denain, Maubeuge et Mons ; que quelques-unes ont été élues abbesses ; que ledit Octave-Eugène *de Nédonchel* a servi 8 ans, en qualité de capitaine, au régiment de Brezé, où il s'est signalé ; que deux de ses fils sont actuellement au service ; qu'il possède la baronnie de Bouvignies située proche Marchiennes consistant en maison, bois, moulin, brasseries, terres, rentes, ayant haute, moyenne et basse justice et produit 2,000 livres de rentes, la terre et baronnie de Ravesberghe qui lui vient de sa tante, Alexandrine *de Nédonchel*, chanoinesse de Denain, cette terre ayant haute, moyenne et basse justice, relevant du Roi, à cause de son Ghysselhuys de Bourbourg, a un revenu de 5,000 livres, la terre et seigneurie d'Ochtezelle et la vicomté de Stapel, ayant haute, moyenne et basse justice, relevant de la Cour de Cassel, produisant 5,000 livres de rentes et lui provenant de ladite Alexandrine *de Nédonchel*, qui était héritière féodale de la demoiselle *de Macquembourg;* que la terre et baronnie de Bouvignies appartient depuis un siècle et demi à ses ancêtres; que Jean *de Nédonchel* en a servi le dénombrement au roi d'Espagne, le 15 février 1607, etc., etc., le tout, considéré, le Roi accorde à Octave-Eugène *de Nédonchel* et à l'aîné de ses descendants mâles l'autorisation de prendre le titre de chevalier, marquis *de Nédonchel*, de porter une couronne de marquis sur ses armes, qui sont : *d'azur à la bande d'argent*, couronnées d'une couronne de baron, et d'appliquer le titre de marquisat sur telle terre qui lui conviendrait; qu'en cas de décès du fils aîné dudit Octave *de Nédonchel* sans enfants mâles ou que, dans la suite, les mâles de sa branche viennent à manquer, le titre de marquis retournerait à l'aîné des autres enfants mâles et descendants du seigneur Octave, sans que lui ni ses successeurs soient tenus de payer au Roi ou à ses successeurs aucune finance. Le Roi, en outre, confirme en tant que besoin le titre de baronnie pour la terre de Bouvignies.

(Parlement de Flandre, registre aux Provisions étrangères, n° 7, folio 166).

Juin 1724. — QUARRÉ. — Lettres de chevalerie héréditaire (1), avec permission de prendre deux griffons pour supports de ses armes, données par Louis XV à Versailles, en faveur d'Yve-Guislain-Joseph *Quarré*, écuyer, seigneur de Waudelicourt, du Repaire, Lepault.

On voit qu'il est fils d'Antoine-Joseph *Quarré*, écuyer, seigneur desdits lieux, et de Jeanne-Elisabeth *Payen*, petit-fils de Charles-Ignace *Quarré*, écuyer, seigneur du Repaire, capitaine de deux cents hommes d'infanterie wallonne au service d'Espagne, et de demoiselle *Lombart*, dame dudit Waudelicourt, et arrière-petit-fils de Charles *Quarré*, écuyer, seigneur du Cauroy et de Barbe *de Smerpont*, fille de Pierre, chevalier, maître des requêtes, conseiller à la Cour de Bruxelles.

(Manuscrit Palisot de Beauvois, tome II, folio 157).

---

(1) Enregistrées au bureau des finances de Lille, XIX⁰ registre, folio 256, verso, et à Arras, XVI⁰ registre aux Commissions, folio 56.

Juillet 1724. — ETERNO. — Erection en comté, sous la dénomination du comté d'Eterno, de la terre de Pitgam, (bourg situé dans la châtellenie de Bergues, ayant haute, moyenne et basse justice, dont relèvent 52 fiefs, et qui donne à son seigneur le rang de second vassal de cette châtellenie et la seconde place dans les assemblées d'Etat, a un magistrat composé de 7 échevins qui exercent la justice avec un bailly et un greffier,) en faveur de Lambert d'Eterno, seigneur d'Eterno, Pitgam, Ames, Herbellene, Delattre, Le Perroy et de Refranche, chevalier de Saint-Louis, lieutenant-colonel d'infanterie. Ces lettres, données à Chantilly, furent enregistrées le 16 avril 1725.

Le dispositif porte que le Roi veut récompenser le seigneur d'Eterno, pour ses services et aussi pour ceux que ses aïeux ont rendus; que sa famille est une des plus anciennes de la Franche-Comté, où Eudes d'Eterno, gouverneur du château de Montmahon, fut créé chevalier, au XIIIe siècle, par Jean, duc de Bourgogne, pour ses services; que Guy, Richard et Jean d'Eterno, descendants dudit Eudes, furent également honorés du titre de chevalier pour leurs mérites dans les siècles suivants ; que Guy d'Eterno, petit-fils de Jean, servait aussi dans les armées et avait épousé Gérarde de Nozerais; qu'Antoine d'Eterno, écuyer, fut tué à Paris ; que Simon d'Eterno, son fils, seigneur dudit lieu, Aloise, Goux-lez-Vercel et Dornon en partie, fut gentilhomme de l'empereur Charles-Quint, qui lui confia le gouvernement du château d'Ozier et lui fit une pension ; que Pierre d'Eterno, son successeur, seigneur dudit lieu, d'Aloise, Refranche, Lezine et Salgret, servit en Flandre et en Espagne et commanda les troupes destinées à la garde de Salins et battit deux fois les ennemis; que Claude, son fils, fut gouverneur du château d'Ornoux ; que Guy d'Eterno, seigneur desdits lieux, aïeul dudit Lambert d'Eterno, capitaine, était destiné au gouvernement de Saint-André-sur-Salins, lorsqu'il mourut; qu'il eut deux fils tués au service ; qu'Alexandre d'Eterno, son fils, capitaine du régiment de Bourgogne, eut des commandements aux deux sièges de Salins, et, quoique retiré du service, y fut fait prisonnier, dans le fort de la Ratte, après avoir soutenu longtemps l'effort des troupes ennemies et perdu son germain qui fut tué auprès de lui ; que ledit exposant, son fils, sert depuis 1691, étant alors âgé de 16 ans, et s'est trouvé à la bataille de la Marsaille et en plusieurs occasions dans les deux dernières guerres, etc., etc.

(Parlement de Flandre, registre aux Provisions étrangères, n° 7, folio 191).

24 Février 1725, Versailles. — LE MAYEUR. — Brevet du Roi permettant à Jean Le Mayeur, conseiller honoraire au Conseil d'Artois, d'ajouter à ses armes une étoile pour cimier.

Dans la requête qu'il présente pour demander l'enregistrement de ce brevet, il est qualifié d'écuyer, seigneur de Beugnastre. (1).

(Manuscrit Palisot de Beauvois, tome II, folio 163).

JANVIER 1726. — DE MAULDE. — Lettres patentes, données à Marly, qui autorisent Jean-Baptiste-Joseph *de Maulde*, écuyer, seigneur de Cerfontaine, Fremicourt, La Denze, du Cornet, de décorer ses armes d'une couronne de comte, ainsi que ses enfants et descendants nés et à naître. Elles furent enregistrées le 4 novembre de la même année.

(Parlement de Flandre, registre aux Provisions étrangères, n° 7, folio 233).

MARS 1728. — DAINE. — Lettres d'anoblissement données à Versailles pour Marius-Bazile *Daine* et enregistrées le 20 avril suivant.

Le dispositif nous apprend qu'il était négociant à Dunkerque ; qu'il a rendu de grands services au bisaïeul du Roi, pendant les campagnes de 1706 et 1708, en fournissant des subsistances aux troupes, alors, qu'à cause de l'abandonnement forcé des magasins du Brabant et de la bataille d'Oudenarde, toute communication avec la France était coupée ; il avait acheté deux vaisseaux, chargés de grains, qu'on amena au port de Dunkerque, et qu'il abandonna aux troupes du Roi qui étaient sur le point de manquer de pain dans le département d'Ypres, etc., etc.

Ses armes furent ainsi réglées par d'Hozier : *De gueules, à un vaisseau d'argent, les voiles tendues et flottant sur une mer de sinople et 9 besans d'or posés en orle ; l'écu timbré d'un casque de profil, orné de fer ; lambrequins d'or, de gueules, d'argent et de sinople.*

(Parlement de Flandre, registre aux Provisions étrangères, n° 8, folio 50).

7 MAI 1728. — DE GONZALES. — Acte de notoriété, accordé à dom... *de Gonzales*, gouverneur de Pampelune, délivré par les présidents et membres du Conseil d'Artois, déclarant que le titre d'écuyer donne, à ceux qui ont le droit de le porter, tous les

(1) Extrait des registres de l'élection d'Artois, où il a été enregistré, le 2 mars 1724.

privilèges, prérogatives et exemptions attachés à la noblesse, et qu'il n'y a aucune différence entre la qualité d'écuyer et celle de noble de sang dans la province d'Artois (1).

(Manuscrit Palisot de Beauvois, tome II, folio 171).

30 Décembre 1728. — GRENET. — Sentence de noblesse au profit de Jean-Joseph *Grenet*, écuyer, fils de Jérôme *Grenet*, écuyer, seigneur de Coucy, subdélégué de l'intendant de Flandre à Cambrai, député des Etats de Cambrai, demeurant à Arras.

Ces lettres disent qu'il est issu de l'ancienne et noble famille *de Grenet*, reconnue noble par plusieurs sentences de l'élection d'Artois : 1° le 12 avril 1578, au profit de Guillaume *Grenet*, écuyer, seigneur de Cohem, Hingette, et confirmé à Bruxelles par le Conseil privé du Roi, le 22 juin 1587 ; 2° le 24 juillet 1587, au profit de Pierre *Grenet*, écuyer, seigneur du Fermont, qui le déclarait exempt du droit de nouvel acquêt ; 3° le 15 mai 1593, pour Pierre *Grenet* et François *Grenet*, écuyer ; 4° le 11 août 1727, pour Jean-Jérôme *Grenet*, père de Jean-Joseph, qui, en venant habiter Arras, demandait à être déclaré noble, pour y jouir des droits et exemptions accordés aux nobles de la province (2).

(Manuscrit Palisot de Beauvois, tome II, folio 173).

Décembre 1731, Versailles. — DE BERGHES. — Lettres patentes qui réunissent les seigneuries de Fortel et la baronnie de Ligny-sur-Canche à la principauté de Rache et ordonnent qu'au défaut d'enfant mâle de Jean-Joseph *de Berghes* et de Marie-Joseph-Isabelle *de Berghes*, son épouse, il y ait substitution, pour le titre de prince de Rache, en faveur de la fille qui se trouvera la plus proche, à la charge de celui avec qui elle sera mariée de prendre et porter le nom et les armes de Berghes-Raches, enregistrées le 20 mars 1732. On voit par l'exposé que le roi de France, en 1701, avait confirmé en faveur de Philippe-Ignace *de Berghes* et Marie-Françoise *de Berghes*, son épouse, le titre de prince accordé en 1681, par le roi d'Espagne, à Eugène *de Berghes*, chevalier de la Toison-d'Or, et érigé en leur faveur le comté de Rache, près Douai, en principauté, en y ajoutant la terre de Boubers, en Artois. Jean-Joseph de Berghes, frère cadet dudit Philippe-Ignace *de Berghes*, et Marie-

---

(1) Extrait des registres aux actes de notoriétés du Conseil d'Artois.

(2) Extrait des registres de l'élection d'Artois.

Joseph-Isabelle *de Berghes*, son épouse, fille et héritière dudit défunt Philippe-Ignace *de Berghes*, demandent d'y réunir la terre et seigneurie de Fortel (1) ainsi que la terre et baronnie de Ligny-sur-Cauche (2) sises en Artois : la première mouvante du Roi, à cause du château d'Hesdin; la deuxième relevant de l'évêché d'Amiens, et demandent aussi la substitution masculine, graduelle et perpétuelle portée par leur testament du 18 février 1729, ce qui leur fut accordé.

(Archives du Parlement de Flandre, registre aux Provisions étrangères, n° 9, page 25).

Octobre 1732. — QUARRÉ. — Lettres (3) données à Fontainebleau autorisant Yves-Guislain-Joseph *Quarré*, seigneur du Repaire, de Waudelicourt, de Lespault, Hauttecoste et Chelers, ainsi que sa postérité, de décorer leurs armoiries d'une couronne de marquis.

(Manuscrit Palisot de Beauvois, tome II, folio 177).

8 Janvier 1734. — THIEFFRIES. — Lettres patentes sur arrêt qui maintiennent Nicolas-Joseph et Henri-Joseph *Thieffries de Layens*, frères, domiciliés dans le Cambrésis, dans la noblesse accordée en juin 1700 au sieur Jacques *Thieffries*, leur père, et les exemptent de la révocation portée par l'édit d'août 1715. Elles furent enregistrées le 24 mars suivant.

(Parlement de Flandre, registre aux Provisions étrangères, n° 9, folio 80).

12 Mars 1734. — MATHON. — Arrêt du Conseil d'Etat rendu à Versailles et exemptant Antoine-Guislain *Mathon*, seigneur d'Ecoivres, fils de feu Guillaume *Mathon*, seigneur d'Ecoivres, et de Marie *Bernastre*, fille de Folquin *de Bernastre*, écuyer, seigneur de Boyenghien, de la révocation portée par l'édit de 1715, touchant les anoblissements, moyennant finance, et ordonne qu'il jouira des priviléges contenus dans les lettres d'anoblissement accordées à Versailles, en août 1696, à feu

---

(1) et (2) Ces terres avaient été acquises par Jean-Joseph *de Berghes* et son épouse, par retrait, comme lignager de dame Claude *de Bourbon*, sa trisaïeule.

(3) Extraites des registres de l'élection d'Artois, où elles ont été enregistrées, le 27 février 1733.

Guillaume *Mathon*, son père, pour les services qu'il avait rendus en qualité de receveur-général des Etats de la province d'Artois, depuis 1661 (1).

(Manuscrit Palisot de Beauvois, tome II, folio 189).

Octobre 1738, Fontainebleau. — MOULART. — Érection en baronnie de la terre de Torcy, en faveur de Charles-Joseph-Barthélemy *Moulart*, seigneur de Vilmarest, Torcy, etc.

L'exposant fait valoir qu'il a acheté, par contrat du 26 août 1728, la terre et baronnie de Torcy, située dans le comté de Saint-Pol, à Philippe-François *de Noyelles*, gentilhomme de la province d'Artois, et à Charles-Maximilien-Joseph *de Noyelles*, son neveu, tant en leurs noms qu'en celui d'Anne-Catherine *de Roosebeck*, épouse du premier; qu'il n'a pu recouvrer le titre d'érection de cette terre en baronnie, quoiqu'elle soit ainsi qualifiée depuis un temps immémorial, comme il paraît dans deux actes : l'un, du 28 février, et le second, du 4 mars 1628, qui donnent à Florent *de Noyelles* la qualité de baron de Torcy et encore, dans un dénombrement de cette terre, de 1669, servi au duc de Créquy, par Joseph *de Noyelles*; qu'il est d'ancienne noblesse; que Jean *Moulart*, seigneur de Malloy, son aïeul, était enseigne, en 1623, dans le régiment de Lannoy, servait encore en 1643 et, s'était distingué à la prise de Landrecy, en 1637, soit par un logement qu'il fit sur la pointe de la contre-scarpe, soit dans le commandement qu'il eut d'un poste particulier et pendant lequel il alla faire rompre un pont sur la Sambre ; que Jacques *Moulart de Villemarest*, son fils, père de l'exposant, servit près de 60 ans, en qualité de lieutenant ou de capitaine dans les régiments de Piennes, Navarre et de Picardie ; qu'il prit part aux combats de la Roquette, Castelas, aux siéges de Pavie, Valence, Mortare, et que les preuves de bravoure qu'il donna lui firent obtenir le commandement d'une compagnie détachée du régiment de Picardie, puis l'inspection des troupes d'infanterie du côté de Montreuil et Abbeville ; que trois frères qu'il avait, et qui n'ont pas laissé de postérité, marchèrent comme lui sur les traces de leur père; que l'un d'eux, Charles *Moulart de Schem*, fut sous-lieutenant dans le régiment de Navarre et, depuis, capitaine dans le régiment de Piennes ; que les deux autres frères furent : l'un, Jean *Moulart Desmaretz*, lieutenant dans le même régiment que celui qui précède, et l'autre,

(1) Extrait des registres de l'élection d'Artois.

Gaspard *Moulart de Tanteville*, cadet, dans celui de Bellebrune, et moururent au service, etc., etc. (1).

(Manuscrit Palisot de Beauvois, tome II, folio 203).

Mai 1739, Marly. — D'AOUST DE JUMELLES. — Erection en marquisat des terres de Sin, Dion, baronnie de Cuinchy-le-Prévôt et terre de Cuinchy-le-Bauduin, sous la dénomination de marquisat d'Aoust de Jumelles, en faveur de Marie-Jacques-Eustache *d'Aoust de Jumelles*, enregistrée le 24 novembre suivant.

Ces lettres rapportent que la terre et seigneurie de Sin, réunie aux terres et seigneuries de Jumelles, Dion, Roucourt, Harponlieu, Bourcheul et partie de celle de Lambres, ont été érigées en marquisat, sous la dénomination de Sin, en faveur de feu Jacques-Eustache-Joseph *d'Aoust de Jumelles*, père de l'exposant, et de ses enfants mâles, propriétaires de ladite terre; que, par suite du partage de la succession de son dit père, les terres de Roucourt, d'Harponlieu, de Bourcheul et partie de Lambres, sont échues à ses frères et sœurs; que la terre de Sin, qui était le chef-lieu du marquisat, et celle de Dion, lui sont seules restées, de sorte que, par suite de ce partage, le marquisat se trouvait démembré et qu'on pouvait prétendre que lesdites terres et seigneuries avaient perdu le titre et dignité de marquisat. Désirant conserver ce titre dans sa famille, il demandait d'unir la terre et baronnie de Cuinchy-le-Prévost, les terres et seigneurie de Cuinchy-le-Bauduin, avec celles de Sin et Dion, d'un revenu considérable, pour les ériger en marquisat d'Aoust de Jumelles, etc., etc.

A la suite des lettres qui précèdent, se trouve l'acte de transaction suivant :

Robert-Nicolas-Eustache *d'Aoust de Jumelles*, marquis de Sin, ayant fait observer à son frère cadet, Marie-Jacques-Eustache *d'Aoust de Cuinchy*, que le titre *d'Aoust de Jumelles* avait toujours été dans leur famille une marque distinctive de la branche aînée de leur famille, et celui-ci l'ayant reconnu par acte passé à Douai, le 26 novembre 1739, et ayant consenti à s'appeler marquis *d'Aoust de Cuinchy*, demande que les lettres nouvellement accordées soient enregistrées au Parlement sous le nom de marquisat d'Aoust de Cuinchy. Ces lettres furent enregistrées le 1er décembre 1739.

(Archives départementales du Pas-de-Calais, registre de l'élection d'Artois, de 1758 à 1769, folio 267. — Archives du Parlement de Flandre, registre aux Provisions étrangères, n° 9, folio 246).

(1) Enregistrées au XVIIIe registre aux Commissions d'Artois, le 4 janvier 1740, folio 414.

Avril 1745, Versailles. — BUISSERET. — Erection en comté des terres de Thiennes, Steenbecque et Blaringhem (1) sous la dénomination du comté de Thiennes, pour Jean-François *Buisseret*, commissaire ordinaire des guerres. Ces lettres furent enregistrées le 6 mai 1745.

Le dispositif dit que Jean-François *Buisseret*, d'abord capitaine au régiment d'Anjou (infanterie) et ensuite commissaire ordinaire des guerres, s'est distingué pendant le siège de Lille, en 1708; que son frère aîné a servi aussi avec distinction comme capitaine au régiment de Bresse (infanterie) et, qu'ayant reçu plusieurs blessures, il a été gratifié d'une pension ; que la famille *Buisseret* est reconnue pour noble, dès l'année 1408 ; que les preuves en ont été vérifiées à la réception d'un de ses fils et petit-fils dans les pages de la grande écurie du Roi ; que son fils aîné est député de la noblesse pour les villes et châtellenies de Douai et Orchies ; que sa famille a contracté des alliances avec les familles de Noyelles, Brincourt, Erchin, Sault, Malapert, Espienne, A La Truye ; qu'elle a été illustrée dans l'église, tant par François *Buisseret*, grand-oncle dudit Jean-François, d'abord évêque de Namur, puis archevêque de Cambrai, que par Hugues *Buisseret*, abbé du Jardinet, Etienne *Buisseret*, abbé de Miolens, et Jean *Buisseret*, abbé de Belvaux ; que Jean-François *Buisseret* possède la terre et seigneurie de Thiennes-Steenbecque, relevant du Roi à cause du château de Cassel, consistant en deux paroisses d'environ mille communiants, ayant haute, moyenne et basse justice, droit d'avoir à son tour la première place en qualité de haut justicier à la noble Cour de Cassel, droit de chasse, pêche dans les rivières de Nieppe et de la Mesle, etc., etc., possédant maison, jardins, prairies, bois et terres labourables, environ 148 mesures, moulins, etc., et dont relèvent 260 fiefs, parmi lesquels quelques terres à clocher et quantité de seigneuries considérables et le droit de Marghelt sur environ 1,600 mesures. Il possède aussi la terre de Bloringhem, relevant également du château de Cassel, qui est une paroisse de plus de mille communiants, avec justice vicomtière et 145 mesures en prairies, jardins, bois, terres labourables, d'où relèvent 40 fiefs et ayant le droit de Marghelt sur environ 600 mesures, etc., etc.

(Parlement de Flandre, registre aux Provisions étrangères, n° 10, folio 76).

---

(1) Le manuscrit de M. de Coupigny, page 45, parle ainsi de l'érection de ces terres en comté : « N. *Buisseret*, seigneur d'Hantes, petit-fils de Michel, obtint par le canal de M. le duc de Penthièvre qui avait logé chez lui pendant la guerre, que les terres de Thiennes, Steenbecque et Blaringhem fussent érigées en comté en faveur de son père, Jean-François *Buisseret*, qui mourut à Lille, en mars 1751, âgé de 92 ans.

11 Septembre 1745. — LE GAY. — Pierre-François *Le Gay* (1), seigneur de Ramecourt, écuyer, secrétaire du Roi en la chancellerie du Conseil d'Artois, le 23 juin 1725, fut nommé secrétaire du Roi honoraire par lettres données à Versailles le 11 septembre 1745 (2).

(Manuscrit Palisot de Beauvois, tome II, folio 207. — XIX⁰ registre aux commissions, folio 292).

28 Janvier 1747. — BULTEL. — Acte de notoriété (3) délivré par les membres du Conseil d'Artois, en faveur d'Albert-Louis-Emmanuel *Bultel*, chevalier, président dudit Conseil, fils de défunt Nicolas-Georges *Bultel*, écuyer, conseiller audit Conseil, attestant que les présidents ont de tous temps été qualifiés de messire et de chevalier dans les actes publics, ayant même été honorés de ces titres dans les provisions ou commissions données par les rois d'Espagne, anciens souverains du pays, et que les présidents décédés, pourvus de ces offices, ont toujours transmis la noblesse à leur postérité.

Les membres dudit Conseil certifient en outre que les chevaliers d'honneur de ce Conseil, étant déjà nobles avant d'être pourvus desdits offices, ont aussi toujours été qualifiés de messire et de chevalier.

Ils certifient en outre que les conseillers et gens du Roi, dudit Conseil, ont eu de tous temps la qualité d'écuyer ; que cette qualité leur a toujours été donnée dans les actes publics, et que la noblesse est transmissible à leur postérité, lorsque le père et l'aïeul sont décédés, revêtus desdits offices, ou qu'ils les ont exercés pendant vingt ans.

(Manuscrit Palisot de Beauvois, tome II, folio 209).

Septembre 1747. — ROBERT. — Erection en baronnie de la terre de Saint-Symphorien, et autorisation de prendre deux lions pour support des armes, au profit de Charles-Pierre-Joseph *Robert*, écuyer, seigneur de Saint-Symphorien, châtelain des

---

(1) Il avait résigné son office à Josse *Warnier*, nommé le 16 juillet 1745.

(2) Ces lettres, extraites des registres du Conseil d'Artois, avaient été enregistrées le 7 octobre 1745.

(3) Extrait des registres aux actes de notoriétés du Conseil d'Artois.

ville et châtellenie d'Ath, cy-devant capitaine dans le régiment royal (infanterie), par lettres (1) données au camp de Hamal, près Tongres.

(Parlement de Flandre, 19 décembre 1747. — Bureau des finances de Lille, le 23 du même mois, XXV⁰ registre aux Provisions, folio 70, et archives de la ville de Lille, registre violet, folio 1, verso).

16 Février 1751. — BRUNEAU. — Certificat des magistrats de Mons, en Hainaut, attestant que Joseph-Ignace *Bruneau*, seigneur de la Rocquette, est écuyer (2).

(Manuscrit Palisot de Beauvois, tome I, folio 221).

Juin 1751, Versailles. — DORESMIEULX. — Lettres de chevalerie héréditaire (3) pour Jacques-François *Doresmieulx*, écuyer, seigneur de Foucquières, député de la noblesse pour les Etats d'Artois, dont le fils, Joseph-Ignace *Doresmieulx*, actuellement lieutenant d'infanterie, s'est distingué dans la dernière guerre, à l'imitation de son grand-oncle, Antoine-Joseph *Doresmieulx*, capitaine au régiment de Robecq, tué en 1693 à la bataille de la Marsaille.

(Manuscrit Palisot de Beauvois, tome II, folio 229).

HANNECART. — Erection en baronnie des terres de Briffœuil et de Wasmes réunies, pour Philippe-Théodore-François *Hannecart*, chevalier, seigneur de Briffœuil, Wasmes, président à mortier au Parlement de Flandre (4).

---

(1) Ces lettres sont rapportées *in extenso* dans l'annuaire de la noblesse de Belgique du baron Stein d'Altenstein, année 1860, page 222.

(2) Copié sur l'original par Palisot de Beauvois.

(3) Enregistrées au bureau des finances de Lille, XXVI⁰ registre, folio 196, et à Arras, XX⁰ registre aux commissions, page 210. — Registre de l'élection d'Artois, de 1746 à 1758, folio 233.

(4) Enregistrées au bureau des finances de Lille, dans le registre des épices, n° 274, entre octobre 1752 et mai 1753.

Novembre 1754. — HERTS. — Lettres d'anoblissement (1) pour André-François-Joseph *Herts*, conseiller pensionnaire des États et châtellenie de Lille, Douai et Orchies, données à Fontainebleau et enregistrées au Parlement de Flandre le 22 décembre 1754.

Le narratif expose « que le sieur André *Herts* réunit à l'avantage des mérites personnels la recommandation des services du sieur François *Patou*, son oncle, qui, après avoir donné des preuves de son savoir et de son intégrité dans les fonctions d'un office de conseiller au bailliage royal de Lille, fut appelé à l'administration des affaires du pays en qualité de conseiller pensionnaire de l'état des châtellenies de Lille, Douai et Orchies; le désintéressement et l'intelligence qu'il y a fait paraître, durant une suite de 30 années, l'estime générale qu'il s'y est acquise et le désir qu'ont témoigné les principaux membres de cet état de pouvoir se conserver le secours de ses conseils, lorsque son grand âge ne lui a plus permis de remplir dans toute leur étendue les obligations de sa charge, suffiraient pour constater le prix de ses services; mais nous nous souviendrons toujours avec une satisfaction particulière que, dans le cours de la dernière guerre, sa prudence et son zèle n'ont pas été moins utiles aux progrès de nos armées qu'aux intérêts de la province. Le sieur *Herts*, son neveu, issu d'une famille ancienne et distinguée dans la principale bourgeoisie, alliée à plusieurs familles nobles et pourvue de biens suffisants pour se soutenir avec honneur, est entré, dès ses premières années, dans la même carrière que son oncle et a travaillé longtemps sous ses yeux. Son application constamment soutenue lui ayant mérité, depuis plusieurs années, la survivance de la charge de son oncle, il en a, dès ce moment, partagé les fonctions avec lui, et la manière dont il s'est acquitté de toutes les opérations confiées à ses soins, ont pleinement justifié le choix fait de sa personne, etc., etc.

Armes : *D'or, à trois cœurs de gueules au lion issant d'azur.*

1756. — LAURENT. — Lettres d'anoblissement (2) pour Philippe-Joseph *Laurent*, demeurant à Bouchain.

---

(1) Ces lettres furent enregistrées a bureau des finances de Lille, folio 139, registre aux Provisions, n° 27, et aux archives de la ville de Lille, registre violet, folio 126, verso.

(2) Enregistrées au registre des épices, n° 274, entre le 1er septembre 1756 et le 8 janvier 1757. — Table du bureau des finances de Lille, archives départementales.

8 Mars 1767. — DE LESCLUZE. — Lettres d'anoblissement données par Louis XV, à Versailles, en faveur de Frédéric-Louis *de Lescluze,* doyen des députés de la ville de Lille.

L'exposé nous apprend que sa famille fait fort honorablement le commerce depuis plus d'un siècle ; que ses ancêtres ont exporté en Espagne et Portugal, en 1708 ; que lui-même s'est intéressé avec zèle dans plusieurs armements de mer ; qu'en 1740, député par la ville de Lille pour parer à la disette des grains, il a obtenu du Roi la permission d'en tirer de Bretagne et en a fait venir gratuitement vingt-deux chargements pour le compte des Etats de Lille ; qu'il a été plusieurs fois directeur de la Chambre de commerce de Lille, prieur des Conseils, et enfin choisi comme député du commerce en 1743.

Ses armes furent réglées, ainsi qu'il suit, par d'Hozier : *D'azur à une écluse d'argent posée sur une rivière de même, l'écu timbré d'un casque de profil orné de lambrequins d'argent et d'azur.*

(Archives de la ville de Lille, registre violet, folio 400).

VAN CAPPEL. — Lettres de chevalerie héréditaire (1) et permission de porter une couronne de comte sur ses armoiries accordées à Ignace-Joseph *Van Cappel,* seigneur de Briarde.

Table du bureau des finances de Lille, archives départementales.

Novembre 1759. — DE HAMEL DE BELLENGLISE. — Lettres (2) données à Versailles qui créent marquis Antoine-Constant *de Hamel de Bellenglise,* chevalier, seigneur de Grand-Rullecourt, Roclaincourt, Coutices, Liancourt et Dampierre, gentilhomme du corps de la noblesse des Etats d'Artois.

« Ledit *de Hamel* nous a fait représenter qu'il est aujourd'hui le dernier de la

---

(1) Ces lettres furent enregistrées également au bureau des finances de Lille, folio 144, du XXVe registre aux Provisions, et au XXIe registre aux commissions du Conseil d'Artois, 1re série, folio 850, à Arras. — Registre de l'élection d'Artois, de 1758 à 1769, folio 135.

(2) Ces lettres furent enregistrées au bureau des finances de Lille, dans le registre des épices, n° 274, entre le 7 octobre 1758 et le 11 janvier 1759.

famille *de Hamel de Bellenglise*, originaire de Picardie, qui tire son nom de la terre de Hamel mouvante de Nous à cause de notre château de Péronne, assignée en partage avec la terre de Boucly, dans le XII⁰ siècle, à une branche cadette des sieurs *de Chaulnes*; les autres branches de cette famille étant éteintes et passées dans celles *de La Viefville*, *des Essarts*, *d'Amerval*, *de Béthisy* et *d'Hénin-Liétard*, par le mariage d'Anne-Claire-Eugénie-Elisabeth *de Hamel Bellenglise* avec Antoine *de La Viefville*, marquis d'Orvilles, ayeule du grand prieur actuel de Champagne, par celui de Charlotte *de Hamel* avec François, comte *des Essarts*, gouverneur de Montreuil-sur-Mer, par ceux de Barbe *de Hamel* avec Gédéon *de Béthisy*, marquis de Mézière, et avec Philippe *d'Amerval*, et enfin par celui d'Elisabeth *de Hamel Bellenglise* avec Philippe *de Hénin-Liétard*; que cette famille a possédé, pendant les XII⁰, XIII⁰, XIV⁰, XV⁰, XVI⁰ et XVII⁰ siècles, les terres de Hamel de Bellenglise, Elincourt, Monaeul, Harche, Apilly, Douey, Saint-Thaurin, Aucourt, Hattencourt, Rimberlieu, Morthemax, Vignement et Lagnicourt situées dans nos provinces de l'Isle-de-France, Picardie et Artois; que Simon *de Hamel*, qui commandoit la compagnie d'hommes d'armes de la province de Vermandois, en 1348, et qui épousa Isabeau *Le Bouteiller de Senlis*, veuve de Jean *de La Tournelle*, avoit pour trisaïeul Lupart, seigneur *de Hamel de Bellenglise*, qui étoit châtelain et gouverneur de la ville de Péronne, en 1210, et que ce fut ce dernier qui chargea son écusson de trois molettes d'éperon, pour distinguer sa branche de celle des aînées, vicomtes ou châtelains de Péronne, qui ont toujours porté : *de gueules au chef d'or*; que Robert *de Hamel*, chevalier, seigneur dudit lieu, Bellenglise, Elincourt, fils de Simon, ainsi que Jean, son fils, tué à la bataille d'Azincourt, en 1415, prêtèrent foi et hommage, donnèrent leur dénombrement, à cause de leur terre de Hamel, aux Rois, nos prédécesseurs, à cause de notre château de Péronne, en 1376, 1379, 1383, 1411; que Louis *de Hamel*, fils de Robert, en 1344, épousa Jeanne *d'Amerval*, fille de Jean et de Marguerite *d'Ailly*, et eut pour fils Antoine, qui épousa, en 1476, Marie *de Chepaix*, fille de Percheval *de Chepaix*, vicomte de Clugny et de Jeanne *de Rubempré*; que Jacques *de Hamel Bellenglise*, fils d'Antoine, seigneur d'Elincourt, épousa, en 1508, Marie *de Boubers*, fille de Jean et de Simonne *de Rambure*; que Charles *de Hamel Bellenglise*, tué au siége de Cazal, en 1630, arrière-petit-fils de Jacques et de Marie *de Boubers*, eut pour frère Louis *de Hamel*, chevalier de Malte, en 1599, et que, de son mariage avec Jeanne *des Acharts de Vallobres*, il laissa pour fille unique Anne-Claire-Eugénie-Elisabeth, héritière de la branche aînée de sa maison et mariée, en 1645, à Antoine *de la Viefville*, marquis d'Orvillers, qui fut député de la noblesse de Picardie aux Etats-Généraux du royaume; que Jacques *de Hamel Bellenglise* seigneur d'Apilly, fils cadet de Jacques et de Marie *de Boubers*, épousa, en 1536, N... *Dallehuin*, dame de Grand-

Rullecourt, en Artois, fille de Jean et d'Antoinette *de Maricourt*, fille de Jean, baron *de Monchy-le-Châtel*, en Beauvaisis; et de Jacqueline *d'Aunois*, fille de Philippe, seigneur de Louvre, en Parisis, et de Catherine *de Montmorency*, comtesse de Tresnes et de Silly, qui a fourni la branche de l'exposant ; qu'à l'avantage qu'a ledit exposant d'être aujourd'hui le seul d'une ancienne famille noble de nom et d'armes et admise dans l'ordre de Malte et dans les chapitres nobles, il réunit encore la recommandation des services de ses ayeux, qui se sont fait de tous temps un devoir de consacrer leurs jours au service des Rois, nos prédécesseurs ; que Philippe *de Hamel Bellenglise*, seigneur de Grand-Rullecourt, Charles-Philippe, son fils, et autres de son nom, méritèrent, dans le dernier siècle, la confiance de la noblesse de leur province, ayant été nommés députés aux Etats d'Artois, au nom de ce corps, et que ce fut en cette qualité qu'en 1640, lors du retour de l'Artois à notre couronne, Philippe *de Hamel de Grand-Rullecourt*, signa la capitulation de la ville d'Arras, circonstance qui lui procura le bonheur d'être le premier gentilhomme de notre dite province qui ait rendu son hommage au Roi Louis XIII, notre trisaïeul ; qu'Antoine *de Hamel de Grand-Rullecourt* et Charles-Philippe, son petit-fils, furent successivement nommés par Louis XIII et Louis XIV, chevaliers d'honneur de notre Conseil supérieur d'Artois, par brevet des années 1641 et 1646 ; que l'exposant est d'ailleurs allié aux familles *de Lallaing, Boubers, Hornes, Melun, Esclaibes, Villers-au-Tertre, Hertaing, Lens, Boufflers, Saint-Blimond, Brayelles, Assigny, du Châtel de la Howardries, Aoust, Habarcq, La Hamaide, Namur, Hambize, Crequy, Le Glimes, Croix, du Becq, Nicolay, Molé, Gouffier, Goix, Gourlaix, Dion, Bonnière de Guisnes, Roisin* et autres néanmoins illustres et qu'après la vérification de la généalogie et des titres de noblesse et de filiation de l'exposant faite par le corps de la noblesse des Etats de notre province d'Artois, le 6 octobre 1756, assemblé par nos ordres, ce corps a délibéré au bas du procès-verbal qui en a été tenu et à nous présenté par ledit exposant, se trouvoit dans le cas de mériter de notre bonté les titres d'illustration qu'il nous plairoit lui accorder ; que ledit exposant est entré à notre service, en 1733 ; que ses deux fils sont mousquetaires de notre garde ordinaire, et que son père et son oncle, également dévoués à la profession des armes, se distinguèrent dans toutes les occasions qui se présentèrent : notamment aux batailles de Leuze, Malplaquet et Denain et aux siéges du Quesnoy, de Douai, de Fribourg, et qu'ils y reçurent plusieurs blessures ; qu'enfin l'exposant ose ajouter à ces blessures celles qui naissent des sentiments et d'attachement qui l'ont toujours animé pour notre service, motif qui lui donne la confiance d'espérer que nous voudrions bien l'honorer du titre et dignité de marquis.

» Pour ces causes, faisons, créons marquis, ledit Antoine-Constant *de Hamel Bellenglise*, ensemble les aînés masles et ses descendants nés et à naître en légitime mariage, avec faculté d'appliquer ledit titre et qualité de marquis sur telle de ses terres et fief, que bon lui semblera, lui permettons, en conséquence, et aux aînés masles de ses descendants nés et à naître en légitime mariage de se dire et qualifier de marquis et de surmonter leurs armes d'une couronne de marquis. »

(Archives de la ville de Lille, registre violet, folio 494).

Mars 1765, Versailles. — BRIANSIAUX. — Anoblissement de Jean-Louis Briansiaux, négociant et armateur de Dunkerque, qui a été un des premiers et des plus ardents à courir sur les ennemis, a fait construire dix-huit corsaires qu'il a armés plusieurs fois, s'est intéressé dans nombre d'armements de même espèce, a employé une quantité considérable de matelots et ouvriers, attiré beaucoup d'étrangers à Dunkerque et contribué à l'augmentation de gens de mer, a produit un bénéfice réel à l'Etat par le succès de plusieurs de ses corsaires, et fait un tort notable au commerce des ennemis, qui, en 1759, s'est mis à découvert de sommes considérables pour aider le Roi de ses propres fonds et faciliter les armements qui se faisaient à Dunkerque, qui, malgré les dommages qu'il a soufferts lors des préliminaires de paix, qui ont fait tomber en pure perte les armements qu'il avait faits et ceux dans lesquels il était intéressé, n'a point fait usage des sûretés que le Roi avait jugé à propos de lui donner contre les créanciers qui l'auraient voulu inquiéter, mais encore a rendu les comptes les plus exacts à tous ceux qui avaient pris des intérêts dans ses corsaires et a acquitté fidèlement tout ce qu'il devait à un nombre considérable de matelots qui avaient servi sur ses corsaires, enfin s'est montré négociant intelligent et probe, en même temps que zélé citoyen et sujet fidèle et dévoué au service du Roi (1).

Ses armoiries avaient été réglées, ainsi qu'il suit, par d'Hozier, lorsqu'il avait été nommé, le 19 novembre 1759, conseiller secrétaire du Roi audiencier en la chancellerie établie par le Parlement de Flandre, à Douai : *De sinople, à une fasce d'argent dentelée par le bas, accompagnée de trois brillants losangés d'argent posés*

---

(1) Communication de M. Jules Scrive-Loyer, qui possède un mémoire imprimé adressé aux ministres de Louis XVI, par le sieur *Briansiaux de Milleville*, pour obtenir une pension, dans lequel il reproduit ses lettres d'anoblissement *in extenso*, mentionnant qu'elles ont été enregistrées au Parlement de Paris, le 24 mai ; à la Cour des aides, le 26 juin ; à la Chambre des comptes, le 28 juin 1765, et à l'échevinage de Dunkerque, le 4 janvier 1766.

2 en chef et l'autre en pointe et un chef aussi d'argent, chargé d'un lion de gueules passant. Ecu timbré d'un casque de profil, orné de lambrequins de gueules, d'argent et de sinople — Paris, 5 juillet 1760 (1).

Août 1765, Compiègne. — DE BACQUEHEM. — Erection en marquisat des terres du Lietz, Pont-à-Beuvry, Drouvin, Lavallée, La Movardière, La Haye et Le Houdicq, sous la dénomination de marquisat de Bacquehem, pour Charles-Alexandre-Joseph de *Bacquehem*, membre du corps de la noblesse des Etats d'Artois (2).

« Louis, par la grâce de Dieu, roy de France et de Navarre, à tous, présens et à venir, salut. Notre cher et bien amé, le sieur Charles-Alexandre-Joseph *de Bacquehem*, l'un des membres composans le corps de la noblesse aux Etats d'Artois, nous a fait représenter qu'il est propriétaire des terres et seigneuries du Lietz, Pont-à-Beuvry, Drouvin, Lavallé, La Movardière, La Haye et Le Houdicq, lesquelles, par leur revenu et leur étendue, seraient très disposées à recevoir les titres et dignité de marquisat, s'yl nous plaisait les en décorer en les réunissant toutes à celles du Lietz ; nous nous sommes porté d'autant plus volontiers à accorder audit sieur *de Bacquehem* la faveur qu'il nous a fait demander, que sa naissance, ses alliances, ses qualités personnelles et les services de ses ancêtres concourent également à luy faire mériter la distinction et le titre dont nous voulons l'honorer. Ledit sieur *de Bacquehem* est issu d'une famille des plus anciennes et des plus distinguées de la province d'Artois. Elle doit son origine à un cadet de celle de *Neuville Vitasse*, illustre dès le tems de Godefroy de Bouillon, qui possédait le fief de Bacquehem et en prit le nom qui demeura à ses descendans partagés en deux branches : l'une, appelée *Bacquehem de Barastre*, est éteinte, il y a un siècle ou environ ; l'autre, appellée *Bacquehem du Lietz*, existe aujourd'hui dans la personne d'Antoine-Auguste-François *de Bacquehem*, cy-devant capitaine d'infanterie au régiment de Nice, et depuis commandant le fort Nieurlet, dans celle de l'exposant, de deux frères, dont l'un est à notre service en qualité de premier lieutenant du régiment de Picardie, et l'autre dans l'état ecclésiastique, et

---

(1) Pour le réglement d'armoiries, M. Scrive possède l'original en parchemin ; *alias* nous trouvons deux ancres de sable posées en sautoir sur la fasce, peut-être est-ce une addition qui a été faite après l'anoblissement en 1765. Jean-Louis Briansiaux fut créé chevalier de Saint-Michel, le 10 octobre 1765, et en reçut l'accolade, à Paris, le 2 décembre suivant.

(2) Enregistrées au Parlement de Flandre, le 12 mars 1766, à l'élection d'Artois, le 3 juin 1767, et au bureau des finances de Lille, folio 24 du XXXIIIe registre aux Provisions, le 15 octobre 1768.

d'une sœur mariée au comte *de La Bucquière*. Dès l'année 1150, Arnould *de Bacquehem*, l'un des ancêtres de l'exposant, portait pour armoiries un écusson *d'or fretté de gueules chargé de trois merlettes de sable*, les mêmes armes ont été portées par les descendans, constamment et sans aucun changement ny altercation, ces descendans ont tous embrassé des états conformes à leur naissance, le plus grand nombre a servy dans les armées où ils ont mérité des grades distingués, où quelques-uns ont même commandé et où plusieurs ont péry honorablement, les armes à la main ; quelques autres ont embrassé l'état ecclésiastique et ont été élevés à l'épiscopat ; les alliances de l'exposant sont des plus illustres, elle a l'avantage d'estre alliée de celle du prince d'Isenghien, du duc d'Humières et des principales de la province et même de notre royaume ; elle est admise depuis longtemps dans les chapitres nobles de la province, ce sont toutes ces considérations qui nous ont engagé à honorer ledit sieur *de Bacquehem* d'un titre qu'il puisse transmettre à ses descendans et qui soit pour eux un motif d'émulation et un témoignage de notre estime et de notre satisfaction. A ces causes sur le compte qui nous a été rendu des droits du revenu et de l'étendue desdites terres du Lietz, Pont-à-Beuvry, Drouvin, Lavallé, La Movardière, La Haye et le Houdicq, Nous de notre grâce spéciale, pleine puissance et autorité royale avons joins, uny, annexé et incorporé et par cesdites présentes signées de notre main, joignons, unissons, annexons et incorporons lesdites terres de Pont-à-Beuvry, Drouvin, La Vallé, La Haye, La Movardière et Le Houdicq à celle du Lietz pour, doresnavant, ne faire qu'une même terre et seigneurie et icelle terre, circonstance et dépendance, avons créée, érigée, décorée et élevée, créons, érigeons, décorons et élevons par cesdites présentes en titre, nom, prééminence et dignité de marquisat, sous la dénomination de marquisat de Barquehem, à l'effet de quoy nous avons commué et changé, commuons et changeons par cesdites présentes le nom de Lietz en celui de Bacquehem, voulons et nous plait que ladite terre et seigneurie, avec ses circonstances et dépendances, soit, à l'avenir, tenue et possédée audit nom, titre et dignité de marquisat de Barquehem, par ledit sieur Charles-Alexandre-Joseph *de Bacquehem* et ses enfants, postérité et descendans masles, nez et à naitre en légitime mariage, seigneurs et propriétaires de ladite terre, seigneurie et marquisat, voulons en outre qu'ils puissent se dire, nommer et qualifier, et qu'ils soient nommés et qualifiés marquis *de Bacquehem*, en tous actes et touttes occasions, tant en jugement que dehors et qu'ils jouissent des mêmes honneurs, armes, blasons, droits, prérogatives, autorité, prééminences en fait de guerre, assemblées d'Etat et de noblesse et autres droits, avantages et priviléges dont jouissent ou doivent jouir les autres marquis de notre royaume et de notre province d'Artois, encore qu'ils ne soient icy particulièrement exprimés, que tous vassaux, arrières-vassaux, justiciables et autres tenans noblement ou en rôture des biens mouvans et dépendans dudit marquisat de Bacquehem, le reconnaissent pour marquis, qu'ils fassent les foy et hommages, fournissent leurs avœux, déclarations et dénombrement le cas y échéant sous ledit nom, titre et qualité de marquis *de Bacquehem*, et que les officiers exerçans la justice dudit marquisat intitulent à l'avenir leurs sentences et autres actes et jugemens audit nom, titre et qualité de marquis, sans touttes fois aucuns changemens ny mutation du ressort et mouvance, augmentation de justice et connaissance des cas royaux qui appartiennent à nos bailliages et sénéchaussées et sans que, pour raison de la présente érection, ledit sieur marquis *de Bacquehem* et ses enfants descendans soient tenus envers nous, et leurs vassaux et tenanciers envers eux à autres et plus grands droits et devoirs que ceux dont ils sont actuellement tenus, ny qu'au défaut d'hoirs mâles nés en légitime mariage, nous puissions, ou les Rois nos successeurs, prétendre ladite terre, seigneurie et marquisat, ses circonstances et dépendances estre réunis à notre couronne, nonobstant tous édits, déclarations, ordonnances, arrêts et réglemens sur ce intervenus et notament l'édit du mois de juillet 1566 auxquels nous avons dérogé et dérogeons pour ce regard seulement et sans rien innover aux droits et devoirs qui peuvent estre dus à d'autres qu'à nous, si aucuns y a auxquels droits et devoirs nous entendons que ces présentes ne puissent aucunement préjudicier; à la charge touttes fois par ledit sieur marquis *de Bacquehem* et ses enfans et descendans, seigneurs et propriétaires de ladite terre et seigneurie et marquisat de relever de nous pour raison de la dignité de marquisat en une seule foy et hommage et de nous payer, et aux Rois nos successeurs, les droits ordinaires et accoutumés (si aucuns sont dus) pour raison de ladite dignité, tant que ladite terre et seigneurie s'en trouvera décorée et qu'au défaut d'hoirs masles nez en légitime mariage, ladite terre et seigneurie retournera au même et semblable état et titre qu'elle était avant ces présentes, voulons en outre que le changement de nom de Lietz en celuy de Bacquehem ordonné par ces présentes ne puisse préjudicier à nos droits et à ceux d'autruy, ny aux avœux, déclarations, contrats et autres actes cy-devant faits et passés sous le nom de Lietz, tant par ledit sieur exposant et ses prédécesseurs que par les vassaux de ladite terre et seigneurie et tous autres, lesquels avœux, déclarations, contrats et autres actes demeureront en leur force et vertu et seront exécutés, de même que ceux qui pourront estre à l'avenir faits et passés et consentis sous le nom de Bacquehem. Si donnons en mandement à nos amez et féaux conseillers les gens tenant notre Cour de Parlement de Flandre à Douay, présidens, trésoriers de France et généraux de nos finances à Lille, et autres nos officiers et justiciers qu'il appartiendra que ces présentes ils ayent à faire registrer et de leur contenu jouir et user ledit sieur *de Bacquehem* et ses enfants, postérité et descendans pleinement, paisiblement et perpétuellement, cessant et faisant cesser tous troubles et empêchemens et nonobstant tous édits, déclarations, ordonnances, arrêts et réglemens au contraires auxquels et aux dérogations des dérogatoires y contenus, nous avons dérogé et dérogeons par cesdites présentes pour ce regard seulement et sans tirer à conséquence, sauf touttes fois notre droit et autres choses et l'autruy en tout, car tel est notre plaisir et afin que ce soit chose ferme, stable à toujours, nous avons fait mettre notre scel à cesdites présentes. Donné à Compiègne, au mois d'août, l'an de grâce mil sept cent soixante-cinq, et de notre règne le cinquantième. Signé : Louis. »

(Archives du département du Pas-de-Calais, registre de l'élection d'Artois, de 1758 à 1769, folio 335).

Décembre 1766. — O'FAREL. — Lettres de naturalité et de reconnaissance de noblesse données à Versailles pour Richard *O'Farel*, ancien capitaine au régiment de cavalerie de Fitz-James. Elles furent enregistrées le 11 mai 1767.

Le dispositif dit que sa famille possédait, avant 1154, la totalité du comté de Longfort, en Irlande ; qu'elle a fourni plusieurs sujets au Parlement de ce royaume et dans les postes militaires et est alliée aux meilleures maisons du pays ; que le frère aîné, bisaïeul de l'exposant, a été dépouillé de ses biens du temps de Cromwel, qu'ils lui ont été restitués sous le règne de Charles III et que sa filiation et sa noblesse sont bien établies depuis 1543, époque où vivait son cinquième aïeul ; qu'il désire se fixer en France, etc., etc.

(Parlement de Flandre, registre aux Provisions étrangères, n° 12, folio 89).

Juin 1767, Versailles. — VILLERS-AU-TERTRE. — Erection en marquisat des terres de Cuinchy-lez-La Bassée, Auchy, Festubert en partie, réunies à celle de Cambrin, sous le nom de Wavrin-Villers-au-Tertre pour Albert-Antoine-François *de Villers au Tertre*. Les lettres furent enregistrées le 20 juin 1769 (1).

Le dispositif dit que la famille *de Wavrin* est connue depuis le XI° siècle ; que la charge de sénéchal de Flandre était héréditaire dans cette maison ; que Robert *de Wavrin*, frère cadet de Hellin, sénéchal de Flandre, étant passé, sous le règne de

---

(1) Ces lettres furent également enregistrées à Arras, au XXIII° registre aux commissions, folio 484, verso, et au registre de l'élection d'Artois, de 1759 à 1769, folio 361.

Philippe de Valois, au service du comte de Hainaut, celui-ci, pour se l'attacher, lui donna en mariage A... *de Rœux*, qui lui apporta en dot la terre de Villers-au-Tertre, dont cette branche a pris le nom ; que Jean-Baptiste *de Villers au Tertre*, créé chevalier héréditaire par Philippe II, roi d'Espagne, avait la qualité de comte du Saint-Empire ; que ledit exposant Albert-François, à l'imitation de ses ancêtres, nous a servi jusqu'en 1745, époque de son mariage ; qu'il avait 3 fils au service, l'aîné, capitaine dans le régiment d'infanterie du Roi, chevalier de Saint-Louis, le deuxième, mort en 1758, le troisième, encore au service dans le même régiment que son frère aîné ; que cette famille est alliée aux *d'Auberchicourt, Goupigny, du Chastel de la Howardrie, Beaulaincourt, Mérode, Landas, Wignacourt, Esclaibes, Sainte-Aldegonde, Montmorency*, etc., etc. Les terres de Cambrin, de Cuinchy-lez-La Bassée, Auchy et Festubert en partie, situées en Artois, relevaient du château de Lens.

(Parlement de Flandre, registre aux Provisions étrangères, n° 13, folio 62).

Aout 1767. — DE STACH. — Lettres de naturalité données à Compiègne pour Robert *de Stach*, colonel d'infanterie, chevalier de Saint-Louis. Il expose qu'il fait profession de la religion catholique ; qu'il est issu d'une ancienne famille noble d'Irlande ; qu'il est au service du Roi depuis 1728, étant entré en qualité de cadet dans le régiment de Clarc ; qu'il devint officier dans le même régiment en 1732, fut blessé au siége de Philisbourg, en 1733, à la bataille de Fontenoy, en 1745, où il a perdu deux de ses frères et cinq de ses cousins-germains ; qu'étant passé en Ecosse, pour y rejoindre le prince Edouard, à la fin de la même année, avec le commandement d'un piquet du régiment de Lully, il fut encore blessé à la bataille de Villadun, en 1746 ; qu'enfin, chargé du payement des troupes envoyées par le Roi et qui étaient alors prisonnières de guerre, il resta en ôtage jusqu'au payement de leurs dettes pour lesquelles il avait répondu, et qu'enfin, résidant à Cambrai, il compte y finir ses jours. Ces lettres furent enregistrées le 17 décembre 1768.

(Parlement de Flandre, registre aux Provisions étrangères, n° 13, folio 33).

Septembre 1768. — DE WAZIÈRES. — Erection en comté de la terre de Roncq, sous le nom de comté de Wazières de Roncq, en faveur de Pierre-Auguste-Marie *de Wazières*, seigneur de Roncq, grand-bailly des Etats de Lille, Douai, et enregistrées le 25 novembre de la même année.

Le dispositif nous fait connaître que la terre de Roncq est venue audit exposant du chef de Madeleine-Françoise *Cuvillon*, sa mère, épouse de François-Eugène-

Dominique *de Wazières de Beaupré*; que cette seigneurie a la haute, moyenne et basse justice et, pour l'exercer, des hommes féodaux et des échevins; qu'elle relève du comté de Flandre; qu'il possède encore les fiefs de La Motte, Crequillon, La Motte-de-la-Voye et Incors, qui, tous, ont la justice vicomtière; que le fief de la Motte relève du Roi à cause du comté de Flandre, le fief de Crequillon du château ou salle de Lille; que sa famille est ancienne et alliée aux maisons et familles les plus anciennes et les plus distinguées de la province; qu'André et Jean-André *de Fourmestraux*, son fils, trisaïeul de l'exposant, ont été décorés du titre de chevalier, par Philippe IV, le 31 juillet et le 3 décembre 1641, pour services rendus; le premier, pour la défense de Lille, le deuxième, dans deux campagnes où il a eu 3 chevaux à ses frais et a obtenu par lettres du 18 février 1662 la permission, pour lui et ses descendants de prendre le nom de *de Wazières* (les lettres anciennes portent *Des Wazières*) au lieu de celui *de Fourmestraux*; que son bisaïeul, Jean-André-François *de Wazières*, a servi le Roi comme capitaine et sergent-major dans le régiment de cavalerie commandé par son oncle, le seigneur *ce Kessel de Gavelon*; que le fils de Jean-André-François, nommé Eugène-Hyacinthe *de Wazières*, seigneur de Beaupré, aïeul de l'exposant, a été capitaine dans le régiment d'Humière; qu'il avait un frère, Philippe-Benoît-Dominique *de Wazières*, seigneur de La Rive, a été capitaine de dragons dans le régiment de Poitiers; qu'un autre frère (ou deux précédents) appelé Michel-Albert *de Wazières*, d'abord mousquetaire de la garde du Roi dans la première compagnie, pendant deux ans et demi, a été ensuite capitaine de dragons dans le régiment de Poitiers et depuis le 8 octobre 1712, fait colonel d'un régiment de son nom qu'il conduisit en Espagne et fut enfin attaché, avec la qualité de colonel, à la suite du régiment de Bouflers, depuis prince de Pont, et mourut à la fleur de son âge, etc.

(Parlement de Flandre, registre aux Provisions étrangères, n° 13, folio 28. — Registre de l'élection d'Artois, de 1758 à 1769, folio 383).

Janvier 1769, Versailles. — DE QUELLERIE. — Titre de comte, avec permission pour l'aîné de décorer ses armes d'une couronne de marquis, pour François-Emmanuel *de Quellerie*, seigneur de Chanteraine, chevalier d'honneur au Parlement de Flandre.

On voit dans ces lettres qu'il est issu d'une des plus anciennes familles du Cambrésis, connue dès le XIIe siècle, alliée du côté paternel à la grande noblesse de cette province et de l'Artois, et du côté maternel à celle de Provence; que cette famille compte parmi ses membres Simon *de Quellerie*, seigneur de Sirieu, capitaine de Cambray, en 1310; que Charles *de Quellerie*, seigneur de Chanteraine, bisaïeul de l'exposant, a été gouverneur, lieutenant des ville et château de Tournai ; que François de *Marmet de Valcroissant*, son aïeul maternel, était gouverneur de la citadelle d'Arras ; que deux de ses grands-oncles furent : l'un, lieutenant-colonel du régiment d'Isenghien, l'autre, capitaine au régiment de Famechon ; que son frère a été tué à la bataille de Plaisance, après avoir mérité la croix de Saint-Louis et le grade de premier capitaine fonctionnaire au régiment de la Reine ; que Charles-Philippe-François *de Quellerie de Chanteraine*, son père, a eu l'occasion de donner des preuves de son zèle dans plusieurs campagnes qu'il fit en qualité d'officier au régiment d'Isenghien ; qu'enfin lui-même exposant, a été officier au régiment d'Auxerrois et est resté fidèle aux obligations que lui imposaient les exemples de ses ancêtres, aussi bien dans l'emploi d'officier que des circonstances le forcèrent de quitter, que dans la charge qu'il remplit aujourd'hui (1).

OCTOBRE 1769. — DENIS. — Lettres (2) de Louis XV données à Fontainebleau anoblissant Louis-Jacques-François *Denis*, seigneur du Péage, échevin de la ville de Lille, et Albert-André-Joseph *Denis*, seigneur du Rosnel, échevin de la paierie du Breucq, frères, dont les ancêtres ont occupé différentes fonctions et ont donné des preuves d'attachement aux Souverains et de zèle pour le bien public.

Les armes, réglées par d'Hozier, sont : *D'argent au lion de sable, écu timbré d'un casque de profil, avec lambrequins de gueules d'argent et de sable.*

(Archives de la ville de Lille, registre Prince, folio 745).

FÉVRIER 1773, VERSAILLES. — JACOPS D'AIGREMONT. — Erection en marquisat de la terre d'Aigremont en faveur d'Henri-Louis-Marie *Jacops d'Aigremont*, ancien chevau-léger de la garde ordinaire du Roi.

« Louis, etc. Notre bien amé, le sieur Henri-Louis-Marie *Jacops d'Aigremont*, ancien chevau-léger de notre garde ordinaire, nous a fait exposer qu'il désirait qu'il

---

(1) Ces lettres furent enregistrées au Parlement de Flandre, le 24 février 1769, et au bureau des finances de Lille, folio 278 du XXXII⁰ registre, le 5 janvier 1770. — Communication de M. le baron de La Grange demeurant à Cobrieux.

(2) Ces lettres furent enregistrées au Parlement de Flandre, le 1er décembre 1769, et au bureau des finances de Lille, XXXIII⁰ registre aux Provisions, folio 258, verso.

nous plût ériger en marquisat la terre, fief et seigneurie d'Aigremont, en Flandre, ayant haute, moyenne et basse justice, s'étendant aux villages d'Ennevelin, Templeuve-en-Pévèle, Marc-en-Pévèle, Avelin et Fretin, relevant directement de nous, à cause de notre salle de Lille; que ladite terre, décorée d'un magnifique château, porte les marques extérieures d'une grande seigneurie; que son nom se perd dans les temps les plus reculés; qu'elle comprend dans sa mouvance trois fiefs vicomtiers qui luy appartiennent, nommés Boisleville, auxquels sont réunis les fiefs vicomtiers de la grande et petite Anglé, les marais de Renty, de Landas, dont sept arrières-fiefs relèvent, et Espréaux: lesquels trois fiefs peuvent être réincorporés et réunis à ladite terre d'Aigremont; qu'il relève encore de ladite terre d'Aigremont quinze fiefs vicomtiers, savoir: Ardompret, dont relèvent dix arrières-fiefs en roture, quantité de parties de manoirs, jardins, praieries, qui doivent audit fief des rentes seigneuriales, La Gruerie, avec un château enclos de grands fossés, pont-levis, jardins, praieries, pâtures, bois et labour et huit arrières-fiefs qui en relèvent, Les Chapons, Bourlivée, La Ville, Drumé, Rabodange, Dumès, des Oursins, Delevalle, Walpipres, Treupignie, dont relève un arrière-fief, Courroube et Dubois de La Frenerie; qu'il appartient à ces quinze derniers fiefs le double de la rente seigneuriale pour relief à la mort des propriétaires, et le dixième à la vente, don et transport; que trente-sept arrières-fiefs relèvent encore de ladite terre d'Aigremont; que ledit exposant est encore propriétaire des fiefs vicomtiers de La Doche, d'Hellin, Boisaubert, Jobecq, Dumoulin et Duzelin situés audit Ennevelin et Marc-en-Pévèle et aussi des fiefs vicomtiers de Vertain, avec un château, Le Bail, Franc-Aleu, Emolières et Metz-Ferry situés audit Templeuve, lesquels tiennent et font arrondissement avec ladite terre d'Aigremont; qu'il est peu de terre à clocher, dans notre dite châtellenie de Lille, qui ait des droits plus étendus et un revenu aussi considérable que celle d'Aigremont, qui est dans la famille de l'exposant depuis près de cent ans, en sorte que ladite terre se trouveriat en état de recevoir et de soutenir le titre et la dignité de marquisat d'Aigremont et pourvoir ledit sieur exposant de nos lettres sur ce nécessaire. A ces causes, voulant donner audit sieur Henri-Louis-Marie *Jacops d'Aigremont* les marques d'estime et de distinction qu'il mérite par sa naissance, par son attachement à notre personne et par les services que ses ancêtres nous ont rendus et aux Rois nos prédécesseurs et autres considérations; nous avons créé, érigé et élevé de notre grâce spéciale, pleine puissance et autorité royale, créons, érigeons et élevons par ces présentes, signées de notre main, en titre, nom, prééminence et qualité de marquisat, ladite terre, fief et seigneurie d'Aigremont, ses circonstances et dépendances, sous la dénomination de marquisat d'Aigremont, pour être, à l'avenir, tenue et possédée audit nom, titre et dignité de marquisat par ledit sieur Henri-Louis-Marie

Jacops d'Aigremont et ses enfants, postérité et descendants masles nés et à naître en légitime mariage, seigneur et propriétaire de ladite terre et marquisat; au défaut d'hoirs masles nés en légitime mariage, ladite terre, seigneurie et marquisat retournera au même et semblable état qu'elle était avant ces présentes. »

(Archives de France, registre coté P, 2508, folio 9. — Mémorial de la Chambre des comptes de Paris, six derniers mois de 1774).

Mars 1775.—FRUICT.—Lettres d'anoblissement données à Versailles pour Bon-François-Joseph *Fruict*, greffier des Etats de Lille depuis 1758.

Ledit Bon expose qu'il est d'une ancienne famille de Lille qui a rempli des emplois honorables : Romain *Fruict*, son quatrième aïeul, comme capitaine, Jean-Guillaume *Fruict*, capitaine de cavalerie dans le régiment de Guisnes, Remi *Fruict*, conseiller pensionnaire de Lille, en 1658, François-Remi *Fruict*, son aïeul, et Bon *Fruict*, son fils, conseillers au bailliage de Lille ; le premier fut choisi, en 1682, pour remplir la charge de greffier des Etats de Lille, charge qui, depuis cette époque, est restée dans la famille du sieur exposant.

Armes : *D'or, à l'arbre terrassé de sinople fruité de gueules.*

(Archives de la ville de Lille, registre Duc, folio 407).

Avril 1775, Versailles. — BERENGER. — Anoblissement pour Jean-François *Berenger*, commissaire-général des fontes de l'artillerie, à Douai, enregistré le 25 novembre suivant.

Le dispositif nous apprend que sa famille est originaire de Flandre; que son grand-oncle, son oncle et son père ont été successivement commissaire-général des fontes ; que Jean *Berenger*, son bisaïeul, capitaine-général des feux de l'artillerie de France, a été tué au siége de Nimègue, en 1672 ; que Jean-Baptiste *Berenger*, son aïeul, mort en 1693, était revêtu du titre de commissaire-général et ordinaire des artifices de l'artillerie ; que François-Simon *Berenger*, son père, mort en 1747, après avoir rendu de grands services dans le corps royal d'artillerie, avait été nommé lieutenant-colonel dans ce corps, puis avait remplacé son oncle dans la charge de commissaire-général des fontes ; qu'enfin, l'exposant, après avoir servi dans le régiment d'Orléans (infanterie), avait, sur les représentations des officiers supérieurs de l'artillerie, quitté son régiment pour s'occuper, avec son père, des fontes de l'artillerie à Douai, où il acquit une si grande expérience que, quoique fort jeune, on le nomma commissaire-général, pour remplacer son père décédé (1).

Ses armoiries furent réglées, ainsi qu'il suit, par d'Hozier : *Écartelé d'or et de gueules, l'écu timbré d'un casque de profil orné de ses lambrequins d'or et de gueules.*

8 AOUT 1775, VERSAILLES. — LE ROUX, DURIEZ, PAMART, REGNAULT, DUPONT. — Lettres patentes (2), qui accordent la noblesse transmissible au premier degré à Jean-François *Le Roux*, Charles-Agathon *Duriez*, seigneur de Cazeau, La Reginette d'Artois, etc., Amé-Philippe-Joseph *Pamart*, seigneur de Phalemprise, Etienne-Guillaume-Louis *Regnault* et Jean-Baptiste-Joseph *Dupont*, membres du Conseil supérieur de Douai.

« Louis, etc., salut. Les services qu'ont rendus au Conseil supérieur de Douai les sieurs *Le Roux*, *Duriez*, *Pamart*, *Regnault* et *Dupont* nous auraient déterminé, lors du rétablissement du Parlement de cette ville, à les nommer pour remplir dans cette Cour les fonctions de conseiller ; des circonstances particulières nous ayant porté à changer cette destination, il est de notre justice de conserver à ces officiers les priviléges attachés aux offices dont nous aurions entendu les pourvoir et de faire connaitre à ce sujet nos volontés : A ces causes et autres à ce nous mouvans de l'avis de notre Conseil et de notre certaine science, pleine puissance et autorité royale, nous avons dit, déclaré et ordonné par ces présentes signées de notre main, disons, déclarons

---

(1) Ces lettres coûtèrent au sieur *Berenger*, bien qu'il fût anobli sans payer aucune finance, la somme de 2,805 livres 10 sols, qui, d'après quittance, se décomposent ainsi qu'il suit :

Mercades en principal.	2,000 livres.
Droit de marc d'or, 8 sols pour livres.	800 »
Droit de quittance.	5 » 10 sols.
Total.	2,805 livres 10 sols.

La copie originale, qui nous a servi à faire cet extrait, appartenait, en 1864, à M. de Valicourt, chevalier de la Légion-d'Honneur, commandant de cuirassiers, en retraite à Douai.

(2) Ces lettres furent enregistrées au Parlement, le 14 décembre suivant, et au bureau des finances de Lille, le 19 mars 1778, au XXXVIII° registre aux Provisions.

et ordonnons, voulons et nous plaît que lesdits sieurs *Le Roux* (1), *Duriez*, *Pamart* (2), *Regnault* et *Dupont* (3), jouissent des droits, priviléges et prérogatives attachés aux offices de conseiller en notre Parlement de Douay et notamment à la noblesse transmissible au premier degré, comme s'ils eussent servi vingt ans dans ledit Parlement et eussent obtenu des lettres de vétérance, à l'exception toutefois de l'entrée, séance et voix délibératives en icelluy et sans qu'ils puissent se dire ni qualifier ancien conseiller honoraire audit Parlement, si donnons en mandement à nos amés et féaux nos gens tenant notre Cour de Parlement et des aides de Flandres à Douay ; que cesdites présentes ils aient à faire lire, publier et registrer et le contenu en icelle garder et exécuter selon leur forme et teneur, nonobstant toutes choses à ce contraires ; car tel est notre plaisir, en témoin de quoi nous avons fait mettre notre scel à ces dites présentes, données à Versailles le 8 août 1775. »

(Archives de la ville de Lille, registre Duc, folio 667).

Décembre 1775. — IMBERT DE CHERENG. — Lettres d'anoblissement données à Versailles pour Jacques-Augustin *Imbert de Chereng*, sous-lieutenant au régiment de cavalerie.

Ledit Jacques expose qu'il est d'une ancienne famille d'Artois fixée à Lille (dont une branche a été anoblie en 1608) et alliée aux maisons les plus illustres de la province ; que le sieur *Imbert de La Basecque*, descendu comme lui de Jacques *Imbert* et de Marie *Vassal*, leur huitième ascendant, a obtenu le titre de comte, en 1749, pour son attachement à son Souverain, attesté par les blessures dont il était couvert, et le grade de lieutenant-général dont le Roi l'avait revêtu.

(Archives de la ville de Lille, registre Duc, folio 470).

---

(1) Cette famille, connue aujourd'hui sous le nom de *Le Roux de Bretagne*, porte : *de gueules au lion d'or, armé et lampassé de même à la bande d'azur chargée de trois étoiles d'argent brochant sur le tout.*

(2) Pamart porte : *d'azur au chevron d'argent accompagné en chef de deux grenades d'or ouvertes, ornées de gueules, tigées et feuillées d'or.*

(3) Dupont, d'après un cachet de famille, portait : *de gueules à 3 croissants d'argent, 2 et 1, au chef cousu d'azur, chargé de 3 étoiles à 5 raies...... rangées.* — Communication de M. Alfred Dupont, ancien député.

26 Février 1776. — DURAND. — M. Eloy, conseiller, fit enregistrer les lettres d'anoblissement de Georges-Joseph *Durand*, entrepreneur des fortifications de Douai et du fort de Scarpe, et capitaine des écluses de ladite ville et dudit fort (1).

29 Février 1776. — FANNING DE STOUCHOUSSE. — Enregistrement (par M. Desjardins, conseiller au Parlement) des lettres de naturalité et de reconnaissance de noblesse obtenues par Jacques *Fanning de Stouchousse*, irlandais (2).

Juin 1782. — BIDÉ DE LA GRANDVILLE. — Erection de la baronnie de La Grandville en faveur de Louis-Mathieu *Bidé de La Grandville*, par lettres enregistrées à la Chambre des comptes de Paris le 4 août 1784.

(Archives nationales, registre PP, 134, folio 119).

Aout 1784, Versailles. — DE LEVIS. — Erection en duché de la terre et seigneurie d'Avesnes-le-Comte, située en Artois, en faveur de François-Gaston marquis *de Levis*, maréchal de France (mort en 1787) (3).

(Archives nationales, registre PP, folio 168).

Février 1785, Versailles. — DE MUYSSART DE STEENBOURG. — Concession du titre de comte accordé à François *de Muyssart de Steenbourg*, écuyer, grand-bailly des Etats de la Flandre wallonne, et aux aînés de ses descendants mâles, sans qu'ils soient tenus d'affecter ni appliquer ce titre à aucune terre ; en considération du rang

---

(1) Extrait de deux feuillets manuscrits provenant d'un registre du Parlement de Flandre, appartenant à M. Brassart.

(2) Extrait de deux feuillets manuscrits provenant d'un registre du Parlement de Flandre, appartenant à M. Brassart.

(3) Ces lettres furent enregistrées à la Chambre des comptes, à Paris, le 15 novembre 1785. — Communication de M. Henri Fremaux, généalogiste à Lille.

distingué que sa famille tenait parmi la noblesse des Pays-Bas français et des services militaires rendus par ses parents, etc. (1).

27 Novembre 1788. — DE CROY. — Erection en duché des terres de Condé, Fresnes, Vieux-Condé et Hargnies, situées en Hainaut, sous la dénomination de duché de Croy, en faveur d'Emmanuel-Ferdinand-François duc *de Croy*. Ces lettres furent enregistrées le 5 mars 1789.

Emmanuel-Ferdinand-François duc *de Croy*, prince de Solre et de Meurs, prince du Saint-Empire, grand d'Espagne de 1re classe, maréchal des camps et armées du Roi, chevalier de ses ordres, baron et gouverneur de Condé, demande de transporter le titre de duché de Croy, créé par Henri IV, en juillet 1598, sur la terre de Croy, en Picardie, sur les terres de Condé, Fresnes, Vieux-Condé et Hargnies.

Louis XV n'ayant pas reconnu que la transmission du titre ducal ait pu s'opérer par le retrait fait, le 26 février 1613, par Charles-Alexandre *de Croy*, cousin-germain de Charles, mort sans postérité en 1612, en faveur duquel la terre de Croy avait été érigée en duché en 1598, érigea de nouveau cette terre en duché, en y réunissant celle de Wailly et autres par patentes de novembre 1773, sous le nom de duché de Croy-Wailly.

Charles-Alexandre *de Croy*, cité ci-devant, jouit du duché jusqu'en 1624 et mourut ne laissant qu'une fille, Marie-Claire *de Croy*, mariée à Philippe-François *de Croy-Solre*, qui prit alors le nom de duc *de Croy d'Havrée*. (C'est ainsi que la terre de Croy est passée dans la branche cadette de cette famille qui la possédait encore en 1788).

Louis XVI, par ces lettres patentes, reconnaît audit exposant le droit de se qualifier duc de Croy, pour prendre le rang attaché audit titre, à compter du 18 juillet 1598 et veut qu'à l'avenir le titre de duc de Croy soit assis et placé sur la terre et baronnie de Condé, en Hainaut, et ne puisse appartenir qu'au possesseur de ladite terre et, à défaut de descendants mâles en ligne directe, il permet à d'autres branches de cette maison, pourvu qu'elles deviennent les aînées, de se qualifier perpétuellement et paisiblement dudit titre de duc *de Croy*.

(Parlement de Flandre, registre aux lettres patentes, n° 12, folio 46).

---

(1) Enregistrées, le 15 avril suivant, au XLIIIe registre aux Provisions du bureau des finances, folio 26. — Archives départementales du Nord, carton B, Chambre des comptes, noblesse n° 2, copie écrite par Denis-Joseph Godefroy.

Mars 1789. — LAURENT DE VILLEDEUIL. — Erection en marquisat de la terre de Villemort en faveur de Pierre-Charles *Laurent de Villedeuil*. Ces lettres furent enregistrées à la Chambre des comptes de Paris en avril suivant.

(Archives nationales, registre PP, 134, folio 312).

Mars 1789. — MATHIEU. — Lettres d'anoblissement pour Jean-Léonard-Joseph *Mathieu* (1) données par Louis XVI.

« Louis... C'est aux recherches et aux dépenses faites par notre cher et bien aimé le sieur Jean-Léonard-Joseph *Mathieu*, par son père et par son ayeul, que sont dus et la découverte des mines de charbon de terre ouvertes à Anzin dans notre province de Hainaut, et le succès qu'a eu l'entreprise de leur exploitation. C'était peu de les avoir trouvées, il fallait parvenir à en extraire le charbon qui, dans les endroits où il est le plus près de la terre, en est encore éloigné de 300 pieds. Il fallait, pour faire arriver des mineurs à cette profondeur, leur ouvrir un chemin à travers des bancs de pierres énormes et quantité de sources aussi abondantes que rapides ; à force d'études, des travaux et d'industrie, le père du sieur *Mathieu* a surmonté tous ces obstacles. Le secours d'une pompe à feu lui était nécessaire. Comme il n'en existait aucune en France, il passa en Angleterre où, avec beaucoup de peines et de risques, il obtint de voir celle que les Anglais y avaient exécutée. Quoiqu'il ait eu fort peu de temps pour l'examiner et qu'il ait été impossible d'en dessiner le plan, il en saisit si bien l'ensemble et les détails qu'à son retour en France, il en fit établir une semblable. Aujourd'hui la mine d'Anzin est la plus importante et la mieux travaillée qui existe en Europe. Aussi excite-t-elle la curiosité et y fait-elle l'admiration des étrangers. 4,000 ouvriers sont tous les jours employés à l'exploiter, et tout s'y passe avec le plus grand ordre. Avant qu'elle existât, la Flandre, le Hainaut, l'Artois et le Cambrésis étaient forcés de tirer, des environs de Mons, le charbon nécessaire pour leur chauffage, ce qui faisait sortir du royaume un numéraire très considérable......

» A ces causes...... nous anoblissons le sieur Jean-Léonard-Joseph *Mathieu* et ses

---

(1) Il était petit-fils de Jacques *Mathieu*, venu de Lodelinsaert, en 1716, auteur de la découverte du charbon à Fresnes, en 1720, et fils de Pierre *Mathieu* et de Anne-Jacqueline *Briffault*. *Briffault* portait pour armes : *Écartelé aux 1 et 4 d'azur, au soleil d'or ; aux 2 et 3 d'azur au sautoir d'or, accompagné de quatre étoiles de même et au chef aussi d'or, chargé d'un lion naissant de gueules.*

enfants descendants en ligne droite, tant de l'un que de l'autre sexe, nés et à naître en légitime mariage, etc., etc. »

ARMES : *D'azur, au chevron d'or accompagné de trois étoiles de même.*

(Histoire de la recherche de la découverte et de l'exploitation de la houille dans le Hainaut français, par Edouard Grar, tome III, page 268).

13 MAI 1789. — PARMENTIER. — Certificat de noblesse délivré à Bruxelles pour Jean-Amand-Joseph *Parmentier*, écuyer, licencié ès-droits.

« Nous messire Charles-Jean Beydals, seigneur de Zittaert, conseiller de l'Empereur et Roi, son premier roi d'armes dit Toison-d'Or aux Pays-Bas et cercle de Bourgogne et chef de sa Chambre héraldique, Barthélemy-Joseph Jaerens, seigneur de Jamberge, et Gilles-Ange Labina, dit Labiniau, seigneur de Baussen, respectivement conseillers, rois et hérauts d'armes du seigneur Empereur et Roi, à titre de ses duchés de Brabant du marquisat du Saint-Empire et du comté de Flandre, Tournay et Tournaisis ; sur la remontrance de M. Jean-Amand-Joseph *Parmentier*, écuyer, licencié en droit, époux de dame Marie-Alexandrine *de Greve*, domicilié à Louvain, qui, pour se conformer au dispositif des édits héraldiques du 14 décembre 1616, nous a produit les armoiries dont lui et ses ancêtres se seraient toujours servis, son extrait de baptême, ceux de son père et ayeul, ainsi qu'un certificat de ceux de la loy de Tubize, réclamant à l'appui de ces titres la jouissance des droits attachés à l'état de noblesse, en conformité des édits susmentionnés et conséquemment leur enregistrement aux registres de ladite Chambre héraldique à ce destinés et requérant qu'il lui en soit expédié acte et forme, déclarons que, ces titres vus, il nous en a consté que le sieur requérant, batisé en l'église de Tubize, le 18 juin 1766, est fils légitime de Jean-Joseph *Parmentier*, écuyer, batisé en l'église paroissiale de Tubize, le 22 janvier 1733, et de Jeanne-Joseph *Tiempont*, petit-fils de Jean-Joseph *Parmentier*, écuyer, licencié en droit, bailly et maître de poste de Tubize, et de Catherine *Hoel*, et arrière-petit-fils de Nicolas-François *Parmentier*, écuyer, bailli et tenant poste audit Tubize, mort en 1722 ; que, de l'ensemble des titres susmentionnés, il appert que le sieur requérant est d'autant plus fondé dans sa réclamation, qu'il conste, d'un certificat des échevins de Tubize, que le bisayeul dudit sieur requérant, Nicolas-François *Parmentier*, écuyer, ainsi que ses descendants, ont toujours vécu noblement, sans la moindre dérogation ; que ce bisayeul et son fils, Jean-Joseph *Parmentier*, ont été inhumés en l'église dudit Tubize, chacun sous une tombe décorée de leurs armoiries timbrées, dans laquelle église se voit encore un tableau auxdites armes de *Parmentier*; ledit certificat portant encore que la maison dudit sieur Nicolas-François *Parmentier*, écuyer, bisayeul, sieur requérant, a été entièrement consumée par un incendie arrivé en cet endroit, le 2 août 1719, qui a réduit en cendres la plus grande partie de ce village, son greffe et tous les papiers et documens qui y estaient déposés et qui ont été la proie des flammes ; déclarons en outre que la famille de *Parmentier* a été anoblie, par l'empereur Charles-Quint, par lettres patentes du 6 août 1556, au port des armoiries, *d'argent, au chevron d'azur accompagné de trois trèfles de sinople*, l'écu surmonté d'un heaume ou casque d'argent grillé et liseré d'or, fourré de gueules, couvert d'un bourlet d'argent et d'azur, aux hachemens de même, et pour cimier : un trèfle de l'écu, telles et en sa forme et manière qu'elles sont peintes et exprimées en tête des présentes ; en foi de quoi nous les avons signées et fait munir des sceaux respectifs de nos charges royales, en la Chambre héraldique, à Bruxelles, le 13 mai 1789 (1). »

---

(1) Relevé sur l'original qui nous a été communiqué par M. Parmentier, conseiller à la Cour d'appel de Douai.

FIN

EXTRAIT DES REGISTRES AUX COMMISSIONS DES CHARTES

DU CONSEIL D'ARTOIS

ET LETTRES DIVERSES

1385, Lille. — DE LA CHAPELLE. — Commission pour la souveraine baillie de Flandre. (2ᵐᵉ reg., fol. 29).

Mars 1387, Paris. — DE BROLOSE DE BRUGES. — Lettre de légitimation de Jehan *de Brolose de Bruges* donnée par Philippe de Bourgogne (fol. 15, 2ᵐᵉ reg.)

27 Janvier 1389, Audenarde. — DE HALLUIN. — Institution de messire Olivier *de Halluin*, pour être gouverneur de la terre de Hersele (fol. 21, 2ᵐᵉ reg.)

3 Février 1389, Lille. — GUIOT DE LONGPRÉ. — Lettre de donation de la terre de Crumbeque (fol. 18, 2ᵐᵉ reg.)

1390. — DE MÉRODE. — Lettre de gouverneur du duché de Lembourch pour *Steyfart de Mérode* (fol. 28, 2ᵐᵉ reg.)

1390, Lille.— CLAYS SACE. — Commission de bailli de la Chambre, en Flandre, pour *Clays Sace*. (2ᵐᵉ reg., fol. 53).

8 Octobre 1390, Arras. — DE LE ZIPPE. — Commission de gouverneur de Lille et de Douai donnée à messire Pierre *de Le Zippe* (fol. 24, 2me reg.)

1391, Lille. — DE GHERBODE. — Don des offices du clergé du bailliage de Lille à *Therry de Gherbode*. (2me reg., fol. 42).

1er Mars 1392, Paris. — DE BAR. — Lettre de possession baillée à Madame la comtesse *de Bar*, des reliefs, des fiefs et arrière-fiefs des chastellenies de Cassel, Broubourck et le bois de Nieppe (fol. 66, 2me reg.)

7 Aout 1393, Paris. — DE LA TANNERIE. — Commission de maître des comptes à Lille pour Pierre *de La Tannerie* (fol. 70, 2me reg.)

13 Septembre 1393, Lille. — JEHAN DE LE HAYE. — Commission pour adhireter en un fief qu'il avait acheté de *Olivier Le Josne* (fol. 77, 2me reg).

1393, Lille. — GUILLEBERT DE LEUREGHEM. — Commission pour être gouverneur de la seigneurie de Herzelles, au lieu de Monseigneur *Olivier de Haluyn*. (2me reg., fol. 77).

1393, Bruges. — DE MÉDOIN. — Légitimation de Jehan de *Medoin* ou *Meden*. (2me reg.

1394, Paris. — DE CHESAY. — Commission de maître des comptes de Monseigneur de Bourgogne, à Lille. (3me reg., folio 13).

14 novembre 1426, Bruges. — DE CROY. — Don de la terre de d'Andrewyc pour Monseigneur *de Croy*, et de la terre de Montagne, au comté de Bourgogne, pour *Franc Pelerin*. (8me reg., fol. 36).

4 Novembre 1553. — GRENU. — Jean *Grenu*, écuyer, seigneur de Marcq, grand prévôt de *Tournai*, né en 1529 (fils aîné de Gilles, anobli par l'empereur *Charles-*

Quint, suivant lettres patentes données à *Bruxelles* le 4 novembre 1553, mort le 15 octobre 1556 et enterré à Notre-Dame de Tournay, et de Jeanne *de Preys*, mariée à Tournai, paroisse Notre-Dame, le 15 juin 1528), fut armé chevalier de la main de Philippe II, roi d'Espagne, à Gand, en juillet 1559. Jean *Grenu* avait épousé, en 1550, Madeleine *de Wittem*, décédée le 20 novembre 1600; il mourut le 20 novembre 1581 et fut inhumé dans le chœur de l'église Notre-Dame de Tournai.

Simon *Grenu*, écuyer, seigneur du Fay, frère de Jean, fut aussi armé chevalier par l'archiduc Albert, à Tournai, le 9 février 1600.

(Manuscrit de Scolier, Saint-Genois, monuments anciens, tome II, page 135).

15 Juin 1594. — DES TROMPES. — *Des Trompes*, seigneur de Westhove, maître ordinaire en la Chambre des comptes de Lille, puis président en la même Chambre, obtint confirmation de noblesse avec anoblissement en tant que besoin, par lettres données à Saint-Laurent-le-Royal, le 15 juin 1594, enregistrées le 7 avril 1595, sans finance.

Il était originaire d'Ostende et devint seigneur de Zantervelde et Fresnoye.

Armes : *De gueules, au chevron d'argent, accompagné de 3 pommes de pin d'or renversées; le casque treillé, les lambrequins et bourlet d'argent et de gueules.* Cimier : Un homme sauvage, tenant en sa dextre un bâton mieux élevé, orné tant par son corps que par dessus la tête d'un cravierlin de lierre, de sinople. Supports : Deux sauvages au naturel appuyés sur leurs bâtons.

(XXᵉ registre des Chartes, folio 137).

2 Mars 1632. — RUBENS. — Charles Iᵉʳ, roi d'Angleterre, voulant récompenser Pierre-Paul *Rubens* de son zèle pour la négociation du traité de paix conclu le 5 décembre 1630 avec le roi d'Espagne, créa chevalier de sa main le célèbre peintre des Pays-Bas et lui fit délivrer les lettres patentes de sa promotion le 15 décembre suivant. Il lui donna en même temps la magnifique épée avec laquelle il avait procédé à sa réception : la famille de *Rubens* a toujours conservé depuis lors cette belle arme devenue précieuse à tant de titres (1).

(1) M. Kreins a donné un dessin de cette épée dans l'*Artiste*, de 1835, p. 123.

Le roi d'Espagne ratifia le nouveau grade de chevalier donné à son ambassadeur par lettres patentes contresignées le 2 mars 1632.

(Lettres inédites de P. P. Rubens publiées par Emile Gachet; Bruxelles, 1840, in-8°, pag. XLVI de l'Introduction).

1659, MADRID. — LE BOUCQ. — Lettres de chevalerie héréditaire octroyées par Philippe IV, roi d'Espagne, à Henri *Le Boucq* (1), écuyer, seigneur de Camcourgean et de Lompret, échevin de Valenciennes, bailly de la vicomté de Sebourg et de la terre de Curgies, fils de noble homme Pierre Le Boucq, seigneur de Camcourgean et Lompret, échevin de Valenciennes en 1581, trésorier extraordinaire des troupes du roi d'Espagne et de *Marie Hangouart*. Son grand-père, Noël *Le Boucq*, seigneur de Camcourgean, né en 1490, avait exercé la même charge près du roi d'Espagne, et son oncle, Jacques *Le Boucq*, était héraut d'armes de la Toison-d'Or sous Charles-Quint.

ARMES : *D'azur, à 3 ruches d'or, posées 2 et 1.* — DEVISE : *Maintenir fault.*

(Voir nobiliaire des Pays-Bas, page 375, la *France illustrée*, de J. de Seur, page 257, et Le Roux, dans son Recueil de la noblesse, tome 1er, page 285).

1665, ARTOIS. — DE CONSTAING. — Lettres patentes pour érection en marquisat de la terre de Carency en faveur de Nicolas de Constaing, chevalier. (77me reg., fol. 298).

1665, ARTOIS. — DE TOURNAY. — Lettres portant érection de la seigneurie d'Oisy en comté en faveur de Philippe *de Tournay*, seigneur dudit lieu, 77me reg., fol. 244.

20 MAI 1665, MADRID. — LENS. — Erection par Philippe IV de la terre de Blendecque en comté au profit de François *de Lens*, mayeur de Saint-Omer, dont la famille

---

(1) Henri *Le Boucq* fut historien fort estimé et laissa plusieurs manuscrits qui se trouvent encore à la bibliothèque de Valenciennes, entr'autres : l'histoire de Sebourg. — Traité des choses les plus remarquables concernant la singularité des priviléges de Valenciennes. — Coutumes de la ville et chef-lieu de Valenciennes, etc.

qui descend des chatelains de Lens. a produit plusieurs personnages remarquables, entr'autres Bauduin *de Lens*, gouverneur de Lille, tué en 1364, — Charles *de Lens*, assassiné au pont de Montereau avec le duc Jeans-sans-Peur. (77me reg., fol. 59).

22 Juillet 1671, Madrid. — DE SARS. — Lettres de chevalerie octroyées sans finances par le roi d'Espagne Philippe IV à Maximilien de Sars, écuyer, seigneur du Sart, en Cambrésis, lieutenaut-prévost de Valenciennes (1), fils de noble Jean de Sars, seigneur de La Folie, échevin de Valenciennes, et de Anne *Colbart*. Le dispositif dit que cette distinction lui est accordée en récompense de sa belle conduite pendant la défense mémorable de cette ville dont le siège fut levé en 1656.

Cette famille a eu, au XVIe siècle, un grand bailly du Hainaut, plusieurs prévosts et échevins et un grand nombre de ses membres dans les armées.

Armes : *D'or à la bande de gueules chargée de trois lions d'argent.*

30 Mai 1685. — DE FOULERS. — Lettre de M. de Louvois à M. *Bataille*, procureur-général au Conseil d'Artois, au sujet de l'anoblissement donné en 1662 par le roi d'Angleterre au sieur *de Foulers*, major de Béthune, originaire d'Ecosse.

(VIIIe registre aux Commissions d'Artois, folio 587).

1685, VOLANT. — Anoblissement pour Simon *Volant*, ingénieur de la ville de Lille, pour les services qu'il a rendus pendant les guerres de Flandre et celui récemment rendu en entreprenant l'acqueduc qui doit faire passer la rivière d'Eux à travers le château de Versailles. (78me reg., fol 124).

13 Décembre 1742. — CHARLEZ. — Charles-Albert *Charlez*, écuyer, seigneur de Vrequem, demeurant à Lille, se fit inscrire au rôle de la noblesse des Etats de cette ville.

Il remontre qu'il est fils de Nicolas-Gilles *Charlez*, demeurant à Mons, anobli par l'empereur Charles VI, le 19 juillet 1728.

Armes : *D'argent, au chevron d'azur chargé à la pointe d'une étoile à six raies et aux deux côtés d'un gland tigé et feuillé d'or.* Cimier : Une licorne naissante d'argent.

---

(1) C'est par erreur et similitude de prénom que *Simon Le Boucq*, dans ses advenues, n° 540, de la bibliothèque de Valenciennes, lui donne pour père un Jean *de Sars*, bailly de Saultain.

LETTRES OCTROYÉES PAR LA GOUVERNANCE DE DOUAI

1675. — LE SELLIER. — Jean-Baptiste *Le Sellier*, seigneur de Baralle, Bussy, Grancourt, licencié ès-lois, est anobli par la gouvernance de Douai.

(Cette famille est une plus anciennes et des plus notables de Douai et Cambrai, où elle a eu deux grands prevots en 1422 et 1444).

Armes : *D'or, à trois bandes de gueules, au chef cousu d'azur chargé de trois étoiles d'argent.*

(Histoire du Cambrésis par Le Carpentier).

1704. — BECQUET DE LAYENS. — Anoblissement par lettres de la gouvernance de Douai.

1708. — Lettres d'érection en marquisat de la terre de *Sin* par la gouvernance de Douai.

1719. — DE RASIÈRE. — Anoblissement par lettres de la gouvernance de Douai.

23 Décembre 1629, Madrid. — DE NEBRA. — Lettres de chevalerie du roi d'Espague pour son « cher et bien amé Hercules *de Nebra*, seigneur dudit lieu, Plachy, Gebra, etc. », ayant servi ses « prédécesseurs par plusieures années avecq trois à quatre chevaulx, à ses propres frais et despens, tant sous le gouvernement du duc de Parme, que celuy des comtes de Mansfelt et de Fuente, s'estant trouvé en différens remarcques et exploix de guerre et, entre aultres, aux siéges et prinses des villes de Dourlens et Cambray, durant l'occupation de la dernière année par les François », ayant « souffert notable dhommage et perte en ses biens situés audit quartier » et s'estant « employé au service de feu l'archiducq Ernest (qu'il soit en gloire !) en qualité de gentilhomme de sa bouche. Le tout, à l'imitation de ses ancestres, signament de feu messire Henry *de Nebra*, chevalier, seigneur dudit lieu, son

père, lequel, par l'espace de quarante cincq ans continuels, auroit fait plusieurs bons et signalez services à feu d'eternel memoire l'empereur Charles cincquiesme et le roy Philippes second, en diverses et honorables charges et occasions de guerre d'importance, notomment en huict batailles rangées, tant en Allemaigne, Italie et France, que Pays-Bas, ayant en oultre esté envoyé vers aucun prince d'Allemaigne pour amener quattre mil chevaulx pour le service de nostre couronne, aussy par le ducq d'Alve, gouvernant nostre Pays-Bas, esté estably gouverneur de la ville de Grave et, durant le gouvernement du duc de Parme, esté député vers le pays de Frize pour la réformation et surintendence des gens de guerre, où il auroit fait des signalés services à l'occurence de la mort du comte de Renenberghe, gouverneur desdits pays, duquel les gens de guerre estans mutinez, il les auroit appaisé par son industrie et dexterité, mesme aussy combatu et deffait l'ennemy hollandois en deux rencontres prez la ville de Groninghe, avecq douze enseignes d'infanterie et avecq mil soldats paysans et six pioches d'artillerie. A cause d'iceulx services seroient encoire deus presentement audit sieur *de Nebra* plus de vingt cincq mil floryns.

» Et Vuidegrint *de Nebra*, chevalier, seigneur dudit lieu, son ayeul, auroit esté gouverneur des pays et comté de Hostein et aussy servy es guerres de Hongrie et secours de la ville de Vienne.

» Comme de mesme, Ernest *de Nebra*, son oncle, se seroit valleureusement comporté es batailles de Renty et Saint Quinctin.

» Et dernièrement, Maximilien *de Nebra*, seigneur de Gebra, frère audit Hercules *de Nebra*, auroit aussy rendu service, depuis plus de vingt cincq ans enca, aux guerres de Allemaigne, Ongrie et Boheme, avecq charge d'une compaignie de trois cens hommes et esté gouverneur des ville, chasteau et pays de Roetinghen, soubz la juridiction de l'evesché de Vurtenberg, pour le service de l'empereur Ferdinand. »

Comme si ledit Hercules « eust esté fait et créé chevalier de nostre propre main. »

« Car ainsy nous plaist-il. »

« Sera tenu presenter cestes dittes lettres patentes à don Jan de Castillo, nostre secretaire du registre des mercedes, affin d'en estre tenu notice et memoire en libres de sa charge (1). »

(Archives municipales de Douai, layette E E 117 ; copie produite, en janvier 1650, au Conseil privé de Bruxelles, par Maximilien-Louis *de Nebra*, écuyer, seigneur de Plachy, fils de celui qui avait obtenu les lettres de chevalerie du 23 décembre 1629).

(1) Communication de M. Félix Brassart.

NOTICE SUR L'AUTEUR

Né à Douai, le 7 février 1829, et élevé dans un des austères hôtels que la magistrature du siècle dernier a légués à cette ville, au milieu des souvenirs d'une famille fidèle au culte du passé, le Chevalier Amédée Le Boucq de Ternas utilisait tous les moments laissés libres par les devoirs du collège en déchiffrant de vieux parchemins, en lisant dans des recueils historiques, et en explorant nos villages comme un jeune antiquaire déjà collectionneur intelligent.

Aussi, quand il alla à Paris faire ses études de droit, s'empressa-t-il de prendre rang parmi les élèves de l'Ecole des Chartes.

Rappelé bientôt dans sa ville natale par des intérêts de famille, il s'y livra tout entier aux études historiques et à sa passion pour les objets d'art.

A l'âge de vingt-trois ans, il était assez sûr de lui pour rectifier Arthur Dinaux, alors le prince de la critique historique dans nos contrées, et revendiquer les droits de sa famille absolument niés par l'éditeur de l'*Histoire ecclésiastique de Valenciennes*, de Simon le Boucq de la Mouzelle.

Dès lors, sa voie était tracée : recueillir pieusement les souvenirs littéraires et nobiliaires laissés par sa famille, rechercher avec impartialité les titres des autres familles du pays, nobles ou anoblies, ce fut son bonheur et sa vie. Ses connaissances en archéologie étaient aussi très étendues, et plusieurs Sociétés savantes de la France, de la Belgique et de l'Italie le comptèrent parmi ses plus zélés correspondants.

Son ouvrage, le premier en date, est intitulé : *Histoire des choses les plus remarquables advenues en Flandre, Hainaut, Artois, et pays circonvoisins, depuis 1596, jusqu'à 1674, mise en lumière par le sieur Pierre le Boucq, gentilhomme valenciennois, publiée avec une notice sur l'auteur et sa famille.*

Il fut, en 1861, l'un des fondateurs de la publication historique : *Souvenirs de la Flandre-Wallonne*, et y fit successivement paraître les généalogies des familles *de la Verdure, Payen de la Bucquière, Honoré du Locron, Bérenger, Clicquet, de Valicourt, de Tenremonde, de Tournay, de Plotho d'Ingelmunster, Gosson, de Belleforière, Foucques de Wagnonville, de Hault*, et *Beauduin de Mauville*; puis, l'histoire d'un grand nombre de seigneuries de la Flandre ; des notices intéressantes et remplies de renseignements puisés aux sources mêmes sur des localités et des villages de ce pays.

Il livra aussi à l'impression les généalogies des familles *de Bailliencourt dit Courcol, Josson de Bilhem, Bommart, Becquet de Mégille, Dupont de Castille, de la Cornhuse*, et, en dernier lieu, son plus important ouvrage sur la *Chancellerie d'Artois*, contenant les généalogies de tous ses officiers, continuées jusqu'à nos jours.

Enfin, il préparait encore plusieurs ouvrages historiques et généalogiques d'un grand intérêt, lorsque la mort le frappa avant le temps, le 29 mai 1882 (1).

(Tiré de l'article nécrologique publié par Monsieur Brassart dans les *Souvenirs de la Flandre-Wallonne*, 1882).

---

(1) Il avait épousé, le 26 janvier 1859, Laure-Thérèse *Watelet de Messange*, fille de Théobald-Constant-Joseph, écuyer, propriétaire au château de Nieppe (Nord), et de Clary-Hortense *de Bouteville*.

TABLE DES NOMS

A

Abbonel, 126.
Acharts (des), 413.
Ackre (Van), 253.
Ailly (d'), 413.
Aix (d'), 5, 117, 295.
Alekemade (Van), 368.
Allegambe, 180.
Allennes (d'), 174.
Allesmes (d'), 24.
Aman (d'), 349.
Ambrines (d'), 66, 77.
Amerval (d'), 108, 413.
Ammans, 349.
Andrea, 206.
Aneize (d'), 264.
Anglarre (d'), 29.
Anneux (d'), 286.
Anseau, 241.
Aoust (d'), 71, 389, 414.
Aoust de Jumelles (d'), 407.
Apelteren (d'), 371.
Ardeghem (d'), 27.
Armolis (d'), 109.
Arnauld, 389.
Arquel (d'), 334

Arry, 130.
Arthus, 260.
Artois (d'), 100.
Assignies (d'), 48.
Assigny, 414.
Assonville (d'), 249.
Auberchicourt, 420.
Auby (d'), 132.
Audrehem (d'), 6.
Aumale (d').
Aunois (d'), 414.
Aussimont (d'), 18.
Aussy (d'), 342.
Autrive (d'), 303.
Avelin (d'), 375.

B

Bacq (du), 136.
Bacquehem (de), 164, 244, 416.
Badot, 295.
Baert, 116, 253, 329.
Bail, 95.
Bailleul (de), 210, 301.
Bailliencourt (de), 440.
Balestrier (de), 372.
Ballet, 174, 175.

Bambure (de), 413.
Bar (de), 434.
Barbençon (de), 343.
Barbieux (des), 235, 241, 256. 275.
Bardoul, 95.
Bargibaut (de), 328.
Barnst (de), 252.
Barre (de La), 209.
Bart, 353, 398.
Bassecourt, 82.
Bassecourt (de), 17, 55, 68, 84, 91, 99, 159, 160, 221, 379.
Bassée, 285.
Bataille, 68, 71, 437.
Baudain (de), 37.
Baudain, 182.
Baudart, 89.
Baudequin (de), 170, 223, 224.
Baudot, 39.
Baudreghien (de), 318.
Bauduin, 7, 172.
Bavelinge (de), 196.
Bavière (de), 343.
Bayart, 333.
Beauffort (de), 16, 35, 39, 50, 60, 69, 74, 76, 77, 354.
Beauffremetz (de), 27, 164, 244, 399.
Beaulaincourt (de), 173, 244, 420.
Beaulaincourt de Marles (de), 60.
Beaulancourt (de), 24.
Beaumaret (de), 439.
Beaumont (de), 24, 241.
Beaurains (de), 45, 82.
Beaurain, 63.
Becquet, 377, 391.
Becquet de Layens, 438.
Bécue, 248.
Beer (de), 298.
Beiffroimont (de), 130.

Beken (Vander), 302, 330.
Bellacourt (de), 175.
Belleforière (de), 390.
Bellesage (de), 318.
Belloy (de), 41, 44.
Belvalet (de), 51, 66, 101, 105.
Belvalet de Famechon (de), 101.
Bentivoglio, 228.
Berenger, 424.
Bergeron (de), 85.
Berghes (de), 52, 330, 373, 404.
Berghe (Van den), 320, 322.
Bergues (de), 301.
Berlaimont (de), 174.
Bernard, 135, 140, 141, 310, 320, 355.
Bernard (de), 318.
Bernastre, 405.
Berncecourt (de), 173.
Bernemicourt (de), 212.
Bernieulle, 25.
Beron (du), 336.
Bersacques, 15.
Bertelly, 331.
Bertheau, 198.
Berthould, 6, 7.
Berthould de Hauteclocque, 74.
Berthould d'Hauteclocque (de), 101.
Bethencourt (de), 12, 31.
Béthisy (de), 413.
Béthune (de), 59, 72.
Bette, 202.
Bette (de), 245.
Beugin (de), 19.
Beugny (de), 109.
Beuvet, 366.
Beuvette, 392.
Bévère (de), 133.
Bidault, 179.
Bidé de la Granville, 42.

Billot, 202.
Billy (de), 142.
Blaire, 103.
—Blanc (Le), 151.
—Blancq (Le), 23, 217.
Blandecque, 436.
Blandecques (de), 362.
Blangerval (de), (Voir du Chastel), 243.
Blankelvet (de), 371.
Blin, 100.
Blitterswick (de), 319.
Blocquel, 173.
Blocquel de Croix (de), 72, 75.
Blois (de), 343.
Blondel, 165, 210, 298.
Blondel (de), 27, 213, 214.
Boddins, 180.
Boireau (de), 85.
Bois (du), 181, 224, 317, 320, 336, 344.
Bois de Fiennes (du), 32.
Bois de Haves (du), 49.
Bois de Percheval (du), 95.
Boisquet, 368.
Boissimez (de), 290.
Bologne, 167.
Bommaere, 190.
Bonnin, 395.
Bonnieres, 239.
Bonnières (de), 47, 303.
Bonnières de Guisnes, 351, 414.
Boot, 395.
Boote, 276.
Borromée, 228.
Bosch (du), 300.
Bosquiel (du), 130, 158, 173.
Bossier, 237.
Botterie (de Le), 129.
Boubers, 414.

Boubers (de), 413.
Boucq (Le), 251, 286, 436, 437.
Boucquel, 75, 78.
Boufflers (de), 318.
Boufflers, 414.
Boulengier, 9.
Boulit, 305.
Boulogne (de), 71, 75, 394.
Boulogne de Beaurepaire, 72.
Bourbon (de), 243, 405.
Bourdet (de), 216.
Bourgeois (Le), 64, 370.
Bourgogne, 211.
Bourgogne (de), 27, 229, 384.
Bourguignon (Le), 219.
Bournonville (de), 42, 160, 361.
Bours (de).
Boussu (de), 270.
Bouteiller de Senlis (Le), 413.
Braem ou Brasme, 234.
Brandt (de), 20, 88, 166.
Brassart, 427, 439.
Brayelles, 414.
Bretagne (de). (Voir Le Roux).
Bretel, 46, 303.
Bretin, 142.
Breton Moindredans, 141.
Briansiaux, 415.
Brias (de), 56, 271, 281, 394.
Brias, 399.
Briastre (de), 310.
Briche (de La), 371.
Bridoul, 343.
Brimeu (de), 128.
Brimeu de Pœderlé, 113.
Briois, 7, 115.
Bristel, 17.
Brœucq (de), 22.
—Broide (de), 335.
Brolose de Bruges (de), 433.

Brongniat, 205.
Brouwe, 390.
Broy (de), 135.
— Broyart, 295.
Bruges (de), 316.
Brunasse, 293.
Bruneau, 223, 279, 410.
Bruneti, 271.
Brunnick, 195.
Bruslé (du), 220.
Brusset, 21.
Bruyère (de La), 395.
Buisseret, 311, 408.
Buissière (de La), 58, 108, 220.
Buissy (de), 24.
Bullart, 40.
Bultel, 409.
Burlen, 324.
Bus (du), 62, 89, 198, 240, 278, 291, 357.
Bussy (de), 340.

C

Cabillau (de), 197, 217.
Caboche (de), 110.
Cacheleu (de), 100.
Caldenborch (de), 236.
Caldenbourg, 241.
Calonne (de), 168, 312.
Cambe (de Le), 180.
Cambre (de Le), 210.
Cambry (de), 164.
Camp, 90.
Candèle (de Le), 156, 248, 318.
Canonne (de), 145.
Canteleu (de), 171, 220.
Cappel (Van), 265, 412.
Cappelier (Le), 310.
Cardevacque (de), 57, 105, 176, 255, 363, 396.

Cardon, 397.
Carieul (du), 12, 38, 63, 68, 98.
Carlier (Le), 30, 52.
Carlins, 267.
Carmin (de), 58.
Carnin (de), 133, 318, 353, 386.
Caron de Canettemont (Le), 49.
Carondelet (de), 151.
Carpentier, 202.
Casier, 294.
Cassel, 434.
Castellain, 191.
Castillo (de), 439.
Cat (Le), 358, 392.
Catrix (de), 18, 181.
Caudron, 381.
Caulaincourt (de), 29.
Cauteren (Van), 284.
Caverel, 3, 35, 202, 207.
Cavernies, 312.
Cavrines (de), 376.
Cayro, 320.
Cerf (de), 382.
Chable (Le), 144.
Chambge (du), 269, 292, 322, 340.
Chameray (de), 134.
Champs (du), 133.
Champlete (de), 223.
Chapelle (de La), 222, 247, 433.
Chapelle (La), 257.
Charlet, 241.
Charlez, 437.
Chastel (du), 6, 126, 197, 218, 243, 257, 287, 290, 310, 317, 329.
Chastellier (de), 105.
Chatillon (de), 343.
Chaulnes (de), 413.
Chepaix (de), 413.
Chesoy (de), 434.
Chivot, 51, 291, 294, 316, 332.

Cholet, 357.
Choquart, 104.
Civot, 291.
Claerhant, 252.
Clays Sace, 433.
Clément, 11.
Clément (Le), 64, 261.
Clément de Saint-Marc, 352.
Clencquemeuve (de), 129.
Clerc (Le), 314.
Clercq (Le), 253, 276, 282.
Clercque (de), 312.
Clèves (de), 130.
Clicquet, 135.
Clou, 239.
Cnockaert, 270.
Cochet, 85, 294.
Cocle, 364, 376.
Cocquiel, 257.
Cœuret de Nesle, 379.
Col, 375.
Colbert, 437.
Collencourt (de), 24.
Coloma, 309.
Colnet (de), 316.
Cominetto, 293.
Comte (Le), 106, 372.
Conille (de), 17.
Contes (de), 97.
Corbeau, 88.
Cordes (des), 330, 334.
Cordouan, 332, 336.
Coret (de), 277.
Cornaille, 13, 14.
Costa (de La), 253.
Coudenhove (de), 338.
Coupigny (de), 28, 73, 312, 420.
Courcol, 11, 51.
Couronnel 28.
Couronnel (de), 75, 400.

Courouble (de), 257.
Court (de Le), 182.
Courteville, 186.
Courteville (de), 31, 330, 331.
Coustaing (de), 436.
Couturelle (de), 89.
Crequi (de), 28, 94.
Crequi-Contes (de), 97.
Crequy, 361, 414.
Crète, 130.
Creteau, 164.
Creus (de), 179.
Croix (de), 4, 22, 26, 56, 69, 131, 171, 182, 210, 236, 237, 244, 247, 250, 299, 339, 347, 354.
Croix (de La), 282, 301, 334.
Croy (de), 147, 149, 152, 161, 231, 330, 345, 428, 434.
Cumghem, 34.
Cuissement, 143.
Cunchy (de), 102, 115.
Cuvillon, 158, 336, 420.

D

Daens, 195, 196.
Dailly, 21.
Daine, 403.
Dale (Van), 259, 268, 279, 299, 312.
Dalhuin, 111.
Damiens, 325.
Damman, 263, 271, 302.
Dampierre (de), 35.
Danel, 205.
Danvin, 72.
David, 144.
Debruyn, 20.
Delattre, 35, 77, 362, 394.
Delespaul, 369.

Deleval, 381.
Delevigne, 96.
Delfosse, 365.
Deliot, 215.
Denain, 351.
Denis, 52, 62, 138, 204, 213, 325.
Denis du Péage, 422.
Dens (de), 395.
Derolin, 244.
Dervillers, 177.
Desbuissons, 206. 341.
Descamp, 111, 126.
Deschamps, 306.
Descouleurs, 274.
Descours, 281.
Desmanez, 315.
Desmaretz, 89.
Desmasures, 380.
Desplancques, 25, 36, 199.
Desprets, 129.
Despretz, 21, 334.
Destocq, 199.
Diedman, 321, 337.
Diennée (de La), 6.
Dion (de), 24, 94, 119, 414.
Divion (de), 19.
Dœulle, 189.
Domessent, 151.
Donjon, 86.
Doré, 294.
Doresmieux, 8, 112.
Doresmieulx, 132, 410.
Doresmieux de Foucquière, 84.
Douai (de), 350.
Doyen, 130.
Dragon, 227.
Duc (Le), 140.
Ducq (Le), 295, 325.
Duglas, 73, 90.
Dumaire, 12.

Dumoulin, 147.
Dupire, 60.
Dupont, 425.
Dupuich, 69.
Dupuis, 84.
Durand, 427.
Duriez, 17, 108, 425.
Durietz, 60.
Dursens, 301.
Duval, 13.
Duvaust de Moustiers, 72.

E

Echowe, 103.
Eck (d'), 51.
Ecoivres (d'), 38.
Egmont (d'), 154.
Elias, 330.
Enclud (d'), 293.
Enderwick (d'), 275.
Enfans (des), 260.
Enlart, 368.
Enlart de Grandval, 117, 119.
Ennetières (d'), 219, 226, 253, 269, 313, 327, 344.
Ercle, 209.
Errembault, 209, 367.
Esclaibes (d'), 60, 177, 414, 420.
Espagnol (L'), 376.
Espiennes (d'), 306.
Espillet, 63, 359.
Espine (de L'), 370.
Estimbecque (d'), 5.
Essarts (des), 413.
Eterno, 402.
Everleng, 127.

F

Faing (du), 320.
Fanning de Stouchousse, 427.
Farel (d'), 419.
Farvacques (de), 318.
Faucomberge (de), 343.
Faulconnier, 329, 340.
Febvre (Le), 146.
Fentin, 189.
Fernacles (de), 196.
Ferquo, 277.
Fertel, 86.
Fiennes (de), 55, 112, 128, 352.
Flahaut (de), 54.
Flandre (de), 175, 336, 358, 392.
Flavion (de), 295.
Fléchin (de), 57, 95, 353.
Flers (de), 173.
Flos (du), 136.
Flou (Le), 619.
Flye (de Le), 395.
Fontaine (de), 11.
Fontaine de Rosbecq (de), 281.
Fontaine (de La), 380.
Forest (du), 258, 283, 290.
Formanoir (de), 198, 257.
Fosse (de La), 27, 288.
Foucque de Wagnonville, 440.
Foulers (de), 42, 96, 437.
Fourmestraux, 257, 260, 267, 421.
Fourmestraux (de), 222, 262, 281, 335.
Fourmestraux de La Vallée (de), 337.
Fourcault, 129.
Feurdin, 60.
Fournel, 3.
Fournet ou Furnet, 279.
Framery, 80.
France, 100.
France (de), 9, 249, 364.
Franchois (Le), 120.
François, 217, 365.
François (Le), 49, 92, 120, 257.
François du Fetel (Le), 121.
Franeau, 163, 382.
Francqueville (de), 167.
Frénault, 126, 128, 370.
Fremaux, 151, 359, 427.
Frémicourt, 215.
Frenoy (du), 318, 370.
Fresnes (de), 143.
Fromescent (de), 16.
Fruict, 424.
Fruleux, 92.

G

Gaest (de), 221.
Gaillard, 78, 377.
Galbart, 18, 49, 53, 54, 59, 345, 347.
Galhaut, 103.
Galle, 286.
Gallot, 384.
Gand (de), 128, 162, 270, 292.
Gantès (de), 106.
Ganthois, 146.
Gantois, 131.
Gargan, 2.
Gaultier, 5.
Gavelle, 191.
Gavelou (de), 421.
Gay (Le), 409.
Genèvre, (de) 228.
Gennes (de), 344, 386, 392.
Gennevières, 8.
Gennevières (de), 98, 115.
Gesselin, 252.
Geury (de), 131.

Gherbode (de), 350, 434.
— Ghiselin, 144.
Ghistelle (de), 32, 46, 252.
Gillard, 378.
Gilly (de), 142.
Goanère (de), 8.
Godart, 163.
Godemart, 148.
Godin, 167, 168, 221, 287.
Gœthals, 291.
Gombault, 208, 262.
Gombault (de), 310.
Gomicourt (de), 245.
Gommer, 206.
Gommer (de), 145.
Gonzalès (de), 99, 403.
Gosé (de), 238.
Gosse d'Ostrel, 110.
Gosson, 9.
Gosson (de), 32.
Gossuin (de), 363.
Gourry, 126.
Goussy (de), 178.
Gouth, 390.
Gouy (de), 134.
Gracht (Vander), 852.
Grand (Le), 190, 324.
Grand Pré (de), 29.
Grange (de La), 169, 261, 245, 281, 422.
Grant, 143.
Grass (de), 303.
Grault (de), 13.
Grenade, 24.
Grebert, 27.
— Grenet, 3, 10, 15, 80, 404.
Grenu, 206, 385, 434, 435.
Grève (de), 430.
Griboval (de), 24, 254, 330.
Gros (Le), 269, 316.

Grospré de Gorguechel, 351.
Grousilliers (des), 139.
Grumelier, 287.
Gruson (de), 59.
Grusset, 223.
Guernonval (de), 207.
Guilbaut, 127.
Guillaumez, 110.
Guilleman (de), 330.
Guiot de Longpré, 433.
Guisne de Bonnière, 59.
Guisne de Sonastre, 396.
Guiyot d'Arud, 156.
Gutta de Palan, 370.

H

Habarcq (d'), 414.
Haccart, 168.
Haer (Van der), 246.
Haffringues (d'), 346, 379.
Hagerne (d'), 156, 205.
Hainaut (de), 336.
Hainin (de), 25.
Haleuwin (de), 23.
Hallevin, 252.
Halluin (de), 433.
Halloy (de), 23.
Haluyn (de), 434.
Hamaide (de La), 414.
Hamal Monchaux (de), 211.
Hamecart, 410.
Hamel (du), 60.
Hamel de Bellenglise, 412.
Hamère (de), 234.
Hamilton, 275.—
Hane (d'), 275.
Hangouart (de), 22, 250, 328.
Hangouart (d'), 375.
Hangouart, 155, 182, 255, 350, 356.

Hangoubart, 231, 301, 436.
Hannedouche, 28, 184, 294.
Hanon (de), 20, 104, 178.
Hanotel, 65, 78.
Hanot ou Havot, 319.
Hapiot, 172, 190.
Harchies (de), 102, 107, 254, 343.
Harchies de ville, 330.
Hardentun (de), 2.
Hardevulst, 209.
Hardy, 46, 306.
Harscamp (de), 289, 295.
Haugoubard, 225.
Hault (de), 440.
Haupi, 113.
Haussy (de), 141.
Hautecloque (d'), 83.
Haverskercke (de), 345.
Havre (van), 253.
Havrincourt (d'), 176, 363.
Haye (de La), 2, 23, 44, 139, 216, 347.
Haye (de Le), 431.
Haymin (de), 34, 37, 245, 311, 362, 363.
Haynuier (de), 264.
Hays, 85.
Hays (du) 164.
Hem (de), 137.
Hénéricourt (de), 239.
Hennequin (d'), 347.
Hennin (de), 246, 254, 260, 291.
Hennin-Liétard (de), 343.
Herby, (d'), 100.
Herchier (de), 168.
Héricourt (de), 29.
Hérin (de), 27.
Herlin, 240.
Herman, 79.
Hermite (L'), 235, 240, 241.

Herot, 321.
Hersele (de), 443.
Herssent (de), 125.
Hertaing (de), 24, 384, 414.
Herts, 411.
Hespel, 325.
Heyden (vander), 282.
Hibert (de), 26.
Hoberge (d'), 395.
Hoel, 430.
Hondt (de), 16.
Honoré, 332, 400, 440.
Hoobroucq (van), 309.
Hooyn Desmartin (de), 309.
Hornes (de), 60, 336, 414.
Hortoghe (de), 297.
Hot (de), 254.
Houdeghem (van), 214.
Houdetot (de), 103.
Hoverland, 256.
Hoves (de), 344.
Huaine, 304.
Hubert, 360.
Huet ou Huez, 307.
Hughesjone, 146.
Hulten (van), 313.
Humières (d'), 361.
Huvino, 105.
Hybert de la Motte, 25.

I

Imbert, 80, 203.
Imbert de Chéreng, 426.
Immeloot, 257.
Ingillard, 360, 392.
Ipiere (van), 342.
Itrée (d'), 343.

J

Jacops, 216, 292, 355.
Jacops d'Aigremont, 422.
Jauche (de), 227.
Jauche de Mastaing (de), 336.
Jaucquet, 319.
Jay (le), 106.
Jeune (le), 12.
Joigny (de) 361.
Josne (le), 3, 11, 17, 19, 51, 64, 355, 434.
Josne Contay (Le), 366.
Jossis (de) 44.

K

Keerle (de), 270.
Kerchove (van den), 275.
Kreins, 435.
Kessel (de), 225, 258, 371.
Kesseler (de), 222.

L

Labbé de Beauffremont, 76.
Laben (de), 272.
Lacherie (de Le), 155.
Lago (de), 228.
Laizier de Siongeat, 81, 91.
Lalaing (de), 94, 414.
Lallart, 120.
Lanchals, 269.
Lancotte (de), 61.
Landas (de), 168, 181, 208, 321 393.
Landas, 420.
Lande, 384.
Langlée (de), 207.
Languedone (de), 90.

Lannoy (de), 85, 149, 151, 168, 233, 235, 239, 256, 258, 259, 275, 299, 318, 336, 337, 339, 343, 348, 369.
Lastre (de), 100.
Lattre (de), 169.
Laurent, 411.
Laurent de Villedeuil, 429.
Laurie, 8.
Laurin, 240, 252, 283.
Lauryn, 252.
Lauwereyns, 394.
Lebègue de Germiny, 714.
Lefebvre, 8, 382.
Lefebvre de Lassus, 83.
Lefebvre de Lattre, 322, 350.
Lefebvre de la Mairie, 109.
Lefebvre d'Orval, 110.
Legillon, 111.
Leimre (le), 128.
Lelièvre, 5.
Lemaire, 20.
Lencquesaing (de), 319.
Lengaigne (de), 107.
Lens, 414.
Lens (de), 94, 328, 362, 436.
Lepe (vander), 326.
Leroux de Bretagne, 426.
Lescluze (de), 412.
Leureghem (de), 434.
Levis (de), 427.
Lhoste de Villeman, 95.
Lichtervelde (de), 227.
Licques (de), 242.
Liebart, 257.
Liedekercke (de), 23.
Liègeois, 331.
Liepvre (de), 200.
Lières (de), 65, 231, 298.
Lieuroy (de), 96.

Lièvre Immerselle (de), 371.
Liévins, 140.
Lièvre (Le), 304.
Ligne (de), 159, 211.
Lillette (de), 5.
Lione (de), 14.
Lions (des), 39, 293.
Lions de Fontenelle (des), 388.
Liot, 355.
Lisfeld (de), 213.
Locher, 107.
Logenhagen, 275.
Loisel, 80.
Longueval (de), 27, 113.
Lope de Padilla, 146.
Loucharde (de), 381.
Loueuse (de), 8.
Louverval (de), 28.
Louviers (de), 13.
Louvois (de), 437.
Loyers (de), 197, 198.
Luxembourg (de), 154, 348.
Luytens, 230.
Lyebart (de), 222.
Lyons (des), 118.

M

Macquembourg (de), 401.
Made (van der), 154.
Madre (de), 117.
Maecht (de), 252.
Maer (van der), 285.
Maes, 192, 229, 329.
Maillery (de), 201.
Maillet, 82.
Mailly, 60, 176, 318.
Mailly Couronnel (de), 108.
Maioul, 91.
Maioul de sus-Saint Leger, 114.

Maire, 134.
Maire (Le), 134, 171, 172, 260.
Maisent, 214.
Maistre (Le), 323, 324.
Malapert, 307.
Malbault (de), 340.
Malé, 414.
Malet de Coupigny, 100.
Mamines, 252.
Mamye Clairac (de La), 79.
Manden (van der), 251.
Manoir (du), 4.
Marassé (de), 52.
Marbais (de), 70.
Marchant 220.
Marchant (Le), 202.
Marchand (Le), 58.
Marche (de), 196.
Marciourt (de), 414.
Marcotte de Roquetoire, 96.
Marés (des), 228.
Marez (du), 312.
Marmet (de), 422.
Marnix (de), 81, 238.
Maron, 204.
Marotte (de), 209, 237, 243.
Marqueron, 136.
Martel (de), 120.
Martin (Le), 321.
Martins (des), 317.
Matharel (de), 112.
Mathieu, 429.
Mathon, 62, 405.
Matissart, 106.
Maubroi (de), 334.
Maubus (de), 191, 217.
Maulde (de), 318, 321, 403.
Maupetit, 20.
Mauville (de), 182.
Mayeur (Le), 381, 397, 402.

Medoin ou Méden (de), 434.
Meerch (vander), 257, 270.
Meere (vander), 314.
Megem (de), 276.
Melun (de), 29, 66, 87, 159.
Meleun (de), 275.
Menche, 54.
Merchier (le), 1, 13, 15, 80, 85, 88, 92, 107, 116, 135, 183, 184, 400.
Merchier de Criminil (Le), 118.
Mérode (de), 216, 229, 235, 273, 420, 433.
Messange (de) 440.
Messia, 226.
Messines (Abbaye de), 287.
Mester (de), 264.
Meulebecque (de), 313, 395.
Meulenaire (de), 330.
Meurisse, 318.
Meynaert, 275.
Meyria, 154.
Mez 341.
Mez (du), 348.
Micault, 253.
Michel, 307.
Michelin (de), 351.
Mignard, 79.
Milly (de), 81.
Minez, 196.
Mire (de La), 331.
Miroul, 200.
Molde, 252.
Molinghem (de), 281.
Mombillart, 223.
Monchaux (de), 18.
oncheaux, 7.
ncheaux (de), 10, 195, 301.
Monchy (de).
Monchy-le-Chatel (de), 414.

Monel, 233.
Monin (du), 282.
Monniot, 295.
Monpat (de), 371.
Mons (de), 7, 198.
Monstrelet (de), 24.
Mont (du), 12, 230, 299.
Montbertout (de), 38.
Montrebise (de), 98.
Montecuculi (de), 316.
Montigny (de), 243.
Montmorency (de), 161, 182, 206, 210, 236, 242, 336, 414.
Montreuil (de), 371.
Mont Saint-Eloy (du), 8, 10.
Moprey (de), 133.
Morant 51, 193.
Morbecque (de), 212.
Morel, 310.
Morel Tangry, 309, 394.
Morino dit Morin, 228.
Mortier (du), 155, 165, 248.
Moulart, 50.
Moulart de Torcy, 406.
Moulart de Tandeville, 407.
Moussaye (de La), 103.
Motte (de La), 22, 19, 214.
Mullem (de), 217.
Muller, 266.
Mulert, 274.
Mullet, 292, 326.
Muyssart (de), 427.
Mye (Le), 251.

N

Namur, 414.
Naves (de), 273.
Naverskerke (de), 128.
Naye, 153.
Nebra (de), 438.

Nédonchel (de), 60, 400.
Nelle (de), 19.
Nesle (de), 379.
Nève (de), 302, 303.
Nicolay, 414.
Nieppe, 434.
Nieuvenhove (van), 188.
Nieuvenhove (de), 288.
Nœufville (de), 173.
Northoud (de), 2.
Noseroy (de), 134.
Nourgnier (Le), 13.
Noverlée (de), 303.
Noyelles (de), 212, 216, 221, 247, 251, 348, 406.

O

Obert, 164, 248, 278, 288, 341, 348.
Ococche (d'), 29.
Ognies (d'), 64.
Oignies (d'), 224, 330.
Oingnies (d'), 132
Oisy (d'), 436.
Olmen (d'), 762.
Oncle (van), 219.
Ongnies (d'), 274.
Ostrel (d'), 41.
Oudenhove (d'), 90.
Oye (d'), 32.

P

Pailly (de), 262, 263, 264.
Palaiseau (de), 361.
Palisot, 42, 50.
Palisot de Beauvois, 391.
Palisot d'Incourt, 70, 391.
Palme (de La), 20.
Pamart, 308, 425.
Pan (de), 111.

Pardieu (de), 207.
Paris (de), 138.
Parmentier, 430.
Parmentier (le), 137.
Parmentier (de), 208, 301.
Partz (de), 386.
Paulx (de), 388.
Payen, 161, 162, 398.
Pedaert, 252.
Pelet, 40, 109.
Pélerin, 434.
Penelle de Lallaing, 25.
Penin (de), 4, 135.
Pennemaekere (de), 251.
Personne (de La), dit le Petit, 2.
Petit (le), 170.
Petit pas, 184, 185, 215, 240, 265, 283, 284, 334.
Pez (le), 330.
Picavet, 8, 149, 208.
Pierre (de La), 397.
Persène, 242.
Pietersen, 302.
Pillot, 73.
Pinchar (de), 268.
Pinchon, 294.
Pippre (le), 79, 206, 268.
Pippre (de), 280.
Pire (du), 174.
Plancque (de La), 6.
Plantin (du), 188.
Plie (de Le), 143.
Plotho d'Ingelmunster (de), 440.
Ployer (le), 133.
Poele (van den), 186.
Point, 142.
Poix (de), 14.
Pollehoy (de), 21.
Pollet, 185.
Pomera (de), 175.

Pont (du), 96, 234.
Pontarlier (de), 27.
Pontrevart (de), 180.
Porte (de La), 106, 279, 312.
Pottes (de), 312.
Poucques, 55.
Pouelberghe, 270.
Pouille, 274.
Poulain, 128.
Pranger, 387.
Pré (du), 130.
Prèe (de Le), 201.
Pressy (de), 31, 226, 250.
Pretz (des), 186, 304.
Preudhomme, 152.
Preudhomme d'Hailly, 86, 250.
Prévost, 84, 381.
Prévost (le), 149.
Prévot, 172.
Preys (de), 435.
Prince (le), 251, 329.
Pronville (de), 25, 202, 220, 296.
Provins (de), 366.
Ptolomey, 88.
Puget (du), 93, 110, 121.
Puich (du), 54, 359.
Puniet (de), 47.
Pyelles dit de Morbecque, 145.

Q

Quarré, 232, 387, 399, 401, 405.
Queellerie (de), 421.
Quesnoy (du), 257, 338, 353.
Quillerie (de), 108.

R

Rape, 246.
Rasière (de), 434.
Raulin, 215.
Raullin, 173.
Razières (des), 395, 396.
Rebreviette (de), 198.
Rebs, 326.
Recourt (de), 32.
Regnault, 127, 425.
Renault, 141.
Renty (de), 191.
Retz (du), 354.
Revel (de), 234.
Reynard, 47.
Reynard de Bussy, 111.
Ricamez, 298.
Richardot, 223.
Ricque (le), 97, 190.
Rietz (du), 317, 360.
Rithane, 191.
Rivière, 30.
Rivière (de La), 26, 148.
Robert, 409.
Roberti, 290.
Rochefort (de), 320.
Rœux (du), 188.
Rœux (de), 420.
Rogierville, 139.
Rohart, 136.
Roisin (de), 28, 414.
Ronvelle, 140.
Rose, 113, 194.
Rosière (de La), 90.
Rossen (van), 159.
Rotte (Le), 138.
Roulx (Le), 153.
Rousseau, 225, 363.
Roussel, 65.
Roussy (de), 241.
Routre (de), 305.
Roux (le), 425.
Roy (Le), 21.
Rozière (de La,) 29.

Rubempré (de), 212, 336, 413.
Rubens, 435.
Rue (de La), 248, 260, 311.
Ruelle (de La), 289.
Ruffault, 166, 167, 252.
Ruyant, 97.
Rym (de), 297.

S

Saffre (Le), 86.
Sailly (de), 389.
Saint-Aldegonde, 193, 420.
Saint-Amand (de), 109.
Saint-Blimond, 414.
Saint-Génois (de), 299, 310.
Saint-Hilaire (de), 132.
Saint-Omer, (de), 211, 212.
Saint-Paul (de), 97.
Saint-Vaast, (de), 14, 78, 372.
Saint-Venant (de), 23, 210, 214, 370.
Salle (de La), 6.
Salpervicq (de), 4, 56, 378.
Salpin, 296.
Saluces, (de), 212.
Sampierre (de), 341.
Sandelin, 113.
Sarrazin, 162, 174, 175, 235.
Sars (de), 251, 437.
Sart (du), 272, 359, 392.
Says, 252.
Schacht, 14.
Scherer de Scherbourg, 272, 383.
Schinckelle, 266.
Schrieck (van), 267.
Scorpion, 77.
Scrive, 416.
Scrive Loyer, 415.
Segon, 29, 166, 294.

Sellier (Le), 438.
Sellier de Baralle (Le), 56.
Sénélart, 197.
Septfontaines (de), 29.
Sergeant (Le), 51, 108, 213.
Servins (de), 104.
Servins d'Aubrenet (de), 93.
Servins d'Héricourt (de), 114.
Seur (de), 203, 278, 436.
Sin, 438.
Sion (de), 265.
Sire (de), 205.
Smerpont (de), 10, 52, 268, 401.
Speeten (van der), 232, 251.
Spinola, 191.
Stach (de), 420.
Stalins, 292, 214.
Stals, 276.
Stappaert, 369, 380.
Stappens, 229.
Stichele (vander), 284.
Stiembecque (de), 261.
Sunellinck, 387.
Surhon, 222.
Surmont (de), 368, 392.

T

Taffin, 42, 94.
Taherie (de La), 119.
Tailly (du), 187.
Tamison, 232.
Tamison (de), 295, 316.
Tanerie (de La), 126, 434.
Tenre (de La), 277.
Tenremonde (de), 130, 172, 440.
Ternas (de), 252.
Testart, 55.
Theeten, 83.
Théry, 50, 308, 346.

Théry de Liettre, 103.
Théry de Morbecourt, 103.
Thiébault, 153.
Thieffries, 370.
Thieffries de Layens, 405.
Thiene (van), 388.
Thiennes (de), 128, 281, 315.
Thierry (de), 197.
Thieulaine, 181, 218, 272.
Thieulaine (de), 82, 84, 91, 131, 212, 255, 360.
Thomas, 299.
Thouart (de), 318.
Tilloloy (de), 100.
Titelouse, 104.
Tollenaere (de), 331.
Torcq dit Harpin, 28.
Torcy (de), 105.
Tordreau, 305.
Torre butteron Moxica (de La), 71.
Tournay (de), 34, 43, 436.
Tournelle (de La), 413.
Toursel, 50.
Toustaing (de), 43.
Toustaint Nornand (de), 343.
Tramecourt, 22.
Tramerie (de La), 17, 28, 45.
Tranchant, 23.
Trasegnies (de), 211.
Trenes (de), 361.
Trieste, 233.
Trombryes (de), 330.
Trompes (des), 173, 435.
Truye (à La), 205, 311, 322.
Tugghe, 398.
Turpin de Péreaulnicourt, 334.
Tympel (de), 274.

V

Vaillant (le), 358.
Val (le), 24.
Val (de Le), 226.
Valgute, 390.
Valicourt (de), 333, 440.
Vallain (de), 323.
Vallée (de La), 370.
Vandenbosche, 345.
Vanderaghien, 400.
Vanderbekem, 85.
Vandernaelde, 79.
Vanhède, 330.
Vanhout, 39.
Varent (vander), 275.
Varick (de), 46, 283.
Varicq (de), 246.
Varneviche, 345.
Varnewyk, 270.
Vasselin de Lannoy, 16.
Vasselin (de), 36.
Vasseur (le), 18, 34, 36, 157, 175, 207, 275.
Vasseur de Bambecque (le), 112.
Vaux (de), 157.
Velasques, 146.
Venant, 33, 65, 230.
Venant de Famechon, 79, 104.
Vendegies (de), 210.
Vendeville (de), 227, 366.
Veret (de), 154.
Verloing, (de), 20.
Vermeille (de), 49, 344.
Verquest, 296.
Verrier, 137.
Verryken, 280.
Viard, 142.
Vichery, 137.
Vichte, 252, 345, 357.

— 457 —

Vicq (de), 111, 238, 258.
Viefville (de La), 384, 413.
Vienne (de), 94
Vieville (de La), 27.
Vignacourt (de), 90.
Vigne (de Le), 322.
Vignon (de), 89.
Vignon, 117.
Vigoureux, 143.
Vilain (de), 336.
Villaire de Gand, 252.
Villegas (de), 5.
Villemarest (de), 406.
Villers (de), 156.
Villers au Tertre, 414, 419.
Villers au Tertre (de), 37.
Vimaria (de), 228.
Viron (de), 330.
Visconti, 264.
Vitry (de), 87, 111.
Virien, 295.
Vlaeminck, 189.
Vliège, 144.
Volant, 368, 437.
Volant de Berville, 59.
Volé, 131.
Voocht ou Vooght (de), 334.
Vos (de), 67, 266, 285.
Vos de Stenwich (de), 72, 252.
Vredière, 131.
Vuens, 240.
Vuldre, 55.

W

Wacte (de, 257.
Waignon, 191.
Wain, 386.
Waitte (le), 219.
Walcourt (de), 320.
Wallart, 216.

Wallechey (de), 15.
Waltenchen (de), 281.
Wambrechies (de), 371.
Wanequelin (de), 261.
Wansin, 88.
Warenghien (de), 164.
Warennes (de), 215.
Warlop, 266, 274.
Warnier, 409.
Wasquehal (de), 210.
Wasselin (de), 261.
Waterlete, 395.
Wattelet de Messange, 440.
Wattines (des), 25.
Wavrin (de), 23, 419.
Waye, 288.
Wazières (de), 13, 420.
Werp (de), 4.
Wery, 386.
Wichte (la), 257.
Wicq, 139.
Widarts, 275.
Widebien, 205.
Wignacourt, 420.
Wignacourt (de), 236, 300.
Wilde (de), 327.
Wissocq (de), 24.
Wittem (de), 435.
Woerden (de), 345, 350.
Woestine (de La), 378.
Werde (de Le), 302.
Wostine (van den), 9.
Woutters 324.
Wrede, 40.
Wullart (de), 102.
Wychuys (van), 253.

ADDITION.

Bouteville (de), 440.
Dupont de Castille, 440.

Y

Ydeghem (d'), 186, 237.
Yve (d'), 322.

Z

Zeghers, 271.
Zeller (van), 274.
Ziloff, 209.

Zinneghem (de), 229.
Zippe (de Le), 434.
Zomberghe (de), 8, 171.
Zouche 372, 388.
Zouche de la Lande, 392.
Zuallart, 263.
Zunequin (de), 294.
Zuytpiène (de), 257.

Douai. — L. Dechristé, imprimeur breveté, rue Jean-de-Bologne.

www.ingramcontent.com/pod-product-compliance
Lightning Source LLC
Chambersburg PA
CBHW070527230426
43665CB00014B/1596